Klaus Hegemann, Udo Schaefer

Basiswissen IT-Berufe

Einfache IT-Systeme

9. Auflage

W0021078

Bestellnummer 01620

■ Bildungsverlag EINS
westermann

service@bv-1.de
www.bildungsverlag1.de

Bildungsverlag EINS GmbH
Ettore-Bugatti-Straße 6-14, 51149 Köln

ISBN 978-3-427-**01620**-5

westermann GRUPPE

Vorwort

Das vorliegende Buch ist Teil einer Fachbuchreihe, die insbesondere für die informations- und telekommunikationstechnischen Berufe (IT-Berufe) konzipiert wurde. Allen IT-Berufen liegt eine Lernfeldkonzeption zugrunde, die aus insgesamt 11 Lernfeldern besteht.

Die Inhalte dieses Fachbuches decken die im aktuellen Rahmenlehrplan ausgewiesenen Unterrichtsinhalte des Lernfeldes 4 (Einfache IT-Systeme) für alle fünf klassischen IT-Berufe ab (IT-Systemelektroniker/-in, Fachinformatiker/-in Fachrichtung Anwendungsentwicklung, Fachinformatiker Fachrichtung Systemintegration, IT-Systemkaufmann/-frau, Informatikkaufmann/-frau). Darüber hinaus sind in dieser Auflage in einem Kapitel bereits die grundlegenden Begriffe des für die Neuordnung der IT-Berufe vorgesehenen, neuen, inhaltlichen Schwerpunkts „IT-Sicherheit" einbezogen. Außerdem sind Teile aus Lernfeld 7 enthalten (speziell für den Beruf IT-Systemelektroniker/-in).

Die inhaltlichen Schwerpunkte dieses Lernfeldes sind kapitelweise aufbereitet. Jedes Kapitel schließt mit Fragen zur (Selbst-)Überprüfung erworbener Fachkompetenz, teilweise auch mit einfachen lernfeldbezogenen Handlungsaufgaben.

Handhabung

Das vorliegende Fachbuch ist sowohl Informationsbasis als auch unterrichtsbegleitendes Nachschlagewerk bei der Lösung komplexer Handlungsaufgaben. Die chronologische Bearbeitung der Kapitel ist nicht zwingend erforderlich, vielmehr kann sie sich an den Erfordernissen der jeweils in den Unterricht eingebrachten lernfeldübergreifenden Handlungsaufgaben orientieren.

Neben den grundlegenden Kapiteln über die Hard- und Software eines PCs sowie die IT-Sicherheit (Kap. 1–3) kann bei Bedarf auch auf die Kapitel über die Vorgänge bei der Informationsverarbeitung (Kap. 4) oder die elektrotechnischen Grundlagen (Kap. 5) zurückgegriffen werden. Kapitel 5 beinhaltet auch die speziell für IT-Systemelektroniker/-innen erforderlichen Grundkenntnisse zur Elektroinstallation (z. B. Leitungsdimensionierung und Schutzmaßnahmen nach VDE). Der unterrichtende Fachlehrer hat zudem die Möglichkeit, die vom jeweiligen IT-Beruf abhängige Bearbeitungstiefe einzelner Kapitel zu variieren. Aufgrund der sachlogischen Struktur ist das Buch auch zum individuellen Selbststudium und zur Prüfungsvorbereitung geeignet. Der zugehörige Aufbauband, auf den in einigen Kapiteln verwiesen wird, trägt den Titel „Vernetzte IT-Systeme" und ist ebenfalls im Bildungsverlag EINS erhältlich.

Für Berufsbezeichnungen o. Ä. wird aus Gründen der besseren Lesbarkeit meist die männliche Form verwendet. Selbstverständlich sind jeweils Männer und Frauen gemeint.

Die Autoren

Inhaltsverzeichnis

Computer sind im Prinzip elektronische Datenverarbeitungsgeräte (DV-Geräte), die im Wesentlichen drei Aufgaben ausführen:

- Die Entgegennahme einer strukturierten **Eingabe** von einem Benutzer (User)
- Die **Verarbeitung** der Eingabedaten nach festgelegten Regeln
- Die **Ausgabe** der erzeugten Ergebnisse an einen Benutzer

Der Benutzer ist in den meisten Fällen ein Mensch, jedoch können die Eingabe und die Ausgabe auch durch andere elektrotechnische Geräte erfolgen (z. B. Messwertaufnahmen).

Computer sind heute in allen Bereichen des alltäglichen Lebens zu finden und müssen die verschiedensten datentechnischen Aufgaben erledigen können. Trotz unterschiedlichster Einsatzbereiche und Anforderungen weisen sie grundsätzliche Gemeinsamkeiten bezüglich ihres Aufbaus und ihrer Funktionsweise auf:

- Ein Computer muss neben grundlegenden **Eingabe-** und **Ausgabefunktionen** die unterschiedlichsten **Verknüpfungsoperationen** (mathematische Berechnungen, logische Vergleiche) ausführen können. Hierzu ist eine komplex aufgebaute Verarbeitungseinheit, der sogenannte **Prozessor** (CPU: Central Processing Unit), erforderlich.

- Einem Computer muss man vor der Bearbeitung einer Aufgabe angeben können, wie diese mit den grundlegenden Verknüpfungsoperationen zu erledigen ist. Da diese Aufgaben häufig sehr umfangreich sind, besteht ihre Formulierung meist aus vielen nacheinander auszuführenden Anweisungen, dem **Programm**.

- Ein Computer benötigt zur Steuerung und Überwachung der vorhandenen elektronischen Komponenten (Hardware) sowie der auszuführenden Programme (Anwendungssoftware) bestimmte Basisprogramme (Systemsoftware). Die Gesamtheit dieser Basisprogramme bezeichnet man als **Betriebssystem** (OS: Operating System).

- Ein Computer muss das Betriebssystem *dauerhaft* und das abzuarbeitende Programm mindestens *für die Dauer der Bearbeitung* festhalten können. Er benötigt hierzu entsprechende **Speichereinheiten**.

Im einfachsten Fall besteht ein Computer demzufolge aus einer Eingabeeinheit, der Verarbeitungseinheit mit der CPU, die arithmetische und logische Operationen ausführen kann (Rechenwerk) und die Vorgänge in der DV-Anlage entsprechend dem vorgegebenen Programm steuert (Steuerwerk), sowie einer Speicher- und einer Ausgabeeinheit.

> Ein Computer arbeitet nach dem sogenannten **EVA-Prinzip** (Eingabe – Verarbeitung – Ausgabe).

Bild 1.1 stellt diese grundlegende Struktur grafisch als Funktionsblöcke dar; eine solche Darstellung bezeichnet man als **Blockschaltbild**.

Mit einem Blockschaltbild lassen sich komplexe Zusammenhänge vereinfacht und modellhaft darstellen, ohne dass man die genaue Funktion der einzelnen Komponenten kennen muss.

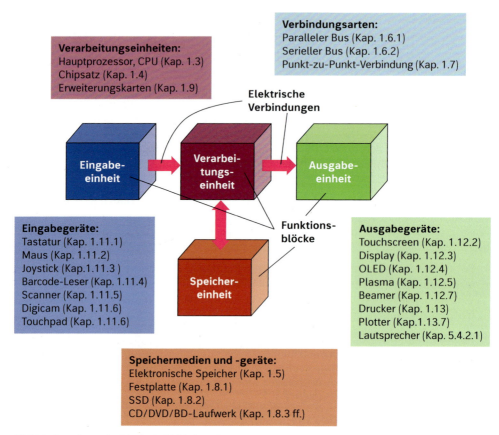

Verbindungsarten:
Paralleler Bus (Kap. 1.6.1)
Serieller Bus (Kap. 1.6.2)
Punkt-zu-Punkt-Verbindung (Kap. 1.7)

Verarbeitungseinheiten:
Hauptprozessor, CPU (Kap. 1.3)
Chipsatz (Kap. 1.4)
Erweiterungskarten (Kap. 1.9)

Elektrische
Verbindungen

Eingabe-
einheit

Verarbei-
tungs-
einheit

Ausgabe-
einheit

Funktions-
blöcke

Speicher-
einheit

Eingabegeräte:
Tastatur (Kap. 1.11.1)
Maus (Kap. 1.11.2)
Joystick (Kap.1.11.3)
Barcode-Leser (Kap. 1.11.4)
Scanner (Kap. 1.11.5)
Digicam (Kap. 1.11.6)
Touchpad (Kap. 1.11.6)

Ausgabegeräte:
Touchscreen (Kap. 1.12.2)
Display (Kap. 1.12.3)
OLED (Kap. 1.12.4)
Plasma (Kap. 1.12.5)
Beamer (Kap. 1.12.7)
Drucker (Kap. 1.13)
Plotter (Kap.1.13.7)
Lautsprecher (Kap. 5.4.2.1)

Speichermedien und -geräte:
Elektronische Speicher (Kap. 1.5)
Festplatte (Kap. 1.8.1)
SSD (Kap. 1.8.2)
CD/DVD/BD-Laufwerk (Kap. 1.8.3 ff.)

Bild 1.1: Grundlegendes Blockschaltbild eines Computers

Zwischen den dargestellten Funktionsblöcken müssen im Betrieb ständig Daten ausgetauscht werden:

- Der Prozessor wird Daten zur Bearbeitung von der Eingabeeinheit (z. B. der Tastatur) einlesen,
- er wird bei Bedarf Daten in den Speicher ablegen,
- er wird bei Bedarf Daten aus dem Speicher zurückholen und
- der Prozessor wird das Ergebnis der Verarbeitung in der Regel zu einer Ausgabeeinheit (z. B. dem Display) senden.

Aus diesem Grunde müssen diese Einheiten elektrisch so verbunden werden, dass die Daten von jeder angeschlossenen Baugruppe zu einer beliebig anderen Einheit der Anlage übertragen werden können. Außerdem muss sichergestellt werden, dass alle Einheiten richtig angesteuert werden.

Um diese Anforderungen zu erfüllen, werden die Baugruppen eines Computers über elektrische Leitungen miteinander verbunden. Hierbei handelt es sich entweder um sogenannte **Bussysteme** (Kap. 1.6) oder um **Punkt-zu-Punkt-Verbindungen** (Kap. 1.7). Externe Komponenten (z. B. Drucker, Tastatur) werden heutzutage auch vielfach *drahtlos* mittels diverser Funktechniken angebunden (z. B. WLAN, Kap. 1.7.8; Bluetooth, Kap. 1.7.9).

Dem jeweiligen Stand der Technik entsprechend wurden Computer im Laufe der Entwicklungsgeschichte unterschiedlich realisiert (mit Elektronenröhren, mit einzelnen Halbleiter-Bauelementen, mit vielen elektronischen Schaltkreisen auf einem Chip).

Mit der einsetzenden Massenfertigung in den 1980er-Jahren wurden die Produktionskosten geringer, sodass die Anschaffung eines Computers nun auch für jede Privatperson erschwinglich war. Aus dieser Zeit stammt der Begriff „Personal Computer".

> Als **Personal Computer** (**PC**) bezeichnete man ursprünglich ein Datenverarbeitungsgerät, welches für die Nutzung durch eine einzige Person vorgesehen war, ohne dass die Ressourcen des Gerätes in Bezug auf die Datenverarbeitung mit anderen Benutzern oder Rechnern geteilt werden musste (Einzelplatzrechner).

Aus heutiger Sicht handelte es sich bei einem solchen Personal Computer um ein „Einfaches **IT-System**" (Informations- und telekommunikationstechnisches System).

Moderne Computer im privaten Umfeld oder am Arbeitsplatz arbeiten heute kaum noch als „Stand-alone-Geräte", sondern sind lokal, firmenintern oder weltweit vernetzt und greifen auf externe Ressourcen zu (z. B. Netzwerkspeicher, Cloud-Computing, Kap. 1.7.3, und „Vernetzte IT-Systeme", Kap. 2.4.2). Hierbei werden sie meistens von mehreren Personen bedient. Trotzdem hat sich auch für diese Rechner die Abkürzung „PC" etabliert und wird – oft auch fälschlicherweise – im allgemeinen Sprachgebrauch als generelle Bezeichnung für ein Datenverarbeitungsgerät verwendet. Zur genaueren Bezeichnung von Datenverarbeitungsgeräten werden unter anderem auch die folgenden Begriffe verwendet:

Bezeichnung	Erläuterung
Supercomputer	– Rechner mit extrem hoher Verarbeitungsleistung; Einsatz z. B. zur Simulation komplexer Vorgänge (z. D. Wettervorhersage) – Besteht aus mehreren tausend zusammengeschalteter Prozessoren – Rechenleistung wird in Tera- oder Peta-Flops angegeben (Kap. 1.3.2)
Mainframe	– Leistungsfähiger Großrechner in einem Rechenzentrum – Optimiert auf Zuverlässigkeit und Massendatenverarbeitung – Verfügt über eine hohe Rechenleistung und Arbeitsspeicher im Terabyte-Bereich
Server	– Leistungsstarker zentraler Rechner in einem Netzwerk – Besitzt eine hohe Festplattenkapazität und eine schnelle CPU – Optimiert auf die Verwaltung anderer PCs in einem Netzwerk (Clients) und die Bereitstellung von Diensten, die diese PCs in Anspruch nehmen
Host	– Ein Hostrechner („Wirtrechner") ist in einer DV-Anlage die zentrale Recheneinheit – Ältere Bezeichnung, prinzipiell dem Server gleichzusetzen
Terminal	– Datenendstation, meist nur bestehend aus Tastatur und Bildschirm zur Datenein- und -ausgabe – Dient lediglich zur Kommunikation mit einem zentralen Rechner

Bild 1.2: Beispiele für Computerbezeichnungen

1.1 PC-Geräteklassen

PCs mit bestimmten gleichartigen technischen Merkmalen oder Gehäuseformen ordnet man vielfach einer sogenannten **Geräteklasse** zu. Für diese Geräteklassen existieren – nicht zuletzt auch aus Marketinggründen – eigene Bezeichnungen.

1.1.1 Barebone

> Unter einem **Barebone** versteht man einen PC in einem würfelförmigen Gehäuse in ansprechendem Design mit Abmessungen bis zu einer Größenordnung von ca. 20 cm × 20 cm × 35 cm (B × H × T).

Integriert und in der Regel nachträglich nicht austauschbar sind Netzteil (SFX-Spezifikation, Kap. 1.10), Mini-ITX-Board mit einem angepassten Kühlsystem für die CPU als Basiskomponenten sowie einer entsprechenden Spezialverkabelung. In der Regel sind alle gängigen externen Schnittstellenanschlüsse (Kap. 1.7) sowie die WLAN-Fähigkeit vorhanden. Je nach Einsatz und Kundenwunsch lässt sich ein Barebone – abhängig von der Bauform – begrenzt mit zusätzlichen Komponenten bestücken (z. B. Festplatte, SSD, DVD-/BD-Laufwerk, TV-Tuner, Card-Reader). Inzwischen gibt es Barebones für jede aktuelle **x86-CPU** (Kap. 1.3), in die sich auch marktgängige Speicherbausteine einbauen lassen. Der Nutzer kann je nach Wunsch ein aktuelles **Windows**- oder **Linux**-Betriebssystem (Kap. 2.5) installieren. Gegenüber anderen PCs bieten einige Barebones die Möglichkeit, ein eingebautes DVD/BD-Laufwerk oder einen TV-Tuner direkt ohne

a)

b)

Bild 1.3: Beispiele für Barebones: a) Würfelform, b) Flachbauweise

langen **Bootvorgang** (Kap. 3.1) zu nutzen. Da aufgrund der kompakten Bauweise zusätzliche aktive Maßnahmen zur Wärmeabfuhr aus dem Inneren mittels Lüfter erforderlich sind, kann der Geräuschpegel bei einem Barebone unter Umständen auch höher liegen als bei größeren Gehäusetypen. Für die kontrollierte Bedienung eines Barebones sind jeweils zusätzliche externe Komponenten erforderlich. Hierzu gehören üblicherweise eine Tastatur, eine Maus und ein Bildschirm. Barebones in Flachbauweise (Bild 1.3 b) benötigen auch ein externes Netzteil. Zu den Herstellern zählen die Firmen Shuttle, MSI, Asus, Aopen, Supermicro, Zotac und Elitegroup.

1.1.2   Notebook

> Ein **Notebook** ist ein tragbarer PC mit Gehäuseabmessungen in der Größenordnung 35 cm × 28 cm × 3 cm (B × T × H). Im Gehäuse sind sämtliche für die Funktion erforderlichen elektronischen Komponenten, Laufwerke sowie die Tastatur und der Flachbildschirm untergebracht.

Der **TFT-Flachbildschirm** (Kap. 1.12.3) befindet sich im aufklappbaren Gerätedeckel. Die klassische Displaygröße mit einer Bildabmessung im Verhältnis 4:3 (Breite im Verhältnis zur Höhe) wurde bei Notebooks inzwischen nahezu von Breitbild-Displays mit einem Seitenverhältnis von 16:9 oder 16:10 verdrängt (Kap. 1.12.1). Die Pixelauflösung beträgt hierbei bis zu 3840 × 2160 Punkte (UHD, Kap. 1.9.1). Die Grafikfunktionen (**GPU**: **G**raphic **P**rocessing **U**nit; Kap. 1.9.1.1) sind auf dem Board implementiert.

Die Steuerung des Bildschirmcursors erfolgt über ein integriertes Touchpad (Mousepad) oder durch Anschluss einer externen USB-Maus (Kap. 1.6.3). In der Regel verfügen Notebooks über ein integriertes optisches (Kombi-)Laufwerk (CD/DVD/BD, Kap. 1.8.3).

Eine mobile Energieversorgung ist für einige Stunden über den eingebauten Akku (Li-Ion, NiMH, Li-Polymer; Kap. 5.3.1.3) gewährleistet. Die Laufzeit beträgt je nach Modell bis zu 10 Stunden und hängt ab von der Belastung (z.B. Displayhelligkeit) und der Ladekapazität des Akkus. Bei längeren Betriebszeiten und zur Akkuladung muss das mitgelieferte separate Netzteil verwendet werden. Ein Notebook verfügt je nach Ausstattung und Leistungsfähigkeit über die Schnittstellen eines PC in einem Towergehäuse (z.B. USB, HDMI, DisplayPort, Thunderbolt, eSATA, SD-Kartenslot; Kap. 1.7). Das Gewicht beträgt bis zu 3,5 kg.

Geräte mit kleineren Abmessungen und etwas geringerer Ausstattung werden auch als **Mini-Notebooks** oder **Sub-Notebooks** bezeichnet (Abmessungen ca. 28 cm × 20 cm × 3 cm; Gewicht ≤ 2 kg; weniger USB-Buchsen, ca. 10 Zoll- bis 14 Zoll-Bildschirmdiagonale, UXGA-Bildschirmauflösung, 1 Zoll = 2,542 cm). Diese Geräte haben aus Platzgründen meist kleinere und enger liegende Tasten, auch der Ziffernblock (Kap. 1.11.1) und ein optisches Laufwerk fehlen.

Die von Intel geprägte Bezeichnung **Ultrabook** bezieht sich auf ein extrem leichtes und kleines Notebook mit längerer Batterielaufzeit (> 10 Std.) und ähnlichen Eigenschaften wie ein Tablet (Kap. 1.1.4; z.B. schneller Systemstart, Dicke ≤ 21 mm; Gewicht ≤ 1,5 kg, 13 Zoll-Display, SSD-Speicher, ohne DVD-/BD-Laufwerk).

a)   b)

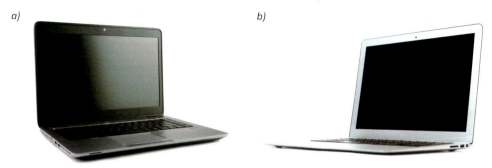

Bild 1.4: Beispiel für ein Notebook (a) und ein Sub-Notebook (b)

Synonym (d. h. bedeutungsgleich) für Notebook wird allgemein auch die im englischen Sprachraum verbreitete Bezeichnung **Laptop** verwendet. Zu den Herstellern gehören die Firmen Elitegroup, Asus, Dell, Compaq, Apple, HP, Fujitsu, Samsung, Sony und andere.

Um sämtliche Komponenten im Gehäuse unterzubringen und einen möglichst langen Akkubetrieb zu gewährleisten, müssen diese äußerst geringe Abmessungen aufweisen, eine minimale Energieaufnahme besitzen und wenig Abwärme erzeugen. Hierzu werden speziell entwickelte **mobile x86-Prozessoren** (ULV-CPU, Kap. 1.3) und **mobile Grafikchips** mit intelligentem Power-Management und Low-Voltage-Betriebsmodus sowie besondere Speicherbausteine eingesetzt (SO-DIMMs, Kap. 1.5.3.5).

Bei den Notebooks unterscheidet man hierzu standardmäßig die folgenden klassischen Betriebszustände:

Betriebszustand	Beschreibung
ON	Prozessor arbeitet, Display eingeschaltet, Speicher aktiv
IDLE	Prozessor nicht aktiv, Display ausgeschaltet, Speicher aktiv, d. h., Gerät ist bereit für Aktionen
STAND-BY	Prozessor nicht aktiv, Display und andere nicht benötigte Komponenten ausgeschaltet, Speicherinhalt wird lediglich durch Refresh gesichert, Speicher aber nicht aktiv (d. h. kein direktes Schreiben oder Lesen möglich)

Bild 1.5: Typische Betriebszustände bei Notebooks

Alle gängigen Betriebssysteme für Desktop-PCs lassen sich installieren. In Abhängigkeit vom verwendeten Betriebssystem und den unterstützten ACPI-Spezifikationen (Kap. 1.2.3) können auch noch weitere Betriebszustände zur Energieeinsparung aktiviert werden. Notebooks verfügen außer einem Steckplatz für einen zweiten Speicherriegel im Allgemeinen nicht über interne Erweiterungssteckplätze (Slots). Funktionserweiterungen sind daher nur über einen ggf. vorhandenen externen **Karteneinschub** möglich. Hierbei wurde der ältere **PC-Card**-Anschluss (alternative Bezeichnungen: **CardBus**- oder **PCMCIA**-Einschub; PCMCIA = Personal Computer Memory Card International Association) von der moderneren **ExpressCard** abgelöst.

Die ExpressCard gibt es in zwei Spezifikationen: ExpressCard/34 und ExpressCard/54. Beide Typen sind jeweils 5 mm dick, unterscheiden sich größen- und anschlussmäßig von der älteren PC-Card und sind somit nicht kompatibel zu dieser.

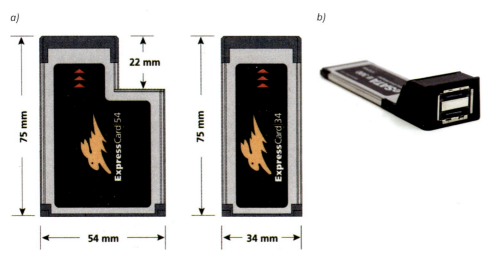

Bild 1.6: a) ExpressCard/54 und ExpressCard/34, b) Beispiel für eine ExpressCard: 2 x eSata (Kap. 1.7.1)

Beide Karten passen in den gleichen ExpressCard-Slot (26 einseitig angebrachte Kontakte; Bild 1.6), die Anbindung erfolgt intern über PCIe × 1 (Kap. 1.7.4). Die ExpressCard ist Hot-Plug-fähig, d. h., sie kann unter Spannung gesteckt und gezogen werden; für den Betrieb sind keine zusätzliche Software und kein Kartentreiber erforderlich.

Zu den Anwendungen, die mittels einer ExpressCard eingebunden werden können, gehören die drahtgebundene und drahtlose Kommunikation (Gigabit-Ethernet, WLAN, UMTS, LTE; Kap. 1.7.8 und „Vernetzte IT-Systeme", Kap. Mobilfunknetze), TV-Empfänger/Decoder, GPS-Empfänger, Ausweiskarten, Flash-Speicher, Massenspeicher (Festplatte) oder Adapter für zusätzliche Schnittstellen (z. B. FireWire, USB, eSATA; Bild 1.6 b).

Da viele der genannten Funktionalitäten sich auch direkt per USB-Stick implementieren lassen, sofern sie nicht bereits on Board vorhanden sind, statten die Hersteller ihre Notebooks für den Consumerbereich aus Kostengründen nicht mehr durchgängig mit Express-Card-Slots aus.

Notebooks können auch über einen Anschluss für eine Dockingstation verfügen.

> Eine **Dockingstation** ist eine Zusatzeinrichtung, die einem Notebook einen Stromanschluss, Erweiterungssteckplätze und Anschlussmöglichkeiten für Peripheriegeräte zur Verfügung stellt, wodurch das Notebook zu einem „Desktop-PC" wird.

1.1.3 Netbook

> Als **Netbook** bezeichnet man eine Geräteklasse für preiswerte und kompakt aufgebaute, portable PCs für gängige Büro- und Multimediaaufgaben, insbesondere für den Internetzugang. Ein Netbook verfügt über wesentlich weniger Ausstattungsmerkmale und eine deutlich geringere Rechenleistung als ein Notebook. Die Abmessungen betragen ca. 25 cm × 18 cm × 2 cm (B × T × H).

Als CPU kommt bei den meisten Geräten ein **Intel-Atom-Prozessor** (Kap. 1.3.4) und ein auf geringe Leistungsaufnahme konzipierter Chipsatz mit integriertem Grafikkern zum Einsatz (Kap. 1.4). Alternativ verwenden einige Hersteller auch einen AMD-Netbook-Prozessor, bei dem die Grafikfunktionen bereits im CPU-Chip implementiert sind (**APU**: Accelerated Processing Unit, Kap. 1.3.1).

Sämtliche Komponenten – also auch der Prozessor – sind bei Netbooks fest auf dem Mainboard (**Mini-IPX-Formfaktor**, Kap. 1.2) verlötet und lassen sich nicht tauschen. Das Gewicht liegt bei ca. 1 bis 1,7 kg. Je nach Modell beträgt die Akkulaufzeit (Li-Ion, NiMH, Li-Polymer) zwischen 7 und 12 Stunden. Die Displaygröße variiert modellabhängig (und damit auch preisabhängig) zwischen 8,9 Zoll (1024 × 600 Pixel) und 12,1 Zoll, die Auflösung beträgt bis zu 1920 × 1080 Pixel (Kap. 1.9.1).

Als Massenspeicher kommt heute meist ein elektronischer **SSD-Flash-Speicher** (Kap. 1.8.2) zum Einsatz. Bis auf wenige darüber hinausgehende Ausnahmen beträgt der **Arbeitsspeicher** 2 bis 4 GByte DDR3-RAM (Kap. 1.5.3). Ein integriertes optisches Laufwerk fehlt. (Hinweis: Unterschiede bei Verwendung von Dezimal- und Binärpräfixen zur Angabe von Speichergrößen siehe Kap. 4.3.2)

Bild 1.7: Beispiel für ein Netbook

Die Schnittstellenausstattung beschränkt sich in der Regel auf ein bis drei USB-Buchsen, je einen Audio-Ein- und -Ausgang, einen Kartenleser und einen Ausgang für ein externes Display (z.B. Micro-HDMI, Kap. 1.7.6.4). Ein WLAN-Modul ist bei allen Geräten integriert, immer mehr Netbooks verfügen auch über ein UMTS- oder LTE-Modem (Kap. 1.7.8 und „Vernetzte IT-Systeme", Kap. Mobilfunknetze). Meist werden Netbooks mit einem Windows-Betriebssystem (Basisversion, Kap. 2.3) angeboten, sie sind wahlweise aber auch mit Linux erhältlich.

Als Alternative besteht die Möglichkeit, ein Netbook mit dem von Google entwickelten Betriebssystem **Chrome OS** zu erwerben 2736 × 1824. Vom Ansatz her ist ein solches Netbook lediglich mit einem kleinen SSD-Speicher (z.B. 32 GByte) ausgestattet und speziell darauf abgestimmt, Anwendungsprogramme *nicht* lokal zu installieren, sondern diese als Cloud-Anwendung („Vernetzte IT-Systeme", Kap. 2.4.2) über das Internet zu nutzen und sämtliche Daten auch dort dezentral zu speichern. Da beim Systemstart kaum Software geladen werden muss, liegt die Bootzeit unter 10 Sekunden. Google bezeichnet diese Netbooks werbewirksam als „**Chromebooks**".

1.1.4 Tablet

Ein **Tablet (engl. „Schreibtafel")** ist ein mobiler Computer („Tablet-PC") in einem sehr flachen Gehäuse (≤ 2 cm) ohne Maus und Tastatur. Die Bedienung erfolgt mit einem digital arbeitenden Stift (Stiftfunktion) oder direkt mit dem Finger (Touchfunktion) über das berührungsempfindliche Display, welches meist die gesamte Oberseite des Gehäuses ausfüllt.
Ein **konvertibles Tablet** besteht aus zwei zusammengehörenden Komponenten. Der Tablet-Teil sieht wie ein handelsübliches Tablet aus und kann auch unabhängig so genutzt werden (Tablet-Modus). Durch Kombination mit dem zugehörigen Tastatur-Teil bietet das Gerät erweiterte Funktionalität und kann wie ein handelsübliches Notebook genutzt werden (Notebook-Modus). Alternativ findet man auch die Bezeichnungen **Hybrid-Tablet** oder **Two-in-One**.

Die technische Ausstattung und der Funktionsumfang aktueller konvertibler Tablets ist vergleichbar mit einem klassischen Notebook, d.h. sie arbeiten mit aktuellen Windows- oder Linux-Betriebssystemen und verfügen je nach Ausstattung über die handelsüblichen Schnittstellen (z.B. USB, HDMI, eSATA), eine leistungsstarke CPU (z.B. Core i7), eine SSD und einen bis zu 8 GByte großen Arbeitsspeicher. Die Displaygrößen reichen von 11 Zoll bis zu 13,3 Zoll bei einer Auflösung von bis zu 2736 × 1824 Pixeln (z.B. Microsoft Surface Pro 4; Seitenverhältnis 3:2 Kap. 1.9.1). Abhängig vom jeweiligen Gerät ist der Tablet-Teil abnehmbar oder um 360° umklappbar (Bild 1.8). Zur Bedienung im Tablet-Modus ist eine Unterstützung von Stift- bzw. Touchfunktionen seitens des Betriebssystems erforderlich. Diese Funktionen werden bei aktuellen Windows-Versionen während der Installation ebenso automatisch auf einem Tablet installiert wie eine Handschrifterkennung und ein sogenanntes **Mathepad** (Bildschirmbereich zur handschriftlichen Eingabe mathematischer Formeln mit jeweils anschließender Editierung). Einige Hersteller stellen zusätzlich Spezialsoftware zur optimalen Bedienung im Tablet-Modus zur Verfügung (z.B. automatische Displayrichtung, Helligkeitssteuerung, Stiftkalibrierung usw.).

a)   b)

Bild 1.8: Beispiele für konvertible Tablets: a) Tablet-Teil um 360° klappbar, b) Tablet-Teil abnehmbar

Hochwertige Tablets können zwischen Finger- und Stifteingabe unterscheiden; sie schalten die Fingerbedienung automatisch ab, sobald sich der mitgelieferte Stift (Stylus; Kap. 1.11.6) in der Nähe des Displays befindet. Auf diese Weise werden Fehleingaben (z.B. verursacht durch aufliegende Handballen) verhindert.

Mit der Markteinführung des **iPads** der Firma Apple wurde eine völlig neue Art von Tablet kreiert. Das iPad und die nachfolgenden vergleichbaren Geräte anderer Anbieter unterscheiden sich in wesentlichen Punkten von den bisherigen Tablet-Computern.

a)   b)

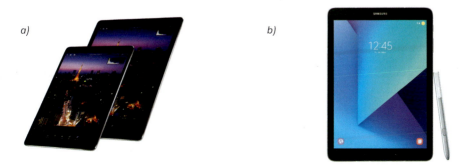

Bild 1.9: Beispiele für Tablets: a) iPad Pro, b) Tablet von Samsung (Galaxy Tab)

Sie sind primär für fingerbedienbare Anwendungen ausgelegt und verwenden meist CPUs auf **ARM-Basis** (Kap. 1.3). Diese benötigen anders geartete Betriebssysteme als die herkömmlichen Desktop- oder Tablet-PCs. Abhängig vom jeweiligen Tablet-Hersteller werden folgende ARM-kompatible Betriebssysteme eingesetzt (Bild 1.10):

Tablets im Stil eines iPads, auf denen ein klassisches Windows-Desktop-Betriebssystem läuft, haben derzeit nur einen geringen Marktanteil. Mit der Einführung eines neuartigen Windows-Tablet-Typs (ehemalige Microsoft-Marketingbezeichnung: **Cellular-PC**), bei dem eine spezielle Windows-10-Version auch auf ARM-Prozessoren ausführbar ist, soll sich dies maßgeblich ändern.

Bezeichnung	Hersteller
Android (Kap. 2.5.6)	Google
iOS (Kap. 2.5.7)	Apple

Bild 1.10: Tablet-Betriebssysteme mit den höchsten Marktanteilen

Tablets des iPad-Typs sind extrem dünn ($\leq$ 1,5 cm) und speziell auf die mobile Kommunikation mit dem Internet ausgelegt. Je nach technischer Ausstattung erfolgt die Internetverbindung

- mittels eines eingebauten WLAN-Adapters, der den Zugang über einen in Reichweite befindlichen WLAN-Access-Point herstellt und/oder

- über ein eingebautes Mobilfunkmodem, mit dem sich das Gerät per UMTS oder LTE in ein vorhandenes Mobilfunknetz („Vernetzte IT-Systeme", Kap. Mobilfunknetze) einwählt. Dieses stellt dann die Verbindung zum Internet her. Das direkte Telefonieren wie mit einem klassischen Handy ist über dieses Modem meist nicht möglich, mit entsprechenden Zusatzprogrammen (z.B. FaceTime, Skype) und einer eingebauten Frontkamera kann allerdings Videotelefonie betrieben werden.

Ein Tablet mit integriertem Mobilfunkmodem kann selbst als privater Hotspot dienen. Hierbei wird eine bestehende UMTS- oder LTE-Verbindung über das Tablet per WLAN auch anderen Geräten zur Verfügung gestellt.

Die Fähigkeit eines Gerätes, über eine Mobilfunkverbindung anderen Geräten per WLAN einen Internetzugang zur Verfügung zu stellen, wird als **Tethering** bezeichnet.

Voraussetzung ist hierzu allerdings ein entsprechender Mobilfunktarif, der diese Funktion auch unterstützt.

Weitere gängige Merkmale von Tablets sind:

- Geringes Gewicht (z.B. iPad 9,7 Pro: ca. 440 Gramm bei einer Größe von ca. 24 cm × 16,9 cm × 0,65 cm)

- Je nach Gehäuseabmessungen sensitive Displays von 8 Zoll bis 13 Zoll; die Auflösungen liegen hierbei je nach Displaygröße und Preis zwischen 800 × 480 Pixel und 2736 × 1824 Pixel (z.B. Surface pro 4; Displayformat: 3:2) bei Helligkeitswerten bis zu 500 cd/m^2 (Kap. 1.12.1)

- Multitouch-Bedienung durch Fingerberührung (Gestensteuerung ohne Druck auf das Display auszuüben aufgrund kapazitiver Touchtechnologie; Kap. 1.12.2)

- Ohne langen Bootvorgang sofort betriebsbereit und intuitiv bedienbar

- Kein integriertes Festplattenlaufwerk, sondern lediglich ein interner SSD-Speicher (Kap. 1.8.2), der nachträglich nicht erweiterbar ist

- Keine oder nur eine geringe Anzahl von externen Schnittstellen, auch ein Slot für externe Speicherkarten ist nicht immer vorhanden

- Durch sogenannte **Apps** (Abkürzung für **App**lications, d.h. kleine Programmtools) in ihrem Funktionsumfang multimedial erweiterbar

- Mobile Energieversorgung durch eingebauten Akku (Li-Ion, NiMH, Li-Polymer; Kap. 5.3.1.3); Akku-Aufladung meist über einen USB-Anschluss, anschließbar an die USB-Buchse eines Desktop-PC oder an ein entsprechendes externes Netzteil

Bei Geräten der Firma Apple kommen Hardware, Betriebssystem und Entwicklervorgaben aus einer Hand und sind somit optimal aufeinander abgestimmt. Da der vorhandene Internetbrowser aber kein Flash (spezielles Format für Videostreams) beherrscht, lassen sich eine Vielzahl von Webseiten nicht nutzen. Der Bezug von Software (Programme, Musik, Filme, E-Books) ist nur über den Apple-eigenen Verkaufsshop **iTunes** möglich. Die Installation von Programmen anderer Hersteller ist (legal) nicht möglich. Im Gegensatz zu Geräten auf Android-Basis muss man das iPad mit seinem iOS-Betriebssystem bei Erstbenutzung an einen PC anschließen und mit iTunes verbinden, da es ansonsten nicht startet.

Auch andere Hersteller von (mobilen) Betriebssystemen verwenden dieses Geschäftsmodell und erlauben zunächst nur die Installation von Software aus dem eigenen Verkaufsshop (z.B. Google, Microsoft), jedoch nicht so restriktiv wie Apple (d.h. nach einer Änderung der Systemeinstellungen sind auch Apps aus alternativen Quellen installierbar).

1.1.5 Smartphone

Als **Smartphone** bezeichnet man einen Kleinst-Computer im Taschenformat (früher: „Pocket-PC"; Abmessungen ca. 7 cm × 15 cm × 0,8 cm; B × H × T), bei dem die Funktionen eines Mobiltelefons (Handy) und eines elektronischen Organizers (**PDA**: **P**ersonal **D**igital **A**ssistant) verknüpft werden. Es verfügt über ein Betriebssystem, welches dem Benutzer die Installation einer Vielzahl individueller Anwendungen (Apps) ermöglicht, die ursprünglich einem Desktop-PC vorbehalten waren.

Aktuell gibt es bei den Smartphones mehrere unterschiedliche Betriebssysteme, wobei der weitaus größte Marktanteil bei Android liegt:

Bezeichnung	Hersteller
Android	Open Handset Alliance, Google
Apple iOS	Apple
Windows 10 Mobile	Microsoft
Tizen	Intel, Samsung, Linux Foundation

Bild 1.12: Beispiel für ein Smartphone

Bild 1.11: Smartphone-Betriebssysteme

Die Bedienung erfolgt über das sensitive TFT- bzw. AMOLED-Display (Kap. 1.12.3ff.). Hierbei hat sich durchgängig die Gestensteuerung per Finger gegenüber der Stifteingabe durchgesetzt. Die Texteingabe erfolgt über eine eingeblendete Bildschirmtastatur (Soft-keyboard), nur vereinzelt sind Geräte zusätzlich noch mit einer Tastatur ausgestattet. Als CPU werden speziell konfigurierte energiesparende ARM-Prozessoren mit geringen Abmessungen verwendet, die Taktfrequenzen liegen zum Teil oberhalb von 1,5 GHz. Gängige Praxis ist inzwischen der Einsatz von Mehrkern-Prozessoren (z.B. Quadcore, Octacore).

Abhängig vom Preis werden je nach Modell folgende mögliche Ausstattungsmerkmale zur Verfügung gestellt:

Ausstattung	Merkmale/Apps (Beispiele)
Kommunikation	VoIP-Telefonie Videofonie Chat SMS, MMS E-Mail Internet
Medienwiedergabe	Audioplayer Videoplayer Foto- und Videokamera Bildbetrachter E-Book-Reader PDF-Reader Radio-Empfänger TV-Streaming Sprachaufnahme/Diktiergerät
Datenspeicher	Interner Flash-Speicher Slot für zusätzliche Speicherkarte
Spielekonsole	Diverse Spiele
Navigation	**GPS**-Empfänger (**G**lobal **P**osition **S**ystem; satellitengestützte Standortbestimmung) **A-GPS** (Assisted-GPS = Standortbestimmung durch zusätzliche Aus-wertung des vom Smartphone gesendeten Funksignals), alternativ auch **GLONASS**-Empfänger (**Glo**balnaja **na**wigazionnaja **s**putnikowaja **s**istema, russische Alternative zum amerikanischen GPS) Landkarten Standortbezogene Dienste („Local Awareness"; POI: Points of Interest)
Organizer-Funktionen (PIM: Personal Information Manager)	Office-Anwendungen (Textverarbeitung, Tabellenkalkulation, Grafikerstellung usw.) Adressbuch Terminkalender Notizen, Aufgabenliste, Geburtstagsliste
Datenverbindungen	USB Bluetooth Tethering WLAN (Wireless Local Area Network) GSM (Global System for Mobile Communication) GPRS (General Packet Radio Service) HSCSD (High Speed Circuit Switched Data) UMTS (Universal Mobile Telecommunications System) HSPA (High Speed Packet Access)

Ausstattung	Merkmale/Apps (Beispiele)
	LTE (Long Term Evolution) NFC (Near Field Communication: Drahtlose Kommunikation über wenige Zentimeter, siehe RFID, Kap. 4.3.8) Fernsteuerungsfunktion (mittels Funktechniken oder per Infrarot; z. B. lokal bei Fernsehgeräten als Alternative zur beigefügten Fernbedienung oder extern via Internet zur Steuerung von Heizung und Rollladen im sogenannten „Smart Home")
Sensoren	Bewegungssensor Lagesensor Magnetfeldsensor Lichtsensor Näherungssensor

Bild 1.13: Funktionen und technische Ausstattung von Smartphones (Beispiele)

Alle gespeicherten Informationen lassen sich mit einer jeweils vorhandenen Desktop-Anwendung synchronisieren. Je nach Gerät bzw. Betriebssystem erfolgt der Datenabgleich direkt mit dem Home-PC oder über das Internet. Teilweise ist die Synchronisation bzw. die Datenspeicherung auch nur im Internet möglich („Cloud-Computing" „Vernetzte IT-Systeme", Kap. 2.4.2). Hierdurch bildet das Smartphone die Basis für eine individuelle, multifunktionale und mobile Büro- und Datenkommunikation mit nur einem Gerät. Eine eindeutige Abgrenzung zwischen den Produktgruppen „Handy" und „Smartphone" ist heute nicht immer möglich.

Mit einem Smartphone, das sich per WLAN über einen Hotspot ins Internet einwählen kann, sind auch (meist kostenlose) VoIP-Telefonate möglich.

Die meisten Smartphones haben derzeit eine Micro-USB-Buchse, über die ein handelsübliches Ladegerät angeschlossen werden kann, sofern dieses der Norm EN 62684 entspricht. Diese Norm legt einige Sicherheitsvorschriften fest (z.B. Überspannungs- und Überstromabschaltung, maximale Störemissionen). Eine Aufladung ist auch bei Anschluss per USB an einem PC möglich. Ein EU-Gesetzentwurf sieht vor, ab 2017 alle Mobilgeräte einheitlich mit einer genormten Anschlussbuchse für den Ladevorgang auszustatten (z. B. USB Typ C; Kap. 1.6.3). Vielfach werden auch Smartphones angeboten, die eine kontaktlose Aufladung ermöglichen. Hierzu muss das Gerät lediglich auf eine Ladeschale gelegt werden. Die Energieübertragung erfolgt automatisch mittels induktiver Kopplung (Kap. 5.4.2.4).

Bei vielen Smartphones ist der Akku fest eingebaut und kann nicht gewechselt werden. Wird der Akku unbrauchbar (Ladezyklen, Kap. 5.3.1.3), kann das Gerät auch bei noch intakter sonstiger Technik nicht weiter verwendet werden (Recycling und Umweltschutz, Kap. 1.14.2).

Für Smartphones mit einem vergleichsweise großen Touchscreen (> 5 Zoll) wurde zwischenzeitlich die Bezeichnung **Phablet** kreiert, eine Wortkombination aus *Phone* und *Tablet*. Diese lassen sich zusätzlich zu den Fingern vielfach auch mit einem speziellen Eingabestift (Kap. 1.11.6) bedienen.

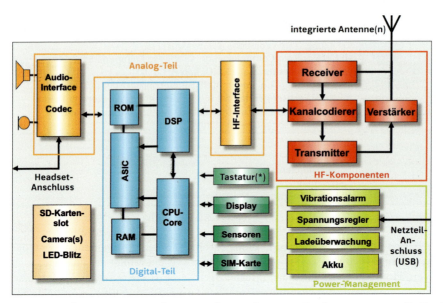

(*): Nur noch wenige Smartphones verfügen über eine Hardwaretastatur; die Buchstaben- und Zahleneingabe erfolgt über das Display.

Bild 1.14: Blockschaltbild eines Smartphones

Funktionsblock	Merkmale und Eigenschaften
HF-Komponenten	– Multi-Mode/Multi-Band-Transceiver (Transmitter und Receiver: Sender und Empfänger; HF: **H**ochfrequenz) – Unterstützung verschiedener Übertragungsverfahren und Frequenzbereiche (z. B. für GSM, UMTS, LTE, WLAN, Bluetooth, NFC, GPS) – HF-Verstärker mit automatischer Leistungsregelung – Kanalcodierung und -decodierung
Digital-Teil	– Die wichtigsten Elemente sind ein digitaler Signalprozessor (DSP), ein leistungsfähiger Mehrkernprozessor, ein programmierbarer und damit künftigen Entwicklungen anpassbarer ASIC-Baustein (Application Specific Integrated Circuit, Kap. 5.5.5) sowie ROM- und RAM-Bausteine zur Speicherung von Software und von benutzerabhängigen Daten (z. B. Adressen, Telefonnummern, Applikationen, Spiele usw.)
Analog-Teil	– Datenschnittstelle zu den HF-Komponenten – A/D- bzw. D/A-Wandlung für die Signalumsetzung zwischen DSP und analogem Audio-Interface sowie zwischen DSP und HF-Teil – Ansteuerung elektroakustischer Wandler (Kap. 5.4.2.1) – Automatische Verstärkungsregelung (AGC: Automatic Gain Control)
Power-Management	– Steuerung von Batterieaufladung und -entladung – Realisierung langer Betriebszeiten durch Stromsparfunktionen (Sleep, Stand-by, Abschalten ungenutzter Funktionsblöcke); Akku-Betriebszeiten: 3 bis 15 Std. (je nach Nutzerverhalten) – Steuerung von leistungsabhängiger Spannungsversorgung (DVS: Dynamic Voltage Scaling)

Bild 1.15: Erläuterungen zu den Smartphone-Funktionsblöcken

Jedes Smartphone hat intern eine (eindeutige), international gültige *Gerätekennung* gespeichert, die als IMEI-Nummer bezeichnet wird (**IMEI:** International Mobile Equipment

Identity; wird angezeigt durch Eingabe von *#06# auf der Telefon-Tastatur). Wird ein Gerät gestohlen und dann unrechtmäßig genutzt, lässt es sich anhand dieser Nummer, die bei jeder Nutzung übertragen wird, wiedererkennen bzw. sperren (sofern die IMEI-Nr. nicht mit entsprechender Software manipuliert wurde!). Die Identifizierung eines *Teilnehmers*, der mit einem Smartphone in einem Mobilfunknetz kommuniziert, erfolgt anhand der eingelegten **SIM-Karte** (Subscriber Identity Module). Auf dieser ist die international gültige, benutzerspezifische Teilnehmerkennung **IMSI** (International Mobile

Mini-SIM-Karte
2FF (Second Form Factor)
25 mm × 15 mm

Micro-SIM-Karte
3FF (Third Form Factor)
15 mm × 12 mm

Nano-SIM-Karte
4FF (Fourth Form Factor)
12,3 mm × 8,8 mm

Bild 1.16: SIM-Kartenformate

Subscriber Identity; z. B. für die Gebührenabrechnung) gespeichert. Bei einem Austausch der SIM-Karte in einem Gerät ändert sich somit zwangsläufig die Teilnehmerrufnummer. Für den Netzbetreiber ist dies gleichbedeutend damit, dass ein anderer Teilnehmer telefoniert. SIM-Karten gibt es in unterschiedlichen Größen, um diese möglichst platzsparend in mobile Geräte einbauen zu können (Bild 1.16). Anschlusstechnisch sind diese Formate untereinander kompatibel, sodass durch entsprechendes Zuschneiden bzw. Adaptereinsatz eine Größenanpassung an den vorhandenen Kartenslot möglich ist. SIM-Karten verfügen auch über einen Speicherbereich (meist bis zu 64 KiB, Kap. 4.3.2), in dem sich eine begrenzte Anzahl von Kontaktdaten und gesendeten/empfangenen SMS-Nachrichten dauerhaft speichern lässt. Im Gegensatz zu den genannten SIM-Karten kann man eine **eSIM-Karte** (embedded-SIM) nicht mehr auswechseln, da sie fest integriert und somit einem entsprechenden Smartphone oder einem anderen Gerät dauerhaft zugeordnet ist (Einsparung des Kartenslots, bei Anbieterwechsel keine neue Karte, sondern nur Umprogrammierung erforderlich). Die eSIM wird derzeit beispielsweise verwendet beim eCall-System in Kraftfahrzeugen, welches bei einem Unfall automatisch über das Mobilfunknetz Standortinformationen an eine Zentrale absetzen sowie eine Sprechverbindung zu einem Notruf aufbauen kann, oder beim Telemonitoring von Risikopatienten im ambulanten Bereich durch regelmäßige Erfassung von Vitalfunktionen mit automatischer Übertragung zum behandelnden Arzt (z. B. PhysioMem, Fa. getemed).

1.1.6 Desktop-PC

Ein **Desktop-PC** besteht im Wesentlichen aus einer Hauptplatine, deren Größe genormt ist und auf der die wichtigsten Verarbeitungseinheiten und Anschlüsse des Computers platziert sind. Vom Grundkonzept her lässt sich ein Desktop-PC individuell mit zusätzlichen Komponenten und einbaubaren Peripheriegeräten (z. B. Speicherriegel, Grafikkarte, Festplatte, DVD-/BD-Laufwerk) modular aufbauen.

Abgesehen von den Geräten zur Eingabe und zur Ausgabe (z. B. Tastatur, Maus, Display) befinden sich sämtliche Komponenten in einem genormten Metallgehäuse, dessen Größe die Anzahl der einbaubaren Geräte bestimmt (z. B. Anzahl der Einschübe, Bild 1.17).

Bild 1.17: Beispiele für Desktop- und Towergehäuse

Hierbei handelt es sich um sogenannte **Desktop-Gehäuse**, die meist auf dem Arbeitstisch stehen, oder um **Tower-Gehäuse**, die meist neben dem Arbeitstisch platziert werden. Die Gehäuse müssen aus Schutzgründen geerdet werden (Kap. 5.7.4).

> In Abhängigkeit von ihrer Größe unterscheidet man bei den Tower-Gehäusen **Mini-**, **Midi-** und **Big-Tower**.

Im Konsumerbereich werden bei dieser Geräteklasse meist **x86-Prozessoren** eingesetzt (Hersteller z.B. Intel, AMD), weniger verbreitet sind die PowerPC-Prozessoren von IBM und Motorola.

Um den Aufbau und die Arbeitsweise eines Desktop-PCs zu verstehen, reicht eine prinzipielle Darstellung wie in Bild 1.1 in der Regel nicht aus. Vielmehr ist eine genauere Betrachtung der einzelnen Bauteile, Komponenten und Baugruppen erforderlich. Hierzu zählen insbesondere:

- Die Eigenschaften des jeweils verwendeten Hauptprozessors (CPU)
- Die Hilfsprozessoren, die den Hauptprozessor bei seiner Arbeit unterstützen (Controller, Chipsatz)
- Die verwendeten Bussysteme und Punkt-zu-Punkt-Verbindungen, die sich u. a. in der Anschlusstechnik und der Daten-Übertragungsgeschwindigkeit unterscheiden (z.B. PEG, DMI, PCIe, SATA, Memory Bus)
- Die zur schnelleren Verarbeitung eingesetzten Zwischenspeicher (z.B. Cache)
- Die verschiedenen Ein- und Ausgabegeräte (z.B. Tastatur, Maus, TFT-Display, sensitive Touchscreen, Drucker)
- Die eingesetzten Medien zur dauerhaften Datenspeicherung (z.B. Festplatte, DVD, BD, Memory-Stick)
- Die Erweiterungen durch Zusatzkomponenten, die auf entsprechende Steckplätze (Slots) gesetzt werden, um den PC mit zusätzlichen oder verbesserten Eigenschaften auszustatten (z.B. High-End-Grafikkarte)
- Die für den reibungslosen Ablauf erforderlichen weiteren Baugruppen (z.B. Takterzeugung)
- Die Funktionsweise der angeschlossenen Peripheriegeräte (Display, Drucker, Maus, Tastatur usw.)

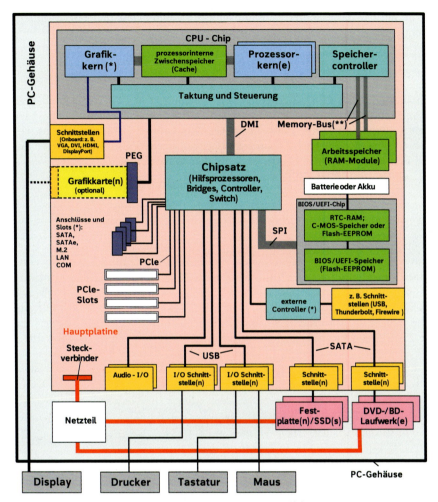

(*): optional, herstellerabhängig sind Abweichungen möglich
(**): bis zu 4 Speicherkanäle

Bild 1.18: Erweitertes Blockschaltbild eines Desktop-PC

Berücksichtigt man diese Komponenten, so ergibt sich ein komplexeres Blockschaltbild eines PC (Bild 1.18). Da man in der Lage ist, mehrere Millionen elektronischer Bauelemente (z. B. Widerstände, Transistoren, Kap. 5.5) in einen einzigen Halbleiterchip zu integrieren, werden heutzutage in der Regel mehrere der dargestellten Funktionsblöcke – insbesondere die Controller – auf einem einzigen IC untergebracht. Der Hauptanteil der integrierten Schaltungen wird auf der Hauptplatine (Trägerplatte) platziert.

Die Blockschaltbilder von anderen Geräteklassen (Barebone, Notebook, Nettop, Tablet) sehen prinzipiell ähnlich wie Bild 1.18 aus, weisen jedoch keine modulare Struktur auf und verfügen daher über weniger Erweiterungsmöglichkeiten. Auch die Anzahl der Schnittstellen ist geringer.

Die einzelnen in Bild 1.18 dargestellten Funktionsblöcke werden in den folgenden Kapiteln ausführlich behandelt.

1.1.7 Sonstige Geräteklassen

Weitere mögliche Geräteklassen sind im Folgenden zusammengefasst. Hierbei handelt es sich aber teilweise auch nur um spezielle Unterfamilien bereits genannter Klassen oder Marketingbezeichnungen einzelner Herstellerfirmen. Einplatinen-Computer, die in wesentlich kleineren Gehäusen betrieben werden als gewöhnliche PCs, werden allgemein auch als **Small Form Factor**-PCs (SFF) bezeichnet (Beispiel: Raspberry-Pi).

Nettop

Die Bezeichnung **Nettop** resultiert aus den Begriffen **Net**work und Desk**top** und wurde als Marketingbezeichnung von Intel kreiert. Es handelt sich um kleine und preiswerte Desktop-PCs mit eingeschränkter Funktionalität und geringerem Schnittstellenangebot.

Nettops sind WLAN-fähig und verfügen über eine Netzwerkschnittstelle (Gigabit-Ethernet). Der verwendete Atom-Prozessor kann ohne Lüfter betrieben werden, arbeitet daher geräuschlos und ist meist direkt auf dem Mini-ITX-Mainboard aufgelötet. Als Massenspeicher kommen SSDs (Kap. 1.8.2) zum Einsatz. Die Leistungsaufnahme ist sehr gering (unter 25 W), eine Erweiterung mit zusätzlichen Komponenten ist meist nicht möglich.

All-in-One-PC

Unter einem **All-in-One-PC** (**AiO**-PC) versteht man einen Computer, bei dem die gesamte Rechnertechnik mit in das Displaygehäuse eingebaut wird.

AiO-PCs können als platzsparende Desktop-Computer angesehen werden. Die Leistungs- und Ausstattungsmerkmale sind durchaus vergleichbar mit denen eines Desktops. Tastatur und Maus sind meist kabellos verbunden, lediglich das Netzkabel ist am Monitor angeschlossen. Populärer Vorreiter ist der iMac der Firma Apple.

Ultra-Mobile-PC

Unter einem **Ultra-Mobile-PC** (**UMPC**) versteht man einen kleinen portablen Computer, der per WLAN überall kommunizieren kann, eine geringe Leistungsaufnahme hat und mit verschiedenen Büroanwendungen sowie GPS ausgestattet ist.

UMPCs gehören prinzipiell zu den Tablet-PCs und wurden konzeptionell von Intel und Microsoft entwickelt. Sie werden über den vorhandenen, 7 bis 10 Zoll großen Touchscreen bedient und arbeiten mit Windows-Betriebssystemen. Neben Büroanwendungen (Office-Paket) kann das Gerät auch zur multimedialen Unterhaltung verwendet werden (Spiele, Video). Darüber hinaus ermöglicht der **GPS**-Empfänger (**G**lobal **P**osition **S**ystem) eine mobile Navigation.

E-Book-Reader

> Ein **E-Book-Reader** ist eine Geräteklasse mit Abmessungen von ca. 13 cm × 19 cm × 1,5 cm, die sehr leicht ist und speziell für die Darstellung elektronischer Publikationen konzipiert wurde.

Abhängig von den Gehäuseabmessungen liegen die Displaygrößen bei E-Book-Readern zwischen 6 und ca. 10 Zoll. Hierbei handelt es sich meist um touchscreenfähige monochrome E-Ink-Displays (Kap. 1.12.6), deren Auflösung je nach Modell und Preisklasse zwischen 600 × 800 Pixeln und 1600 × 1200 Pixeln variiert. Vereinzelt findet man auch farbige Displays mit dieser Technologie (Kap. 1.12.6). Um auch im Dunkeln lesen zu können, verfügen viele Geräte zusätzlich über eine integrierte LED-Beleuchtung (Kap. 5.5.4.1). Über eine Micro-USB-Buchse (Kap. 1.6.3) lässt sich der interne Akku laden und der Reader mit einem PC verbinden, um dort gespeicherte eBooks in den internen Flash-Speicher (Kap. 1.5.1.2) zu kopieren. Alternativ verfügen die Geräte auch über ein WLAN Modul, sodass ein eBook auch direkt aus dem Internet in den Flash-Speicher geladen werden kann. In

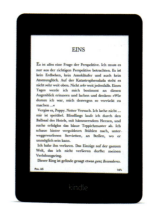

Bild 1.19: Beispiel für einen E-Book-Reader

diesem Speicher können bis zu 1500 eBooks abgelegt werden, über den vorhandenen Micro-SD-Kartenslot lässt sich dieser Speicher auch noch erweitern. Der Lithium-Polymer-Akku (Kap. 5.3.1.3) ermöglicht einen ununterbrochenen Betrieb über mehrere Tage. Das Gewicht eines Readers beträgt meist weniger als 500 Gramm.

Einige Hersteller statten ihre Geräte mit zusätzlichen Merkmalen aus, z. B. mit

- einem integrierten mp3-Player, um den Buchtext vorzulesen („Text-to-Speak-Funktion", hat jedoch nicht die Qualität eines Hörbuches) oder beim Lesen Musik zu hören;

- einem Staub- und Wasserschutz (Kennzeichnung gemäß DIN EN 60529, z. B. IP67; IP: International Protection; 6: „staubdicht"; 7: „Schutz gegen zeitweiliges Untertauchen").

Zu den Herstellern von E-Book-Readern gehören Acer, PocketBook, Kobo, Tolino und Amazon.

Verbunden mit einem E-Book-Reader ist ein Geschäftsmodell, bei dem man sich bei entsprechenden Anbietern in elektronischer Form vorliegende Bücher oder Zeitschriften auf sein Gerät lädt und diese dann dauerhaft oder für einen bestimmten Zeitraum nutzen kann. Gekaufte Literatur ist meist durch ein **DRM**-Verfahren (**D**igitales **R**echte-**M**anagement) gegen illegales Kopieren bzw. Weitergabe geschützt. E-Books werden in unterschiedlichen Formaten angeboten (z. B. TXT, PDF, EPUB, MOBI, AZW, KF8), jedoch kann nicht jeder eBook-Reader jedes Format lesen.

Wearable Computer

Wearable Computer („tragbarer Computer") oder kurz „**Wearables**" sind intelligente Kleinstcomputer, die am Körper getragen werden, in die Kleidung integriert sind oder sich in Alltagsgegenständen befinden. Im Gegensatz zu anderen mobilen PCs, mit denen der Benutzer meist aktiv eine Tätigkeit ausführt (z. B. SMS schreiben, Bilder ansehen, spielen), sollen

Wearables möglichst unbemerkt im Hintergrund arbeiten und den Nutzer in alltäglichen Situationen unterstützen oder seine Körperfunktionen überwachen. Zunehmend verbreiten sich insbesondere die folgenden Wearables:

- **Datenbrillen** (Smart Glasses, **AR**-Brillen), die beispielsweise Informationen zu gerade betrachteten Sehenswürdigkeiten auf die Glasoberfläche der Brille in das Gesichtsfeld des Betrachters einblenden (ortsbezogene Dienste als „Augmented Reality", also „erweiterte Realität")

- **Fitnessarmbänder** (Smart Bracelets), die beispielsweise über diverse Sensoren medizinische Werte aufzeichnen (z.B. bei sportlichen Aktivitäten Puls, Blutsauerstoff, Körpertemperatur, Kalorienverbrauch), die aber auch – leicht modifiziert z.B. durch Alarmfunktionen – in der Medizin- und Gesundheitstechnik zur permanenten Überwachung von chronisch Kranken eingesetzt werden können (**AAL: A**mbient **A**ssisted **L**iving)

- **Fitnessuhren** (Smart Watches), die auf dem Uhrendisplay zusätzlich zu Uhrzeit und gemessenen Körperdaten auch noch Wetterinformationen oder geografische Daten bzw. Trackingdaten (begrenzt) anzeigen können. Auch eine akustische Ausgabe ist teilweise möglich. Die Funktionsvielfalt lässt sich durch zusätzliche Apps individuell erweitern (z.B. Hinweise auf eingegangene Anrufe oder E-Mails).

Bild 1.20: Beispiele für Wearables

Viele der Geräte nutzen als Betriebssystem **Android Wear**, eine Android-Variante von Google. Die genannten Armbänder und Uhren können aufgenommene Messdaten bei Bedarf drahtlos an ein Smartphone, ein Tablet oder einen PC übertragen. Die Datenübertragung erfolgt über **Bluetooth Low Energy** (Kap. 1.7.9) oder **ANT+** (Funknetzstandard für Sensoren mit ANT-Modulen, die das lizenzfreie ISM-Band nutzen; Frequenzen zwischen 2,403 und 2,480 GHz mit 78 Kanälen, AES-Verschlüsselung mit 128 Bit, Übertragungsrate bis zu 20 Kibit/s; Peer-to-Peer- und Maschennetze sind unidirektional und bidirektional möglich). Aus Datenschutzgründen ist die Verwendung von Wearables (insbesondere Fitnessarmbändern) sehr kritisch zu betrachten, da eine Nutzung aller angebotenen Features nur nach vorheriger Registrierung beim Hersteller möglich ist. An diesen übermitteln die Geräte dann über eine App im Smartphone sämtliche aufgezeichneten Körper- und Bewegungsdaten. Der Nutzer kann dies im Regelfall nicht verhindern und besitzt keine Kontrolle über die weitere Verwendung dieser Informationen. Datenbrillen und Geräte für Geotracking können auch über ein integriertes GPS und teilweise auch über einen direkten Internetzugang über ein Mobilfunknetz verfügen. Sie haben eine sehr geringe Leistungsaufnahme (teilweise im µW-Bereich) und werden mit eingebauten Akkus oder wechselbaren Knopfzellen betrieben. Vereinzelt werden auch Verfahren des Energy Harvestings eingesetzt, um die zeitlich eingeschränkte Nutzung bei Batteriebetrieb zu umgehen.

Energy Harvesting nennt man die Gewinnung von kleinen Mengen an Energie aus alltäglichen physikalischen Gegebenheiten, wie beispielsweise Luftströmungen, Umgebungstemperaturen, Lichteinfall, Vibrationen oder elektromagnetischer Strahlung.

1

AUFGABEN

1. Was versteht man im Zusammenhang mit Computern unter dem „EVA-Prinzip"?

2. Die grundlegenden Funktionen eines Computers lassen sich in einem einfachen Blockschaltbild aus vier Funktionseinheiten darstellen. Skizzieren Sie ein solches Blockschaltbild und benennen Sie diese Einheiten.

3. Was verstand man ursprünglich unter einem Personal Computer? Wie wird die Abkürzung PC heute verwendet?

4. Welche Bezeichnungen können alternativ für einen Computer verwendet werden, um ggf. den Einsatzbereich näher zu beschreiben? Erläutern Sie die jeweilige Bezeichnung.

5. Was versteht man unter einer „PC-Geräteklasse"? Nennen Sie verschiedene Geräteklassen.

6. Was versteht man unter einem „Barebone"?

7. Nennen Sie wesentliche Unterschiede, die zwischen einem Desktop-PC und einem Notebook bestehen.

8. Welche drei Betriebszustände sind bei Notebooks spezifiziert? Erläutern Sie die Unterschiede.

9. Bei welchen Computertypen werden sogenannte Karteneinschübe zur Funktionserweiterung eingesetzt? Welche Kartentypen unterscheidet man? Nennen Sie wesentliche Eigenschaften.

10. Welche Unterschiede bestehen zwischen einem Netbook und einem Ultrabook?

11. Als Massenspeicher findet man bei Netbooks Festplattenlaufwerke oder SSD-Flash-Speicher. Nennen Sie jeweils Vor- und Nachteile beider Speichermedien.

12. Erläutern Sie die Unterschiede zwischen einem Tablet und einem konvertiblen Tablet.

13. Was versteht man unter dem Begriff „Tethering"?

14. a) Über welche Ausstattungsmerkmale verfügt ein modernes Smartphone?
    b) Wozu benötigt man bei einem Smartphone die IMSI-Nummer und die IMEI-Nummer? Erläutern Sie die Abkürzungen.

15. Erstellen Sie (sofern möglich mithilfe eines entsprechenden Programms in einem ansprechenden Layout) eine Tabelle oder ein Mind-Map, in der die typischen Komponenten eines Desktop-PC nach folgenden Kriterien aufgelistet werden:
    – Baugruppen auf der Hauptplatine
    – Komponenten innerhalb des Gehäuses
    – Externe Komponenten

16. Was versteht man unter der Kurzbezeichnung „Wearables"?

1.2 PC-Mainboard

Der Hauptbestandteil eines PC ist die Hauptplatine, auch **Motherboard** oder **Mainboard** genannt. Sie besteht aus einer Trägerplatte aus Kunstharz (Platine), auf der die elektronischen Bauteile (Widerstände, Kondensatoren, ICs, Steckverbinder usw; Kap. 5.5) angeordnet werden, die für die grundsätzliche Funktion eines PC erforderlich sind. Die Trägerplatte enthält in mehreren Schichten (Layer) elektrisch leitfähige Bahnen, über die die entsprechenden Bauelemente miteinander verbunden sind und über die Daten in Form von elektrischen Strömen fließen können. Allgemein wird eine solche Platine auch als „gedruckte Leiterplatte" (**Printed Circuit Board**, **PCB**) bezeichnet. Diese Bezeichnung leitet sich aus den speziellen fotodrucktechnischen Verfahren ab, die beim Herstellungsprozess der Leiterbahnen angewendet werden. Da sehr viele elektrische Verbindungen untergebracht werden müssen, sind diese Leiterbahnen, die in der Regel aus Kupfer oder Silber bestehen, sehr dünn. Wegen dieser geringen Abmessungen sind sie mechanisch nur wenig belastbar.

Aufgrund aktueller EU-Richtlinien (RoHS, Kap. 1.14.2) dürfen bei der Herstellung nur Materialien verwendet werden, die wenig umweltbelastend sind („Green Mainboard").

> Das **Mainboard** ist Träger der wichtigsten elektronischen Komponenten des PCs. Es muss ohne mechanische Verspannung in das PC-Gehäuse eingebaut werden, da sich ansonsten Mikrorisse in den Leiterbahnen bilden können, die eine einwandfreie Funktion verhindern.

1.2.1 Formfaktor

Die Trägerplatinen unterliegen in ihrer Größe und ihrem prinzipiellen Aufbau einer Normung, um herstellerübergreifend den Einbau in entsprechende Gehäuse zu ermöglichen.

> Die Normung von Motherboards wird als **Formfaktor** bezeichnet.

Am weitesten verbreitet bei den Desktop- und den Tower-PCs ist zurzeit der sogenannte **ATX**-Formfaktor (**A**dvanced **T**echnology E**X**tended). Dieser zeichnet sich insbesondere durch die folgenden Merkmale aus:

- Die Abmessungen des ATX-Boards betragen standardmäßig 12" × 9,6" (12" lies: 12 Zoll; 1 Zoll = 2,542 cm; somit ca. 305 mm × 244 mm).
- Die Anordnung der Löcher zur Befestigung des Boards im PC-Gehäuse ist genau vorgegeben.
- Das Board ist in verschiedene Bereiche aufgeteilt. Innerhalb dieser Bereiche ist jeweils die maximal zulässige Höhe der vorhandenen Bauteile (ICs, Steckkarten, Lüfter, Kühlkörper, Anschlüsse) vorgegeben.
- Die Anordnung der Anschlüsse für die externen Schnittstellen (Kap. 1.7) ist genormt und erfolgt in einem speziellen Bereich an einer Seite des Boards.
- Der ATX-Netzteileinschub besitzt genormte Abmessungen, Eigenschaften und Anschlüsse (Kap. 1.10).
- Der Anschluss des Boards an das PC-Netzteil erfolgt mit einem verpolungssicheren Stecker. Die Pin-Anordnung des Anschlusssteckers ist genormt.

Des Weiteren existiert ein spezieller Mini-ATX-Formfaktor, bei dem die Board-Abmessungen ca. 11,2" × 8,2" betragen, sowie ein Micro-ATX-Formfaktor (µATX) mit den Abmessungen 9,6" × 9,6". Diese kleineren ATX-Boards sind kostengünstiger herstellbar, da einige Komponenten anzahlmäßig reduziert wurden (z.B. weniger Erweiterungsslots, zum Teil auch geringerer Leistungsumfang des BIOS/UEFI).

Bei den Netbooks findet man meist den **Mini-ITX-Formfaktor (ITX**: Integrated Technology eXtended). Mini-ITX-Boards weisen mit 17 cm × 17 cm (6,7" × 6,7") wesentlich kleinere Abmessungen als ein ATX-Board auf. Sie können jedoch in einem ATX-Gehäuse befestigt und von einem ATX-Netzteil über einen 20-poligen Normstecker (Kap. 1.10) mit Energie versorgt werden.

Bild 1.21: Beispiel für ein Micro-ITX-Board

1.2.2   Mainboard-Komponenten

Auf einem Mainboard befinden sich in der Regel die folgenden Baugruppen bzw. Komponenten:

- Sockel für den Hauptprozessor (CPU, Kap. 1.3)
- Chipsatz (Hilfsprozessoren, Kap. 1.4)
- IC für das BIOS/UEFI (Flash-EEPROM, Kap. 1.5.1)
- Batterie, die bei Abschaltung vom 230-V-Netz die Energieversorgung der Systemuhr übernimmt
- Hilfskomponenten (Support-Bausteine, z.B. Schwingquartz, Timer-IC als Taktgeber, Echtzeituhr, Controller)
- Steckplätze für den Hauptspeicher (RAM-Speicher, Arbeitsspeicher, Kap. 1.5.3)
- Steckplätze für Erweiterungskarten (Slots, Kap. 1.9)
- Schnittstellenanschlüsse (z.B. HDMI, USB, Firewire, Audio, LAN, SATA, eSATA, Kap. 1.7)
- Anschluss für die Spannungsversorgung des Mainboards
- sonstige Anschlusskontakte, **Jumper** und **Pfostenstecker**; Informationen über vorhandene Anschlüsse und deren Funktion sind dem Manual des Motherboards zu entnehmen (z.B. für Power LED, System Speaker, Reset, Lüfter; Bild 1.24).

Mainboards werden von verschiedenen Herstellern angeboten. Trotz der jeweils vorgegebenen Spezifikationen unterscheiden sich die Boards der verschiedenen Hersteller sowohl in der Leistungsfähigkeit (z.B. Prozessor, Chipsatz) als auch in der Anzahl der verwendeten Komponenten (z.B. Slots, Schnittstellen).

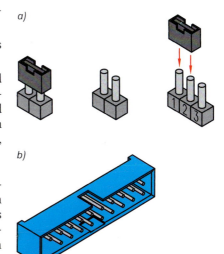

Bild 1.22: a) Jumper, b) USB-Pfostenstecker

Auch die Anordnung einzelner Komponenten ist unterschiedlich, da ein Standard in vielen Fällen lediglich vorgibt, *wie* einzelne Komponenten platziert werden müssen, aber nicht exakt *wo*. Hieraus resultieren ggf. auch geringfügige Größenunterschiede. Zur eindeutigen Unterscheidung der vorhandenen Anschlüsse und Steckplätze sind diese meist farblich gekennzeichnet. Zu jedem Mainboard gehört ein Handbuch (Manual), in dem die Lage der einzelnen Komponenten bzw. Baugruppen dargestellt wird.

Bild 1.23 zeigt beispielhaft ein ATX-Board in der Draufsicht, aus der man die Lage der wichtigsten Bauelemente entnehmen kann.

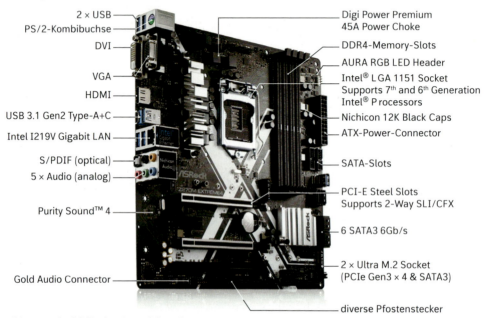

Bild 1.23: Beispiel für ein ATX-Mainboard

Des Weiteren beinhaltet das Manual Warnhinweise über den Umgang mit den vorhandenen Komponenten. Diese sollte man beachten, da sonst an einzelnen Bauteilen Funktionsstörungen durch elektrostatische Einflüsse auftreten können (Bild 1.25).

Weitere elektronische Bauelemente dienen der sicheren Funktion sowie der Unterdrückung von elektrischen Störungen (z. B. Spannungswandler: ICs zur Erzeugung und Stabilisierung benötigter Versorgungsspannungen; Kondensatoren, engl. Caps, zur Störunterdrückung; Kap. 5.5).

Im Zuge der technischen Weiterentwicklung ist der Aufbau jedes

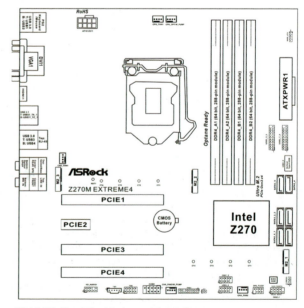

Bild 1.24: Vereinfachte Layoutdarstellung

Mainboards einem ständigen Wandel unterworfen. So wird beispielsweise die Anzahl elektronischer Einzelkomponenten auf künftigen Mainboards wesentlich kleiner werden, wohingegen die Integrationsdichte steigen wird. Des Weiteren ist abzusehen, dass sich die Normen der vorhandenen Slots und Steckverbindungen verändern werden.

Weitere aktuelle Informationen und Entwicklungen hierzu können entsprechenden Fachzeitschriften oder den Internetseiten der Anbieter entnommen werden.

> # WARNING!
>
> Computer motherboards contain very delicate integrated circuit chips. To protect them against damage from static electricity, you should follow some precautions whenever you work on your computer.
> 1. Unplug your computer when working on the inside.
> 2. Use a grounded wrist strap before handling computer components. If you do not have one, touch both of your hands to a safely grounded object or to a metal object, such as the power supply case.
> 3. Hold components by the edge and do no t try to touch the chips, leads or connectors, or other components.
> 4. Place components on a grounded antistatic pad or on the bag that came with the component whenever the components are separated from the system.

Bild 1.25: Warnhinweise zum Umgang mit einem Motherboard

1.2.3 ACPI

Hinter der Abkürzung ACPI (**A**dvanced **C**onfiguration and **P**ower **I**nterface) verbirgt sich eine Spezifikation, die den direkten Betriebssystemeingriff für die Konfiguration und das Powermanagement von PCs beschreibt. Auf dem Motherboard befinden sich hierzu separate Leitungen zur Überwachung angeschlossener Komponenten (ACPI-Bus). Neben dem Schutz vor thermischer Überlastung ermöglicht ACPI auch die Steuerung verschiedener Energiesparmodi, aus denen sich ein PC schneller in den arbeitsbereiten Zustand versetzen lässt als durch einen gewöhnlichen BOOT-Vorgang (Kap. 3.1). Um dies zu realisieren, muss ein ACPI-fähiges Betriebssystem teilweise Aufgaben übernehmen, die sonst das System-BIOS erledigen würde. Die ACPI-Spezifikation unterscheidet insbesondere zwischen Betriebszuständen bezogen auf das Gesamt-System (**S-States**) und nur auf die CPU bezogen (**C-States** bzw. **P-States**; **P**: Performance).

Modus	Wesentliche Merkmale
S0	System ist voll funktionsfähig (normaler Betriebszustand)
S1 POS: Power-on-Suspend	– CPU im „Schlafmodus", d. h., er führt keine Anweisungen aus – Display ist aus – Speichermodule werden lediglich mit Energie versorgt, es erfolgen keine Zugriffe, lediglich ein erforderlicher „Refresh" (Kap. 1.5.2.2) in Selbststeuerung – Netzteil und Bussysteme bzw. Punkt-zu-Punkt-Verbindungen arbeiten normal – Vorteil: PC ist in kürzester Zeit wieder voll betriebsbereit

Modus	Wesentliche Merkmale
S2	Wie S1, jedoch zusätzlich CPU völlig spannungslos (wird wenig genutzt)
S3 STR: Suspend-to-RAM	– CPU verhält sich wie bei S1 – Das Mainboard erhält über die 5-V-Standby-Leitung (+5 VSB) Energie, um die RAMs im Self-Refresh mit Strom zu versorgen. Hierdurch wird der inhalt des Arbeitsspeichers gesichert. – Ansonsten wird das System abgeschaltet (Soft-off)
S4 STD: Suspend-to-Disc	– Das Betriebssystem erstellt ein „Image" des Arbeitsspeichers auf der Festplatte. – Danach wird das System komplett abgeschaltet (Soft-off ohne +5 VSB). – Bei einem Neustart wird ein kompletter Bootvorgang durchlaufen – Vorteil: Der PC kann komplett vom Versorgungsnetz getrennt werden, bei einem Neustart kann der Anwender dort weiterarbeiten, wo er aufgehört hat.
S5	– sogenannter Soft-off-Modus – Der gesammte PC ist nahezu abgeschaltet, jedoch liefert das Netzteil Spannung und das System kann durch Betätigung des Einschalttasters (meist an der Gehäusefront) gestartet werden.
C0	– CPU arbeitet normal; verschiedene P-States möglich
C1	– CPU wartet auf Befehle (leichter Schlafzustand)
C2, C3	– CPU in unterschiedlich tiefen Schlafzuständen (Sleep-Mode), dadurch verringerte Leistungsaufnahme (bis zu 15 W)
C4, C5, C6	– CPU in verschiedenen, sehr tiefen Schlafzuständen, Leistungsaufnahme bis ca. 10 W; vorwiegend bei Mobilprozessoren
C7	– CPU nahezu stromlos, Kernspannungen komplett abgeschaltet, Leistungsaufnahme < 0,5 W

Bild 1.26: ACPI-Betriebsmodi

Um ACPI nutzen zu können, müssen alle Komponenten im System entsprechend aufeinander abgestimmt sein (z.B. ACPI-konformes Netzteil), das BIOS bzw. das UEFI muss ACPI unterstützen und das Betriebssystem muss im ACPI-Modus installiert sein, was üblicherweise der Fall ist. Für jedes im System arbeitende Gerät muss ein ACPI-konformer Treiber installiert sein. Jeder ACPI-konforme PC verfügt zudem über entsprechende Interrupt-Mechanismen, die es ermöglichen, den PC bei externen Ereignissen wieder aus dem Sleep-Modus zu wecken (z.B. Betätigung der Tastatur). Einige Microsoft-Betriebssysteme (z.B. Windows 8, Windows 10) bieten dem Benutzer aber auch Stromsparoptionen an, die nicht zwingend auf der ACPI-Spezifikation basieren (z.B. der Hibernate-Modus). Die standardmäßigen ACPI-Einstellungen lassen sich im BIOS/UEFI unter dem Menüpunkt „Power" (Kap. 3.1.4) in vielen Bereichen individuell anpassen.

AUFGABEN

1. Was versteht man bei Mainboards unter dem sogenannten „Formfaktor"?

2. Welche Formfaktoren werden jeweils bei Netbooks und bei Desktop-PCs eingesetzt?

3. Was bedeutet die Abkürzung ATX? Nennen Sie Merkmale des ATX-Formfaktors.

4. Ein Mainboard ist gemäß dem sogenannten µATX-Formfaktor spezifiziert. Welche Abmessungen (in mm × mm) hat dieses Board?

5. Welche Komponenten sind auf einem Mainboard zu finden?

6. Welche Vorsichtsmaßnahmen sind beim Einbau eines Motherboards zu beachten (siehe z. B. Bild 1.25)?

7. Bei Windows-Betriebssystemen findet man häufig die Abkürzung ACPI. Was bedeutet sie und welche Funktionen werden hiermit beschrieben?

1.3   Prozessor

Der **Prozessor** – genauer der Hauptprozessor (**CPU: C**entral **P**rocessing **U**nit) – stellt das Kernstück eines PC dar und ist damit die zentrale Verarbeitungseinheit des Rechners.

Er basiert auf der sogenannten Mikrochiptechnologie, bei der mehrere Millionen (!) Transistoren (Kap. 5.5.4.2) auf einem nur wenige Quadratzentimeter großen Trägermaterial – dem **Mikrochip** – angebracht werden. Deswegen wird er oft auch als **Mikroprozessor** bezeichnet.

Zum Schutz vor mechanischen Einflüssen ist der Mikrochip in einem Gehäuse untergebracht; der elektrische Anschluss erfolgt über nach außen geführte Kontakte.

Der Mikrochip, auf dem der eigentliche Prozessor untergebracht ist, wird auch als **Prozessor-Die** (sprich: Dai) bezeichnet. Der Prozessor-Die ist wesentlich kleiner als die Prozessor-Platine, die die Unterseite des Prozessor-ICs mit den vorhandenen Kontakten bildet. Die mechanischen Abmessungen des ICs werden maßgeblich durch die Anzahl dieser Kontakte bestimmt.

Bild: 1.27: Beispiel eines Prozessor-ICs (Ober- und Unterseite)

1.3.1   Prozessor-Funktionsblöcke

Die klassischen Funktionsblöcke eines Prozessors, anhand derer man sich erste Kenntnisse über den Aufbau eines Prozessors erarbeiten kann, sind in Bild 1.28 dargestellt.

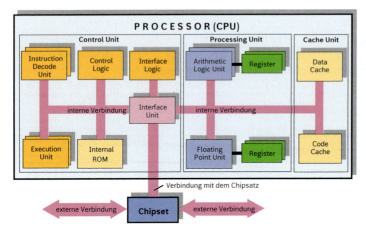

Bild 1.28: Grundlegende Funktionsblöcke eines Prozessors (CPU)

Funktionsblock	Funktion
Instruction Decode Unit (IDU)	**Befehlsdecoder**; „übersetzt" die eingehenden Befehle, die dem Prozessor als Programm übergeben werden, anhand eines prozessorinternen ROMs in den sogenannten Mikrocode und übergibt sie der Ausführungseinheit
Execution Unit	**Ausführungseinheit**; führt die im Mikrocode vorliegenden Befehle aus
Control Logic	**Kontrolleinheit**; steuert den Ablauf der Mikroprogramme
Internal ROM	**Interner ROM-Speicher**; beinhaltet die Mikroprogramme des Prozessors
Interface Logic	**Steuereinheit**; steuert und überwacht die internen Verbindungen
Interface Unit	Schnittstelle zwischen den internen Verbindungen und der Verbindung zum Chipsatz
Arithmetic Logic Unit (ALU)	**Arithmetisch logische Einheit**; führt arithmetische und logische Rechenoperationen aus
Floating Point Unit (FPU)	**Gleitkomma-Rechner**; führt Berechnungen mit Gleitkommazahlen aus
Register (REG)	**Register-Speicher**; spezieller Speicher für Zwischenergebnisse
Data Cache	**Cache-Speicher**; schneller Zwischenspeicher für Daten
Code Cache	**Cache-Speicher**; schneller Zwischenspeicher für Befehle (muss nicht unbedingt getrennt vom Daten-Cache sein)

Bild 1.29: Aufgaben der Prozessor-Funktionsblöcke

Das **Steuerwerk** (Control Unit) ist die umfangreichste Einheit des Prozessors, es steuert und kontrolliert sämtliche Vorgänge im PC.

Der **Befehlsdecoder** (IDU) benötigt für seine Arbeit unter Umständen eine längere Zeitspanne, als für die eigentliche Befehlsausführung erforderlich ist. Zur Geschwindigkeitssteigerung sind auf dem Prozessorchip deshalb oftmals mehrere parallel arbeitende IDUs integriert. Aus dem gleichen Grunde sind bei manchen Prozessoren die Ausführungseinheiten ebenfalls mehrfach vorhanden.

Das **Rechenwerk** (Processing Unit) umfasst neben der **ALU** und der **FPU** jeweils spezielle **Register** zur Zwischenspeicherung von berechneten Daten (z.B. A: Akkumulator; MR: Multiplikator-Register; MBR: Memory Buffer Register; IR: Instruction Register; MAR: Memory Address Register; PC: Program Counter). Die Registergröße kann 4, 8, 16, 32 oder 64 bit betragen. Ein spezielles Register der ALU ist der sogenannte **Akkumulator**, in dem das Ergebnis einer Rechenoperation abgelegt wird, um sofort wieder für die nächste Rechenoperation zur Verfügung zu stehen. Die ALU kann:

- mathematische Berechnungen (z.B. Addition, Subtraktion, Multiplikation, Division, Kap. 4.4.2.1) und

- logische Vergleiche (z.B. UND, ODER, NICHT, Kap. 4.4.1.1) durchführen.

Erst durch die ALU ist die CPU in der Lage, Prüfungen auf Gleichheit, Ungleichheit und Größe durchzuführen und damit entsprechend den Anweisungen eines Programms zu arbeiten.

Obwohl die ALU die Grundrechenarten extrem schnell ausführen kann, ergeben sich bei der Bearbeitung sehr großer und sehr kleiner Zahlen zeitaufwendige Arbeitsschritte, da sie keine – bei solchen Zahlen erforderliche – Gleitkomma-Zahlendarstellung (auch Fließkomma-Darstellung oder Gleitkomma-Notation, engl.: Floating Point Notation, genannt) beherrscht.

> Unter der **Gleitkomma-Notation** versteht man ein numerisches Format, das sich besonders für die Darstellung sehr großer und sehr kleiner Zahlen eignet. Es wird auch als Exponential-Schreibweise bezeichnet.

Die Speicherung und die Verarbeitung von Gleitkomma-Zahlen muss in zwei Teilen Mantisse und Exponent genannt – erfolgen.

Beispiel

195 400 000	$= 1954 \times 10^5$	entspricht	1954 E5
0,000000016	$= 16 \times 10^{-9}$	entspricht	16 E-9 ← Exponent

Mantisse

Hierbei sind zusätzliche Register zur Zwischenspeicherung erforderlich, ohne die sich der Rechenaufwand erheblich vergrößert und die Rechengeschwindigkeit geringer wird. Zur Verarbeitung solcher Zahlen werden spezielle Fließkomma-Prozessoren (FPU) eingesetzt, denen spezielle Register (**FPR**: **F**loating **P**oint **R**egister) zur Verfügung stehen. Moderne Prozessoren verwenden für diese Berechnungen aber auch die vorhandenen Verarbeitungseinheiten integrierter Grafikkerne (siehe unten).

Der im Prozessorgehäuse vorhandene **Cache**-Speicher dient der Vergrößerung der Arbeitsgeschwindigkeit des Prozessors (Kap. 1.3.4). Die dargestellte Struktur lässt sich mit zusätzlichen Funktionseinheiten erweitern, die nicht direkt der CPU zuzuordnen sind, sondern prinzipiell eigenständig arbeiten. Hierzu zählt insbesondere ein Prozessor für die Grafikfunktionen (GPU; Kap. 1.9.1.1), dessen Rechenfähigkeiten über die reine Bildberechnung hinaus geht und der deshalb auch zur Leistungssteigerung des Gesamtsystems genutzt werden kann.

Die Kombination aus einer CPU und einer GPU auf einem gemeinsamen Chip, bei der die GPU auch universelle, programmiertechnische Aufgaben ausführen kann, bezeichnet man als **APU** (**A**ccelerated **P**rocessing **U**nit).

Die Darstellung in Bild 1.28 zeigt lediglich grundlegende Funktionsblöcke, sie spiegelt aber nicht die wesentlich komplexeren Strukturen aktueller CPUs wider. Diese lassen sich bei Bedarf jeweils auf den entsprechenden Internetseiten der Hersteller finden.

Bei den Prozessoren unterscheidet man grundsätzlich zwischen der **Von-Neumann-Architektur** (englischer Mathematiker) und der **Harvard-Architektur** (Kap. 2.4). Beide basieren auf dem in Bild 1.1 visualisierten EVA-Prinzip.

Ein wesentlicher Unterschied zwischen beiden Strukturen besteht jedoch darin, dass bei dem Von-Neumann-Prinzip keine Trennung zwischen dem internen Speicher für Daten und für Programmcode besteht (Vorteil: einfachere Speicherverwaltung, effizientere Speicherausnutzung durch bedarfsorientierte Zuordnung; Nachteil: insgesamt langsamer wegen seriellem Zugriff). Bei der Harvard-Architektur hingegen werden Programme und Daten grundsätzlich in physikalisch voneinander getrennten Speicher- und Adressräumen abgelegt (Vorteil: höhere Leistungsfähigkeit durch Parallelzugriff auf Daten und Programmcode; Nachteil: höherer Verwaltungsaufwand, keine bedarfsorientierte, dynamische Speicherzuordnung möglich). Aktuelle Prozessoren basieren größtenteils auf dem Von-Neumann-Prinzip, jedoch findet man auch Mischformen beider Architekturen.

Im Laufe der Prozessorentwicklung wurden immer mehr Funktionen auf einem einzigen Mikrochip integriert. Neben den zentralen Funktionseinheiten (CPU, ALU, Register, Kontrolleinheiten) gehören hierzu auch zunehmend periphere Komponenten (Schnittstellen, Controller, Speicher).

Die zentralen Funktionseinheiten einer CPU werden als **Prozessorkern** (core) bezeichnet.

Die Komponenten des Prozessorkerns bestimmen maßgeblich die Eigenschaften und Leistungsmerkmale einer CPU. Zur vereinfachten Darstellung werden oft nicht die einzelnen Komponenten, sondern der gesamte Kern als Ganzes in einem einzigen Funktionsblock skizziert. Jeder Kerntyp benötigt zur Ansteuerung einen eigenen Befehlssatz. Die Kombination eines Kerntyps mit unterschiedlichen peripheren Funktionseinheiten (z.B. mit/ohne Speichercontroller, verschieden große Cachespeicher) auf dem gleichen Mikrochip führt zu Prozessorvarianten, die sich in ihrer Leistungsfähigkeit voneinander unterscheiden können.

Prozessoren mit gleichem Kern, aber unterschiedlichen peripheren Komponenten bilden eine **Prozessorfamilie.**

Zur Steigerung der Leistungsfähigkeit werden anstelle von Einkern-Prozessoren heute meist Mehrkernprozessoren eingesetzt.

> Ein **Mehrkernprozessor** besteht aus zwei, vier oder einer anderen Anzahl gleicher Kerne, die gemeinsam *auf einem einzigen Mikrochip* untergebracht sind.

Diese Kerne können gleichzeitig unterschiedliche Prozesse abarbeiten, sie können auch parallel einen einzigen Prozess ausführen. Bild 1.30 visualisiert einige grundsätzliche Prozessorstrukturen.

Prozessorstruktur	Merkmale
a) 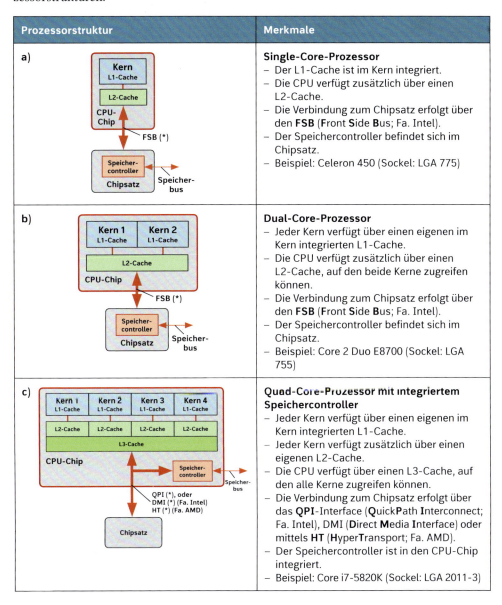	**Single-Core-Prozessor** – Der L1-Cache ist im Kern integriert. – Die CPU verfügt zusätzlich über einen L2-Cache. – Die Verbindung zum Chipsatz erfolgt über den **FSB** (**F**ront **S**ide **B**us; Fa. Intel). – Der Speichercontroller befindet sich im Chipsatz. – Beispiel: Celeron 450 (Sockel: LGA 775)
b)	**Dual-Core-Prozessor** – Jeder Kern verfügt über einen eigenen im Kern integrierten L1-Cache. – Die CPU verfügt zusätzlich über einen L2-Cache, auf den beide Kerne zugreifen können. – Die Verbindung zum Chipsatz erfolgt über den **FSB** (**F**ront **S**ide **B**us; Fa. Intel). – Der Speichercontroller befindet sich im Chipsatz. – Beispiel: Core 2 Duo E8700 (Sockel: LGA 755)
c)	**Quad-Core-Prozessor mit integriertem Speichercontroller** – Jeder Kern verfügt über einen eigenen im Kern integrierten L1-Cache. – Jeder Kern verfügt zusätzlich über einen eigenen L2-Cache. – Die CPU verfügt über einen L3-Cache, auf den alle Kerne zugreifen können. – Die Verbindung zum Chipsatz erfolgt über das **QPI**-Interface (**Q**uick**P**ath **I**nterconnect; Fa. Intel), DMI (**D**irect **M**edia **I**nterface) oder mittels **HT** (**H**yper**T**ransport; Fa. AMD). – Der Speichercontroller ist in den CPU-Chip integriert. – Beispiel: Core i7-5820K (Sockel: LGA 2011-3)

Prozessorstruktur	Merkmale
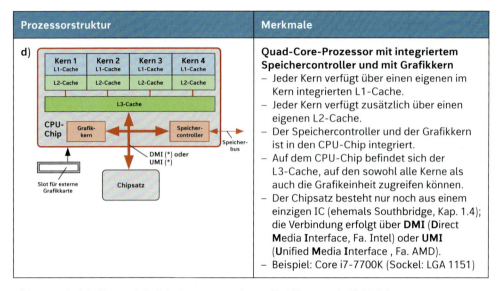	**Quad-Core-Prozessor mit integriertem Speichercontroller und mit Grafikkern** – Jeder Kern verfügt über einen eigenen im Kern integrierten L1-Cache. – Jeder Kern verfügt zusätzlich über einen eigenen L2-Cache. – Der Speichercontroller und der Grafikkern ist in den CPU-Chip integriert. – Auf dem CPU-Chip befindet sich der L3-Cache, auf den sowohl alle Kerne als auch die Grafikeinheit zugreifen können. – Der Chipsatz besteht nur noch aus einem einzigen IC (ehemals Southbridge, Kap. 1.4); die Verbindung erfolgt über **DMI** (**D**irect **M**edia **I**nterface, Fa. Intel) oder **UMI** (**U**nified **M**edia **I**nterface , Fa. AMD). – Beispiel: Core i7-7700K (Sockel: LGA 1151)

Bild 1.30: Beispiele für grundsätzliche Prozessorstrukturen (*: Erläuterung in Bild 1.31)

Prinzipiell gleichartig aufgebaut wie ein Quad-Core-Prozessor sind Prozessoren mit sechs oder acht Kernen (z.B. Core i7-6800K, Sockel LGA 2011-3). Darüber hinaus gibt es auch Prozessoren mit wesentlich mehr Kernen, die im Serverbereich eingesetzt werden (z.B. Xeon E7-4880v2 mit 15 Kernen).

Weitere charakteristische Unterscheidungsmerkmale bei den Prozessoren sind:

- Größe und Taktung des L2- und des L3-Caches (Kap. 1.5.4)

- Anzahl und Datenrate der unterstützten Speicherbusse (z.B. Dual-Channel, Triple-Channel, Quad-Channel; Kap. 1.5.3.3)

- Integration weiterer Funktionseinheiten in den CPU-Chip (z.B. PCIe Root Complex; Bild 1.41)

1.3.2   Prozessor-Kenngrößen

Die Leistungsfähigkeit eines Prozessors wird zunächst bestimmt durch die Geschwindigkeit, mit der er selbst arbeitet.

> Der **CPU-Takt** ist ein Maß für die Geschwindigkeit, mit der ein Prozessor arbeitet. Er wird gewöhnlich in Megahertz (MHz) oder Gigahertz (GHz) angegeben und ist im Prinzip die Frequenz, mit der ein Prozessor gemäß Herstellerangaben getaktet werden sollte.

Darüber hinaus wird seine Verarbeitungsgeschwindigkeit aber auch dadurch beeinflusst, wie schnell ihm erforderliche Daten aus dem Arbeitsspeicher (Kap. 1.5.3) und den peripheren Komponenten (z.B. Festplatte, Kap. 1.8.1) zur Verfügung gestellt werden. Die Schnelligkeit, mit der diese Daten zum Prozessor übertragen werden, hängt von der

Verbindungsart und der **Taktung** der Datenleitungen ab, über die er mit den Speichern bzw. dem Chipsatz verbunden ist. Hierbei existieren unterschiedliche Varianten.

Bezeichnung	Erläuterung
Front Side Bus (**FSB**)	– Verbindungsleitungen zwischen CPU und Chipsatz; verwendet bei älteren Intel-Prozessoren *ohne* integrierten Speichercontroller (Bild 1.30 a und b) – Überträgt Daten zwischen CPU, Arbeitsspeicher und Peripherie (z. B. Arbeitsspeicher) – Der FSB umfasst neben Steuer- und Taktleitungen 32 Adress- und 64 Datenleitungen – Der FSB-Bustakt beträgt gestuft je nach Version 100 MHz, 133 MHz, 166 MHz, 200 MHz, 266 MHz, 333 MHz, 400 MHz – Mithilfe der „**Quad-Pumped Technologie**" (Marketingbezeichnung der Fa. Intel; auch **QDR: Q**uadruple **D**ata **R**ate genannt) kann die Datenmenge pro Takt so vergrößert werden, dass z. B. die Datenrate auf einem mit 333 MHz getakteten FSB effektiv so groß ist wie mit einem 1333 MHz getakteten FSB; der 333 MHz getaktete Bus wird dann werbewirksam als „FSB-1333" bezeichnet – FSB-Takt und der CPU-Takt müssen in einem festen Frequenzverhältnis zueinander stehen (Prozessortakt = FSB-Takt × Muliplikator); der Multiplikator kann im BIOS begrenzt eingestellt werden
QuickPath Interconnect (**QPI**)	– Verbindungsleitungen zwischen CPU und Chipsatz; verwendet bei Intel-Prozessoren *mit* integriertem Speichercontroller ab der ersten Core-i-Generation (Bild 1.30 c) – Überträgt nur Daten zwischen CPU und Peripherie (z. B. Festplatte); der Arbeitsspeicher ist über den Speicherbus direkt an der CPU angeschlossen – Als **Referenztakt** wird ein 133-MHz-Signal verwendet; Speichercontroller und Kerne arbeiten mit unterschiedlichen Taktfrequenzen, die jeweils ein Vielfaches von 133 MHz sind. Bei einem Multiplikator von 32 ergibt sich beispielsweise ein CPU-Takt von 4,2 GHz (Core i7-7700K) – Bei einer Taktfrequenz von 4,2 GHz lassen sich bis zu 16,8 GiByte/s (Kap. 4.3.2) übertragen; da QPI als Punkt-zu-Punkt-Verbindung im Vollduplexbetrieb (gleichzeitiger Datentransfer auf den Aderpaaren in beide Richtungen) arbeitet, ergibt sich eine theoretische Datenrate von bis zu 33,6 GiByte/s zwischen CPU und Chipsatz. Wegen der verwendeten DDR-Übertragungstechnik (Kap. 1.5.3) spricht Intel bei der 4,2-GHz-QPI-Frequenz von 8,4 Gigatransfers pro Sekunde (8,4 GT/s; theoretischer Wert, in der Praxis kleiner und vom CPU-Modell abhängig)
HyperTransport (**HT**)	– Verbindungsleitungen zwischen CPU und Chipsatz; seit Längerem verwendet bei AMD-Prozessoren (Bild 1.30 c) – Der Arbeitsspeicher ist über den Speicherbus ebenfalls direkt an der CPU angeschlossen – Je nach HT-Version ergeben sich unterschiedliche Übertragungsraten: max. Taktfrequenz Datenrate pro Richtung HT 1.0: 0,2 bis 0,8 GHz bis ca. 50 Gibit/s HT 2.0: 0,2 bis 1,4 GHz bis ca. 90 Gibit/s HT 3.0: 0,2 bis 2,6 GHz bis ca. 165 Gibit/s HT 3.1: 0,2 bis 3,2 GHz bis ca. 205 Gibit/s – Übertragung mit LVDS-Signalen (1,2 Volt ± 5 %; Kap. 4.1.3)

1

Bezeichnung	Erläuterung
Direct Media Interface (**DMI** 2.0; **DMI** 3.0)	– Verbindungsleitungen zwischen CPU und Chipsatz; verwendet bei Intel-Prozessoren *mit* integriertem Speichercontroller ab der zweiten Core-i-Generation (Bild 1.30 d) – Bei DMI 2.0 handelt es sich prinzipiell um eine PCIe 2.0 × 4-Verbindung, bei DMI 3.0 um eine PCIe 3.0 × 4-Verbindung (Kap. 1.7.4). – Beide Versionen übertragen jeweils nur Daten zwischen CPU und an den Chipsatz angeschlossenen Peripheriegeräten (z. B. Festplatte). – Als **Referenztakt** wird ein 100-MHz-Signal verwendet (Base Clock, erzeugt auf dem Motherboard); Speichercontroller und Kerne arbeiten mit unterschiedlichen Taktfrequenzen, die jeweils ein Vielfaches von 100 MHz sind und mithilfe von Multiplikatoren im Prozessor erzeugt werden – **Dynamische Taktsteuerung**: wirkt gleichzeitig auf die Arbeitsfrequenzen der CPU-Kerne mit ihren Caches, den Grafikkern sowie den Arbeitsspeicher; dadurch ist ein Übertakten der CPU nur sehr eingeschränkt möglich, da sämtliche angeschlossenen Komponenten ihre Taktfrequenz von der Base Clock ableiten und nicht mehr unabhängig voneinander sind
Unified Media Interface (**UMI**)	– Bezeichnung der Fa. AMD für die Verbindung zwischen einer APU (**A**ccelerated **P**rocessor **U**nit, Kap. 1.3.1) und einem FCH (**F**usion **C**ontroller **H**ub, Kap. 1.4) – basiert auf der PCIe-Verbindungstechnik und ist damit vergleichbar mit DMI – Datenübertragungsrate bis zu 2 MiByte/s

Bild 1.31: CPU-Verbindungen mit dem Chipsatz (Angabe der Datenraten auch mit Dezimalpräfixen möglich, Kap. 4.3.2)

Der CPU-Takt ist heute allerdings nicht mehr die alleinige aussagekräftige Größe für die Leistungsfähigkeit bzw. die Arbeitsgeschwindigkeit des Prozessors, da die Bearbeitung einer Anweisung auch mehrere Takte dauern kann und sowohl von der Anzahl der vorhandenen Kerne sowie der in jedem Kern parallel arbeitenden Komponenten abhängt.

Aus diesem Grund werden bei Prozessor-Leistungsangaben auch häufig die folgenden Begriffe verwendet:

- **MIPS**
  MIPS ist die Abkürzung für „Millions of Instructions per Second", zu Deutsch „Millionen Anweisungen pro Sekunde". Sie gibt an, wie viele Anweisungen ein Prozessor durchschnittlich innerhalb einer Sekunde verarbeitet (zum Vergleich: Pentium III: 500; Core i7: >4000).

- **FLOPS**
  FLOPS steht für „Floating Point Operations per Second", zu Deutsch „Gleitkomma-Operationen pro Sekunde", und ist ein Maß für die durchschnittliche Rechenleistung eines Prozessors. Ein moderner Prozessor (z. B. Core i7-Serie) erreicht heute mehr als 100 GigaFLOPS (GFLOPS), ein Supercomputer liegt bei einigen PetaFLOPS (PFLOPS; 1 PFLOP = 10^{15} FLOPS).

- **Cache-Größe**
  Um die Verarbeitungsgeschwindigkeit zu erhöhen, besitzen aktuelle Prozessoren mehrere integrierte Cache-Speicher. Für die Effizienz des Caches ist neben seiner Größe auch die Frequenz entscheidend, mit der er getaktet wird (Kap. 1.5.4).

- **Herstellungstechnologie**
  Spricht man im Zusammenhang mit Prozessoren von der Herstellungstechnologie, so ist damit stets die Größe der integrierten Transistoren (Kap. 5.5.4.2) und deren elektrischen Verbindungen gemeint. Kleinere Strukturen bedeuten höhere Integrationsdichte und damit größere Funktionalität auf gleichem Raum sowie kürzere Verbindungen und damit geringere Signalaufzeiten. Zurzeit lassen sich Strukturen in einer Größe bis 14 nm realisieren (1 nm = 10^{-9} m). Hierbei ergeben sich Prozessor-Dies (sprich: Dais) zwischen 120 mm^2 bis 180 mm^2, wobei sich über 4 Milliarden Transistoren integrieren lassen (z.B. Core i7). Die nächste Prozessorgeneration liegt bei Strukturen von 10 nm, wobei bei gleichen Chipgrößen mehr als 5 Milliarden Transistoren integriert werden können. Hierdurch lassen sich insbesondere auch wesentlich größere Cache-Speicher bis zu mehreren Megabytes realisieren. Allerdings steigt mit höherer Integrationsdichte auch die Wärmeentwicklung pro Flächeneinheit.

- **Architektur**
  Unter Architektur versteht man bei Mikroprozessoren das technische Prinzip bzw. das Verfahren, nach dem Daten und Programme verarbeitet werden. Man unterscheidet zwischen CISC-Prozessoren und RISC-Prozessoren.

  - **CISC**
    ist die Abkürzung für „Complex Instruction Set Computing" und bezeichnet Allround-Prozessoren, die einen umfassenden, komplexen Befehlssatz verarbeiten können. Die einzelnen Befehle können sehr mächtig sein, die Ausführung eines Befehls erfordert in der Regel mehrere Taktzyklen.

  - **RISC**
    steht für „Reduced Instruction Set Computing" und bezeichnet Prozessoren, die nur einen verhältnismäßig kleinen, aber effizienten Befehlssatz verarbeiten können. Diese Befehle sind derart optimiert, dass sie sehr schnell – meist in einem einzigen Taktzyklus – ausgeführt werden können. Komplexe Befehle werden vor der eigentlichen Verarbeitung in entsprechend einfache Teile zerlegt. Hierdurch ist eine schnellere Verarbeitung möglich, für die Zerlegung sind jedoch zusätzliche Zwischenspeicher (Register) innerhalb des Prozessors erforderlich.

1.3.3 Prozessor-Generationen

Die ersten PCs wurden von der Firma IBM (International **B**usiness **M**achines) im Jahre 1981 auf den Markt gebracht. Da IBM keine eigenen Prozessoren produzierte, wurden die von der Firma Intel entwickelten Mikroprozessoren verwendet. Aufgrund der schnellen Verbreitung der PCs wurden diese Prozessoren sehr rasch zum Standard. Heute werden Prozessoren von verschiedenen Firmen hergestellt, Marktführer sind Intel (**Int**egrated **El**ectronics) und AMD (**A**dvanced **M**icro **D**evices).

Die Bezeichnungen der einzelnen Prozessortypen erfolgte zunächst nur mit Ziffern, wie z.B. 286, 386 und 486. Die erste Ziffer kennzeichnete hierbei jeweils die Prozessorgeneration, die beiden letzten Ziffern die zugrunde liegende **Mikroprozessor-Architektur** und die damit verbundenen **Befehlssätze**. Diese Architektur hat sich vom Grundsatz her bis heute kaum verändert, lediglich die Befehlssätze wurden ständig erweitert. Daher bezeichnet man auch heute CPUs, die auf dieser Architektur basieren, allgemein als **x86-Prozessoren**.

Da sich reine Ziffernbezeichnungen jedoch nicht gesetzlich schützen ließen, verwendete Intel eine Zeit lang Buchstaben- und Zahlenkombinationen (z. B. i486), um sich von Konkurrenzprodukten abzusetzen. Seit geraumer Zeit werden von allen Herstellern spezielle Produktbezeichnungen verwendet (z. B. Intel: Atom, Celeron, Core 2 Duo, Core 2 Quad, Core i7; AMD: Athlon, Phenom). Diese sind urheberrechtlich geschützt und dürfen von anderen Firmen nicht mehr verwendet werden.

Spezielle Namenszusätze weisen zusätzlich auf besondere Leistungsmerkmale hin (z. B. Intel: Core i7 Extreme Edition).

Sehr weit verbreitet ist die Intel-Prozessorfamilie mit den Bezeichnungen **Core-i**. Die nachgestellte Ziffer 3, 5, 7 oder 9 definiert (grundsätzlich) die jeweils aufsteigende Leistungsklasse. Dieser Leistungsklassenziffer folgt dann eine (inzwischen) vierstellige Modellnummer (hierbei 1. Ziffer: zugeordnete Mikroarchitektur-Generation), auf die wiederum bis zu zwei Großbuchstaben folgen können, die Auskunft über potenzielle Eigenschaften geben (z. B. K: Taktmultiplikator kann vergrößert werden; LM: Mobile-CPU mit abgesenkter Thermal Design Power, Kap. 1.3.4). Core-i-Prozessoren gibt es bereits in der 8. Generation, sie unterscheiden sich jeweils in der Struktur der Prozessorkerne, die jeweils mit bestimmten Codenamen bezeichnet werden (z. B. 6. Generation: Skylake; 7. Generation: Kaby Lake; 8. Generation: Coffee Lake; nachfolgend: Cannon Lake, Ice Lake).
AMD vermarktet die Kombination aus CPU und GPU auf einem gemeinsamen Prozessor-Die – sogenannte APUs (Kap. 1.3.1) – unter der Bezeichnug **Fusion**. Die derzeitige Prozessor-Struktur heißt **Zen** (Nachfolger der Excavator-Struktur). Die ersten Prozessoren dieses Typs werden unter der Produktbezeichnung Ryzen angeboten.

Zur exakten Bezeichnung eines Prozessors verwenden die Hersteller zusätzlich noch die Begriffe **Revision** und **Stepping**. Beide kennzeichnen Veränderungen an einem Prozessorkern.

Als **Revision** bezeichnen Hersteller meist eine weitreichende Veränderung/Verbesserung an einem Prozessorkern, ohne dass dessen Basis-Funktionsumfang geändert wird (z. B. Ergänzen eines zusätzlichen Registers).

Ein **Stepping** kennzeichnet mehr das grundsätzliche Überarbeiten eines Kerns zur Optimierung oder zur Beseitigung eines Fehlers.

Revisionen werden mit Buchstabenfolgen angegeben. Bei den Steppings werden Buchstaben- und Zahlenkombinationen verwendet, die meistens aufwärts gezählt werden (z. B. ist ein Prozessor mit Stepping A2 ein „älterer" Typ als der gleiche Prozessor mit Stepping B3; es gibt aber auch Abweichungen von dieser Regel!).

Das Stepping ist oftmals Teil der auf dem Gehäuse aufgedruckten, genauen Typenbezeichnung, bei Intel **S-Spec-Code** genannt (Alternativschreibweise: sSpec; z. B. sSpec-Sode des Core i7 5960X: SR20Q; siehe auch www.cpu-world.com/sspec/).

Während im Desktop-Bereich meist x86-Prozessoren eingesetzt werden, verwendet man in den Geräten der mobilen Kommunikation (Smartphone, Tablet) überwiegend **ARM-Prozessoren**.

Die Abkürzung **ARM** (**A**dvanced **R**ISC **M**achines) bezeichnet eine spezielle Chip-Architektur für Mikroprozessoren. Diese RISC-Prozessoren arbeiten mit einem sehr effizienten Befehlssatz und haben einen geringen Energiebedarf.

Die (namengebende) Firma ARM Limited entwickelt lediglich die Prozessorarchitekturen, hergestellt werden die Prozessoren von anderen Herstellern mit den entsprechenden Lizenzen. Diese Hersteller produzieren Halbleiterbausteine, in denen dann zu den Prozessorkernen – abhängig von jeweiligen Kundenwünschen – noch andere Funktionen „eingebettet" werden. Die ARM-Prozessorkerne stellen dann lediglich ein „System auf dem Chip" (System on a Chip: **SoC**, Kap. 5.5.5) in einem „eingebetteten System" (**Embedded System**) dar.

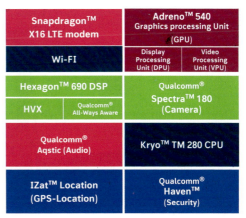

Bild 1.32: Funktionsblöcke eines ARM-SoC (Qualcomm Handy-Chip Snapdragon 835)

Die ARM-CPUs wurden zunächst durchnummeriert (ARM 1 bis ARM 11). Seit geraumer Zeit wird eine Weiterentwicklung dieser Architektur unter der Bezeichnung **Cortex** vermarktet. Cortex-Prozessoren stellen mehr Rechenleistung bei gleichzeitig geringerer Stromaufnahme zur Verfügung (z. B. Cortex A: 32-Bit-Prozessor in 65-nm-Technologie, mit Taktfrequenzen bis 1,5 GHz und einer Leistungsaufnahme $\leq$ 400 mW). Cortex-Prozessoren sind heute in fast allen Smartphones und Tablets zu finden (z. B. Snapdragon 820; Nachfolgemodell: Snapdragon 835 mit 8 Cortex-A-Kernen in 10 nm-Strukturen, 2,45 GHz, 4K-Videoauflösung, Gigabit-LTE-Modem). Oftmals werden auch andere Marketingbezeichnungen verwendet. So besteht beispielsweise der im iPad Air 2 eingesetzte Apple A8X-Prozessor ebenfalls aus drei ARM-Kernen, die den 64-bit ARMv8-Befehlssatz unterstützen. Auf kommenden ARM-Prozessoren von Snapdragon wird auch eine spezielle Desktop-Version von Windows 10 lauffähig sein.

Prozessoren in PCs werden – abgesehen von wenigen Ausnahmen – nicht fest verlötet, sondern mit einem entsprechenden Sockel auf dem Motherboard befestigt. Im Laufe der Prozessorentwicklung kamen hierbei unterschiedliche Sockeltypen zum Einsatz. Die einzelnen Sockeltypen sind untereinander nicht kompatibel.

Die allgemeine Bezeichnung **ZIF** Sockel (**Z**ero **I**nsertion **F**orce) bei den Sockeln mit Pin-Fassungen drückt aus, dass zum Einsetzen des Prozessors in den Sockel kein Kraftaufwand erforderlich ist, der eingesetzte Chip wird nach dem Einsetzen lediglich mit einem kleinen Hebel arretiert, wobei die Kontakte der Fassungen jeweils gegen die einzelnen Pins gepresst werden. Hierbei werden die Pins mechanisch infolge sogenannter Scherkräfte belastet (siehe Beispiel: PGA-ZIF-Sockel, Bild 1.33 a; **PGA**: **P**in **G**rid **A**rray)

Seit geraumer Zeit besitzen Intel-Prozessoren keine Pins mehr, sondern an der Unterseite lediglich kleine Kontaktflächen. Die entsprechenden Gegenkontakte in den speziell hierfür entwickelten **LGA-Sockeln** (**L**and **G**rid **A**rray) bestehen aus winzigen Federn, auf die der Prozessor vorsichtig – d. h. ohne Berührung dieser Federchen mit den Fingern – gelegt und durch einen Rahmen angedrückt und arretiert wird. Vorteil dieser Konstruktion ist, dass zur Fixierung des Prozessors keine Scherkräfte mehr ausgeübt werden müssen. Außerdem wird das Problem beseitigt, dass die Kontaktbeinchen wie kleine Antennen wirken, was zu Schwierigkeiten bei der Steigerung der Taktfrequenzen führte. Die Ziffern hinter der Sockelbezeichnung LGA geben Auskunft über die Anzahl der Kontakte.

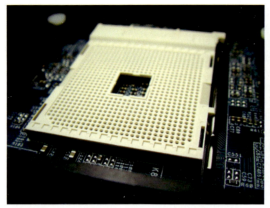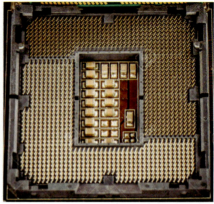

Bild 1.33: Beispiele für Prozessor-Sockel, a) PGA-ZIF-Sockel (veranschaulichende Darstellung), b) aktueller LGA-Sockel

Insbesondere bei Intel-Prozessoren benötigt fast jede Generation einen neuen Sockeltyp. Grund dafür ist die Änderung der Hardware (z. B. von DDR3- auf DDR4-Speichermodule, von dreikanaligem auf vierkanaliges Speicherinterface) oder das Hinzufügen von zusätzlichen Komponenten (z. B. Grafikanbindung bzw. Grafikkern; IGP, Kap. 1.9.1.1). Auch die unterschiedliche Art der Verbindung mit dem Chipsatz (Bild 1.31) führt dazu, dass sich die Anzahl der Kontakte im Laufe der Zeit geändert hat.

Her-steller	Prozessor-Bezeichnung und Mikroarchitektur	Kernzahl	CPU-Takt in GHz	Cache in KiByte	Sockel	Chipsatz-anbindung	TDP in Watt	Ferti-gungs-technik
INTEL	Core 2 Duo E 6700 (Conroe)	2	2,66	L1: 2 × 64* L2: 1 × 4096 L3: - - -	LGA 775	FSB 1066	65	65 nm
	Core i5 – 4690 (Haswell)	4	3,5	L1: 4 × 64* L2: 4 × 256 L3: 1 × 6144	LGA 1150	DMI 2.0	84	22 nm
	Core i3-560 (Clarkdale)	2 (4)***	3,3	L1: 2 × 64* L2: 2 × 256 L3: 1 × 4096	LGA 1156	QPI	73	32 nm
	Core i7-5960X (Haswell-E)	8 (16)***	3,0 3,5 (Turbo)	L1: 8 × 32 L2: 8 × 256 L3: 1 × 20480	LGA 2011v3	DMI 2.0 (PCIe 2.0 × 4)	140	22 nm
	Core i7-7700K (Kaby Lake)	4 (8)*** + 1 IGP	4,2 4,5 (Turbo)	L1: 4 × 64* L2: 4 × 256 L3: 1 × 8192	LGA 1151	DMI 3.0 (PCIe 3.0 × 4)	90	14 nm
	Core i7-8700K (Coffee Lake)	6 (12)*** + 1 IGP	3,7 4,7 (Turbo)	L1: 6 × 64* L2: 6 × 256 L3: 1 × 12288	LGA 1151****	DMI 3.0 (PCIe 3.0 × 4)	95	14 nm

Her-stel-ler	Prozessor-Bezeichnung und Mikroarchitektur	Kernzahl	CPU-Takt in GHz	Cache in KiByte	Sockel	Chipsatz-anbindung	TDP in Watt	Ferti-gungs-technik
AMD	AMD FX-8350 (Vishera)	8 (4 Module mit je 2 Kernen)	4,0 4,2 (Turbo)	L1: 4 × (32 + 64)** L2: 4 × 2048 L3: 1 × 8192	AM3+	HT 3.0	125	32 nm
	AMD FX-6330 (Vishera)	(3 Module mit je 2 Kernen)	3,6 4,1 (Turbo)	L1: 3 × (32 + 64)** L2: 3 × 2048 L3: 1 × 8192	AM3	HT 3.0	125	32 nm
	AMD A10-7890K (Kaveri)	4 + 1 IGP	4,1 4,3 (Turbo)	L1: 192 + 64 L2: 2 × 2048 L3: ----	FM2+	UMI	95	28 nm

*: jeweils 32 KiByte Daten- und Code-Cache
**: jeweils 16 KiB Datencache pro Kern und 64 KiB Codecache pro Modul
***: scheinbare Verdopplung der Kerne durch Hyperthreading
****: trotz gleicher Pinzahl ist dieser Sockel nicht kompatibel zu den gleichnamigen Sockeln für Kaby Lake-CPUs.

FSB: Front Side Bus
DMI: Direct Media Interface
QPI: QuickPath Interconnect
HT: Hypertransport
UMI: Unified Media Interface
IGP: Integrated Graphics Unit

Bild 1.34: Beispiele für Desktop-CPUs (Leistungsdaten und Sockeltypen; Speichergrößen können auch mit Dezimalpräfix angegeben werden; Kap. 4.3.2)

1.3.4   Prozessor-Performance

Um eine Leistungssteigerung des Prozessors zu bewirken, werden unterschiedliche Maßnahmen eingesetzt:

- Höhere Taktung (sowohl des CPU-Kerns als auch der Cachespeicher, z. B. ab der zweiten Core-i-Generation: L3-Cache taktet mit vollem CPU-Takt; Kap. 1.5.4)

- Vergrößerung der Kernzahl

- Größere Anzahl parallel arbeitender Funktionsblöcke, dadurch schnellere Bearbeitung von Befehlen

- **Herstellungstechnologie**
  Eine Verkleinerung der internen Bauteile und effizientere Strukturen bewirken kürzere Signallaufzeiten und schnellere Bearbeitungen; z. B. ab Core-i-2xxx-Prozessoren:
  - Alle Kerne sind über einen schnelles Bussystem mit mehr als 1000 Leitungen ringförmig miteinander verbunden, die Übertragungsrate beträgt mehrere hundert GiByte/s (Binärpräfixe siehe Kap. 4.3.2).
  - Auch der implementierte Grafikprozessor (IGP, Kap. 1.9.1.1) hat Zugriff auf den L3-Cache.
  - Sämtliche Verwaltungsfunktionen sind – beispielsweise bei Intel-Prozessoren – kernnah im sogenannten System Agent untergebracht; dieser umfasst den Speichercontroller, den PCI Express Root Complex sowie andere Verwaltungsaufgaben (z. B. die dynamische Taktfrequenzsteuerung).

- **Verarbeitungskonzept**
  Anstelle der „klassischen" Arbeitsweise eines Prozessors, bei der zu jedem Zeitpunkt genau ein Befehl ausgeführt wird, der stets nur einen Datenwert bearbeitet (**SISD:** Single Instruction Single Data), besteht bei modernen Prozessoren die Möglichkeit,

während eines Befehlszyklus mehrere Datenwerte zu verarbeiten (**SIMD**: Single Instruction Multiple Data).

- **Befehlssatzerweiterung**
  Eine Befehlssatzerweiterung ermöglicht dem Prozessor eine schnellere und optimierte Bearbeitung von Anweisungen (z. B. SSE 4.2-Befehlssatz; **SSE**: Streaming SIMD Extension).
  Die Befehlssatzerweiterung **AVX 2.0** (Advanced Vector eXtensions) vergrößert z. B. die Befehlsbusbreite auf 256 bit (zum Vergleich: Befehlssatzerweiterung SSE 4.2: 128 bit).

- **Spezialfunktionen**
  z. B. Turbo-Boost Technologie 2.0 (**TBT** 2.0; Fa. Intel): kurzzeitig können alle Prozessorkerne ihre maximal ausgewiesene Leistungsaufnahme (**TDP**: Thermal Design Power) durch gesteuerte Übertaktung überschreiten. Bei TBT 1.0 war lediglich eine Übertaktung einzelner Kerne möglich, wenn ein Programm nicht alle Kerne nutzte und die ungenutzten Kerne in einen „Schlafmodus" versetzt wurden.

- **Pipelining**
  Hierunter versteht man eine Methode für das Holen und Decodieren von Befehlen, bei der sich zu jedem Zeitpunkt mehrere Programmbefehle auf verschiedenen Bearbeitungsstufen befinden. Im Idealfall steht dem Prozessor bereits der nächste decodierte Befehl für die Bearbeitung zur Verfügung, wenn die Bearbeitung des vorhergehenden gerade abgeschlossen ist. Auf diese Weise entstehen für den Prozessor keine Wartezeiten und die gesamte Verarbeitungszeit verkürzt sich. Hierzu sind zusätzliche Register innerhalb des Prozessors erforderlich.

- **Hyperthreading (HT)**
  Hierbei werden softwareseitig auf einem einzigen physikalisch vorhandenen Prozessor mehrere logische Kerne simuliert, sodass eine Anwendung auf diese Kerne verteilt werden kann und in mehreren Prozessen gleichzeitig bearbeitet wird. Hyperthreading kann auch bei Mehrkernprozessoren eingesetzt werden. Ein Betriebssystem, welches Hyperthreading unterstützt, erkennt dann sowohl die „echten" als auch die „virtuellen" Rechenwerke und muss dann die Rechenlast möglichst effizient auf mehrere parallel laufenden „Rechenfäden" (Threads) verteilen.

Ein Performance-Gewinn hängt jedoch nicht allein vom Prozessor, sondern auch von anderen Komponenten (z. B. Chipsatz, Schreib-/Lese-Geschwindigkeit des Arbeitsspeichers, Übertragungsgeschwindigkeit der anderen Bussysteme) und von der verwendeten Software ab, die einen vorhandenen erweiterten Befehlssatz auch anzusprechen vermag.

Eine Taktsteigerung führt in der Regel auch zu einer höheren Verarbeitungsgeschwindigkeit. Je höher ein Prozessor getaktet wird, desto größer wird auch seine Verlustleistung, die in Form von Wärme abgeführt werden muss. Da bei Mehrkernprozessoren die Arbeit auf die einzelnen Kerne verteilt wird, ist die gleiche Verarbeitungsgeschwindigkeit wie bei einem Einkernprozessor auch bei niedrigeren Taktraten möglich. Hierdurch verringert sich die Verlustleistung eines Kerns.

Um diese Verlustleistung weiter zu verringern, arbeiten moderne Prozessoren zwar meist mit einer Versorgungsspannung von 3,3 V für den I/O-Bereich, jedoch wird der Prozessorkern mit einer geringeren Spannung versorgt. Beim Bootvorgang erkennt das BIOS/UEFI (Kap. 3.1) den vorhandenen Prozessor und stellt die erforderliche Corespannung (core voltage) in der Regel automatisch ein und überwacht diese im laufenden Betrieb.

Prozessor	I/O-Spannung	Corespannung
Celeron (Dual-Core)	3,3 V	1,5–0,85 V
AMD A10-7xxx	3,3 V	1,5–1,0 V
Core i7 (Kaby Lake)	3,3 V	1,35–0,6 V (lastabhängig)
Core 2 Duo	3,3 V	1,5–0,85 V (modellabhängig)

Bild 1.35: Beispiele für I/O- und Core-Spannungen bei Prozessoren

Je nach Stromspartechnik wird die Corespannung sogar lastabhängig gesteuert und/oder einzelne Kerne ganz oder teilweise abgeschaltet (z.B. Core i7). Die bei den einzelnen Prozessortypen eingesetzten Stromspartechniken unterscheiden sich in ihren Eigenschaften oft nur geringfügig voneinander, die Hersteller verwenden aus Marketinggründen jedoch teilweise verschiedene Bezeichnungen (z.B. AMD: Cool'n'Quiet, Optimized Power Management, Enhanced Power Now!; Intel: **EIST** Enhanced Intel SpeedStep Technology).

> Eine niedrige Corespannung verringert die Leistungsaufnahme und die Abwärme, und sie ermöglicht höhere CPU-Taktraten.

Bei EIST wird neben der Versorgungsspannung auch die Taktung in Abhängigkeit von der Prozessorauslastung verändert. Die hierbei eingestellten Kernspannungs- und Frequenzarbeitspunkte werden als **C-States** (Kap. 1.2.3) bezeichnet. Während eine Verringerung der Frequenz sich bei der Leistungsaufnahme der CPU nur gering auswirkt, geht die Kernspannung quadratisch in die Formel ein (Kap. 5.1.5.5). Speziell bei den Mobilprozessoren führt der Einsatz von EIST zu einer hohen Arbeitsleistung bei einer vergleichsweise niedrigen Leistungsaufnahme (Thermal Design Power, Kap. 1.3.5).

Leistungs-aufnahme	Core 2 Duo L 7400	Core 2 Duo T 7400	Core 2 Duo E 6700	AMD A10-7890K	Core i5 4690	Core i7 5960X	Atom Z 550
Max.	17 W	35 W	65 W	95 W	84 W	140 W	3 W
Min.	< 3 W	< 5 W	15 W	15 W	10 W	20 W	< 0,1 W

Bild 1.36: Vergleich von CPU-Verlustleistungen

Atom-Prozessoren werden als Einkerner und Mehrkerner angeboten und verfügen über besonders effiziente Stromsparmechanismen, die den Energieverbrauch im Leerlauf noch weiter als sonst üblich absenken (**LV-CPU**; LV: Low Voltage, im Sleepmodus bis 0,3 V). Sie arbeiten bei einer Kernspannung von 0,8 V bis 1,175 V mit Taktfrequenzen bis zu 2,56 GHz und sind mit ihrem **µFCBGA**-Gehäuse (**m**icro **F**lip **C**hip **B**all **G**rid **A**rray; kleine Lotperlen auf der Gehäuseunterseite) direkt auf dem Mainboard aufgelötet. Die TDP liegt bei Einkernern unter 5 W, bei Mehrkernern unter 10 W. Dadurch müssen sie lediglich passiv gekühlt werden. Sie verfügen über L2-

Bild 1.37: Atom-Prozessor

Caches je nach Typ bis zu 4096 KiByte und unterstützen DDR3-RAM (z.B. Atom D2550). Auch bei den Atom-Prozessoren sind die Grafikfunktionen im CPU-Chip enthalten (z.B. Pineview-Serie), der passende Chipsatz dazu verfügt lediglich über Southbridge-Funktionen (Kap 1.4), seine Anbindung erfolgt über FSB (Kap. 1.3.2).

Um die Leistungsfähigkeit von Prozessoren (aber auch anderer Hardware und Software) miteinander zu vergleichen, werden sogenannte **Benchmark-Tests** („Maßstabs"-Tests) durchgeführt. Bei solchen Tests kommen Programme zum Einsatz, die die Fähigkeiten von Prozessoren feststellen – z.B. die Geschwindigkeit, mit der ein Prozessor Befehle ausführt oder Gleitkomma-Zahlen verarbeitet. Beim Test werden immer dieselben Daten verarbeitet, sodass durch einen Vergleich der Ergebnisse Rückschlüsse darauf gezogen werden können, wie hoch die jeweilige Leistungsfähigkeit auf einem bestimmten Gebiet ist. Die Entwicklung von aussagekräftigen, objektiven Benchmarks ist jedoch sehr schwierig, da verschiedene Hardware-Software-Kombinationen unter wechselnden Bedingungen stark divergierende Leistungswerte hervorrufen können. Nachdem ein Benchmark-Verfahren zum Standard geworden ist, kommt es auch häufig vor, dass die Herstellerfirma ein Produkt so modifiziert, dass es im Benchmark besser als das der Konkurrenz abschneidet, wobei jedoch die praxisrelevante Leistungsfähigkeit nicht unbedingt erhöht wird. Mit den besseren Benchmark-Ergebnissen wirbt aber die Herstellerfirma, um die Verkäufe anzukurbeln.

1.3.5 Prozessor-Kühlung

Die Anforderungen an die Kühlung von Prozessoren sind ständig angestiegen, da durch höhere Taktfrequenzen, kleinere Halbleiterstrukturen und neue Prozessorgehäuse die maximal zulässige CPU-Temperatur sinkt! Deswegen ist – bis auf Ausnahmen im Bereich portabler PCs – zusätzlich zu dem obligatorischen Kühlkörper mit einem möglichst geringen Wärmewiderstand R_{th} (Kap. 5.3.1.4) unbedingt ein Ventilator auf dem Prozessor erforderlich.

Diese Kühleinheit muss so dimensioniert sein, dass die von der CPU abgegebene Wärmeleistung hinreichend schnell abgeführt wird.

> Als **Thermal Design Power** (TDP) wird vom Hersteller diejenige Verlustleistung angegeben, auf die das verwendete Kühlelement (Kühlkörper und Ventilator) sowie die PC-Gehäusebelüftung mindestens ausgelegt sein muss, damit der Prozessor unter Volllast seinen Temperatur-Grenzwert nicht überschreitet.

Die Thermal Design Power wird in Watt (W) angegeben (Kap. 5.1.5.4). Wenn sich die Temperatur innerhalb des CPU-Chips unzulässig erhöht, wird die CPU-Leistung automatisch verringert oder der Prozessor schaltet sich sogar ab.

Ein Prozessor-Ventilator arbeitet mit einer 12-V-Versorgungsspannung und wird an die dafür vorgesehenen Kontakte auf dem Motherboard angeschlossen. Durch die Montage von Ventilator und Kühlkörper ist der eigentliche Prozessor-IC in der Regel nicht mehr zu sehen. Um sowohl die Geräuschentwicklung des Lüfters als auch seine Ener-

Kontaktfläche für das CPU-Gehäuse

Bild 1.38: Prozessor-Kühlblock

gieaufnahme möglichst gering zu halten, wird die Lüfterdrehzahl in Abhängigkeit von der Prozessortemperatur geregelt. Dazu muss die Regelungselektronik ein ausreichend präzises

Temperatursignal erhalten. Bei LGA-Mainboards ist hierzu die Möglichkeit vorgesehen, die Steuerung des Lüfters mit einem Kontrollsignal zu realisieren, welches mittels eines implementierten Messfühlers (Messdiode, Kap. 5.5.4.1) direkt aus der aktuellen Prozessor- temperatur gewonnen und mittels entsprechender Hardware-Monitoring-Schaltungen im Zusammenspiel mit dem BIOS/UEFI verarbeitet wird. Dieses Signal (ein **pulsweitenmodu-liertes 25-kHz-Signal**) steht dann an einem zusätzlichen Pin des Lüfteranschlusses am Mainboard zur Verfügung. Die sogenannten **PWM-Lüfter** verarbeiten dieses Signal und können auf diese Weise ihre Drehzahl temperaturabhängig regulieren.

Bei der Kühlermontage ist auf eine gute Wärmeleitung zwischen CPU-Gehäuse und dem Kühlerboden zu sorgen. Eine Verbesserung des Wärmetransports ist durch den Einsatz eines speziellen Wärmeleitmediums (**TIM**: Thermal Interface Material; Wärmeleitpaste) möglich. Teilweise werden auch sogenannte **Heatpipes** (Kap. 5.3.1.4) eingesetzt. Systeme mit einer Flüssigkühlung werden ebenfalls angeboten.

1

AUFGABEN

1. Was bezeichnet man als Prozessor-Die (sprich: dai)? Wieso ist der Prozessor-Die kleiner als das Prozessorgehäuse?

2. Welche drei wesentlichen Prozessor-Einheiten (Units) unterscheidet man bei einer CPU?

3. ALU und FPU sind zwei wichtige Funktionsblöcke eines Prozessors. Nennen Sie die Bedeutung der Abkürzungen und die jeweiligen Aufgaben der Funktionsblöcke.

4. Was ist eine APU?

5. Was versteht man unter der „von-Neumann-Architektur"?

6. Nennen Sie vier verschiedene grundsätzliche Prozessorstrukturen, die von den Her- stellern vermarktet werden. Erläutern Sie die Unterschiede.

7. Welche Kenngrößen eines Prozessors geben Auskunft über seine Leistungsfähigkeit?

8. Aus welchem Grund geben Hersteller zu ihren Prozessoren Informationen über die „Revision" und das „Stepping"?

9. Was bedeuten die Abkürzungen ZIF-Sockel und LGA-Sockel?

10. Kann man die heutigen Motherboards zu einem späteren Zeitpunkt mit einem leistungs- fähigeren Hauptprozessor aufrüsten? Worauf ist hierbei ggf. zu achten?

11. Lassen sich die Prozessoren verschiedener Hersteller grundsätzlich auf dem glei- chen Sockel montieren? (Antwort mit Begründung!)

12. Nennen Sie Beispiele für Maßnahmen, mit denen sich die Performance von Prozes- soren verbessern lässt.

13. Welcher Unterschied besteht zwischen einem CISC-Prozessor und einem RISC-Prozessor?

14. Was versteht man unter dem sogenannten EIST-Verfahren? Warum wird diese Tech- nik bei CPUs eingesetzt?

15. Was ist ein Benchmark-Test?

16. Welche Information kann man dem TDP-Wert von Prozessoren entnehmen?

17. Die Corespannung eines Prozessors wird von 3,3 V auf 2,3 V gesenkt. Um wie viel Prozent ändert sich die auftretende Verlustleistung, die in Form von Wärme abge- führt werden muss? Begründen Sie den Wert der Leistungsänderung mithilfe von elektrotechnischen Grundlagen.

18. Welche besonderen Merkmale besitzt ein PWM-Lüfter?

1.4 Chipsatz

Als **Chipsatz** bezeichnet man eine Anzahl von Hilfsprozessoren und Controllern, die den Hauptprozessor in seinen Verwaltungs- und Steuerungsfunktionen entlasten. Der Chipsatz ist fest auf dem Mainboard aufgelötet und kann nicht ausgetauscht werden.

Der Chipsatz bestand ursprünglich stets aus zwei ICs (daher die Bezeichnung „Chipsatz"). Zu den Aufgaben eines Chipsatzes gehören generell:

- Die Verwaltung der verschiedenen Datenübertragungssysteme (z.B. PCIe, USB; Kap. 1.6) und Schnittstellen (z.B. SATA, eSATA, M.2, Firewire, LAN; Kap. 1.7)

- Das Steuern der Datenflüsse von und zu den angeschlossenen Komponenten

- Die Abstimmung der unterschiedlichen Bustakte und Übertragungsraten

Zur Verwaltung der unterschiedlichen Bussysteme sowie der angeschlossenen Komponenten verfügt der Chipsatz über Controller, die auch als **Bridges** oder **Hubs** bezeichnet werden, deren genaue Bezeichnungen aber bei den Chipherstellern in Abhängigkeit vom jeweiligen Funktionsumfang variieren.

Bezeichnung		Hersteller
Northbridge	**Southbridge**	alle
Memory **C**ontroller **H**ub (**MCH**; Version mit integriertem Speichercontroller) **I**nput/**O**utput **H**ub (**IOH**; Version ohne integrierten Speichercontroller)	**I**nput/**O**utput **C**ontroller **H**ub (**ICH**)	Intel
–	**P**latform **C**ontroller **H**ub (**PCH**; Einchip-Lösung in Kombination mit CPUs, bei denen Memory-Controller, Grafikkern und Grafikanbindung im CPU-Gehäuse integriert sind)	
–	**F**usion **C**ontroller **H**ub (**FCH**; Einchiplösung, in Kombination mit einer APU der Fusion-Reihe)	AMD

Bild 1.39: Beispiele für Bezeichnungen der Chipsatzkomponenten

Alle Hersteller verwenden ähnlich wie bei den Prozessoren für ihre Chipsätze zum Teil spezielle Codenamen (z.B. Fa. Intel, Z270: „Union Point"). Die Verwaltungs- und Steuerungsaufgaben von North- und Southbridge waren hierbei ursprünglich folgendermaßen aufgeteilt:

Chipsatzteil	Verwaltung und Steuerung von
Northbridge	– Memory-Bus und Arbeitsspeicher durch den vorhandenen **Speichercontroller** – Grafik-Bus und Grafikspeicher – Datentransfer von und zur CPU (auf dem „Systembus")
Southbridge	– PCI-Bus mit den angeschlossenen PCI-Devices (Kap. 1.6.1) – PATA/SATA-Schnittstellen mit den jeweils angeschlossenen Devices (Kap. 1.7.1) – USB-Schnittstellen (Kap. 1.6.3) – BIOS – Super I/O-Chip der angeschlossenen Interfaces (Maus, Tastatur usw.) – Verbindung zur Northbridge über ein internes Interface (z. B. DMI)

Bild 1.40: Ursprüngliche Verwaltungsaufgaben des Chipsatzes

Im Zuge der technischen Weiterentwicklung lassen sich inzwischen viele Funktionseinheiten eines Chipsatzes direkt in das CPU-Gehäuse implementieren. Hierdurch erreicht man eine Geschwindigkeitssteigerung bei der Bearbeitung anstehender Aufgaben, da die Übertragungswege der Signale kürzer werden. Aus diesem Grund besteht der Chipsatz heute nur noch aus einem einzigen IC. Die gängige Bezeichnung „Chipsatz" hat sich bislang aber (noch) nicht geändert.

Ein Beispiel einer aktuellen Chipsatz-Lösung, bei der die Funktionen der Northbridge auf dem CPU-Chip implementiert sind, ist in Bild 1.41 dargestellt.

Die Abbildung visualisiert die grundsätzlichen Anschlussmöglichkeiten des Chipsatzes, abhängig vom jeweiligen Boardhersteller ergeben sich in der Praxis Abweichungen (z. B. bei der Art und der Anzahl unterstützter Anschlüsse).

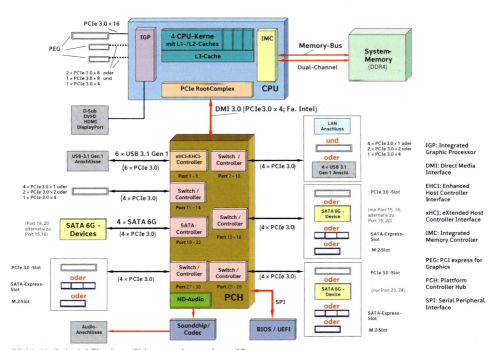

Bild 1.41: Beispiel für einen Chipsatz mit nur einem IC

Die hier exemplarisch verwendete CPU (Core i7-7700K; 7. Generation, „Kaby Lake") verfügt über einen integrierten Grafikkern, der auch eine 4K-Auflösung liefert (nur am Onboard-HDMI-Port: 4096 × 2160 Pixel bei 24 Hz). Die Kaby-Lake-Boards bieten aber meist auch einen PCIe 3.0 × 16 Slot für eine externe Grafikkarte an, darüber hinaus boardabhängig auch bis zu zwei weitere PEG-Slots (Bild 1.41). Der PCIe Root-Complex der CPU kann bis zu drei Grafikkarten direkt verwalten, entweder zur Ansteuerung *mehrerer* Displays oder zur Erhöhung der Grafikleistung für *ein* Display (z. B. mittels SLI, Kap. 1.9.1).

> Wird ein **PCIe-Slot** für den Anschluss einer Grafikkarte verwendet, wird er auch mit der Abkürzung **PEG** (**P**CI **E**xpress for **G**raphics) bezeichnet.

Der auf dem Board befindliche Systemspeicher ist über den **Memory-Bus** (Dual-Channel, Kap. 1.5.3.3) ebenfalls direkt an die CPU angebunden und wird vom **IMC** verwaltet (bis zu 64 GiB). Über den prozessorinternen Ringbus können Grafikkarte(n), CPU-Kerne, Root-Komplex und IMC auf den internen L3-Cache zugreifen. Die Verbindung zwischen der CPU und dem PCH erfolgt über **DMI 3.0** (Kap. 1.3.2), im Prinzip eine PCIe 3.0-Verbindung mit vier Lanes (Kap. 1.7.4).

Der dargestellte Chipsatz (Z270, Codename: Union Point) verfügt über **30 High-Speed-I/O**-Ports (**HSIO**; 30 × PCIe 3.0), die sich flexibel nutzen lassen. Hierüber lassen sich bis zu 10 USB 3.1 Gen 1-Anschlüsse (Kap. 1.6.3) verwalten, sechs direkt über den **xHCI**-Controller (Kap. 1.6.4), vier weitere sind bei Bedarf schaltbar (Port 7–10). Alternativ können auch bis zu 14 USB 2.0-Anschlüsse vom Chip-internen **EHCI**-Controller angesteuert werden, ggf. auch kombiniert (z. B. 4 × USB 3.1 Gen 1 *und* 6 × USB 2.0; in Bild 1.41 nicht dargestellt). Die USB-Anschlüsse befinden sich sowohl an der Frontseite als auch an der Rückseite des PC-Gehäuses, oder intern on Board (Pfostenstecker). Während der dargestellte Chipsatz noch kein USB 3.1 Gen 2 (bis 10 GiBit/s, Typ C-Stecker; Kap. 1.6.3) unterstützt und die Boards von den Herstellern daher mit Zusatzchips ausgestattet werden, um auch diese USB-Variante anbieten zu können, ist dieses Feature im Nachfolgemodell (Z370) bereits implementiert. Bei ansonsten nahezu gleichen Konfigurationsoptionen kann der Chipsatz Z370 allerdings nur in Kombination mit Coffee Lake-CPUs (z. B. Core i7-8700K, siehe Bild 1.34) verwendet werden. Zusätzlich unterstützt wird auch Thunderbolt 3 (Kap. 1.7.7) und Optane-Memory (Kap. 1.5.1.3).

Weitere sechs PCIe 3.0-Lanes werden für SATA 6G-Anschlüsse (Kap. 1.7.1) verwendet, die sich auf unterschiedliche Ports verteilen und gleichzeitig oder alternativ (Bild 1.41) genutzt werden können. Die verbleibenden PCIe-Lanes lassen sich variabel als PCIe 3.0 × 1 nutzen oder zu PCIe 3.0 × 2- oder PCIe 3.0 × 4-Anschlüssen bündeln (Kap. 1.7.4).

Aufgrund der untereinander kompatiblen Anschlusstechnik ist an diesen Ports auch eine Nutzung vorhandener M.2- und SATA-Express-Anschlüsse (Kap. 1.7.1 und Kap. 1.7.5) möglich. Hierdurch ist beispielsweise eine extrem schnelle Datenübertragung von angeschlossenen M.2-SSD-Speichern (Kap. 1.8.2) zur CPU realisierbar. Bei Anschluss mehrerer solcher extrem schneller Datenspeicher stellt die DMI 3.0-Verbindung zur CPU allerdings einen Engpass dar.

Der LAN-Anschluss (RJ-45-Buchse) kann ebenfalls auf unterschiedliche Ports geschaltet werden. Stellt ein Board mehr als eine Anschlussbuchse zur Verfügung, kann aber stets nur *eine* Buchse aktiv geschaltet sein. Der LAN-Anschluss kann auch für einen breitbandigen DSL-Zugang verwendet werden (DSL, Kap. 1.7.6, und „Vernetzte IT-Systeme", Kap. 3.8).

Der Soundchip bzw. der **Codec** (**Co**der **Dec**oder) wandelt die intern digital verarbeiteten Signale des HD-Audio-Controllers (7.1-Sound, Kap. 1.9.2) in die erforderlichen analog modulierten Signale für die entsprechenden Anschlüsse um (Modulation: „Vernetzte IT-Systeme", Kap. 4.1.5).

Andere Intel-Chipsätze oder Produkte konkurrierender Anbieter (z. B. AMD) weisen vergleichbare Eigenschaften auf, auch wenn die Anzahl der anschließbaren Komponenten differiert oder die Bezeichnungen zum Teil verschieden sind.

Für Anwendungen in portablen Geräten (Laptop, Netbook, Tablet) werden Chipsätze mit ähnlichen technischen Eigenschaften verwendet, allerdings kommen hier spezielle Varianten mit möglichst geringer Leistungsaufnahme und weniger unterstützten Anschlüssen zum Einsatz. Aus Platzgründen werden hier vielfach sogenannte **SoC**s (Kap. 5.5.5) verwendet.

Von den Internetseiten der Hersteller lassen sich die Daten und Leistungsmerkmale der jeweils aktuellen Chipsätze herunterladen.

AUFGABEN

1. Welche Aufgaben hat der Chipsatz?

2. Welche unterschiedlichen Bezeichnungen werden für die Chipsatzkomponenten verwendet?

3. Welche Vorteile bietet ein Chipsatz, der lediglich aus einem einzigen IC besteht?

4. Die Verbindung zwischen Chipsatz und CPU kann mittels FSB, HT, QPI oder DMI erfolgen. Erläutern Sie die Abkürzungen und die technischen Merkmale der angegebenen Verbindungsarten.

5. Kann der Chipsatz zu einem späteren Zeitpunkt ausgetauscht werden? (Antwort mit Begründung!)

1.5 Elektronische Speicher

Im PC-Bereich versteht man allgemein unter einem Speicher ein Medium, welches der Aufbewahrung von Daten in computerlesbarer Form dient. Der Begriff „Speicher" (Memory) wird im allgemeinen Sprachgebrauch vielfach gleichbedeutend mit dem Begriff „Speichermedium" (Storage) verwendet. Dieser bezeichnet aber eigentlich mehr einen Datenträger wie z. B. die Festplatte.

Auf dem Motherboard und den ggf. vorhandenen Zusatzkarten wird der Speicher in Form von elektronischen **Halbleiterspeichern** (Kap. 5.5.4) verwirklicht.

Je nach Technologie weisen die verwendeten elektronischen Speicher unterschiedliche Eigenschaften auf. Grundsätzlich unterscheidet man hierbei zwischen „nicht flüchtigen Speichern" und „flüchtigen Speichern" mit jeweils unterschiedlichen Spezifikationen (Bild 1.42).

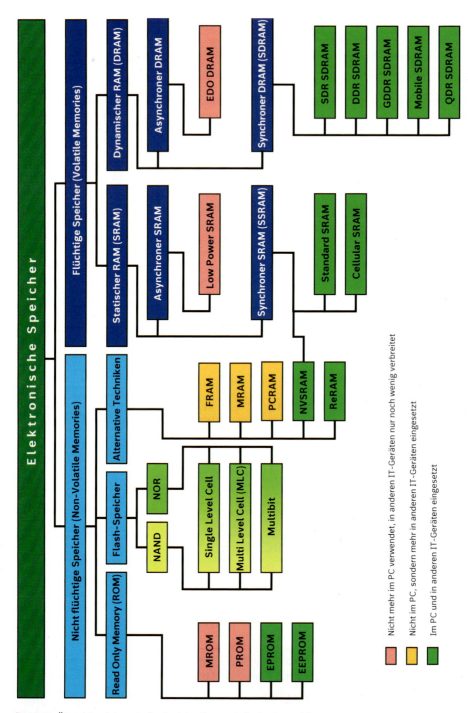

Bild 1.42: Übersicht elektronische Speicher (exemplarische Auswahl)

Als **nicht flüchtigen Speicher** (Non-Volatile Memory) bezeichnet man ein elektronisches Speicherelement, das Daten auch nach dem Abschalten der Spannungsversorgung dauerhaft speichern kann.

Als **flüchtigen Speicher** (Volatile Memory) bezeichnet man ein elektronisches Speicherelement, das Daten nur speichern kann, solange eine Spannungsversorgung vorhanden ist. Nach dem Abschalten oder nach einer Unterbrechung der Spannungsversorgung sind alle gespeicherten Daten verloren.

Ein Halbleiterspeicher besteht aus einer großen Anzahl von elektronischen Bauelementen, die mikroskopisch klein auf dem Halbleiterchip (Speicher-IC) angeordnet sind. Diese Bauelemente bilden einzelne **Speicherzellen**, in denen die Informationen binär (0 oder 1, Kap. 4.1.2) abgelegt werden können. Die Größe eines Halbleiterspeichers wird auch Speicherkapazität genannt.

Die **Speicherkapazität** eines Halbleiterspeichers gibt die vorhandenen Speicherzellen in Byte an. Bei großen Kapazitätswerten erfolgt die Angabe
- entweder unter Verwendung von *Dezimalpräfixen* in Kilobyte (kB), Megabyte (MB), Gigabyte (GB) oder Terabyte (TB)
- oder unter der Verwendung von *Binärpräfixen* in Kibibyte (KiB), Mebibyte (MiB), Gibibyte (GiB) oder Tebibyte (TiB).

Abhängig von der verwendeten Präfixart ergeben sich bei der Kapazitätsangabe unterschiedliche Zahlenwerte (Kap. 4.3.2).

Für den Einsatz von Halbleiterspeichern sind neben der Speicherkapazität auch die folgenden Kenngrößen von Bedeutung:

Zugriffszeit (Access Time)
Zeitspanne, die vom Anlegen der Adresse einer Speicherzelle bis zu dem Zeitpunkt vergeht, an dem die Daten von der Zelle zum Prozessor (oder umgekehrt) übertragen werden können.

Datenrate, Datentransferrate (Data Rate, Rata Transfer Rate)
Geschwindigkeit, mit der Daten in den bzw. aus dem Speicher gelesen werden können. Sie wird in Bytes pro Sekunde angegeben, ihre Größe hängt vom verwendeten Halbleiterspeicher, vom Bussystem und von der Zugriffsmethode (z. B. Pipeline Burst) ab.

1.5.1   Nicht flüchtige Speicher

Die ersten nicht flüchtigen Speicher, die entwickelt wurden, konnten technologisch bedingt lediglich ein einziges Mal mit Daten beschrieben werden. Danach waren die gespeicherten Daten nicht mehr veränderbar, sie konnten jedoch beliebig oft ausgelesen werden. Aus dieser Zeit stammt die Bezeichnung **ROM** (**R**ead **O**nly **M**emory), die bis heute – zum Teil auch fälschlicherweise – als Oberbegriff für eine Vielzahl von nicht flüchtigen Speichern verwendet wird. Alternativ sind auch die Bezeichnungen **Festwertspeicher** oder **Permanentspeicher** gebräuchlich. Die Abkürzung ROM wird ebenfalls in Verbindung mit optischen Speichermedien benutzt (z. B. DVD-ROM, Kap. 1.8.5).

Die Marktbedeutung von nicht flüchtigen Speichern hat in den letzten Jahren ständig zugenommen. Im Gegensatz zu früher existieren heute jedoch unterschiedliche technologische Ansätze für die Realisierung von nicht flüchtigen Speichern. Aus diesem Grunde wird an dieser Stelle zwischen „klassischen" ROM-Speichern, Flash-Speichern und alternativen Techniken unterschieden.

1.5.1.1 Read Only Memory (ROM)

Im Verlauf der technischen Entwicklung sind neben den ursprünglich nur lesbaren elektronischen ROM-Speichern dann auch solche entstanden, in die mehrfach Daten eingeschrieben werden können und die diese dann ebenfalls dauerhaft speichern können. Die entwickelten ROM-Speicher unterscheiden sich in der Art, wie sie beschrieben werden.

Abkürzung	Bezeichnung	Information
MROM	Masked Read Only Memory	**Festwertspeicher** Der Inhalt wird bei der Herstellung durch Verwendung einer speziellen Maske (bei der leitende Verbindungen an entsprechenden Stellen eingebrannt werden) programmiert und ist danach nicht mehr veränderbar. MROMs werden heute im PC nicht mehr verwendet.
PROM	Programmable Read Only Memory	**programmierbarer Festwertspeicher** Der Inhalt kann vom Anwender einmalig mithilfe eines speziellen Gerätes elektrisch programmiert werden. PROMs werden heute im PC nicht mehr verwendet.
EPROM	Erasable Programmable Read Only Memory	**löschbarer programmierbarer Festwertspeicher** Der Speicherinhalt kann durch Bestrahlung mit UV-Licht gelöscht werden. Hierzu hat der Speicherbaustein ein Fenster, welches zum Schutz vor unerwünschtem Löschen mit einer lichtundurchlässigen Folie überdeckt ist. Zum Programmieren muss der Baustein in ein spezielles Programmiergerät gesetzt werden. Dann wird zunächst die Adresse der gewünschten Speicherzelle angesprochen und anschließend eine relativ hohe Spannung (12,5 V oder 21 V) angelegt. Hierdurch verlagern sich in den Zellen Elektronen und es ergeben sich unterschiedliche Potenziale, die dann als logisch 0 oder 1 erkannt werden können. EPROMs sind heute nur noch im industriellen Bereich anzutreffen.
EEPROM (E^2PROM)	Electrical Erasable Programmable Read Only Memory	**elektrisch löschbarer programmierbarer Festwertspeicher** Der Speicherinhalt kann mit einem elektrischen Impuls byteweise gelöscht werden. Zum Löschen und Wiederbeschreiben muss der Baustein nicht aus der Schaltung entnommen werden. Der Vorgang nimmt relativ viel Zeit in Anspruch.

Bild 1.43: Auswahl verschiedener ROM-Typen

1.5.1.2 Flash-Speicher

Flash-Speicher stellen eine besondere Kategorie von EEPROMs dar. Im Gegensatz zu den klassischen EEPROMs lassen sich bei Flash-(EEPROM)-Speichern mehrere Bytes gleichzeitig löschen bzw. beschreiben, wodurch sich eine vergleichsweise höhere Datenrate ergibt. Hierbei kommt eine spezielle Technologie zum Einsatz, die auf der Speicherung von elektrischen Ladungen in einem sogenannten MOS-FET-Transistor beruht (Kap. 5.5.4.2).

Flash-Speicher lassen sich grundsätzlich in zwei Kategorien unterteilen, die sich in der Art der internen Verschaltung der Speicherzellen voneinander unterscheiden. Diese beiden Kategorien werden als NOR- oder NAND-Typen (Kap. 4.4.1) bezeichnet.

NOR-Typen sind Flash-Speicherzellen, die über mehrere Datenleitungen parallel geschaltet sind. NOR-Speicher werden blockweise beschrieben, jedoch ist bei diesem Typ der Lesezugriff wahlfrei auf jedes einzelne Byte möglich. Hierdurch ergeben sich wesentlich kürzere Zugriffszeiten, eine einfachere Gestaltung der Schnittstelle sowie eine weniger komplexe Steuerungssoftware als bei einem NAND-Typ. Allerdings benötigt dieser Speichertyp wegen der größeren Zahl der Datenleitungen mehr Platz und lässt rund zehnmal weniger Lösch-Schreib-Zyklen zu als ein NAND-Speicher.

NOR-Typen werden in Computern zur Speicherung des BIOS bzw. des UEFI (Kap. 3.1) verwendet, da ihre Bitfehlerhäufigkeit geringer ist und sie somit auch ohne zusätzliche Fehlerkorrekturfunktionen zuverlässig arbeiten. Darüber hinaus bieten sie das Merkmal **eXecute In Place** (XIP), das ist die Fähigkeit, gespeicherte Programme zu starten ohne den Umweg des Einlesens in den Hauptspeicher des Rechners.

Bild 1.44: NOR-Speicher-ICs für BIOS

Die BIOS- bzw. UEFI-Speicherung in einem NOR-Flash bietet gegenüber dem früher verwendeten EPROM den Vorteil, dass der Benutzer mit einem speziellen Programm die vorhandene BIOS- bzw. UEFI-Version einfach und sicher aktualisieren kann, ohne den Baustein entnehmen zu müssen („Flashen des BIOS bzw. des UEFI"); der Nachteil ist, dass durch Malware (Kap. 2.6.6) unerwünschte Veränderungen ebenfalls möglich sind, wenn nicht entsprechende Vorsichtsmaßnahmen getroffen werden.

NOR-Flash-Speicher sind besonders für Anwendungen geeignet, bei denen primär die Zuverlässigkeit und die Ausfallsicherheit im Vordergrund steht.

Bei den **NAND-Typen** sind die einzelnen Speicherzellen in größeren Blöcken hintereinandergeschaltet (typische Blockgröße: 16 KiByte; Kap. 4.3.2). Jeder Block ist an einer gemeinsamen Datenleitung angeschlossen. Durch die geringe Anzahl von Datenleitungen ergibt sich auf dem Speicherchip zwar eine besonders kompakte Bauweise (d.h. größere Speicherkapazität pro Quadratzentimeter Siliziumfläche), jedoch können Daten nur blockweise gelesen bzw. geschrieben werden (d.h. langsamere Zugriffszeiten und größerer Softwareaufwand zur Ansteuerung der Speicherzellen eines Blocks). Um einen Block neu beschreiben zu können, muss dieser erst durch Anlegen einer Spannung komplett gelöscht werden. Die bei diesem Typ herstellungsbedingte höhere Anzahl von defekten Blöcken („Bad Blocks") wird bereits zum Zeitpunkt der Auslieferung detektiert und markiert. Diese können dann nicht mehr für Speicherzwecke verwendet werden. Da auch im

Laufe der Nutzung die Wahrscheinlichkeit hoch ist, dass weitere Blöcke unbrauchbar werden, ist ein ständiges „**Bad-Block-Management**" erforderlich, welches in der Regel ein auf dem Speicherchip integrierter Controller übernimmt.

> **NAND-Flash-Speicher** sind besonders für Anwendungen geeignet, bei denen große Datenmengen auf kleinstem Raum elektronisch gespeichert werden müssen.

Zur Steigerung der Speicherkapazität werden bei NAND-Speichern folgende Zellenkonzepte eingesetzt:

Bezeichnung	Eigenschaften
SLC Single Level Cell	– pro Speicherzelle wird 1 Bit (0 oder 1) gespeichert – bis zu 100 000 Schreib-Lese-Zyklen – Standardstruktur bei den meisten Speicherzellen
MLC Multi Level Cell	– pro Speicherzelle werden 2 Bit (00, 01, 10 oder 11) oder 3 Bit ($2^3 = 8$ Zustände; 25 nm-Technik) gespeichert – bis zu 10 000 Schreib-Lese-Zyklen – die Speicherung erfolgt mithilfe von verschiedenen Spannungspegeln, die an die Zelle angelegt werden
Multibit	– pro Speicherzelle werden bis zu 4 Bit gespeichert – die Speicherung erfolgt mit bis zu vier in einer Speicherzelle untergebrachten „Floating Gates" (Kap. 5.5.4.2), die jeweils einzeln über separate Steuer-Gates ansteuerbar sind – teurer als MLC-Zellen wegen höherem Produktionsaufwand

Bild 1.45: Zellenkonzepte bei NAND-Flash-Speichern

Um die Speicherdichte weiter zu erhöhen, werden inzwischen auch übereinanderliegende Zellen gefertigt (gestapelte Speicherzellen; dreidimensionale Anordnung). Hierdurch lässt sich bei gleichen Chipabmessungen die Speicherkapazität noch weiter steigern. Diese Technologie ermöglicht derzeit bis zu 32 Funktionslagen vertikal (V) übereinander und wird beispielsweise unter der Bezeichnung **3D-V-NAND** (Fa. Samsung) vermarktet.

Die aufgeführten Zellstrukturen findet man bei Flash-Speichern in MP3-Playern, Tablets und Smartphones. Zunehmend werden sie auch als Ersatz für eine handelsübliche Festplatte (Kap. 1.8.1) als sogenanntes **Solid State Drive** (Kap. 1.8.2) eingesetzt. Des Weiteren sind sie als **Flash-Speicherkarten** in vielen elektronischen Geräten als austauschbare Speicher zu finden. Diese Speicherkarten gibt es in verschiedenen Spezifikationen, Bauformen und mit unterschiedlichen technischen Merkmalen (Bild 1.46). Von Bedeutung sind heute aber nur noch CompactFlash- und Secure Digital-Karten.

Bezeichnung	Modell	Größe in mm (B × H × T)	Anzahl Pins	Max. Datenrate	Beispiele
CF Compact-Flash	Typ I	42,8 × 36,4 × 3,3	50	bis ca. 160 MiByte/s (CF 6.0)	
	Typ II	42,8 × 36,4 × 5,0	50		
	CFAST 2.0	42,8 × 36,4 × 3,6	24	600 MiByte/s (SATA 6G)	
SD Secure Digital	Standard	24,0 × 32,0 × 2,1	9	25 MiByte/s	
	SDHC			30 MiByte/s	
	SDXC			100 MiByte/s (UHS I)	
	miniSD	21,5 × 20,0 × 1,4	11	25 MiByte/s	
	miniSDHC			30 MiByte/s	
	microSD	15,0 × 11,0 × 1,0	8	25 MiByte/s	

Bild 1.46: Übersicht klassischer Flash-Speicherkarten (Die Datenraten können auch mit Dezimalpräfixen angegeben werden, Kap. 4.3.2)

Standardmäßig arbeiten alle genannten Karten mit einer Betriebsspannung von 3,3 V (CF-Karten teilweise auch mit 5 V). Um die Energieaufnahme zu senken, lassen sich einige SD-Typen aber auch bei 1,8 V betreiben. Alle vorgestellten Kartentypen verfügen über einen integrierten Controller. Die angegebenen Übertragungsraten stellen lediglich theoretische Werte für das Lesen dar, die praktisch erreichten Werte – insbesondere für das Schreiben auf die Karte – sind bei allen Karten kleiner. Innerhalb einer Kartenfamilie gibt es jeweils Adapter, die Karten mit geringeren Abmessungen an die Slots der Größeren anpassen.

Die **CF-Karte** war lange Zeit der Quasi-Standard für Digitalkameras. Aufgrund ihrer Abmessungen ist sie heute meist nur noch im Profibereich anzutreffen. Ursprünglich besaßen CF-Karten eine IDE-Schnittstelle (Kap. 1.7), deren Anschlüsse jedoch nicht kompatibel zu den IDE-Slots auf einem Mainboard waren. Die neueste CF-Kartengeneration ist SATA 6G-kompatibel (**CFAST 2.0**: CompactFlash ATA Serial Transfer). Mit dem CF-Standard 5.0 wurde zudem eine 48-Bit-Sektoradressierung (Kap. 3.2.5) eingeführt, wodurch auch Speichergrößen über 128 GiByte möglich sind.

SD-Karten sind derzeit am weitesten verbreitet und in den meisten Geräten der Multimediakommunikation zu finden (Digitalkamera, Camcorder, MP3-Player, Smartphone, E-Book-Reader, Navigationsgerät, Spielekonsole). Die Standard-SD-Karte verwendete ursprünglich das FAT-16-Dateisystem (Kap. 3.2.7) und ermöglichte daher nur Speichergrößen bis zu 2 GiByte. Der erweiterte Standard **SDHC** (**SD H**igh **C**apacity; Alternativbezeichnung: SD 2.0) erlaubt Kapazitäten bis zu 32 GiByte. Üblicherweise sind SDHC-Karten heute mit FAT 32 vorformatiert. Hierdurch können sie problemlos in jeder Digitalkamera eingesetzt werden. Sie lassen sich aber auch mit anderen Dateisystemen formatieren (z. B. NTFS, HFS), wodurch sie allerdings für die Nutzung in Kameras unbrauchbar werden.

Auch können nicht alle SD-fähigen Geräte SDHC-Karten verarbeiten! Einige Hersteller bieten auch SDHC-Karten an, die zugleich über einen integrierten USB-2.0-Anschluss verfügen.

Darüber hinaus definiert der SDHC-Standard erstmalig sogenannte **Speed-Classes** (Tempoklassen), die eine Aussage über die *minimal* garantierte Schreibgeschwindigkeit auf den Datenträger machen.

Bezeichnung	Geschwindigkeit
Class 2	≥ 2 MiByte/s
Class 4	≥ 4 MiByte/s
Class 6	≥ 6 MiByte/s
Class 10	≥ 10 MiByte/s
UHS Class 1	≥ 10 MiByte/s
UHS Class 3	≥ 30 MiByte/s

CLASS ②
CLASS ④
CLASS ⑥
CLASS ⑩
[1]
[3]

Bild 1.47: Speed-Classes bei Flash-Speichern (alternativ dürfen auch Dezimalpräfixe verwendet werden, Kap. 4.3.2)

Bild 1.48: Kennzeichnung der Speed-Classes

Die tatsächlich erreichbaren Werte sind unterschiedlich und hängen sowohl vom Hersteller als auch vom benutzten Gerät ab.

Die **SDXC**-Spezifikation (**SD**-e**X**tended **C**apacity; Alternativbezeichnung: SD 3.0) ist der Nachfolger von SDHC. Als Dateisystem wird das von Microsoft speziell für Flashkarten entwickelte **exFAT** (Kap. 3.2.7.4) eingesetzt, wodurch zwar Speichergrößen bis zu 2 Tebibyte (Kap. 4.3.2) möglich sind, jedoch die Abwärtskompatibilität zu Standard-SD und SDHC verloren geht. Gegenüber den bisherigen Übertragungsvarianten, die mit Taktfrequenzen von 25 MHz (**DS**: **D**ouble-**S**peed) und 50 MHz (**HS**: **H**igh **S**peed) arbeiten, wird auch ein neuer Bus-Standard definiert, der mit ca. 200 MHz taktet (**UHS I**: **U**ltra **H**igh **S**peed; **UHS II** mit ca. 600 MHz). UHS I ermöglicht Übertragungsraten bis zu 100 MiByte/s (UHS Class 1), UHS II bis zu 300 MiByte/s (UHS Class 3, Bilder 1.47 und 1.48).

Bild 1.49: Informationen auf einer SD-Karte

Darüber hinaus finden sich Flash-Speicher auch in USB-Sticks und als **Embedded-Flash** in Mikroprozessoren.

> Der Begriff **Embedded** bedeutet „eingebettet" und wird für Komponenten verwendet, die Teil eines Gesamtsystems sind, aber möglicherweise technologisch unterschiedlich aufgebaut oder gefertigt werden.
> (Beispiel: Digitaler Speicher mit einer analogen Schaltung zusammen auf einem Chip)

Die aktuellen Herstellerangebote lassen sich bei Bedarf im Internet recherchieren.

Viele Computer verfügen heute standardmäßig über einen oder mehrere Kartenslots. Darüber hinaus bieten eine Vielzahl von Herstellern externe Kartenlesegeräte an, die meist über sämtliche marktgängigen Slottypen verfügen. Die Lesegeräte können mit jedem Computer verbunden werden, der über einen USB-Anschluss (Kap. 1.6.3) verfügt.

Wo es auf die Integration unterschiedlicher Speichertypen auf extrem kleinem Raum ankommt, werden sogenannte **MCP-Speicher** (**M**ulti **C**hip **P**ackage-Speicher) eingesetzt. Ein MCP besteht aus mehreren einzelnen Mikrochips unterschiedlicher Technologien, die sich im Gegensatz zur monolithischen Integration nicht einfach auf einem einzigen Chip platzieren lassen, die jedoch in einem gemeinsamen Gehäuse untergebracht sind (z. B. Handy: CPU, SRAM- und Flash-Speicher in einem IC).

1.5.1.3 Alternative nicht flüchtige Speicher

Als alternative nicht flüchtige Speicher sieht man Speichertypen an, die sich entweder noch in der Entwicklung befinden oder deren Entwicklung zwar bereits abgeschlossen ist, deren Praxistauglichkeit sich für den PC-Einsatz durch entsprechende Langzeittests aber noch zeigen muss. Andere Entwicklungen drängen zwischenzeitlich auch schon auf den Markt und konkurrieren mit den bereits etablierten Produkten, sind aber teilweise noch zu teuer für den Consumerbereich.

Das Ziel jeglicher Forschungsarbeit ist hierbei die Entwicklung eines „universellen Speichertyps" (Universal Memory), der die Vorteile eines *nicht flüchtigen* Speichers mit den Eigenschaften der etablierten *flüchtigen* Speichertechniken in sich vereint oder diese sogar noch verbessert (z. B. schnelle Schreib-/Lesezugriffe, beliebig oft beschreibbar, geringe Energieaufnahme, hohe Packungsdichte).

Eine der geforderten Eigenschaften ist – im Unterschied zum Schreiben/Lesen in einer vorgegebenen Reihenfolge (Blockzugriff, sequenzieller Zugriff) – insbesondere auch die Fähigkeit, auf jede Speicherzelle einzeln und in beliebiger Reihenfolge zugreifen zu können.

> Ein Speicher, bei dem der Zugriff auf jede Speicherzelle in beliebiger Reihenfolge und unabhängig von anderen Zellen erfolgen kann, wird als „**Speicher mit wahlfreiem Zugriff**" bezeichnet. Die englische Bezeichnung lautet **R**andom **A**ccess **M**emory; meist wird die Abkürzung **RAM** verwendet.

Zu den nicht flüchtigen RAM-Technologien, die die oben geforderten Eigenschaften miteinander kombinieren, gehören beispielsweise der NVSRAM und der BBSRAM.

In einem **NVSRAM** (**N**on-**V**olatile **S**tatic **R**andom **A**ccess **M**emory) ist jede SRAM-Speicherzelle mit einer nicht flüchtigen Zelle kombiniert. Ein NVSRAM verbindet damit die Geschwindigkeit eines schnellen SRAMs (Kap. 1.5.2.1) mit den Vorteilen einer nicht flüchtigen Zelle. Als zusätzliches Bauelement benötigt ein NVSRAM lediglich einen externen Kondensator (Kap. 5.5.1). Dieser wird nach dem Einschalten auf die Betriebsspannung aufgeladen. Bei Ausfall der Versorgungsspannung liefert dieser Kondensator die nötige Energie, um die Daten aus den SRAM-Zellen in die nicht flüchtigen Speicherzellen zu übertragen.

Anders verhält es sich bei einem **BBSRAM** (**B**attery **B**acked-up **S**RAM): Hier bleiben die Daten in den SRAM-Zellen, die jedoch bei Ausfall der Betriebsspannung durch eine separate Lithiumzelle (Kap. 5.3.1.3) versorgt werden. Die Stromaufnahme liegt hierbei im Bereich einiger Nano-Ampere!

Inzwischen werden auch andere nicht flüchtige Speichertechniken in größerem Umfang eingesetzt (Bild 1.50).

Bezeichnung	Eigenschaften
FRAM Ferromag- netischer RAM, auch FeRAM	− Nicht flüchtiger Speicher, bei dem die Datenspeicherung mittels Polarisation eines ferroelektrischen Materials erfolgt. − Die Polarisation des ferroelektrischen Materials (z. B. Blei-Zirkonium-Titanat, PZT) wird durch Anlegen eines externen elektrischen Feldes (Kap. 5.4.1) hervorgerufen und bleibt auch nach Abschalten des externen Feldes erhalten. − Der Zellaufbau entspricht dem einer DRAM-Zelle (Kap. 1.5.2.2); anstelle eines konventionellen Kondensators wird ein Kondensator mit ferroelektrischem Dielektrikum verwendet. − Ein FRAM kann bis zu 10^{15} mal beschrieben und gelesen werden. (zum Vergleich: EEPROM bis zu 10^6 mal), besitzt einen niedrigen Energiever- brauch beim Schreiben und eine sehr niedrige Zugriffszeit (< 100 ns). − derzeitige Speichergröße: bis zu 256 Kibit pro Chip − Einsatzbereich: mobile Elektronikgeräte (z. B. Smartphones, Microcontroller)
MRAM magneto- resistives RAM	− Nicht flüchtiger Speicher, bei dem logische Zustände nicht wie bei DRAMs als elektrische Ladung (Kap. 5.1.1.1), sondern durch Änderung des elektrischen Widerstandes gespeichert werden. − Hierbei wird die Eigenschaft bestimmter Materialien ausgenutzt, ihren elektrischen Widerstand unter dem Einfluss eines magnetischen Feldes (Kap. 5.4.2) zu ändern; diese Widerstandsänderung bleibt auch nach Abschalten des verursachenden Magnetfelds erhalten. − Ein MRAM kann praktisch beliebig oft beschrieben und gelesen werden, es ist aufgrund der höheren Fertigungskosten meist nur in industriellen Schaltun- gen zu finden (z. B. SPS: **S**peicher-**P**rogrammierbare **S**teuerungen)
PRAM, **PCRAM** Phase- Change RAM, Phasenwech- selspeicher	− Nicht flüchtiger Speicher, bei dem zur Speicherung von logischen Zuständen ebenfalls die Änderung des elektrischen Widerstandes spezieller Materialien (Chalkogenid-Legierung) ausgenutzt wird. − Die Widerstandsänderung ergibt sich hierbei jeweils in Abhängigkeit vom Materialzustand: **Amorph**, d. h. hoher Widerstand, oder **kristallin**, d. h. geringer Widerstand des speziellen Materials. − Die Zustandsänderung wird durch einen Stromimpuls im µA-Bereich hervor- gerufen und bleibt auch nach dem Abschalten des Stromimpulses erhalten.
RRAM, **ReRAM** resistiver RAM	− Nicht flüchtiger Speicher, dessen Speicherfähigkeit darauf beruht, dass bei den benutzten Materialien (z. B. Nickeloxid, Titanoxid) eine Widerstandsän- derung durch das Anlegen einer elektrischen Spannung bewirkt wird, die auch *nach* Abschalten der verursachenden Spannung bestehen bleibt. − Die kurzzeitig anliegende Spannung verändert – anders als beim PCRAM – lediglich die Lage bestimmter eingebetteter Nanokristalle, wodurch sich die Leitfähigkeit dauerhaft ändert. Durch Anlegen einer anderen Spannung ist der Vorgang reversibel und wiederholt durchführbar.

Bild 1.50: Alternative nicht flüchtige Speicher

Im Gegensatz zu den Flashspeichern ist bei den in Bild 1.50 genannten Speichertypen *vor* dem Schreiben neuer Inhalte *kein* Löschen von vorhandenen Inhalten erforderlich.

Eine spezielle Form resistiver RAMs wurde von den Firmen Intel und Micron Technology entwickelt und wird seit Kurzem unter den Bezeichnungen **3D XPoint** (sprich: 3D Cross Point) bzw. **Optane** (Fa. Intel; z. B. bei SSDs, Kap. 1.8.2) vermarktet. Dieser Speichertyp weist eine wesentlich kürzere Latenzzeit beim Lesen auf als beispielsweise herkömmliche Flash-Speicher, er ist – auch durch den Wegfall der Löschvorgänge – insgesamt bis zu 1 000-mal schneller und besitzt eine höhere Packungsdichte (Kap. 5.5.3).

Während heutige nicht flüchtige Speicher ausnahmslos auf Siliziumbasis hergestellt werden, können künftige Speichergenerationen auch auf der Grundlage von organischen Polymeren (d. h. Plastik, ähnlich wie OLEDs; Kap. 1.12.4) bestehen. Hierdurch ergeben sich einfachere und preiswertere Produktionsprozesse als bisher. Vorteilhaft ist auch die Verformbarkeit, die den Einsatz in Kombination mit durchsichtigen Displays oder in Kleidungsstücken ermöglicht, sowie die niedrigere Energieaufnahme im aktiven Betrieb.

1.5.2 Flüchtige Speicher

Die Speicherzellen der ersten flüchtigen Speicher, die im PC verwendet wurden, konnten im Gegensatz zu den damaligen ROMs sowohl in beliebiger Reihenfolge beschrieben als auch gelesen werden („Speicher mit wahlfreiem Zugriff"). Daher hatte sich schnell die Abkürzung **RAM** (**R**andom **A**ccess **M**emory) für flüchtige Speicher etabliert. Aus technischer Sicht ist diese Bezeichnung nur für flüchtige Speicher heute nicht mehr korrekt (Kap. 1.5.1.3: FRAM, MRAM, ReRAM), wird im allgemeinen Sprachgebrauch jedoch noch oft so verwendet. Die Abkürzung RAM wird auch in Verbindung mit wieder beschreibbaren optischen Speichermedien benutzt (z. B. DVD-RAM, Kap. 1.8.5).

Obwohl bei den flüchtigen Speichern ein Datenverlust bei Unterbrechung der Spannungsversorgung besteht, werden sie im PC nicht komplett durch Flash-Speicher ersetzt, da die derzeitigen flüchtigen (RAM)-Speicher wesentlich schneller beschrieben und gelesen werden können.

Ein RAM-Speicher-IC beinhaltet nicht nur die einzelnen Speicherzellen, sondern auch Komponenten, die ein Schreiben und Lesen der Speicherinhalte erst ermöglichen. In Bild 1.51 ist der prinzipielle Aufbau eines solchen Speicher-ICs dargestellt.

Der Anschluss eines RAM-Speichers erfolgt über ein Bussystem (Kap. 1.6). Die Steuerlogik kontrolliert sämtliche Vorgänge innerhalb des ICs und wertet die anliegenden Signale des Steuerbusses aus. Der eigentliche Speicherbereich ist matrizenförmig aufgebaut, wobei jede Speicherzelle mittels einer Zeilen- und einer Spaltenadresse eindeutig ansprechbar ist.

Die flüchtigen RAM-Speicher lassen sich in die beiden Gruppen **SRAM** und **DRAM** unterteilen.

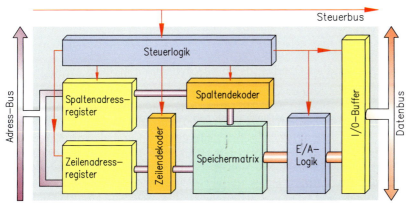

Bild 1.51: Prinzipieller Aufbau eines RAM-Speicherbausteins

1.5.2.1 SRAM

Die Speicherzelle eines statischen RAMs ist aus Flipflops aufgebaut, die aus einer Zusammenschaltung von logischen Gattern gebildet werden (Kap. 4.4.3.1). Jedes Flipflop besteht aus 6 Transistoren (**6T-Speicherzelle**) und kann einen binären Zustand (0 oder 1, Kap. 4.3.2) einnehmen. Für eine 8-Bit-Speicherzelle sind demnach 8 Flipflops erforderlich.

Durch Anlegen eines kurzen Spannungsimpulses (z. B. 0 V oder 3 V) kann eine SRAM-Zelle einen binären Zustand (0 oder 1) einnehmen und diesen als Information so lange unverändert erhalten, wie die Betriebsspannung vorhanden ist.

Durch den Einsatz von Flipflops kann eine solche Speicherzelle zwar extrem schnell gelesen und beschrieben werden, jedoch ist für jede Speicherzelle wegen der großen Zahl an Transistoren relativ viel Platz auf dem Chip erforderlich. SRAMs arbeiteten zunächst asynchron, d. h., die internen Funktionsabläufe des Speicherbausteins waren nicht mit dem Timing anderer Systemkomponenten synchronisiert. Hierdurch kam es bei der Übergabe von Daten an den Prozessor zu Wartezyklen (wait states).

Ein **Waitstate** ist eine Pause von einem oder mehreren Taktzyklen, während derer der Prozessor auf Daten von einem Ein-/Ausgabegerät oder vom Speicher wartet.

Ein Waitstate kann zwar vom Benutzer nicht wahrgenommen werden, die Summe der auftretenden Waitstates kann jedoch die Systemleistung erheblich beeinträchtigen.

Anders verhält es sich bei den sogenannten **SSRAM**-Bausteinen (Synchronous Static **RAM**; synchrones statisches RAM), die heute standardmäßig in PCs verwendet werden. Diese arbeiten auch intern synchron zum Systemtakt, wodurch Wartezyklen aufgrund von Asynchronität entfallen.

Die Zugriffszeit bei SRAMs ist generell kürzer als bei DRAMs. Da jedoch die Integrationsdichte von Speicherzellen pro Flächeneinheit geringer ist als bei den DRAM-Typen und sie zudem kostenintensiver bei der Herstellung sind, werden sie meist nur als lokaler Speicher auf einem Chip (Registerspeicher) oder als Zwischenspeicher (Cachespeicher, Kap. 1.5.4) mit vergleichsweise kleiner Speicherkapazität eingesetzt.

1.5.2.2 DRAM

Die Abkürzung DRAM wird als Oberbegriff für alle dynamisch arbeitenden RAM-Bausteine verwendet.

Eine DRAM-Speicherzelle besteht typischerweise aus einem Transistor und einem Kondensator (**1T/1C-Speicherzelle**, Kap. 5.5.4.2). Die Informationsspeicherung in der Zelle erfolgt durch das Speichern elektrischer Ladungen im Kondensator (Kap. 5.5.1), der Zugang wird über einen speziellen Transistor (**FET**: Feld-Effekt-Transistor) freigegeben oder gesperrt. Da der Kondensator jedoch ständig einen Teil seiner Ladung und somit seiner Information verliert, muss dieser in kurzen Abständen durch einen Spannungsimpuls aufgefrischt werden. Technisch erfolgt dieses Wiederaufladen durch einen Lesezugriff, in dem der Inhalt der Zelle gelesen, verstärkt und erneut geschrieben wird.

> Bei einem DRAM muss der Speicherinhalt jeder Zelle in kurzen Abständen erneuert werden. Diesen Vorgang bezeichnet man als **Refresh**.

In dem dynamischen Vorgang des „Refreshings" liegt die Ursache für die Bezeichnung dieses RAM-Typs. Eine solche Auffrischung ist bei heutigen Speichertypen standardmäßig nach 64 ms erforderlich und wird Refreshzyklus genannt. Während der Refreshzeit einer Speicherzelle hat der Prozessor keine Zugriffsmöglichkeit auf die darin enthaltenen Daten. Der Refreshvorgang muss deshalb so ausgelegt sein, dass keine wesentlichen Verzögerungen für die Lese- und Schreibzyklen des Prozessors entstehen. Die meisten modernen DRAM-Bausteine steuern ihren Refreshzyklus selbst über die eingebaute Steuerlogik (Self-Refresh).

Für hochintegrierte Speicher (z. B. Arbeitsspeicher) werden synchrone DRAMs eingesetzt, sie sind preiswerter als SRAMs und benötigen pro Speicherzelle weniger Platz auf dem Chip, wodurch auch die Speicherkapazität pro Chipfläche größer ist.

Die ersten synchronen DRAM-Bausteine, die im PC eingesetzt wurden, konnten jeweils nur bei der abfallenden Taktsignalflanke Daten ein- oder auslesen. Aus diesem Grund bezeichnet man diesen Speichertyp als **SDR**-SDRAM (Single Data Rate-SDRAM; kurz: **SDR-RAM**). Nachfolgende Speichergenerationen konnten Daten dann sowohl bei der ansteigenden als auch bei der abfallenden Taktsignalflanke schreiben und lesen.

> Das Prinzip der Datenübertragung auf der positiven und der negativen Flanke des Taktsignals nennt man **Double Data Rate Transfer**.
>
> Speicherbausteine, die Daten sowohl auf der ansteigenden als auch auf der abfallenden Taktflanke schreiben oder lesen können, bezeichnet man als **DDR-SDRAM** (Double Date Rate-SDRAM) oder kurz als **DDR-RAM**.

Ein DDR-RAM hat bei gleicher Taktfrequenz den doppelten Datendurchsatz wie ein SDR-RAM. Im Laufe der Zeit wurden aufgrund der erhöhten Taktraten bei den Prozessoren immer schnellere Datenzugriffe auf die Speicherzellen erforderlich. Hieraus resultiert die Entwicklung von immer schnelleren dynamischen Speichertypen sowie der Einsatz von Optimierungsmethoden für den Zugriff bzw. für den jeweiligen Einsatz. In Bild 1.52 sind einige Beispiele für diese dynamischen RAM-Typen zusammengefasst.

Abkürzung	Bezeichnung	Information
LP-SDRAM	Low Power **SD-RAM**	Auch als Mobile-RAM bezeichnet; speziell entwickelter SD-RAM für den mobilen Einsatz in Notebooks und Smartphones.
DDR2-RAM **DDR3-RAM** **DDR4-RAM**	**D**ouble **D**ate **R**ate-(SD) **RAM** 2, 3 oder 4	Weiterentwicklungen der DDR-RAM-Technologie mit jeweils höheren Datenraten (Bild 1.55)

Abkürzung	Bezeichnung	Information
SG-(SD)RAM bzw. **GDDR-RAM**	**S**ynchronous **G**raphic (SD)**RAM**; bzw. **G**raphic **DDR-RAM**	Bezeichnung für einen im Grafikbereich eingesetzten SDRAM-Typ; arbeitet auf der Basis von DDR, ist aber ausgelegt auf große Bandbreite und hohe Taktfrequenz (z. B. GDDR5X-SDRAM: Datenbusbreite 512 bit, Taktfrequenz bis zu 3 GHz, QDR-Technik; GDDR6-SDRAM: Taktfrequenz bis zu 4 GHz)
QDR-(SD) RAM, QDR II-RAM	**Q**uad **D**ata **R**ate-(SD) **RAM**	Weiterentwicklung des DDR-RAMs mit dedizierten Eingangs- und Ausgangsports, die gleichzeitig und unabhängig voneinander mit doppelter Datenrate arbeiten und so jeweils zwei Lese- und Schreibvorgänge pro Taktzyklus schaffen.

Bild 1.52: Beispiele für dynamische RAM-Typen

1.5.3   Arbeitsspeicher

Der Arbeitsspeicher wird auch **Hauptspeicher** oder **Systemspeicher** genannt und ist neben dem Prozessor und dem Chipsatz ein weiterer leistungsbestimmender Bestandteil eines PC. Er ist für das Speichern von Daten während der Bearbeitung zuständig, da der Prozessor diese nur begrenzt in seinen Registern und Zwischenspeichern festhalten kann. Die Größe des Hauptspeichers ist daher mit entscheidend dafür, welche Programme und welche Datenmengen verarbeitet werden können. Der Arbeitsspeicher besteht aus dynamischen RAM-Bausteinen (DRAMs).

Diese DRAM-Bausteine werden allerdings nicht als einzelne ICs, sondern als ganze Module auf dem Motherboard platziert.

Unter einem **Speichermodul** oder Speicherriegel versteht man eine kleine Leiterplatte, die mit oberflächenmontierten Speicher-ICs bestückt ist. Man unterscheidet hierbei zwischen **Single-Sided-** und **Double-Sided-Modulen** (einseitig bzw. beidseitig bestückt).

Die Module werden in die auf dem Motherboard vorgesehenen Slots gesteckt. Je nach Aufbau und verwendeter Technologie haben diese Module eine unterschiedliche Anzahl von Kontakten. Zu den am Markt bedeutendsten Speichermodul-Produzenten gehören die Firmen Samsung, Micron, Infineon und Hynix. Diese und weitere Firmen sind in der **JEDEC** (Joint Electronic Device Engineering Council) vertreten, einem Konsortium, welches unter anderem die Spezifikationen von Speichermodulen entwickelt.

1.5.3.1   Dual Inline Memory Module

Als **Dual Inline Memory Modul** (**DIMM**) bezeichnet man Speichermodule, deren Anschlusskontakte *beidseitig an einem Rand* der Leiterplatte angebracht werden, auf dem die Speicherchips befestigt sind.

Grundsätzlich unterscheidet man verschiedene Sorten, die untereinander wegen ihres unterschiedlichen Aufbaus nicht kompatibel sind und somit auch nicht gemischt auf einem Board verwendet werden können.

Bezeichnung	Erläuterung
Unregistered DIMM (UDIMM)	– Datenleitungen liegen ungepuffert parallel an den Eingangskontakten des Moduls an. – Adressleitungen liegen ungepuffert parallel an den Eingangskontakten des Moduls an. – Ältere Bezeichnung: „unbuffered"
Registered DIMM (RDIMM)	– Datenleitungen liegen ungepuffert parallel an den Eingangskontakten des Moduls an. – Adressleitungen werden über zusätzliche Register parallel an die Eingangskontakte angeschlossen; dadurch werden sie elektrisch vom Speichercontroller entkoppelt und entlasten diesen. – Ältere Bezeichnung: „buffered"
Fully Buffered DIMM (FBDIMM)	– Datenleitungen und Adressleitungen liegen nicht direkt an den Eingangskontakten an, sondern werden über den **AMB** (**A**dvanced **M**emory **B**uffer) angeschlossen, der sich zusätzlich auf der DIMM-Leiterplatte befindet. – Der AMB stellt über 24 Leitungen eine Verbindung zum Speichercontroller her; hierbei wird eine serielle Schnittstellentechnik verwendet. (ähnlich wie PCIe, Kap. 1.7.4)

Bild 1.53: DIMM-Sorten

Eine besondere Entwicklung stellen die **Registered Stacked DIMM**s dar, bei denen sich auf den Modulen mehrere GByte große Speicher gestapelt in einem einzigen IC-Gehäuse unterbringen lassen. Die einzelnen übereinander liegenden Chip-Dies sind über sogenannte Through Silicon Vias (**TSV**s) miteinander verbunden.

Bild 1.54: DDR4-Module

Dual Inline Memory Module werden mit DDR2-, DDR3- oder DDR4-RAM-Bausteinen bestückt. Aufgrund einer verschieden angebrachten Einkerbung an der jeweiligen Kontaktseite sind die entsprechenden Slots untereinander nicht kompatibel.

Die unterschiedlichen Arbeitsweisen der älteren SDR-Module und der verschiedenen DDR-Typen bei der Ansteuerung der Speicherchips verdeutlicht Bild 1.55.

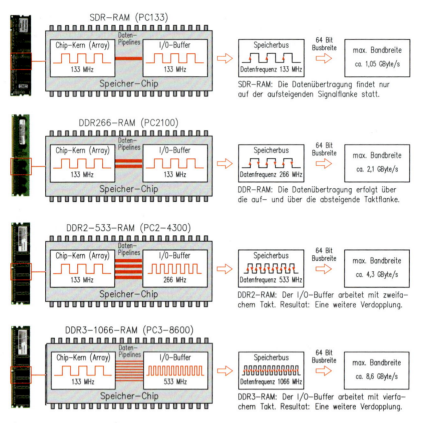

Bild 1.55: Vergleich der Datenübertragung bei SDR- und verschiedenen DDR-RAMs (Grundprinzip); Hinweis: Die Datenfrequenz entspricht der jeweiligen Geschwindigkeitsklasse, die Bandbreite wird hier traditionell mit Dezimalpräfixen angegeben; siehe Kap. 4.3.2 und Rechenbeispiel in Kap. 1.5.3.3

Speicher	Grundprinzip und Technik
SDR-RAM	– Speichermatrix und I/O-Buffer sind über eine Datenpipeline miteinander verbunden. – Speichermatrix und I/O-Buffer werden gleich getaktet (im Beispiel: 133 MHz). – Der Speicherbus wird ebenfalls mit 133 MHz getaktet. – Bei einer Übertragung nur auf der ansteigenden Flanke ergibt sich eine Datenfrequenzvon 133 MHz. – Bei einer Datenbusbreite von 64 bit beträgt die Bandbreite theoretisch ca. 1 GByte/s.
DDR-RAM	– Speichermatrix und I/O-Buffer sind über zwei Datenpipelines miteinander verbunden. – Speichermatrix und I/O-Buffer werden gleich getaktet (im Beispiel: 133 MHz). – Der Speicherbus wird ebenfalls mit 133 MHz getaktet. – Bei einer Übertragung auf der ansteigenden und der abfallenden Flanke ergibt sich eine Datenfrequenz von 266 MHz. – Bei einer Datenbusbreite von 64 bit beträgt die Bandbreite theoretisch ca. 2,1 GByte/s.

Speicher	Grundprinzip und Technik
DDR2-RAM	– Speichermatrix und I/O-Buffer sind über vier Datenpipelines miteinander verbunden. – Der I/O-Buffer wird doppelt so schnell getaktet wie die Speichermatrix. – Der Speicherbus wird ebenfalls mit 266 MHz getaktet oder es werden zwei Speicherkanäle mit jeweils 133 MHz verwendet. – Bei einer Übertragung auf der ansteigenden und der abfallenden Flanke ergibt sich insgesamt eine Datenfrequenz von 533 MHz. – Bei einer Datenbusbreite von 64 bit beträgt die Bandbreite theoretisch ca. 4,3 GByte/s.

Bild 1.56: Unterschiede der Datenübertragung bei SDR-, DDR- und DDR2-RAMs (Grundprinzipien)

DDR3-RAMs verfügen über acht interne Datenpipelines, wodurch sich der Datendurchsatz auf dem Speicherbus bei entsprechend vergrößertem Takt theoretisch erneut verdoppelt. Wegen der größeren Zugriffszeiten von DDR3-Speichern fällt in der Praxis die Geschwindigkeitssteigerung allerdings geringer aus.

> Die Verwendung von Datenpipelines wird auch als **Prefetch** bezeichnet.

Demnach verfügt ein DDR2-Speicher über ein Vierfach-Prefetch, ein DDR3-Speicher über ein Achtfach-Prefetch. DDR4-Speicher arbeiten ebenfalls mit einem Achtfach-Prefetch, bei einer weiteren Verdopplung wäre ein breiterer Datenbus erforderlich gewesen. Stattdessen arbeitet man mit einer anderen Organisationsstruktur und zusätzlichen schnellen Zwischenspeichern, wodurch höhere Taktfrequenzen möglich sind.

1.5.3.2 Speicherorganisation

Unabhängig von den aufgeführten DIMM-Sorten können die auf den Modulen verwendeten Speicherchips unterschiedlich organisiert sein:

- Ohne Paritätsprüfung
- Mit Paritätsprüfung
- Mit Fehlerkorrekturcode (**ECC: Error Correction Code**)

Die Paritätsprüfung stellt eine Möglichkeit der Fehlerkontrolle dar. Arbeitet ein Computersystem mit Paritätsprüfung, benötigt es RAM-Bausteine, bei denen jeweils zu 8 Datenbits (1 Byte) zusätzlich ein **Paritätsbit** gespeichert werden kann. Man unterscheidet hierbei zwischen gerader und ungerader Parität.

> Bei **gerader Parität** wird das Paritätsbit auf „1" gesetzt, wenn das zugehörige Datenbyte eine ungerade Anzahl von Einsen enthält. Es wird auf „0" gesetzt, wenn das zugehörige Byte eine gerade Anzahl von Einsen enthält. Bei **ungerader Parität** verhält es sich genau umgekehrt.

Mit einem Paritätsbit lässt sich erkennen, ob ein Fehler innerhalb eines Datenwortes eingetreten ist; eine Korrektur ist hierbei allerdings nicht möglich. Begründet ist dies darin, dass nicht erkennbar ist, welches der 8 Datenbits ggf. fehlerhaft übertragen wurde. Eine Fehlerkorrektur ist nur mit einem entsprechenden Fehlerkorrekturcode möglich, der durch die

Verwendung von speziellen Algorithmen eine Fehlerorterkennung bewirkt. Ein solcher Fehlerkorrekturcode wird in erster Linie in High-End-PCs und Servern verwendet.

Bei manchen Rechnern lässt sich die Paritätskontrolle über entsprechende BIOS/UEFI-Einstellungen zu- oder abschalten. Allerdings verzichten viele Hersteller aus Kostengründen bei den Speicher-ICs auf die Möglichkeit, zusätzlich ein Paritätsbit speichern zu können. Eine Paritätskontrolle kann bei solchen ICs natürlich nicht zugeschaltet werden. Die meisten Rechner, die keine Paritätskontrolle erfordern, können allerdings mit Speichermodulen arbeiten, die ein Paritätsbit aufweisen.

1.5.3.3 Geschwindigkeitsklassen

Um die Arbeitsgeschwindigkeit der verschiedenen Speichertypen besser einordnen zu können, wird zusätzlich zur Taktfrequenz meist auch deren sogenannte **Geschwindigkeitsklasse** angegeben.

Speicher-modul	Anzahl der Anschluss-pins	Anzahl Datenleitungen		Span-nung (Daten-leitung)	Interner Chiptakt	Speicher-bustakt (extern)	Geschwindigkeitsklasse	
		ohne ECC	mit ECC					
SDR-RAM	168	64	72	3,3 V	133 MHz	133 MHz		(PC 133)
DDR-RAM	184	64	72	2,5 V	133 MHz	133 MHz	DDR-266	(PC-2100)
					166 MHz	166 MHz	DDR-333	(PC-2700)
				2,6 V (!)	200 MHz	200 MHz	DDR-400	(PC-3200)
DDR2-RAM	240	64	72	1,8 V	133 MHz	266 MHz	DDR2-533	(PC2-4300)
					166 MHz	333 MHz	DDR2-667	(PC2-5300)
					200 MHz	400 MHz	DDR2-800	(PC2-6400)
					266 MHz	533 MHz	DDR2-1066	(PC2-8500)
DDR3-RAM	240	64	72	1,5 V	133 MHz	533 MHz	DDR3-1066	(PC3-8600)
					166 MHz	667 MHz	DDR3-1333	(PC3-10600)
					200 MHz	800 MHz	DDR3-1600	(PC3-12800)
					233 MHz	933 MHz	DDR3-1866	(PC3-14900)
					266 MHz	1066 MHz	DDR3-2133	(PC3-17000)
DDR4-RAM	288	64	72	1,2 V	266 MHz	1066 MHz	DDR4-2133	(PC4-17000)
					333 MHz	1333 MHz	DDR4-2666	(PC4-21300)
					400 MHz	1600 MHz	DDR4-3200	(PC4-25600)
					533 MHz	2133 MHz	DDR4-4266	(PC4-34128)

Bild 1.57: Geschwindigkeitsklassen und Eigenschaften von Speichermodulen

Neben den in Bild 1.57 aufgeführten Speichertypen gibt es auch spezielle Speicherbausteine mit anderer Spannungsversorgung (z. B. DDR3L: 1,35 V; DDR3U: 1,25 V). Bei den DDR4-Speicherriegeln wird teilweise auch eine höhere Spannung verwendet (z. B. 1,35 V)

Zu beachten ist, dass man bei einem Modul für die Klassenzuordnung manchmal nur eine einzige Bezeichnung findet, z. B. *PC3-12800*, teilweise aber auch eine doppelte Bezeichnung verwendet wird, z. B. *DDR3-1600 (PC3-12800)*.

> Bei der Berechnung des Zahlenwertes für die Geschwindigkeitsklasse (hier: 12800) wird traditionell mit Zehnerpotenzen gearbeitet (siehe Rechenbeispiel unten und Kap. 4.3.2).

Die unterschiedlichen Pinzahlen bei den verschiedenen DDR-Typen resultieren aus der aufwendigeren und präziseren Taktsignalführung, die bei der Nutzung beider Taktsignal-flanken für die Datenübertragung bei hohen Taktfrequenzen erforderlich ist. Die Nutzung beider Flanken des Taktsignals wird technisch unter anderem erst dadurch möglich, dass man zur Übertragung ein differenzielles Signal (Kap. 4.1.3) verwendet. Die Datenleitungen müssen außerdem zusätzlich terminiert werden.

> Als **Terminierung** bezeichnet man das Anschließen eines Widerstandes an das Lei-tungsende. Hierdurch werden Störungen vermieden, die insbesondere bei hohen Fre-quenzen durch Signalreflektionen an einem offenen Leitungsende entstehen können.

Die verwendeten Widerstände werden als **Abschlusswiderstände** bezeichnet. Bei den Speichermodulen wird die sogenannte „**On-Die-Terminierung** (ODT)" eingesetzt. Hierbei werden die Abschlusswiderstände direkt auf dem Chip durch Transistoren (Kap. 5.5.4.2) elektronisch „simuliert".

Der (externe) Speicherbustakt ist bei DDR2-Speichern doppelt so hoch wie der interne Chiptakt, bei DDR3-Speichern ist er viermal so hoch!

Bei einem DDR4-RAM mit einem Chiptakt von 400 MHz ergibt sich die maximale (theo-retische) Übertragungsrate $v_{\text{Ümax}}$

$$v_{\text{Ümax}} = \frac{\text{Datenbusbreite} \cdot \text{Geschwindigkeitsklasse}}{8} = \frac{64 \text{ bit} \cdot 3200 \text{ MHz}}{8}$$

$$= 25\,600\,000\,000 \text{ bit/s} = \mathbf{25\,600} \cdot 10^6 \text{ bit/s} = 25,6 \text{ GByte/s}$$

Dies entspricht 23,8 GiByte/s (Wert gerundet; Kap. 4.3.2)

Dieses DDR4-RAM-Modul (DDR4-3200) trägt somit auch die Bezeichnung PC4-25600. Durch die gleichzeitige Nutzung mehrerer Speichermodule lässt sich die Übertragungsra-te weiter steigern.

> **Dual Channel**, **Triple Channel** oder **Quad-Channel** bezeichnen die Fähigkeit eines Spei-chercontrollers, zwei, drei oder vier Speicherkanäle parallel zu betreiben.

Pro Kanal können meist bis zu zwei Speichermodule angeschlossen werden. Befindet sich der Speichercontroller auf dem CPU-Chip, so verdoppelt, verdreifacht bzw. vervierfacht sich (theoretisch) die pro Takt zur CPU übertragene Datenmenge. Im angegebenen Bei-spiel ergäbe sich bei Dual-Channel-Betrieb somit eine Datenrate von rund 51,2 GByte/s (47,6 GiByte/s), bei Triple-Channel ca. 76,8 GByte/s (51,7 GiByte/s) und bei Quad-Channel 102,4 GByte/s (95,2 GiByte/s).

1.5.3.4 Speichertiming

Die Zugriffszeit auf RAM-Speicherzellen wird wegen ihres matrixförmigen Aufbaus (zeilen- und spaltenförmige Anordnung) maßgeblich von folgenden Faktoren bestimmt:

- t_{CL}: CAS Latency (CAS: Column Address Strobe, Spaltenadresse)
  Nach der Übermittlung der Zeilen- und der Spaltenadresse einer Speicherzelle vergehen einige Taktzyklen, bis diese Informationen intern verarbeitet sind und der Inhalt der entsprechenden Speicherzelle an den Datenleitungen anliegt.

- t_{RCD}: RAS to CAS Delay (RAS: Row Address Strobe; CAS: Column Address Strobe)
  Die Ansteuerung einer Speicherzelle erfolgt über eine Zeilen- und eine Spaltenadresse. Um Anschlüsse einzusparen, werden beide Adressen hintereinander über die gleichen Leitungen des Adressbusses übermittelt: zunächst die Zeilenadresse, dann die Spaltenadresse. Dieses mehrfache Ausnutzen der Adressleitungen bezeichnet man als **Multiplexbetrieb** (Multiplexing). Beide Adressen liegen einige Taktzyklen auseinander, um sie eindeutig voneinander unterscheiden zu können.

- t_{RP}: Row Precharge Delay
  Bevor der nächste Schreib- oder Lesevorgang innerhalb einer Zeile beginnen kann (d. h. eine Zeile erneut aktiviert werden kann), benötigt der Baustein eine Erholzeit von einigen Takten.

- t_{RAS}: Row –Active Strobe
  Nachdem eine Zelle in einer Zeile angesteuert wurde (d. h. aktiviert wurde), muss diese Zeile einige Taktzyklen aktiviert bleiben, bevor sie wieder deaktiviert werden kann, damit sich eindeutige Signalzustände einstellen können. Rein rechnerisch ergibt sich die Zeitdauer t_{RAS} aus der Summe $t_{CL} + t_{RCD} + t_{RP}$.

Die zeitliche Verkürzung dieser Faktoren ist erklärtes Ziel bei jeder Speicherentwicklung. Aufgrund der endlichen Ausbreitungsgeschwindigkeit elektrischer Signale sowie der Reaktionszeit elektronischer Komponenten sind dieser Entwicklung allerdings physikalische Grenzen gesetzt.

> Die Einstellung der Faktoren CAS Latency, RAS to CAS Delay, Row Precharge Delay und Row Active Strobe bezeichnet man als **Speichertiming**.

Die genannten Faktoren werden von den Herstellern als geschwindigkeitsbestimmende Kenngrößen zusätzlich zur allgemeinen Speicherbezeichnung angegeben, indem die Anzahl der jeweils erforderlichen Speichertaktzyklen spezifiziert wird (z. B. PC3-12800 – 7-7-7).

Speicher	Timing	t_{CL}	t_{RCD}	t_{RP}	t_{RAS}
DDR3-1600	7-7-7-21	8,75 ns	8,75 ns	8,75 ns	26,25 ns
DDR3-2133	11-11-11	10,3 ns	10,3 ns	10,3 ns	
DDR4-2133	14-14-14	13,125 ns	13,125 ns	13,125 ns	

Bild 1.58: Beispiele für Speichertimings

Bei einigen Speichertypen werden auch nur die ersten drei Werte angegeben. Das Timing ist abhängig vom verwendeten Speichertyp und kann meist im BIOS/UEFI-Setup unter dem Menüpunkt „Chipset Configuration" eingestellt werden (Kap. 3.1.3; Menüpunkt kann je nach BIOS/UEFI-Version abweichen).

Moderne BIOS/UEFI-Versionen erkennen den vorhandenen Speichertyp und stellen das Timing automatisch ein. Eine Veränderung dieses Timings führt in der Regel zu unkontrollierten Systemabstürzen. Die Verwendung von neuen Speichertypen mit zum Teil anderem Timing setzt voraus, dass dieses vom BIOS/UEFI und vom Chipsatz des Motherboards unterstützt wird.

1.5.3.5 Small Outline DIMM (SO-DIMM)

Eine Sonderform mit besonders kleinen Abmessungen stellen die SO-DIMMs dar, die speziell in Notebooks eingesetzt werden (Abmessungen: 67,6 mm × 30 mm). Im Gegensatz zu den DIMM-Modulen, die senkrecht zur Hauptplatine stehend in Slots gedrückt werden, werden SO-DIMMs schräg in die Halterung eingesetzt und dann so arretiert, dass sie parallel zur Hauptplatine liegen. SO-DIMMs gibt es in unterschiedlichen Spezifikationen, die sich unter anderem in der Anzahl

Bild 1.59: SO-DIMM

der Kontakte voneinander unterscheiden (DDR2-SO-DIMMS: 200 Kontakte; DDR3-SO-DIMMs: 204 Kontakte, DDR4-SO-DIMMs: 260 Kontakte). Unterschiedlich angebrachte Einkerbungen an der Kontaktseite verhindern eine Verwechslung. Zur Verringerung der Energieaufnahme werden bei SO-DIMMs meist sogenannte **LP**-SDRAMs (**L**ow **P**ower) verwendet. Diese auch als **Mobile-RAMs** bezeichneten Speicher arbeiten mit reduzierten Versorgungsspannungen, unterstützen einen „Deep Power Down Mode" und verfügen über ein spezielles Refresh-Management (TCSR: Temperaturkompensierter Self-Refresh; PASR: partieller Array-Self-Refresh).

1.5.4 Cache-Speicher

Damit der Prozessor nicht bei jedem Zugriff auf den im Vergleich zur CPU langsam arbeitenden Hauptspeicher warten muss, werden zwischen CPU und Arbeitsspeicher verschiedene Zwischenspeicher geschaltet.

> Der Speicher zwischen Arbeitsspeicher und Prozessorkern wird **Cache-Speicher** genannt.

Da es aber technisch schwierig ist, einen Cache-Speicher zu realisieren, der sehr groß und gleichzeitig sehr schnell ist, verwendet man mehrere hierarchisch hintereinander geschaltete Cache-Stufen (Cache-Level), die durchnummeriert werden. Die Stufe mit der niedrigsten Nummer bezeichnet hierbei den Cache mit der kürzesten Zugriffszeit. Durch diese Struktur wird der Zugriff des Prozessors auf den Hauptspeicher erheblich beschleunigt.

Die schnellere Arbeitsweise wird dadurch ermöglicht, dass für diese Speicher schnelle statische RAM-Speicher verwendet werden. Außerdem werden diese Cache-Speicher meist direkt in den Prozessorchip integriert und arbeiten dann entweder mit dem vollen oder dem halben Prozessortakt. Alle Prozessoren verfügen heute über einen **First Level Cache** (L1-Cache) und einen **Second Level Cache** (L2-Cache). Erforderliche Daten gelangen dann vom Arbeitsspeicher (System Memory) zunächst in den Second Level Cache, von dort in den First Level Cache. Hier können sie dann ohne Wartezeit vom Prozessor zur Verarbeitung abgerufen werden. Mehrkernprozessoren verfügen zusätzlich über eine dritte integrierte Cachestufe, die dann als **Third Level Cache** (L3-Cache) bezeichnet wird. Bei Mehrkernprozessoren mit drei Cache-Level hat jeder Kern separate

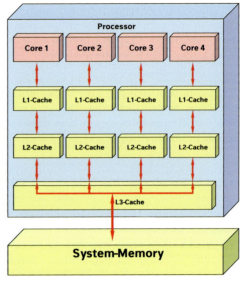

Bild 1.60: Cache-Speicher

te L1- und L2-Caches, der L3-Cache wird dann meist gemeinsam von allen Kernen genutzt (Bild 1.60). Hierbei muss für eine entsprechende Zuordnung und Korrektheit der vorhandenen Cache-Daten gesorgt werden (**Cache-Coherence**).

1.5.4.1   First Level Cache (1st Level Cache)

Dieser Cache hat eine prozessorabhängige Größe von 16 KiByte bis 256 KiByte pro Kern. Obwohl seine Speicherkapazität relativ klein bemessen ist, bewirkt der L1-Cache eine erhebliche Leistungssteigerung, da er stets mit dem Prozessortakt arbeitet und er kernnah auf dem Chip platziert ist. Seine Zugriffszeit liegt bei ca. 3 ns. Wird zwischen Befehls-Cache und Daten-Cache unterschieden, erfolgt bei einer Gesamtgröße von beispielsweise 256 KiByte die Größenangabe oft in der Form 128 KiByte + 128 KiByte (Binärpräfixe: Kap. 4.3.2).

1.5.4.2   Second Level Cache (2nd Level Cache)

Diese Cache-Stufe wird ebenfalls direkt in das Prozessorgehäuse integriert und möglichst nahe an den jeweiligen Kern platziert. Die Speicherkapazität ist prozessorabhängig, sie liegt in der Regel zwischen 512 KiByte und 6 MiByte. Dieser Cache wird in der Regel ebenfalls mit dem vollen Prozessortakt betrieben. Da diese Cache-Stufe aber etwas weiter vom jeweiligen Kern entfernt liegt, sind seine Zugriffszeiten geringfügig länger als beim L1-Cache (Zugriffszeit ca. 5 ns).

1.5.4.3   Third Level Cache (3rd Level Cache)

Bei einer CPU mit einer dritten Cache-Stufe wird diese auch in das Prozessorgehäuse implementiert. Dieser Cache weist je nach Prozessortyp eine Größe bis zu 12 MiByte auf und taktet bei aktuellen Prozessoren meist auch mit dem Prozessortakt (im Low-Cost-Bereich auch langsamer). Aufgrund seiner Größe muss dieser Speicher auf dem Chip etwas entfernter von den Prozessorkernen untergebracht werden (Zugriffszeit ca. 10–15 ns). Über den L3-Cache erfolgt dann nicht nur der Datenaustausch mit dem Arbeitsspeicher, sondern auch zwischen den vorhandenen Kernen (Bild 1.60).

Darüber hinaus unterscheidet man auch noch einen sogenannten **Software-Cache**. Hierunter versteht man das Zwischenspeichern von Daten mithilfe von speziellen Softwareprogrammen, die einen Teil des Arbeitsspeichers zum Puffern belegen.

1.5.5   CMOS-Speicher

Der CMOS-Speicher (CMOS: **C**omplementary **M**etal **O**xide **S**emiconductor; komplementärer Metalloxidhalbleiter) ist ein besonderer Speicherchip, in dem grundsätzliche Informationen über die (bei jedem System möglicherweise unterschiedliche) Systemkonfiguration abgelegt werden (d.h. mit welchen Controllern, Laufwerken, Festplatten, Bildschirmen usw. er bestückt ist). Diese Informationen benötigt der Computer für den Startvorgang. Im gleichen Chip ist meist auch die interne Systemuhr (**RTC**: **R**eal **T**ime **C**lock) untergebracht, weshalb dieser Chip in den Handbüchern vielfach auch als **RTC-RAM** bezeichnet wird.

Bei diesem Speicher-Chip handelt es sich um einen statischen RAM-Speicher mit einer sehr geringen Stromaufnahme. Ist der Rechner ausgeschaltet, wird die Stromversorgung durch eine eingebaute Primär- oder Sekundärzelle (Kap. 5.3.1.3) aufrechterhalten, sodass auch die Systemuhr weiterlaufen kann. Die Lebensdauer einer solchen Zelle beträgt je nach Zellenart ca. 5 bis 10 Jahre. Sind die Informationen des CMOS-Speichers verloren gegangen, gibt der Rechner beim Booten eine Fehlermeldung aus. Auch falsche Informationen im CMOS-Speicher können dazu führen, dass der Rechner nicht mehr startet. Solche Informationen können beispielsweise durch ein Virenprogramm (Kap. 2.6.6) verursacht werden. Unter Umständen ist dann auch der generelle Zugriff auf den CMOS-Speicher nicht mehr möglich. Oft kann in einem solchen Fall der gesamte Inhalt dieses Speichers mithilfe eines Jumpers oder eines Unterbrecherkontaktes gelöscht werden. Anschließend startet der Rechner dann mit vorhandenen nicht unbedingt optimalen Standardeinstellungen (Kap. 3.1). Die heutige Speichertechnik ermöglich auch das Speichern von Informationen der Systemkonfiguration in einem zusätzlichen Flash-EEPROM-Bereich auf dem BIOS/UEFI-Chip. Oftmals ist in einem solchen Speicherbereich zur Sicherheit auch noch ein zweites BIOS/UEFI abgelegt. Die Batteriezelle ist dann nur noch für die Systemuhr erforderlich.

Bild 1.61: Batteriezelle

AUFGABEN

1. Auf einer englischen Internetseite über elektronische Speicher wird der Begriff „Volatile Memory" verwendet. Welche Bedeutung hat diese Bezeichnung?

2. Welche verschiedenen Halbleiterspeicher gibt es in einem PC und welche Unterschiede bestehen bezüglich des Speicherverhaltens?

3. Wofür stehen die Abkürzungen Flash-EEPROM, SRAM, DRAM, SDRAM und DDRRAM?

4. Die Speicherkapazität wird in MByte bzw. GByte oder neuerdings in MiByte bzw. GiByte angegeben. Erläutern Sie den Unterschied.

5. Welche Arten von Flash-Speicherkarten gibt es? Welche Eigenschaften haben sie?

6. Bei SDHC-Speicherkarten wird die sogenannte Speed-Class angegeben. Was bedeutet SDHC und welche Information kann man der Speed-Class entnehmen?

7. Was bedeutet ein Refresh im Zusammenhang mit elektronischen Speicherzellen?

8. Welche Kontrolle lässt sich bei Speicherbausteinen mit einer Paritätsprüfung durchführen? Erläutern Sie das Grundprinzip der Paritätsprüfung.

9. Als Arbeitsspeicher werden in Desktop-PCs sogenannte DIMM-Module verwendet. Erläutern Sie die Bezeichnung DIMM.

10. Erläutern Sie bei den DIMM-Modulen den Unterschied zwischen UDIMMs und FBDIMMs.

11. Ein Arbeitsspeichermodul gehört zur Geschwindigkeitsklasse PC3-14900. Wie schnell wird diese Modul getaktet? Welche alternative Bezeichnung kann dieses Speichermodul zur Einordnung in eine Geschwindigkeitsklasse tragen?

12. Welche Datenübertragungsraten ergeben sich theoretisch bei einem Speichertakt von 133 MHz bei einem SDR-SDRAM-Modul, einem DDR2-SDRAM-Modul und einem DDR3-SDRAM-Modul?

13. Was bedeutet die Bezeichnung Triple Channel?

14. Was versteht man unter dem sogenannten Speicher-Timing und wie ist die diesbezügliche Einstellung 2-3-3-8 im BIOS/UEFI zu interpretieren?

15. Wodurch unterscheidet sich allgemein der Cache-Speicher von dem normalen Arbeitsspeicher? Wie ist er aufgebaut und welche Funktion hat er?

16. Warum werden in einer CPU unterschiedliche Cache-Stufen eingesetzt?

17. Was versteht man unter dem RTC-RAM?

1.6 Bussysteme

Ein Bussystem verbindet die verschiedenen Teile des Systems – Prozessor, Chipsatz, Controller, Arbeitsspeicher und Eingabe-Ausgabe-Ports – über elektrische Leitungen miteinander und ermöglicht ihnen so den Informationsaustausch. In Abhängigkeit von der Art der Informationsübertragung unterscheidet man parallele und serielle Bussysteme. Darüber hinaus werden als leistungsfähigere Alternative sogenannte „Punkt-zu-Punkt-

Verbindungen" eingesetzt. Hierbei handelt es sich aber um *kein* Bussystem, da jedes Gerät über separate Leitungen mit einer entsprechenden Schnittstelle auf dem Motherboard verbunden wird. Daher wird diese Verbindungstechnik im Kapitel „Schnittstellen" (Kap. 1.7) behandelt.

Die im Folgenden vielfältig genannten Datenraten werden üblicherweise in Bit pro Sekunde oder Byte pro Sekunde angegeben. Hierbei handelt es sich aber nicht notwendigerweise nur um die vom PC verarbeiteten Nutzdaten, sondern auch um zusätzliche Informationen (z.B. Paketheader) oder spezielle Signalaufbereitungen (z.B. Leitungscodierung; siehe „Vernetzte IT-Systeme", Kap. Leitungscodes), die für eine sichere Übertragung erforderlich sind. Um zu verdeutlichen, dass neben den Nutzdaten auch zusätzliche Informationen übertragen werden, werden oft auch andere Bezeichnungen verwendet, z.B. „Transfers pro Sekunde" (Kap. 1.7.4) oder „Symbolrate" (Kap. 1.7.6.4). Die erzielbaren Nutzdatenraten sind dann kleiner als die angegebenen Zahlenwerte.

1.6.1 Grundstruktur paralleler Busse

> Ein **paralleler Bus** liegt vor, wenn eine Gruppe zusammengehörender Bits (Datenwort) gleichzeitig über separate Leitungen übertragen werden können.

Ein paralleler Bus besteht in der Regel aus speziellen Gruppen von Leitungen, die unterschiedliche Arten von Informationen übertragen. Man unterscheidet:

- Datenbus (data bus)
- Adressbus (address bus)
- Steuerbus (control bus)

Der Informationsaustausch über den **Datenbus** kann umso schneller vonstatten gehen, je mehr Leitungen vorhanden sind. Deshalb werden – in Abhängigkeit von den

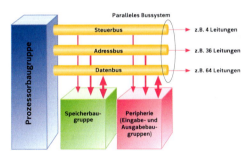

Bild 1.62: Prinzipielle Struktur eines parallelen Bussystems

Leistungsmerkmalen des vorhandenen Prozessors – die Baugruppen meist mit 8, 16, 32, 64 oder 128 Datenleitungen verbunden. Bei 8 Datenleitungen können gleichzeitig 8 binäre Zustände (d.h. 8 bit) übertragen werden; man spricht deshalb auch von einer Datenbusbreite von **8 bit = 1 Byte**; bei 128 Leitungen liegt dementsprechend eine Busbreite von 128 bit bzw. 16 Byte vor.

> Die **Datenbusbreite** gibt an, wie viele Leitungen bei einem parallelen Bus gleichzeitig zur Übertragung von Daten zur Verfügung stehen. Je größer die Datenbusbreite ist, desto mehr Informationen können parallel übertragen werden. Bei einem parallelen Bus wird die **Datenübertragungsrate** in **kByte/s**, **MByte/s** oder **GByte/s** angegeben (Dezimalpräfixe). Zunehmend erfolgt auch die Angabe in **KiByte/s**, **MiByte/s** oder **GiByte/s** (Binärpräfixe; Kap. 4.3.2).

Wollen mehrere angeschlossene Geräte gleichzeitig Daten über diesen Datenbus übertragen, so muss die zur Verfügung stehende Übertragungsrate aufgeteilt werden!

Die Adressierung der Daten erfolgt hierbei über den **Adressbus**. Damit man in den Arbeitsspeicher Daten ablegen und auch wieder auslesen kann, muss **jeder Speicherplatz** mit einer Adresse versehen werden. Die Anzahl der Adressleitungen ist somit der entscheidende Faktor für die Anzahl der maximal adressierbaren Speicherplätze.

Die Anzahl n der maximal ansprechbaren Speicherplätze lässt sich berechnen mit der Gleichung

$$n = 2^A$$

n = Anzahl der adressierbaren 8-Bit-Speicherplatz
A = Anzahl der vorhandenen Adressleitungen (Adressbusbreite)

Die Anzahl A der erforderlichen Adressleitungen lässt sich berechnen mit der Gleichung:

$$A = \frac{\log n}{\log 2}$$

Hieraus resultiert der in Bild 1.63 dargestellte Zusammenhang:

Adressbusbreite	Maximal adressierbarer Speicher	Entspricht
20	1 048 576 Byte	1 MiByte
24	16 777 216 Byte	16 MiByte
32	4 294 967 296 Byte	4 GiByte
36	68 719 476 736 Byte	64 GiByte

Bild 1.63: Maximal adressierbarer Arbeitsspeicher (alternativ dürfen auch Dezimalpräfixe verwendet werden; Kap. 4.3.2)

Über den **Steuerbus** gibt der Prozessor einer angesprochenen Baugruppe bekannt, ob er von ihr Daten empfangen oder zu ihr senden will.

Über den Adressbus und den Steuerbus werden Signale nur in *einer* Richtung gesendet: Der Prozessor gibt Adress- und Steuersignale aus, um damit eine Baugruppe oder eine Speicherzelle anzusprechen. Über den Datenbus müssen Daten in *beide* Richtungen bewegt werden können, allerdings zu unterschiedlichen Zeiten. Der Prozessor muss Daten einlesen können (von einer Eingabebaugruppe oder einer Speicherzelle) oder Daten ausgeben können (zu einer Ausgabebaugruppe oder einer Speicherzelle).

Der Datenbus ist ein **bidirektionaler Bus**, auf ihm werden Daten in **beiden** Richtungen bewegt. Der Adressbus und der Steuerbus arbeiten **unidirektional**, d. h., Signale werden nur in **einer** Richtung – vom Prozessor zu den angeschlossenen Baugruppen – gesendet.

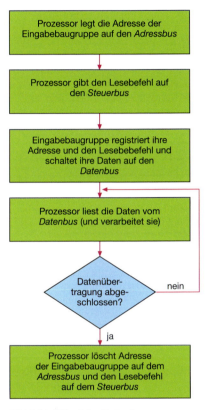

Soll der Prozessor beispielsweise Daten von einer Eingabebaugruppe einlesen, so muss er dazu nacheinander die in dem dargestellten Diagramm aufgeführten Tätigkeiten ausführen.

Ein solches Diagramm wird allgemein als **Flussdiagramm** (flow-chart) bezeichnet. Ein Flussdiagramm ist ein zeichnerisches Hilfsmittel zur Darstellung von logischen Zusammenhängen oder zur Veranschaulichung der Reihenfolge einzelner Prozessschritte. Zur Visualisierung werden genormte Symbole verwendet (Bild 1.64).

1

Bild 1.64: Ablauf des Datenflusses

Die Signalaktivität auf einem parallelen Bus lässt sich auch in Abhängigkeit vom anliegenden Takt visualisieren:

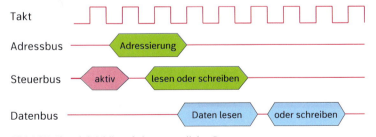

Bild 1.65: Signalaktivität auf einem parallelen Bus

Im Zuge des technischen Fortschritts der PCs wurden in der Vergangenheit unterschiedliche Konzepte für parallele Bussysteme entwickelt (z.B. **MCA**: Micro Channel Architecture Bus, **VL**: Vesa Local Bus). Diese wurden inzwischen mehrheitlich von Punkt-zu-Punkt-Verbindungen verdrängt (Kap. 1.7). Den (E)ISA-Bus findet man noch im industriellen Bereich, vereinzelt gibt es auch noch ältere PC-Mainboards, die durch einen Zusatzchip (und nicht durch den Chipsatz) einen PCI-Slot verwalten können.

Busbezeichnung	Merkmale
ISA-Bus (Industry **S**tandard **A**rchitecture Bus)	1984 von IBM entwickelt; ursprünglich 8-Bit-Datenbus, 20-Bit-Adressbus, 4,77-MHz-Bustakt; Einsatz in XT-PCs Erweiterung für den AT-Standard auf 16-Bit-Datenbus, 24-Bit-Adressbus, 8-MHz-Bustakt XT-PC = Extended PC; AT-PC = Advanced Technology PC
EISA-Bus (**E**xtended **I**ndustry **S**tandard **A**rchitecture Bus)	Erweiterung des ISA-Busses: 32-Bit-Datenbus, 24-Bit-Adressbus, Bustaktfrequenzen zwischen 8 MHz und 8,33 MHz; Einsatz bei 386er- und 486er-Prozessoren und bis heute im industriellen Bereich
PCI-Bus (**P**eripheral **C**omponent **I**nterconnect Bus)	CPU-unabhängiges paralleles Bussystem zur Verbindung aller relevanten PC-Komponenten unterstützt sowohl **Bus-Mastering** (CPU gibt zeitweilig die Kontrolle über den Bus an eine Erweiterungskarte ab) als auch die **Autokonfiguration** (Plug-and-Play) von eingesetzten Erweiterungskarten (z.B. SCSI-Adapter). Existiert in verschiedenen Spezifikationen (z.B. PCI-X 2.0: Datenbusbreite 64 bit; Adressbusbreite 32 bit; Bustakt 133 MHz; Datenrate ca. 1 GiByte/s; Versorgungsspannung 3,3 V); aufgrund unterschiedlicher Slotlängen sind die Spezifikationen untereinander nicht kompatibel.

Bild 1.66: Beispiele paralleler Bussysteme

Parallele Bussysteme werden beispielsweise zur Anbindung des Arbeitsspeichers (Kap. 1.5.3) an den in der CPU-befindlichen Controller sowie für die Verbindung von GDDR-RAM (Kap. 1.5.2.2) eingesetzt.

1.6.2 Grundstruktur serieller Busse

Ein **serieller Bus** liegt vor, wenn eine Gruppe zusammengehörender Bits nacheinander auf einer Leitung übertragen wird. Eine solche Busverbindung wird auch als **Link** bezeichnet.

Ein Link besteht entweder nur aus einem einzigen Adernpaar, über welches die Datenübertragung in beiden Richtungen erfolgt, oder aus zwei Adernpaaren, über die dann die Datenübertragung richtungsgetrennt erfolgt (bidirektional, voll-duplex). Sofern keine weiteren Leitungen vorhanden sind, erfolgt die erforderliche Übertragung der Adress-, Steuer- und Datensignale nacheinander auf derselben Leitung! Die Komponenten sind bei einem seriellen Bus zwar prinzipiell ebenfalls parallel angeschlossen, die einzelnen Komponenten „verarbeiten" aber stets nur diejenigen Daten, die per vorangegangener Adressierung für sie bestimmt sind. Die Signalaktivität bei einer Datenübertragung über eine serielle Busleitung (z. B.: Kupferdoppelader oder Lichtwellenleiter) sieht somit prinzipiell folgendermaßen aus:

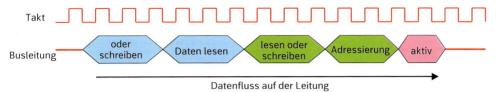

Bild 1.67: Signalaktivität auf einem seriellen Bus (Hinweis: Die Aktivitäten müssen von rechts nach links gelesen werden.)

Bei einem seriellen Bus wird die **Datenübertragungsrate** in **kbit/s**, **Mbit/s** oder **Gbit/s** angegeben (Dezimalpräfixe). Zunehmend erfolgt auch die Angabe in **Kibit/s**, **Mibit/s** oder **Gibit/s** (Binärpräfixe; Kap. 4.3.2).

Zur Erhöhung der Übertragungsrate lassen sich bei Bedarf je nach Spezifikation des seriellen Busses auch mehrere Links zusammenschalten, über die dann *gleichzeitig*, aber *taktunabhängig* voneinander Daten übertragen werden können. Hierbei entstehen keine Probleme wegen unterschiedlicher Signallaufzeiten auf den verschiedenen Leitungen, wie sie bei hohen Taktfrequenzen auf einem parallelen Bus auftreten können. Aktuelle Vertreter serieller Bussysteme sind USB (Kap. 1.6.3) und Firewire (Kap. 1.6.4).

1.6.3   USB

Die Abkürzung **USB** steht für **U**niversal **S**erial **B**us (universeller serieller Bus) und bezeichnet einen von einem Firmenkonsortium (Compaq, Hewlett-Packard, IBM, Microsoft, NEC u. a.) entwickelten Standard für den Anschluss externer Geräte an einen *seriellen* digitalen Bus.

Bei USB handelt es sich um einen sogenannten **freien Standard**, d. h., alle Spezifikationen sind frei verfügbar und somit für die Herstellung und Vermarktung von USB-Produkten ohne Lizenzgebühren anwendbar. USB wurde seit seiner ersten Veröffentlichung ständig weiterentwickelt und ist inzwischen in verschiedenen Versionen verfügbar, die sich insbesondere in der jeweils unterstützten Datenrate unterscheiden. Auch die verwendeten Stecker und Buchsen wurden versionsabhängig weiterentwickelt, sodass untereinander trotz bestehender technischer Abwärtskompatibilität inzwischen in vielen Fällen entsprechende Verbindungsadapter erforderlich sind.

Version (Veröffentlichung)	Modus	Max. Übertragungsrate ($Ü_{max}$)	Typ. Nutzdatenrate**
USB 1.0/1.1 (1994/1998)	Low Speed Full Speed	1,5 Mibit/s 12 Mibit/s	950 Kibit/s 7,6 Mibit/s
USB 2.0 (2000)	High-Speed	480 Mibit/s	300 Mibit/s

Version (Veröffentlichung)	Modus	Max. Übertragungsrate ($\ddot{U}_{max}$)	Typ. Nutzdatenrate**
USB 3.1 Gen 1 (USB 3.0*) (2008)	SuperSpeed	5 Gibit/s	2,2 Gibit/s
USB 3.1 Gen 2 (USB 3.1*) (2013)	SuperSpeed+	10 Gibit/s	6,7 Gibit/s

Bild 1.68: USB-Versionen, *: ursprüngliche Bezeichnung; **: Werte gerundet; (Gen: „Generation"; Angabe der Datenraten auch mit Dezimalpräfixen möglich; Kap. 4.3.2)

Zwischen der Veröffentlichung einer weiterentwickelten Version und der flächendeckenden Marktpräsenz entsprechender Geräte vergeht meist ein gewisser Zeitraum. Die für 2018 erwartete USB-Version 3.2 wird gegebenenfalls erneut eine Verdopplung der Übertragungsrate bringen ($\ddot{U}_{max}$: 20 Gibit/s; Nutzdatenrate ca. 13 Gibit/s).

USB sieht versionsübergreifend unterschiedlich schnelle Betriebsmodi vor, um jedem angeschlossenen Gerät eine adäquate Übertragungsgeschwindigkeit zur Verfügung stellen zu können. Der gleichzeitige Betrieb von Geräten mit verschiedenen Datenübertragungsraten ist problemlos möglich. Hierbei werden die Daten seriell in Paketen mit unterschiedlicher Größe und in unterschiedlichen Zeitabständen übertragen (bei hohen Datenraten also mehr Pakete pro Zeiteinheit; z. B. blaue Pakete in Bild 1.69). Jedes Paket beginnt mit einem Header.

> Als **Header** bezeichnet man den Datenbereich am Anfang eines Paketes (Informationskopf), der Informationen über die Ursprungs- und die Zieladresse, Paket-ID-Nummer sowie ggf. zur Steuerung und zur Fehlerkorrektur enthält (in Bild 1.69 gelb markiert).

Serieller Datenfluss ⟶

Bild 1.69: Serieller Datenfluss bei USB (Grundprinzip)

Zur seriellen Übertragung wird bis USB 2.0 ein spezieller **NRZ**-Leitungscode verwendet (**N**on **R**eturn to **Z**ero, im Prinzip binäre 0- und 1-Signale; Kap. 4.1.2), dem zur Synchronisation ein Taktsignal hinzugefügt ist. Zur Vergrößerung der Effizienz bei der Datenübertragung erfolgt bei USB 3.1 Gen 1 der Datentransport mit dem sogenannten 8B/10B-Leitungscode (Kap. 1.7.1). Bei USB 3.1 Gen 2 wird dann der 128B/132B-Leitungscode verwendet (Leitungscodes: „Vernetzte IT-Systeme", Kap. 4.1.9).

Aufgrund der Header sowie der Übertragung zusätzlicher Prüfdaten zur Fehlererkennung, Füllbits (**Bit-Stuffing**: Einfügen von Zusatzbits zur Synchonisation) und/oder Leitungscodierungen ist die erzielbare *Nutzdatenrate* bei allen USB-Versionen stets wesentlich kleiner als die spezifizierte maximale Übertragungsrate ($\leq 70\%$ $\ddot{U}_{max}$, Bild 1.68).

Zur Steuerung aller Busaktivitäten ist jeweils ein zentraler Controller erforderlich, der sämtliche angeschlossenen Geräte überwacht.

Allgemein wird ein PC (oder ein anderes Gerät) mit steuernden Funktionen für angeschlossene (USB-)Geräte als **Host** bezeichnet.

Ein Gerät, das Kommunikationsleitungen zu angeschlossenen peripheren Geräten an einer zentralen Stelle bündelt und eine elektrische Verbindung herstellt, bezeichnet man als **Hub**. Die Anschlüsse an einem Hub werden **Ports** genannt. An jedem Port kann nur ein einziges peripheres Gerät angeschlossen werden.

Ein PC, der als USB-Host fungiert und über mehrere USB-Ports für den direkten Anschluss externer USB-Geräte verfügt, wird auch als **Root Hub** bezeichnet.

1

Heutige PCs unterstützen meist verschiedene USB-Standards und verfügen daher über mehrere entsprechende USB-Controller, die entweder im Chipsatz integriert oder als separate ICs auf dem Motherboard platziert sind (Kap. 1.4). Diese entsprechen einem der folgenden vier Controller-Standards.

Bezeichnung	Erläuterung
UHCI	– **U**niversal **H**ost **C**ontroller **I**nterface – Unterstützt USB-1.0- und -1.1-Funktionen (Datenraten bis 1,5 Mibit/s oder 12 Mibit/s im Low- oder Full-Speed-Modus) – Entwickler: Intel und VI Technologies
OHCI	– **O**pen **H**ost **C**ontroller **I**nterface – Gleiche Funktionen wie UHCI, arbeitet jedoch geringfügig schneller – Meist eingesetzt in Kombination mit Chipsätzen, die nicht von Intel oder VIA stammen – Entwickler: Compaq, Microsoft und National Semiconductor
EHCI	– **E**nhanced **H**ost **C**ontroller **I**nterface – Unterstützt USB-2.0-Funktionen (Datenrate bis 480 Mibit/s im High-Speed-Modus) – Bei Anschluss von USB-1.0/1.1-Geräten reicht der EHCI-Controller den Datenverkehr an einen nachgeschalteten UHCI- oder OHCI-Controller weiter, der auf dem gleichen Chip implementiert ist. – Fehlt ein EHCI-Controller, können auch USB-2.0-Geräte nur im Low- oder Full-Speed-Modus arbeiten.
xHCI 1.0 **xHCI 1.1**	– E**x**tensible **H**ost **C**ontroller **I**nterface – Unterstützte zunächst nur USB 3.1 Gen 1 (xHCI 1.0: Datenrate bis ca. 5 Gibit/s im SuperSpeed-Modus), inzwischen auch Gen 2 (xHCI 1.1: Datenrate bis ca. 10 Gibit/s im Modus SuperSpeed+). – USB 3.1 Gen 1 und Gen 2 sind technisch abwärtskompatibel zu vorherigen USB-Standards durch Kombination mit einem EHCI, ein gleichzeitiger Betrieb im High-Speed- und im Super-Speed(+)-Modus ist aber nicht möglich; zudem werden unterschiedliche Kabel- und Steckertypen verwendet (Kap. 1.6.3.1).

Bild 1.70: Standards der USB-Controller

USB-taugliche Hubs und Endgeräte werden mit einem speziellen Symbol gekennzeichnet und müssen ein standardisiertes Interface zur Verfügung stellen, welches u.a. die folgenden Merkmale besitzt:

- Unterstützung des jeweiligen USB-Protokolls
- Reaktion auf standardisierte USB-Operationen (z. B. Konfiguration oder Reset)
- Bereitstellung von Informationen über die jeweils implementierten Funktionen

Bild 1.71: USB-2.0-Logo (siehe auch Bild 1.83)

Da USB eine 7-Bit-Adressierung verwendet, lassen sich insgesamt bis zu 127 Geräte (Devices) anschließen, z. B. externe DVD/BD-Laufwerke, Drucker, Scanner, digitale Kameras, Spiele-Adapter sowie Maus und Tastatur. Die Topologie von USB entspricht in etwa einem baumförmigen System, welches in einzelne Ebenen aufgeteilt ist.

> Der Begriff **Topologie** (engl. *topology*) bezeichnet die Art der Leitungsführung, in der die Geräte miteinander verbunden werden.

An der Spitze steht hierbei der PC als USB-Host, der in der Regel bereits über mehrere USB-Anschlüsse verfügt, somit also auch die Funktion eines Hubs erfüllt (1. Ebene in Bild 1.72).

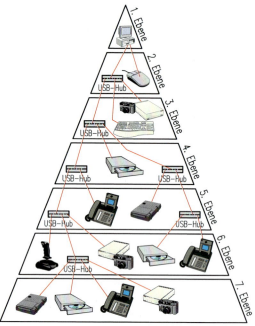

Jeder USB-Controller im PC stellt eine bestimmte Anzahl interner und externer USB-Ports zur Verfügung. An einen PC mit insgesamt acht USB-Ports lassen sich demnach bis zu acht USB-Devices – Endgeräte oder Hubs – anschließen, die dann die nächste Ebene bilden (2. Ebene in Bild 1.72). Reine Endgeräte werden auch als **Knoten** (Nodes) bezeichnet. Es gibt aber auch spezielle **Multifunktionsgeräte** (Compound Devices), an die sich dann wiederum weitere Endgeräte anschließen lassen. Diese Multifunktionsgeräte erscheinen dem Host wie ein Hub mit mehreren permanent angeschlossenen Knoten.

Bild 1.72: Topologie des USBs

An die Hubs der 2. Ebene in Bild 1.72 können weitere Endgeräte oder Hubs angeschlossen werden, die dann die nächste Ebene bilden. Auf diese Weise sind bis zu sieben Ebenen möglich. Betrachtet man allein die Ebenen, in denen Hubs hintereinandergeschaltet werden, so gibt es bei USB insgesamt fünf Hub-Ebenen (in Bild 1.72 Ebene 2 bis 6). Eine größere Anzahl von Hub-Ebenen verursacht Übertragungsprobleme – u. a. bedingt durch Laufzeiteffekte – und ist daher nicht erlaubt. Der Universal Serial Bus weist somit eine baumförmige Struktur auf, bei der die Hubs jeweils die Verbindungen zu einer weiteren Ebene schalten. Während des laufenden Betriebs können Geräte hinzugefügt oder abgetrennt werden („**Hot Plugging**"), die dann automatisch erkannt und initialisiert werden („**Plug and Play**"). Zu beachten ist, dass bei angeschlossenen Speichermedien (z. B. externe USB-Festplatte) die Daten oftmals erst PC-intern zwischengespeichert werden. Um beim Trennen einen möglichen Datenverlust zu vermeiden, sollte hier der Anschlussstecker erst *nach* einer ordnungsgemäßen Abmeldung entsprechend den Vorgaben des jeweiligen Betriebssystems abgezogen werden.

Alle USB-Geräte besitzen eine fest verdrahtete Hardware-Erkennung – bestehend aus Herstellerangaben, Seriennummer und Produkterkennung – um den Bus nach einem Reset oder dem Neustart korrekt initialisieren zu können. Dazu gehören auch Informationen bezüglich der Geräteklasse, Art der Stromversorgung und möglicher Übertragungsbandbreiten. Während der Initialisierung spricht der Host ebenenweise alle Knoten an und weist jedem Gerät eine eindeutige ID (User **ID**entification) zu.

Die Einteilung in **Geräteklassen** dient zur Unterscheidung angeschlossener Geräte mit unterschiedlichen Eigenschaften. Für jede Geräteklasse sind in den USB-Spezifikationen bereits grundlegende Treiber (sogenannte **generische Treiber**) implementiert. Hierdurch sind die meisten USB-Geräte direkt nach Anschluss verwendbar, ohne dass jedes Mal spezielle, gerätespezifische Treiber installiert werden müssen (z. B. Maus, Tastatur, externe Festplatte). Bei Bedarf lassen sich diese allerdings jederzeit nachladen.

Aufgrund der universellen Einsatzmöglichkeiten und der höheren Übertragungsgeschwindigkeit hat USB die ehemals vorhandenen Standardschnittstellen (z. B. serielle und parallele Schnittstellen) weitestgehend ersetzt.

1.6.3.1 USB-Anschluss- und Verbindungstechnik

Mit jedem neuen USB-Standard wurde die mögliche Daten-Übertragungsrate maßgeblich gesteigert, sodass jeweils auch neue Verbindungskabel und Steckverbindungen erforderlich waren.

Bis einschließlich **USB 2.0** werden zur Verbindung der Geräte vieradrige Kabel verwendet, wobei zwei Adern für den bidirektionalen Datenverkehr und zwei Adern für eine begrenzte Energieversorgung angeschlossener Geräte durch den Host vorgesehen sind. Die Datenübertragung erfolgt mit differenziellen Signalen (Kap. 4.1.3).

Bei den USB-2.0-Steckverbindungen unterscheidet man grundsätzlich zwischen den Varianten Typ A und Typ B. Beide sind mechanisch inkompatibel, sodass eine Verwechslung beim Anschluss nicht möglich ist. Der breite **Typ-A-Stecker** wird immer in Richtung zum Host, der quadratische **Typ-B-Stecker** wird immer in Richtung Peripheriegerät verwendet (Bild 1.74).

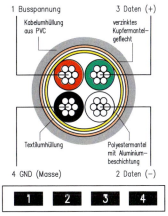

Bild 1.73: Prinzipieller Aufbau eines USB-2.0-Kabels und Kontaktzuordnung

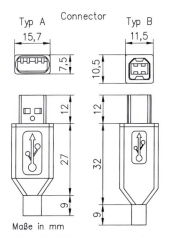

Maße in mm
Bild 1.74: USB-2.0-Steckervarianten

USB 2.0 Typ A-Stecker   USB 2.0 Typ B-Stecker

Bei Geräten mit kleinen Abmessungen werden auch spezielle verkleinerte Stecker und Buchsen eingesetzt (Mini- und Micro-USB; Mini-USB ist nicht mehr Bestandteil aktueller Spezifikationen). Diese verfügen meistens über einen zusätzlichen fünften Anschlusskontakt, der zur Geräte-Identifikation dient. Der Micro-USB-2.0-Anschluss dient bei Smartphones (Kap. 1.1.5) derzeit vielfach als Standardverbindung zur leitergebundenen Datenübertragung *und* zum Aufladen des Akkus. Durch die geringfügig unterschiedliche Bauform des aus Edelstahl bestehenden Steckermantels unterscheiden sich auch hier die Typ-A- und Typ-B-Stecker, wobei die Typ-A-Stecker wenig verbreitet sind.

Steckermantel

Bild 1.75: Typ B, Mini-USB 2.0   *Bild 1.76: Typ B, Micro-USB 2.0*

Darüber hinaus existieren verschiedene herstellerspezifische Steckervarianten, die nicht der USB-Norm entsprechen und untereinander auch nicht kompatibel sind. Bei allen Steckerausführungen sind die beiden Kontaktzungen für die Spannungsversorgung länger als die Kontakte für die Signalleitungen (Bild 1.74, Pin 1 und 4). Hierdurch wird sichergestellt, dass beim Einstecken während des laufenden Betriebes die Versorgungsspannung für das Gerät geringfügig eher anliegt als die zu verarbeitenden Daten. Innerhalb dieser kurzen Zeitspanne kann die Geräteelektronik dann jeweils die erforderlichen Betriebswerte annehmen, bevor anliegende Daten verarbeitet werden.

Der Standard **USB 3.1 Gen 1** (alte Bezeichnung **USB 3.0**) bietet eine Erhöhung der Datenrate auf bis zu 5 Gibit/s (SuperSpeed-Modus). Die Datenübertragung im SuperSpeed-Modus erfolgt hierbei richtungsgetrennt über zwei zusätzliche, getrennte Aderpaare (Bild 1.77: Pin 5, 6 und 8, 9) im Vollduplex mit differenziellen Signalen (Kap. 4.1.3). Mit dem Aderpaar für den USB-2.0-Betrieb (Pin 2, 3), sowie zwei Adern für die Spannungsversorgung (Pin 1, 4) besteht ein als USB 3.1 Gen 1 spezifiziertes Kabel somit insgesamt aus acht Leitungen (vier Aderpaare, Bild 1.77).

Aus Gründen der Abwärtskompatibilität zu USB 2.0 hat man den alten Typ-A-Stecker beibehalten und lediglich die Kontaktzahl um fünf zusätzliche Anschlüsse erweitert, die hinter den vorhandenen vier Kontakten angeordnet sind (TX+, TX−, RX+, RX− und Masse; Pin 5 bis 9 in Bild 1.77). Somit passen alte und neue Typ-A-Stecker mechanisch zusammen.

Die Kontaktzunge (oder das Gehäuse) bei den USB 3.1 Gen 1-Steckern/Buchsen ist zur Unterscheidung von reinen USB-2.0-Anschlüssen jeweils blau gefärbt (Bild 1.78). Bei dem alten Typ-B-Stecker hingegen fehlt der Platz für zusätzliche Kontakte, dieser bekommt daher einen Anbau, der so gestaltet ist, dass der alte Typ-B-Stecker in die neue Buchse passt, aber nicht der neue Typ-B-Stecker in die alte Buchse (Bild 1.78 Mitte). Auch die alten, in Kleingeräten (Kamera, Smartphone usw.) verwendeten *Micro*-Versionen des Typ-B-Steckers bieten keinen Platz für neue Pins und erhalten einen Anbau (Bild 1.78 links). Eine *Mini*-Version von USB 3.1 Gen 1-Steckverbindern existiert nicht.

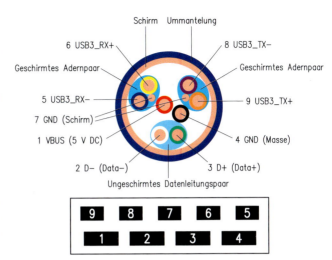

Bild 1.77: Prinzipieller Aufbau eines USB 3.1 Gen 1-Kabels und Kontaktzuordnung

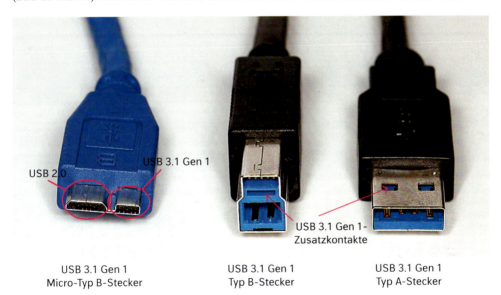

Bild 1.78: USB 3.1 Gen 1-Stecker und -Buchsen

Bei **USB 3.1 Gen 2** verdoppelt sich die Übertragungsrate gegenüber der Vorgängerversion auf bis zu 10 Gibit/s. Gleichzeitig wird eine neue Steckerform definiert, die eine symmetrische Bauform aufweist. Dieser „**Typ-C-Stecke**r" hat eine mittig angeordnete Kontaktzunge, die beidseitig mit den gleichen Anschlusspins versehen ist und somit in beiden Orientierungen (d. h. auch um 180° gedreht) in die entsprechende Typ-C-Fassung gesteckt werden kann.

Im Gegensatz zu den bisherigen Verbindungskabeln mit Typ-A- und Typ-B-Steckern befindet sich an *beiden* Enden eines USB 3.1 Gen 2-Kabels der *gleiche* Typ-C-Stecker (Bild 1.79). Er ist kleiner als der bisherige Typ-A-Stecker (Bild 1.74) und damit nicht mehr kompatibel zu den bisher verwendeten Stecksystemen. Um diese weiter nutzen zu können, werden diverse Adapter kabel angeboten. Einige Boards liefern auch (eingeschränkte) USB 3.1 Gen 2-Leistungsmerkmale an einer bereits rückseitig vorhandenen, speziellen Typ A-Buchse (siehe Bild 1.89).

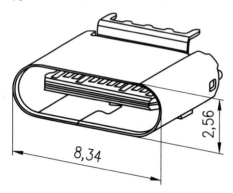 

Bild 1.79: USB Typ C-Stecker

Kontaktzunge

A1	A2	A3	A4	A5	A6	A7	A8	A9	A10	A11	A12
GND	TX1+	TX1−	VBUS	CC1	D+	D−	SBU1	VBUS	RX2−	RX2+	GND

GND	RX1+	RX1−	VBUS	SBU2	D−	D+	CC2	VBUS	TX2−	TX2+	GND
B12	B11	B10	B9	B8	B7	B6	B5	B4	B3	B2	B1

Steckermantel

Pin-Nr.	Belegung der Kontaktzunge
A1, A12 B1, B12	**GND**: Ground
A2, A3 B2, B3	**TX1+, TX1-**: High Speed Data Path 1 (Transmit USB oder Transmit DP Alt-Mode) (Verwendung von zwei Leitungspaaren!)
A4, A9 B4, B9	**VBus**: Bus Power
A5 B5	**CC1, CC2**: Configuration Detection
A6, A7 B6, B7	**D+, D-**: USB 2.0 Bus Interface (Verwendung von einem Leitungspaar!)
A8 B8	**SBU1, SBU2**: Secondary Bus System (Alternate Connection; Headphone Analog Signal)
A10, A11 B10, B11	**RX2+, RX2-**: High Speed Data Path 2 (Receive USB oder Transmit DP Alt-Mode) (Verwendung von zwei Leitungspaaren!)

Bild 1.80: Anschlussbelegung USB Typ C-Stecker

Neu ist, dass der Typ C-Stecker in Kombination *mit* USB, aber auch gänzlich *ohne* USB-Datenverbindung mannigfaltig genutzt werden kann. Hierzu werden sogenannte **Alternate-Modes** definiert, bei denen den einzelnen Anschlusspins und Verbindungsleitungen auch andere Funktionen zugeordnet werden können. Alternative Modi sind beispielsweise:

- **Display Port Alternate Mode (DP Alt-Mode)**; mit entsprechenden Geräten können Display-Port-Signale bis zur Version 1.3 (Kap. 1.7.6.5) über eine Typ-C-Steckverbindung transportiert werden, die ein Display in UHD-Auflösung (Kap. 1.9.4) ansteuern; bei entsprechender Aufteilung der Datenpfade des USB 3.1 Gen 2-Kabels ist auch die gleichzeitige Übertragung von USB- *und* Display-Port-Signalen möglich.
- **Audio Adapter Accessory Mode (AAA-Mode)**; bei künftigen Geräten kann die 3,5-mm-Audio-Buchse entfallen, der Anschluss von Kopfhörern und Lautsprechern funktioniert dann auch mit entsprechenden Adaptern (z. B. USB-Typ-C-Stecker auf 3,5-mm-Audio-Buchse) über USB-Hubs.

Der Typ C-Stecker ist mit entsprechenden Adapterkabeln auch kompatibel zu anderen Schnittstellen-Signalen, z. B. HDMI und MHL (Kap. 1.7.6). Darüber hinaus verwendet Apple ab Thunderbolt 3 ebenfalls den Typ-C-Stecker für seine Geräte (Kap. 1.7.7).

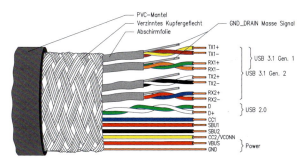

Bild 1.81: Aufbau eines USB 3.1 Gen 2-Full Featured Kabels

Um sämtliche Übertragungsmöglichkeiten nutzen zu können, ist ein mit *allen* Verbindungsleitungen ausgestattetes USB 3.1 Gen 2-Kabel (**FFC: Full Featured Cable**; Bild 1.81) erforderlich. Über einen im Typ-C-Stecker implementierten elektronischen Chip (Stromversorgung über Pin V_{Conn}; Bild 1.81) können hierbei die jeweiligen Schnittstellensignale detektiert werden. Zu beachten ist, dass in der Praxis nicht jedes Kabel mit USB-Typ-C-Anschlüssen über diese Leitungs-Vollausstattung verfügt. Ob die genannten Funktionalitäten bei Vollausstattung unterstützt werden, hängt aber auch von der seitens der Hersteller *in* den jeweiligen Geräten implementierten Elektronik ab.

1.6.3.2 USB-Energieversorgung

Von Beginn an ermöglichte ein USB-Anschluss prinzipiell auch eine Energieversorgung angeschlossener Geräte ohne eigene Stromversorgung über das für die Datenübertragung verwendete USB-Kabel („**Bus-Powered-Devices**"). Diese war zunächst aber lediglich auf kleinere Geräte mit einer vergleichsweise geringen Energieaufnahme begrenzt. Geräte mit höherer Leistung mussten über eine separate Stromleitung (Kap. 5.3.2.3) mit Energie versorgt werden („**Self-Powered-Devices**").

Ziel der schrittweisen Entwicklung war jedoch, möglichst alle angeschlossenen Geräte über einen USB-Anschluss mit Energie zu versorgen und bei mobilen Geräten gleichzeitig auch den Akku in kurzer Zeit zu laden. Aus diesem Grund erfolgte – zeitgleich mit, aber unabhängig von der Entwicklung der USB 3.1 Gen 2-Spezifikation für den Datenverkehr – die Entwicklung einer Spezifikation zur gleichzeitigen Verwendung der USB-Typ-C-Steckverbindung zur erweiterten Energieversorgung angeschlossener Geräte.

> **USB Power Delivery 2.0** (**UPD** oder **USB-PD**) ist die Bezeichnung einer Spezifikation des **USB-IF** (**USB I**mplementers **F**orum) über eine *bidirektional* mögliche Energieversorgung zweier Geräte, die über ein USB 3.1 Gen 2-Kabel mit Typ-C-Stecker verbunden sind. Hierbei werden – unabhängig von einer aktiven Datenübertragung – über die USB-Power-Anschlusspins mithilfe des UPD-Protokolls und entsprechenden in den Geräten vorhandenen Konfigurationscontrollern die *Richtung* der Energieversorgung sowie die *Größe* von Strom und Spannung ausgehandelt.

Die bis dato vorhandenen Energieversorgungen über USB (Low-Powered, High-Powered, USB-BC; Bild 1.82) können als Vorstufen der aktuellen USB-PD-Spezifikation angesehen und dieser entsprechend zugeordnet werden.

Version	Bezeichnung/ Profil		Energieversorgung (max.)	Bemerkungen/Beispiele
USB 1.0/1.1	Low-Powered		5 V/0,1 A	Tastatur, Maus
USB 2.0	High-Powered		5 V/0,5 A	Scanner, externe 2,5-Zoll Festplatten; begrenzt auch Ladefunktion kleinerer Mobilgeräte möglich (USB-BC bis 2,5 W, siehe unten)
USB 3.1 Gen 1	High-Powered		5 V/0,9 A	Smartphone
	USB Battery Charging (USB-BC)		5 V/1,5 A	Spezifikation für USB-Ladegeräte; Port-Bezeichnung: **DCP** (**D**edicated **C**harging **P**ort)
USB 3.1 Gen 2	Profile USB Power Delivery 2.0	1*	5 V/2 A	kleinere, portable Geräte
		2	5 V/2 A 12 V/1,5 A	Tablets, Netbooks, Scanner
		3	5 V/2 A 12 V/3 A	Notebooks
		4	5 V/2 A 12 V/3 A 20 V/3 A	Drucker
		5	5 V/2 A 12 V/5 A 20 V/5 A	Displays, aktive Lautsprecherboxen

Bild 1.82: Energieversorgung über USB (*:abwärtskompatibel zu USB 2.0 und USB 3.1 Gen 1)

Viele Geräte benötigen im Moment der Inbetriebnahme einen wesentlich höheren Einschalt- bzw. Anlaufstrom als im normalen Betriebszustand (z. B. 2,5-Zoll-Festplatten, Anlaufstrom bis ca. 0,8 A, Betriebsstrom bis ca. 0,25 A; siehe auch Kap. 5.1.4.2). Zwar werden hierdurch USB-2.0-Ports kurzzeitig überlastet, verkraften dies jedoch in der Regel schadlos. Um auch Geräte mit etwas höherem Strombedarf über einen USB-Port speisen zu können (USB-BC, Bild 1.82), unterstützen einige Geräte auch die auf einer EU-Richtlinie basierende **Battery Charging Specification** für USB-Ladegeräte.

Das aktuelle USB-Power Delivery 2.0 definiert fünf Versorgungsprofile mit unterschiedlichen Leistungsanforderungen (Bild 1.82). Die Stromflussrichtung und der Leistungsbedarf – zur Energieversorgung eines angeschlossenen Gerätes und/oder zu Ladezwecken – wird hierbei während der Initialisierung über entsprechende Konfigurationscontroller, die unabhängig von der Datenübertragung arbeiten können, für jede Kabelverbindung individuell zwischen den beiden angeschlossenen Geräten ausgehandelt. In der UPD-Nomenklatur wird hierbei unterschieden zwischen **Provider**-Geräten, deren USB-Anschlüsse als Energiequelle fungieren (**DFP: D**ownstream **F**acing **P**ort), und **Consumer**-Geräten, deren USB-Anschlüsse dann Verbraucher darstellen (**UFP: U**pstream **F**acing **P**ort). Unter Umständen kann der USB-Anschluss eines Gerätes auch beide Funktionen aufweisen (**DRP: D**ual **R**ole **P**ort). Das Gerät mit dem höheren Energiepotenzial kann hierbei jeweils die Stromversorgung übernehmen, bei veränderten Verhältnissen kann das System entsprechend umschalten.

> Ein **USB-Anschluss**, der mit USB 3.1 Gen 2 konform ist *und* die USB-PD Spezifikationen erfüllt, stellt eine **Kombination aus einer schnellen Datenschnittstelle und einem bidirektionalen Energieverteilsystem dar.**

So könnte beispielsweise ein PC ein angeschlossenes Display über das USB-Kabel mit Bildsignalen und Strom versorgen, das Energieversorgungskabel des Displays würde in diesem Fall nicht benötigt. Andererseits könnte das gleiche Display bei Verbindung mit dem Energieversorgungsnetz aber auch den Akku eines über USB angeschlossenen Tablets laden.

Für die erhöhte Leistungsübertragung ab Profil 2 sind spezielle USB-Kabel erforderlich. Zu beachten ist, dass nicht alle USB 3.1 Gen 2-Anschlüsse und Kabel die USB-PD-Spezifikationen (bzw. sämtliche Profile) erfüllen. Vom USB-IF zertifizierte Logos an Geräten, Anschlüssen und Kabeln sollen daher Auskunft über die jeweils unterstützten Merkmale geben (Bild 1.83).

Symbol	Bedeutung	Übertragung
SS⚡ ®	SS – USB 3.1 Gen. 1 „SuperSpeed"	Datenrate bis zu 5 Gibit/s ($\ddot{U}_{max}$); keine Unterstützung von USB-PD (jedoch ist geräteabhängig USB-BC möglich)
SS⚡ 10 ®	SS+ oder SS10 – USB 3.1 Gen. 2 „SuperSpeed+"	Datenrate bis zu 10 Gibit/s ($\ddot{U}_{max}$); keine Unterstützung von USB-PD (jedoch ist geräteabhängig USB-BC möglich)
Ⓟ ®	SS+DP oder SS10 DP – USB 3.1 Gen. 2 „SuperSpeed+" mit DisplayPort Integration	Gleiche Spezifikationen wie normaler USB 3.1 Gen. 2-Anschluss; zusätzlich Übertragung von Display-Signalen via DisplayPort (Kap. 1.7.6.5) möglich
⚡	Blitz – Thunderbolt 3	Als USB-Type-C-Anschluss ausgeführt; Übertragungsart: USB 3.1 Gen 2 und auch Thunderbolt 3 (Kap. 1.7.7)
SS⚡🔋 ™ SS⚡10🔋 ™	Zusatz „PD" oder Batterie-Symbol (Power Delivery)	zusätzlich zur jeweiligen Datenübertragungsrate (5 bzw. 10 Gibit/s) wird USB-PD unterstützt; ab USB 3.1 Gen 2 kann – abhängig vom Versorgungsprofil (Bild 1.82) und den verwendeten Leitungen – bis zu 100W übertragen werden

Bild 1.83: USB-IF Symbole (Beispiele)

Die in den Spezifikationen angegebenen maximalen Kabellängen (meist < 1,5 m) sollten nicht überschritten werden, da es ansonsten leicht zu Induktionsstörungen (Kap. 5.5.1.5) kommen kann. Bei längeren Übertragungsstrecken können entsprechende Signalregeneratoren eingesetzt werden, die das Signal aufbereiten.

1.6.3.3 Sonstige USB-Spezifikationen

USB-OTG (On-The-Go) stellt eine Erweiterung ab dem USB-2.0-Standard dar und spezifiziert eine USB-Geräteklasse, die untereinander ohne einen zwischengeschalteten PC als Steuergerät (Host) Daten austauschen kann. Durch eine implementierte Protokollergänzung verfügen OTG-Geräte selbst über die Fähigkeit, begrenzt die Rolle eines Hosts zu übernehmen. Ein USB-Gerät mit begrenzter Übernahme von Host-Eigenschaften wird als **Dual-Role-Gerät** bezeichnet. OTG-fähige Geräte können mit Steckverbindern ab dem USB-2.0-Standard verbunden werden. Da die Host-Funktion bei OTG-Geräten beliebig tauschbar ist, muss sich der Benutzer keine Gedanken über das richtige Anstecken von Kabeln machen.

Des Weiteren gibt es **Wireless-USB**-Produkte, die insbesondere bei den sogenannten **HID**-Anwendungen (Human Interfaces Devices), also Tastaturen, Mäusen und Gamepads für Spielekonsolen, Anwendung finden. Eine drahtlose USB-Strecke besteht aus einem entsprechenden Sender, der in einen USB-Anschluss eingesteckt wird, und einem USB-Transceiver im angeschlossenen Gerät. Aus Sicht des Rechners verhält sich die Funkstrecke wie ein USB-Kabel. Die Funkübertragung (meist Datenrate bis 1 Mibit/s im ISM-Band 2,4 GHz, Reichweite ca. 10 m, Frequenzsprungverfahren mit 79 Kanälen) ist ähnlich der bei Bluetooth, allerdings mit einem erheblich einfacheren Protokoll.

1.6.4   Firewire

Firewire ist die Kurzbezeichnung für ein serielles Bussystem, das ursprünglich auf einer Entwicklung für eine schnelle serielle Datenübertragung der Firma Apple basiert.

Durch den Zusammenschluss verschiedener namhafter Hersteller der Computer- und der Audio-/Video-Industrie (z.B. Adaptec, AMD, Apple, IBM, Microsoft, Philips, Sony, TI, JVC, Yamaha u.a.) wurde diese Entwicklung modifiziert und führte 1995 zur Veröffentlichung des primären Firewire-Standards, dessen Originalbezeichnung **IEEE 1394–1995** lautet.

IEEE ist die Abkürzung für Institute of Electrical and Electronics Engineers, eine Vereinigung von amerikanischen Elektro- und Elektronikingenieuren, die für viele Standards in Hardware und Software verantwortlich ist.

Inzwischen existiert eine völlig überarbeitete und fehlerbereinigte Version dieses Standards. Dieser fasst die ursprüngliche Version und die beiden Erweiterungen IEEE 1394a und IEEE-1394b zusammen (**IEEE 1394-2008**). Darüber hinaus verwendet Sony für diese Technologie aus Marketinggründen die firmeneigene und lizenzgeschützte Bezeichnung **i-Link**.

Der Bus-Standard IEEE 1394 weist folgende allgemeine Spezifikationen auf:

- Frei zugänglicher Standard, d.h. für Hersteller von Firewire-Geräten fallen grundsätzlich keine Lizenzgebühren an (Ausnahme: Produktion bestimmter erforderlicher ICs, für die Sony die Lizenzen hat)

- Rein digital arbeitendes, bidirektionales Bussystem

- Direkte Kommunikationsmöglichkeit zwischen zwei Geräten, kein Host-PC erforderlich

- Plug-and-Play-fähig, somit sind keine IRQ- bzw. DMA-Einstellungen (Kap. 3.5) beim Einsatz neuer Geräte notwendig

- Hot-Plugging, d.h., während des laufenden Betriebes lassen sich Geräte hinzufügen oder entfernen

- Gleichzeitiger Betrieb von langsamen und schnellen Geräten an einem Bus möglich

- In begrenztem Umfang Fremdspeisung über Anschlusskabel möglich, hierdurch sind auch Geräte ohne eigene Energieversorgung anschließbar

Firewire weist eine Art Baumstruktur auf, bei der die Geräte (Nodes) in einem oder mehreren Strängen hintereinandergeschaltet werden.

> Das Hintereinanderschalten von Firewire-Geräten bezeichnet man als **Daisy Chaining**. Die Verbindungsstränge zwischen Firewire-Geräten werden **Hops** genannt.

In der Regel verfügt jedes Firewire-Gerät über zwei Ports, einen Eingang und einen Ausgang. Insgesamt dürfen höchstens 16 Hops zwischen zwei beliebigen Nodes liegen. Die Begrenzung der Anzahl möglicher Hops resultiert aus den endlichen Signallaufzeiten. Verfügen Geräte über mehr als zwei Ports, sind Verzweigungen möglich,

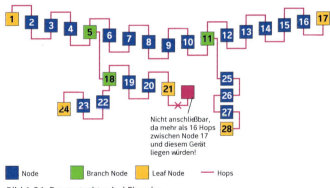

Bild 1.84: Baumstruktur bei Firewire

jedoch sind Schleifen zwischen den Geräten nicht erlaubt. Die Datenübertragung zwischen zwei Knoten ist auch dann möglich, wenn dazwischenliegende Knoten nicht in Betrieb sind.

Firewire verwendet eine 6-Bit-Adressierung für die Nodes (Node-ID), somit sind bis zu 63 Geräte an einem Bus anschließbar. Über entsprechende Brücken können bei IEEE 1394b auch mehrere Busse miteinander verbunden werden (theoretisch 1023 Busse mit je 63 Geräten). Allerdings hat sich diese Brückentechnik am Markt nicht etablieren können.

Einige der Nodes an einem Bus werden speziell bezeichnet (Bild 1.85):

Bezeichnung	Beschreibung
Root Node	Gerät, das die Funktion des Bus-Managers übernommen hat; der Busmanager sammelt Informationen über die Bustopologie und die Eigenschaften aller angeschlossenen Knoten.
Branch Node	Gerät, an dem sich ein Strang aufteilt
Leaf Node	Gerät am Ende eines Stranges

Bild 1.85: Spezielle Geräte-Bezeichnungen bei Firewire

Für die Flexibilität der Firewire-Struktur ist von Vorteil, dass kein Host-PC erforderlich ist. Grundsätzlich kann jeder Knoten die Funktion des Bus-Managers übernehmen. Im Gegensatz zu USB sind somit echte Peer-to-Peer-Verbindungen möglich, d. h., zwei Geräte können direkt miteinander verbunden werden und Daten austauschen (z.B. digitaler Videorekorder und digitaler Camcorder).

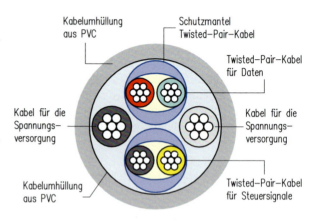

Bild 1.86: Aufbau eines 6-adrigen Firewire-Kabels

Entsprechend dem IEEE-1394-Standard kann die Verbindung der Geräte entweder über Kupferkabel oder Lichtwellenleiter erfolgen. Bei der Verwendung von Kupferkabeln stehen zwei Varianten zur Verfügung. Die vieradrige Ausführung enthält zwei TP-Kabel, (TP: Twisted Pair; „Vernetzte IT-Systeme", Kap. 4.1.1.3) jeweils ein Paar für die Daten- und ein Paar für die Steuersignale. Die sechsadrige Ausführung enthält zusätzlich ein Adernpaar für eine externe Energieversorgung angeschlossener Geräte ohne eigenes Netzteil oder Batterie.

Gemäß Spezifikation ist hierbei eine Spannungsversorgung von 8 V bis 40 V bei einem maximalen Strom von 1,5 A möglich.

Für die verschiedenen Kabel existieren auch unterschiedliche Steckertypen, jeweils mit vier bzw. sechs (1394a) oder neun (1394b) Anschlusspins. Zusätzlich gibt es noch einen sogenannten Cardbus-Stecker für den direkten Anschluss eines Notebooks über den Express-Card-Slot (Kap. 1.1.2). Alle Verbindungsstecker können innerhalb eines Systems gemischt verwendet werden, sofern die Geräte über entsprechende Anschlüsse verfügen.

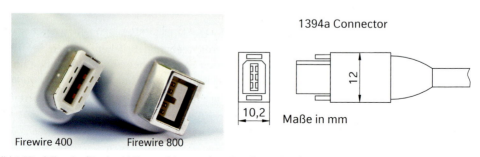

Bild 1.87: a) Firewire-Stecker b) Normzeichnung eines 6-poligen Firewire-Steckers

Der Standard IEEE 1394a sieht Übertragungsraten von 100 Mibit/s, 200 Mibit/s und 400 Mibit/s über Kupferkabel vor (Kurzbezeichnung: S100, S200, S400). Die Kabellänge zwischen zwei Geräten bei einer S400-Verbindung darf maximal 4,5 m, bei S200 maximal 14 m betragen. IEEE 1394b definiert zusätzlich die Übertragungsraten 800 Mibit/s, 1600 Mibit/s und 3200 Mibit/s (S800, S1600 und S3200). Damit ist Firewire inzwischen wesentlich langsamer als aktuelle USB-Entwicklungen (Kap. 1.6.3). Dank einer effizienteren Kodierung (8B/10B, Kap. 1.7.4) und eines neuen neunpoligen Steckertyps sind im Idealfall überbrückbare Strecken bis zu 100 m zwischen zwei Geräten über Kupferleitung möglich. Gleichzeitig definiert dieser Standard auch den Einsatz von Netzwerkkabeln, Glasfaser- und Plastikleitungen (**POF**: **P**lastic **O**ptical **F**ibre).

Zusätzlich zum 1394a- und 1394b-Standard existiert seit geraumer Zeit eine Spezifikation für **Wireless-Firewire**. Hierbei wird der Firewire-Standard mit dem Standard für **WPAN**s (**W**ireless **P**ersonal **A**rea **N**etwork, IEEE 802.15.2; „Vernetzte IT-Systeme", Kap. 1.5) kombiniert. Unterschiedliche Geräte für die multimediale Kommunikation (DVD-Player, TV-Gerät, Stereo-Anlage, Tablets) lassen sich damit drahtlos miteinander vernetzen.

Bei jedem Hinzufügen oder Entfernen eines Knotens wird der Bus neu initialisiert. Dieser Prozess erfolgt nach genau festgelegten Protokollstrukturen. Vereinfacht dargestellt wird hierbei zunächst die aktuelle Baumstruktur ermittelt und jedem Knoten eine ID zugewiesen. Die Steuerung übernimmt einer der zentral liegenden Knoten, der dann als Root Node fungiert. Anschließend erhält jedes Gerät die Möglichkeit, Informationen über die eigene Konfiguration – wie z. B. Anforderung an die Energieversorgung, Standard-Transfermodus, Übertragungsgeschwindigkeit – an alle anderen Knoten zu übermitteln. Diese Informationen werden vom Root Node ausgewertet. Anhand dieser Daten werden die Zugangsberechtigungen zum Bus für die einzelnen Geräte festgelegt. Bei der Zuteilung von Übertragungsbandbreiten werden isochrone Geräte bevorzugt gegenüber den asynchron arbeitenden Geräten behandelt.

1.6.5 Vergleich der Bussysteme

Die parallelen Busstrukturen haben sich in der Vergangenheit als einfach, effizient und wirtschaftlich erwiesen. Aufgrund der immer höheren erforderlichen Übertragungsraten stoßen sie aber in vielerlei Hinsicht an ihre Grenzen:

- Der parallele Bus wird von allen angeschlossenen Einheiten (CPU, Speicher, Peripheriegeräte) *gemeinsam* – jeweils als Punkt-zu-Punkt-Verbindung – genutzt. Hierbei müssen sich alle Geräte die auf dem Bus zur Verfügung stehende Übertragungsbandbreite teilen, wodurch es zu Überlastungen und damit zu Wartezeiten kommen kann, die das System verlangsamen.

- Die Zunahme der Busbreite vergrößert die Anzahl der Leiterbahnen sowie ggf. der Anschlusskontakte von Steckkarten und führt damit zu einem erhöhten Platzbedarf auf den Platinen.

- Physikalische und elektrische Phänomene (z. B. frequenzabhängige Leiterbahnwiderstände, Laufzeitunterschiede zwischen Bussignalen; Kap. 5) erfordern ein ausgereiftes und damit teures Leiterplatten-Layout und begrenzen die mögliche Buslänge, die in der Regel auf wenige Zentimeter beschränkt ist.

Während die parallelen Busstandards einen gemeinsam genutzten Bus vorsehen, handelt es sich bei den seriellen Standards USB und Firewire um „vernetzte" Konzepte. Diese besitzen einige Vorteile gegenüber den parallelen Architekturen:

- Es werden sowohl Punkt-zu-Punkt- als auch Punkt-zu-Mehrpunkt-Verbindungen unterstützt.

- An die Stelle von 32 bis 512 bit breiten Bussystemen mit der dafür erforderlichen Anzahl von physikalisch vorhandenen Leitungen treten serielle „Kanäle" – auch **Pipes** genannt –, die durch den Einsatz von Multiplextechniken gleichzeitig von verschiedenen Geräten genutzt werden können und die über zwei bzw. vier Leitungen übertragen werden.

- Entfernungen bis zu einigen Metern lassen sich problemlos überbrücken.

Die folgende Tabelle fasst wesentliche Leistungsmerkmale einiger Bussysteme zusammen.

	ISA	EISA	PCI	USB	Firewire
Übertragungs-verfahren	Parallel	Parallel	Parallel	Seriell	Seriell
Datenbusbreite	16 bit	32 bit 64 bit	32 bit 64 bit	–	–
Adressbusbreite	24 bit	24 bit	32 bit	–	–
Bustakt	8,33 MHz	8,33 MHz	33 MHz 66 MHz 133 MHz	–	–
Datentransfer	8,33 MiByte/s	33 MiByte/s	132 MiByte/s 266 MiByte/s 533 MiByte/s	1,5 Mibit/s 12 Mibit/s 480 Mibit/s 5 Gibit/s (USB 3.1 Gen 1) 10 Gibit/s (USB 3.1 Gen 2)	100 Mibit/s 200 Mibit/s 400 Mibit/s 800 Mibit/s 1,6 Gibit/s 3,2 Gibit/s
max. Steck-plätze/Geräte	8	8	4 (erweiterbar mit Bridges)	127	63 (erweiter-bar mit Bridges)
Busmasterfähig	nein	ja	ja	–	–
Hot-Plugging	nein	nein	nein	ja	ja

Bild 1.88: Zusammenfassender Vergleich verschiedener Bussysteme

*Entsprechend allgemeiner Konvention werden in der Tabelle Übertragungsraten bei paralleler Übertragung in **MiByte**/s (**Mebibyte** pro Sekunde), bei serieller Übertragung in **Mibit**/s (**Mebibit** pro Sekunde) angegeben. Alternativ können zur Angabe der Datenraten in der Tabelle auch Dezimalpräfixe (Kap. 4.3.2) verwendet werden.*

Darüber hinaus zeigen serielle Systeme eine hohe Zuverlässigkeit und Redundanz durch Umsetzung des sogenannten **RAS-Konzepts**.

RAS steht für Reliability, Availability und Serviceability (Zuverlässigkeit, Verfügbarkeit und Wartungsfreundlichkeit) und beschreibt das Anforderungsprofil für moderne Übertragungssysteme.

AUFGABEN

1. Erläutern Sie die prinzipiellen Unterschiede zwischen einem parallelen und einem seriellen Bus.

2. Aus welchen grundsätzlichen Leitungsgruppen besteht ein paralleler Bus?

3. Welcher Unterschied besteht zwischen einem unidirektionalen und einem bidirektionalen Bus?

4. Begründen Sie, warum serielle Bussysteme bei hohen Taktfrequenzen Vorteile gegenüber parallelen Bussystemen aufweisen.

5. Über eine Datenverbindung müssen 2,6 GiByte an Nutzdaten übertragen werden. Welche Zeit würde hierfür theoretisch unter Zugrundelegung der im Buch angegebenen maximalen Übertragungsraten benötigt:
   a) bei USB 2.0
   b) bei USB 3.1 Gen 1
   c) bei Firewire gemäß IEEE 1394b
   d) bei PCIe 3.0 × 16 (Kap. 1.7.4)

6. Ein Prozessor kann maximal 64 GiByte Speicher adressieren. Wie viele Adressleitungen sind hierzu erforderlich?

7. Berechnen Sie exakt, wie viele Bytes Speicherkapazität ein 64 GiByte-Speicher hat.

8. Erläutern Sie die grundsätzlichen Unterschiede zwischen PCI und PCI-Express.

9. Was versteht man unter einem „Twisted-Pair-Kabel" und welche PC-Busse verwenden diese Kabelart?

10. Welche Bedeutung hat das abgebildete Symbol?

11. Was versteht man unter einem „Hub"?

12. Begründen Sie, warum zur Verwaltung von USB 3.1 Gen 1 Anschlüssen auf einem Board immer ein UHCI-, ein EHCI- und ein xHCI-Controller vorhanden sind.

13. Warum muss das Buskabel bei USB terminiert werden?

14. a) Aus welchem Grund existiert bei USB 2.0 ein sogenannter Typ-A- und ein Typ-B-Stecker?
    b) Welche Unterschiede gibt es jeweils bei USB 2.0 und USB 3.1 Gen 1 zwischen den unter a) genannten Steckertypen?
    c) Welche Merkmale weist der USB-Stecker Typ C auf?

15. Welche Möglichkeiten der Energieversorgung ermöglicht USB-Power Delivery 2.0? Welche technischen Voraussetzungen sind hierzu erforderlich?

16. Wie viele Geräte lassen sich bei USB maximal an einem Strang anschließen? Woraus resultiert diese Begrenzung der Anzahl?

17. An einem USB sind Geräte angeschlossen, die in gleichen Zeitintervallen unterschiedlich große Datenmengen übertragen müssen (z. B. Tastatur und externe Festplatte). Auf welche Weise ist der Datenfluss organisiert, damit jedes Gerät seiner Funktion entsprechende Datenmengen übertragen kann?

18. Was versteht man unter USB-OTG?

19. Die Leitungslängen bei USB und bei Firewire sind entsprechend der jeweiligen Spezifikationen begrenzt. Begründen Sie diese Tatsache mithilfe elektrotechnischer Gesetzmäßigkeiten. (Hinweis: Verwenden Sie ggf. Informationen aus Kap. 5.)

20. Der Firewire-Standard trägt alternativ auch die Bezeichnung IEEE 1394-xxxx. Erläutern Sie die Abkürzung. Wofür stehen hier die Platzhalter xxxx?

21. Was versteht man unter Daisy-Chaining?

1.7 Schnittstellen

Der Begriff Schnittstelle (Interface) wird sehr häufig in verschiedenen Zusammenhängen mit unterschiedlichen Bedeutungen verwendet:

- Umgangssprachlich formuliert man: Die Tastatur stelle die Schnittstelle zwischen Mensch und Computer dar.
- In der Programmierung bezeichnet man als Schnittstelle beispielsweise die verschiedenen Ebenen der Routinen, die zwischen einer Anwendung und der Hardware existieren (Softwareschnittstelle).
- Die Platinen, Stecker und anderen Bauelemente, die Teile des Computers miteinander verbinden, stellen eine hardwaremäßige Schnittstelle dar und ermöglichen so eine Informationsübertragung von einer Stelle zu einer anderen (Hardwareschnittstelle).

Allgemein versteht man unter einer **Schnittstelle** einen Punkt, an dem eine Verbindung zwischen zwei Elementen hergestellt wird, damit sie miteinander arbeiten können.

Standardisierte Schnittstellen ermöglichen herstellerunabhängige Verbindungen zwischen Computer, Drucker, Festplatten sowie anderen Komponenten. Um Steckplätze zu sparen, sind auf modernen Motherboards eine Reihe von Schnittstellen meist direkt integriert. Sie sind entweder auf der Rückseite des Rechnergehäuses über entsprechende Anschlüsse zugänglich (Bild 1.89) oder innerhalb des Gehäuses direkt mit dem entsprechenden Gerät verbunden (z.B. Festplatte, DVD). Die ATX-Spezifikation (Kap. 1.2.1) schreibt exakt vor, in welchem Bereich die außen zugänglichen Anschlüsse der externen Schnittstellen auf dem Motherboard zu platzieren sind. Diese Vorgaben existieren auch bei den übrigen Mainboard-Standards.

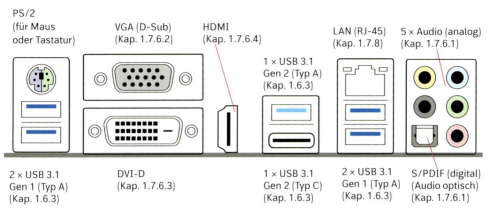

PS/2
(für Maus
oder Tastatur)

VGA (D-Sub)
(Kap. 1.7.6.2)

HDMI
(Kap. 1.7.6.4)

1 × USB 3.1
Gen 2 (Typ A)
(Kap. 1.6.3)

LAN (RJ-45)
(Kap. 1.7.8)

5 × Audio (analog)
(Kap. 1.7.6.1)

2 × USB 3.1
Gen 1 (Typ A)
(Kap. 1.6.3)

DVI-D
(Kap. 1.7.6.3)

1 × USB 3.1
Gen 2 (Typ C)
(Kap. 1.6.3)

2 × USB 3.1
Gen 1 (Typ A)
(Kap. 1.6.3)

S/PDIF (digital)
(Audio optisch)
(Kap. 1.7.6.1)

Bild 1.89: Schnittstellenanschlüsse gemäß ATX-Standard (Beispiel)

Die Überwachung der einzelnen Schnittstellen und teilweise die Ansteuerung der daran angeschlossenen Komponenten übernimmt ein entsprechender Controller.

> Ein **Controller** ist eine Gerätekomponente, über die der Computer auf angeschlossene Geräte oder umgekehrt ein angeschlossenes Gerät auf Subsysteme des PC zugreifen kann.

Die Controller der meisten in Bild 1.89 dargestellten Schnittstellen befinden sich im Chipsatz. Vereinzelt werden von den Herstellern Zusatzchips auf dem Board platziert, um das Schnittstellenangebot zu erweitern (z. B. USB 3.1 Gen 2). Ist eine Schnittstelle erforderlich, die standardmäßig nicht zur Verfügung steht, so kann diese auch mittels eines Adapters in einem Steckplatz ergänzt werden (z. B. SAS-Adapter; Kap. 1.7.2).

> Ein **Adapter** ist eine Steckkarte für einen PC, die es ermöglicht, Peripheriegeräte zu nutzen, für die standardmäßig nicht die notwendigen Buchsen, Ports und Platinen vorhanden sind. Eine einzige Steckkarte kann dabei über mehrere integrierte Anschlüsse verfügen.

Ebenso wie Speicherbausteine benötigt jede Schnittstelle eine eindeutige logische Adresse, unter der sie vom Prozessor angesprochen werden kann. Eine solche Adresse wird in der Regel standardmäßig vergeben. Andererseits muss ein an eine Schnittstelle angeschlossenes Gerät die Möglichkeit haben, den Arbeitsprozess des Prozessors zu unterbrechen, um beispielsweise Daten anzufordern. Eine solche Anforderung erfolgt über einen entsprechend zugewiesenen **IRQ** (Interrupt Request; Kap. 3.5).

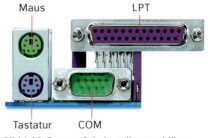

Maus   LPT

Tastatur   COM

Bild 1.90: Externe Schnittstellenanschlüsse (ältere Boards)

Viele der früher in PCs standardmäßig vorhandenen externen Schnittstellen existieren heute nicht mehr oder werden nur noch vereinzelt von Boards unterstützt. Auf älteren

Boards sind sie allerdings noch zu finden. Hierzu gehören vor allem die serielle Com- und die parallele LPT-Schnittstelle sowie der Maus- und der Tastaturanschluss (Bild 1.90). Diese waren meist an der Gehäuserückseite zu finden.

Bezeichnung	Erläuterung
Serielle Schnittstelle (Serial Interface)	– Alternativbezeichnung: **COM**-Schnittstelle (COM: Communication; Bild 1.90) – Daten- und Steuersignale werden seriell übertragen (insgesamt 9 Leitungen) – Basiert auf dem **RS-232C-Standard** (**RS**: **R**ecommended **S**tandard; **C**: dritte Version); entspricht den internationalen Normen V.24 und V.28 bzw. DIN 66020 für die serielle Datenübertragung zwischen unterschiedlichen Geräten – Signalpegel liegen zwischen ±15 V (logisch 0: ≥ +3 V; logisch 1: ≤ -3 V) – Leitungslängen bis 15 m – Parallel/Seriell-Wandlung der Daten (und umgekehrt) erfolgt im sogenannten **UART** (**U**niversal **A**synchronous **R**eceiver-**T**ransmitter), einem speziellen IC auf dem Mainboard – Vielfach noch intern vorhanden (Anschluss über Pfostenstecker)
Parallele Schnittstelle (Parallel Interface)	– Alternativbezeichnung: **LPT** (**L**ine **P**rint **T**erminal; Bild 1.90) oder **Centronics**-Schnittstelle – Daten- und Steuersignale werden parallel über entsprechende Leitungen übertragen (8 Daten- und 9 Steuerleitungen) – Rechnerseitig wird eine 25-polige Steckverbindung verwendet, geräteseitig eine sogenannte **Amphenol-Buchse** mit 36 Anschlüssen; die zusätzlichen Anschlüsse dienen zum Anschluss an Masse zwecks Abschirmung – Die Schnittstelle arbeitet mit TTL-Pegeln (Kap. 4.1.2) – Leitungslänge bis 2 m – Ursprünglich verwendet z. B. für Drucker oder Scanner
Tastatur- und Maus-Schnitt-stelle(n) (Keyboard and Mouse Interface)	– Alternativbezeichnung: **PS/2**-Schnittstelle(n) – Von IBM etablierte, gleichartige 6-polige Buchsen, die farblich unterschiedlich (Grün und Blau; Bild 1.90) gekennzeichnet und jeweils mit einem Tastatur- und einem Maussymbol versehen sind, um Verwechslungen zu vermeiden – Befindet sich auf der Gehäuserückseite – Zum Teil noch vorhanden, in Bild 1.89 als Kombibuchse Grün-Blau gekennzeichnet

Bild 1.91: Merkmale von externen Schnittstellen (ältere Boards)

Bei aktuellen Boards werden diese Schnittstellen fast ausnahmslos durch USB-Anschlüsse ersetzt. Maus und Tastatur werden häufig auch über Wireless-USB angeschlossen (Kap. 1.6.3.3).

Auch einige ältere interne Schnittstellen auf dem Motherboard werden nicht mehr bzw. nur noch vereinzelt unterstützt. Hierzu gehören die klassischen, parallelen IDE- und SCSI-Schnittstellen (IDE: Integrated Device Electronics; SCSI: Small Computer System Interface).

Diese parallel arbeitenden Schnittstellen wurden inzwischen von seriell arbeitenden Alternativen ersetzt (Kap. 1.7.1 und 1.7.2). Diese verwenden sogenannte Punkt-zu-Punkt-Verbindungen.

Bei einer **Punkt-zu-Punkt-Verbindung** (P2P: point to point connection) wird jede Komponente jeweils über separate elektrische Leitungen an einen elektronischen Schalter (Switch) angeschlossen. Dieser stellt bedarfsorientiert nur dann eine *elektrisch aktive* Verbindung zwischen zwei Komponenten her, wenn diese Informationen austauschen. Die Datenübertragung bei Punkt-zu-Punkt-Verbindungen erfolgt seriell.

Die Übertragungskapazität der Leitung muss somit nicht – wie bei parallelen Systemen – auf mehrere angeschlossene Geräte aufgeteilt werden, sondern steht komplett für jede einzelne Verbindung zur Verfügung.

1.7.1 Serial-ATA

Serial-ATA (**S**erial **A**dvanced **T**echnology **A**ttachment; kurz: **SATA** oder **S-ATA**) bezeichnet eine seriell arbeitende Schnittstelle für die Verbindung eines SATA-Gerätes (z. B. Festplatte) mit dem Chipsatz. Hierbei handelt es sich um eine Punkt-zu-Punkt-Verbindung, da jedes Gerät über separate Leitungen an den Chipsatz angeschlossen wird.

SATA wurde von den Firmen Dell, IBM, Intel, Seagate und Maxtor als Nachfolger des alten, parallel arbeitenden **ATA**-Standards entwickelt. Zur Abgrenzung dieser neuen Technik wird der alte Standard heute als **PATA** (**P**arallel **A**dvanced **T**echnology **A**ttachment; auch **P-ATA**) bezeichnet.

SATA-Schnittstellen weisen unter anderem die folgenden Eigenschaften auf:

- 7-adriges Kabel: jeweils zwei nicht verdrillte Adern pro Übertragungsrichtung (d. h. keine Twisted-Pair-Kabel!), drei Adern zur Trennung und Abschirmung (Masseleitungen); keine Terminierung erforderlich!

- Datenübertragung mit differenziellen Signalen (±250 mV; **LVDS**: **L**ow **V**oltage **D**ifferential **S**ignal; Kap. 4.1.3); zur Übertragung wird eine sogenannte 8B/10B-Codierung verwendet, d. h., ein 8-Bit-Datenwort wird mit 10 Bit codiert und dann übertragen („Vernetzte IT-Systeme", Kap. Leitungscodes). Hierdurch verringert sich die übertragbare Nutzdatenrate, die Übertragung ist aber weniger fehlerbehaftet (Rechenbeispiel zu SATA Revision 3.0, Bild 1.92: Brutto 6 Gibit/s ergibt Netto eine Nutzdatenrate von 6 Gibit/s: $8 \cdot 0{,}8 = 600$ MiByte/s; Faktor 8: Umrechnung von Bit in Byte, Faktor 0,8: Berücksichtigung der 8B/10B-Codierung).

- Kabellängen bis zu 100 cm

- Ca. 8 mm breiter, verpolungssicherer Stecker (Bild 1.93), auch für portable Geräte geeignet

- Hot-Plugging fähig (ausgenommen die Systemplatte)

- Port-Multiplier: Ermöglicht – sofern vorhanden – den Anschluss von bis zu 15 SATA-Geräten an einem SATA-Port des PC; die am Multiplier angeschlossenen Geräte müssen sich allerdings die Datenrate des PC-SATA-Ports teilen

SATA unterscheidet die folgenden drei Spezifikationen/Revisionen:

offizielle Bezeichnung	Serial ATA 1,5 Gbit/s	Serial ATA 3,0 Gbit/s	Serial ATA 6,0 Gbit/s
Alternative Bezeichnungen	SATA I SATA 1.0 SATA 1,5 Gbit/s SATA-150	SATA II SATA Revision 2.0 SATA 3 Gbit/s SATA-300	SATA III SATA Revision 3.0 SATA 6 Gbit/s SATA 6G SATA-600
Netto-Datenrate (pro Richtung)	bis zu 150 MiByte/s	bis zu 300 MiByte/s	bis zu 600 MiByte/s
Taktfrequenz	1,25 GHz	1,25 GHz	1,25 GHz

Bild 1.92: SATA-Spezifikationen (Die Datenraten können auch mit Dezimalpräfixen angegeben werden; Kap. 4.3.2; bei der Bezeichnung werden aber ausschließlich Dezimalpräfixe verwendet.)

Alle Revisionen können prinzipiell den gleichen Kabeltyp und den gleichen Stecker verwenden. SATA wurde ursprünglich aber nur für den Einsatz innerhalb des PC-Gehäuses konzipiert. Daher verfügen die SATA-Kabel über keine Abschirmung gegenüber elektromagnetischen Störungen (Kap. 5.4.4). Die Abschirmung übernimmt im Inneren das Blechgehäuse des PC. Auch die mechanische Festigkeit der Leitungen ist nicht ausreichend für einen Einsatz außerhalb des PC.

SATA-2.0-und SATA 3.0-konforme Stecker ermöglichen im Gegensatz zu SATA-1.0 eine sichere mechanische Verbindung durch eine hinzugekommene Steckerverriegelung. Der SATA-3.0-Standard definiert zusätzlich einen neuen, kleineren Steckverbinder für 1,8-Zoll-Festplatten.

Pin 1

Pin-Nr.	Belegung
1	Masse
2	TX+ (Senden)
3	TX- (Senden)
4	Masse
5	RX- (Empfangen)
6	RX+ (Empfangen)
7	Masse
–	Schutz vor Verdrehen

SATA 1.0   SATA 2.0 mit Verriegelung

Bild 1.93: SATA-Stecker mit Pin-Belegung

SATA-Anschlüsse sind auf dem Mainboard nummeriert und oftmals farblich unterschiedlich gestaltet (Bild 1.94). Hieran lassen sich ggf. unterschiedliche Übertragungsgeschwindigkeiten erkennen, die von den Controllern jeweils maximal an diesem Anschluss unterstützt werden. In der Regel lassen sich paarweise gleichfarbige Slots auch zu einem RAID-Array (Kap. 1.7.3) zusammenschalten. Über die jeweilige (nicht einheitliche) Bedeutung der Farbgestaltung sollte man sich im jeweiligen Handbuch des Herstellers informieren.

Zur Energieversorgung verwenden SATA-Geräte (z. B. Festplatten, Kap. 1.8.1.2) einen speziellen 15-poligen Stecker (12 V; 5 V; bei älteren Geräten zusätzlich 3,3 V; Kap. 1.10). Durch die größere Pinzahl ist beispielsweise der sogenannte **Staggered-Spin-up-Betrieb** möglich. Hierbei wird ein Gerät erst dann eingeschaltet, wenn der SATA-Controller es anfordert. Da der Anlaufstrom von Festplatten erheblich höher ist als der Betriebsstrom, kann die Netzteilbelastung reduziert werden, indem der Controller z. B. mehrere vorhandene Festplatten nacheinander anlaufen lässt.

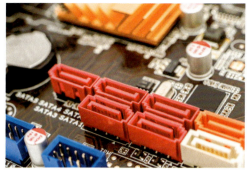

Bild 1.94: SATA-Anschlüsse auf dem Mainboard

Ab SATA Revision 2.0 bieten sich auch spezielle Möglichkeiten zur Einbindung von Festplatten. Neben **NCQ** (Native Command Queuing), einem Verfahren zur Verkürzung von Schreib-/Lesekopfbewegungen beim optimierenden Umsortieren, lässt sich auch einfacher ein RAID-Array (Kap. 1.7.3) aufbauen.

Die ursprüngliche SATA-3.0-Revision wurde inzwischen erweitert. Als nennenswerte Neuerung führt Revision 3.2 eine neue SATA-Schnittstelle ein, in Revision 3.3 wird zusätzlich die Unterstützung von Festplatten mit Shingled Magnetic Recording (Kap. 1.8.1.3) sowie ein erweitertes „Power Device Feature" spezifiziert.

Die neue Schnittstelle wird unter den Bezeichnung **SATA Express 8 Gbit/s** bzw. **SATA Express 16 Gbit/s** vermarktet und kann einerseits SATA-Signale verarbeiten, ist andererseits übertragungstechnisch aber auch kompatibel zu PCIe 3.0. Der SATA Express-Slot kann entweder mit zwei herkömmlichen SATA-Steckern

PCIe 3.0

PCIe Takt + Power   SATA-Slot 1   SATA-Slot 2

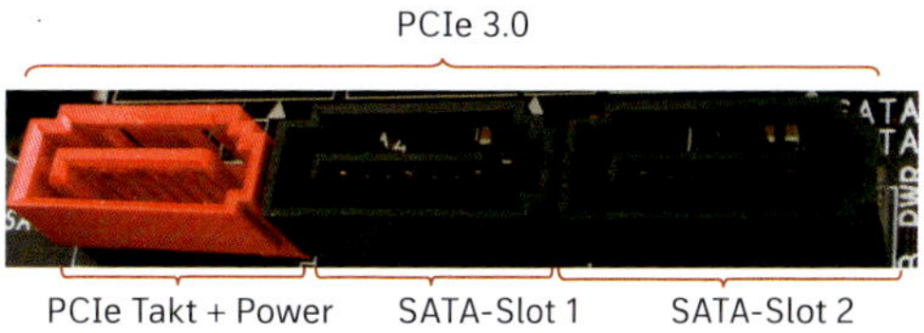

Bild 1.95: SATA-Express-Slot

(SATA-Slot 1 und 2; Bild 1.95) belegt werden, oder alternativ – unter zusätzlicher Nutzung der Takt- und Power-Anschlüsse – mit einem PCIe 3.0 × 2-Kabel. Auf diese Weise ermöglicht er die Bündelung von zwei PCIe-Lanes (Kap. 1.7.4). Pro Lane können theoretisch bis ca. 8 Gibit/s übertragen werden. Die Datenübertragung herkömmlicher SSDs (AHCI; Kap. 1.8.2) kann dann über diese PCIe-Anbindung wesentlich schneller erfolgen als mittels SATA. Bei den heutigen schnellen SSDs mit NVMe (Kap. 1.8.2) stößt SATA Express aber bereits an seine Grenzen, da der Slot (aufgrund seiner Anbindung an den Chipsatz) lediglich *zwei* PCIe-Lanes unterstützen kann.

Schnellere Verbindungsalternativen bieten daher inzwischen die **M.2**-Slot (Kap. 1.7.5) oder der **U.2**-Slot. Der bereits seit Längerem im Serverbereich eingesetzte U.2-Anschluss (dortige ehemalige Bezeichnung **SFF-8639**) wird zunehmend auch im Consumerbereich vermarktet, da er bis zu vier PCIe-3.0-Lanes bereitstellen kann.

Im Zusammenhang mit SATA existieren auch die folgenden Entwicklungen:

Bezeichnung	Erläuterung
eSATA	**external SATA** – Bezeichnet eine Spezifikation für den Anschluss externer SATA-Geräte an einen PC – Verwendet gegen elektromagnetische Störungen abgeschirmte Kabel, Stecker und Buchsen, Kabellängen bis zu 2 m; geringfügig höhere Signalpegel als bei ursprünglichem SATA – eSATA-Stecker passen in SATA-Buchsen, SATA-Stecker aber nicht in eSATA-Buchsen, um den externen Gebrauch von internen SATA-Kabeln zu verhindern – In eine eSATA-Buchse passt oft auch ein USB-2.0-Stecker (Kombibuchse; Bild 1.97); die USB-Kontakte können dann zur Stromversorgung genutzt werden – Austausch von Geräten im laufenden Betrieb möglich (**HotSwap**-fähig)
eSATAp	**Power-over-eSATA** – Begrenzte Energieversorgung angeschlossener Kleingeräte (z. B. Memory-Card, Festplatte) über eSATA-Kabel möglich – Anschlusstechnik ist hierbei sowohl zu SATA als auch zu USB kompatibel – Teilweise verfügen PCs daher auch über Anschlussbuchsen, in denen sowohl ein USB-Gerät als auch ein eSATA-Gerät betrieben werden kann (Bild 1.97)
mSATA	**mini-SATA** – Spezifiziert von Samsung und der JEDEC (**J**oint **E**lectronic **D**evice Engineering **C**ouncil) – Verkleinerte Anschlussbuchsen zur Verwendung in mobilen Geräten (Beispiel siehe Kap. 1.8.2)
Micro-SATA	– spezieller, gegenüber mSATA nochmals verkleinerter Anschluss für 1,8''-Festplatten oder SSD-Speicher – spezifiziert in SATA Revision 2.6
xSATA	– Anschluss von Laufwerken mit Leitungslängen bis zu 8 m – Andere Kabel und Steckverbinder erforderlich

Bild 1.96: Weitere SATA-Entwicklungen

USB-2.0-Kontakte ———

eSATA-Kontakte

Bild 1.97: eSATA-Kombibuchse (passend auch für USB-2.0-Stecker)

1.7.2 Serial Attached SCSI

Serial Attached SCSI (**SAS**) ist eine von der ANSI (**A**merican **N**ational **S**tandards Institute) spezifizierte serielle Schnittstelle für eine Verbindung zwischen PC und entsprechenden SAS-Peripheriegeräten. Hierbei handelt es sich um eine Punkt-zu-Punkt-Verbindung.

SAS ist der Nachfolger der parallel arbeitenden **SCSI**-Schnittstelle (Small Computer System Interface), die wegen der höheren Ausfallsicherheit von SCSI-Festplatten gegenüber **IDE** (Integrated Device Electronics) früher insbesondere in Servern Verwendung fand.

Da die parallele SCSI-Schnittstellentechnik bei den heute erforderlichen hohen Taktraten an ihre physikalischen Grenzen stößt, wurde entsprechend dem bereits auf dem Markt befindlichen SATA-Vorbild eine serielle Anbindung entwickelt.

Die Daten werden je nach Spezifikation seriell mit bis zu 3 Gibit/s (SAS I), 6 Gibit/s (SAS II), 12 Gibit/s (SAS III) oder 24 Gibit/s (SAS IV, voraussichtlich ab 2018) übertragen. Nach Abzug der bei einer seriellen Übertragung erforderlichen Protokollinformation (Protocol Overhead) resultieren hieraus Nettobitraten von ca. 300 MiByte/s, 600 MiByte/s, 1200 MiByte/s bzw. 2400 MiByte/s. SAS-Festplatten verfügen oft über zwei Steckverbinder. Diese können entweder zur Vergrößerung des Datendurchsatzes bei Betrieb an einem einzigen Host oder zum gleichzeitigen Anschluss an zwei verschiedene Host-Adapter, die dann gleichzeitig und unabhängig voneinander auf die Festplatte zugreifen können, verwendet werden.

Die gleichzeitige Zugriffsmöglichkeit zweier Host-Adapter auf eine über zwei Steckverbinder angeschlossene Festplatte bezeichnet man als **Dual-Porting**.

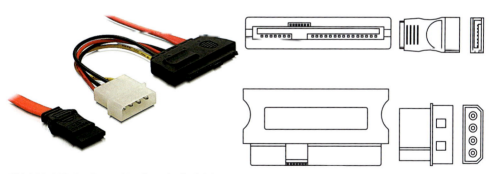

Bild 1.98: SAS-Stecker und Buchsen (Beispiele)

SAS ist kompatibel zu SATA und unterstützt außerdem auch die parallelen SCSI-Protokolle. SAS-Stecker und Buchsen sind daher ähnlich wie SATA-Steckverbindungen aufgebaut. Allerdings verfügen SAS-Buchsen über einen Steg und SAS-Stecker über einen Keil zwischen Daten- und Stromanschlüssen. Dadurch lässt sich ein SATA-Kabel nicht in ein SAS-Gerät stecken, wohl aber ein SAS-Kabel in ein SATA-Gerät (SFF 8482-Standard). Darüber hinaus haben sich aber auch andere Steckertypen etabliert (z. B. SFF 8087).

Die Spannungen auf den Datenleitungen sind geringfügig höher als bei SATA (SAS: symmetrische differenzielle Signale auf getrennten Sende- und Empfangsadern, jeweils ca. ±500 mV; SATA: ca. ±250 mV; Kap. 1.7.1), wodurch sich die Übertragungssicherheit vergrößert.

Wegen der Punkt-zu-Punkt-Verkabelung entfallen die beim parallelen Anschluss erforderlichen Terminierungswiderstände und die Vergabe von SCSI-IDs, da bei SAS die Adressen eigenständig ausgehandelt werden (**SSP**: **S**AS-**S**CSI-**P**rotocol, serielle Variante des SCSI-Protokolls). Neben SSP unterstützt Serial Attached SCSI auch andere Protokolle für die Kommunikation mit angeschlossenen Peripheriegeräten (z. B. **SMP**: **S**erial **M**anagement **P**rotocol; **STP**: **S**erial **T**unneling **P**rotocol).

Darüber hinaus bietet SAS die Möglichkeit, mit einem sogenannten **Expander**, der prinzipiell wie ein Switch arbeitet, mehrere Endgeräte an einem Port des SAS-Controllers zu betreiben. Hierdurch ist beispielsweise die Bildung eines Festplatten-Arrays mit bis zu 128 Festplatten möglich (in der Praxis derzeit mit 36 Festplatten). SAS ist vornehmlich für den Einsatz in Servern gedacht.

1.7.3 RAID

RAID ist die Abkürzung für **R**edundant **A**rray of **I**ndependent **D**isks (redundante Reihe unabhängiger Platten) und bezeichnet Verfahren zur Datenspeicherung, bei denen die Daten zusammen mit Fehlerkorrekturcodes und/oder Paritätsinformationen auf verschiedenen Festplattenlaufwerken verteilt gespeichert werden.

Die Paritätsinformationen (Parity Information) ermöglichen eine Wiederherstellung von Daten, auch wenn ein (begrenzter) Teil dieser Daten verloren gegangen ist. Bei RAID muss man zwischen Software-RAID und Hardware-RAID unterscheiden.

Bei **Software-RAID** wird das Zusammenwirken der beteiligten Festplatten komplett vom Betriebssystem des PC gesteuert und überwacht, sodass kein spezieller RAID-Controller erforderlich ist. Alle aktuellen Betriebssysteme verfügen über entsprechende Software-Routinen, um vorhandene Festplatten als RAID-System zu verwalten. Allerdings werden hierbei die Systemressourcen (CPU, Bussysteme) zusätzlich belastet.

Bei **Hardware-RAID** befindet sich ein separater **RAID-Controller** auf dem Motherboard oder auf einer implementierten Erweiterungskarte. Dieser verwaltet die angeschlossenen Festplatten, die meist im Gehäuse des PC untergebracht sind und in der Regel auch nur den Benutzern des PC zur Verfügung stehen. Der Controller arbeitet unabhängig von der CPU des PC und erfordert keine zusätzlichen Systemressourcen. Ein solches Speichersystem wird auch als **Direct Attached Storage (DAS)** bezeichnet.

In Rechenzentren oder in Unternehmen fallen wesentlich größere Datenmengen als auf einem Privat-PC an, die entweder nur gespeichert oder aber auch gegen Datenverlust gesichert werden müssen. Hierbei wird ein RAID-Controller samt den erforderlichen Festplatten in separaten Gehäusen untergebracht und arbeitet autark (unabhängig von anderen Computern). Der Zugriff von anderen Computern auf diese Festplatten erfolgt über ein firmeninternes oder ein gegen Fremdzugriffe geschütztes öffentliches Kommunikationsnetz. Ein solches System wird dann als **Network Attached Storage (NAS)** bezeichnet. Modern sind auch Verfahren, bei denen man seine Daten in einer **Cloud**-Anwendung

("Vernetzte IT-Systeme", Kap. 2.4.2) ablegt. Hierbei weiß ein Benutzer nicht mehr, wo genau seine Daten gespeichert und wie sie gesichert sind, er kann aber weltweit darauf zugreifen.

RAID-Systeme lassen sich je nach verwendetem Controller entweder mit SATA- oder mit SAS-Festplatten aufbauen. Die jeweiligen Festplatten sollten über gleich große Speicherkapazitäten verfügen. Grundsätzlich gibt es verschiedene Möglichkeiten, wie die vorhandenen Festplatten zusammenarbeiten können. Diese unterscheiden sich in der Art der Datenverteilung, der Zugriffsgeschwindigkeit und der Systemkosten und werden als **RAID Level** bezeichnet.

Bezeich-nung	Beschreibung	Eigenschaften	Grafische Darstellung
RAID Level 0 (Data Striping)	– Zerlegung von Daten in Blöcke (Stripes), die dann gleichmäßig verteilt auf den eingebundenen Platten gespeichert werden – Sogenannter Striping-Faktor ist Maß für die Größe der Blöcke (Standardwert: 64 KiByte)	– Mindestens zwei Festplatten erforderlich – Vergrößerung der Datentransferrate, da während der Positionierzeit einer Platte von einer anderen bereits gelesen (geschrieben) werden kann – Alle eingebundenen Platten müssen gleich große Kapazität aufweisen – Keine Erhöhung der Datensicherheit, da Datenverlust auf einer Platte Verlust der gesamten Datei bedeutet	
RAID Level 1 (Drive Mirroring)	– Daten werden komplett auf eine Platte geschrieben – Sämtliche Daten werden vollständig auf eine zweite Platte gespiegelt	– Mindestens zwei Festplatten erforderlich – Bei Ausfall einer Platte gehen keine Daten verloren, sofern man noch auf die gespiegelten Daten zugreifen kann – Die Speicherkapazität für die Nutzdaten auf den Platten reduziert sich aufgrund der erforderlichen redundanten Informationen (bis zu 50 %), dadurch erhöhte Kosten	

Bezeich-nung	Beschreibung	Eigenschaften	Grafische Darstellung
RAID Level 10 (lies: eins-null, nicht zehn!)	– Kombination von RAID Level 0 und RAID Level 1, d. h. blockweise Verteilung der Daten auf mindestens zwei Platten sowie Spiegelung jeder Datenplatte	– Mindestens vier Festplatten erforderlich – Verbindung des schnellen Datenzugriffs von Level 0 mit der Erhöhung der Datensicherheit von Level 1	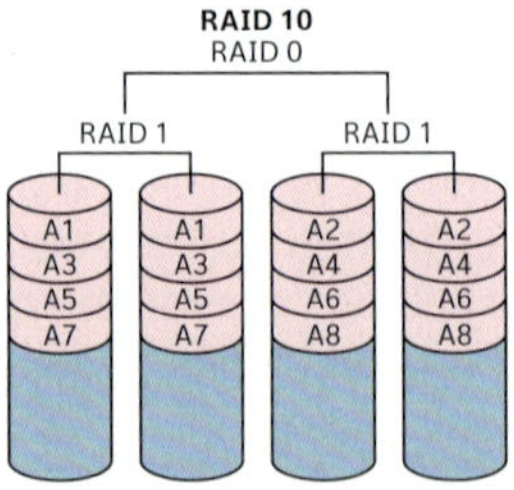
RAID Level 5	– Zerlegung von Nutzdaten in Blöcke und Speicherung auf verschiedenen Festplatten – Keine zusätzliche Platte als Parity-Laufwerk, sondern gleichzeitig Speicherung zugehöriger Parity-Informationen (Ap, Bp, Cp und Dp) auf jeder Platte mit Nutzdaten	– Mindestens drei Festplatten erforderlich – Hohe Datensicherheit bei geringeren Kosten als bei RAID Level 2 – Verringerung der Speicherkapazität für die Nutzdaten auf jeder Platte (bis zu 20 %)	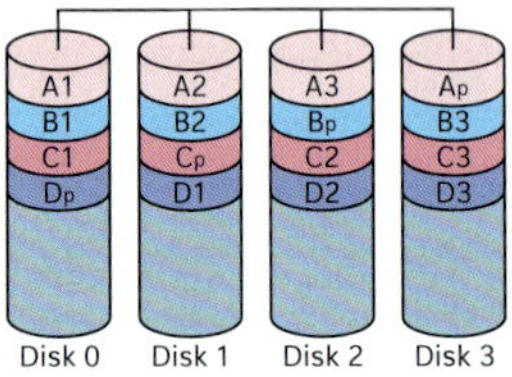
RAID Level 6	– Wie RAID Level 5, durch entsprechende Datenverteilung können bis zu 2 Platten ausfallen, ohne dass Datenverlust entsteht	– Mindestens 4 Platten erforderlich – Höhere Datensicherheit, aber teurer als RAID 5	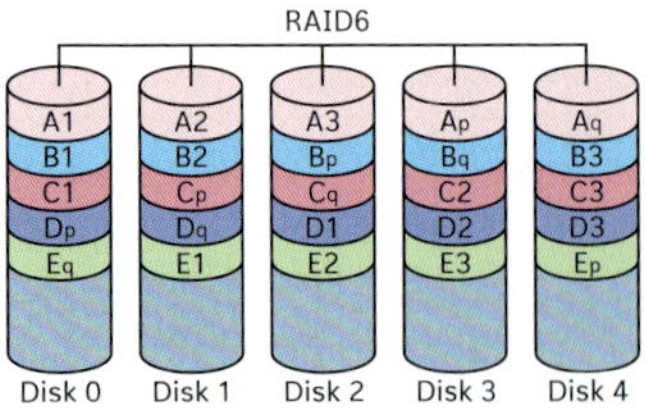

Bild 1.99: RAID-Level

Neben dem dargestellten RAID-Level 10 gibt es auch andere RAID-Kombinationen, z. B. RAID 01 (i. Allg. vier Platten erforderlich) oder RAID 51 (mindestens sechs Platten erforderlich).

Jedes RAID-System lässt sich zusätzlich zur jeweiligen Mindestanzahl von Festplatten auch mit einem (normalerweise) unbenutzten Reservelaufwerk (**Hot-Spare-Laufwerk**) ausstatten. Bei Ausfall eines aktiven Laufwerks im RAID-Verbund übernimmt dieses Reservelaufwerk dann automatisch dessen Funktion, die Redundanz kann hierdurch schnellstmöglich wieder hergestellt werden.

Im Zusammenhang mit (oder zur Abgrenzung von) RAID findet man auch die folgenden Begriffe:

Begriff	Erläuterung
Matrix-RAID	Kombination aus RAID 0 und RAID 1, wobei aber nicht vier, sondern nur zwei Festplatten (Platte A und Platte B) erforderlich sind; beide Festplatten werden hierbei jeweils in zwei voneinander unabhängige Partitionen (A1, A2 und B1, B2; Kap. 3.2.2) unterteilt; sämtliche Inhalte von Bereich A1 werden auf Bereich B1 gespiegelt (RAID 1), in den jeweils verbleibenden Bereichen (A2 und B2) werden die Inhalte auf beide Festplatten verteilt (RAID 0).
RAID 5E **RAID 5EE**	**RAID 5 E**nhanced Kombination von RAID 5 mit freien Hot-Spare-Bereichen (s.o.), die sich nicht auf einem separaten Laufwerk, sondern jeweils am Ende der vorhandenen RAID-5-Laufwerke befinden; bei einem Plattenausfall lässt sich dessen Inhalt durch die vorhandenen Paritätsinformationen auf einem der freien Bereiche wiederherstellen. Bei **RAID 5EE** befinden sich die Hot-Spare-Bereiche nicht an den Festplattenenden, sondern sind auf den einzelnen Festplatten diagonal verteilt, wodurch sich ein Geschwindigkeitsvorteil bei der Datenwiederherstellung ergibt.
NRAID	**N**on-**RAID** – Von einigen RAID-Controllern angebotene Funktion, bei der lediglich ein Zusammenschluss mehrerer Festplatten erfolgt, vergleichbar mit einem Festplattenverbund, der von einem **L**ogical **V**olume **M**anager (LVM) verwaltet wird (somit *kein* RAID) – In Gegensatz zu den RAID-Leveln sind hier Festplatten mit unterschiedlichen Kapazitäten ohne Speicherverlust kombinierbar (z.B. 20-GByte-Platte + 40-GByte-Platte ergibt bei NRAID eine virtuelle Platte von 60 GByte; bei RAID 0 wären nur 40 GByte nutzbar; Kapazitätswertangaben traditionell mit Dezimalpräfix) – NRAID bietet keine Redundanz, keine größere Ausfallsicherheit und keinen Performancegewinn
JBOD	**J**ust a **B**unch **O**f **D**iscs Kein RAID, sondern lediglich eine Bezeichnung für verschiedene redundanzfreie Kombinationsarten von Festplatten, z.B.: – Fin RAID-Controller arbeitet als normaler Festplatten-Controller und stellt dem Betriebssystem vorhandene Festplatten als einzelne separate Platten (d.h. ohne Verbund) zur Verfügung. – Ein RAID-Controller kombiniert mehrere Festplatten, sodass sie dem Betriebssystem wie ein einziges physikalisches Laufwerk erscheinen (entspricht funktional NRAID); eine Aufteilung in logische Laufwerke (Kap. 3.2.2) ist hierbei möglich. Unabhängig von der Verwaltung durch einen RAID-Controller kann mit JBOD auch ein beliebiger Zusammenschluss von Festplatten zu einem logischen Volume bezeichnet werden.

Bild 1.100: Sonstige Begriffe im Zusammenhang mit RAID

1.7.4 PCI express

PCI express (**PCIe**) bezeichnet eine Verbindungstechnik innerhalb eines PC zwischen dem Chipsatz bzw. der CPU und zusätzlich eingebauten Komponenten. Hierbei handelt es sich jeweils um Punkt-zu-Punkt-Verbindungen.

Die Steuerung des Verbindungsaufbaus und -abbaus erfolgt meist durch den Chipsatz (z. B. PCH, Kap. 1.4), in dem sich der PCIe-Controller und die erforderlichen „elektronischen Schalter" (PCIe-Switches) befinden. Nur bei direktem Anschluss von PCIe-Komponenten an die CPU übernimmt diese dann auch die Verbindungssteuerung (z. B. PCIe-Root-Complex, Bild 1.41).

PCIe ist somit *kein* paralleles Bussystem wie PCI. Die Namensverwandtschaft zum parallel arbeitenden PCI-Bus (Peripheral Component Interconnect Bus, Bild 1.66) resultiert lediglich aus der softwaremäßigen Kompatibilität zwischen beiden Systemen.

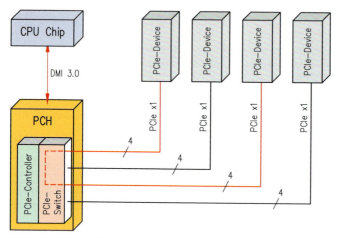

Bild 1.101: PCIe-Verbindungstechnik (Grundprinzip; angegeben ist nur die Anzahl der Datenleitungen)

Während bei PCI sämtliche Komponenten parallel an den gleichen Busleitungen angeschlossen waren, stellt ein PCIe-Chipsatz für jedes Device (Erweiterungskarte, Endgerät) einen separaten Anschluss (PCIe-Port, PCIe-Slot) bereit.

Die Datenübertragung zwischen angeschlossenen PCIe-Geräten (End-Points) erfolgt zwar seriell, die Verarbeitung in den Geräten aber parallel. Daher müssen die Daten vor der Übertragung zunächst in serielle Informationen umgewandelt werden. Dies erfolgt durch einen entsprechenden **Parallel-zu-Seriell-Wandler** (sogenanntes **Schieberegister**, Kap. 4.4.3.2) im jeweiligen Gerät. Umgekehrt wandeln Seriell-zu-Parallel-Wandler die seriell übertragenen Daten wieder in parallele Informationen um.

Gesendete und empfangene Daten können hierbei gleichzeitig auf getrennten Aderpaaren mit differenziellen Signalen (Kap. 4.1.3) übertragen werden.

Die gleichzeitige Datenübertragung in Sende- und Empfangsrichtung bezeichnet man als **Vollduplex**.

Die Adern sind gegeneinander abgeschirmt, aber nicht miteinander verdrillt (d. h. kein Twisted-Pair-Kabel; „Vernetzte IT-Systeme", Kap. TP-Leitungen).

Die PCIe-Steckverbindungen (PCIe-Slots) sind lösbar, sie sind nicht kompatibel zu den alten PCI-Slots! PCIe-Geräte können im aktiven Betrieb an- und abgeklemmt werden (Hot-Plugging-Fähigkeit).

Eine PCIe-Steckverbindung ermöglicht auch die begrenzte Energieversorgung eines angeschlossenen Gerätes (10 W bis 75 W, abhängig von der Slotvariante). Bei höherem Energiebedarf (z. B. bei Grafikkarten) sind Zusatzstecker erforderlich.

Neben den Sende- und Empfangsadern sowie den Leitungen zur Energieversorgung hat jede PCIe-Steckverbindung noch weitere Kontakte, die für Steuer- und Masseleitungen erforderlich sind (PCIe x1: 36 Kontakte; PCIe x4: 64 Kontakte; PCIe x8: 98 Kontakte; PCIe x16: 164 Kontakte).

Bild 1.102: PCIe x4 (links) und PCIe x16-Steckverbindung (rechts)

> Die aus einem Sende- und einem Empfangskanal bestehende Punkt-zu-Punkt-Verbindung wird bei PCIe als **Lane** bezeichnet (Kurzschreibweise: **PCIe x1**). Jede Lane verfügt über ein Adernpaar für die Senderichtung und ein Adernpaar für die Empfangsrichtung.

Das Herstellerkonsortium **PCI-SIG** (PCI-Special Interest Group – www.pcisig.com) hat seit der Einführung von PCIe im Jahre 2004 verschiedene PCIe-Spezifikationen verabschiedet, die sich hauptsächlich in ihrer Datenübertragungsrate voneinander unterscheiden. Die verwendeten Steckplätze (Slots) der einzelnen Versionen sind untereinander nicht voll kompatibel.

Version (Erscheinungs- jahr)	Taktrate	Theor. Übertragungsrate* pro Lane und Richtung	Nettodatenrate* pro Lane und Richtung
PCIe 1.0/1.1 (2004)	1,25 GHz	2,5 Gibit/s	250 MiByte/s
PCIe 2.0/2.1 (2007)	2,5 GHz	5 Gibit/s	500 MiByte/s
PCIe 3.0 (2012)	4 GHz	8 Gibit/s	ca. 1 GiByte/s
PCIe 4.0 (2017)	8 GHz	16 Gibit/s	ca. 2 GiByte/s
PCIe 5.0 (2019)	16 GHz	32 Gibit/s	ca. 4 GiByte/s

Bild 1.103: Spezifikationen bei PCIe (*: alternativ dürfen auch Dezimalpräfixe verwendet werden; Kap. 4.3.2).

Im Gespräch ist auch die Entwicklung einer PCIe-Spezifikation für den Anschluss externer Geräte („externes PCIe").

Bei allen Versionen lassen sich auch mehrere Lanes zu einem Link bündeln, sodass auch höhere Datenraten erzielt werden können. Auf diese Weise lässt sich die jeweils bereitgestellte Übertragungskapazität bedarfsorientiert skalieren.

> Unter der **Skalierbarkeit** der Übertragungskapazität versteht man die bedarfsorientierte Zuordnung von Datentransferraten ohne aufwendige Änderung von Hardware-Grundfunktionen.

In einem Link können 1, 2, 4, 8, 16 oder 32 Lanes gebündelt werden. Der PCIe 3.0 × 16-Anschluss für eine PCIe-Grafikkarte (PEG, Kap. 1.4) besteht somit aus 16 Lanes und ermöglicht eine Datenrate von bis zu 16 GiByte/s pro Übertragungsrichtung. Bei 16 Lanes stehen insgesamt 64 Datenleitungen zur Verfügung. Abhängig von der Anzahl der Lanes in einem Link sind jeweils spezielle Steckverbindungen vorhanden (z.B. PCIe × 1, PCIe × 4, PCIe × 8, PCIe × 16; Bild 1.102). Die PCIe-Slots der gleichen Generation sind untereinander kompatibel, d.h., eine PCIe 3.0 × 1-Karte kann beispielsweise auch in einen PCIe 3.0 × 4-Slot gesteckt werden. Die übrig gebliebenen 3 Lanes werden dann nicht genutzt. Aufgrund der Verdopplung der Datenrate einer Lane genügt dann beim Standard PCIe 4.0 für die gleich große Übertragungsrate ein PCIe × 8 Anschluss für die Grafikkarte (Bild 1.104). Hierdurch werden die Steckverbinder kleiner und lassen sich kostengünstiger herstellen.

Datenrate pro Richtung	PCIe 1.0/1.1	PCIe 2.0/2.1	PCIe 3.0	PCIe 4.0	PCIe 5.0
2 Lanes (PCIe × 2)	500 MiByte/s	1 GiByte/s	2 GiByte/s	4 GiByte/s	8 GiByte/s
4 Lanes (PCIe × 4)	1 GiByte/s	2 GiByte/s	4 GiByte/s	8 GiByte/s	16 GiByte/s
8 Lanes (PCIe × 8)	2 GiByte/s	4 GiByte/s	8 GiByte/s	16 GiByte/s	32 GiByte/s
16 Lanes (PCIe × 16)	4 GiByte/s	8 GiByte/s	16 GiByte/s	32 GiByte/s	64 GiByte/s

Bild 1.104: Vergleich der maximal möglichen PCIe-Netto-Datenraten (Werte aufgerundet; die Angaben sind auch unter Verwendung von Dezimalpräfixen möglich; Kap. 4.3.2).

Bei einem PCIe-Link wird der zu übertragende Datenstrom auf die im Link vorhandenen Lanes verteilt, unabhängig voneinander übertragen und am anderen Ende automatisch wieder zusammengesetzt.

Der Einsatz der Switch-Technologie ermöglicht zudem die gleichzeitige und unabhängige Nutzung mehrerer Punkt-zu-Punkt-Verbindungen zwischen jeweils verschiedenen Geräten mit der vollen Bandbreite, die dann nur von der Anzahl der jeweils enthaltenen Lanes abhängig ist.

Für die Übertragung wird bis einschließlich der Spezifikation 2.1 ein **8B/10B**-Leitungscode (Alternativschreibweise: 8b/10b) verwendet. Hierbei wird 1 Datenbyte (8 bit: 8 B) in einen sogenannten „Character" – bestehend aus 10 bit (10 B) – so umcodiert, dass weder innerhalb eines Characters noch im Übergang zwischen zwei Charactern mehr als 5 gleiche Bits in Folge (0 oder 1) entstehen. Hierdurch erhält man die für eine Übertragung erforderliche Gleichstromfreiheit („Vernetzte IT-Systeme", Kap. Leitungscodes); gleichzeitig ergeben sich hinreichend viele Impulsflanken innerhalb des Datenstroms, aus denen sich die Taktrate (im GHz-Bereich, Bild 1.103) nur aus einer problemlos zu übertragenden Basis-Taktfrequenz (im MHz-Bereich) sicher rückgewinnen und synchonisieren lässt. Ab PCIe 3.0 verwendet man einen 128B/130B-Leitungscode. Hierbei werden jeweils 128 Bit (16 Byte) zu einem Datenblock zusammengefügt und übertragen. Wegen des geringeren Overheads gegenüber dem 8B/10B-Code (auf 128 Bit Nutzdaten entfallen nur 2 Bit zusätzliche Steuerdaten) ergibt sich hierbei nahezu eine Verdopplung der Nutzdatenrate, obwohl die Taktrate gegenüber PCIe 2.0 nicht verdoppelt wurde (Bild 1.103).

Wegen der verwendeten Leitungscodierungen entspricht bei PCIe (wie auch bei anderen Verbindungstechniken) die jeweilige Nutzdatenrate nicht der übertragenen Gesamtdatenrate. Aus diesem Grund wird die Gesamtdatenrate (Bruttodatenrate) des Öfteren nicht in GiByte/s, sondern in **Gigatransfers pro Sekunde** (GT/s) angegeben.

Die Datenübertragung erfolgt in allen Fällen mit differenziellen Signalen mit geringem Spannungshub (**LVDS**: **L**ow **V**oltage **D**ifferential Signaling, Kap. 4.1.3).

PCI express unterstützt auch das Leistungsmerkmal **QoS** (**Q**uality **o**f **S**ervice; Dienstgüte). Hierdurch ist beispielsweise der Priorisierung (d. h. vorrangige Behandlung) von Vorgängen möglich, um bestimmte Daten zuverlässig innerhalb einer vorgegebenen Zeitspanne übertragen zu können. Dies ist insbesondere bei sogenannten Echtzeitdiensten erforderlich, bei denen für die Fehlerfreiheit eine direkte Datenübertragung ohne Zwischenspeicherung erfolgen muss (Beispiel: Daten von einer Soundkarte).

1.7.5   M.2

M.2 ist die Bezeichnung einer Spezifikation für eine interne PC-Schnittstelle zum Anschluss von Erweiterungskarten und SSDs (Kap. 1.8.2). Neben der Anschlusstechnik definiert der Standard auch die unterstützten Übertragungsarten sowie die Abmessungen der Karten.

Der M.2-Standard definiert Steckkarten mit Breiten von 12, 16, 22 oder 30 Millimetern bei Kartenlängen zwischen 16 und 110 Millimetern. Die Abmessungen einer M.2-Karte kann man ihrer aufgedruckten Bezeichnung entnehmen. Eine Karte mit der Bezeichnung „M.2 2280" ist 22 mm breit und 80 mm lang. Die Karten können einseitig oder zweiseitig mit Bauteilen bestückt werden, die Höhe der aufgebrachten Komponenten darf maximal 1,5 mm betragen. Die Anschlusskontakte sind ebenfalls beidseitig angebracht (bis zu 67 Pins). M.2-Karten sind somit kleiner und kompakter als Karten mit mSATA-Anschluss (Kap. 1.7.1).
Die M.2-Anschlussbuchse wird als **M.2-Port** oder **M.2-Slot** bezeichnet. Dieser kann bis zu vier PCIe-Lanes (Kap. 1.7.4) und einen SATA-6G-Anschluss (Kap. 1.7.1) unterstützen. PCIe und SATA können gleichzeitig genutzt werden.
Abhängig vom Einsatzzweck verfügt jede M.2-Karte an bestimmten Stellen ihrer Steckerleiste über Aussparungen, die als **Key** (Schlüssel) bezeichnet werden. Die Karten passen daher nur in die jeweiligen Slots.

Key-Bezeichnung und Merkmale	Ansicht Steckerleiste
Key B – bis zu 2 PCIe-Lanes – 1 × SATA 6G	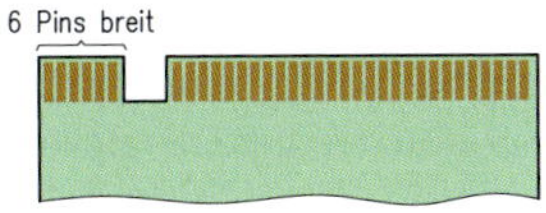 6 Pins breit
Key M – bis zu 4 PCIe-Lanes – 1 × SATA 6G	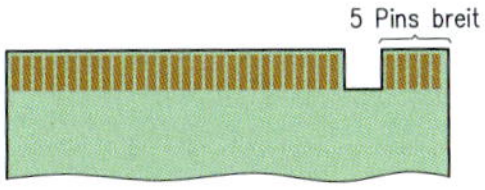 5 Pins breit
Key B + M – bis zu 2 PCIe-Lanes – 1 × SATA 6G	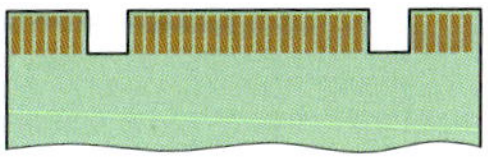

Bild 1.105: M.2-Keys

M.2-Steckkarten gibt es inzwischen für WLAN, Bluetooth, GPS, NFC und andere Funktionen. Interessant ist für die meisten Endverbraucher aber insbesondere die mögliche

Anbindung schneller SSDs im Kartenformat (Kap. 1.8.2) über die vier PCIe-3.0-Lanes, bei der bis zu 4 GiByte/s (Kap. 1.7.4) übertragen werden können (zum Vergleich: SATA 6G: 600 MiByte/s; Kap. 1.7.1).

1.7.6 Audio- und Video-Anschlüsse

Bei portablen Geräten sind Display und Lautsprecher direkt im Gehäuse untergebracht. Die erforderlichen Controller befinden sich auf dem jeweiligen Board, sodass eine Bild- und Tonwiedergabe multimedialer Inhalte ohne zusätzliche Komponenten möglich ist. Für den Anschluss externer Wiedergabegeräte stehen aus Platzgründen meist nur wenige Anschlüsse zur Verfügung (z. B. für

Bild 1.106: Beispiele für M.2-Karten

Kopfhörer: 3,5 mm Klinkenbuchse; für Display: HDMI, siehe unten).

Um Inhalte aber auch in höchster Qualität auf einem externen Gerät wiedergeben (oder direkt aus dem Internet streamen) zu können, haben unterschiedliche Konsortien (Firmenzusammenschlüsse) verschiedene Verfahren und Standards geschaffen. Einige dieser Standards und die damit verbundenen technischen Begriffe und Bezeichnungen sind in Bild 1.107 zusammengefasst.

Bezeichnung	Merkmale
MHL	**M**obile **H**igh-Definition **L**ink – Vom MHL-Konsortium (Nokia, Samsung, Sony, Toshiba) entwickelter Standard für eine kabelgebundene Schnittstelle zwischen einem Mobilgerät (z. B. Smartphone, Tablet) und einem Wiedergabegerät (z. B. Display, Fernseher, Projektor mit HDMI-Anschluss) für die Übertragung von hochauflösenden Audio- und Videosignalen (7.1-Surround-Sound, unkomprimiertes Videosignal mit 1080p) – Unterstützt HDCP-Verschlüsselung (Bild 1.137) – Begrenzte Unterstützung der Energieversorgung des Mobilgeräts (z. B. MHL 1.0: 5 V/500 mA; MHL 2.0: 5 V/900 mA; MHL 3.0: bis zu 2 A) – Abhängig vom Mobilgerät werden unterschiedliche Stecker/Buchsen verwendet (z. B. 5-polige Micro-USB-Buchse, mit vom USB-Standard abweichenden Signalspezifkationen) – MHL 3.0 unterstützt auch 4K-Auflösung (Ultra-HD, bis 2160p, 30 fps)
WiFi-Direct	– Von der Wi-Fi Alliance (Zusammenschluss von über 200 Firmen) definierter Funkstandard auf der Basis der Norm IEEE 802.11 („WLAN-Standard") – WiFi-Direct ermöglicht die *direkte* Kommunikation (d. h. *ohne* zusätzlichen Access Point, im Gegensatz zum klassischen WLAN) zwischen zwei WLAN-fähigen Endgeräten, hierbei muss aber nur *eines* der beiden Geräte „WiFi-Direct-fähig" sein – Versionsabhängig unterschiedliche Datenraten und Reichweiten (z. B. 802.11a: 54 Mibit/s, bis ca. 10 m; 802.11n: 450 Mibit/s, bis ca. 150 m, jeweils in geschlossenen Räumen) – Übertragung im lizenzfreien Bereich bei 2,4 GHz und 5 GHz

1

Bezeichnung	Merkmale
Miracast	– Von der Wi-Fi Alliance definierter, offener Funkstandard für die Peer-to-Peer-Übertragung von Audio- und Videosignalen (5.1-Surround-Sound, Video bis 1080p-Auflösung, d. h. Full-HD) zwischen einem Mobilgerät und einem Bildschirm – Durch die Verwendung des WiFi-Direct-Standards ist *kein* Einbinden der beteiligten Geräte in ein WLAN erforderlich, *beide* Geräte müssen aber Miracast unterstützen
Chromecast (vergleichbares Konkurrenz-produkt: **Fire TV Stick**)	– Von Google (Fire TV: von Amazon) entwickelter Stick zur Übertragung von Audio- und Videosignalen auf ein Fernsehgerät unter Verwendung eines lokalen WLANs (d. h. Access Point erforderlich) – Die Sticks verfügen jeweils über einen HDMI-Stecker für den Anschluss an das Fernsehgerät – Er überträgt nur bestimmte, auf Google-Applikationen (Fire TV Stick: auf Amazon) abgestimmte Medieninhalte an den Fernseher, entweder direkt aus dem Internet oder aus einer anderen Quelle (z. B. lokaler PC), hierzu erhält er von einem Gerät mit einer entsprechenden App (z. B. Tablet) die erforderlichen Informationen und Steuersignale (z. B. IP-Adresse der Quelle, Lautstärkeregelung)
AirPlay	– Von Apple entwickelte Funkschnittstelle zur Übertragung von Daten (Bildschirminhalte, Spiele, Fotos, Videos, Musik) von einem Apple-Endgerät zu einem beliebigen AirPlay-fähigen Wiedergabegerät – Verwendet ein vorhandenes WLAN (mit Access Point), Datenrate bis ca. 120 Mibit/s, Audio in CD-Qualität
DLNA	**D**igital **L**iving **N**etwork **A**lliance – Bezeichnung einer Vereinigung von über 300 namhaften Herstellern von informationstechnischen Geräten; Hauptaufgabe ist die Entwicklung technischer Spezifikationen und die Zertifizierung von technischen Geräten im Bereich der Kommunikationstechnik beim Endverbraucher, mit dem Ziel, dass informationstechnische Geräte unterschiedlicher Hersteller beim Endkunden problemlos miteinander kommunizieren können („Interoperabilität von Endgeräten") – Hierzu definiert DLNA unterschiedliche Geräteklassen, in denen die Geräte entsprechend zertifiziert werden, unter anderem: Home Network Devices (z. B. Media Server, Media Player), Home Infrastructure Devices (z. B. Media Converter), Mobile Handheld Devices (z. B. Smartphones) – Weitere Informationen siehe www.dlna.org
UPnP	**U**niversal **P**lug and **P**lay – Ursprünglich als technisches Merkmal für PC-Hardware von Microsoft eingeführt, dient UPnP heute als Standard-Bezeichnung für entsprechend zertifizierte Geräte mit der Fähigkeit, herstellerunabhängig über ein IP-basierendes Netzwerk mit oder ohne Kontrolle durch eine zentrale Instanz (z. B. einen Router) miteinander kommunizieren zu können.

Bild 1.107: Übertragungsstandards und Bezeichnungen

Inzwischen verfügen nicht nur Mobilgeräte über diese Merkmale und Standards, sondern auch andere Geräte werden damit werbewirksam vermarktet (z.B. PCs, Receiver, TV-Geräte).

Die heutigen Desktop-PCs verfügen ebenfalls über On-Board-Controller für die Bild- und Tonwiedergabe. Für die extern anzuschließenden Displays und Lautsprecher stehen aber meist mehrere unterschiedliche Anschlüsse auf dem Motherboard zur Verfügung, die von der Gehäuserückseite zugänglich sind. Einige PCs besitzen zusätzlich auch an der Frontseite Audioanschlüsse.

Um eine bessere Wiedergabequalität zu erhalten, rüsten viele User ihren PC mit zusätzlichen Grafikkarten aus, da diese Karten meist über leistungsfähigere Grafikchips verfügen. Diese Erweiterungskarten haben dann ihre eigenen Anschlüsse, die identisch mit denjenigen des Motherboards sind. Unter Umständen stellen sie aber auch noch zusätzliche Schnittstellen zur Verfügung (Kap. 1.9.1.1).

Für den professionellen Einsatz im Audiobereich (z.B. Tonstudio) empfiehlt sich ebenfalls eine zusätzliche Audiokarte, die dann auch mehrere Sound-Ausgabestandards sowie die Mehrkanalaufnahme unterstützen.

1.7.6.1 Audioanschlüsse

Für die analoge Audioübertragung stellt ein Desktop-PC mehrere Klinkenbuchsen zur Verfügung, die softwaregesteuert oft auch multifunktional verwendet werden (z.B. Mic, Line in, Line out oder Lautsprecherausgänge für ein 5.1-Soundsystem, Kap. 1.9.2). Feste Bezeichnungen sind daher meist nicht aufgedruckt, die Buchsen sind lediglich farblich gekennzeichnet. Bei manchen PCs befinden sich einige der Anschlussbuchsen sowohl an der Rückseite als auch an der Frontseite des Gehäuses.

Farbe	Bezeichnung	Beschreibung
rosa	Mic (Eingang)	3,5 mm Klinkenbuchse für ein Monomikrofon
blau	Line-In/Aux (Eingang)	3,5 mm Klinkenbuchse für die Aufnahme analoger Mono/Stereo-Signale (Eingang)
grün	Line-Out (Ausgang)	3,5 mm Klinkenbuchse für die Wiedergabe analoger Stereo-Signale für Kopfhörer oder Frontlautsprecher (Front-Speaker)
schwarz	Line-Out (Ausgang)	3,5 mm Klinkenbuchse für die Wiedergabe analoger Stereo-Signale für Rücklautsprecher (Rear-Speaker)
silber	Line-Out (Ausgang)	3,5 mm Klinkenbuchse für die Wiedergabe analoger Stereo-Signale für Seitenlautsprecher (Side-Speaker)
orange	Line-Out (Ausgang)	3,5 mm Klinkenbuchse für die Wiedergabe analoger Signale für den Centerlautsprecher (Center Speaker) und den Tiefbass-Lautsprecher (Subwoofer)

Bild 1.108: Farbcodierung der Audioanschlüsse

Eine eingebaute Soundkarte hat die gleichen Anschlüsse, stellt diese aber alternativ auch in Form von Cinch-Buchsen zur Verfügung.

Darüber hinaus gibt es meist auch noch einen S/PDIF-Anschluss.

S/PDIV steht für **S**ony/**P**hilips **D**igital **I**nterface und bezeichnet eine digitale Schnittstelle für die Übertragung elektrischer oder optischer Stereo-Audiosignale.

Der elektrische S/PDIV-Anschluss wird als koaxiale Cinch-Buchse, der optische Anschluss wird über eine **Toslink**-Buchse (**Tos**hiba **Link**; Fotodiode, Lichtwellnlänge ca. 650 nm; Kap. 5.5.4.1; Alternativbezeichnung: F05-Buchse) realisiert. Der Einsatz entsprechender Audio-Codecs ermöglicht über Toslink auch die Übertragung eines Mehrkanaltons (z.B. AC-3 Dolby Digital, 5.1-Kanalsystem; Kap. 1.9.2).

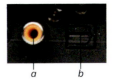

Bild 1.109: Elektrischer (a) und optischer (b) S/PDIF-Anschluss

Für höherwertigere Kanalsysteme (z.B. DTS-HD, 7.1-System) ist dieser Anschluss wegen der zu geringen Datenrate nicht geeignet. Hierzu muss man auf einen der nachfolgend dargestellten Anschlüsse zurückgreifen, die eine gleichzeitige Übertragung von Audio- und Videosignalen in hoher Qualität über einen einzigen Anschluss ermöglichen. (Kap. 1.7.6.4 ff.)

1.7.6.2 VGA

VGA (**V**ideo **G**raphics **A**rray, Kap. 1.9.1) ist eine Schnittstelle für die Übertragung analoger Videosignale. Diese Signale werden für den Anschluss eines analog arbeitenden Bildschirms benötigt. Da diese Form bilderzeugender Geräte aber fast gänzlich vom Markt verschwunden sind, wird dieser Anschluss in vielen Fällen eingespart, da die analogen Signale auch mit einem entsprechenden Adapterstecker an einer DVI-Schnittstelle abgegriffen werden können. Alternativ wird diese Schnittstelle auch **D-Sub** genannt.

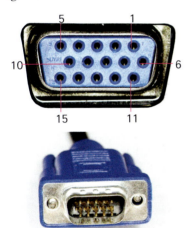

Pin	Belegung	Pin	Belegung
1	R-Video	9	(kein Pin)
2	G-Video	10	Sync-GND
3	B-Video	11	ID-Bit
4	ID-Bit	12	ID-Bit
5	NC	13	H-Sync
6	R-GND	14	V-Sync
7	G-GND	15	ID-Bit
8	B-GND		

Bild 1.110: VGA-Buchse mit Anschlussbelegung und VGA-Stecker

R, G, B = Rot, Grün, Blau
NC = No Connect
GND = Ground, Masse
H-Sync = Horizontale Synchronisation
V-Sync = Vertikale Synchonisation

1.7.6.3 DVI

> **DVI** (**D**igital **V**isual **I**nterface) ist eine kombinierte analoge und digitale Schnittstelle für den Anschluss von Video-Displays, unabhängig von der verwendeten Darstellungstechnologie.

An den DVI-Ausgang angeschlossene Flachbildschirme werden direkt digital angesteuert, sofern sie selbst über einen entsprechenden DVI-Eingang verfügen. Ein (älteres) Wiedergabegerät, welches lediglich über einen VGA-Anschluss (Kap. 1.7.6.2) verfügt, kann mithilfe eines entsprechenden Adapter-Steckers an der DVI-I-Buchse eines PCs angeschlossen werden (Bild 1.111).

Der DVI-Standard wurde 1999 von der **DDWG**-Arbeitsgruppe (**D**igital **D**isplay **W**orking **G**roup; www.ddwg.org), zu der Firmen wie Compaq, HP, IBM, Intel, NEC und Fujitsu zählten, veröffentlicht. Die DVI-Schnittstelle verfügt über die folgenden technischen Eigenschaften:

- Passend für alle Arten von Rechnern, Monitoren und Displays, unabhängig von der Technologie und der Pixelauflösung
- Serielle Übertragung der Daten über maximal 2 Links (bei Nutzung der digitalen Schnittstelle)
- Übertragungsbandbreite bei digitaler Single-Link-Verbindung bis 165 MHz (maximal 1920 × 1200 Pixel bei 60 Hz), bei digitaler Dual-Link-Verbindung bis 330 MHz (maximal 2560 × 1600 Pixel bei bis zu 144 Hz)
- Hohe Resistenz gegenüber von außen einwirkenden elektromagnetischen Störungen durch spezielles Übertragungsverfahren (**TMDS**: **T**ransition **M**inimized **D**ifferential **S**ignaling; speziell codierte Signale mit differenziellen Spannungen von ±3,3 V über abgeschirmte Leitungen, Kap. 4.1.3)
- Geeignet für lange Kabelverbindungen
- Plug-and-Play-fähig
- Selbsttätige Erkennung der jeweiligen Displayeigenschaften während des laufenden Betriebes (Hot Plug Detection, Display Feature Detection)
- Unverwechselbarer eigener Steckverbinder in unterschiedlichen Varianten (z. B. **DVI-D**: 24-Pin Digital-Stecker; **DVI-I**: 24 + 4 Pin Digital/Analog-Kombistecker; Bild 1.111), wobei im digitalen Single-Link-Modus 18 und im Dual-Link-Modus 24 Steckkontakte verwendet werden
- Kostengünstige Herstellung

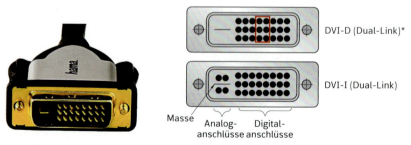

DVI-D (Dual-Link)*

DVI-I (Dual-Link)

Masse   Analog-   Digital-
        anschlüsse anschlüsse

* Bei Single-Link-Anschluss fehlen die rot umrahmten Anschlüsse oder sie werden nicht genutzt.

Bild 1.111: DVI-Stecker und -Buchsen

1.7.6.4 HDMI

Anstelle der DVI-Anschlusstechnik verwenden inzwischen viele Geräte den im TV/Videobereich etablierten **HDMI-Standard** (High Definition Multimedia Standard Interface; www.hdmi.org), der sowohl Videodaten als auch Audiodaten digital mit hoher Qualität in einem gemeinsamen Kabel überträgt. HDMI arbeitet ohne Datenkompression und weist keinen systembedingten Qualitätsverlust auf, da beispielsweise keine Analog-Digital- oder Digital-Analog-Wandlung erforderlich ist. Die Samplingrate von Audiodaten liegt zwischen 32 und 192 kHz, es können bis zu acht Audiokanäle übertragen werden (z. B. 7.1-Soundsystem; Kap. 1.9.2). HDMI unterstützt in allen Versionen auch einen Audio-Rückkanal. Weitere Merkmale sind in Bild 1.112 zusammengefasst:

Version	1.4a	2.0/2.0a	2.1
Erscheinungsjahr	2010	2013	2017
Frequenz	340 MHz	600 MHz	1 200 MHz
Anzahl Links (max.)	3	3	4
Datenrate pro Link (max.; Werte gerundet)	2,5 Gibit/s (3D-fähig; Videoauflösung bis 4K, aber nur maximal 30 fps; Bild 1.175)	4,5 Gibit/s (4K-Unterstützung mit 60 fps, 3D-fähig), HDR-Unterstützung (Rev. 2.0a)	10 Gibit/s (8K-Unterstützung mit 60 fps, 4K mit bis zu 120 fps; 3D-fähig), HDR
Farbtiefe (max.)	48 bit	48 bit	42 bit und 48 bit
Audioformate/ Soundverfahren (Bild 1.152)	8 Kanal PCM Dolby Digital Plus DTS, DTS-HD MPEG True-HD	32 Kanal Audio Dolby Digital Plus True HD DTS, DTS-HD MPEG	32 Kanal Audio, Dolby-Atmos (eARC: Enhanced Audio Return Cable)

Bild 1.112: HDMI-Kennwerte (Auswahl)

Wegen des verwendeten 8B/10B-Leitungscodes wird statt der Datenrate, die nur die Nutzdaten berücksichtigt, alternativ die sogenannte **Symbolrate** angegeben, die auch den Overhead durch die Leitungscodierung beinhaltet. Bei beiden Angaben können auch Dezimalpräfixe verwendet werden (Kap. 4.3.2).

Aus Gründen der Übersichtlichkeit sind in Bild 1.112 auszugsweise nur die Daten von drei Versionen angegeben. Alle Versionen verwenden das gleiche Übertragungsverfahren (TMDS, wie bei DVI-D), die gleiche Leitungscodierung (8B/10B-Code) und das gleiche Kopierschutzverfahren (HDCP, Bild 1.137).

Zusätzlich ist in der Version 2.1 auch der **HDMI-Alt-Mode** implementiert, der die Übertragung von HDMI-Signalen über USB 3.1 Gen 2-Kabel mit Typ-C-Steckern definiert (Kap. 1.6.3.1). Jeder Link überträgt die Daten seriell. Die Übertragung erfolgt hierbei gleichzeitig und unabhängig voneinander. Die Spezifikationen definieren allgemein Leitungslängen bis zu 15 m, mit einem Signalrepeater kann diese Länge verdoppelt werden. Entfernungen bis zu 300 m können durch den Einsatz sogenannter **Extender** überbrückt werden, die das Signal zwischendurch auf Lichtwellenleiter (LWL) umsetzen.

Eine fehlerfreie Übertragung hängt bei HDMI aber auch von den Übertragungseigenschaften der verwendeten Kupferkabel ab. Um eine Aussage über diese Übertragungseigenschaften zu machen, werden diese inzwischen in fünf von der **HDMI Licensing Organization** definierte Kabelkategorien unterteilt (nicht identisch mit den Kategorien bei LAN-Kabeln!). Diese Kategorien beinhalten keine Zuordnung zu den HDMI-Versionen, sondern geben Leistungsmerkmale in Kombination mit einem speziellen Steckertyp an. Man unterscheidet im Consumerbereich die Steckertypen A bis D, die jeweils geringfügig abweichende Abmessungen aufweisen. Am häufigsten im PC-Bereich anzutreffen sind Steckertyp A, Typ C („Mini-HDMI") sowie der mit der HDMI-Version 1.4 spezifizierte Typ D („Micro-HDMI"; speziell zum Anschluss portabler Geräte; Bild

Bild 1.113: Vergleich der HDMI-Stecker (von oben: HDMI, Mini-HDMI, Micro-HDMI)

1.113). Diese Varianten verfügen über 19 Kontakte; mittels Adapter wird jeweils die Kompatibilität unter den einzelnen Varianten und zu DVI-D sichergestellt.

Im PC-Bereich sind als Kabeltypen maßgeblich anzutreffen:

- **Standard-HDMI-Kabel**: Übertragungsrate ≥ 1,7 Gibit/s (ca. 1,8 GByte/s; Kap. 4.3.2) bei Leitungslängen bis 15 m; Videoformat bis 720 p oder 1080 i (Kap. 1.12.1); Steckertyp A

- **High-Speed-HDMI-Kabel**: Übertragungsrate ≥ 7,6 Gibit/s (ca. 8,2 Gbit/s; Kap. 4.3.2) bei Leitungslängen bis 7,5 m; Videoformat bis 2160 p; Steckertyp A, C oder D

Beim Kabelkauf ist zu beachten, dass es auch spezielle HDMI-Kabel mit **HEC**-Leitungen (HDMI Ethernet Channel, speziell für eine Netzwerkverbindung) gibt. Diese weisen die gleiche 19-polige Steckerbelegung auf, lediglich die beiden HEC-Leitungen sind – wie bei Netzwerkkabeln üblich – gegeneinander verdrillt (siehe auch „Vernetzte IT-Systeme", Kap. TP-Leitungen).

1.7.6.5 DisplayPort

Speziell für den PC-Bereich hat die VESA 2007 einen weiteren Verbindungsstandard mit der Bezeichnung **DisplayPort** (**DP**) spezifiziert, der ein digitales Übertragungsverfahren für Bild- und Tonsignale sowie die zugehörigen Stecker, Buchsen und Kabel definiert. DisplayPort arbeitet mit *unidirektionalen* Kanälen (**Main Links**) zum Wiedergabegerät, stellt also keine *bidirektional* nutzbaren Datenverbindungen bereit, da der vorhandene

Rückkanal (AUX-Channel, siehe unten) eine wesentlich geringere Datenrate besitzt. Der Standard existiert inzwischen in den folgenden Versionen:

Version	DP 1.1	DP 1.2	DP 1.3/1.4
Erscheinungsjahr	2007	2009	2014/2016
Frequenz	270 MHz	540 MHz	810 MHz
Datenrate pro Main Link (netto wg. 8B/10B-Leitungscode; Werte gerundet)	2 Gibit/s	4 Gibit/s	6 Gibit/s
Anzahl Main Links	4	4	4
Video-Auflösung (max.)	2560 × 1600, für Full-HD (1920 × 1080) sind 2 Main Links erforderlich	4K (UHD) (3840 × 2160) bei 60 fps; 3D-fähig	5K (5120 × 2880), 8K (8192 × 4320), jeweils bei 60 fps; DP 1.4: 5K bis zu 120 fps, Unterstützung von HDR, 3D-fähig

Bild 1.114: DisplayPort-Kennwerte (die Angabe der Datenrate ist auch mit Dezimalpräfixen möglich; Kap. 4.3.2)

Die Main Links arbeiten als Punkt-zu-Punkt-Verbindungen, ähnlich wie bei PCIe. Die Daten werden unkomprimiert mit dem 8B/10B-Leitungscode (Kap. 1.7.1) übertragen. DisplayPort zeichnet sich durch folgende Merkmale aus:

- 20-poliger flacher Verbindungsstecker mit mechanischer Verriegelung (bei HDMI nicht vorhanden)

- Pro Main Link ein Leitungspaar; Leitungslänge bei Nutzung eines Links bis 10 m, bei voller Bandbreite mit 4 Links maximal 2 m

- Überwindung größerer Strecken durch den Einsatz aktiver **DP-Repeater**; zur Energieversorgung der Repeater steht an Pin 20 des DisplayPorts eine Versorgungsspannung von 3,3 V mit ca. 500 mA zur Verfügung

- Im Datenstrom lassen sich optional bis zu acht 24-Bit-Audiokanale mit einer maximalen Sampling-Rate von 192 kHz übertragen (identisch mit HDMI)

- Übertragung von Display-Spezifikationsdaten über einen zusätzlichen universellen Hilfskanal (AUX-Channel, Display Data Channel DDC; ca. 720 Mibit/s ab DP 1.2)

- Zusätzlich Hotplug-Detect-Signal

- Unterstützung des mit HDMI eingeführten Kopierschutzverfahrens HDCP (Bild 1.134)

- Datenübertragung mit störunanfälligen differenziellen Signalen (TMDS: Tranistion-Minimized Differenzial Signaling; Kap. 4.1.3) mit kleinen Spannungspegeln (200–600 mV), deren Größe in Abhängigkeit von der jeweiligen Leitungslänge für eine störungsfreie Übertragung dynamisch festgelegt wird

- Mittels entsprechender passiver Adapter kompatibel zu DVI und HDMI; allerdings müssen die Chipsätze der Grafikkarten wegen unterschiedlicher Übertragungsverfahren bzw. Signalpegel diese Normen auch unterstützen (Dual- bzw. Triple-Mode-Display-Engines: Im

DVI- bzw. HDMI-Modus übertragen dann drei DisplayPort-Links die RGB-Farbsignale und der vierte Link das Taktsignal)

- Im Gegensatz zu HDMI kein Audio-Rückkanal

- Version 1.1 frei verfügbar, ab Version 1.2 lizenzpflichtig

DisplayPort 1.3 ermöglicht darüber hinaus erstmalig den gleichzeitigen Betrieb von zwei 4K-Wiedergabegeräten an einem einzigen Anschluss mittels **Multi-Stream-Transport (MST)**. Hierzu ist lediglich ein weiteres Kabel zwischen den Wiedergabegeräten erforderlich, welches das zweite Gerät speist. Außerdem erweitert DisplayPort 1.3 die Anschlussmöglichkeiten von Geräten durch Unterstützung anderer Standards.

> **Dockport** ist die Bezeichnung für einen von der VESA entwickelten, freien Standard, der es ermöglicht, die vorhandenen Audio- und Video-Signale von DisplayPort mit der USB-Funktionalität inklusive der erforderlichen Spannungsversorgung in einem einzigen DisplayPort-Verbindungsstecker zu kombinieren.

Auf diese Weise lässt sich beispielsweise ein 4K-Display betreiben, welches lediglich zwei der vier Lanes benötigt. Mit den anderen beiden lassen sich dann USB-Daten im SuperSpeed-Modus (Kap. 1.6.3) übertragen.

Bei gleicher Übertragungsrate wie bei Version 1.3 unterstützt DisplayPort 1.4 darüber hinaus auch den USB-Typ-C-Stecker samt Kabel (DP Alt Mode bei USB 3.0 Gen 2; Kap. 1.6.3.1).

Ab Version 1.3 wurde auch ein **miniDisplayPort** mit kleineren Abmessungen speziell für portable Geräte spezifiziert.

 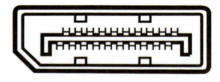

Bild 1.115: DisplayPort-Stecker und -Buchse

1.7.7 Thunderbolt

> **Thunderbolt** ist der Name für eine universelle Hochgeschwindigkeitsschnittstelle, die von Intel zusammen mit Apple sowohl zur Übertragung von Daten als auch für Bild- und Tonsignale zwischen Multimediageräten (PC, Videocamera) und dem Computer entwickelt wurde.

Diese Schnittstelle mit der ursprünglichen Bezeichnung **Light Peak** sollte eigentlich rein optisch arbeiten und Daten per Lichtwellenleiter übertragen, in einer ersten Version wurde sie dann jedoch zunächst mit Kupferleitungen realisiert.

Technisch gesehen bildet Thunderbolt lediglich einen Tunnel für Datenströme, die bei PCIe- und DisplayPort-Verbindungen vorliegen. Mit einem entsprechenden Controllerchip (**THC**: Thunderbolt **H**ost **C**ontroller; **TDC**: Thunderbolt **D**evice **C**ontroller) kann somit relativ einfach jedes Gerät mit einer Thunderbolt-Schnittstelle versehen werden. Der Host-Controller kann bis Thunderbolt 2 auch eine Energieversorgung bis zu 10 W für ein angeschlossenes Device bereitstellen, bei Thunderbolt 3 bis zu 100 W (basierend auf USB-PD; Kap. 1.6.3.2). Ebenso ist auch eine Verbindung zwischen zwei Hosts möglich.

Die Übertragung der Daten erfolgt bidirektional und gleichzeitig mit einer Datenrate von zunächst bis zu 10 Gibit/s. Die Version Thunderbolt 2 ermöglicht durch Bündelung zweier Kanäle Datenraten bis zu 20 Gibit/s bei gleichen Steckern und Kabeln, lediglich ein neuer Controller (Codename: Falcon Ridge) muss verwendet werden. Mit der nachfolgenden Version Thunderbolt 3 können bis zu 40 GiBit/s übertragen werden.

Die Thunderbolt 1- und 2-Stecker sind identisch zu denen von mini-DisplayPort. Somit kann jeder Flachbildschirm mit DisplayPort auch an einer Thunderbolt-Schnittstelle angeschlossen werden. Verfügt ein angeschlossenes Gerät nicht über einen Thunderbolt-Adapter (TDC), so schaltet der Host-Adapter (THC) automatisch in den Kompatibilitätsmodus, d.h., die DisplayPort-Daten werden nicht per Thunderbolt-Protokoll getunnelt, sondern direkt übertragen. Gleiches gilt für eine PCIe-basierende Verbindung.

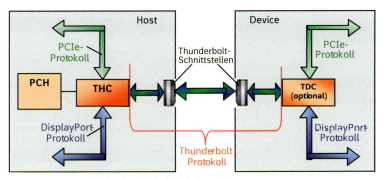

Bild 1.116: Grundprinzip Thunderbolt-Schnittstelle

Ein elektrisches Thunderbolt-Kabel kann bis zu 3 Meter überbrücken. Thunderbolt 3 übernimmt dann den USB-Typ-C-Stecker (Kap. 1.6.3.1) und unterstützt bis zu vier PCIe-Lanes (Kap. 1.7.4). Zur Anpassung an frühere Thunderbolt-Versionen sind dann Adapter erforderlich. Eine nachfolgende Erweiterung des Standards soll die Daten per Glasfaser übertragen, dann sind Leitungen bis zu 10 Meter möglich.

Bis zu sieben Thunderbolt-Controller können hintereinander geschaltet werden. Auf diese Weise lassen sich z.B. mehrere Displays über ein einziges Kabel mit einem PC verbinden. Der Anschluss mehrerer Geräte erfolgt wie bei Firewire im Daisy-Chain-Verfahren (Kap. 1.6.4).

1.7.8   Netzwerkzugang

Heutzutage arbeiten Computer meist nicht mehr allein (Stand-alone-PC), sondern sind über ein Kommunikationsnetzwerk mit anderen PCs verbunden. Als größtes Kommunikationsnetz wird das Internet angesehen.

> Das **Internet** (**Inter**connected **Net**work) ist ein globales Kommunikationsnetz, das aus einer Vielzahl einzelner, unterschiedlicher Computernetzwerke besteht. Diese sind über zentrale Knotenpunkte, die regional von öffentlichen Netzbetreibern zur Verfügung gestellt werden, weltweit miteinander verbunden.

Der Zugang eines einzelnen PC oder eines anderen Kommunikationsgerätes (z. B. Smartphone, Tablet) zu einem der Knotenpunkte wird auf unterschiedliche Art realisiert:

1. Der PC arbeitet als Stand-alone-Gerät und besitzt einen direkten Anschluss an einen Internetknotenpunkt. Dieser wird meist über einen **DSL-Anschluss** (Digital Subscriber Line) oder über einen **BK-Kabelanschluss** (Breitband-Kommunikations-Kabelanschluss) realisiert.

2. Der PC wird in ein lokales Computernetz (**LAN**: **L**ocal **A**rea **N**etwork) eingebunden. Diese Anbindung kann kabelgebunden oder über eine Funkschnittstelle erfolgen (**WLAN**: **W**ireless **LAN**). Das LAN verfügt dann über einen zentralen Zugang für alle angeschlossenen PCs zu einem Internetknotenpunkt.

3. Ein Smartphone verfügt naturgemäß über einen drahtlosen Zugang zu einem Funknetz (GSM-Netz, UMTS-Netz, LTE-Netz). Dieser Zugang kann auch für die Datenkommunikation mit dem Internet genutzt werden. Geräte, die über keine solche Funkschnittstelle verfügen, können per **Tethering** (Kap. 1.1.4) die Funkschnittstelle des Smartphones nutzen. Alternativ lassen sie sich auch per USB-Stick mit einer eigenen Funkschnittstelle nachrüsten.

Für den Anschluss über Kupferleitungen verfügt ein PC über eine Netzwerkbuchse mit der Bezeichnung **RJ-45** (**R**egistered **J**ack: genormte Buchse), auch bekannt als **Ethernet-Buchse** oder **Western-Buchse** (Name der Entwicklungsfirma). Dieser Anschluss verfügt über 8 Kontakte, die je nach Art des LANs nur teilweise oder verschieden genutzt werden. Diese Netzwerkbuchse ist auch DSL-fähig.

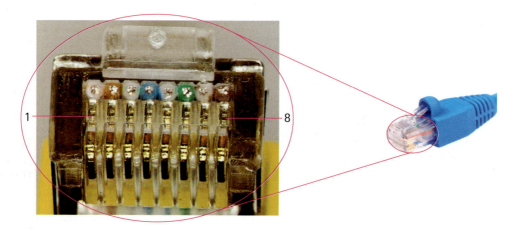

Verwendung	Anschlussbezeichnung u. -belegung							
	1	2	3	4	5	6	7	8
Megabit-Ethernet	TX+	TX–	RX+			RX–		
Gigabit-Ethernet	D1+	D1–	D2+	D3+	D3–	D2–	D4+	D4–

Bild 1.117: RJ-45-Stecker mit möglichen Anschlussbelegungen

Bild 1.118 fasst grundlegende Eigenschaften einiger Zugangsmöglichkeiten tabellarisch zusammen. Die Techniken von DSL- und BK-Anschlüssen, der Aufbau von LAN- und WLAN-Netzen sowie die Eigenschaften von GSM-, UMTS- und LTE-Funknetzen werden zusammen mit den erforderlichen Fachbegriffen im Aufbauband „Vernetzte IT-Systeme" ausführlich behandelt.

Verbindungsart	Merkmale	Bemerkung
DSL	– **D**igital **S**ubscriber **L**ine: Bezeichnung für ein Übertragungsverfahren, welches die ursprünglich nur für einen analogen oder digitalen Telefonanschluss genutzte Anschlussleitung (Kupferdoppelader) zu einem Teilnehmer gleichzeitig und unabhängig vom Telefon auch für eine Datenübertragung nutzt – hierzu wurden ursprünglich die Signale für Telefon und Daten auf der Anschlussleitung in getrennten Frequenzbereichen übertragen, beim Teilnehmer mit einem „Splitter" getrennt und dann den entsprechenden Endgeräten (Telefon bzw. DSL-Modem) zugeführt (reservierter Bereich für Analogtelefonie bis 20 kHz, für digitale ISDN-Telefonie bis 120 kHz, DSL-Signal jeweils ab 138 kHz) – inzwischen wird auch der Frequenzbereich unterhalb von 138 kHz für DSL genutzt; hierdurch sind höhere Datenraten möglich, allerdings kann bei diesem Verfahren Sprache nur noch per VoIP übertragen werden, da Analog- und ISDN-Signale dann nicht mehr unterstützt werden können („splitterloses DSL", „entbündeltes DSL") – Bei **ADSL** (**A**symmetrical **DSL**) große Downloadrate und kleine Uploadrate (je nach Angebot bis zu 25 Mibit/s down und bis zu 1024 Kibit/s up; die Angebote sind international unterschiedlich) – Bei **VDSL** (**V**ery High Bit Rate **DSL**) bis zu 100 Mibit/s in beide Richtungen bei einer maximalen Leitungslänge zum nächsten Netzknotenpunkt (Outdoor-DSLAM) bis 350 m – In der Praxis sind alle Datenraten entfernungsabhängig. Bei hinreichend großer Datenrate sind Triple-Play-Dienste (TV, Internet und Telefon; z. B. „T-Home-Entertain") nutzbar. – Beim Teilnehmer erforderlich: Telefonanschlussdose und DSL-Modem (meist in Kombination mit WLAN-Router im gleichen Gerät)	Derzeit am weitesten verbreitet; zu finden bei allen Geräten mit Netzwerk-Anschlussbuchse (Desktop-PC, Notebook usw.)

Verbindungsart	Merkmale	Bemerkung
BK-Kabelnetz Broadcast-Netz	– Nutzung des ehemaligen TV-Kabelnetzes, das durch Erweiterung mit einem Rückkanal zu einem bidirektionalen Netz ausgebaut wurde – Datenraten bis zu 10 Gibit/s Down- und bis zu 1 Gibit/s Upstream bei Leitungslängen bis zu 150 km (DOCSIS 3.1) – Triple-Play-Dienste nutzbar (TV, Internet und Telefon) – Beim Teilnehmer erforderlich: Multimedia-Anschlussdose und Kabelmodem	Als Alternative zu DSL ebenfalls weit verbreitet; für alle Geräte mit Netzwerk-Anschlussbuchse
Funknetz 2G, 3G, 4G Mobilfunk-Netze	– Datenverbindung über eine Funkschnittstelle (**2G**: GSM-Netz; **3G**: UMTS-Netz; **4G**: LTE/LTE-Advanced-Netz) – Sofern nicht vorhanden, kann Funkmodul per USB-Stick oder PC-Card nachgerüstet werden – Download-Datenraten **2G**: bis 384 Kibit/s; **3G**: bis 100 Mibit/s; **4G**: bis 3 Gibit/s (LTE-Advanced Release 10, Cat 8-Geräte) – Entsprechender Mobilfunkvertrag sowie Netz-Verfügbarkeit erforderlich	Alternative in Gegenden ohne DSL-Abdeckung; zu finden in Smartphones und Tablets
LAN	– Direkter Anschluss des Geräts an eine RJ-45-Anschlussdose per Patchkabel an ein vorhandenes Netzwerk – Datenrate abhängig vom vorhandenen LAN, welches dann einen zentralen Zugang zum Internet bereitstellt	Desktop-PC, Notebook
WLAN	– Verbindung zum LAN über einen WLAN-Access-Point, der eine entsprechende Funkschnittstelle zur Verfügung stellt – Entsprechendes Funkmodul erforderlich – Datenrate abhängig vom WLAN-Standard (z. B. IEEE 802.11ac: bis ca. 3 Gibit/s Download)	Die meisten portablen Geräte verfügen über entsprechende Funkmodule; z. B. Smartphone, Tablet, Notebook
Satelliten-verbindung	– Nutzung geostationärer Satelliten für den Download sowie herkömmliche Technik (DSL oder Funknetz) für den Upload – Downloadrate bis zu 150 Mibit/s (abhängig vom Anbieter) – Entsprechende Satellitenschüssel und PC-Empfangskarte erforderlich	Wegen großer Entfernung des Satelliten (ca. 36 000 km) größere Signalverzögerung als bei terrestrischer Übertragung

Bild 1.118: mögliche Netzwerkzugänge (Datenraten können auch mit Dezimalpräfixen angegeben werden; Kap. 4.3.2)

In Zuge der ständig zunehmenden Vernetzung von technischen Geräten beschränkt sich die Verwendung des Internets heute nicht mehr nur auf die klassischen Kommunikationsmittel (PC, Notebook, Tablet, Smartphone usw.), sondern umfasst auch andere Geräte oder Gegenstände. Diese werden mit entsprechenden technischen Komponenten ausgestattet (Sensoren, RFID; Kap. 4.3.8) und können so aus der Ferne – mit und ohne Eingriff eines Nutzers – unter Verwendung der Ressourcen des Internets den Zustand von Geräten und Dingen einfach ermitteln oder aktuelle Daten über physische Objekte und

Vorgänge sammeln (z. B.: Paketverfolgung im Internet, Heizungssteuerung eines Wohnhauses von unterwegs, Gesundheitsüberwachung eines Herzpatienten mit automatischem Arztnotruf, Auto mit automatischem Polizeinotruf und Unfallortübermittlung bei einem Verkehrsunfall).

In diesem Zusammenhang spricht man daher zunehmend vom **Internet der Dinge** (engl. **I**o**T**: **I**nternet **o**f **T**hings; „Vernetzte IT-Systeme", Kap. 2.4.1).

1.7.9 Bluetooth

Der Anschluss eines Peripheriegerätes an den PC mit einem Verbindungskabel weist eine Vielzahl von Nachteilen auf. Aus diesem Grund werden neben Infrarot und Wireless-USB (Kap. 1.6.3.3) auch andere *kabellose* Verbindungstechniken eingesetzt. Hierzu zählt insbesondere die Bluetooth-Technologie.

Bluetooth (BT) bezeichnet einen Standard in der Nahbereichs-Funktechnik, mit der beliebige elektronische Geräte ohne Kabelverbindung in einem festgelegten Frequenzbereich über eine kurze Entfernung miteinander kommunizieren können.

Bild 1.119: Bluetooth-Sende- und -Empfangsmodule

Mithilfe dieser Technik lassen sich aber nicht nur Peripheriegeräte an einen PC anschließen, sondern auch beliebige Geräte untereinander vernetzen. Die Bluetooth-Technik besteht im Wesentlichen aus einem prozessorgesteuerten Sende- und Empfangsmodul mit sehr kleinen Maßen, welches auch in portablen Geräten Platz findet.

Zwischen den Geräten eines Bluetooth-Netzes sind Punkt-zu-Punkt- und Punkt-zu-Mehrpunkt-Verbindungen möglich. In einem solchen Netz sind zunächst alle Geräte gleichberechtigt. Jedes bluetoothfähige Gerät ist über eine 48-Bit-Adresse entsprechend dem IEEE-802.15-Standard identifizierbar (IEEE: Institute of Electrical and Electronics Engineers). Möchte ein Gerät 1 in Kommunikation mit einem Gerät 2 treten, so übernimmt Gerät 1 die sogenannte **Masterfunktion** und steuert den Datenaustausch mit Gerät 2 (Slave). Die Kommunikation zwischen den Geräten im Sende-/Empfangsbereich eines Bluetooth-Netzes erfolgt nach der Vergabe einer 3-Bit-MAC-Adresse (**MAC**:

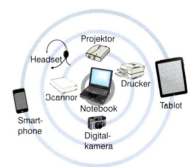

Bild 1.120: Piconetz

Media Access Control; Zugriffskontrollebene) durch den Master. Für alle Geräte gibt es jeweils ein entsprechendes Bluetooth-Profil (Bild 1.123), das auf die jeweilige Gerätefunktionalität abgestimmt ist.

Den Prozess bei der erstmaligen Verbindungsaufnahme zwischen zwei Bluetooth-Geräten bezeichnet man als **Pairing**. In einem **Bluetooth-Netz** können bis zu acht verschiedene bluetoothfähige Geräte gleichzeitig *aktiv* miteinander kommunizieren. Ein solches Netz wird als **Piconetz** bezeichnet.

Insgesamt können sich theoretisch bis zu 255 (8 bit **PMA**; **P**assive **M**ember **A**ddress) Geräte in einem solchen Piconetz befinden (sofern bereits acht Geräte kommunizieren, die restlichen dann lediglich *passiv*). Zu den Vorteilen dieser Technik zählen:

- Aufbau kabelloser Verbindungen zwischen PCs und sämtlichen Peripheriegeräten (z. B. Tastatur, Maus, Drucker, Mobiltelefon; WPAN: Wireless Personal Area Network)

- Verringerung der Anzahl der Geräteschnittstellen bei einem PC und damit verbunden eine Reduktion der Produktionskosten

- Keine Anschaffung zusätzlicher spezieller Kabel

- Schnelle Einrichtung von Ad-hoc-Verbindungen

- Automatische und unbeaufsichtigte Kommunikation zwischen zwei Geräten

Kenngröße	Eigenschaft
Sendeleistung	Klasse I: 100 mW, Klasse II: 2,5 mW, Klasse III: 1 mW (zusätzlich bei BT 5.0: 10 mW; „Klasse" 1,5)
Reichweite	Klasse I: ≤ 100 m, Klasse II: ≤ 10 m, Klasse III: ≤ 2,5 m jeweils ohne Sichtkontakt; ab Version 2.0 auch größere Reichweiten möglich; im Low-Energy-Modus bis zu 10 m; ab Version 5.0 auch im Low-Energy-Modus bis zu 100 m
Stromaufnahme	max. 0,3 mA (Stand-by-Mode) max. 30 mA (Sendebetrieb); im Low-Energy-Modus nur 10 mA; ab Version 5.0 auch < 5 mA
Datenrate	max. 1 Mibit/s (theoretisch), ab Version 2.0 bis zu 3 Mibit/s (ab Version 5.0 auch im Stromsparmodus)
Betriebsarten: Datenübertragung symmetrisch Datenübertragung asymmetrisch Sprachübertragung	ursprünglich ca. 430 Kibit/s in beide Richtungen* ursprünglich ca. 720 Kibit/s in die eine und ca. 57 Kibit/s in die andere Richtung* 64 Kibit/s in beide Richtungen*
Frequenzbereich	2,408–2,48 GHz (ISM-Band, lizenzfrei)
Modulations- verfahren	**GFSK**: **G**auss **F**requency **S**hift **K**eying; Frequenzsprungverfahren, bei dem 79 Kanäle in 1-MHz-Abständen zur Verfügung stehen, zwischen denen bis zu 1600-mal pro Sekunde hin- und hergesprungen wird („Vernetzte IT-Systeme", Kap. Modulation).
Übertragungs- sicherheit	– Fehlerkorrektur durch **FEC** (**F**orward **E**rror **C**orrection) – Empfangsquittierung durch **ARQ** (**A**utomatic **R**epeat **R**equest)
Sonstiges	– Zulässige Grenzwerte für die Belastung durch Hochfrequenz werden eingehalten – Keine störenden Auswirkungen auf andere Telekommunikationsein-richtungen

ISM-Band = **I**ndustrial-, **S**cientific- and **M**edical-Band

Bild 1.121: Technische Basisdaten von Bluetooth (*: Weiterentwicklungen siehe Bild 1.122; Datenraten können auch mit Dezimalpräfixen angegeben werden; Kap. 4.3.2)

Ein Gerät kann gleichzeitig Teil mehrerer Piconetze sein, es kann aber nur in einem einzigen Piconetz die Masterfunktion ausüben. Hierbei können die Teilnehmer von bis zu zehn Piconetzen untereinander in Kontakt treten.

> Mehrere Piconetze zusammengefasst nennt man auch ein **Scatternetz**.

Die einzelnen Piconetze lassen sich durch unterschiedliche Hopping-Kanalfolgen unterscheiden. Geräte innerhalb eines Piconetzes müssen die gleichen Kanalfolgen aufweisen, d. h., sie müssen sich auf den jeweiligen Master synchronisieren.

Durch ständige Weiterentwicklung wurde der ursprüngliche Bluetooth-Standard stetig verbessert und den Forderungen nach schnellerer Datenübertragung und erhöhter Übertragungssicherheit angepasst. Die meisten Entwicklungen sind abwärtskompatibel. Bild 1.122 fasst wesentliche Entwicklungsschritte zusammen.

Version	Wesentliche Änderungen
2.1+EDR	– Datenrate bis zu 3 Mibit/s (netto ca. 2 Mibit/s, *nicht* im Stromsparmodus) – Multi-Cast-Betrieb, d. h., es lassen sich Gerätegruppen auf einmal adressieren – Unterstützung zusätzlicher Leistungsmerkmale wie etwa **SSP** (**S**ecure **S**imple **P**airing: vereinfachtes und sichereres Verfahren zur eindeutigen Erkennung des jeweiligen Kommunikationspartners) und **QoS** (**Q**uality **o**f **S**ervice: Erfüllung der gestellten Anforderungen an die Dienstgüte, z. B. zuverlässiger Verbindungsaufbau, fehlerfreie Informationsübertragung).
3.0	(wurde nicht fertiggestellt)
4.0	– **Bluetooth Low Energy**-Funktion (**BLE** bzw. **Bluetooth Smart**) für alle Profile, ermöglicht u. a. den Verbindungsaufbau und eine Übertragung in weniger als 5 ms, dadurch Reduzierung des Energieverbrauchs, insbesondere bei mobilen Geräten und Sensoren (z. B. für Bluetoothsensoren, die mehrere Jahre mit einer einzigen Batterie laufen; nicht abwärtskompatibel) – Verbesserte Fehlerkorrektur – Erhöhter Sicherheitsstandard durch eine AES-Verschlüsselung mit 128 bit (**AES**: **A**dvanced **E**ncryption **S**tandard).
4.1	– Weiterentwicklung des störungsfreien Sendens und Empfangens gegenüber anderen Funkverbindungen mittels **Adaptive Frequency Hopping** (automatischer Frequenzwechsel bei Registrierung einer Störung, z. B. durch LTE im 2,6-GHz-Bereich) – Weitere Energieeinsparung bei Low-Energy-Geräten durch Verringerung des Overheads – Vergrößerung des Verbindungsintervalls auf bis zu 3 Min. ohne manuellen Eingriff, falls zwischenzeitlich eine Funkverbindung zwischen zwei Geräten abbrechen sollte (z. B. zwischen TV und aktiver 3D-Shutterbrille, Kap. 1.12.8.1; vorher ca. 30 Sek.). – neues Geräteprofil, bei dem ein Gerät gleichzeitig als Master und als Slave arbeiten kann (**Dual-Profil**)

Version	Wesentliche Änderungen
4.2	– Enthält neues Protokoll (**IPSP**: **I**nternet **P**rotocol **S**upport **P**rofile) zur Kommunikation von BT-Geräten auch mit **IP**v6-Paketen im Stromspar-Modus (**I**nternet **P**rotocol: „Vernetzte IT-Systeme", Kap. 1.4); ermöglicht auch Verbindungen zum **IoT** (Kap. 1.7.8 und „Vernetzte IT-Systeme", Kap. 2.4.1) – Implementierung weiterer Sicherheitsstandards (z. B. bei Verbindung mit **Beacons**, siehe unten) – Mindestens Verdopplung der Übertragungsrate gegenüber der Vorgängerversionen durch Vergrößerung der Datenpakete (nur zwischen Geräten ab dem BT 4.2-Standard) – Erneut verbesserte Stromsparmodi
5.0	– Speziell zugeschnittene Profile auf Geräte des **IoT** (Fitness-Tracker, Headsets, Sensoren) – Datenraten bis zu 2 Mibit/s bei Reichweiten über 100 m *auch im Stromsparmodus* – einfachere und umfangreichere Nachrichtenübertragung von Beacons und im Smart-Home-Bereich bzw. IoT (vernetzter Heimbereich: z. B. Licht-, Heizung- u. Rollladensteuerung, Musik- u. Videostreaming)

Bild 1.122: Bluetooth-Versionen

Als **Beacons** bezeichnet man kleine, auf **BLE**-Technik basierende Funksender, die über eine nahe Distanz *ohne* Pairing zu einem anderen, empfangsbereiten BT-Gerät (<10 m) kurze Informationen verschicken können (z. B. auf ein Smartphone mit entsprechender App: Produktwerbung im Geschäft oder im Museum Infos zu einem nahen Ausstellungsstück). Auch eine Standortbestimmung innerhalb von Gebäuden ist damit möglich. Ab BT 4.2 ist eine Beacon-Übertragung an einen Empfänger mit aktiviertem Bluetooth erst dann möglich, wenn dieser zustimmt.

Damit BT-Geräte untereinander verschiedenartige Daten austauchen können, müssen sie jeweils die entsprechenden Übertragungsprofile unterstützen.

Abk.	Bedeutung	Bemerkung
A2DP	**A**dvanced **A**udio **D**istribution **P**rofile	Streaming von Audiodateien
AVRCP	**A**udio **V**ideo **R**emote **C**ontrol **P**rofile	Fernbedienungsfunktionen
BIP	**B**asic **I**maging **P**rofile	Übertragung von Bild- und Fotodateien
GATT	**G**eneric **A**ttribute Profile	Energiesparende Übertragung von Sensordaten
HFP	**H**ands **F**ree **P**rofile	Schnurlos-Telefonie im Kfz
HID	**H**uman **I**nterface **D**evice Profile	Datenübertragung von Eingabegeräten (Tastatur, Maus usw.)
MAP	**M**essage **A**ccess **P**rofile	Austausch kurzer Nachrichten zwischen zwei BT-Geräten
PAN	**P**ersonal **A**rea **N**etwork **P**rofile	Nahbereich-Netzwerkverbindungen

Abk.	Bedeutung	Bemerkung
SAP	**S**IM **A**ccess **P**rofile	Zugriff auf Telefon-SIM-Karte
VDP	**V**ideo **D**istribution **P**rofile	Übertragung von Videodaten

Bild 1.123: Beispiele für Bluetooth-Profile

AUFGABEN

1. Was versteht man im PC-Bereich unter einer Schnittstelle?

2. Über welche Arten von Schnittstellen verfügt ein PC standardmäßig?

3. Was versteht man unter einer Punkt-zu-Punkt-Verbindung? Welchen Vorteil bietet diese Verbindungsart?

4. Moderne PCs verfügen standardmäßig über sogenannte SATA-Schnittstellen. Was bedeutet die Abkürzung SATA?

5. Nennen Sie technische Daten der verschiedenen SATA-Spezifikationen sowie deren alternative Bezeichnungen.

6. Was versteht man unter
   a) eSATA
   b) eSATAp

7. Was bedeutet im Zusammenhang mit dem Computer die Abkürzung SAS? Erläutern Sie kurz die technischen Merkmale.

8. Was bedeutet die Abkürzung RAID? Welcher Unterschied besteht zwischen Software-RAID und Hardware-RAID?

9. Erläutern Sie die Begriffe „Direct Attached Storage" und „Network Attached Storage".

10. Was versteht man unter einem RAID-Level? Welche Merkmale weist RAID-Level 5 auf?

11. Was ist eine PCIe-Lane? Was ist ein PCIe-Link? Was bedeutet die Angabe PCIe 3.0 × 8?

12. Bei PCIe 2.0 und PCIe 3.0 werden verschiedene Leitungscodierungen verwendet. Erläutern Sie die Unterschiede.

13. a) Welche technischen Merkmale besitzt eine M.2-Schnittstelle?

    b) Nennen Sie ein Anwendungsbeispiel.

14. Viele Kommunikationsgeräte verfügen über MHL, Miracast, WiFi-direct oder DLNA-Fähigkeiten. Erläutern Sie die Begriffe und nennen Sie die jeweiligen technischen Merkmale.

15. Wozu wird ein S/PDIV-Anschluss verwendet? Welche Anschlussbuchsen gibt es?

16. Für die Verbindung eines Bildschirms mit dem PC stehen unterschiedliche Anschlusssysteme zur Verfügung. Hierzu gehören VGA, DVI, HDMI, DisplayPort und Thunderbolt. Erstellen Sie eine Tabelle (ggf. mit einem entsprechenden Computerprogramm), in der Sie die wesentlichen technischen Merkmale der genannten Anschlusstechniken zusammenfassen.

17. Nennen Sie verschiedene Möglichkeiten, wie ein Kommunikationsgerät (Desktop-PC, Notebook, Tablet, Smartphone) einen Zugang zum Internet herstellen kann.

1

18. Erläutern Sie die Eigenschaften und den Einsatzbereich von Bluetooth.

19. Was ist ein Piconetz, was ist ein Scatternetz?

20. a) Was versteht man im Zusammenhang mit Bluetooth unter einem „Beacon"?

b) Welche Profile müssen Bluetooth-Geräte (mindestens) unterstützen, um untereinander Audio-, Bild- und Videodaten streamen zu können?

1.8   Laufwerke und Speichermedien

Der Begriff Laufwerk bezeichnet im Bereich der PC-Technik ein elektromechanisches Gerät, welches in der Lage ist, auf einem entsprechenden Träger Daten dauerhaft zu speichern und/oder zu lesen. Abhängig von der technischen Art des Speicherns unterscheidet man:

- Magnetische Laufwerke (Speichermedium z.B. Festplatte, Magnetband)
- Optische Laufwerke (Speichermedium z.B. CD, DVD, BD)

Optische Laufwerke für den PC werden in der Regel in einem **Laufwerksschacht** (Drive Bay), einer quaderförmigen Aussparung an der Frontplatte des PC-Gehäuses, als Einschubgerät fest montiert. Der Laufwerksschacht verfügt hierzu über vorbereitete Löcher für die Befestigung. Festplatten hingegen werden meist im Gehäuseinneren platziert und sind von außen nicht zugänglich.

Wie alle mechanischen Geräte unterliegen Laufwerke einem natürlichen Verschleiß. Erklärtes Ziel bei der Entwicklung und der Fertigung ist neben der Verwendung umweltfreundlicher und recycelbarer Materialien eine möglichst lange Betriebsdauer und damit eine hohe Zuverlässigkeit im praktischen Betrieb.

> Unter der Bezeichnung **MTBF** (**M**ean **T**ime **B**etween **F**ailures) geben Hersteller die durchschnittliche Zeit an, die wahrscheinlich vergehen wird, bis ein Laufwerk ausfällt. Sie wird meist in Stunden angegeben.

Gelegentlich findet man auch die Bezeichnung „Flashkarten-Laufwerk". Hierbei handelt es sich aber eigentlich nicht um ein Laufwerk, sondern um eine Schnittstelle (Kartenslot) für das Lesen und Beschreiben von Flashkarten (Kap. 1.5.1.2). Diese Schnittstelle wird in der Regel intern über einen USB-Port verwaltet und erscheint im Browser lediglich mit einer Laufwerksbezeichnung.

1.8.1   Festplattenlaufwerk

> Unter einem **Festplattenlaufwerk** (**H**ard **D**isc **D**rive, **HDD**) versteht man ein Gerät, welches sich in einem staubdichten Gehäuse befindet und nicht flexible Platten enthält, auf denen Daten magnetisch gespeichert werden können. Für Festplattenlaufwerke hat sich auch der vereinfachende Begriff **Festplatte** (**H**ard **D**isc, **HD**) eingebürgert.

Die meist aus Aluminium bestehenden Platten sind zum Zweck der Speicherung mit einem magnetisierbaren Material beschichtet. Auf einer Festplatte können Daten dauerhaft gespeichert werden, d. h., sie gehen auch nach Abschalten der Versorgungsspannung nicht verloren. Festplattenlaufwerke werden heutzutage meist in einem 3,5-Zoll-Einschub-Gehäuse in einem PC eingebaut, in portablen Geräten findet man auch 1,8-, 2- oder 2,5-Zoll-Laufwerke.

Neben dem Einsatz im PC findet man auch Festplatten in digitalen Videorekordern, teilweise in Kombination mit einem DVD/BD-Laufwerk. Eine Festplatte mit 1 TByte Speicherkapazität reicht bei einer Bildauflösung von 640 × 480 Bildpunkten für ca. 1000 Stunden Aufzeichnung, bei Full-HD (Bildauflösung 1920 × 1080) werden daraus 100 Stunden und bei UHD (3840 × 2160) verbleiben lediglich ca. 20 Stunden.

1.8.1.1 Prinzipieller Aufbau

Die in PCs verwendeten Festplattenlaufwerke enthalten in der Regel zwei bis sechs beidseitig beschreibbare Platten, die auf einer Drehachse montiert sind. Bei Großrechnern verwendete Laufwerke können bis zu zwölf einzelne Platten beinhalten. Eine Festplatte kann wiederholt gelesen, gelöscht und erneut beschrieben werden. Jede Seite einer Platte verfügt hierzu über einen eigenen Schreib-Lese-Kopf. Ein Schreib-Lese-Kopf ist im Prinzip eine winzige Spule (Kap. 5.5.2). Der Schreib- bzw. Lese-Vorgang basiert auf dem Elektromagnetismus bzw. der elektromagnetischen Induktion (Kap. 5.4.2.4). Alle Köpfe sind auf einem gemeinsamen Kopfträger montiert, der mechanisch mithilfe eines Schrittmotors über die Plattenoberfläche bewegt und positioniert wird. Der Kopfträger wird auch **Zugriffskamm** genannt.

Bild 1.124: Aufbau eines Festplattenlaufwerks

Die Platten werden durch das versiegelte Gehäuse gegen Staub geschützt. So kann der Kopf mit 3 bis 15 nm Abstand von der Oberfläche einer Platte bewegt werden, die sich – angetrieben von einem Motor – in der Regel konstant mit 5400 U/min bis 15 000 U/min dreht. Die hohen Drehzahlen bewirken auch eine größere Wärmeentwicklung, die über das Festplattengehäuse nach außen abgeführt werden muss. Die Schreib-Lese-Köpfe schweben auf einem dünnen Luftkissen über der Plattenoberfläche, welches durch die Rotation der Platten erzeugt wird. Sie dürfen die Platten nicht berühren, um nicht durch den sogenannten **Headcrash** die Plattenoberfläche zu zerstören. Beim Abschalten werden die Köpfe in einen eigens dafür vorgesehenen Bereich nahe der Drehachse gesteuert. Dies regelt eine Elektronik, die auf das Abschalten der Stromversorgung reagiert und die Bewegungsenergie der Platten zum Positionieren der Köpfe benutzt.

Durch die Drehbewegung der Platten entstehen aufgrund von Reibungseffekten elektrostatische Ladungen (Kap. 5.4.1). Würden diese sich plötzlich entladen, könnte dies zu

Schäden innerhalb des Festplattengehäuses führen. Um das zu verhindern, ist an der Laufwerksachse eine kleine Feder befestigt, die mit dem Gehäuse verbunden ist und als Erdungsleiter dient.

1.8.1.2 Anschluss von Festplatten

Im Festplattengehäuse ist auch die Elektronik zur Steuerung der Positionierung der Köpfe und der Plattencontroller untergebracht. Bei den Einschub-Gehäusen befinden sich auf der Rückseite die Anschlüsse für die Stromversorgung und für das Datenkabel.

Es gibt auch spezielle 5,25-Zoll-Einschubrahmen, in die man von vorne ohne weitere Hilfsmittel sogenannte **Wechselplatten** einschieben kann. Diese Wechselplatten verfügen an der Rückseite über eine Kontaktleiste, die die elektrischen Verbindungen mit dem PC herstellt. Alternativ lassen sich auch externe Festplatten über eine eSATA-Schnittstelle oder einen USB-Port anschließen.

Das Datenkabel bei bei den heute üblichen SATA-Platten (Kap. 1.7.1) ist 7-adrig, die Energieversorgung erfolgt über einen 15-poligen Anschluss (12 V; 5 V; früher auch 3,3 V; Kap. 1.10). Der Grund für die größere Anzahl der Kontakte ist die Hot-Plugging-Fähigkeit, die für jede der Spannungen jeweils auch einen längeren „Pre-Charge"-Anschluss mit längeren Kontaktzungen erfordert, die beim Stecken den ersten Kontakt herstellen (Staggered Contacts, Bild 1.125).

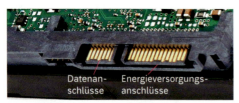

Bild 1.125: Anschlüsse bei einer SATA-Festplatte

Ab der SATA-2.0-Version unterstützen alle Festplatten das sogenannte **Native Command Queuing** (NCQ; bei SAS-Platten mit **TCQ**: **T**agged **C**ommand **Q**ueuing bezeichnet). Hierunter versteht man die Fähigkeit einer Festplatte, mehrere Kommandos entgegenzunehmen und diese in einer Warteschlange (Queue) zu verwalten. Hierzu ist ein festplatteneigener Cache-Speicher erforderlich. Anstatt diese Kommandos nur in der Eingangsreihenfolge abzuarbeiten, können diese so sortiert werden, dass die Köpfe möglichst kurze Wege zurücklegen. NCQ-fähige Platten können von sich aus den Hostadapter ansprechen und so aktiv auf den Hauptspeicher zugreifen (First Party DMA; Kap. 3.5). Voraussetzung für NCQ ist neben der Platte auch ein Host-Adapter mit dieser Fähigkeit. Darüber hinaus muss im BIOS/UEFI unter der Rubrik *SATA Configuration* die Einstellung **AHCI** gewählt sein. AHCI (**A**dvanced **H**ost **C**ontroller **I**nterface) ist ein unter der Federführung von Intel entwickelter **offener Schnittstellenstandard** für SATA-Controller, d. h., er darf ohne Lizenzgebühren genutzt werden. Neben SATA-Anschlüssen werden aber alternativ auch Festplatten mit PCIe-Anschlüssen (Kap. 1.7.4) angeboten, um deren Geschwindigkeitsvorteile bei der Datenübertragung zu nutzen.

1.8.1.3 Kenngrößen von Festplatten

Um Daten auf einer Festplatte dauerhaft speichern zu können, müssen die Plattenoberflächen zunächst vorbereitet werden. Hierzu werden diese in Zylinder, Spuren, Sektoren und Cluster eingeteilt. Allerdings bleibt dem Computer bei den heutigen

Festplattenkapazitäten die tatsächliche Geometrie verborgen, da das Betriebssystem zwar den Festplattencontroller steuert, dieser aber eigenständig die Einteilung vornimmt. Dieser Vorgang, den man allgemein als **Formatieren** bezeichnet, wird in Kap. 3.2.1 ausführlich dargestellt.

Speicherkapazität (Memory Size)

Die Speicherkapazität einer Festplatte wird oft als „Bruttokapazität" angegeben. Nach der Formatierung ist diese Kapazität jedoch nicht mehr in vollem Umfang nutzbar, da für die interne Organisation der Festplatte Daten auf einer ihrer Oberfläche gespeichert werden, die dann für den Anwender nicht mehr zur Verfügung steht. Darüber hinaus ist zu beachten, dass die Hersteller die Kapazitätsgrößen meist mit *dezimalen* Präfixen angeben (z.B. 1 TByte = 10^{12} Byte; Kap. 4.3.2), dagegen Betriebssysteme oft *binäre* Präfixe für die Berechnung ansetzen (also jeweils mit Faktor 1024 rechnen). Die 1-Terabyte-Platte wird dann nur als 931-Gigabyte-Platte angezeigt. Heutige 3,5"-Festplatten können mehrere Terabyte speichern. Diese großen Speicherkapazitäten werden bei gleichen geometrischen Abmessungen unter anderem dadurch möglich, dass die einzelnen magnetisierbaren Bereiche seit geraumer Zeit nicht mehr horizontal in Drehrichtung, sondern senkrecht dazu angeordnet sind. Hierdurch lassen sich die Bits wesentlich dichter packen. Dieses Aufzeichnungsverfahren wird **Perpendicular Recording** genannt (Alternativbezeichnung: **PMR** = **P**erpendicular **M**agnetic **R**ecording; Bild 1.126).

Allerdings müssen auch bei diesem Verfahren die magnetisierbaren Bereiche einen Mindestabstand voneinander haben, da bei senkrechter Anordnung eine höhere magnetische Feldstärke (Kap. 5 4.2.2) erforderlich ist. Liegen sie zu dicht zusammen, würden beim Magnetisieren nicht nur der gewünschte Bereich, sondern auch benachbarte Bereiche beeinflusst und dadurch gespeicherte Daten verloren gehen. Lange Zeit lag daher bei PMR-Festplatten der maximal erreichbare Kapazitätswert bei ca. 4 TByte. Um diesen Wert bei gleichbleibenden geometrischen Abmessungen weiter signifikant zu steigern, verfolgen die Hersteller – neben dem Einsatz verbesserter magnetischer Materialien und der Verwendung von 4k-Sektorgrößen (Kap. 3.2.5) – unter anderem folgende Ansätze:

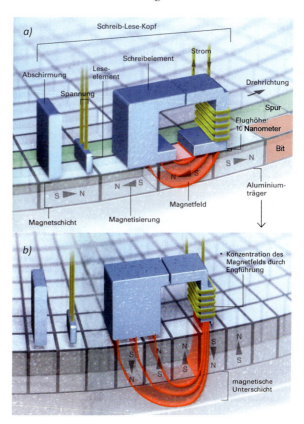

Bild 1.126: Grundprinzipien magnetischer Aufzeichnung
a) Frühere, waagerechte Anordnung magnetischer Bereiche
b) Aktuelle, senkrechte Anordnung magnetischer Bereiche
   (Perpendicular Recording)

Heliumfüllung

Im Inneren eines Festplattengehäuses befindet sich üblicherweise Luft. Die Plattenrotation verursacht Strömungseffekte, wodurch sich einerseits das Luftkissen bildet, auf dem der Schreib-/Lesekopf über der Plattenoberfläche schwebt. Andererseits führen die Luftströmungen aber auch zu einem erhöhten mechanischen Widerstand bei der Drehbewegung und zu unerwünschten Plattenvibrationen. Die Platten müssen daher eine bestimmte Dicke aufweisen, um stabil zu rotieren.

Die unerwünschten Strömungseinflüsse lassen sich reduzieren, indem man die Luft durch ein Gas mit einer geringeren Dichte ersetzt, z.B. Helium. Dadurch können die Magnetscheiben dünner ausfallen, ohne zu vibrieren, und es entsteht Platz für eine höhere Anzahl von Platten, wodurch größere Speicherkapazitäten möglich werden.

Damit das Helium während des Betriebs nicht entweicht, muss das Festplattengehäuse allerdings luftdicht versiegelt sein. Mit Helium gefüllte Festplatten ermöglichen derzeit Speicherkapazitäten bis zu 10 TByte.

HAMR

HAMR bezeichnet das **H**eat-**A**ssisted **M**agnetic **R**ecording, also die wärmeunterstützte Magnetaufzeichnung. Beim Perpendicular Recording lässt sich die erforderliche Magnetisierungsfeldstärke durch kurzzeitige Erhitzung des beim Schreibvorgang zu magnetisierenden Bereichs reduzieren. Durch die geringere Magnetfeldstärke werden benachbarte Bereiche dann nicht mehr beeinflusst und können somit enger zusammengelegt werden. Mit dieser Technik will man die Speicherkapazität von 3,5-Zoll-Platten langfristig bis auf 60 TByte erhöhen (2,5-Zoll-Platten bis 20 TByte). Die gezielte Erhitzung einzelner Bereiche erfolgt bei HAMR mit einem Laser, der in den Schreib-/Lesekopf integriert ist.

SMR (**S**hingle **M**agnetic Recording)

Die magnetische Oberfläche von Festplatten wird bekanntlich in Spuren unterteilt, die konzentrisch zueinander angeordnet sind (Kap. 3.2.1). Der Schreib-/Lesekopf speichert bzw. liest die Daten auf diesen Spuren. Technisch bedingt ist der Schreibkopf als „aktiver Magnetisierer" wesentlich breiter als der Lesekopf, der lediglich als passiver Sensor arbeitet. Die erzeugten Spuren sind daher so breit wie der Schreibkopf der Festplatte, der Lesekopf liest davon aber nur einen wesentlich schmaleren Teil. Ein Sicherheitsabstand („Guard Space") zwischen den Spuren stellt zudem sicher, dass beim Schreiben keine Daten auf Nachbarspuren überschrieben werden (z.B. in Bild 1.127 a) auf Spur 2.

Das SMR-Verfahren basiert darauf, auf diesen Sicherheitsabstand zu verzichten und benachbarte Spuren so weit überlappend anzuordnen (Shingle: Dachziegel), dass sie quasi nur der Breite des Lesekopfes entsprechen. Werden in einer Spur Daten neu geschrieben (z.B. in Bild 1.127 b auf Spur 2), so überstreicht der Schreibkopf hierbei zwangsläufig die Nachbarspur 3 und überschreibt die darin enthaltenen Informationen. Die entsprechenden Daten aus Spur 3 müssen also *vor* dem Beschreiben von Spur 2 zwischengespeichert werden, um sie *nach* dem Beschreiben von Spur 2 wiederherstellen zu können. Dieser Vorgang wiederholt sich dann zwangsläufig auch bei Spur 4 und ggf. bei weiteren nachfolgenden Spuren. Damit sich dieser Ablauf nicht bei jedem Schreibvorgang in irgendeiner Spur bis zum Ende der Festplatte fortsetzt, werden die Spuren in sogenannte **Bänder** angeordnet, zwischen denen ein hinreichend großer Spurabstand besteht, sodass sich keine Überlappung mehr ergibt (in Bild 1.127 b) zwischen der 4. und 5. Spur).

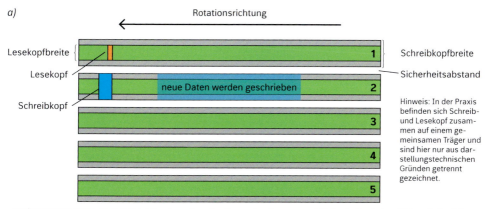

Herkömmliche PMR-Festplatte mit nebeneinander liegenden Spuren und Sicherheitsabstand (Grundprinzip)

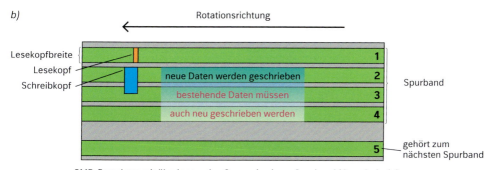

SMR-Festplatte mit überlappenden Spuren in einem Spurband (Grundprinzip)

Bild 1.127: Spurlagen bei a) PMR-Festplatte und b) SMR-Festplatte

Zwar ergibt sich bei diesem Verfahren ein größerer Schreibaufwand bei jedem Speichervorgang, die Festplattenkapazität kann aber um bis zu 25 % steigen.

Im Zusammenhang mit großen Speicherkapazitäten spielt auch die Sicherheit der gespeicherten Daten eine wichtige Rolle.

Der Einsatz von Laufwerks-Verschlüsselungssoftware (z. B. TrueCrypt, PGP Whole Disc Encryption, DiskCryptor) erhöht zwar die Sicherheit gegen unbefugten Datenzugriff, reduziert jedoch die Systemperformance, da jeder Zugriff zunächst einen Ver- bzw. Entschlüsselungsvorgang auslöst. Um einem Datenverlust durch Festplattenausfall vorzubeugen, werden RAID-Verfahren eingesetzt (Kap. 1.7.3).

Zugriffszeit (Access Time)

Die Zugriffszeit ist ein gängiges Maß für die Geschwindigkeit, mit der eine Festplatte arbeitet. Sie setzt sich aus den folgenden Faktoren zusammen:

▪ Der Reaktionszeit der Laufwerkselektronik, d. h. der Zeit für die Bearbeitung der zur Positionierung erforderlichen BIOS/UEFI-Systemroutinen (Controller-Overhead)

▪ Der Suchzeit, d. h. der Zeitspanne, die für die Positionierung des Schreib-Lese-Kopfes auf die gewünschte Spur erforderlich ist

▪ Der Latenzzeit, d. h. der Zeit, die gewartet werden muss, damit die gewünschten Daten auf der Spur unter dem Schreib-Lese-Kopf erscheinen

▪ Der Zeit, die für das Lesen der gewünschten Daten erforderlich ist

Da die Suchzeit und die Latenzzeit maßgeblich von Start- und Zielposition des Schreib-Lese-Kopfes abhängen, wird in der Praxis stets ein Mittelwert angegeben (mittlere Zugriffszeit). Typische Werte liegen zwischen 4 ms und 20 ms.

Spurwechselzeit (Track to Track Time)

Beim Lesen von stark fragmentierten Dateien muss überdurchschnittlich oft die Spurlage gewechselt werden. Hier ist die sogenannte Spurwechselzeit von Bedeutung, die angibt, wie viel Zeit für den Wechsel zwischen zwei benachbarten Spuren erforderlich ist (Größenordnung 3 ms bis 30 ms).

Datentransferrate (Data Transfer Rate)

Die Datentransferrate gibt Aufschluss über die für die Datenübertragung erforderliche Zeit. Sie wird in Megabit pro Sekunde (Mbit/s) oder Megabyte pro Sekunde (MByte/s) angegeben und hängt eng mit der Drehgeschwindigkeit der Platten zusammen. Zunehmend werden die Angaben auch in Mebibit pro Sekunde (Mibit/s) oder Mebibyte pro Sekunde gemacht (MiByte/s; Binärpräfixe Kap. 4.3.2). Begrenzt wird die Übertragungsrate von der verwendeten Schnittstelle und deren Spezifikation (Kap. 1.7). Allerdings werden die theoretisch möglichen maximalen Übertragungsraten einer Schnittstelle von Magnetfestplatten in der Praxis nicht erreicht. Bei „langsamen" Festplatten liegt dieser Wert bei ca. 50 MiByte/s, bei „schnellen" Platten ergeben sich Werte bis zu 300 MiByte/s. Die erreichbaren Werte hängen auch davon ab, ob die Festplatte zusätzlich über einen zusätzlichen schnellen Cache-Speicher verfügt (z. B. 256 MiByte), in dem die übertragenen Daten vor der magnetischen Speicherung zunächst elektronisch zwischengespeichert werden können.

1.8.1.4 Handhabung von Festplatten

Im Umgang mit Festplatten sind grundsätzlich folgende Dinge zu beachten:

1. Da die Speicherung der Daten magnetisch erfolgt, können diese Daten natürlich auch durch die Einwirkung eines magnetischen Feldes unbrauchbar werden. Zwar sind die Platten selbst durch das Gehäuse gegenüber äußeren magnetischen Einflüssen geschützt, dennoch sollte man Festplatten nicht dauerhaft starken magnetischen Feldern aussetzen.

2. Die magnetisierbaren Platten rotieren innerhalb des Gehäuses mit einer hohen Drehzahl. Die Lagerung dieser Platten wird also mechanisch stark beansprucht und unterliegt einem natürlichen Verschleiß. Um diesen Verschleiß so gering wie möglich zu halten, ist die vom Hersteller vorgegebene Einbaulage zu beachten.

3. Das wiederholte „Hochfahren" und „Herunterfahren" von Festplatten erhöht sowohl den mechanischen Verschleiß der Lager als auch den der Schreib-Lese-Köpfe, da diese dann jeweils in der dafür vorgesehenen Zone „landen" (siehe oben). Insofern sollte der mittels Power-Management mögliche Stand-By-Modus, bei dem das Laufwerk nach einer voreingestellten Zeit ohne Befehlseingabe abgeschaltet wird, nicht zu kurz gewählt werden.

4. Platten und Lager reagieren empfindlich auf mechanische Einflüsse. Aus diesem Grund sollten Erschütterungen während des Betriebes möglichst vermieden werden.

1.8.2   Solid State Laufwerk

> Ein **Solid State Laufwerk** (**SSD**: **S**olid **S**tate **D**rive oder **S**olid **S**tate **D**evice) ist ein elektronisches, nicht flüchtiges Speichermedium, das nur aus Halbleiter-Speicherchips aufgebaut ist. Es kann wie ein herkömmliches Laufwerk angesprochen werden.

Die Bezeichnung Laufwerk (Drive) ist insofern irreführend, da es ohne rotierende Scheibe oder sonstige bewegliche Mechanik arbeitet. Dadurch ist es absolut unempfindlich gegenüber mechanischen Stößen (hohe Schocktoleranz) und besonders geeignet für den Einsatz in portablen Geräten. SSDs lassen sich – unter anderem abhängig von ihrer Bauform – an unterschiedliche Schnittstellen anschließen. So gibt es beispielsweise

- die SSD im klassischen 2,5-Zoll-Gehäuse für den Einbau in einen PC an eine SATA-, PCIe- oder U.2-Schnittstelle (zusätzlich oder anstelle einer Magnetfestplatte);

- die SSD auf einer M.2-Platine (M.2-Formfaktor, Kap. 1.7.5) für den Anschluss an die gleichnamige Schnittstelle.

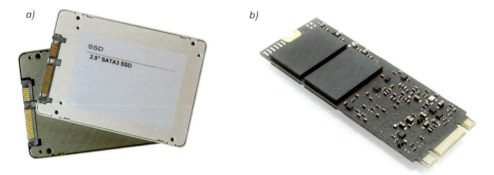

Bild 1.128: Beispiele für Solid Stade Devices:a) 2,5-Zoll-Gehäuse, b) M.2-Format

Da ein SSD im Gegensatz zur Festplatte nicht erst mechanisch einen Schreib-Lese-Kopf zu den Daten fahren muss, sondern nur einzelne Leitungen aktiviert, kann es auch wesentlich schneller auf Daten zugreifen (*Lesezugriff*). Allerdings erfolgen *Schreibzugriffe* langsamer als Lesezugriffe, da die derzeit verwendeten Flashspeicher in der Regel vorher erst einen zusätzlichen Löschvorgang erfordern, der stets blockweise durchzuführen ist (Ausnahme: 3D XPoint-Speicher, Kap. 1.5.1.2 ff.). Um diesen Vorgang zu beschleunigen, verfügen SSDs meist über einen integrierten DRAM-Pufferspeicher (DRAM-Cache: bis zu 512 MiByte). In diesem Cache werden Schreibzugriffe entgegengenommen, in einer Warteschlange sortiert (**NCQ**: Native Command Queuing) und anschließend intelligent auf die einzelnen Blöcke verteilt.

Erdbeschleunigung:
1 g = 9,81 m/s^2

Parameter	SSD	Festplatte
Schock	> 1000 g	bis zu 200 g
Vibration	bis zu 20 g	bis zu 1 g
Temperatur	−40 °C bis +85 °C	+5 °C bis +55 °C
MTBF in Std.	bis zu 4 Millionen	bis zu 1 Million

Bild 1.129: Vergleich der Eigenschaften von SSD und Festplatte

Solid State Drives verwenden bis auf wenige Ausnahmen NAND-Flash-Speicherchips, hierbei kommen meist MLC-NAND zum Einsatz (Kap. 1.5.1.2). Um bei einer SSD einen MTBF-Wert (Kap. 1.8) von über 1 000 000 zu erreichen, sorgt der eingebaute Controller mit einer ausgeklügelten Logik dafür, dass Schreibzugriffe gleichmäßig verteilt über das gesamte Laufwerk erfolgen (**Wear-Leveling**).

Durch das implementierte **Device Initiated Power Management** (**DIPM**) ist ein SSD zudem in der Lage, in Zeiten fehlender Zugriffe die Schnittstellenelektronik abzuschalten und so ihren Energieverbrauch drastisch zu reduzieren (< 1 W). Wegen ihres niedrigen Energieverbrauchs werden sie gerne als Alternative zu einer herkömmlichen Festplatte z.B. in Subnotebooks und Nettops eingesetzt. Allerdings sind ihre derzeit erhältlichen Speicherkapazitäten gegenüber denen von Festplatten in der gleichen Größe teurer. Gängige Größen liegen derzeit im Consumerbereich zwischen 128 GByte und 4 TByte, im industriellen Bereich auch höher (Hinweis: Die Hersteller verwenden zur Kapazitätsangabe meist Dezimalpräfixe; Kap. 4.3.2). SSDs arbeiten in der Regel mit 5 V Betriebsspannung.

Gegenüber der SATA-Anschlusstechnik lässt sich die Übertragungsrate von SSDs bei Verwendung eines M.2-Slots (Kap. 1.7.5) deutlich erhöhen. Eine weitere Steigerung ergibt sich durch die Verwendung des NVMe-Protokolls (**NVMe: N**on-**V**olatile **M**emory **e**xpress),

SATA   mSATA

M.2   U.2

Bild 1.130: Vergleich der SSD-Anschlussvarianten

einer auf PCIe-basierenden Spezifikation, die inzwischen AHCI (Kap. 1.8.1.2) zunehmend ablöst und kürzere Latenzzeiten ermöglicht. Hiermit lassen sich beim sequenziellen Lesen theotetisch bis zu 4 GiByte/s (PCIe 3.0 × 4; Kap. 1.7.4) übertragen (in der Praxis derzeit bis zu 2,5 GiByte/s, z. B. Samsung SSD 960 pro). SSDs im 2,5-Zoll-Format mit alternativen Anschlüssen (z.B. dem bislang vornehmlich bei Servern eingesetzten **U.2-Anschluss**, ehemalige Bezeichnung: SFF 8639), können per Adapter auch an einer M.2-Fassung betrieben werden. Ebenfalls für den Serverbereich bietet Intel ab 2018 unter der Marketingbezeichnung Ruler („Lineal") ein neues Format für Optane-SSDs mit Speicherkapazitäten (zunächst) bis zu 32 TiBytes an, die bis zu 8 PCIe-3.0-Lanes unterstützen und auch zu den Folgestandards PCIe 4.0 und PCIe 5.0 kompatibel sind (SFF-TA-1002-Anschlussstecker).

Ein Solid State Drive lässt sich auch mit einem herkömmlichen Festplattenlaufwerk kombinieren. Hierbei übernimmt das SSD (mit DRAM-Cache) die schnelle Zwischenspeicherung vor der abschließenden Speicherung auf der Festplatte.

> Die Kombination eines Solid State Drives mit einer herkömmlichen Festplatte in einem gemeinsamen Gehäuse wird als **Hybridlaufwerk** bezeichnet.

Auf dem Markt sind auch „Laufwerke" erhältlich, die in einem Gehäuse mehrere wechselbare SDHC-Flash-Speicherkarten über einen speziellen Controller-Chip zu einem RAID-0-Verbund (Kap. 1.7.3) zusammenfassen. Dadurch können sie als eine einzige große Flash-Disc im System angesprochen werden.

1.8.3 Optische Laufwerke

Die Bezeichnung optisches Laufwerk basiert auf dem optischen Verfahren, mit dem die Daten auf dem Speichermedium gelesen oder ggf. auch geschrieben werden. Als Speichermedien dienen dünne Scheiben aus Polykarbonat, einem Kunststoff, der preiswert herstellbar ist und der Licht mit einem bestimmten Brechungsindex ($\eta = 1{,}55$; d.h., Licht wird in einem bestimmten Winkel gebrochen) ablenkt. In dieses Grundsubstrat werden beim Schreiben die binären Daten mittels verschiedener technischer Verfahren so eingebrannt, dass sich Bereiche mit unterschiedlichem Reflexionsverhalten ergeben. Die Oberfläche wird mit einer Lackschicht versiegelt.

In Abhängigkeit vom verwendeten Speichermedium unterscheidet man CD-Laufwerke, DVD-Laufwerke und BD-Laufwerke.

CD steht für **C**ompact **D**isc und bezeichnet ein optisches Speichermedium für digitale Daten, welches ursprünglich nur für die Wiedergabe von Audio-Daten entwickelt wurde. **DVD** ist die Abkürzung für „**D**igital **V**ersatile **D**isc" (vielseitige digitale Disc), wird oft aber auch als „**D**igital **V**ideo **D**isc" bezeichnet. **BD** steht für **B**lu-Ray **D**isc und bezeichnet den technischen Nachfolger der DVD, der insbesondere die Speicherung von Videos/Filmen in höchster Qualität (HD- bzw. UHD-Qualität; HD: High Definition, UHD: Ultra High Definition; Kap. 1.9.4) mit den hierzu erforderlichen hohen Speicherkapazitäten ermöglicht.

Das Lesen der Daten erfolgt bei allen Laufwerksarten mit einem vom Prinzip her gleichartig aufgebauten optischen Abtastmechanismus, der im Wesentlichen aus einer intensiven Lichtquelle – z.B. einem Laser mit ca. 0,5 mW Leistung –, Fokussierlinsen und einer Fotodiode (Kap. 5.5.4.1) besteht.

Diese Anordnung befindet sich auf einem beweglichen Träger, der sich – angetrieben von einem kleinen Motor – während des Lesevorgangs radial von innen nach außen bewegt. Die binären Daten sind bei nicht wiederbeschreibbaren Datenträgern als kleine Vertiefungen (Pit) oder Erhohungen (Land) in das Grundsubstrat (Polycarbonat) eingebrannt und mit einer lichtreflektierenden Aluminiumschicht (Alu) überzogen. Aufgrund der Rotation des Speichermediums werden diese Lands und Pits unter der Optik vorbeigezogen.

Der Lesevorgang erfolgt in Bild 1.131 von unten durch das Grundsubstrat, die Oberseite ist mit einem kennzeichnenden Aufdruck versehen (Label). Das von den Lands und Pits unterschiedlich reflektierte Licht eines Lasers wandelt die Fotodiode zurück in elektrische Signale. Die Regenbogenfarben, die man manchmal beim Betrachten der Unterseite in weißem Licht beob-

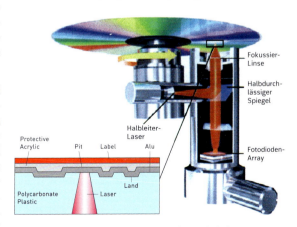

Bild 1.131: Prinzip des Abtastmechanismus bei einem optischen Laufwerk

achtet, entstehen durch die Streuung des Lichts an den Pits. Bei den optischen Speichermedien ist wie bei Festplatten ein direkter wahlfreier Zugang auf die gespeicherten Daten möglich, da die Leseoptik frei positionierbar ist. Die Steuerung erfolgt durch die Elektronik des jeweiligen Laufwerks. Die Kunststoffscheibe rotiert lediglich, wenn ein Lesevorgang stattfinden soll. Der Zugriff wird durch eine LED signalisiert.

Die Daten werden in der Regel in Form einer durchgehenden Spirale von innen nach außen aufgebracht. Diese Spirale ist in einzelne Sektoren unterteilt, die neben den Nutzdaten zusätzlich Paritätsbits zur Fehlerortbestimmung und zur Fehlerkorrektur enthalten. Mehrere Sektoren werden zu einer „Spur" (Track) zusammengefasst. Bei den ersten optischen Datenträgern (Musik-CDs) war – und ist bis heute – die Datendichte (Anzahl der Pits und Lands pro Längeneinheit) am Innenrand genauso groß wie am Außenrand. Um beim Lesevorgang den Datendurchsatz konstant zu halten, ist die *Umlaufgeschwindigkeit* (d. h. die abgetastete Strecke pro Sekunde) in Abhängigkeit von der Position des Lesekopfes konstant zu halten. Technisch wird dies als „konstante Lineargeschwindigkeit" (engl.: Constant **L**inear **V**elocity, **CLV**) bezeichnet.

Das **Lesen** eines optischen Mediums erfolgt von innen nach außen. Hierbei wird beim klassischen CLV-Verfahren die Drehzahl kontinuierlich kleiner, um pro Zeiteinheit eine konstante Strecke abtasten zu können.

Anders verhält sich ein sogenanntes **CAV**-Laufwerk (**C**onstant **A**ngular **V**elocity, konstante Winkelgeschwindigkeit). Ein CAV-Laufwerk weist eine konstante *Umdrehungsgeschwindigkeit* auf, was dazu führt, dass die Datenübertragungsrate variiert und von innen nach außen größer wird.

Obwohl die Abtastung bei CDs, DVDs und BDs prinzipiell gleichartig verläuft, unterscheiden sich die auf den jeweiligen Datenträgern aufgebrachten Datenstrukturen in ihrer Größe erheblich voneinander. Um diese Strukturen lesen zu können, werden in den jeweiligen Laufwerken Laser mit unterschiedlicher Wellenlänge eingesetzt. Je kleiner die Wellenlänge, desto feinere Strukturen lassen sich erkennen. Hierdurch ergeben sich bei gleicher Größe des Datenträgers (Standarddurchmesser: 12 cm) auch unterschiedlich große Speicherkapazitäten.

Der technische Aufbau der Laufwerke ist ansonsten nahezu identisch. Sie werden in einem 5,25-Zoll-Einschub in das PC-Gehäuse eingebaut und an eine SATA-Schnittstelle angeschlossen. Die Stromversorgung erfolgt über ein separates Kabel (Kap. 1.10). Für den Einbau in Notebooks existieren spezielle Slim-Line-Gehäuse. Bei allen optischen Laufwerken des Consumerbereichs erfolgt das Einlegen des Speichermediums mittels einer Schublade, die von einem Motor geöffnet und geschlossen wird. Um Beschädigungen zu vermeiden, ist beim Einlegen des Mediums zu beachten, dass dieses korrekt in der dafür vorgesehenen Vertiefung liegt. Eine BD benötigt im Gegensatz zur CD/DVD einen kurzwelligen blauen Laser und kann daher nicht mit dem langwelligen roten Laser eines CD/DVD-Laufwerks gelesen werden. Erst die Kombination eines roten Lasers mit einem blauen Laser in einem sogenannten **Combo-Laufwerk** ermöglicht das Lesen von CD-/DVD- und BD-Speichermedien. Heutige Combo-Laufwerke unterstützen fast jedes CD-/DVD-/BD-Dateiformat und können Medien unterschiedlicher Technologien (z. B. +R oder -RW; Kap. 1.8.4) lesen.

	CD	DVD	BD
	1,2 mm substrate	0,6 mm substrate	0,1 mm cover layer
Spurabstand			
Spurabstand	1,6 µm	0,74 µm	0,32 µm
Größe Land/Pit	0,83 µm	0,4 µm	0,15 µm
Wellenlänge des Lasers	780 nm (rot)	650 nm (rot)	405 nm (blau)
Speicherkapazität	650 MB–900 MB, siehe Kap. 1.8.4	4,7 GB–17 GB, siehe Kap. 1.8.5	25 GB–100 GB siehe Kap. 1.8.6
Dicke	1,2 mm	1,2 mm	1,2 mm
Gewicht ca.	20 g	20 g	20 g

Bild 1.132: Datenstrukturen im Vergleich (Hinweis: Die Hersteller geben die Speicherkapazitäten traditionell mit Dezimalpräfix an; Binärpräfixe siehe Kap. 4.3.2)

Ein optisches Laufwerk, das unterschiedliche CD-/DVD-/BD-Formate und CDs/DVDs/ BDs verschiedener Technologien lesen kann, wird als **multireadfähig** bezeichnet.

Mit einer analog aufgebauten Vorrichtung, wie in Bild 1.131 dargestellt, lassen sich in einem CD-/DVD-/BD-Rekorder auch entsprechende Datenträger beschreiben. Hierbei sind jedoch in Abhängigkeit vom verwendeten Datenträger höhere Leistungen des Laserstrahls (6 mW–12 mW) sowie unterschiedliche Fokussierungen (Single Layer, Double Layer) erforderlich.

CD-/DVD-/BD-Rekorder werden auch als **CD-/DVD-/BD-Brenner** bezeichnet. Jeder CD-/DVD-/BD-Brenner kann auch als normales CD-/DVD-/BD-Laufwerk arbeiten.

Im Handel befindliche DVD-Rekorder sind auch in der Lage, CDs und DVDs mit unterschiedlichen Spezifikationen (Disc-Formate) zu brennen. Sie werden daher auch als **multi-formatfähig** bezeichnet. Die heutigen Brenner-Generationen unterstützen ebenfalls auch zweilagige Rohlinge (**DL**: Double-Layer-Technologie bzw. Dual-Layer-Technologie).

Damit ein Multi-Format-Rekorder die Brenn- und Abspielparameter jeweils richtig einstellen kann, muss er das eingelegte Medium eindeutig erkennen können. Aus diesem Grund ist jeder CD-/DVD-/BD-Rohling mit den sogenannten **ADIP-Informationen** (**Ad**dress **I**n **P**regroove) versehen, denen das Laufwerk unter anderem diese Informationen entnehmen kann. Kann ein Rekorder diese in einem inneren Kreisring aufgebrachten Informationen nicht erkennen, ist ein Brennen des Rohlings in der Regel nicht mehr möglich.

Die Leistungsfähigkeit eines CD-/DVD-/BD-Rekorders wird jedoch nicht nur von der Hardware, sondern auch von der verwendeten Software maßgeblich beeinflusst. Folgende Dinge sollten beachtet werden:

Schreibgeschwindigkeit

Je höher die Schreibgeschwindigkeit, desto schneller verläuft der Aufzeichnungsprozess, desto größer wird jedoch auch die Wahrscheinlichkeit von Fehlern. Die Schreibgeschwindigkeit sollte vom Benutzer eingestellt werden können. Während des Schreibvorgangs werden die Daten zunächst zwischengespeichert (gepuffert). Ist dieser Pufferspeicher leer (**Buffer-Underrun**), wird der Schreibvorgang unterbrochen, bis wieder genügend Daten im Puffer sind. Dann wird der Vorgang an der gleichen Stelle fortgesetzt. Bei höheren Brenngeschwindigkeiten steigt die Gefahr von Schreibfehlern.

Schreibmethode

Beim Kopiervorgang wird ein optischer Datenträger üblicherweise in einem einzigen Vorgang beschrieben (**Singlesession**). Ist dieser Vorgang abgeschlossen, d. h. wurde ein Lead-In- und ein Lead-Out-Bereich auf den Datenträger geschrieben, ist ein weiteres Beschreiben nicht möglich, auch wenn die gesamte Speicherkapazität noch nicht ausgenutzt wurde.

Der **Lead-In-Bereich** ist der Startbereich eines optischen Datenträgers, in dem u. a. das Inhaltsverzeichnis (**TOC: Table Of Content**) geschrieben wird.
Der **Lead-Out-Bereich** signalisiert dem Laufwerk das Ende des Datenträgers.
Das Beschreiben eines optischen Datenträgers in einer einzigen Session wird auch als **Disc At Once** (DAO) bezeichnet.

Eine andere Schreibmethode wird als **Multisession** bezeichnet. Solange die Speicherkapazität des Datenträgers ausreicht, besteht hierbei die Möglichkeit des mehrfachen Startens des Schreibvorgangs und damit ein Anhängen von Daten in verschiedenen Sitzungen. Hierbei wird jeweils ein eigenes Lead-In/Lead-Out geschrieben, allerdings werden diese jeweils miteinander verbunden, sodass der Eindruck eines einzigen großen Verzeichnisses entsteht. Aufgrund der hohen Speicherkapazität bei einer DVD/BD erfolgt das Beschreiben in der Regel als Multisession-Sitzung.

1.8.4   CD-Technologien

Im Zusammenhang mit CD-Speichermedien werden eine Reihe von Abkürzungen und Begriffen verwendet, die teilweise die Eigenschaften des Speichermediums näher beschreiben, sich aber auch auf die Eigenschaften der Laufwerke, die CD-Formate oder die verwendeten Techniken beziehen:

CD-DA

Compact Disc-Digital Audio;
bezeichnet allgemein eine digitale Audio-CD; maximale Wiedergabezeit ca. 70–80 min.

CD-ROM

Compact **D**isc-**R**ead **O**nly **M**emory;
bezeichnet allgemein einen optischen Datenträger, der nur gelesen, aber nicht beschrieben werden kann; Speicherkapazität 650–800 MByte; kann sich auch auf das entsprechende Laufwerk beziehen.

CD-R, CD+R

Compact **D**isc-**R**ecordable;
eine Form einer CD-ROM, die mit einem CD-/DVD-Recorder **einmal** beschrieben werden kann; Speicherkapazität 650–900 MByte. Bei gleichen Abmessungen unterscheidet sich der Aufbau einer CD-R/CD+R von dem einer normalen CD-ROM. Durch die Laserbestrahlung des CD-Recorders verändert sich bei der CD-R/CD+R die Lichtdurchlässigkeit einer zusätzlich eingebrachten organischen Schicht dauerhaft, sodass sich beim Lesen unterschiedliche Reflexionen ergeben. Der Schreibvorgang erfolgt mit einem Infrarot-Laser, sodass eine solche CD beispielsweise nach längerer Sonneneinstrahlung unbrauchbar werden kann. CD-R und CD+R unterscheiden sich hinsichtlich der Formatierung und sind daher nicht kompatibel zueinander.

CD-RW

Compact **D**isc-**ReW**ritable;
bezeichnet Speichermedien und Laufwerke, die ein **mehrfaches** Beschreiben ermöglichen; Speicherkapazität 650–800 MByte. Bei der CD-RW wird das **Phasenänderungs-Aufzeichnungs-Verfahren** (Phase-Change Recording) angewendet, bei dem das Reflexionsvermögen von mikroskopisch kleinen metallischen Kristallen mithilfe eines konzentrierten Laserstrahls verändert wird. Dieser Vorgang ist reversibel und kann bis zu 1000-mal durchgeführt werden. Aufgrund dieses Aufzeichnungsverfahrens ist bei einer CD-RW der Reflexionsgrad wesentlich geringer als bei einer CD-R.

CD+RW

Compact **D**isc-**ReW**ritable;
analoge Eigenschaften wie CD-RW (anderes Entwicklungskonsortium als bei CD-RW), jedoch andere Formatierung, daher nicht kompatibel.

Die Datentransferrate eines CD-/DVD-ROM-Laufwerks hängt von der Drehzahl der Disc ab und wird stets als Faktor zum Datendurchsatz eines Audio-CD-Laufwerks angegeben. Die Datentransferrate eines CD-/DVD-Rekorders liegt beim Lesen einer CD in der gleichen Größenordnung wie bei einem CD-/DVD-ROM-Laufwerk, beim Brennvorgang ist sie allerdings jeweils geringer und hängt auch vom verwendeten Medium ab. Aus diesem Grund werden bei CD-/DVD-Brennern stets die Werte für das Lesen, das Schreiben einer CD/DVD-R und das Schreiben einer CD/DVD-RW angegeben (z. B. 48x, 32x, 16x).

Geschwindigkeit	maximale Daten-transferrate
1-fach (Audio CD)	150 KiByte/s
32-fach (32x)	4800 KiByte/s
48-fach (48x)	7200 KiByte/s
50-fach (50x)	7500 KiByte/s
52-fach (52x)	7800 KiByte/s
58-fach (58x)	8700 KiByte/s

Bild 1.133: Datentransferrate von CD-Laufwerken (Werte gerundet; alternativ ist auch eine Angabe mit Dezimalpräfixen möglich)

Wie alle Datenträger legen auch bei CDs vorgegebene logische Strukturen fest, wie Dateien und Verzeichnisse organisiert und den vorhandenen physikalischen Sektoren zuzuordnen sind. Dieses Dateisystem ist in der **ISO 9660** spezifiziert und wurde mehrfach ergänzt und erweitert (z. B. **Joliet**: max. 64 Zeichen pro Dateiname, 8 Verzeichnisebenen; **Rock-Ridge**: Unix-Spezifikationen, unter Windows nicht lesbar; **hfs**: Macintosh-Spezifikationen).

Der Wunsch nach einem einheitlichen, für alle Plattformen lesbaren Dateisystem führte zur Entwicklung von **UDF** (Universal Disc Format; Kap. 3.2.7.4). Dieses Dateisystem kann nicht nur bei CDs, sondern auch bei DVDs verwendet werden.

1.8.5   DVD-Technologien

Neben der Verkleinerung der Datenstrukturen (Bild 1.132) wird bei einer DVD die Vergrößerung der Speicherkapazität gegenüber der CD auch durch den Einsatz folgender technischer Verfahren bewirkt:

- Verbesserung des Fehlerkorrekturverfahrens
- Einsatz von Kompressionsverfahren (MPEG; Bild 1.156)
- Laserabtastung bei kürzeren Wellenlängen
- Datenaufzeichnung auf zwei untereinanderliegenden Informationsschichten (Layer), die durch eine lichtdurchlässige 40 µm dicke Schicht voneinander getrennt sind (einseitige doppellagige DVD; Bezeichnung z. B. DVD-R DL oder DVD+R DL)
- Datenaufzeichnung auf beiden Seiten der DVD (zweiseitige doppellagige DVD)

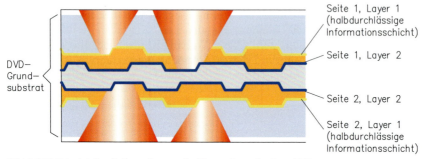

Bild 1.134: Prinzipieller Aufbau einer zweiseitigen, doppellagigen DVD

In Bild 1.134 sind zur Verdeutlichung des Abtastmechanismus vier Laserstrahlen dargestellt, in der Praxis erfolgt die Abtastung nur mit einem einzigen Laserstrahl von einer Seite, sodass die DVD zur Wiedergabe der Informationen von Seite 2 im Abspielgerät gewendet werden muss. Zweiseitig bespielte DVDs können somit nicht mit einem Label versehen werden.

Während der Verlauf der ersten Spur (Layer 1) auf jeder Seite spiralförmig von innen nach außen führt, existieren jeweils für die zweite Spur (Layer 2) zwei Alternativen:

PTP (Parallel Track Path)

Die zweite Spur verläuft jeweils parallel zur ersten, sodass während des Lesevorgangs ein Springen zwischen den Spuren möglich ist (z. B. zur Wahl verschiedener Kameraperspektiven).

OTP (Opposite Track Path)

Die zweite Spur fängt dort an, wo die erste jeweils aufhört, d. h., sie wird von außen nach innen gelesen. Lange Filme können auf diese Weise ohne Unterbrechung abgespielt werden, da der Laser nicht erst zur Mitte zurückfahren muss.

DVDs unterscheiden sich in der Zahl der Informationsschichten und hinsichtlich ihrer Kapazität:

Bezeichnung	Durchmesser	Kapazität	Aufzeichnung
DVD-5	12 cm	4,7 GByte	einseitig, eine Informationsschicht
DVD-9	12 cm	8,5 GByte	einseitig, zwei Informationsschichten
DVD-10	12 cm	9,4 GByte	zweiseitig, eine Informationsschicht
DVD-14	12 cm	13,2 GByte	halb DVD-5, halb DVD-9*
DVD-18	12 cm	17 GByte	zweiseitig, je zwei Informationsschichten

Bild 1.135: DVD-Größen und -Speicherkapazitäten (Auswahl); *: wenig verbreitet (Hinweis: Die Hersteller verwenden zur Kapazitätsangabe traditionell Dezimalpräfixe; Binärpräfixe siehe Kap. 4.3.2)

Darüber hinaus gibt es auch Discs, die auf einer Seite wie eine DVD-5, auf der anderen Seite aber wie eine CD aufgebaut sind. Diese zweite Seite kann dann auch in einem handelsüblichen CD-Player wiedergegeben werden.

Wie bei CDs wird auch bei DVDs die Datentransferrate als Vielfaches eines Bezugswertes (Standardwert; Schreibweise: 1x) angegeben (vgl. Bild 1.133). Dieser Standardwert beträgt bei DVDs ca. 1,4 MiByte/s (Wert gerundet; Datendurchsatz einer standardkonformen Video-DVD). Aktuelle DVD-Player ermöglichen Übertragungsgeschwindigkeiten bis 24x (Lesen; beim Schreiben ca. 16x, auch abhängig vom Medium).

Eine DVD ist sowohl zur Speicherung von Computerdaten als auch von Audio- und Videodaten mit ihren typisch hohen Datenvolumen geeignet (z.B. Kinofilme). Da sich die Daten aufgrund der digitalen Speicherung schnell und vor allem verlustfrei vervielfältigen lassen, verwendet die Industrie verschiedene Verfahren, um eine unerwünschte Verbreitung einzuschränken:

- Durch die Verwendung sogenannter **Regionalcodes** sind DVD-Videos nicht beliebig austauschbar, sondern nur in einem DVD-Player abspielbar, dessen Code mit dem auf der DVD übereinstimmt.

- Durch die Verwendung von **Kopierschutzverfahren** werden DVDs so codiert, dass keine oder nur eine begrenzte Anzahl von Kopien möglich ist.

Gerätecode	Bereich
Code 0	ohne Einschränkung
Code 1	USA, Kanada
Code 2	Europa, Japan, Südafrika, mittlerer Osten, Ägypten
Code 3	Hongkong, Südost-Asien, Ostasien
Code 4	Mittel- u. Südamerika, Australien, Neuseeland, Pazif. Inseln
Code 5	Indien, Afrika, Nord-Korea, Mongolei, GUS-Staaten
Code 6	China

Bild 1.136: DVD-Regionalcodes

Des Weiteren versucht man, mit einem sogenannten **Wasserzeichen** zu arbeiten. Hierunter versteht man auf *Wiedergabegeräten* nicht sichtbare Zusatzinformationen, die aber von *Aufnahmegeräten* erkannt werden und eine Aufnahme oder Kopie verhindern sollen.

Verfahren	Beschreibung
ACPS	**Analog Copy Protection System (Macrovision)** Analoges Verschlüsselungssystem, bei dem den Bilddaten zusätzliche Signale beigefügt werden, die auf dem Bildschirm nicht sichtbar sind, die aber eine einwandfreie Aufnahme von Bild und Ton auf einem Videorekorder verhindern.
CSS	**Content Scrambling System** Codierung der Daten auf einer DVD mit einem 40 bit langen Schlüssel; die Decodierung übernimmt der Player selbst. Hierzu verwendet er einen zugewiesenen Master-Key, der in Verbindung mit Entschlüsselungsinformationen, die sich in einem geschützten Bereich der DVD befinden, ein Abspielen der DVD ermöglicht.
DCPS	**Digital Copy Protection System** Hardwaremäßiger Kopierschutz zwischen digital arbeitenden Geräten, arbeitet in Verbindung mit CGMS
CGMS	**Copy Generation Management System** Informationen auf der DVD, welche Teile wie oft kopiert werden dürfen; diese Informationen werden dem analogen und dem digitalen Signal beigemischt.
AACS	**Advanced Access Content System** Bei Blu-Ray-Geräten eingesetztes Verfahren, mit dem der Anbieter – insbesondere die Filmindustrie – nicht nur Kopien verbieten, sondern in Verbindung mit BD+ auch die Abspielmodalitäten kontrollieren kann. Mittels eines speziellen Rechtesystems (DRM: Digital Rights Management) soll bestimmt werden können, auf welchen Geräten das Abspielen möglich ist, nach welcher Zeit oder nach wie vielen Abspielvorgängen eine Wiedergabe verweigert wird. BD+ bezeichnet eine kleine virtuelle Maschine (BDSVM: Blu-Ray Disc Secure Virtual Machine), die in Blu-Ray-Geräten implementiert ist und auf dem **SPDC**-Konzept (**S**elf-**P**rotecting **D**igital **C**ontent) basiert. Die VM erkennt unerlaubte Veränderungen an der Hardware oder der Software eines Players. Jeder lizensierte Player muss hierzu einen Erkennungsschlüssel bereitstellen. Nur nach Erkennung und Verifizierung eines legalen Schlüssels lassen sich vorhandene Dateien entschlüsseln.
HDCP	**High-bandwidth Digital Content Protection** Von Intel entwickeltes Verschlüsselungssystem für HDMI und DVI zur geschützten Übertragung von Audio- und Videodaten, das auch bei HDTV und Blu-Ray-DVD zum Einsatz kommt. Die Verschlüsselung basiert auf einem kryptografischen Verfahren, bei dem über einen 56 bit langen Schlüssel die Authentizität des Verbindungspartners in einer Wiedergabekette (z. B. DVD-Laufwerk, TFT-Bildschirm, Audio-Verstärker) überprüft wird. Jeder Hersteller beteiligter Geräte muss diese bei der Digital Protection LLC zertifizieren lassen, um eine ID zu erhalten, damit eine Übertragung/Wiedergabe in HD-Qualität überhaupt möglich ist. Diese ID ist die Basis einer bei jeder Verbindung neu verschlüsselten Übertragung. Eine Übertragung/Wiedergabe von Inhalten ist nicht bzw. nur eingeschränkt möglich, wenn eines der beteiligten Geräte HDCP nicht unterstützt. HDCP-verschlüsselte Informationen lassen sich, wenn überhaupt, nur in SDTV-Qualität (Kap. 1.9.4) aufzeichnen.

Bild 1.137: DVD-Kopierschutzverfahren

Bei den DVD-Brennern ist zwischen der standard-mäßigen **Single-Layer**- und der modernen **Double-Layer**-Technik (z. B. DVD+R DL) zu unterschei-den. Die beiden Aufnahmeschichten einer DVD+R DL bestehen aus organischen Farbstoffen, in die mit einem Laser unterschiedlich lange Markierun-gen eingebrannt werden. Hinter dem unteren Layer 1 befindet sich eine halbtransparente Refle-xionsschicht, die 50 % des Laserlichts durchlässt, sodass auch die darunterliegende 2. Schicht (Layer 2) bei anderer Fokussierung des Lasers beschrieben werden kann. Der Brennvorgang startet zunächst im Innenbereich der unteren Schicht. Am Außen-rand wechselt er dann auf den zweiten Layer und

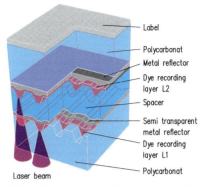

Bild 1.138: Aufbau einer Double-Layer-DVD

endet dann wieder am Innenring. Beim Brennen einiger DVD-Formate ist zu beachten, dass sie finalisiert werden müssen, bevor sie auf einem anderen Gerät als dem Aufnahme-system abgespielt werden können (z. B. DVD-R; gilt aber nicht für DVD+RW!).

> **Finalisieren** bedeutet, dass ein optischer Datenträger mit Zusatzinformationen (z. B. Dateisystem, Menü, Inhaltsverzeichnis usw.) beschrieben wird, die ein Lesen in anderen Geräten erst ermöglicht.

Nach dem Finalisieren kann ein Datenträger nicht mehr weiter beschrieben werden, auch wenn theoretisch noch Speicherplatz vorhanden wäre.

1.8.6 Blu-Ray-Technologien

Bei prinzipiell gleichem Aufbau und gleicher Funktionalität wie ein DVD-Laufwerk ver-wendet ein **Blu-Ray-Laufwerk** einen blauen Laser mit einer Wellenlänge von 405 nm und ein Objektiv mit einer kleineren Blendenöffnung. Beides bewirkt eine kleinere Fokussie-rung des Laserstrahls. Damit kann ein Blu-Ray-Laufwerk wesentlich kleinere Strukturen erkennen und wesentlich größere Datenmengen speichern als ein normales DVD-Lauf-werk (Bild 1.132). Dies führt zu einer Aufnahmekapazität von ca. 25 GByte pro Layer sowie zu einer Datentransferrate in der Größenordnung von 4,5 MiByte/s (Standardwert; Schreibweise: 1x; Datenrate eines Blu-Ray-Filmabspielgerätes, HD-Qualität, 8-kanaliger Ton). Aktuelle BD-Laufwerke für PCs liefern Übertragungsraten bis zu 16x (Lesen, auch abhängig vom Medium).

Im Gegensatz zur DVD, bei der sich die Aufnahmeschicht zwischen zwei jeweils 0,6 mm dicken Kunststoff-Scheiben befindet, ist die Aufnahme-schicht der Blu-Ray-Disc auf ein 1,1 mm dickes Substrat aufgebracht und wird ledig-lich von einer 0,1 mm dicken Deckschicht gegen Kratzer geschützt. Da der Laserstrahl

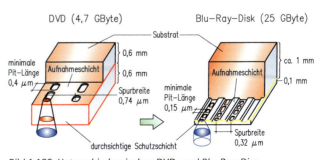

Bild 1.139: Unterschied zwischen DVD- und Blu-Ray-Disc

hierbei einen kürzeren Weg durch die Schutzschicht hat, verringert sich die Wahrscheinlichkeit optischer Fehler (Streuungs- oder Brechungseffekte), die den Strahlengang des Lasers stören könnten.

Durch den Einsatz sogenannter Pick-up-Heads, die mit einem blauen (405 nm), einem roten (650 nm) und einem infraroten (780 nm) Laser ausgestattet sind, können Blu-Ray-Laufwerke auch CDs und DVDs auslesen, sodass die Abwärtskompatibilität gegeben ist. Verfügbar sind auch die wiederbeschreibbaren Discs BD-R und BD-RW. Die wiederbeschreibbare BD-RW arbeitet mit der von der CD-RW bekannten Phase-Change-Technik (Kap. 1.8.4). Kombi-Brenner für alle drei Formate sind dann in gleicher Weise mit drei Laserdioden entsprechender Leistung aufgebaut. Eine Blu-Ray-Disc ermöglicht die Speicherung eines Films in HD-Qualität (1920 × 1080 Bildpunkte, im Gegensatz zu den bei DVD üblichen 720 × 576 Bildpunkten). Darüber hinaus lässt sich der mehrkanalige Kinoton verlustfrei und in mehreren Sprachen speichern (Dolby ThrueHD, DTS-HD Master Audio, Kap. 1.9.2). Ein Bildschirmmenü lässt sich bei laufendem Film einblenden, parallel zum laufenden Film kann auch ein zweites Video eingeblendet werden (Bild-in-Bild-Funktion).

Hierzu müssen die jeweiligen Abspielgeräte jedoch bestimmte Anforderungen erfüllen, die in sogenannten Geräteprofilen definiert sind (z.B. Bild-in-Bild-Funktion: doppelter Audio- und Video-Decoder, 250 MByte lokaler Festplattenspeicher).

Es existiert auch eine Erweiterung der Blu-Ray-Spezifikation für die Wiedergabe von 3D-Darstellungen (**BD-3D**). Diese verwendet MPEG-4 MVC (Kap. 1.9.4) und lässt sich nur mit stereoskopischen Displays wiedergeben, die über einen HDMI-Anschluss ab Version 1.4 verfügen (ansonsten erfolgt die Wiedergabe nur in 2D). Die inzwischen veröffentlichte **Ultra HD Blu-Ray**-Spezifikation (**UHD Blu-Ray**) definiert den Nachfolgestandard mit einer höheren Auflösung und einer größeren Speicherkapazität (UHD-Auflösung 3840 × 2160, HFR: High Frame Rate, Audio-Format Dolby Atmos, Speicherkapazität bis 66 GiByte auf 2 Layern, bis 100 GiByte auf 3 Layern). Hierbei kommt der H.265/HEVC-Komprimierungsstandard zum Einsatz, zur Wiedergabe ist mindestens ein DispayPort 1.3- oder ein HDMI-2.0-Anschluss erforderlich, der auch den Kopierschutz HDCP 2.2 unterstützt.

Genauso wie bei der DVD ist bei der Blu-Ray-Disc wieder ein Regionalcode vorgegeben, um eine unerwünschte Verbreitung zu verhindern. Die regionale Zuordnung ist hierbei aber anders als bei der DVD (Bild 1.140). Im Gegensatz zur DVD wird der Regionalcode nur von der Abspielsoftware und nicht vom Betriebssystem geprüft. Als Kopierschutzverfahren wird derzeit **AACS** (Bild 1.137) verwendet. Beim Standard **BD+** kommt noch eine Online-Autorisierung zur Entschlüsselung der Informationen hinzu. Die Abspielsoftware läuft hierbei in einer virtuellen Maschine (Kap. 3.7). Sie überwacht das unmanipulierte Abspielen und kann bei Manipulation den Abspielvorgang unterbrechen oder den Abspielvorgang nur für einen bestimmten Zeitraum zulassen und danach nicht mehr. Als weiterer Schutz vor unautorisierter, wiederholter Nutzung kann darüber hinaus bei BD+ eine Blu-Ray-Disc Anweisungen enthalten, während des Abspielvorgangs bestimmte Daten online abzurufen, ohne die eine Wiedergabe nicht möglich ist.

Für den Einsatz in Videokameras gibt es auch 8 cm durchmessende Blu-Ray-Discs, die bis zu 7,5 GByte Daten speichern können. Diese verwenden lediglich das in der Spezifikation vorgeschriebene BD-Format für die Aufzeichnung, jedoch kein Kopierschutzverfahren. Sie arbeiten auch nicht mit einem blauen, sondern mit einem roten Laser. Ein Kopieren von eigenen Filmen ist somit problemlos möglich.

Code	Bereich
A	Hongkong, Japan, Korea, Südamerika, Südostasien, Taiwan, USA
B	Afrika, Australien, Europa
C	China, Indien, Nepal, Russland, Südasien, Zentralasien

Bild 1.140: BD-Regionalcodes

1.8.7   Sonstige Laufwerke

Neben den standardmäßig in PCs eingebauten Laufwerken gibt es eine Vielzahl von anderen Laufwerkstypen mit unterschiedlichen Eigenschaften. Viele dieser Laufwerke haben aber aufgrund der rasanten Entwicklung alternativer Speichermedien mit hohen Speicherkapazitäten (z.B. Flash-Speicherkarten) an Bedeutung verloren. Sie werden daher nicht mehr in PCs verwendet (z.B. ZIP-Laufwerk).

Andererseits werden bestehende Speichertechniken kontinuierlich weiterentwickelt und entsprechend spezifiziert. Bis zur Marktreife und dem praktischen Einsatz vergehen aber unter Umständen mehrere Jahre. Andere, zunächst vielversprechende Entwicklungen werden manchmal auch vor Erlangen der Serienreife abgebrochen (z. B. HVD: Holographic Versatile Disc).

Streamer

Ein **Streamer** ist ein Bandlaufwerk zum Lesen und Beschreiben von Magnetbändern. Ein Magnetband ist ein dünner Kunststoffstreifen (Polyester), der mit magnetischem Material beschichtet ist und so die Aufzeichnung von Daten ermöglicht. Da ein Magnetband ein in Längsrichtung fortlaufendes Speichermedium darstellt und der Schreib-Lese-Kopf nicht zu einer bestimmten Stelle auf dem Band „springen" kann, ohne das Band zunächst dorthin vorzuspulen, muss ein Magnetband sequenziell gelesen oder beschrieben werden – im Gegensatz zum wahlfreien Zugriff bei Festplatten. Bei den Streamern gibt es verschiedene Aufzeichnungsverfahren (z.B. QIC, TRAVAN, DAT), die nicht alle kompatibel zueinander sind. Streamer werden zur professionellen Datenarchivierung eingesetzt.

RAM-Disc

Im Zusammenhang mit Speichermedien taucht auch oft der Begriff **RAM-Disc** auf. Hierbei handelt es sich jedoch nicht um ein Laufwerk, sondern lediglich um einen reservierten Bereich des Arbeitsspeichers, der wie ein eigenständiges Laufwerk angesprochen werden kann und als solches auch im Verzeichnisbaum des Explorers erscheint. Alternativ wird daher auch die Bezeichnung **RAM-Drive** verwendet. Auf Daten, die in einem RAM-Drive abgelegt sind, kann wesentlich schneller zugegriffen werden als auf die gleichen Daten auf einer Festplatte. Allerdings gehen die RAM-Disc Daten beim Abschalten eines PC verloren, sofern sie nicht vorher gesichert wurden.

1.8.8   Lebensdauer von Speichermedien

Wie alle Produkte unterliegen auch Trägermaterialien digitaler Speichermedien natürlichen Alterungsprozessen. Im Gegensatz zum Papier, auf dem jahrhundertelang Daten gesammelt und archiviert wurden, kann man den elektronischen Datenträgern diesen Alterungsprozess jedoch nicht ansehen. Hierin liegt die Gefahr von Datenverlusten verborgen, die entstehen, wenn man nicht rechtzeitig eine neue Kopie anfertigt.

Die Langzeit-Haltbarkeit von Datenträgern hängt von verschiedenen Faktoren ab:

- Fertigungsqualität
- Chemische und mechanische Stabilität der Datenschicht
- Mechanische Stabilität und Verschleiß des Datenträger-Grundmaterials
- Verschmutzung

- Handhabung

Bei magnetischen Datenträgern ist insbesondere die **Remanenz** (Kap. 5.4.2.3) eine wichtige Eigenschaft der Aufzeichnungsschicht. Röntgenstrahlen und Durchleuchtungen auf Flughäfen üben keinen Einfluss auf diese Kenngröße aus. Sie wird allerdings bei Lagertemperaturen oberhalb 20 °C negativ beeinflusst. Ebenso beeinflussen chemische Vorgänge wie etwa Korrosion und Hydrolyse die Speichereigenschaften.

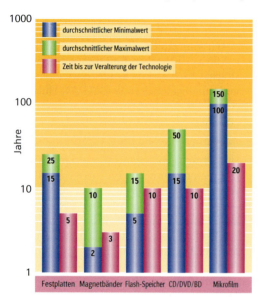

Bild 1.141: Vergleich der Lebensdauer verschiedener Speichermedien

Im Vergleich zum Mikrofilm haben alle anderen Speichermedien eine vergleichsweise kurze Lebensdauer.

Ein weiteres Problem stellt die Veralterung von verwendeten Technologien dar. Standards von heute sind das Opfer des technischen Fortschritts von morgen und werden durch neue Entwicklungen ersetzt (z. B. 5,25-Zoll-Diskettenlaufwerke).

AUFGABEN

1. Auf welchem Grundprinzip basiert die Speicherung von Daten auf einer Festplatte? Welcher Unterschied bezüglich der Speicherung besteht zu einem SSD?

2. Ein Kunde interessiert sich für den technischen Vorgang des Schreibens und Lesens auf einer Festplatte. Erläutern Sie ihm die Prozesse mithilfe elektrotechnischer Grundgesetze.

3. Was versteht man unter dem sogenannten Headcrash und welche Folgen können hierdurch entstehen?

4. Mit welchen Drehzahlen rotieren moderne Festplattenlaufwerke? Welche Probleme können sich ergeben, wenn diese Drehzahlen erhöht werden?

5. Was versteht man bei Festplatten unter NCQ?

6. Welche Kenngrößen beschreiben maßgeblich die Eigenschaften einer Festplatte?

7. Welche Hinweise sollte man einem Kunden für die Handhabung von Festplatten grundsätzlich geben?

8. a) Welche Bauformen und welche Anschlussvarianten gibt es im Consumerbereich bei SSDs?
   b) Was ist ein Hybridlaufwerk?

9. Was versteht man bei einer CD/DVD unter einem Pit und einem Land?

10. In einer Anzeige wird ein multiformatfähiger DVD-Brenner 16x/4x/4x, CD 32x/24x angeboten. Welche Informationen enthalten diese Angaben?

11. Die Laserstrahlen, mit denen CDs, DVDs und BDs abgetastet werden, unterscheiden sich technisch voneinander. Erläutern Sie die Unterschiede und begründen Sie diese.

12. Ein Kunde möchte sich über die Technik des Lesevorgangs einer CD/DVD/BD informieren. Erklären Sie ihm diesen Vorgang.

13. Was versteht man bei DVDs unter der Double-Layer-Technik? Erläutern Sie das technische Prinzip.

14. Ein Auszubildender in einem IT-Beruf hat in einem Artikel über optische Laufwerke die Bezeichnung CLV (Constant Linear Velocity) gelesen, diesen Begriff jedoch nicht verstanden. Erklären Sie ihm den Zusammenhang.

15. Traditionell geben die CD-/DVD-/BD-Hersteller die Speicherkapazitäten ihrer Produkte mithilfe von Dezimalpräfixen an (siehe Bild 1.132). Welche Werte ergeben sich jeweils bei der Verwendung von Binärpräfixen (siehe Kap. 4.3.2)?

16. Aus welchem Grund kann eine CD/DVD-R nur einmal, eine CD/DVD-RW jedoch mehrfach beschrieben werden?

17. Welche Möglichkeit bietet sich beim Beschreiben, wenn ein DVD-Rekorder in Verbindung mit der entsprechenden Software multisessionfähig ist?

18. Welche Techniken werden im Zusammenhang mit einer DVD mit den Abkürzungen PTP und OTP bezeichnet?

19. Welche Vorkehrungen treffen Hersteller, um unerwünschte Kopien bespielter DVDs und BDs möglichst zu verhindern? Nennen und beschreiben Sie kurz die einzelnen Maßnahmen.

20. Die maximale Lesegeschwindigkeit (Übertragungsgeschwindigkeit) wird bei CDs, DVDs und BDs stets als ganzzahliges Vielfaches eines Standardwertes angegeben (z. B. 32 ×).
   a) Wie groß ist jeweils diese Standardlesegeschwindigkeit (Schreibweise: 1×) bei den genannten Datenträgern?
   b) Um welchen Faktor ist diese Standardlesegeschwindigkeit bei einem BD-Laufwerk höher als bei einem CD-Laufwerk?

1.9   Erweiterungskarten

Erweiterungskarten (Expansion Boards) sind Leiterplatten, die über einen freien Erweiterungssteckplatz (Expansion Slot) mit der CPU oder dem Chipsatz des Computers verbunden werden, um diesen mit zusätzlichen Funktionen oder leistungsfähigeren Ressourcen auszustatten. Die Erweiterungskarte muss hierbei zu dem auf dem Mainboard vorhandenen Anschlusssystem kompatibel sein. Heutzutage erfolgt ein Anschluss meist über einen PCIe-Slot (Kap. 1.7.4). Viele Funktionen, die früher nur mit zusätzlichen Erweiterungen nachrüstbar waren (z.B. Grafik-, Sound- oder Netzwerkfunktion), befinden sich heute bereits implementiert auf dem Motherboard. Dennoch rüsten viele User ihren PC mit zusätzlichen Karten aus, um beispielsweise eine bessere optische oder akustische Wiedergabequalität zu erzielen.

Bei Notebooks und anderen portablen Computern sind die Erweiterungskarten als **ExpressCard** (Kap. 1.1.2) ausgeführt.

1.9.1   Grafikkarten

Eine eingebaute Grafikkarte übernimmt die Funktion des intern vorhandenen Grafikchips, die visuell darzustellenden Daten des Prozessors (Buchstaben, Diagramme, farbliche Hintergründe usw.) so aufzubereiten, dass sie das angeschlossene Display wiedergeben kann. Somit lassen sich die nachfolgenden Ausführungen prinzipiell auch auf eine intern vorhandene Grafikeinheit übertragen.

Eine Grafikkarte wird heutzutage standardmäßig im sogenannten **Grafikmodus** betrieben. Hierbei werden Buchstaben, Zahlen und andere Textzeichen als Ansammlung von Bildpunkten dargestellt, die jeweils einzeln angesteuert werden und damit z.B. in ihrer Größe nahezu beliebig veränderbar sind (im Gegensatz zum **Textmodus**, bei dem sämtliche Buchstaben nur als unveränderbare Einheit dargestellt werden). Der Grafikmodus bildet die Grundlage für die grafische Benutzeroberfläche aller modernen Betriebssysteme.

Wesentliche Gütekriterien einer Grafikkarte sind ihre Auflösung und ihre Farbtiefe.

> Die **Auflösung** einer Grafikkarte bezeichnet die maximale Anzahl von Bildpunkten, die einzeln angesteuert und auf dem Bildschirm dargestellt werden können. Diese Bildpunkte werden auch **Pixel** genannt.
> Die **Farbtiefe** einer Grafikkarte bezeichnet die Anzahl von Bits, mit der die Farbe eines Pixels gespeichert wird.

Die Auflösung wird in der Form **1920 × 1080** angegeben und bedeutet bei diesem Zahlenbeispiel, dass die Grafikkarte 1920 Pixel horizontal (nebeneinander) und 1080 Pixel vertikal (untereinander) ansteuern kann. Hierbei ist zu beachten, dass die Auflösung einer Grafikkarte zunächst nichts mit der Anzahl der Bildpunkte (RGB-Tripel; Kap. 1.12.1) eines Displays zu tun hat. In der Praxis sollten die Auflösungen von Grafikkarte und Display allerdings aufeinander abgestimmt sein.

Die Farbtiefe wird in der Form **24 bit** (Kap. 4.3.2) angegeben. Je größer die Anzahl der Bits ist, desto mehr Farbnuancen lassen sich darstellen (Bild 1.144).

Ein langjähriger Standard für die Darstellung von visuellen Inhalten auf einem Computerbildschirm stellt **VGA** dar (Video Graphics Array, 1987 von der Firma IBM entwickelt). Er definiert unter anderem unterschiedliche Kombinationen von Bildauflösung, Farbtiefe und Bildwiederholfrequenz.

Die Datenübertragung vom Computer zum Bildschirm erfolgt hierbei mit analogen Signalen über den gleichnamigen VGA-Anschluss (Kap. 1.7.6.2). Die VGA-Standardauflösung beträgt 640×480 Pixel; im Laufe der technischen Entwicklung haben sich auch höhere Auflösungen mit jeweils eigenen Bezeichnungen auf dem Markt etabliert.

Abkürzung	Bezeichnung	Auflösung	Bildformat
VGA	(Standard-) **V**ideo **G**raphics **A**rray	640 × 480	4 : 3
XGA	e**X**tended **G**raphics **A**rray	1024 × 768	4 : 3
SXGA	**S**uper e**X**tended **G**raphics **A**rray	1280 × 1024	5 : 4
UXGA	**U**ltra e**X**tended **G**raphics **A**rray	1600 × 1200	4 : 3
UXGA+	**U**ltra e**X**tended **G**raphics **A**rray +	1920 × 1080	16 : 9
QXGA	**Q**uad e**X**tended **G**raphics **A**rray	2048 × 1536	4 : 3
WQHD	**W**ide **Q**uad **H**igh Definition	2560 × 1440	16 : 9
HUXGA	**H**ex **U**ltra e**X**tended **G**raphics **A**rray	6400 × 4800	4 : 3

Bild 1.142: Auflösungen von VGA-Karten im PC-nahen Bereich (Beispiele)

Heutige Grafikkarten verfügen über wesentlich verbesserte Darstellungseigenschaften (z.B. höhere Auflösung, größerer Farbraum), effizientere Bildverarbeitungstechniken (Kap. 1.9.1.2), und die Datenübertragung zum Bildschirm erfolgt digital. Die für VGA kreierten Bezeichnungen für die Auflösungen werden aber weiterhin verwendet und lediglich mit neuen Namen für höhere Auflösungen ergänzt. Die meisten der aktuell angebotenen Karten sind auch immer noch kompatibel mit dem klassischen VGA-Standard.

1.9.1.1 Aufbau einer Grafikkarte

Die Grafikkarten der verschiedenen Hersteller weisen Unterschiede in ihrem Aufbau aus, jedoch lassen sich einige grundsätzliche Komponenten benennen. Zu diesen Komponenten gehören die dargestellten grundsätzlichen Funktionseinheiten:

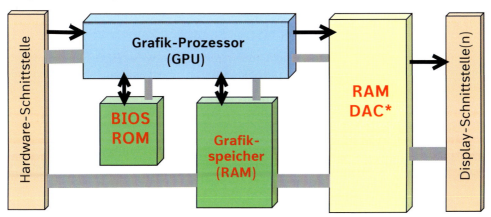

Bild 1.143: Vereinfachter, prinzipieller Aufbau einer Grafikkarte (: optional)*

Die Leistungsfähigkeit einer Grafikkarte hängt im Wesentlichen von den Eigenschaften des Grafik-Prozessors, der Größe des Grafikspeichers, der Leistungsfähigkeit des RAM-DACs (sofern vorhanden) sowie der mitgelieferten Software ab.

Hardware-Schnittstelle

Über die systeminterne Hardware-Schnittstelle (**Hardware Interface**) werden die darzustellenden Informationen einschließlich der notwendigen Steuersignale digital an die Grafikkarte übermittelt. Hierzu verwendet man bei Desktop-PCs ausschließlich den **PEG-Anschluss** (Kap. 1.4 und 1.7.4). Spezielle Mainboards bieten auch die Möglichkeit, zwei oder mehr hierfür taugliche Grafikkarten gleichzeitig an entsprechenden PEG-Slots zu betreiben, um die Grafikleistung zu erhöhen. Diese Kopplungstechnik wird bei Nvidia als **Scalable Link Interface (SLI)** und bei ATI als **Crossfire** bezeichnet.

BIOS-ROM

Grafikkarten verfügen über ein eigenes BIOS-ROM, in dem grundlegende Informationen über die Karteneigenschaften sowie Daten enthalten sind, die einen grundsätzlichen Bildaufbau beim Systemstart ermöglichen, bevor vorhandene Softwaregrafiktreiber aktiv werden können. Unter Umständen lassen sich hier auch spezielle Einstellungen für die Grafikkarte vornehmen (z. B. Drehzahlregulierung des Kartenlüfters).

Grafikprozessor

Um die heutigen Anforderungen an die Darstellungsqualität und die Darstellungsgeschwindigkeit zu erfüllen, setzt man spezielle Grafikprozessoren ein, welche die Bildberechnungen durchführen und so den Hauptprozessor entlasten. Insbesondere animierte 3D-Darstellungen sind sehr rechenintensive Vorgänge und erfordern spezielle Funktionalitäten, die in diesen Grafikprozessoren implementiert sind (Kap. 1.9.1.2).

Der Prozessor einer Grafikkarte wird als **Graphic Processing Unit (GPU)** oder auch als **Grafik-Chipsatz** bezeichnet. Der Grafikprozessor auf dem CPU-Chip, wird auch als **IGP** (**I**ntegrated **G**raphics **P**rocessor) genannt.

Aufgrund seiner hohen Verlustleistung (Größenordnung 130 W bei High-End-Grafikkarten) muss der Grafikprozessor genauso wie die CPU passiv oder aktiv gekühlt werden. Die GPU-Taktfrequenz liegt zwischen 1000 MHz und 2500 MHz.

Grafikspeicher

Der Grafikspeicher (**Graphic Storage**) dient zur Ablage der im Grafikprozessor verarbeiteten Bildinformationen. In ihm befindet sich nach der Bearbeitung durch den Grafikprozessor in digitaler Form quasi ein Abbild des Displaybildes.

Die Größe des Grafikspeichers bestimmt die maximale Auflösung und die Farbtiefe.

Für die Speichergröße eines Bildes gilt prinzipiell:
Speicherbedarf = horizontale Auflösung × vertikale Auflösung × Farbtiefe

Hieraus ergibt sich der folgende Zusammenhang:

Auflösung	Farbtiefe in Bit	Anzahl Farben	Grafikspeicher	
			Theoretisch	Praktisch*
640 × 480	16	65 536	600 KiByte	1 MiByte
1024 × 768	32	4 294 967 304	3 MiByte	4 MiByte
1280 × 1024	24	16 777 216	3,75 MiByte	8 MiByte
1920 × 1080	32	4 294 967 296	7,9 MiByte	8 MiByte
3840 × 2160	36	68 719 476 736	35,6 MiByte	64 MiByte

Bild 1.144: Zusammenhang zwischen Auflösung, Farbtiefe und (minimal erforderlichem) Speicherbedarf (: Kapazitäten von Speicher-ICs sind stets ganzzahlige Vielfache der Zahl 2; Kap. 4.2.2; die Speichergröße kann auch mit Dezimalpräfixen angegeben werden; Kap. 4.3.2)*

In der Praxis verfügen Grafikkarten über einen wesentlich größeren Grafikspeicher (z. B. 8 GiByte). Erforderlich ist diese Speichergröße beispielsweise für Berechnungen bei Bewegtbildern (z. B. Videofilm mit 60 Bildern pro Sekunde; meist angegeben in der Form 60 **fps**, d. h. **f**rames **p**er **s**econd). Einen großen Speicherbedarf haben insbesondere animierte perspektivische Effekte mit ihren möglichst realitätsnahen Darstellungen, die quasi in Echtzeit zu berechnen sind (Kap. 1.9.1.2). Bei Bedarf kann eine Grafikkarte (oder ein On-Board-Grafikprozessor) auch auf Teile des Arbeitsspeichers auf dem Mainboard zugreifen. Diese als **Shared Memory** bezeichnete Technik ist insbesondere bei portablen Geräten (Notebooks, Netbooks) zu finden.

Je größer die Anzahl der darstellbaren Farben, desto realistischer werden die Farbverläufe und damit die Darstellung auf dem Bildschirm. Für bestimmte Farbtiefen haben sich eigenständige Namen eingebürgert:

Bezeichnung	Farbtiefe	Information
Hi Color	16	Für jedes Pixel stehen 16 bit an Farbinformation zur Verfügung. Der Anteil der Rot/Grün/Blau-Information ist hierbei verschieden groß (5 bit/6 bit/5 bit), da die Farbempfindlichkeit des menschlichen Auges für Grün am höchsten und für Rot und Blau niedriger ist.
True Color	32	Für jedes Pixel stehen 32 bit für die Farbinformation zur Verfügung, jeweils 8 bit für Rot, Grün und Blau, sowie zusätzlich 8 bit für die Transparenz („Alphakanal", Alpha Blending; Kap. 1.9.1.2). Die erreichbare Anzahl verschiedener Farben liegt höher, als das menschliche Auge zu unterscheiden vermag. (Hinweis: Die Farbtiefe mit 24 bit ohne die Transparenzinformation wird ebenfalls mit True Color bezeichnet.)
Deep Color	48	Maximale Bitzahl, die ab HDMI 1.4 (Kap. 1.7.6.4) für die Übertragung von Bildinformationen pro Pixel zur Verfügung stehen (bei hochwertigen Displays werden meist 42 bit verwendet); die hiermit mögliche Anzahl darstellbarer Farben kann vom menschlichen Auge nicht mehr unterschieden werden.

Bild 1.145: Bezeichnungen von Farbtiefen

Im Gegensatz zum klassischen Arbeitsspeicher des PCs, der mit einer Datenbusbreite von standardmäßig 64 bit arbeitet, beträgt die Datenbusbreite beim Grafikspeicher bis zu 1024 bit und arbeitet mit einer Taktfrequenz, die je nach Kartentyp effektiv zwischen 2 GHz und 7 GHz liegt. Die verwendeten Speichermodule tragen die Bezeichnung GDDR-Speicher. Hierbei handelt es sich um Abwandlungen von DDR-SDRAM, die durch geringe Zugriffszeiten auf hohe Taktfrequenzen optimiert werden (z. B. entspricht GDDR5 dem Aufbau eines DDR3-SDRAMs; Kap. 1.5.3).

RAM-DAC

Die Abkürzung **DAC** steht für **D**igital **A**nalog **C**onverter. Dieser erzeugt aus den digitalen Steuer-, Synchronisierungs- und Bildschirminformationen pixelweise die analogen Signale, die zur Ansteuerung eines analog arbeitenden Monitors erforderlich sind.

Er wird nicht benötigt, wenn ein Bildschirm über DVI, HDMI oder DisplayPort direkt *digital* angesteuert wird (Kap. 1.7.6.3 ff.).

Display-Schnittstelle

Über die Display-Schnittstelle (**Display Interface**) wird die Verbindung zum Bild-Ausgabegerät hergestellt. Je nach Preisklasse verfügen Grafikkarten über eine oder mehrere Ausgangsschnittstellen. Neben den Standardschnittstellen VGA, DVI, HDMI und/oder DisplayPort (Kap. 1.7.6.5) verfügen manche Grafikkarten auch über einen S-VHS-Anschluss, einen Composite-Anschluss (z. B. koaxialer Videoanschluss) oder speziell HF-geschützte BNC-Anschlüsse (**BNC: B**ayonet **N**ut **C**onnector).

Bei aktivierter Grafikkarte sind die entsprechenden Schnittstellen, die das Motherboard zur Verfügung stellt, deaktiviert.

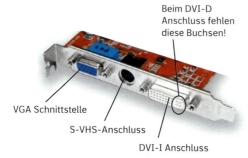
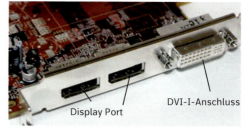

Bild 1.146: Schnittstellen einer Grafikkarte

1.9.1.2 Perspektivische Darstellung

Als **perspektivische Darstellung** bezeichnet man die Fähigkeit von Grafikkarten, durch entsprechende Aufbereitung der Bildschirminformationen eine Art dreidimensionalen optischen Eindruck eines Bildes auf dem Display zu erzeugen. Hierbei handelt es sich *nicht* um eine stereoskopische Darstellung, bei der für jedes Auge ein eigenes Bild erzeugt wird (Kap. 1.12.8), sondern es wird dem Betrachter lediglich der Eindruck einer räumlichen Tiefe vermittelt. In diesem Zusammenhang spricht man auch von dreidimensionalen Effekten (**3D-Effekte**). Je nach verwendeter Software lassen sich hierbei Gegenstände stufenlos um verschiedene Achsen drehen oder es entsteht der Eindruck, als ob man sich

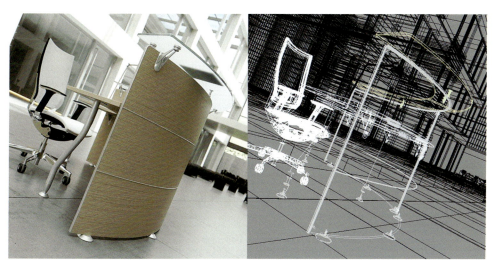

Bild 1.147: perspektivische Darstellung eines Objekts

in Räumen oder Gängen bewegen kann (virtuelle Welten). Um einen möglichst plasti-schen Eindruck zu gewinnen, sind extrem viele Rechenoperationen in kürzester Zeit er-forderlich, da sich für jeden neuen Blickwinkel die räumliche Tiefe eines Objektes ändert. Zur Durchführung dieser Berechnungen sind größere Grafikspeicher erforderlich als in Bild 1.144 angegeben. Bei diesen 3D-Effekten wird die dritte Dimension (z-Achse) durch Rendering auf dem eigentlich zweidimensionalen Bildschirm erzeugt.

> Unter **Rendering** versteht man Mittel der perspektivischen Darstellung zur Erzeugung eines realitätsnahen Abbildes von Objekten.

Rendering verwendet mathematische Methoden, um die Positionen von Lichtquellen in Relation zu einem Objekt zu beschreiben und Effekte wie Aufhellungen, Schattierungen und Farbveränderungen zu berechnen, die durch das Licht hervorgerufen würden. Um Oberflachen plastisch und „stofflich" aussehen zu lassen, werden diese mit einer **Textur** versehen. Hierzu wird zunächst eine Oberfläche mithilfe eines virtuellen „Drahtgitters" realisiert.

Dieses Drahtgitter bildet kleine dreieckige Teilflächen (Polygone), denen dann bestimmte Attribute (Farbe, Helligkeit, Schattierung usw.) zugeordnet werden. Dieses Verfahren wird als **Texture Mapping** bezeichnet. Dreieckige Flächenelemente verwendet man, da diese vom Prozessor am schnellsten berechnet werden können und sich nahezu jede Oberfläche beliebig genau in Dreiecke auflösen lässt. Zu den rechenintensiven Darstellungsverfahren bei realitätsnahen perspektivischen Darstellungen zählen unter anderem auch:

Bezeichnung	Eigenschaften
Raytracing	Berechnung von Farbe und Intensität eines Bildpunktes unter Berücksichti-gung von Transparenz, Reflexion und Absorption von Lichtstrahlen
Alpha-Blending	Effekt zur Simulation durchsichtig erscheinender Objekte (z. B. Wasserober-flächen)

Bezeichnung	Eigenschaften
Specular Highlights	Darstellung von Lichtstrahlen auf metallischen Oberflächen (Glanzlichter-Effekt)
Fogging	Eine Art Nebeleffekt zur Erhöhung der Tiefenwirkung
Environment-Mapping	Spiegelungseffekte der Umwelt an einem reflektierenden 3D-Objekt
Bump-Mapping	Erzeugung von Schattierungen und Spiegelungen
Anti-Aliasing	Methoden zur Kantenglättung, um z. B. den sogenannten Treppeneffekt zu unterdrücken
Mip-Mapping	Eine Art Lupeneffekt; nähert man sich einem Objekt, werden zusätzliche Details sichtbar.
Chroma-Keying	Ersetzen von Bildbereichen eines Farbtons durch ein separat aufgenommenes Bild; früher als „Blue-Box" bekannt, heute mit jedem Farbton möglich

Bild 1.148: Beispiele für rechenintensive 3D-Effekte

Um all diese Effekte in möglichst kurzer Zeit realisieren zu können, benötigen Grafikprozessoren sogenannte **3D-Beschleuniger**. Hierzu gehören die bereits von der CPU bekannte **Daten-Pipelines** (3D-Pipeline, Render-Pipeline) und die **Shader-Einheiten** (Shader Units, Shader ALUs). Man unterscheidet **Pixel-Shader** (Berechnung der dynamischen Veränderung von Bildpunkten und Pixelfarben zur realistischen Darstellung von Oberflächen, z. B. bei wechselndem Lichteinfall), **Vertex-Shader** (Berechnung der dynamischen Veränderungen von Objekten, z. B. Form und Position bei Abstandsänderung) und **Geometry-Shader** (Berechnung von Polygonveränderungen, z. B. bei Änderung des Blickwinkels). Je nach Leistungsklasse verfügt eine GPU über mehr als 2000 Shader-Einheiten, die mit einem Shadertakt zwischen 1500 MHz und 2500 MHz arbeiten.

Die große Anzahl der Shadereinheiten sollte ursprünglich nur ein paralleles und damit schnelles Berechnen von Pixelveränderungen, welches durch die GPU gesteuert wird, ermöglichen. Durch Erweiterung ihres Funktionsumfangs lassen sich Shader – und damit die gesamte Grafikeinheit – aber auch für allgemeine mathematische Berechnungen einsetzen.

> Eine Grafikeinheit mit erweitertem Funktionsumfang wird auch als **GPGPU** (**G**eneral **Pur**pose-Computation on **G**raphics **P**rocessing **U**nit) bezeichnet.

Eine GPGPU ist somit in der Lage, die CPU in ihrer Arbeit zu entlasten, indem eine Vielzahl von Rechenoperationen ausgelagert wird.

Zu einer realitätsgetreuen Darstellung gehört auch, dass Objekte sich auf dem Bildschirm so bewegen, wie sie dies auch in der tatsächlichen Welt tun würden. Dies ist insbesondere bei Simulationen von realen Umweltvorgängen und bei Computerspielen von immenser Bedeutung. Die Berechnung realer physikalischer Vorgänge in Echtzeit benötigt ebenfalls eine hohe Rechenleistung. Daher werden diese von speziellen Prozessoren durchgeführt, die für die Berechnung physikalischer Vorgänge optimiert sind.

Ein auf die Berechnung physikalischer Vorgänge optimierter Prozessor wird als **Physikbe-schleuniger** (**PPU**: **P**hysics **P**rocessing **U**nit) bezeichnet.

1.9.1.3 GDI+, DirectX, OpenGL

Bild 1.149: GDI-Schnittstelle von Windows

GDI ist die Abkürzung für **Graphical Device Interface** und bezeichnet die Grafikschnittstelle von Windows (Softwareschnittstelle). Über diese Schnittstelle werden **alle** Zugriffe von einem unter Windows laufenden Programm auf die Grafikkarte gesteuert. Ein direkter Zugriff auf die Hardware der Grafikkarte durch ein Anwendungsprogramm ist somit nicht mehr möglich. **GDI+** bietet jedoch nicht nur eine hardwareunabhängige Grafikschnittstelle (wie der Vorgänger GDI), sondern auch eine komplette Oberfläche zur Gestaltung von grafischen und textorientierten Programmen. Die Verbindung zwischen dieser definierten Schnittstelle und der Grafik-Hardware wird durch einen entsprechenden Treiber des Herstellers der Grafikkarte geschaffen. Hierdurch können die Fähigkeiten einer Grafikkarte auch unter Windows voll ausgeschöpft werden.

Der Vorteil von GDI+ ist, dass der Anwender die Grafikausgabe unter Windows seinen Vorstellungen beliebig anpassen kann. So kann beispielsweise ein Fenster verschoben, verkleinert oder vergrößert werden, die Auflösung oder die Farbtiefe verändert werden, ohne dass dies ein Anwendungsprogramm beeinflusst. Nachteilig wirkt sich unter Umständen der durch GDI+ verursachte Geschwindigkeitsverlust bei der Darstellung aus.

DirectX ist eine hardwarenahe, aber dennoch Hardwareunabhängige Schnittstelle zur Implementierung von Multimedia-Applikationen unter Windows-Betriebssystemen und bei Spielekonsolen (**API**: **A**pplication **P**rogramming **I**nterface). Bei der Entwicklung dieser Schnittstelle stand zunächst eine möglichst hohe Geschwindigkeit bei 2D- und 3D-Grafiken (insbesondere bei Spielen) im Vordergrund. Diese Geschwindigkeitssteigerung wird bei Windows-Systemen dadurch erreicht, dass eine Anwendung an GDI vorbei direkt auf die Hardware der Grafikkarte zugreifen kann. Heute decken die DirectX-Softwarepakete nahezu den gesamten Multimediabereich ab (z.B. DirectX Graphics, DirectSound, DirectShow).

Bild 1.150: DirectX-Schnittstelle bei Windows

Eine Anwendung bedient sich hierbei der von DirectX bereitgestellten Funktionen. Diese Funktionen greifen auf die vom Hersteller der Grafikkarte entwickelten Treiber zurück (was unter Umständen auch zu Kompatibilitätsproblemen führen kann). Ein solcher Treiber wird als **Hardware Abstraction Layer** (**HAL**) bezeichnet. Allerdings ist es auch möglich und manchmal auch nötig, beide Schnittstellen in einem Programm parallel zu nutzen.

Bei **OpenGL** (**Open G**raphics **L**ibrary) handelt es sich um eine plattformunabhängige Programmierschnittstelle mit vergleichsweise einfachen Grafikbefehlen (Figuren, Linien,

Kreise usw.), die speziell im professionellen 3D-Grafikbereich zum Einsatz kommt. OpenGL ist heute fester Bestandteil jedes Grafikkartentreibers und wird meist automatisch mitinstalliert. Es wirkt grafikbeschleunigend, da es beispielsweise mit einem einzigen Befehl einer Vielzahl von Polygonen einmalig eine bestimmte Eigenschaft zuweisen kann (z. B. eine bestimmte Farbe). Diese wird so lange beibehalten, bis der entsprechende Zustand geändert wird. Eine rechenintensive Zuweisung der Eigenschaft an jedes einzelne Polygon ist dadurch nicht erforderlich. Dieses Konzept wird auch bei Direct-3D verfolgt.

1.9.2   Soundkarte

Eine Soundkarte (Sound Board, Sound Card, Audio Interface) ist eine Erweiterungskarte, die der Wiedergabe und der Aufnahme von Audiosignalen dient. Seitdem der On-Board-HD-Audio-Sound direkt vom System unterstützt wird und die 5.1-Ausgabe sowie ein optischer Digitalausgang zur Standardausstattung von Mainboards gehören, haben Soundkarten an Bedeutung verloren. Die Hersteller haben sich deshalb auf Spezialfunktionen konzentriert, mit denen sich Raumklangeffekte noch natürlicher realisieren lassen. Eine Soundkarte besteht prinzipiell aus den folgenden Komponenten:

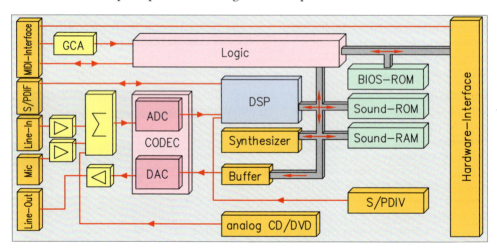

Bild 1.151: Prinzipieller Aufbau einer Soundkarte

Anschlüsse

Eine Soundkarte stellt zunächst die gleichen elektrischen und optischen Anschlüsse zur Verfügung wie ein Motherboard mit Soundunterstützung (Kap. 1.7.6.1). Anstelle der 3,5-mm-Klinkenbuchsen werden alternativ aber auch Cinch-Buchsen angeboten. Darüber hinaus können zusätzliche Anschlüsse zur Verfügung gestellt werden (z. B. **MIDI**-Anschluss: **M**usical **I**nstrumental **D**igital **I**nterface; digitaler S/PDIF-Anschluss). Diese befinden sich entweder auf separaten Slotblechen für die Montage auf der Rückseite des PC-Gehäuses oder werden als Einschub in einen Erweiterungsschacht zur Bedienung von vorne montiert. Intern wird eine Soundkarte meist über einen PCIe-Slot (Kap. 1.7.4) mit dem Motherboard verbunden.

CODEC

CODEC ist allgemein die Abkürzung für **Co**der-**Dec**oder und vereint in diesem Fall die Funktionen eines **Analog-Digital-Wandlers** (ADC: Analog-Digital Converter, Kap. 4.4.4.1) und eines **Digital-Analog-Wandlers** (DAC: Digital-Analog Converter, Kap. 4.4.4.2) in einem Baustein. Dieser wandelt die analogen Signale der Audio-Eingänge in digitale Daten bzw. setzt digitale Daten vor der Ausgabe (z. B. an einen Verstärker) wieder in analoge Signale um. Die Wiedergabequalität einer Soundkarte entspricht heute mindestens der eines Audio-CD-Players. Um diese Qualität zu erzielen, sind Soundkarten mit 16-Bit-A/D-Wandlern (oder höher) ausgestattet und arbeiten meist mit Abtastfrequenzen (Sampling Rates) von 44,1 kHz. Die im höheren Preissegment angebotenen High-End-Soundkarten bieten je nach Typ auch Sampling-Raten von 48 kHz, 96 kHz und 192 kHz bei Klirrfaktoren unter 0,009 %. Der Klirrfaktor ist ein Maß für die unerwünschte Verfälschung einer Signalform, die sich bei der Verarbeitung ergibt. Einen Klirrfaktor kleiner als 0,1 % kann das menschliche Ohr in der Regel nicht mehr wahrnehmen.

Die **Abtastfrequenz des CODECs** bestimmt maßgeblich die Klangqualität einer Soundkarte.

Soundpuffer (Sound Buffer)

Hierbei handelt es sich um einen Bereich zum Speichern des binären Abbildes von Klangfolgen, die an ein angeschlossenes Lautsprechersystem eines PC ausgegeben werden. Die digitalen Klänge werden auch Samples genannt.

Synthesizer

Ein Synthesizer ist ein Chip, der in der Lage ist, digitale Eingangsdaten, die beispielsweise in einem ROM-Speicher abgelegt sind, in Klänge umzuwandeln. Wurde z. B. ein Klavierton digitalisiert und im Speicher abgelegt, kann der Synthesizer ihn verwenden, um andere klavierähnliche Töne zu erzeugen.

Bei der Klangerzeugung unterscheidet man zwei klassische Verfahren:

FM-Synthese
FM steht für **F**requenz**m**odulation; bei diesem Verfahren werden Klänge (z. B. von Musikinstrumenten) durch Überlagerung von mehreren Sinuswellen unterschiedlicher Frequenz und Amplitude naturgetreu nachgeahmt (Fourier-Synthese).

Wavetable-Synthese
Bei diesem Verfahren werden aufgezeichnete und in einem ROM gespeicherte Samples als Grundlage zur Erzeugung von beliebigen Klängen verwendet. Eine Reihe von Sounds wurden auf diese Weise entwickelt und existieren fertig in Bibliotheken, den sogenannten Soundbanks. Diese werden in einem RAM gespeichert und können als Grundlage eigener Neuentwicklungen dienen.

Sowohl die FM- als auch die Wavetable-Synthese werden heute von **Software-Synthesizern** (d. h. einer Software, die einen Synthesizer simuliert) durchgeführt, sodass ein separater Synthesizer-Chip aus Kostengründen eingespart wird.

DSP

DSP ist die Abkürzung für **D**igital **S**ignal **P**rocessor und bezeichnet allgemein einen Prozessor, der speziell für die Verarbeitung von digitalen Signalströmen geeignet ist. Im Zusammenhang mit der Soundkarte ist ein spezieller Prozessor zur Verarbeitung von Audioinformationen gemeint. Ein solcher DSP ist in der Lage, in Kombination mit einem Software-Synthesizer beliebige akustische Signale (Töne, Klänge, Geräusche) mit unterschiedlichen Verfahren zu erzeugen.

Digitalisierte Klänge benötigen sehr viel Speicherkapazität S_K, da ein akustisches Signal regelmäßig in sehr kurzen Zeitabständen abgetastet werden muss und diese Abtastwerte dann digital gespeichert werden. Der Speicherbedarf in Byte eines digitalisierten Signals errechnet sich zu

$$S_K = \frac{\text{Abtastfrequenz} \times \text{Kanalzahl} \times \text{Auflösung} \times \text{Zeitdauer}}{8}$$

Die Kanalzahl beträgt bei Mono 1 und bei Stereo 2; die Auflösung bezeichnet die Bitanzahl für jeden codierten Abtastwert, die Zeitdauer gibt an, wie lange die Aufzeichnung dauert.

Der Speicherbedarf lässt sich durch spezielle Komprimierungsverfahren erheblich reduzieren. Weit verbreitet ist nach wie vor das Audio-Format **MPEG**-1 Audio Layer 3 (**M**oving **P**ictures **E**xperts **G**roup). Dieses Verfahren ermöglicht Kompressionen mit dem Faktor 12, ist besser bekannt unter der Bezeichnung **MP3** und wird in vielen Bereichen zur Übertragung und zur Speicherung von Musikdateien verwendet. MP3 ist allerdings verlustbehaftet, d. h., MP3-Files besitzen nicht die akustische Qualität des Originals.

Alternativen sind beispielsweise die auf MPEG-4 Part 3-basierenden, ebenfalls verlustbehafteten Verfahren **AAC** (**A**dvanced **A**udio **C**oding) und AAC+, oder die verlustlose Komprimierung mittels **FLAC** (**F**ree **L**ossless **A**udio **C**odec), die als Software-Plug-in für viele Abspielprogramme zur Verfügung steht.

Im Lieferumfang einer Soundkarte ist meist auch Treibersoftware enthalten. Allerdings werden Soundkarten in der Regel von allen aktuellen Betriebssystemen direkt unterstützt, sodass zusätzliche Treiber nicht unbedingt erforderlich sind. Aktuelle Soundkarten benötigen einen PCIe × 1-Anschluss (siehe Kap. 1.7.4), alternativ werden auch „externe" Soundkarten für den USB-Anschluss oder den ExpressCard-Anschluss angeboten.

Soundverfahren

Neben Stereo unterstützen Soundkarten (ebenso wie moderne AV-Receiver) unterschiedliche Soundverfahren zur Schaffung einer möglichst realitätsnahen Audioumgebung mit einem räumlichen Klangeindruck (3D-Klang).

Räumliche Klangeindrücke entstehen durch Laufzeit- und Intensitätsunterschiede bei der Wahrnehmung von Schallwellen, die von Audioquellen „gesendet" und von den menschlichen Ohren „empfangen" werden.

Anhand dieser wahrgenommenen Informationen lassen sich Richtung und Entfernung im Raum einschätzen, wobei für den Klangeindruck zusätzlich die Größe und die Beschaffenheit der Umgebung eine Rolle spielen. Zur Erzeugung eines solchen Eindrucks werden unterschiedliche technische Verfahren eingesetzt.

Bezeichnung	Eigenschaften
Stereo	2 Kanäle/2 Lautsprecher (vorne rechts/vorne links)
Dolby Surround	2 Kanäle/4 Lautsprecher (2 vorne rechts/vorne links, zusätzlich 2 Lautsprecher hinten rechts/hinten links, auf die über einen analogen Decoder das „Surroundsignal" gelegt wird, das aus der Zusammenlegung und der zeitlichen Verzögerung beider Kanäle gebildet wird.
Dolby Pro Logic Dolby Pro Logic II	2 Kanäle/4 Lautsprecher (vorne rechts, vorne links, Mitte, Surround); d.h. 4 Wiedergabekanäle, die in 2 Aufnahmekanälen codiert sind; analoger Pro Logic-Decoder erforderlich; im Gegensatz zu Pro Logic mit einer Bandbreitenbegrenzung auf 7 kHz im Surroundkanal wird bei Pro Logic II der gesamte hörbare Frequenzbereich (20–20000 Hz) im Surroundkanal wiedergegeben und es bestehen erweiterte Klangeinstellungsmöglichkeiten zur Anpassung an die Raumakustik.
Dolby Digital (AC-3), Dolby Digital Plus	6 Kanäle/6 Lautsprecher (vorne rechts, vorne links, Mitte, hinten rechts, hinten links), zusätzlich aktiver Subwoofer (**LFE**: **L**ow **F**requency **E**ffect); auch als **5.1-Kanalsystem** bezeichnet; digitaler Dolby-Decoder erforderlich. Dolby Digital Plus unterstützt bis zu 14 Kanäle mit einer Auflösung von 24 bit und einer Abtastfrequenz von 96 kHz; Verwendung bei Blu-Ray.
DTS (DTS NEO)	**D**igital **T**heater **S**oundsystem 6-kanaliges (5.1)-Tonaufzeichnungsformat bei Kinofilmen und Soundtracks auf DVD; als Erweiterung auch mit 8 Kanälen als 7.1-System erhältlich; verbesserte Klangqualität gegenüber Dolby Digital durch niedrigere Kompressions- und höhere Datenrate; digitaler DTS-Decoder erforderlich. (Bei DTS NEO wird aus einem Stereoton durch komplexe Berechnungen ein Mehrkanalton erzeugt, wodurch ein Surround-Effekt entsteht.)
DTS-HD Master Audio Dolby TrueHD	Konkurrierende, speziell für Blu-Ray-Disc entwickelte 8-kanalige digitale Audioformate; bei Datenraten bis zu 24 Mibit/s werden 8 echte Soundkanäle (7.1-Soundsystem) ohne Datenreduktion verarbeitet; für den Einsatz von Dolby TrueHD ist mindestens HDMI 1.3 erforderlich.
Dolby Atmos	„Dreidimensionales" Surround-Soundsystem für den Heimbereich mit bis zu 11 Lautsprechern plus zwei Subwoofer (11.2-Tonsystem); zusätzlich zu einer 7.1-Anlage sind hierbei bis zu vier zusätzliche Deckenlautsprecher erforderlich. Per Software werden zwei voneinander unabhängige „Tonebenen" erzeugt, die zusätzlich zum vorhandenen 7.1-Raumklang (vorne – hinten – links – rechts) eine weitere akustische Ebene wahrnehmbar machen (oben – unten); kompatibel zu bestehenden Systemen, d.h., ein 7.1-AV-Receiver kann mit einem entsprechenden Update den Dolby Atmos-Ton extrahieren und wiedergeben. Im professionellen Bereich unterstützt Dolby Atmos theoretisch beliebig viele Tonspuren.

Bild 1.152: Soundverfahren

Zur Verarbeitung und zur Umwandlung der einzelnen Soundverfahren sind jeweils entsprechende Encoder/Decoder-Chips erforderlich. Wiedergabeprobleme entstehen unter Umständen durch veraltete oder fehlende Software (Soundtreiber).

Nachteilig bei den genannten Soundverfahren ist, dass sie jeweils nur Audiosignale wiedergeben können, die auch in der entsprechenden Form aufgenommen wurden. Bei

PC-Spielen aber ändert sich oftmals das Audiosignal dynamisch mit den Aktionen, sodass ein Audiosignal jedes Mal neu berechnet werden müsste. Aus diesem Grund kommen bei Spielen vornehmlich Verfahren zum Einsatz, die sich programmtechnisch leicht in ein Spiel integrieren lassen (z. B. **EAX: E**nvironmental **A**udio; Entwicklung von Creative, ermittelt beispielsweise dynamisch den Abstand des Spielers zu einer Audioquelle im virtuellen Raum). In Abhängigkeit von der verwendeten Soundkarte werden eines oder mehrere der genannten Soundverfahren unterstützt. Die derzeitigen on Board verwendeten Soundchips erfüllen den von Intel definierten Standard **High-Definition Audio** (HD-Audio), der den alten Standard AC97 abgelöst hat.

Dieser Standard formuliert jedoch lediglich Mindestanforderungen an einen Soundchip für die Umwandlung von digitalen in analoge Signale und sagt nichts über die tatsächlichen Fähigkeiten eines Chips aus.

HD-Audio-konforme Chips müssen mindestens Stereo-Signale mit 192 kHz in einer 32-Bit-Qualität liefern können. Darüber hinaus sollen sie bis zu acht Audiokanäle mit jeweils 96 kHz in 32-Bit-Qualität unterstützen. Die tatsächlich nutzbaren Leistungsmerkmale hängen allerdings vom jeweiligen Mainboard ab.

1.9.3 PC-Messkarte

Mithilfe einer PC-Messkarte lässt sich ein PC als Messgerät für fast jede physikalische Größe nutzen, wie z. B. Spannung, Strom, Widerstand, Frequenz, Leistung, Temperatur, Luftdruck, Windstärke usw. Eine solche Karte besteht grundsätzlich aus einem Analog- und einem Digitalteil.

Sofern es sich um nichtelektrische Größen handelt, müssen diese zunächst mit entsprechenden vorgeschalteten Wandlern in elektrische Signale umgewandelt werden. Die analogen Signale werden an einen der vorhandenen Eingänge gelegt, verstärkt (oder abgeschwächt) und mithilfe einer Sample-and-Hold-Schaltung (S/H) abgetastet und fixiert. Mithilfe eines Multiplexers (MUX, Kap. 4.4.2.3) werden die Signale dann zusammengefasst und mit einem A/D-Wandler (Kap. 4.4.4.1) in ein Digitalsignal umgewandelt. Dieses kann dann vom PC verarbeitet werden. Mit entsprechender Software kann man sich die Messergebnisse in Form eines auf dem Bildschirm dargestellten Messgerätes (z. B. eines Oszilloskops) ausgeben lassen. Neben reinen Überwachungs- und Messfunktionen sind über entsprechende Verbindungen auch Regelprozesse durchführbar.

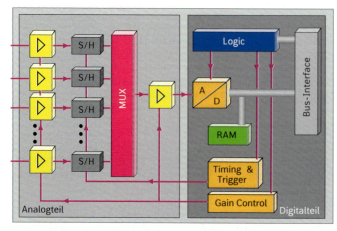

Bild 1.153: Prinzipieller Aufbau einer Messkarte mit analogen Eingängen

1.9.4 TV-Karte

Eine TV-Karte ermöglicht einerseits den Empfang von Radio- und Fernsehprogrammen sowie deren Wiedergabe mithilfe von Sound- und Grafikkarte, andererseits aber auch deren Aufzeichnung auf die Festplatte sowie die technische Nachbearbeitung mittels entsprechender Software. Der Empfang erfolgt mithilfe eines auf der Karte befindlichen Tuners, der sich zum Schutz vor elektromagnetischen Störungen unter einem Abschirmblech befindet. Der Tuner demoduliert das am Antenneneingang anliegende Signal, die TV-Karte bringt das Signal in eine PC-lesbare Form.

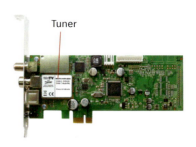

Tuner

Bild 1.154: Tuner der TV-Karte

Seit Mai 2012 werden Fernsehkanäle bundesweit nicht mehr analog ausgestrahlt, der Empfang über terrestrische Antennen oder per Satellitenschüssel ist somit nur noch digital möglich. Als Übertragungsstandard wird für die terrestrische Ausstrahlung ab 2017 in Deutschland nur noch DVB-T2 HD (MPEG-4 HEVC-Decoder erforderlich; Bild 1.156), und für die satellitengestützte Ausstrahlung DVB-S bzw. DVB-S2 verwendet.

> **DVB** ist die Abkürzung für **D**igital **V**ideo **B**roadcast und bezeichnet einen internationalen Standard für die Ausstrahlung digitaler Fernsehprogramme.

Für die Verbreitung von Fernsehkanälen über das TV-Kabelnetz verwendet man den Standard DVB-C bzw. DVB-C2 (DVB-Standards: „Vernetzte IT-Systeme", Kap. Broadcast-Netze). Die Ziffer 2 besagt, dass es sich hierbei jeweils um die zweite Generation des Standards handelt. Beide Generationen verwenden unterschiedliche Übertragungsstandards und sind nicht miteinander kompatibel. Zur Aufbereitung der digitalen Signale mittels PC bedarf es daher einer entsprechenden Erweiterungskarte, die den jeweiligen Übertragungsstandard unterstützt. Solche Erweiterungen sind auch in Form von USB-Sticks oder PC-Cards erhältlich.

Im Zuge der Digitalisierung ist nicht nur die Anzahl der übertragbaren TV-Kanäle gestiegen, auch die Qualität der Bildauflösung hat sich wesentlich verbessert. Beim Kauf einer TV-Karte sollte man daher prüfen, ob der gewünschte Auflösungsstandard auch unterstützt wird. Einige Bezeichnungen und Eigenschaften derzeit gängiger Auflösungen im TV-Bereich sind in Bild 1.155 zusammengefasst.

Bezeichnung	Auflösung	Seitenverhältnis	Eigenschaften
SDTV	768 × 576 (Standard) alternativ: 720 × 576 720 × 480 o. Ä.	4 : 3	**S**tandard **D**efinition **T**ele**v**ision – Sammelbegriff für niedrige, unterschiedliche TV- und Video-Auflösungen – Angabe der digitalen Auflösung für ein (analoges) TV-Signal unter Zugrundelegung des Standards zur Digitalisierung analoger Fernsehsignale (ITU-R BT 601), hier: PAL-Signal bei 25 Vollbildern pro Sekunde (Hinweis: Das analoge PAL-Signal besteht eigentlich aus 625 Zeilen und wird aus zwei Halbbildern zusammengesetzt); 25 Bilder pro Sekunde im Zeilensprungverfahren (engl.: **interlace**, kurz: **i**), d.h., jedes Vollbild wird mittels zweier Halbbilder aufgebaut, wobei in jedem Halbbild jeweils nur jede 2. Zeile geschrieben wird – erforderliche Datenrate bis ca. 3 Mibit/s (abhängig von der jeweiligen Auflösung)

Bezeichnung	Auflösung	Seitenverhältnis	Eigenschaften
HDTV	1280 × 720p	16 : 9	**H**igh **D**efinition **T**ele**vi**sion – Sammelbegriff für „hochauflösendes" TV als Abgrenzung zu SDTV – Buchstabe „**p**" steht für **progressiv**, d. h., es wird stets ein Vollbild dargestellt (jede Zeile wird geschrieben) – Geräte werden auch als „HD-Ready" vermarktet, die dann durch entsprechende Skalierung auch Full-HD 1080i darstellen können – Unterstützung von 50 Hz und 60 Hz Bildwiederholfrequenz – erforderliche Datenrate bis ca. 3,5 Mibit/s (abhängig vom verwendeten Kompressionsverfahren)
Full-HD Full-HDTV	1920 × 1080i 1920 × 1080p (2K)	16 : 9	**F**ull-**H**igh **D**efinition **T**ele**vi**sion – Abgrenzung zu HDTV; manchmal auch als „True-HD" vermarktet – TV-Quellmaterial wird meist im Interlace-Verfahren übertragen – Unterstützung von 24 Hz (Kinostandard), 50 Hz und 60 Hz Bildwiederholfrequenz – erforderliche Datenrate bis ca. 6,5 Mibit/s (abhängig vom verwendeten Kompressionsverfahren)
UHD UHDTV Ultra - HDTV	3840 × 2160 (4K*, UHD 1) 7680 × 4320 (8K, UHD 2)	16 : 9	Ultra **H**igh **D**efinition – Nachfolgestandard von Full-HD – Bildwiederholfrequenz: alle Standards bis 120 Hz – Standard beinhaltet auch 22.2-Kanal-Ton – erforderliche Datenrate für 4K bis ca. 25 Mibit/s (abhängig vom verwendeten Kompressionsverfahren) – beinhaltet Kopierschutz HDCP 2.2, somit mindestens HDMI 2.0 erforderlich

Bild 1.155: Gängige TV-Auflösungen (*: im Kinobereich versteht man unter 4K eine Auflösung von 4096 × 2304 Pixel)

Bei der Verwendung unterschiedlicher Videoformate oder von Wiedergabegeräten mit abweichenden physikalischen Auflösungen (z. B. PC-Display, Kap. 1.12.1) muss unter Umständen eine Bildanpassung (Skalierung) vorgenommen werden. Dadurch entstehen möglicherweise an den Rändern schwarze Streifen, oder das Bild erscheint leicht verzerrt. Außerdem kann sich die Darstellungsqualität verschlechtern. Bei der Angabe der Bildwiederholfrequenzen in Bild 1.155 ist zu beachten, dass viele Fernseher wesentlich mehr Bilder pro Sekunde darstellen können. Diese Geräte wiederholen dann je nach Einstellung gesendete Originalbilder mehrfach oder berechnen intern Zwischenbilder, um die Bewegungs- und Detailauflösung zu steigern.

Um das zu übertragene Datenvolumen zu verringern, werden spezielle Kompressionsverfahren angewendet. Hierbei haben sich insbesondere verschiedene MPEG-Spezifikationen am Markt etabliert.

> Die Abkürzung **MPEG** (**M**oving **P**ictures **E**xperts **G**roup) bezeichnet Standards zur Komprimierung von Audio- und Videodaten.

Die MPEG-Norm besteht aus vier Teilen, die auch als Layer bezeichnet werden:

- **Systems (Layer 1)**
  Beschreibt den Aufbau der zusammengefügten Audio- und Videoinformationen in Verbindung mit programmbegleitenden Zusatz- und Steuerinformationen

- **Video (Layer 2)**
  Beschreibt die eingesetzten Komprimierungsverfahren für die Bildinformationen

- **Audio (Layer 3)**
  Beschreibt die in der Norm enthaltenen Verfahren zur Komprimierung von Audiosignalen; besser bekannt unter der Bezeichnung **MP3**

- **Compliance (Layer 4)**
  Beschreibt die verwendeten Testverfahren für die komprimierten Datenströme

Bezeichnung	Eigenschaften
MPEG 1	Erster Standard; Komprimierung von audiovisuellen Daten bei Datenraten bis ca. 1,5 Mibit/s; Anwendung: Video-CD
MPEG 2	Erweiterung von MPEG 1 mit universelleren Eigenschaften und größeren Datenraten (4–80 Mibit/s); dient als Grundlage verschiedener anderer Standards; Codierung eines oder mehrerer Audio- und Video-Datenströme sowie von PC-Daten; geeignet für Speicherung und Übertragung; Unterstützung von Verschlüsselungssystemen; Anwendung: Datenreduktion von Fernsehnormen einschließlich HDTV, DVD
MPEG 4	Komprimierung und Codierung zur objektorientierten audiovisuellen Multimediakommunikation; Ergänzung der Bilddaten durch zusätzlich abrufbare Informationen; hoher Komprimierungsfaktor; Anwendung: Basistechnik für Bildtelefonie und Videokonferenz über Datenleitungen, DVD
MPEG-4-AAC-Plus ... **AAC: Advanced Audio Coding**	Spezielle MPEG-4-Codierung durch Kombination von AAC als Kern-Codec plus den Zusatztechnologien SBR (Spectral Band Replication) und/oder PS (Parametric Stereo). Hierdurch wird bereits bei einer Datenrate von 32 Kibit/s eine Audioqualität erreicht, die der eines 96 Kibit/s-Datenstromes entspricht. Anwendung: 3G-Mobilfunkkommunikation, Musikdownload, IP-basierte Übertragung von Rundfunk und TV
MPEG-4-AVC H.264 **(MPEG-4-Part 10)**	**A**dvanced **V**ideo **C**oding: Standard für eine hocheffiziente Videokompression; Teil 10 der MPEG-4-Spezifikation. Mindestens dreifach bessere Komprimierungsrate gegenüber MPEG-2; Anwendung: **HDTV**, **DVB** (**D**igital **V**ideo **B**roadcast; „Vernetzte IT-Systeme" Kap. Broadcast-Netze), Blu-Ray, Videokamera (AVC HD lite: 1920 × 780: AVC fullHD: 1920 × 1080) und anderen Videodarstellungen
MPEG-4-MVC	**M**ultiview **V**ideo **C**oding: Ergänzung zum H.264-Standard für stereoskopische Darstellungen (3D-Darstellungen), sowohl mit 3D-Brille, als auch für autostereoskopische Bildschirme (Kap. 1.12.8.2)
MPEG-4-HEVC H.265	**H**igh **E**fficiency **V**ideo **C**oding: Verdopplung der Kompressionsrate gegenüber H.264 bei gleichbleibender Bildqualität; unterstützt 4K- und 8K-Auflösungen (3840 × 2160 und 7680 × 4320) mit einer Bildwiederholrate von 60 fps (frames per second; in der Praxis theoretisch bis 300 fps); Decoder nicht abwärtskompatibel zu H.264

Bild: 1.156: MPEG-Spezifikationen (Auswahl)

AUFGABEN

1. Was versteht man unter der Auflösung einer Grafikkarte?

2. Welche Komponenten bestimmen maßgeblich die Leistungsfähigkeit einer Grafikkarte?

3. Welche Größe (theoretisch und praktisch) sollte der Speicher einer Grafikkarte bei einer TrueColor-Darstellung mit einer Auflösung von 1024 × 768 in der Praxis mindestens haben? Wie viele Farben lassen sich darstellen?

4. Welche Übertragungsraten sind theoretisch bei einer PEG-(PCI 3.0 × 16)-Karte möglich?

5. Was versteht man im Zusammenhang mit Grafikkarten unter einem Shader? Wozu wird er eingesetzt?

6. Erklären Sie einem Kunden, warum perspektivische Darstellungen wesentlich mehr Rechenleistung erfordern als standardmäßige 2D-Darstellungen.

7. Was bedeutet der Begriff „Texture Mapping"?

8. Alpha-Blending und Anti-Aliasing bezeichnen Effekte bei der perspektivischen Darstellung. Erläutern Sie, was man unter diesen beiden Begriffen versteht.

9. Erläutern Sie die Bezeichnungen GPU, IGP und GPGPU und nennen Sie die Unterschiede.

10. Aus welchen Komponenten besteht ein CODEC und welche Funktionen haben diese bei einer Soundkarte?

11. Welche Funktion hat ein DSP auf der Soundkarte?

12. Welche Speicherkapazität ist für die Speicherung eines Musikstückes von 10 Minuten Dauer in CD-Qualität (Stereo, Sample-Rate 44,1 kHz, Auflösung 16 bit) ohne Komprimierung erforderlich?

13. Erläutern Sie die verschiedenen Soundverfahren, die Soundkarten zur Schaffung eines 3D-Klangeindrucks unterstützen.

14. Eine PC-Messkarte kann die elektrischen Größen Spannung, Strom, Widerstand, Frequenz und Leistung über angeschlossene Messfühler erfassen und als Zahlenwert mit der entsprechenden Einheit auf dem Bildschirm ausgeben. Erstellen Sie eine Tabelle (ggf. mit einem entsprechenden Computerprogramm) für die genannten Größen mit folgenden Inhalten: Name der elektrischen Größe, Formelzeichen der elektrischen Größe, Name der Einheit und Formelzeichen der Einheit.

15. Erläutern Sie mithilfe der elektrotechnischen Grundlagen, warum der Tuner einer TV-Karte mit einer Blechhülle umgeben ist.

16. Was versteht man unter der Bezeichnung MPEG? Erläutern Sie die verschiedenen Spezifikationen.

17. Was bedeutet DVB? Welche Spezifikationen unterscheidet man?

1.10 Netzteil

Die Spannungsversorgung eines PCs erfolgt in der Regel aus dem 230-V-Energieversorgungsnetz, an welches der Rechner über eine entsprechende Leitung an eine Schutzkontakt-Steckdose (Kap. 5.6.2) angeschlossen wird. Die Umwandlung der 50-Hz-Netzwechselspannung (**AC: Alternate Current**) in die erforderlichen Gleichspannungen (**DC: Direct Current**) erfolgt mittels eines Netzteileinschubs. Vielfach sind diese Netzteileinschübe für den internationalen Einsatz ausgelegt, d.h., sie besitzen eine Umschaltmöglichkeit von 230 V/50 Hz auf 110 V/60 Hz. PC-Netzteile werden grundsätzlich in einem allseits geschlossenen Metallgehäuse geliefert.

Bild 1.157: PC-Netzteileinschub (Beispiel)

Das Metallgehäuse ist mit dem Anschluss des Schutzleiters verbunden und verhindert ein Berühren Spannung führender Teile. An der Rückseite dieses Gehäuses befindet sich ein Schalter, mit dem das Netzteil komplett von der 230-V-Versorgungsspannung getrennt werden kann. Mit dem an der Frontseite des PCs angebrachten Ein/Aus-Taster lässt sich der PC zwar ein- und ausschalten (Bootvorgang siehe Kap. 3.1), jedoch ist das Netzteil nach dem Abschalten durch diesen Taster weiterhin in Betrieb und nimmt eine geringe Ruheleistung auf (Soft-Switch).

Das Öffnen des Netzteilgehäuses ist nur einer Elektrofachkraft gemäß VDE 0100 (wie z.B. dem IT-Systemelektroniker) erlaubt, wobei die Sicherheitsvorschriften zu beachten sind (Kap. 5.7.2).

Ein PC-Netzteil arbeitet nach dem Grundprinzip eines Schaltnetzteils, d.h., die Netzwechselspannung wird nach einem besonderen Verfahren in eine niedrigere Spannung umgewandelt, gleichgerichtet und stabilisiert (Kap. 5.3.1.3).

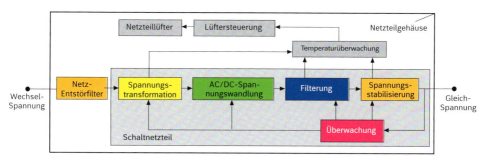

Bild 1.158: Prinzipieller Aufbau des PC-Netzteils

Anschlussstecker

Ein ATX-Motherboard (Kap. 1.2) lässt sich nur an ein spezielles ATX-Netzteil über einen verpolungssicheren 24-poligen Stecker anschließen (aktueller ATX12V-2.2-Standard bzw. EPS12V-Server-Standard, vorher 20-poliger Stecker). Der ATX-Stecker wird mit der entsprechenden Buchsenleiste auf dem jeweiligen Motherboard verbunden und versorgt das Board mit sämtlichen erforderlichen Betriebsspannungen (Bild 1.161). Hierbei dient

Bild 1.159: Anschlussstecker für SATA-Laufwerk

die Parallelschaltung mehrerer Leitungen mit dem gleichen Spannungswert (z. B. Pin 21 und 22) dazu, die Strombelastung pro Leitung gering zu halten (Kap. 5.1.2.2). Gemäß ATX-Spezifikation darf beispielsweise die Strombelastung einer 12-V-Leitung maximal 20 A betragen. Darüber hinaus fordert die Spezifikation neuerdings auch zwei unabhängig voneinander arbeitende 12-V-Schienen (zwei Anschlüsse, in denen jeweils unabhängig voneinander 12 V bereitgestellt werden). Neben der Bereitstellung der erforderlichen Spannungen dienen einige der Leitungen auch zur Überwachung (z. B. Pin 8, 11, 14) dieser Werte.

Um die vom Netzteil für das Motherboard bereitgestellten Versorgungsspannungen bei abgezogenem Anschlussstecker prüfen zu können, muss das zunächst spannungsfrei (!) geschaltete Netzteil neu gestartet werden. Hierzu muss Pin 16 des Anschlusssteckers (grünes Anschlusskabel) über eine kurze Leitung mit einem der Masseanschlüsse (z. B. Pin 17; schwarzes Kabel) verbunden werden. Ohne einen angeschlossenen Verbraucher sollte das Netzteil aber nicht lange betrieben werden, da es – funktionsbedingt – ansonsten möglicherweise einen Schaden davontragen kann (Schaltnetzteile sind stets mit einer „Grundlast" zu betreiben)!

Pin	Bezeichnung	Funktion
1	NC	(ehemals 3,3 V)
2	NC	(ehemals 3,3 V)
3	DevSlp	Device Sleep (ehemals 3,3 V pre-charge)
4	GND	Masse
5	GND	Masse
6	GND	Masse
7	V5pc	5 V pre-charge
8	V5	5 V
9	V5	5 V
10	GND	Masse
11		Staggered Spin-up/ Activity LED
12	GND	Masse
13	V12pc	12 V pre-charge
14	V12	12 V
15	V12	12 V

Bild 1.160: Pin-Belegung SATA-Energieversorgungsstecker (NC: Not Connected; ab Revision 2.3)

Bei den meisten Boards ist ein zusätzlicher Stecker zur Energieversorgung des Prozessors erforderlich (12 V Power Connector). Auch einige PCIe-Grafikkarten benötigen eine zusätzliche Energieversorgung (sechspoliger – bis 75 W – oder achtpoliger – bis 150 W – Zusatzstecker, nicht identisch mit dem CPU-Power-Connector!).

Darüber hinaus stellen Netzteile intern standardmäßig eine Reihe verschiedener Anschlusskabel zur Verfügung, die an ihrem Ende mit unterschiedlichen Steckern versehen sind (Bild 1.161) und der Energieversorgung angeschlossener Geräte dienen (z. B. Festplattenlaufwerk, DVD-Laufwerk). Diese Leitungen sind üblicherweise fest mit dem Netzteil verbunden und werden als Kabelbaum aus dem Netzteilgehäuse herausgeführt. Eventuell fehlende Anschlussstecker lassen sich mittels Adapter nachrüsten (z. B. für SATA-Laufwerke). Einige Hersteller bieten alternativ auch Netzteile mit verschiedenen internen Buchsen an, bei denen dann die Anschlusskabel mit den passenden Gerätesteckern bedarfsorientiert angeschlossen werden können.

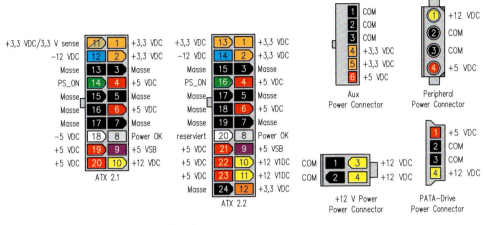

Bild 1.161: Bauformen von ATX-Netzteilsteckern

Leistungsanforderungen

Das Netzteil muss entsprechend der zu erwartenden Leistungsaufnahme der angeschlossenen Komponenten dimensioniert sein. Hierbei sind Leistungsreserven für spätere Erweiterungen (z. B. nachträglicher Einbau einer Grafikkarte) zu berücksichtigen. Die Leistungsaufnahmen sind bei den einzelnen Komponenten recht unterschiedlich.

Komponente	Mittlere Leistungsaufnahme ca.
Motherboard	25 W
Prozessor	25–140 W (typabhängig)
Festplattenlaufwerk	15 W
CD/DVD-Laufwerk	25 W (bei Schreib-Lesezugriffen)
Arbeitsspeicher	0,5–2 W
Grafikkarte	50–200 W (typabhängig)

Bild 1.162: Mittlere Leistungsaufnahme einzelner Komponenten (Beispiele)

Bild 1.163: Typenschild eines PC-Netzteils

Üblicherweise beträgt die Nennleistung heutiger Einschübe 400–1000 W. Bei einigen Netzteilen wird neben den einzelnen Strombelastbarkeiten auf dem Typenschild auch die sogenannte „**Combined Power**" angegeben. Dies deutet darauf hin, dass eine oder mehrere Spannungen von einer gemeinsamen Trafowicklung abgegriffen werden. In einem solchen Fall können nicht alle Ausgänge mit ihren einzeln angegebenen Maximalströmen bzw. den daraus resultierenden Maximalleistungen belastet werden, sondern in der Summe lediglich mit dem als Combined Power angegebenen Wert.

Bei einer praxisgerechten Dimensionierung soll das Netzteil im Mittel bis 80 % seiner Nennleistung abgeben.

Nachteilig ist, dass bei einem Stromausfall sämtliche nicht dauerhaft gespeicherte Daten verloren gehen. Um dieses zu verhindern, bietet die Industrie sogenannte unterbrechungsfreie Stromversorgungen (**USV**; Peripheral Power Supply, Uninterruptible Power Supply) an. Hierunter versteht man eine Zusatzstromversorgung für einen Computer oder ein Gerät, welche die Energieversorgung bei einem Stromausfall so lange übernimmt (z. B. mithilfe eines Energiespeichers), bis alle Daten gesichert sind (siehe Kap. 5.3.1.3).

AUFGABEN

1. Mit welchen Spannungen muss ein modernes ATX-Motherboard versorgt werden?

2. SATA-Festplatten werden mit einem 15-poligen Stecker an das PC-Netzteil angeschlossen.
   a) Welche Spannungen benötigen SATA-Festplatten?
   b) Begründen Sie die vergleichsweise große Anzahl der Pins.
   c) Warum sind die Kontaktzungen der Pins unterschiedlich lang?

3. Ein PC wird nachträglich mit einem zweiten DVD-Laufwerk und einem weiteren Festplattenlaufwerk ausgestattet. Um welchen Wert vergrößert sich die Belastung des Netzteils (Worst-Case-Betrachtung mit den im Fachbuch angegebenen Leistungswerten)?

4. In einem Fachaufsatz über Netzteileinschübe finden Sie wiederholt die Abkürzung AC/DC. Welche konkrete Bedeutung hat diese Abkürzung? Welche Eigenschaft des Netzteils wird hiermit beschrieben?

5. Auf dem Typenschild eines PC-Netzteils ist angegeben, mit welchen Ströme die jeweiligen Anschlüssen für die Spannungen maximal belastet werden dürfen (siehe Tabelle).

U / V	+3,3	+5	+5	+12	+12	−12
I_{max} / A	20	22	2,5	14	16	0,5

   a) Berechnen Sie aus den gegebenen Werten die maximale Leistung, die das Netzteil abgeben kann.
   b) Das Netzteil hat einen Wirkungsgrad von 70 %. Wie groß ist die aus dem 230-V-Energieversorgungsnetz aufgenommene Leistung?
   c) Wie groß ist bei obigem Wirkungsgrad der aus dem 230-V-Netz aufgenommene Strom?
   d) Welche Kosten würden entstehen, wenn ein PC mit diesem Netzteil das ganze Jahr (365 Tage) ununterbrochen mit maximaler Belastung betrieben wird? (Arbeitspreis pro kWh: 24,5 Cent)

6. Ein Kunde legt Ihnen einen ATX-Netzteileinschub vor, den er aus seinem PC ausgebaut hat. Er behauptet, dass dieses Netzteil keine Gleichspannung abgibt, da kein daran angeschlossenes Gerät funktioniert. Mit welchen Messgeräten lässt sich diese Aussage prüfen? Welche Einstellungen sind an diesen Messgeräten vor der Messung ggf. vorzunehmen? Beschreiben Sie mit eigenen Worten den Messvorgang und die Ergebnisse, die bei einem intakten Netzteileinschub zu erwarten sind!

1.11 Eingabegeräte

Zu den Eingabegeräten (**Input Devices**) zählen alle Peripheriegeräte, mit denen der Benutzer Eingaben in ein Computersystem vornehmen kann. Man unterscheidet mechanische Eingabegeräte wie beispielsweise **Tastatur, Maus** oder **Joystick** und optische Eingabegeräte wie z. B. **Barcode-Leser** oder **Scanner**. Manche Peripheriegeräte können sowohl als Eingabe- als auch als Ausgabegerät dienen (z. B. Touchscreen). Im Folgenden werden die wichtigsten Eingabegeräte kurz dargestellt.

1.11.1 Tastatur

Die Tastatur (**Keyboard**) ist ein reines Eingabegerät und stellt das gebräuchlichste Verbindungsglied zwischen dem PC und dem Benutzer dar. Alle heutigen Tastaturen basieren auf der sogenannten MF-2-Tastatur (**MF: Multi-Funktions-Tastatur**), obwohl sich Anzahl und Anordnung der vorhandenen Tasten zum Teil geändert haben.

> Die **MF-2-Tastatur** umfasst ursprünglich 102 Tasten, die in die vier Bereiche **alphanumerischer Tastenblock, Ziffernblock, Cursorsteuerung** und **Funktionstasten** unterteilt sind.

Die Erweiterung zum 105-Tasten-Layout beinhaltet zusätzlich die „Windows-Taste(n)" und die „Menü-Taste" (Bild 1.165). Das Tastaturlayout des alphanumerischen Blocks unterscheidet sich im deutschen Sprachraum (**QWERTZ-Tastatur)** von der international üblichen Tastatur (**QWERTY-Tastatur)**. Die Bezeichnungen resultieren aus der Anordnung der linken sechs Zeichentasten in der oberen Reihe der Buchstabentasten.

> Beim QWERTZ-Tastatur-Layout ist für die richtige Verarbeitung aller Buchstaben ein entsprechend deutscher Tastaturtreiber erforderlich.

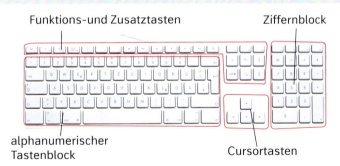

Funktions-und Zusatztasten   Ziffernblock

alphanumerischer Tastenblock   Cursortasten

Bild 1.164: MF-2-Tastatur mit Zusatztasten (deutsches Tastaturlayout)

Darüber hinaus gibt es Tastaturen mit zusätzlichen Tasten, z. B. zur direkten Lautstärkeeinstellung oder zur Steuerung eines optischen Laufwerks bei Audiowiedergabe (Start-/Stop-/Pausefunktion). Die Bedeutung der zusätzlich zu den Buchstaben und Ziffern auf einer *Standardtastatur* aufgedruckten Bezeichnungen und Symbole werden in der folgenden Tabelle erläutert.

Taste	Alternative Bezeichnung	Funktion
Esc	ESCAPE	Dient häufig zum Verlassen von Programmen oder zum Beenden von Aktionen
Tab	TAB	Tabulatortaste zum Setzen von Tabulatorsprüngen (z. B. in Textverarbeitungen) oder Springen durch Eingabemasken oder Menüs
CapsLock	CAPS LOCK	Feststelltaste; nach Betätigung werden alle Buchstaben groß geschrieben, die Aktivierung wird durch eine Leuchtdiode signalisiert. Die Funktion wird deaktiviert durch erneute Betätigung der Feststelltaste.
Shift	SHIFT Taste	Umschalttaste, die bei **gleichzeitiger** Betätigung einer anderen Taste eine Funktion hat (Großschreibung von Buchstaben; Sonderfunktionen in Abhängigkeit von der verwendeten Software). Die Taste ist doppelt vorhanden.
Strg	CRTL; CONT; CONTROL	Steuerungstaste, die bei **gleichzeitiger** Betätigung einer anderen Taste eine Funktion hat. Diese hängt von der verwendeten Software ab. Die Taste ist doppelt vorhanden.
Alt		Steuerungstaste, die bei **gleichzeitiger** Betätigung einer anderen Taste eine Funktion hat. Bei vielen Programmen kann mithilfe der Alt -Taste und den Ziffern auf dem Ziffernblock der ASCII-Code der einzelnen Zeichen eingegeben werden.
Alt Gr		Steuerungstaste, die bei **gleichzeitiger** Betätigung einer Taste mit einem **zusätzlichen Aufdruck** (z. B. µ, {, [~) den Zugriff auf dieses Zeichen erlaubt. Andere mögliche Funktionen hängen von der verwendeten Software ab.
Enter	ENTER; CARRIAGE RETURN	Steuerungstaste, mit der dem Betriebssystem mitgeteilt wird, dass ein eingegebener Befehl auszuführen ist; bei Standardsoftware Befehl zum Zeilensprung. Die Enter -Taste im Ziffernblock hat die gleiche Funktion.
Backspace	BACKSPACE	Löscht das zuletzt eingegebene Zeichen
Druck	HARDCOPY; PRTSCR	Unter Windows wird bei gleichzeitiger Betätigung der Tastenkombination Alt + Druck der Bildschirminhalt des gerade *aktuellen Fensters* in die Zwischenablage kopiert (**Screenshot**) Ist nicht auf allen Tastaturen vorhanden (z. B. bei Notebooks).
Rollen	SCROLL LOCK	Nach Betätigung konnte man sich früher (unter DOS) bildabschnittsweise mit den Pfeiltasten in einem Dokument bewegen, ohne die Schreibmarke (den Curser) zu verschieben. Die Aktivierung wird durch eine Leuchtdiode signalisiert. Die Deaktivierung erfolgt durch erneute Betätigung der Taste. Wird heute nur noch von wenigen Programmen unterstützt.
Pause	Untbr.	Ermöglicht bei manchen Programmen die Unterbrechung eines laufenden Vorgangs.

Taste	Alternative Bezeichnung	Funktion
`Einfg`		Wechselt zwischen dem **Überschreibmodus** und dem **Einfügemodus**. Der Einfügemodus bewirkt, dass alle eingegebenen Zeichen an der aktuellen Cursorposition eingefügt werden. Dieser Modus bleibt bis zur Deaktivierung durch erneutes Betätigen erhalten. Normalerweise keine Signalisierung des eingestellten Modus durch eine LED; bei manchen Anwenderprogrammen (z. B. Word) wird in der Statuszeile die Anzeige **ÜB** aktiviert bzw. deaktiviert.
`Entf`	DEL; DELETE; Lösch	Löscht das Zeichen hinter der aktuellen Cursorposition; bei Standardsoftware können auch mehrere vorher markierte Zeichen gelöscht werden. Die Funktion ist auch im Ziffernblock vorhanden.
`Pos1`	ANF; HOME	Platziert den Cursor bei Standardsoftware in die erste Spalte der aktuellen Zeile. Die Funktion ist auch im Ziffernblock enthalten.
`Ende`	END	Platziert den Cursor bei Standardsoftware hinter das letzte Zeichen der aktuellen Zeile. Die Funktion ist auch im Ziffernblock enthalten.
`Bild ↑`	PgUp	Ermöglicht in vielen Programmen das Blättern von einer Bildschirmseite nach oben. Meist wird der Curser hierbei mitverschoben. Die Funktion ist auch im Ziffernblock enthalten.
`Bild ↓`	PgDn	Ermöglicht in vielen Programmen das Blättern von einer Bildschirmseite nach unten. Meist wird der Curser hierbei mitverschoben. Die Funktion ist auch im Ziffernblock enthalten.
`Num⇭`	NUM-LOCK	Schaltet zwischen der Doppelbelegung des Ziffernblocks um. Ist die Ziffernfunktion aktiviert, wird dies durch eine Leuchtdiode signalisiert (LED an).
⊞	Windows-Taste	Öffnet unter Windows das Startmenü aus jeder aktiven Anwendung heraus; bewirkt unter Windows bei gleichzeitiger Betätigung in Kombination mit anderen Tasten versionsabhängig unterschiedliche Aktionen der Benutzeroberfläche, z. B. *Windows-Taste + E* öffnet den Windows-Explorer; *Windows-Taste + A* öffnet das Info-Center (unter anderen Betriebssystemen andere Aktionen möglich)
▤	Menütaste	Dient dem direkten Aufruf eines **Kontextmenüs**, welches dann abhängig von der Curserposition eine maßgebliche Funktionsauswahl öffnet.

Bild 1.165: Bezeichnungen und Symbole auf einer PC-Standardtastatur

Mithilfe der Cursortasten lässt sich der Cursor jeweils ein Zeichen nach oben, nach unten, nach links oder nach rechts verschieben. Diese Funktionen sind auch im Cursorblock enthalten, wenn die NUM-LED aus ist.

Die **Funktionstasten** `F1` bis `F12` werden in Abhängigkeit von der verwendeten Software dazu benutzt, komplexe Funktionen auszuführen. Die Zuordnung von Funktionen ist bei den einzelnen Programmen jedoch nicht einheitlich; manche Programme bieten auch die Möglichkeit, einer Funktionstaste eine gewünschte Funktion zuzuordnen.

Des Weiteren sind auf dem Markt eine Vielzahl von Tastaturen mit **ergonomischer Tastenanordnung** (leicht abgewinkelte Tasten jeweils für die linke und rechte Hand) erhältlich. Bei portablen Geräten (Notebook, Netbook) fehlt aus Platzgründen ggf. der

Ziffernblock. Mittels der zusätzlichen **Fn-Taste** (Fn: Function) können in Kombination mit anderen Tasten herstellerspezifisch auch zusätzliche Funktionen aufgerufen werden (z. B. Surface Pro 3: *Fn + Entf* für größere Bildhelligkeit; *Fn + Leertaste* erstellt eine Kopie des Bildschirminhalts). Bei Tastaturen, die sich auf dem Bildschirm einblenden lassen, kann man meist zwischen verschiedenen Darstellungen wechseln.

Bild 1.166: Beispiel für eine Tablet-Tastatur mit Fn-Taste (englisches Tastaturlayout)

Der Anschluss einer (Hardware-) Tastatur erfolgt meist über USB (Kap. 1.6.3) sowie kabellos über Wireless-USB oder Bluetooth. Bei portablen Geräten mit abnehmbarer Tastatur (z. B. Hybrid-Tablets; Kap. 1.1.4) werden die Kontakte zwischen beiden Teilen vielfach auch magnetisch zusammengehalten.

In der Tastatur befindet sich ein **Tastatur-Controller** (Keyboard Controller), der die Information bei Betätigung einer Taste auswertet. Durch die matrizenförmige Anordnung der Tasten in Zeilen und Spalten mit jeweils darunter angeordneten Kontakten kann jede Taste eindeutig erkannt werden. Jeder Taste ist ein eindeutiger Zeichencode zugeordnet (ASCII-Code, Kap. 4.3.5). Versehen mit einem Startbit, einem Paritätsbit und einem Stopbit wird dieser Code seriell in den **Tastaturpuffer** (Keyboard Buffer, Type-Ahead Buffer) – einen kleinen reservierten Bereich im Systemspeicher – geschrieben. Dieser Puffer wird verwendet, um die bereits eingegebenen, aber noch nicht verarbeiteten Zeichen zwischenzuspeichern. Die Übertragung erfolgt nach Auslösen eines Hardware-Interrupts (IRQ1; Kap. 3.5).

Durch die Verwendung eines eigenen Controllers können auch serielle Daten *zur* Tastatur geschickt werden. Hierdurch lässt sich beispielsweise die Tastatur-**Anschlagsgeschwindigkeit**, die **Wiederholrate** einer gedrückt gehaltenen Taste (ca. zwei bis 25 Zeichen pro Sekunde) oder die **Ansprechverzögerung** (ca. 250 ms bis 1 s) einstellen.

1.11.2 Maus

Die Maus (Mouse) ist ebenfalls ein Eingabegerät zur Kommunikation mit dem PC. Eine Eingabe ist allerdings nur mit betriebsbereitem Display kontrollierbar, da die Befehlseingabe durch Platzieren des Mauszeigers auf ein dargestelltes Befehlsfeld und Klicken mit einer Maustaste erfolgt.

Zu den grundlegenden Merkmalen einer Maus gehören das Gehäuse mit einer planen Grundfläche und einem Aufbau, der die Bedienung mit einer Hand gestattet, zwei oder drei Tasten auf der Oberseite sowie eine Einrichtung zum Erfassen der Bewegungsrichtung an der Unterseite. Die erfolgt heute nur noch über optische Verfahren. An der Unterseite einer optischen Maus befindet sich hierzu eine **LED** (Light Emitting Diode, Kap. 5.5.4.1), die Licht in Richtung der Unterlage abstrahlt. Ein Sensor an der Unterseite der Maus empfängt das von der Oberfläche der Unterlage reflektierte Licht und wertet die bei Bewegung auftretenden Unterschiede der reflektierten Strahlen aus. Die auf verspiegelten oder durchsichtigen Glasoberflächen bestehenden Probleme der Bewegungserkennung bei herkömmlichen optischen Mäusen mit Standard-Rot-LED oder Laserdiode (Bild 1.167a und b) werden durch unterschiedliche Technologien verringert (z.B. Bild 1.167c: **Blue-Track-Technik**: Verwendung einer breit streuenden, kurzwelligen blauen LED; Bild 1.167d: **Darkfield-Technik**: 2 Infrarot-LEDs, die polarisiertes Licht abgeben; Polarisation siehe Kap. 1.12.3.1). Durch das Verschieben der Maus wird ein Bildschirmcursor bewegt, dessen Aussehen sich je nach Anwendung und Position verändern kann.

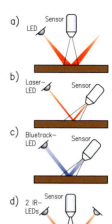

Bild 1.167: Abtastmechanismen optischer Mäuse (Grundprinzip)

> Die Beziehung zwischen der Mausbewegung auf dem Mauspad und der Bewegung des Bildschirmcursors bezeichnet man als **Mausempfindlichkeit** (Mouse Sensitivity).

Die Mausempfindlichkeit lässt sich bei den meisten Anwendungsprogrammen individuell anpassen. Unter einer **Maussspur** (Mouse Trails) versteht man hierbei eine schattenähnliche Spur, die auf dem Bildschirm während einer Mausbewegung angezeigt werden kann.

Eine Zweitastenmaus kann auch über ein sogenanntes **Scrollrad** verfügen, mit dem man in den verschiedensten Applikationen durch einfaches Drehen einen vertikalen Bilddurchlauf steuern kann und mit dem man wie mit einer Taste bei Klick bestimmte vorprogrammierte Funktionen ausführen kann. Verschiedentlich befinden sich an der Mausseite auch weitere Tasten für (programmierbare) Zusatzfunktionen.

> Die Maus ist ein **relatives Zeigegerät**, da es keine definierten Grenzen für die Mausbewegungen auf dem Mauspad gibt und ihre Lage auf einer Fläche nicht direkt auf dem Bildschirm abgebildet wird.

So kann man beispielsweise die Maus hochheben und an einer anderen Stelle wieder aufsetzen, ohne dass sich die Lage des Bildschirmzeigers verändert, da ja keine Bewegung stattgefunden hat. Zur Auswahl von Elementen oder Befehlen auf dem Bildschirm drückt der Benutzer eine der Maustasten, um einen „Mausklick" zu erzeugen.

Der Anschluss der Maus erfolgt an den USB/Wireless USB oder per Bluetooth. Voraussetzung für das Arbeiten mit der Maus ist ein Programm mit einer grafischen Benutzeroberfläche und einer entsprechenden Software (Maustreiber), welche die Bewegungen der Maus erfasst und in entsprechende Befehle umsetzt. Unter Windows wird eine Maus in der Regel automatisch erkannt und eingebunden.

1.11.3 Joystick

Der Joystick (Joystick) ist ein Zeigegerät, das vor allem für Computerspiele verwendet wird, jedoch auch für andere Aufgaben geeignet ist. Ein Joystick besteht aus einem Grundgehäuse und einem senkrechten Hebel, den der Benutzer in alle Richtungen bewegen kann, um ein Objekt auf dem Bildschirm zu steuern. Im Grundgehäuse und auf dem Hebel können Steuerknöpfe angeordnet sein. Die Knöpfe aktivieren verschiedene Softwaremerkmale – im Allgemeinen produzieren sie Ereignisse auf dem Bildschirm. Bei einem Joystick handelt es sich in der Regel um ein **relatives Zeigegerät**, das ein Objekt auf dem Bildschirm verschiebt, wenn man den Hebel bewegt, und die Bewegung des Objekts stoppt, sobald der Hebel losgelassen wird.

Der Anschuss eines Joysticks erfolgt entweder über einen speziellen Anschluss (Gameport) oder direkt über einen USB-Port. Insbesondere bei Spielekonsolen wird der Joystick heute oft durch einen **Gamecontroller** (Gamepad) ersetzt, der mit beiden Händen gehalten wird und neben einem Steuerkreuz zur Richtungswahl eine Reihe von Aktionstasten enthält, die spieleabhängig unterschiedlich belegt sind.

1.11.4 Barcode-Leser

Ein Barcode ist ein spezieller Identifizierungscode, der in Form von vertikalen Balken unterschiedlicher Breite auf den meisten Handelsgütern aufgedruckt ist und für die schnelle, fehlerfreie Eingabe in vielen Einrichtungen eingesetzt wird.

> Der **Barcode** stellt binäre Informationen mithilfe einer Strichcodierung dar, die sich mit einem optischen Scanner lesen lassen.

Im Code können sowohl Ziffern als auch Buchstaben enthalten sein; einige Codes verwenden eine integrierte Prüfsumme und sind in beiden Richtungen lesbar. Ein bekannter Barcode ist der **EAN** (Kap. 4.3.6).

Ein Barcode-Leser (**Barcode-Scanner**) ist ein optisches Gerät, das mithilfe eines Laserstrahls Barcodes lesen und interpretieren kann. Der Laserstrahl wird auf das Papier gerichtet und erfasst die Codierung. Die vertikalen Balken des Codes reflektieren den Strahl anders als das Papier, auf dem sie angebracht sind. Das reflektierte Signal wird mithilfe lichtempfindlicher Bauelemente aufgenommen und die Muster aus hellen und dunklen (oder farbigen) Stellen in digitale Signale umgesetzt, die dann unabhängig von der Leserichtung von einem Rechner korrekt weiterverarbeitet werden können.

Neben dem Barcode werden zunehmend auch sogenannte 2D-Codes eingesetzt (Kap. 4.3.7). Diese lassen sich mit jedem Smartphone über die eingebaute Kamera und einer entsprechenden App lesen und werden auch als **QR-Codes** (**QR**: Quick Response) bezeichnet. Ein solcher Code kann beispielsweise eine Internetadresse enthalten, die dann direkt mit dem Smartphone anwählbar ist. An Bedeutung gewinnen in vielen Bereichen auch automatische Identifikationsverfahren. Hierbei hat sich die RFID-Technologie aufgrund ihrer geringen Kosten, ihrer Wirtschaftlichkeit und der geringen Größe der Bauteile durchgesetzt (Kap. 4.3.8).

Bild 1.168: Barcode-Leser

1.11.5 Scanner

Unter einem Scanner (Abtaster) versteht man allgemein ein optisches Datenerfassungsgerät, mit dem es möglich ist, eine Vorlage mithilfe von Sensoren zu erfassen und diese in eine digitale Form zu bringen, sodass sie mit einem Computer verarbeitet, analysiert und dargestellt werden kann.

Eines der Hauptanwendungsgebiete ist das Erfassen von Dokumenten, Textpassagen und Abbildungen auf bedrucktem Papier. Die hierzu verwendeten Geräte lassen sich in unterschiedliche Kategorien einteilen. Ein wesentliches Unterscheidungsmerkmal ist hierbei das Prinzip, nach dem die einzuscannende Vorlage befestigt bzw. transportiert wird.

Beim **Flachbettscanner** wird die Vorlage mit der bedruckten Seite nach unten auf einer Glasoberfläche fixiert, und der Abtastmechanismus bewegt sich, angetrieben von einem kleinen Schrittmotor, unter der Glasoberfläche über die Vorlage. Die Fixierung kann – bei aufgeklappter Glasabdeckung – per Hand erfolgen oder automatisiert durch einen zusätzlichen Einzugsmechanismus, der zu scannende Dokumente automatisch auf die Glasoberfläche befördert und nach dem Scanvorgang wieder auswirft.

Der **Einzugscanner**, der z. B. bei Faxgeräten eingesetzt wird, zieht das Papier ein und bewegt es über einen *stationären* Scanmechanismus. Der Scanvorgang erfolgt hier, *während* das Dokument bewegt wird.

In anderen Bereichen werden spezielle Arten optischer Scanner eingesetzt. So handelt es sich bei einem **Fingerabdruckscanner** (Alternativbezeichnung: **Fingerprintscanner**) um einen Sensor, mit dem man die (unverwechselbaren) biometrischen Merkmale eines Fingers (oder mehrerer Finger) erfassen und anschließend ein digitales Abbild dieses Fingerabdrucks erstellen kann. Bei einem halbautomatischen Fingerabdruckscanner muss man einen Finger über eine schmale Scannerfläche ziehen (kompaktere Bauform), ein vollautomatischer Fingerabdruckscanner erfasst einen (oder mehrere) Finger durch Auflegen auf eine Fläche (qualitativ bessere Ergebnisse). Durch Vergleich mit gespeicherten Abdruckdaten ist dann eine eindeutige Identifikation einer Person möglich. Zur Abtastung werden optische oder kapazitive Sensoren eingesetzt, die bei hochwertigen Systemen – zur Überprüfung auf „Lebend-Erkennung" – noch durch thermische oder Ultraschall-Sensoren ergänzt werden. Fingerabdruckscanner findet man in vielen sicherheitsrelevanten Bereichen als Zugangskontrolle und in einigen Smartphones für das Entsperren des Gerätes oder zur Verifizierung bei Onlinekäufen. Zunehmend werden in den genannten Bereichen zur Erfassung (eindeutiger) biometrischer Merkmale auch sogenannte **Irisscanner** eingesetzt, bei denen anstatt des Fingerabdrucks die (ebenfalls unverwechselbare) Augeniris erfasst wird.

Bei einem Scanvorgang wird die Vorlage jeweils von einer Lichtquelle beleuchtet. Dieses Licht wird in Abhängigkeit der Farbgestaltung der Vorlage unterschiedlich reflektiert und von lichtempfindlichen Sensoren aufgenommen. Bei den Papierscannern wurden früher als Lichtquelle sogenannte **Kaltlichtröhren** (CCFL: Cold Cathode Fluorescent Lamp) verwendet. Stattdessen werden heute nur noch platzsparende **LEDs** (Light Emitting Diodes; Kap. 5.5.4.1) eingesetzt. LEDs benötigen keine Aufwärmphase, da sie sofort betriebsbereit sind. Diese mit der Abkürzung **CIS** (Contact Image Sensor) bezeichnete Technologie bietet neben der geringeren Bauhöhe des Scanners auch einen niedrigeren Stromverbrauch durch die LEDs. Hierdurch kann der Scanner seinen gesamten Energiebedarf aus der USB-Schnittstelle des PC beziehen, ein separates Netzteil ist nicht erforderlich.

Die Aufzeichnung der reflektierten Lichtwerte erfolgt bei Scannern mit winzigen lichtempfindlichen **CMOS**-Elementen (**C**omplementary **M**etal **O**xid **S**emiconductor).

Diese CMOS-Bausteine erzeugen entsprechend der auftreffenden Lichtstärke elektrische Ladungen, die dann weiterverarbeitet werden können. Meist sind diese CMOS-Elemente in einer geraden Reihe angeordnet und erfassen eine Vorlage zeilenweise. Durch den Einsatz optischer Umlenksysteme (Spiegel) und Linsen – wie etwa beim Flachbettscanner – werden störende Einflüsse (z.B. Streulicht) möglichst gering gehalten. Die ursprünglich verwendeten CCDs (Charged Coupled Devices) besitzen eine höhere Stromaufnahme und findet man nur noch selten.

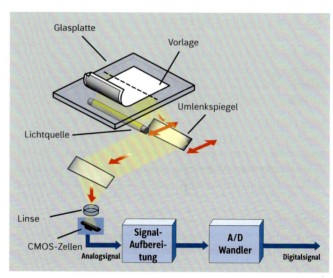

Bild 1.169: Prinzipieller Aufbau eines Flachbettscanners

Um mit diesen CMOS-Elementen eine Vorlage farbig aufnehmen zu können, müssen entsprechend dem additiven Farbdarstellungsverfahren (Kap. 1.12.1) die drei Grundfarben Rot, Grün und Blau separat erfasst werden. Moderne Scanner ermöglichen dies in einem einzigen Scan-Durchgang (**Single Pass Scanner**). Sie besitzen hierzu CMOS-Elemente, die jeweils mit einem Rot-, Grün- und Blaufilter maskiert sind. Die Größe der elektrischen Ladungen, die die CMOS-Bausteine beim Belichtungsvorgang aufnehmen, entspricht jeweils einem bestimmten Farbwert.

Die analogen „Farbwertsignale" werden anschließend in ein Digitalsignal umgewandelt, welches vom PC verarbeitet werden kann. Eingescannte Vorlagen liegen als Bitmap-Grafik mit entsprechend großem Speicherbedarf vor.

Eine **Bitmap-Grafik** speichert für jeden darstellbaren Punkt die Koordinaten und den Farbwert. Aus diesem Grund benötigt sie ein großes Speichervolumen. Sie wird auch als **Pixelgrafik** bezeichnet.

Um eingescannte Texte mit einem handelsüblichen Textverarbeitungsprogramm weiterverarbeiten zu können, muss eine Umwandlung der alphanumerischen Zeichen und Satzzeichen in editierbare Textzeichen erfolgen.

Die Umwandlung eines eingescannten Textes in eine editierbare Textvorlage erfolgt mithilfe eines optischen **Zeichenerkennungsprogramms** (**OCR**; **O**ptical **C**haracter **R**ecognition).

Diese Umwandlung erfolgt mithilfe von **Mustervergleichsverfahren**. Aufgrund der Vielzahl unterschiedlicher Schriftarten und Schriftattribute (z. B. Fett- und Kursivschrift) bestehen jedoch häufig große Unterschiede in der Gestaltung der Zeichen, sodass eine absolut fehlerfreie Zeichenerkennung (Character Recognition) in der Regel nicht möglich ist. Grafische Darstellungen oder Bilder (Fotos) können mit entsprechenden Programmen (z. B. Adobe Creative Suite, Corel Draw) bearbeitet werden.

Die Genauigkeit, mit der eine Vorlage eingescannt werden kann, hängt von der **Auflösung** des Scanners ab. Sie wird – wie bei den Druckern – in **Dots per Inch** (dpi), in **Pixel pro Millimeter** (ppm) oder **Pixel per Inch** (ppi) angegeben.

Die genannten Auflösungen sind typische Werte und hängen nicht zuletzt vom Gerätepreis ab. Ein Leistungsvergleich nur anhand einer angegebenen, aber nicht näher bezeichneten Auflösung gestaltet sich in der Praxis oftmals schwierig, da die **tatsächliche physikalische Auflösung** durch entsprechende Interpolationsverfahren (mathematische Verfahren zur Berechnung von

Scannerart	Auflösung
Einzugscanner	300 bis 900 dpi
Flachbettscanner	600 bis 4800 dpi
Flachbett-Diascanner	1200 bis 9600 dpi

Bild 1.170: Scannerarten mit typischen Auflösungen

Zwischenwerten) zu einer **scheinbar vorhandenen Auflösung** vergrößert werden kann. Durch diese Verfahren lassen sich beispielsweise „Treppeneffekte" reduzieren. Scanner werden meist an einen USB-Port angeschlossen.

Mit dem Ziel, eine einheitliche Softwareschnittstelle für Scanner zu entwickeln, wurde ein Standard mit der Bezeichnung **TWAIN** (**T**echnology **W**ithout **A**n **I**nteresting **N**ame) geschaffen. Moderne Scanner (und auch Digitalkameras) werden fast ausnahmslos über den TWAIN-Standard angesteuert. Auf diese Weise ist eine weitestgehend problemlose Integration der Geräte in die meisten Bildbearbeitungsprogramme möglich. Alternative Softwareschnittstellen sind **ISIS** (Image and Scanner Interface Spezifikation; kommerzielle Anwendung) oder **SANE** (Scanner Access Now Easy; bei Linux).

1.11.6 Sonstige Eingabegeräte

Neben der bisher genannten Peripherie gibt es noch weitere Eingabegeräte:

Trackball

Der Trackball ist ein stationäres Zeigegerät, welches aus einer Kugel besteht, die auf zwei Rollen gelagert ist. Die Rollen sind im rechten Winkel zueinander angeordnet und wandeln eine Bewegung der Kugel in vertikale und horizontale Bewegungen auf dem Bildschirm um. Die Kugel wird mit der Handfläche bewegt. Ein Trackball verfügt in der Regel auch über eine oder zwei Tasten zum Auslösen von Aktionen.

Mousepad/Touchpad

Das Mousepad bzw. Touch- oder Trackpad ist ein Zeigegerät, das aus einer kleinen, flachen, berührungsempfindlichen Sensorfläche besteht. Der Mauszeiger auf dem Bildschirm kann verschoben werden, indem man mit dem Finger oder einem Stift über die Oberfläche des Pads fährt. Durch Tippen mit dem Finger auf dem Pad wird eine Funktion wie bei Betätigen einer Maustaste durchgeführt. Vorrichtungen dieser Art finden sich meist bei Notebooks und Netbooks.

Stylus

Stylus ist die Bezeichnung für einen Eingabestift, der für die Bedienung von Geräten mit sensitiven Oberflächen (Touchscreen, Tablet, Smartphone) geeignet ist. Mit einem solchen Stift ist eine Eingabe in vielen Fällen wesentlich präziser möglich als mit den Fingern.

Bei *druckempfindlichen* Bildschirmen (Widerstandsprinzip; Kap. 1.12.2) genügt hierzu ein beliebiger Stift mit einer Kunststoffspitze. Bei einem *kapazitiven* Touchscreen (Kapazitätsprinzip; Kap. 1.12.2) ist ein spezieller Stift mit einer *leitfähigen* Spitze erforderlich. Diese bildet quasi den Ersatz für die Fingerkuppe und fällt daher meist etwas dicker aus (Bild 1.171 a). Zwar ist er hierdurch weniger präzise bei der Linienführung, kann aber auf jedem kapazitiv arbeitenden Gerät verwendet werden (und hinterlässt hierbei keine Fingerabdrücke auf der Bildoberfläche).

Darüber hinaus gibt es spezielle, *aktive* Eingabestifte, die in der Regel auf ein bestimmtes Produkt abgestimmt sind. Diese verwenden meist eine induktive Eingabemethode, bei der in der Stiftspitze ein kleines elektromagnetisches Feld (Kap. 5.4.2) erzeugt wird. Dieses Feld wird durch entsprechende Sensoren auf der Displayoberfläche detektiert und seine Bewegung auf der Oberfläche ausgewertet. Auf diese Weise ist ein sehr präzises Zeichnen und Schreiben auf der Oberfläche möglich (auch in Verbindung mit OCR; Kap. 1.11.5). Ist ein solcher Stylus zusätzlich mit einem internen Drucksensor sowie einer entsprechenden Elektronik (ASIC; Bild 1.171 b) ausgestattet und verfügt das damit bediente Gerät über die zugehörige Software, lassen sich auch dicke und dünne Linien realisieren. Bei Stiftbenutzung wird von dieser Software in der Regel auch die übliche Touch-Bedienung abgeschaltet, damit es nicht zu Fehleingaben durch aufliegende Finger oder Handballen kommt. Am Stift befindliche Tasten können mit zusätzlichen Funktionen belegt werden (z. B. Öffnen eines bestimmten Programms).

a) passive kapazitive Spitze

b)

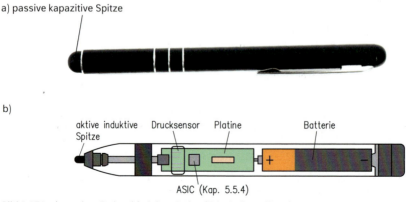

Bild 1.171: a) passiver Stylus, b) aktiver Stylus (Prinzipdarstellung)

Digitizer

Digitizer bzw. Grafiktablets bestehen aus einer ebenen Fläche mit Sensoren, welche die Position eines speziellen Stiftes aufnehmen, mit dem man die Fläche berührt. Hierbei ist die Position des Stiftes innerhalb eines definierten Bewegungsbereichs immer mit einer vordefinierten Bildschirmposition verknüpft, d. h., bei Grafiktabletts handelt es sich um **absolute Zeigegeräte**. Zusätzlich hat ein Digitizer auch Schaltflächen, bei deren Berührung vordefinierte Aktionen ausgelöst werden.

Digitalkamera

Bei einer Digitalkamera (Digicam) gelangt das einfallende Licht über eine Blende und über eine oder mehrere Linsen auf den lichtempfindlichen CMOS-Chip (Kap. 1.11.5). Dieser wandelt das Licht pixelweise in elektrische Signale, die vom nachfolgenden A/D-Wandler digitalisiert werden. Die Daten werden temporär in einem Zwischenspeicher abgelegt. Durch entsprechende Bildverarbeitungssoftware wird die Bildqualität überprüft, ggf. automatische Korrekturen der Einstellung vorgenommen, Pixel-Fehler beseitigt und die Daten komprimiert. Anschließend werden die Daten am eingebauten TFT-Display (Kap. 1.12.3.3) angezeigt, auf die integrierte Speicherkarte (Kap. 1.5.1.2) geschrieben oder direkt über die eingebaute Schnittstelle (Interface) ausgegeben.

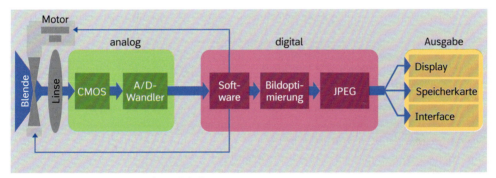

Bild 1.172: Prinzipieller Aufbau einer Digitalkamera

Qualitätsbestimmende Größen einer Digitalkamera sind die Pixelzahl, die Größe der lichtempfindlichen Aufnahmefläche des CMOS-Chips (typische Größe in Kompaktkameras 5,8 mm × 4,3 mm) und die Farbauflösung (Farbtiefe). Je kleiner hierbei ein einzelner Pixel ist, desto lichtunempfindlicher wird er. Eine anschließende elektronische Verstärkung des Signals ist dann meist mit Qualitätseinbußen verbunden ("Rauschen"). Mit einer Digicam lassen sich auch kleine Videosequenzen aufnehmen. Je nach Preisklasse sind hierbei auch Aufnahmen in HD-oder UHD-Qualität (Bild 1.155) möglich. Die maximale Aufnahmedauer wird wegen der hierbei auftretenden Datenmenge maßgeblich von der Kapazität der vorhandenen Speicherkarte eingeschränkt.

Die Übertragung der Bildinformation zum PC erfolgt entweder direkt über die eingebaute Schnittstelle (z. B. Firewire, USB oder mini-HDMI, Kap. 1.7) oder durch Einstecken der Speicherkarte der Kamera in ein entsprechendes Speicherkarten-Lesegerät des PC.

Eine Kamera, mit der man Bilder oder Videosequenzen mittels PC direkt auf eine Seite des World Wide Web übertragen kann, wird als **Webcam** bezeichnet. Diese lässt sich mit entsprechender Software auch für Videokonferenzen oder zur Aufnahme von Videos nutzen.

Die Auflösung einer Webcam war ursprünglich gering (z. B. 640 × 480 Pixel). Heute verfügen portable Geräte (Notebook, Netbook) vielfach über eine eingebaute Webcam an der Frontseite, die über eine höhere Auflösung verfügt (z. B. bis HD; Bild 1.155). Moderne Smartphones und Tablets haben meist auch zwei Kameralinsen. Die rückseitige Kameralinse ermöglicht Auflösungen und Bildqualitäten, die mit denen aktueller Kompaktkameras vergleichbar sind (bis UHD; Bild 1.155), die Linse an der Vorderseite dient eher zu Selfie-Aufnahmen.

Kinect

Hinter der Bezeichnung **Kinect** verbirgt sich ein technisches Verfahren zur Bedienung eines Gerätes allein durch Gesten. Hierzu ist eine Kombination aus Sensoren und Kameras erforderlich, die eine Bewegung im Raum dreidimensional erfassen und über eine entsprechende Software zur Steuerung des Gerätes verwenden. Diese Technik wird derzeit insbesondere bei Spielekonsolen eingesetzt, bei denen ein Spieler durch seine Körperbewegungen den Spielverlauf bestimmt. Diese **Gestensteuerung** lässt sich aber auch für die Bedienung eines Computers nutzen.

AUFGABEN

1. Welcher Unterschied besteht zwischen einer QWERTZ-Tastatur und einer QWERTY-Tastatur?

2. a) Welche Funktion hat unter Windows (Alt) + (Druck)?
   b) Wozu dient die oft auf Tastaturen von portablen Geräten vorzufindende „fn-Taste"? Nennen Sie Anwendungsbeispiele.

3. Mit welcher Tastenkombination kann man das bei E-Mail-Adressen erforderliche Zeichen @ erzeugen?

4. Welche Änderung ergibt sich bei einem Textverarbeitungsprogramm durch Betätigen der (Einfg)-Taste?

5. Bei optischen Mäusen unterscheidet man verschiedene Abtastmechanismen. Nennen und erläutern Sie diese.

6. Welcher Unterschied besteht zwischen einem relativen Zeigegerät und einem absoluten Zeigegerät?

7. Was versteht man unter der Mausempfindlichkeit?

8. Was ist ein EAN-Code? Wo findet dieser Code Verwendung? Welche Vorteile ergeben sich durch die Nutzung dieses Codes?

9. Welche Vorteile bietet bei einem Scanner der Einsatz von LEDs anstelle von CCFLs?

10. Ein Kunde interessiert sich für Scanner und fragt nach der Bedeutung der Bezeichnung Single-Pass-Scanner.

11. Welche Funktion erfüllt ein sogenanntes OCR-Programm?

12. Was versteht man unter der Scannerauflösung und wie wird sie angegeben? Welche typischen Werte erreichen moderne Scannertypen? Worauf ist bei der Beurteilung dieses Wertes zu achten?

13. Was versteht man unter dem TWAIN-Standard?

14. Was ist ein Digitizer? Welche Eigenschaften hat er?

15. Wie können die Bilder einer Digicam gespeichert werden? Auf welche Weise lassen sie sich in den PC übertragen?

16. Was versteht man unter der Bezeichnung „Kinect"?

17. Wozu benötigt man im PC-Bereich einen „Stylus"? Erläutern Sie die verschiedenen Ausführungsvarianten.

1.12 Bildgebende Komponenten

Die vom internen Grafikchip oder der zusätzlichen Grafikkarte eines Computers erzeugten Signale werden mithilfe bildgebender Systeme visuell dargestellt. Hierbei setzt man am Arbeitsplatz standardmäßig Flachbildschirme (Flat-Panel-Displays) ein. Diese verwenden je nach Technologie unterschiedliche physikalische Phänomene zur Bilderzeugung (z. B. Flüssigkristalle, Elektrolumineszenz, Plasma) und haben die klassischen Röhrenmonitore im Consumerbereich vollständig verdrängt. Für die über den Arbeitsplatz hinausgehende Darstellung werden zu Präsentationszwecken auch sogenannte **Beamer** (Kap. 1.12.7) eingesetzt.

1.12.1 Farbdarstellungsverfahren und Kenngrößen

Die Darstellungsoberfläche eines Bildschirms besteht aus einzelnen Leuchtpunkten, die auch **Pixel** genannt werden. Bei einem Farbbildschirm besteht jedes Pixel aus einem roten, einem grünen und einem blauen Teilpunkt, die so nahe nebeneinander liegen, dass ein menschliches Auge die Teilpunkte einzeln nicht mehr erkennen kann. Der Abstand zwischen den Mittelpunkten zweier benachbarter Punkte gleicher Farbe wird **Pixelabstand** (**Dot Pitch**) genannt. Der Pixelabstand bildet die Grenze der Auflösung eines Bildschirms. Teilweise wird aber nicht der Pixelabstand, sondern die Anzahl der Pixel pro inch (**ppi** oder **dpi**: **d**ots **p**ro **inch**; inch ist ein englisches Längenmaß; 1 inch = 1 Zoll = 2,54 cm) angegeben.

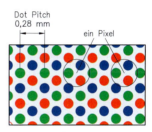

Bild 1.173: Pixel und Dot Pitch

Jedes Pixel wird von der Grafikkarte einzeln angesteuert (Kap. 1.9.1). Hierbei können die Intensitäten der Grundfarben **R**ot, **G**rün und **B**lau (**RGB**) jedes Pixels unabhängig voneinander eingestellt werden. Ein bestimmtes Mischungsverhältnis dieser drei Grundfarben nimmt ein Betrachter als eine bestimmte Farbe wahr; ändert man das Mischungsverhältnis, ändert sich auch die Farbwahrnehmung. Auf diese Weise lassen sich sämtliche vom menschlichen Auge wahrnehmbaren Farben realisieren. Die Farbe Weiß entsteht durch Mischung aus intensivem Rot, intensivem Grün und intensivem Blau.

Bild 1.174: Additives Farbmodell

> Die **Bilderzeugung** bei einem RGB-Display erfolgt nach dem sogenannten **additiven Farbmischverfahren** aus den drei Grundfarben Rot, Grün und Blau.

Bei diesem additiven Verfahren handelt es sich um ein Farbmodell zur Beschreibung von Farben, die durch farbiges Licht erzeugt werden. Die Farbe „Schwarz" würde sich bei diesem Modell durch Mischen der drei Grundfarben mit der Intensität Null ergeben. In der Praxis werden die Licht erzeugenden Elemente dann je nach verwendeter Technik abgeschaltet oder abgedeckt (z. B. Backlight), sodass der Bildschirm dunkel bleibt. Der sich hierbei ergebende „Schwarzwert" ist ein Gütekriterium bei Flachbildschirmen und hängt u. a. von der verwendeten Bilderzeugungstechnik ab.

Das additive Farbmischverfahren wird bis auf wenige Ausnahmen (z. B. E-Book-Reader; Kap. 1.1.7) bei allen farbigen Displays verwendet. Es lässt sich jedoch nicht bei Licht absorbierenden Körperfarben, wie dies etwa bei Druckfarben der Fall ist, anwenden (Kap. 1.13.6).

Unabhängig von der Technik, die einer Bilderzeugung zugrunde liegt, gibt es einige technikübergreifende Parameter, die einen Vergleich von bildgebenden Systemen ermöglichen. Hierzu zählen:

Bezeichnung	Erläuterung
Bildseitenverhältnis, kurz: Seitenverhältnis oder Bildformat	Angabe des Verhältnisses von Bildschirmbreite zu Bildschirmhöhe; wird meist als Zahlenwertbruch ohne Einheit angegeben, manchmal auch auf 1 normiert; typische Werte sind: 4:3 (lies: vier zu drei; klassischer Fernseher); normiert: 1,33:1 16:9 (Breitbildformat Fernseher, DVB, HDTV, UHD); normiert: 1,77:1 16:10 (Breitbildformat Notebooks); normiert: 1,6:1
Bildschirmgröße, Displaygröße h ⟍ d b	Angabe der Bildschirmdiagonalen in Zoll; die Bildschirmdiagonale ist der Abstand zweier sich diagonal gegenüberliegenden Ecken eines Bildschirms; die alleinige Angabe der Bildschirmdiagonale ist nur dann sinnvoll nutzbar, wenn das Bildseitenverhältnis bekannt ist; zwischen der Bildschirmdiagonale d, der Bildbreite b und der Bildhöhe h gilt folgender Zusammenhang: $d^2 = b^2 + h^2$ (Satz des Pythagoras)
Auflösung	**Physikalische Auflösung:** Maximale Zahl der physikalisch *vorhandenen* Farbtripelpunkte; wird als Zahlenpaar „Anzahl der waagerechten Bildpunkte × Anzahl der senkrechten Bildpunkte" angegeben **Logische Auflösung:** Anzahl der waagerechten und senkrechten Bildpunkte, die von der Grafikkarte *einzeln angesteuert* werden können; in der Regel sind verschiedene Wertepaare möglich (siehe Kap. 1.9.1); die Zahl der physikalisch vorhandenen Bildpunkte eines Bildschirms entspricht der maximal möglichen logischen Auflösung.
Leuchtdichte	Helligkeit eines Bildes, wird in der Einheit Candela pro Quadratmeter (cd/m²) angegeben; Bei einem Beamer wird auch der Lichtstrom (Strahlungsleistung) in Lumen (lm) angegeben.

Bezeichnung	Erläuterung
Kontrast	Quotient aus dem größten erreichbaren Helligkeitswert (Weißwert) und dem geringsten erreichbaren Helligkeitswert (Schwarzwert) eines Bildpunktes; wird als Verhältnis angegeben (z. B. 300:1)
Ausleuchtung	Gleichmäßigkeit der Bildhelligkeit als Quotient aus der Helligkeit des hellsten Bildpunktes zu der des dunkelsten Bildpunktes bei einem definierten Testbild mit konstanten Helligkeitswerten; Angabe in %
Bildgeometrie	Zusammenfassung aller Geometriefehler bei der Darstellung von definierten Testbildern (z. B. Kissenverzerrungen, abgerundete Ecken, Ellipsen statt Kreise); Prüfprogramme als Shareware erhältlich
Darstellungsmodus	**Interlaced-Modus** (z. B. 1080i) Beim Bildaufbau wird bei einem Durchgang jeweils nur jede zweite Pixelzeile geschrieben; zur kompletten Darstellung eines Bildes sind somit zwei Durchgänge erforderlich. **Non-Interlaced-Modus, Progressiv-Modus** (z. B. 1080p) Beim Bildaufbau werden bei einem Durchgang alle Pixelzeilen nacheinander geschrieben.
Bildwiederhol-frequenz	Anzahl der Bilder, die pro Sekunde dargestellt werden; sie wird in Hertz (Hz) oder alternativ auch in „frames per second" (fps; Bilder pro Sekunde)angegeben.

Bild 1.175: Allgemeine Kenngrößen bildgebender Systeme

Die Bildschirmgröße, das Seitenverhältnis und die Auflösung stehen hierbei in einem engen Verhältnis zueinander (Bild 1.176).

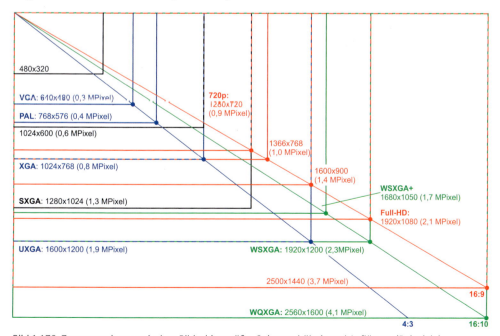

Bild 1.176: Zusammenhang zwischen Bildschirmgröße, Seitenverhältnis und Auflösung (Beispiele)

Die Darstellung auf einem digital angesteuerten Display ist qualitativ dann am besten, wenn seine physikalische Auflösung identisch ist zur (eingestellten) Auflösung der steuernden Grafikkarte.

Alle bildgebenden Komponenten müssen bestimmten Qualitäts- und Sicherheitsstandards genügen, um auf dem Markt zugelassen zu werden. Die Erfüllung dieser Standards wird durch entsprechende Prüfsiegel auf dem Display dokumentiert (Kap. 1.14.3).

1.12.2 Touchscreen

Unter einem Touchscreen versteht man ein Bild-Wiedergabegerät **mit einer sensitiven Bildschirmoberfläche** (Sensorbildschirm). Ein Touchscreen kann als Eingabe- und als Ausgabegerät arbeiten.

Durch die Berührung der Bildschirmoberfläche kann der Benutzer eine Auswahl treffen oder einen Cursor verschieben. Sensorbildschirme arbeiten nach jeweils einem der aufgeführten physikalischen Prinzipien, um den Punkt zu bestimmen, an dem man sie berührt:

Widerstandsprinzip

Die Oberfläche des Bildschirms ist mit einem leitfähigen Material beschichtet, das sich – gehalten von winzigen Abstandshaltern – in geringem Abstand von einer zweiten leitfähigen Schicht befindet. Zwischen beiden Schichten liegt eine geringe elektrische Spannung. Werden die leitenden Schichten durch einen leichten Druck (eine bloße Berührung reicht meist nicht aus) der Bildschirmoberfläche zusammengepresst, ergibt sich an dieser Stelle eine Widerstandsveränderung, deren Koordinaten von einer Steuerelektronik ausgewertet werden. Ein mit dieser Technik arbeitender Bildschirm wird auch als **resistiver Touchscreen** bezeichnet.

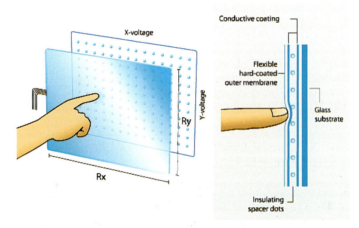

Bild 1.177: Koordinatenbestimmung nach dem Widerstandsprinzip

Kapazitätsprinzip

Eine Glasplatte wird auf beiden Seiten mit einem leitfähigen Material beschichtet, die Außenseite zusätzlich mit einem Kratzschutz versehen. Die innere Schicht dient der Abschirmung. Ein Gitter aus senkrecht zueinander angeordneten Elektroden erzeugt ein homogenes elektrisches Feld (Kap. 5.4.1) auf der äußeren leitfähigen Schicht. Prinzipiell entspricht diese Anordnung einem Kondensator (Kap. 5.5.1). Berührt ein Finger den Bildschirm, so verändert sich an dieser Stelle die Kapazität dieses Kondensators. Eine Auswerteelektronik ermittelt die Koordinaten des Berührpunktes. Nachteilig ist, dass bei herkömmlichen kapazitiven Bildschirmen eine Bedienung weder mit Handschuhen noch mit anderen Gegenständen (z.B. handelsüblichen Stiften) möglich ist, da hierbei der Einfluss auf das elektrische Feld zu gering ist. Das Kapazitätsprinzip wird bei den meisten portablen Geräten verwendet.

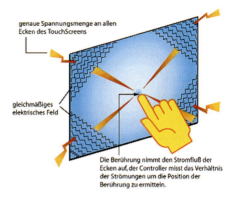

genaue Spannungsmenge an allen Ecken des TouchScreens

gleichmäßiges elektrisches Feld

Die Berührung nimmt den Stromfluß der Ecken auf, der Controller misst das Verhältnis der Strömungen um die Position der Berührung zu ermitteln.

Bild 1.178: Koordinatenbestimmung nach dem Kapazitätsprinzip

Energie-Absorptionsprinzip

Die Bildschirmoberfläche besteht aus einer unbeschichteten Glasplatte. Ein Generator erzeugt Oberflächenwellen (Frequenz z.B. 5 MHz), die durch die an den Bildschirmecken angeordneten Wandler in stehende Wellen umgewandelt werden. Berührt ein Gegenstand die Glasoberfläche, wird an dieser Stelle ein Teil der Wellenenergie absorbiert. Die Wandler erfassen diese Veränderung und die Auswerteelektronik bestimmt die Koordinaten des Berührpunktes. Die Bedienung ist mit einem beliebigen Gegenstand möglich, es ist aber stets eine Berührung erforderlich, eine bloße Annäherung reicht nicht aus.

Unterbrecherprinzip

Entlang zweier Bildschirmränder befinden sich winzige Infrarot-Leuchtdioden, auf den jeweils gegenüberliegenden Seitenrändern sind lichtempfindliche Fototransistoren angeordnet. Die Leuchtdioden erzeugen ein Gitter aus unsichtbarem Infrarotlicht auf der Bildschirmoberfläche. Bei Berührung wird dieses Lichtgitter an einer Stelle unterbrochen.

Die genannten Prinzipien werden bei den unterschiedlichsten Displayarten angewendet und weisen vergleichend die folgenden Eigenschaften auf:

Bezeichnung	Eigenschaften
Widerstandsprinzip	Ältestes Verfahren, robust und im industriellen Bereich weit verbreitet, preiswert, Funktion bei mechanischem Druck durch Finger und andere Gegenstände
Kapazitätsprinzip	Neueres Verfahren, erfordert Berührung mit leitfähigem Gegenstand (z. B. Finger oder spezieller Stylus; Kap. 1.11.6), kein mechanischer Druck erforderlich, wird bei allen aktuellen Smartphones verwendet

Energieabsorptions-prinzip	Teures Verfahren, zur Aufnahme bzw. Veränderung der Schallwellenenergie ist ein weicher Gegenstand erforderlich (z. B. Finger, Radiergummi).
Unterbrecherprinzip	Relativ teuer, beliebige Gegenstände zur Unterbrechung des Infrarotlichtes verwendbar

Bild 1.179: Eigenschaften der verwendeten Verfahren

Multi-Touchscreen

Während die ersten Touchscreens lediglich einen einzigen Berührungspunkt eindeutig lokalisieren konnten, kann ein moderner **Multi-Touchscreen** gleichzeitig mehrere Berührungen erkennen und auswerten. Dadurch sind wesentlich komplexere Bedienvorgänge möglich. So ist beispielsweise das Zoomen (Vergrößern oder Verkleinern einer Darstellung) möglich, indem man zwei Finger auf der Bildschirmoberfläche aufeinander zu oder voneinander weg bewegt (z. B. beim Tablet).

Eine spezielle Entwicklung in der Multi-Touch-Technik stellt die sogenannte **Continuous-Grain-Technologie** (CG-Technologie) dar. Hierunter versteht man eine Fertigungstechnologie, die es ermöglicht, elektronische Schaltungen auf Siliziumbasis auf einem glasförmigen Trägermaterial aufzubringen. Hierdurch ist es insbesondere bei Flachdisplays möglich, dass die einzelnen Pixel gleichzeitig eine Sensorfunktion bekommen. Das von einem oder mehreren Pixeln abgestrahlte Licht wird an einem

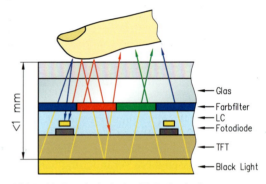

Bild 1.180: Grundprinzip der CG-Technologie

Finger auf der Glasoberfläche reflektiert und vom implementierten Fotosensor aufgefangen (Bild 1.180). Der Fotosensor generiert einen Spannungsimpuls, der zu Steuerungszwecken verwendet werden kann.

Ein zusätzliches Aufbringen einer sensitiven Oberfläche ist nicht mehr erforderlich. Mit dieser Technologie sind neben der Touch-Funktion auch noch andere Funktionen denkbar (z. B. automatische Helligkeitssteuerung; Einsatz der Oberfläche als Scanner; Nutzeridentifizierung anhand des Fingerabdrucks). Sobald sich auch komplexe Schaltkreise, Speicher und Zusatzfunktionen direkt auf der Anzeigeoberfläche unterbringen lassen, werden sich künftig Flachdisplays mit vollständigen Computereigenschaften herstellen lassen.

1.12.3 Flüssigkristall-Display

Als Flüssigkristalle bezeichnet man spezielle stäbchenförmig angeordnete Moleküle mit der besonderen Eigenschaft, dass sie unter bestimmten Voraussetzungen schichtweise die gleiche räumliche Orientierung aufweisen (sogenannte nematische Phase) und sich diese Orientierung durch ein anliegendes elektrisches Feld (Kap. 5.4.1) verändern lässt. Da einfallendes Licht an diesen Molekülen gebrochen wird, kann man durch Veränderung der elektrischen Feldstärke das Brechungsverhalten steuern. Hierbei ist zur Bilderzeugung polarisiertes Licht erforderlich.

1.12.3.1 Polarisation von Licht

Physikalisch kann Licht als elektromagnetische Welle betrachtet werden. Eine Lichtquelle sendet üblicherweise *nicht polarisiertes* Licht aus, d.h. Licht, bestehend aus Wellen, deren Schwingungsebenen räumlich beliebig verteilt sind. Im Gegensatz dazu besteht *polarisiertes* Licht nur aus Wellen mit einer einzigen Schwingungsebene. Mithilfe eines Polarisationsfilters kann man aus einer Quelle Lichtwellen herausfiltern, die nur eine einzige Schwingungsebene haben. Dieses Licht nutzt man bei LCD-Anzeigen.

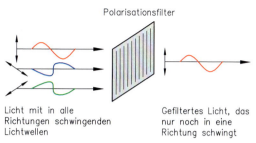

Licht mit in alle Richtungen schwingenden Lichtwellen

Gefiltertes Licht, das nur noch in eine Richtung schwingt

Bild 1.181: Prinzip der Polarisation

Ein **Polarisationsfilter** lässt nur Schwingungen einer einzigen Schwingungsebene durch.

1.12.3.2 LC-Display

LCD ist die Abkürzung für **Liquid Crystal Display**. Hiermit werden allgemein Flachbildschirme bezeichnet, die zur Bilddarstellung die physikalischen Eigenschaften von Flüssigkristallen nutzen.

Prinzipiell besteht ein LCD-Anzeigeelement aus mehreren Schichten mit Flüssigkristallen, die sich zwischen zwei dünnen Glasplatten befinden, und zwei Polarisationsfiltern, deren Polarisationsebenen um 90° gegeneinander gedreht sind.

Ohne eine anliegende Spannung zwischen den Glasplatten wird einfallendes Licht von dem linken Filter polarisiert, an den Kristallen um 90° schraubenförmig gebrochen und von dem rechten Filter durchgelassen. Der Betrachter sieht einen hellen Lichtpunkt (Bild 1.182).

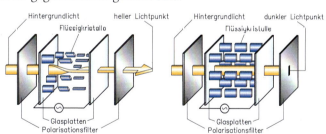

Bild 1.182: Prinzipieller Aufbau einer LCD-Zelle

Bild 1.183: Dunkler Lichtpunkt bei einer LCD-Zelle

Bei Anlegen einer Spannung wird einfallendes Licht zunächst wieder polarisiert, jedoch an den nun anders ausgerichteten Flüssigkristallen nicht gebrochen. Dieses Licht kann den rechten Filter nicht durchdringen, es entsteht ein dunkler Lichtpunkt (Bild 1.183).

Ein gesamtes LC-Display besteht aus einer matrizenförmigen (d.h. zeilen- und spaltenförmigen) Anordnung von einzelnen in Bild 1.182 (bzw. 1.183) dargestellten LCD-Elementen.

Ein Display mit einer Auflösung von 1024 × 768 Bildpunkten besteht demnach aus insgesamt 786 432 Elementen, die einzeln über Leiterbahnen angesteuert werden können (**Passiv-Matrix-Display**). Die Ansteuerung eines Bildpunktes erfolgt in der Praxis allerdings nicht mit einer Gleichspannung, sondern mit einer rechteckförmigen Wechselspannung! Durch Variation des Tastverhältnisses (Verhältnis von Einschalt- zu Ausschaltzeit) und der Frequenz, mit der ein Bildpunkt geschaltet wird, lassen sich verschiedene Graustufen realisieren. Durch die Verwendung von drei untereinanderliegenden Flüssigkristallschichten für die drei Grundfarben entsprechend dem **subtraktiven Farbmodell** (Kap. 1.13.6) lassen sich hiermit auch Farb-LCD-Anzeigen herstellen.

Die Drehung des Lichts durch die Flüssigkristalle wird auch als **Twist** bezeichnet.

Durch besondere technische Verfahren lässt sich dieser Twist und damit die Darstellungsqualität (Lichtausbeute, Kontrast) verbessern.

Abkürzung	Name	Information
TN-LCD	**T**wisted **N**ematic LCD	Erste LCD-Generation, Schwarz-Weiß-Darstellung und Graustufen, geringe Lichtausbeute, geringer Kontrast, geringe Kosten
STN-LCD	**S**upertwisted **N**ematic LCD	Aufgrund des größeren Twist Steigerung des Kontrasts; Schwarz-Weiß- und Farbdarstellung, jedoch Farbunreinheiten, schmaler Betrachtungswinkel
DSTN-LCD	**D**ouble **S**upertwisted **N**ematic LCD	Großer Kontrast, keine Farbunreinheiten, schmaler Betrachtungswinkel
FSTN-LCD	**F**ilm **S**upertwisted **N**ematic LCD	Dünnerer Aufbau gegenüber DSTN-LCD, schmaler Betrachtungswinkel

Bild 1.184: Verschiedene LCD-Entwicklungen

Nachteilig bei allen LC-Displays ist der gegenüber den nicht mehr gebräuchlichen Röhrenmonitoren eingeschränkte Betrachtungswinkel (bei Röhrengeräten nahezu 180°), der durch das von den Polarisationsfiltern gebündelte Licht, das sich nicht nach allen Seiten gleichmäßig ausbreiten kann, verursacht wird.

1.12.3.3 TFT-Display

TFT ist die Abkürzung für **Thin Film Transistor**. Hiermit werden diejenigen LC-Flachbildschirme bezeichnet, bei denen die Ansteuerung der Flüssigkristalle mithilfe spezieller Transistoren erfolgt, die direkt hinter der Bildschirmoberfläche angebracht werden.

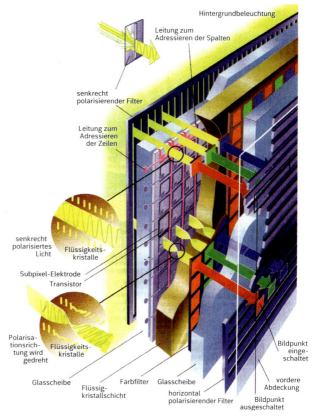

Bild 1.185: Prinzipieller Aufbau eines TFT-Displays

Das Problem des eingeschränkten Betrachtungswinkels lässt sich mit einem TFT-Display reduzieren. Hierzu befinden sich in jedem Anzeigeelement Transistoren als aktive Verstärker, die die steuernde Spannung dort gezielt ein- und ausschalten und damit die jeweilige Lichtdurchlässigkeit verändern (**Aktiv-Matrix-Display**). Diese Transistoren sind in einer Art Film direkt auf der Glasoberfläche angebracht und werden als **Thin-Film-Transistoren** (TFT) bezeichnet. Aufgrund dieser technischen Anordnung sind größere Betrachtungswinkel realisierbar.

Bei Farb-TFT-Displays werden pro Bildpunkt drei Transistoren benötigt, d.h., ein Farb-Display mit 1920 × 1080 Bildpunkten (Full-HD, Kap. 1.9.4) erfordert 3 317 760 Transistoren, von denen eigentlich keiner ausfallen darf. Um die Ausschussrate gering zu halten, verwenden einige Hersteller mehr als drei Transistoren pro Bildpunkt. Ein defekter Transistor kann so von einem Reservetransistor ersetzt werden. Die Farbdarstellung erfolgt durch **additive Mischung** der drei Grundfarben Rot, Grün und Blau (Farbtripel). Durch die Transistoransteuerung einzelner Pixel können einmal eingestellte Lichtintensitäten in konstanter Stärke wiedergegeben werden.

TFT-Displays liefern ein flimmerfreies Bild. Sie werden pixelweise angesteuert und benötigen für diese Ansteuerung ein **digitales Signal**.

Bei den TFT-Panels werden Entwicklungen zur weiteren Vergrößerung des Betrachtungswinkels herstellerabhängig unter verschiedenen Bezeichnungen vermarktet.

Bezeichnung	Eigenschaften
IPS (**In-Plane S**witching)	Durch spezielle konstruktive Maßnahmen (Steuerelektroden in einer Ebene parallel zur Bildschirmoberfläche, dadurch keine schraubenförmige Brechung mehr wie in Bild 1.182, sondern zur Bildschirmoberfläche parallele Ausrichtungen der LCD-Moleküle), verbesserte Schärfe, Farbintensität und Kontraste; Betrachtungswinkel bis zu 170° in alle Richtungen ohne Farbverfälschungen; Weiterentwicklungen z. B. Super-IPS; Advanced Super-IPS, Enhanced-IPS
MVA (**M**ulti **D**omain **V**ertical **A**lignment)	Durch spezielle Form der TFT-Zellen (Zellen in mehreren Ebenen unterteilt) Blickwinkel bis 170°, hoher Kontrast; Verbesserung der Eigenschaften durch zusätzlichen Einsatz von ADF (**A**utomatic **D**omain **F**ormation); mit dieser Technik wird die Ausrichtung der Moleküle bei großen Panels besser steuerbar; wegen höherer Kosten meist im Profibereich eingesetzt (CAD, Medizintechnik)
ASV (**A**dvanced **S**uper **V**iew Technology)	Kombination aus Transmissionstechnologie (Back Light) und Reflexionstechnologie (passive Beleuchtung durch Umgebungslicht), durch sternförmige Neigung der Flüssigkristalle Blickwinkel bis 170 Grad, Reaktionszeit ≤ 20 ms

Bild 1.186: Spezielle TFT-Techniken zur Blickwinkelvergrößerung

Unabhängig von der verwendeten Technologie benötigen alle LC- bzw. TFT-Displays Fremdlicht zur Darstellung. Zur Erzeugung des Fremdlichts wurden zunächst zwei unterschiedliche Quellen eingesetzt:

- Kaltlichtröhren (**CCFL**: Cold Cathode Fluorescent Lamp), oder

- Leuchtdioden (**LED**: Light Emitting Diode, Kap. 5.5.4.1)

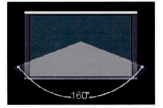

Bild 1.187: Blickwinkel bei einem TFT-Bildschirm

LEDs haben eine geringere Einbautiefe, sodass sich wesentlich dünnere Displays produzieren lassen als mit CCFLs. Außerdem haben sie eine geringere Stromaufnahme, arbeiten also energieeffizienter und führen zu einer längeren Betriebsdauer bei batteriebetriebenen Geräten. Daher haben sie die CCFL-Technik nahezu verdrängt.

Bei der Verwendung von LEDs unterscheidet man zwei Prinzipien:

1. **Edge-LED**-Prinzip: Lediglich an den Seiten des Bildschirms sind LEDs angebracht; über eine Licht leitende Kunststoffschicht wird deren Licht möglichst gleichmäßig hinter dem LCD- bzw. TFT-Bildschirm verteilt. Diese Variante arbeitet sehr energiesparend.

2. **Full-LED**-Prinzip: Hinter dem gesamten LCD- bzw.TFT-Bildschirm sind LEDs verteilt; die Lichtverteilung ist gleichmäßiger als beim Edge-Prinzip und der Kontrast ist größer, jedoch ist der Energieverbrauch höher.

Die von den LEDs jeweils erzeugten Lichtstrahlen durchdringen den LCD- bzw. TFT-Bildschirm von hinten und gelangen so ins Auge des Betrachters (Backlight). Einen Bildschirm dieser Art nennt man **transmissiv**.

Bei einfachen LCD-Anzeigen (z. B. Taschenrechner) gibt es gar keine Beleuchtung im Hintergrund. Bei diesen Anzeigen wird von außen einfallendes Fremdlicht (z. B. Sonnenlicht) genutzt, indem es mehr oder weniger stark reflektiert wird. Einen Bildschirm dieser Art bezeichnet man als **reflektiv**. Ein Display, welches beide Darstellungsverfahren in Kombination verwendet, wird als **transflektives Display** bezeichnet (Beispiele: LCD-Armbanduhr, LCD-Digitalwecker).

> Displays, die Fremdlicht zur Darstellung benötigen, werden **passive Displays** genannt.

Zu beachten ist, dass der Begriff „passiv" hier im Zusammenhang mit der *Lichterzeugung* verwendet wird, bei der Bezeichnung „Passiv-Matrix-Display" jedoch im Zusammenhang mit der Steuerung der *Lichtdurchlässigkeit*. Die Hintergrundbeleuchtung stellt insbesondere bei batteriebetriebenen IT-Geräten eine zusätzliche Belastung für die vorhandene Energiequelle dar.

Die klassische Displaygröße mit einem Seitenverhältnis von 4:3 wurde inzwischen fast ausnahmslos von Displays im Breitformat verdrängt, die sowohl PC- als auch HDTV-tauglich (Kap. 1.9.4) sind. Diese Breitbild-Flachbildschirme verfügen beispielsweise über eine Auflösung von 1920 × 1200 (WSXGA) bei einer sichtbaren Bildgröße von 495 mm × 309 mm (Seitenverhältnis 16:10; Bildschirmdiagonale 584 mm). Hiermit ist zwar die Wiedergabe von Breitwand-Kinofilmen in HDTV-Qualität möglich, jedoch können sich aufgrund von erforderlichen Interpolationsmechanismen bei der Darstellung von PC-Schriften und Symbolen Probleme ergeben, da sich im Unterschied zu einem analog arbeitenden Monitor mit einem LC- bzw. TFT-Display nur mit derjenigen Auflösung sinnvoll arbeiten lässt, die vom Hersteller durch die fest verdrahtete Pixelmatrix vorgegeben ist. Bei einer anderen Auflösung würden einzelne Bildpunkte einfach ausgeschaltet werden (Interpolation), wodurch sich die Bildqualität verschlechtert. Die Reaktionsgeschwindigkeit ist bei allen LC-Anzeigen temperaturabhängig: Je geringer die Temperatur, desto langsamer reagiert das Display.

1.12.4 Organisches Display

> **Organische Displays** sind Flachbildschirme, deren bildgebende Eigenschaften auf der Basis der Elektrolumineszenz organischer Materialien beruhen.
> Unter **Elektrolumineszenz** versteht man die durch das Anlegen eines elektrischen Feldes hervorgerufene Emission von Licht.

Die Basis dieser Displays bilden sogenannte organische Leuchtdioden (**OLED:** Organic Light Emitting Diode; Kap. 5.5.4.1), die prinzipiell wie die bereits seit langem in der Technik eingesetzten anorganischen Leuchtdioden (LED) funktionieren. OLEDs weisen allerdings einen komplexeren Aufbau auf. Als lichtemittierende Substanzen werden organische Polymere eingesetzt. Jede OLED-Zelle eines Panels wird einzeln angesteuert.

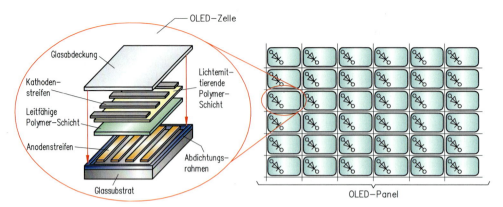

Bild 1.188: Prinzipieller Aufbau einer OLED-Zelle und eines OLED-Panels

OLED-Panels besitzen gravierende Vorteile gegenüber den LED-, LCD- und TFT-Displays:

- Extrem dünn herstellbar (Aufbaudicke 200 μm, mit Folienmantel < 1 mm!) – Biegsam
- Keine Hintergrundbeleuchtung erforderlich
- Große Leuchtstärken
- Geringe Energieaufnahme
- Keine Wärmeentwicklung („kaltes" Licht)
- Großer Betrachtungswinkel (allseitig bis 170 Grad)
- Geringe Reaktionszeit (< 1 μs), d. h. geeignet zur Darstellung von Bewegtbildern

In Abhängigkeit vom Herstellungsprozess und den verwendeten Materialien haben sich unter dem Oberbegriff OLED unterschiedliche Bezeichnungen etabliert, z. B. SM-OLED (Small Molecule OLED), AM-OLED (Active Matrix-OLED) oder SuperAMOLED. Zum Schutz der feuchtempfindlichen organischen Substanzen müssen alle OLEDs mit einer absolut luftdichten Folienummantelung versehen werden.

1.12.5 Plasma-Bildschirm

Bei der Plasma-Technologie (PDP = Plasma Display Panel) besteht quasi jeder Lichtpunkt aus einer winzigen Zelle, in der sich Xenon-Gas befindet. Bei Ansteuerung einer Zelle über angebrachte Elektroden kommt es zu Entladungsprozessen, bei denen das Xenon-Gas ultraviolettes Licht abgibt. Dieses UV-Licht regt seinerseits eine Phosphorschicht auf der Bildschirmrückseite zum Leuchten an. Wie beim LC-Display erfolgt die Farbdarstellung nach dem additiven Farbmischverfahren. Jeder Bildpunkt besteht also aus einem RGB-Farbtripel, d. h. aus drei winzigen Xenon-Zellen mit jeweils einer rot, grün und blau pigmentierten Phosphorschicht auf der Bildschirmrückseite.

Bei einem Plasma-Display werden sämtliche Bildpunkte gleichzeitig angesteuert. Hierdurch ergibt sich ein sehr helles, äußerst scharfes, verzerrungs- und flimmerfreies Bild. Der Betrachtungswinkel beträgt nahezu 180°. Da Plasmadisplays keine Elektronen auf die Bildschirmrückseite schießen, entsteht auch keine Röntgenstrahlung (wie bei den alten Röhrenmonitoren). Allerdings nimmt die Helligkeit der drei Grundfarben unterschiedlich schnell ab, sodass die Bilder im Laufe der Zeit rot- bis gelbstichig werden. Durch spezielle Ansteuerverfahren mit Überwachung der Helligkeitswerte der Bildpunkte eines Pixels und einem automatischen Abgleich lässt sich diesem Effekt entgegenwirken. Plasmadisplays sind in der Herstellung teurer als TFT-Displays, daher sind ihre Verkaufszahlen rückläufig. Viele Hersteller haben auch die Produktion neuer Plasmabildschirme eingestellt. In Bild 1.190 sind einige Eigenschaften der vorgestellten Technologien zusammengefasst dargestellt.

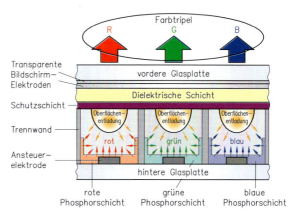

Bild 1.189: Prinzipieller Aufbau einer RGB-Plasma-Zelle

Eigenschaft	LCD	TFT	OLED	Plasma
Größe u. Gewicht	flach, geringes Gewicht	flach, geringes Gewicht	extrem dünn, sehr leicht	flach, schwer
Bilddiagonale (PC-typisch; im TV-Bereich auch größer)	bis 15,1 Zoll und Sondergrößen	bis 24 Zoll und Sondergrößen (TV-Geräte vielfach verbreitet bis 175 Zoll)	kleine Displays (z. B. bis 6,3 Zoll bei Smartphones); TV-Geräte von 49 bis 175 Zoll	wie TFT und Sondergrößen
Funktion	passiv	passiv	aktiv	aktiv
Ansteuerung	digital	digital	digital	digital
Auflösung	fest	fest	fest	fest
Blickwinkel	90°–120°	100°–170°	170°	180°
Kontrast	ca. 200:1	200:1–800:1	> 100:1	bis 3000:1
Helligkeit	ca. 200 cd/m²	200 bis 700 cd/m²	300–1000 cd/m²	300 cd/m²
Schalt- bzw. Ansprechzeit	100–500 ms (temperaturabh.)	2–20 ms (temperaturabh.)	40 ns	< 1 ms
Leistungsaufnahme*	< 5 W	5–30 W	< 1 W	200–300 W
Umgebungstemperatur (typ.)	0 °C–50 °C	–10 °C–50 °C	–50 °C–80 °C	0 °C–45 °C
Bildverzerrungen	keine	keine	keine	keine

Eigenschaft	LCD	TFT	OLED	Plasma
Sonstiges	plane Bildoberfläche, defekte Bildpunkte möglich, eingeschränkter Betrachtungswinkel, keine Strahlungsemissionen	plane Bildoberfläche, defekte Bildpunkte möglich, keine Strahlungsemissionen	biegsame Bildoberfläche, keine Strahlungsemissionen, große Bildhelligkeit, brillante Ausleuchtung, Lebensdauer zurzeit < 50000 Std.; teurer als TFT	plane Bildoberfläche, keine Strahlungsemissionen, sehr hohe Auflösungen möglich, gute Ausleuchtung, zusätzlicher Lüfter erforderlich, teure Technologie

Aktiv: selbstleuchtend   Passiv: Fremdlicht erforderlich

Bild 1.190: Kurzvergleich der Technologien (*: abhängig von der Größe auch höher als angegeben)

Um einen besseren Vergleich der Eigenschaften von elektrooptischen Anzeigen zu ermöglichen, wurde der ISO-Standard 9241 novelliert. In diesem Standard sind die ergonomischen Anforderungen und die anzuwendenden Messverfahren für elektronische visuelle Anzeigen unabhängig von der verwendeten Technologie zusammengefasst und beschrieben.

1.12.6 Sonstige Darstellungstechnologien

Neben den genannten Technologien kommen bei den Flachbildschirmen weitere Techniken zum Einsatz, die im Folgenden kurz vorgestellt werden.

- **ELD (Elektrolumineszenz-Display)**
  EL-Displays sind ca 0,1 mm flache, aktiv leuchtende Bauelemente. Der Leuchtstoff ist eingebettet zwischen zwei durchsichtigen Isolatoren. Legt man an diese eine Spannung, emittiert der Leuchtstoff Licht. Einsatzbereich: Medizin- und Industriegeräte; Vorteil: sehr robust, unempfindlich gegen Feuchtigkeit und Sauerstoffeinwirkung; Nachteil: Vergleichsweise hoher Energieverbrauch

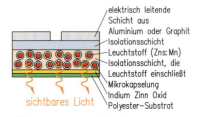

Bild 1.191: Grundprinzip des ELDs

- **E-Paper-Display**
  Das Prinzip des E-Paper-Displays (E-Paper: „elektronisches Papier"; Alternativbezeichnung: E-Ink = „elektronische Tinte") besteht darin, dass Millionen winziger Kügelchen (Durchmesser 50 µm bis 100 µm) in einer ölartigen Substanz schwimmen, die in einer wabenartig aufgebauten, dünnen, transparenten

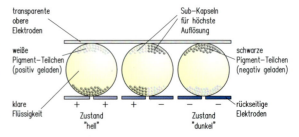

Bild 1.192: Grundprinzip des E-Paper-Displays

Silikonfolie eingeschweißt ist. Die Kügelchen sind auf der einen Seite schwarz und auf der anderen Seite weiß eingefärbt und elektrisch polarisiert. Werden sie einem elektrischen Feld ausgesetzt, richten sie sich entsprechend aus, die Oberfläche wird – je nach

Polung des Feldes – entweder schwarz oder weiß. Die Ausrichtung bleibt auch nach Entfernen des elektrischen Feldes erhalten. Eine Energiezufuhr ist nur zum Ändern der dargestellten Informationen erforderlich. Das E-Paper-Display benötigt keine Hintergrundbeleuchtung, sondern reflektiert lediglich einfallendes Licht (reflektives Display). Ein solches Display kann auch so dünn gefertigt werden, dass es biegsam ist. Unter der Marketingbezeichnung **e-Ink Carta** werden inzwischen Displays angeboten, die einen höheren Kontrast bei der Darstellung aufweisen. Mit einer entsprechenden Anordnung farbiger Pigmentkügelchen sind auch Farbdarstellungen (begrenzt) möglich. Diese Technologie wird beispielsweise unter der Bezeichnung Advanced Color ePaper (ACeP) vermarktet.

1.12.7 Beamer

Ein **Beamer** ist ein Video-Großbildprojektor für die Darstellung eines Display- oder Fernsehbildes auf einer Leinwand.

Zur Projektion werden verschiedene Prinzipien eingesetzt.

Projektionsprinzip	Merkmale
Röhrenprojektion	Projektor mit drei Röhren in den Grundfarben Rot, Grün und Blau, die ihr Licht getrennt auf die Projektionsfläche werfen; aus der Überlagerung der drei Lichtstrahlen ergibt sich die farbige Darstellung des Bildes; analoge Ansteuerung, zeilenweiser Bildaufbau, d. h., es werden keine einzelnen Pixel angesteuert, daher sehr variabel einstellbar bei der Auflösung; veraltete Technik
LCD/TFT-Panel Technologie	Ein LCD/TFT-Panel wird von hinten mit einer starken Lichtquelle angestrahlt; die Lichtdurchlässigkeit wird pixelweise gesteuert, der Einsatz von RGB-Farbfiltern liefert eine farbige Darstellung; digitale Ansteuerung
LCoS-Panel, D-ILA Projektor	Liquid Crystal on Silicon Prinzipiell wie ein TFT-Panel aufgebaut, jedoch wird das Panel nicht von hinten von einem Lichtstrahl durchleuchtet und ändert seine Lichtdurchlässigkeit, sondern es wird von vorne angestrahlt und ändert je nach Ansteuerung sein Reflexionsverhalten, RGB-Farbfilter liefert eine farbige Darstellung; das reflektierte Licht wird über Linsen gebündelt und auf einer Leinwand projiziert; digitale Ansteuerung; alternative Bezeichnung D-ILA (**D**irect-Driven **I**mage **L**ight **A**mplifier; Fa. JVC): sehr große Helligkeit durch Einsatz einer Xenon-Lampe, vergleichsweise teuer, nur für professionellen Einsatz geeignet
DLP-Projektor mit DMD-Panel Technologie	**D**igital **L**ight **P**rocessing; **D**igital **M**icromirror **D**evice Spezielles Verfahren, bei dem – vereinfacht dargestellt – winzige Spiegel (14 × 16 µm) beweglich auf einem Chip platziert sind; die Spiegel reflektieren die mittels RGB-Filter aufbereitete Farbinformation, die dann über eine Linse auf die Leinwand projiziert wird. Es sind jeweils nur diejenigen Mikrospiegel in Richtung Leinwand gerichtet, die gerade die vom RGB-Filter durchgelassene Farbe projizieren sollen.

Bild 1.193: Beamer-Technologien

Den prinzipiellen Aufbau eines LCD/TFT-Panels zeigt Bild 1.194.

Das weiße Licht einer Lampe wird mit zwei dichroitischen Filtern in die drei Farbkomponenten Rot, Grün und Blau aufgeteilt. Nach dem Durchleuchten der jeweiligen LCD/TFT-Matrix werden alle drei Grundfarben in einem dichroitischen Prisma wieder zusammengeführt und über eine Linse auf die Leinwand projiziert. Einfachere Systeme arbeiten auch mit einem einzigen LCD/TFT-Panel mit integrierten Farbfiltern, wobei die Darstellungsqualität (z.B. Kontrast, Farbintensität) schlechter ist. Die Helligkeit der Darstellung hängt von der Lichtleistung der verwendeten Lichtquelle ab. Diese wird in **Lumen** angegeben. Bei Werten oberhalb von 1500 Lumen ist in der Regel kein Abdunkeln des Raumes erforderlich. Anstelle herkömmlicher Lampen werden wegen ihrer besseren Energieeffizienz zunehmend auch Hochleistungs-LEDs als Lichtquelle eingesetzt (Kap. 5.5.4.1).

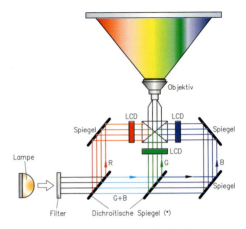

Bild 1.194: Projektionssystem mit drei LCD-/TFT-Panels (*: Dichroitischer Spiegel = Semitransparenter Spiegel, der Licht eines bestimmten Frequenzbereichs reflektiert, während er für andere Lichtfrequenzen undurchlässig ist)

> **Lumen** (lm) ist die Einheit des Lichtstroms, der von einer Lichtquelle abgegeben wird (DIN EN 61947-1).

Neben den TFT-Projektoren hat auch die **DLP-Technologie** (Digital Light Processing) zunehmend an Bedeutung gewonnen. Sie wird eingesetzt in den Bereichen Daten- und Video-Projektoren (Beamer), DLP-Fernseher und digitales Kino (DLP Cinema). Ihr Kernstück ist eine DMD-Baugruppe, ein halbleiterbasiertes Lichtschalter-Array mit einzeln adressierbaren Mikrospiegeln.

Ein **DMD** (Digital Mirror Device) besteht je nach geforderter Auflösung aus Hunderttausenden beweglicher Mikrospiegel, die durch darunterliegende CMOS-Speicherzellen gesteuert werden. Die Spiegel sind so aufgebaut, dass sie sich in eine Position von +10° oder −10° − je nach dem binären Zustand der CMOS-Zellen − schwenken lassen. Wird ein Spannungspuls an die Zelle gesandt, so bleibt jeder Spiegel entweder in seiner Stellung oder er kippt sehr schnell in die entgegengesetzte Lage, je nach den Daten in der entsprechenden Speicherzelle.

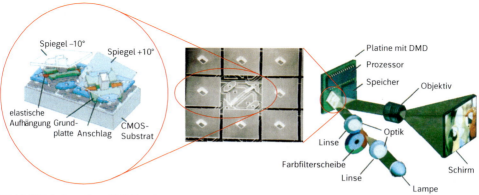

Bild 1.195: Aufbau eines DLP-Panels

DLP-Projektoren ermöglichen eine präzise Wiedergabe von bis zu 16,7 Millionen Farben durch den Einsatz einer digitalen Farbkontrolle von den Eingangsdaten bis zur Projektion. Infolge der geringen Pixelabstände (μm-Bereich) ergibt sich keine erkennbare Linienstruktur. DLP-Projektoren haben aufgrund ihrer geringen Größe und ihres niedrigen Gewichts gegenüber TFT-Projektoren Vorteile, was sie insbesondere für den mobilen Einsatz geeignet macht. Allerdings benötigen diese Panels eine hohe Rechenleistung zur Steuerung der bis zu 2,4 Millionen Spiegel. Bei den Beamern gibt es auch 3D-Varianten, die mittels polarisiertem Licht und der Verwendung von Polfilterbrillen stereoskopische Darstellungen realisieren können (Kap. 1.12.8).

Inzwischen werden auch Laserprojektoren für den Heimbereich angeboten, die wie beim Fernsehschirm das Bild zeilenweise mit hoher Geschwindigkeit auf die Leinwand projizieren. Aufgrund der besonderen physikalischen Eigenschaften von Laserlicht ergibt sich hierbei auch auf unebenen Projektionsflächen ein in allen Bereichen scharfes Bild.

1.12.8 Stereoskopische Darstellung

Auf einem Bildschirm lassen sich auch **stereoskopische Darstellungen** (3D-Darstellungen) realisieren. Für die Wahrnehmung eines räumlichen Eindrucks sind für das menschliche Gehirn allerdings zwingend zwei getrennte Bilder in leicht versetztem Abstand erforderlich, eines für das linke und eines für das rechte Auge. Durch den Einsatz verschiedener Techniken, die primär auf der Filterung oder der Erzeugung sogenannter stereoskopischer Halbbilder beruhen, kann dieser Effekt erzeugt werden. Hierbei gibt es Verfahren, bei denen eine „3D-Brille" erforderlich ist, aber auch solche, die ohne zusätzliche Brille auskommen. Hierzu sind sogenannte autostereoskopische Displays erforderlich.

1.12.8.1 Verfahren mit „3D-Brille"

Das älteste Verfahren basiert auf dem Einsatz einer **Farbfilterbrille** (z. B. Rot für das linke und Cyan für das rechte Auge). Bei entsprechender Einfärbung der wechselweise auf dem Bildschirm dargestellten Halbbilder entsteht für den Betrachter ein räumlicher Eindruck, allerdings mit dem Nachteil einer gewissen Farbverfälschung.

Alternativ können auch sogenannte **Shutterbrillen** verwendet werden. Hierbei handelt es sich um zwei steuerbare LCD-Gläser, die wechselweise durchsichtig und undurchsichtig geschaltet werden. Die Umschaltung erfolgt synchron zum Takt des Displaybildes, auf dem nacheinander abwechselnd die Bilder für das linke und das rechte Auge dargestellt werden. Über eine Funkverbindung (Infrarot oder Bluetooth; Kap. 1.7.9) zwischen der Shutterbrille und dem 3D-Bildschirm wird die Synchronität der Bildwechsel in beiden Geräten hergestellt. Die Bildwechselfrequenz des Displays sollte mindestens 100 Hz betragen, da sich verfahrensabhängig die Bildfrequenz pro Auge halbiert und sich ansonsten ggf. Flimmereffekte ergeben. Die Auflösung im 3D-Betrieb ändert sich nicht.

Ein **Head Mounted Display** (HMD) wird ebenfalls wie eine Brille aufgesetzt. Es besitzt jedoch keine Polarisationswirkung, sondern es handelt sich quasi um zwei Kleinst-Displays, die unmittelbar vor dem Auge angebracht werden. Durch die Augennähe lässt sich ein relativ groß erscheinendes Bild auf die Netzhaut des Betrachters projizieren, bei Aufnahmen mit einer Stereokamera dann auch in 3D. Ein HMD ermöglicht so insbesondere bei den immer kleiner werdenden Geräten der Unterhaltungsindustrie mit ihren winzigen Displays eine groß erscheinende portable Darstellung.

Mit der computerunterstützten Schaffung virtueller Realitäten (VR: Virtual Reality) wurden inzwischen auch spezielle HMDs entwickelt, mit denen man eine 3D-Welt nicht nur betrachten, sondern sich scheinbar auch in ihr bewegen kann. Diese unter der Bezeichnung VR-Brillen (z. B. Oculus Rift, HTC Vive) vermarkteten Geräte verfügen – zusätzlich zu den beiden Kleinst-Displays, die die Augen komplett von der realen Umgebung abschirmen – über Sensoren zur Registrierung von Kopfbewegungen des jeweiligen Trägers. Synchron dazu werden dann virtuelle räumliche Bilder auf die Displays projiziert.

Projiziert man hingegen stereoskopische Bilder auf einer Leinwand mit wechselweise polarisiertem Licht (3D-Beamer; Kap. 1.12.7) und verwendet zur Betrachtung eine **Polarisationsbrille** (kurz: **Polfilterbrille**), so kann ein Auge jeweils nur dasjenige Bild sehen, welches vom Polarisationsfilter durchgelassen wird. Eine Synchronisierung zwischen Projektor und Brille ist hierbei nicht erforderlich. Eine Polarisationsbrille ist daher wesentlich preiswerter als eine Shutterbrille. Der räumliche Eindruck weist keinerlei Farbverfälschungen auf. Im kommerziellen Bereich (3D-Kino) erfolgt das Erzeugen polarisierter Bilder mit unterschiedlichen Verfahren (z. B. XPanD, RealID, Dolby Digital 3D). Die Polarisationsbrille muss jeweils an das verwendete Verfahren angepasst sein.

Polfilterbrillen können auch im Heimbereich mit einem entsprechenden 3D-Bildschirm eingesetzt werden. Ein 3D-fähiger Bildschirm besitzt eine dünn aufgebrachte Filterfolie, welche die geraden und ungeraden Zeilen des Bildes unterschiedlich polarisiert. Hierbei sollte die Bildschirmauflösung möglichst hoch sein, da sich verfahrensbedingt die Auflösung pro Auge im 3D-Betrieb halbiert.

1.12.8.2 Autostereoskopische Displays

> Als **autostereoskopisches Display** bezeichnet man einen Bildschirm, der für einen Betrachter dreidimensionale Bilder ohne 3D-Brille und nahezu unabhängig von der Betrachtungsposition (z. B. Augenhöhe) erzeugen kann.

Zur Realisierung des gewünschten 3D-Effektes haben sich zwei unterschiedliche Techniken etabliert: die **Parallaxen-Barriere-Technik** und die **Lenticularlinsen-Technik**. Für beide Techniken gibt es unterschiedliche Realisierungsmöglichkeiten. An dieser Stelle werden lediglich die Grundprinzipien beider Verfahren dargestellt.

Bei der Parallaxen-Barriere wird der 3D-Effekt mit einem Streifenraster realisiert, welches vor den Bildschirmpixeln angeordnet ist (dunkle Streifen in Bild 1.196 a). Technisch kann es sich bei dieser Barriere um ein zweites LC-Display handeln. Im 3D-Modus wird die Parallax-Barriere eingeschaltet, damit dem linken und dem rechten Auge jeweils ein unterschiedliches Lichtsignal zur Verfügung gestellt wird. Auf diese Weise lässt sich bei entsprechender Ansteuerung der Pixel bei einer Bildschirmauflösung von 1290 × 1080 Bildpunkten ein dreidimensionales Bild mit einer Auflösung von 645 × 1080 Bildpunkten darstellen, d. h. die horizontale Auflösung halbiert sich im 3D-Modus.

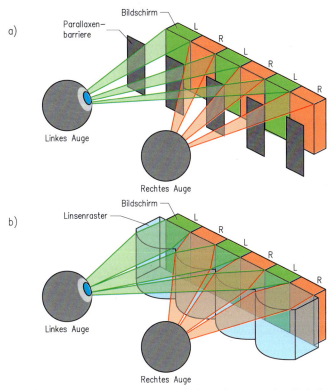

Bild 1.196: Grundprinzipien autostereoskopischer Displays: a) Parallaxen-Barriere-Technik, b) Lenticularlinsen-Technik

Die Lenticular-Technik verwendet ein Prinzip, dass bereits bei den altbekannten „Wackelbildern" eingesetzt wird: Abhängig vom Betrachtungswinkel sieht man zwei unterschiedliche Bilder. Hervorgerufen wird dieser Effekt durch ein feines Rillenmuster auf der Bildoberfläche. Die Rillen beeinflussen durch Brechung das reflektierte Licht. Bei entsprechender Rillenanordnung und richtiger Positionierung sieht der Betrachter jeweils nur eines der beiden vorhandenen Bilder.

Mithilfe von sogenannten Lentikularlinsen wird diese Technik auf den Bildschirm übertragen. Lentikularlinsen besitzen eine gewölbte Oberfläche (Bild 1.196 b). Hierdurch ändert sich die Lichtaustrittsrichtung in Abhängigkeit von der Oberflächenwölbung (allgemeines Brechungsgesetz). Befindet sich beispielsweise eine Folie, auf der Lentikularlinsen mikroskopisch klein aufgebracht sind, vor einem Bildschirm, so wird das austretende Licht blickwinkelabhängig gebrochen. Da die Augen eines Betrachters naturgemäß stets aus geringfügig unterschiedlichen Winkeln auf den Bildschirm blicken, ist es technisch möglich, durch entsprechende Ansteuerung der einzelnen Pixel abwechselnd für jedes Auge ein eigenes Bild zu erstellen. Gibt der Bildschirm nun mit hinreichender Geschwindigkeit abwechselnd ein Bild für das linke und das rechte Auge wieder, entsteht beim Betrachter ein dreidimensionaler Eindruck. Beiden Verfahren gemein ist der vergleichsweise enge Betrachtungswinkel, unter dem hierbei der dreidimensionale Effekt wirksam ist.

AUFGABEN

1. Was versteht man bei einem Bildschirm unter einem Pixel?

2. Erläutern Sie das additive Farbmodell. Wo wird dieses Farbmodell eingesetzt?

3. Bei einem Notebook wird die Displaygröße mit 13,3 Zoll angegeben.

   a) Welche Information kann man dieser Angabe entnehmen?

   b) Welche Erkenntnisse erhält man aus folgender Zusatzinformation: 1366 × 768?

   c) Welches Seitenverhältnis hat dieses Display?

4. Zu einem OLED-Display lesen Sie die Angabe: 118 dpi.

   a) Erläutern Sie die Merkmale eines OLED-Displays.

   b) Was bedeutet die Angabe 118 dpi?

   c) Wie groß ist hierbei der Dot Pitch?

5. Was verbirgt sich hinter den Abkürzungen „HDTV" und „UHD"? Worin besteht der Unterschied?

6. Bei einem Bildschirm unterscheidet man zwischen der logischen und der physikalischen Auflösung. Erläutern Sie die jeweilige Bedeutung.

7. Welcher Unterschied besteht bei einem Bildschirm zwischen dem Non-Interlaced-Modus und dem Interlaced-Modus? Begründen Sie welcher Modus vorzuziehen ist.

8. Die Grafikkarte eines Kunden kann eine maximale Auflösung von 1280 × 1024 Bildpunkten liefern. Welche Information geben Sie diesem Kunden auf die Frage, ob sein TFT-Bildschirm mit den technischen Daten 17-Zoll-Display, Dot Pitch 0,26 mm, Seitenverhältnis 4:3 diese Auflösung darstellen kann?

9. Welche Anschlusssysteme gibt es, um einen Bildschirm mit einer Grafikkarte zu verbinden? Nennen Sie Vor- und Nachteile!

10. Welche Prinzipien liegen der Bilderzeugung bei einem LCD-Display zugrunde?

11. Wodurch unterscheidet sich ein LC- von einem TFT-Display?

12. Wie funktioniert prinzipiell die Bilderzeugung bei einem Plasma-Bildschirm?

13. Die sensitive Oberfläche eines Touchscreens kann nach dem Widerstandprinzip oder nach dem Kapazitätsprinzip arbeiten. Beschreiben Sie das jeweilige Grundprinzip und geben Sie Vor- und Nachteile an.

14. Smartphones sind in der Regel multi-touch-fähig. Was bedeutet dies? Welche erweiterten Bedienmöglichkeiten ergeben sich hierdurch?

15. Wie funktioniert eine Polarisationsbrille (Polfilterbrille)?

16. TFT-Bildschirme in LED-Technik verwenden entweder das Edge-LED-Prinzip oder das Full-LED-Prinzip. Erläutern Sie den Unterschied.

17. Bei TFT-Bildschirmen unterscheidet man zwischen reflektiven, transmissiven und transflektiven Displays. Erläutern Sie die Unterschiede.

18. Welche Darstellungstechnik wird üblicherweise bei einem E-Book-Reader eingesetzt. Beschreiben Sie das Verfahren. Welche Vorteile bietet dieses Verfahren?

19. Beschreiben Sie mit eigenen Worten den grundsätzlichen Aufbau des Projektionssystems eines TFT-Beamers mit drei Panels.

20. Wie erfolgt prinzipiell die Bilderzeugung bei einem Beamer mit DLP-Technik?

1.13 Drucker

Drucker gehören zur Peripherie einer Datenverarbeitungsanlage und dienen der Ausgabe von Texten und Grafiken auf Papier. Sie werden in vielen verschiedenen Ausführungen und für jeden gewünschten Einsatzbereich hergestellt, eine Unterscheidung ist nach verschiedenen Gesichtspunkten möglich:

Monochrom- oder Farbdrucker

Ob ein Drucker monochrom oder farbig drucken kann, hängt nicht vom Druckverfahren, sondern von der Anzahl der vorhandenen Farbträger (z.B. Farbkartuschen, Tintenpatronen) ab.

Impact- oder Non-Impact-Drucker

Bei Impact-Druckern erfolgt der Zeichendruck aufgrund eines mechanischen Anschlags, bei Non-Impact-Druckern werden die Zeichen nicht mechanisch gedruckt (Impact, engl.: Aufprall).

Typendrucker oder Matrixdrucker

Unter dem Begriff Type versteht man in der Drucktechnik die Zeichen, aus denen gedruckter Text besteht, bzw. den gesamten druckbaren Zeichensatz (Typeface) in einer gegebenen Größe und einem gegebenen Stil. Beim Typendruck wird das darzustellende Zeichen zeilenweise als Ganzes gedruckt, beim Matrixdrucker wird das Zeichen punktweise aufgebaut.

Im PC-Bereich haben Typendrucker nur eine geringe Bedeutung, da sie nicht grafikfähig sind.

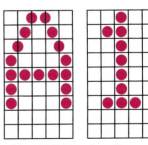

Bild 1.197: Zeichendarstellung eines Matrixdruckers

GDI- oder PCL-Drucker

GDI- oder **Host-Based-Drucker** (GDI: Graphics Device Interface) verfügen lediglich über eine reduzierte Elektronik (keinen leistungsstarken Druckerprozessor, geringeren Speicher) und sind daher preiswert herstellbar. Die erforderlichen Rasterberechnungen für den Druckvorgang erfolgen durch die CPU des PC, die – unabhängig von der Auflösung der Vorlage – stets nur die für das Druckwerk nötige Datenmenge als direkte Druckerbefehle sendet. Die Leistungsfähigkeit hängt von dem in das Betriebssystem eingebundenen Druckertreiber ab.

PCL-Drucker (**PCL: Printer Command Language**) werden mit einer entsprechenden Druckersprache angesteuert. Sie verfügen über einen leistungsstarken Druckprozessor und einen größeren internen Speicher und nehmen die erforderlichen Berechnungen selbst vor, entlasten also die CPU. Die verwendeten PCL-Versionen sind jeweils abwärtskompatibel, d. h. ein PCL6-fähiger Drucker kann auch mit PCL5 betrieben werden, allerdings nur mit den Leistungsmerkmalen, die PCL5 bietet.

Einsatzbereich

Der Einsatzbereich gibt an, in welchem Umfeld ein Drucker verwendet wird. Hiervon hängen dann bestimmte Parameter ab, wie z. B. Papierformate, Druckvolumen, Druckqualität, Druck- und Wartungskosten. Denkbare Bereiche sind etwa Bürodrucker, Drucker für den Privatbereich, Produktionsdrucker oder professionelle Fotodrucker.

Druckverfahren

Das Druckverfahren beschreibt, wie das zu druckende Zeichen auf das Papier gebracht wird. Die Einteilung nach dem Druckverfahren ist die gebräuchlichste Unterteilung. Die zurzeit aktuellen Druckverfahren werden im folgenden Abschnitt näher erläutert.

> **Drucker** lassen sich nach verschiedenen Merkmalen voneinander unterscheiden. Diese Unterscheidung sagt nichts über die Qualität eines Druckers aus.

Neben Geräten mit reiner Druckerfunktion gibt es auch **Multifunktionsgeräte**, die zusätzlich als Fax, als Fotokopierer und sogar als Scanner arbeiten.

1.13.1 Nadeldrucker

Bei einem Nadeldrucker (Wire Pin Printer) sind im Druckkopf mehrere Nadeln senkrecht untereinander angeordnet. Jede Nadel wird einzeln und unabhängig von den anderen Nadeln angesteuert. Beim Druckvorgang schlagen diese Nadeln – bewegt durch einen Elektromagneten – mechanisch auf ein Farbband, das sich zwischen den Nadelspitzen und dem Papier befindet. Durch diesen Vorgang werden kleine Punkte auf dem Papier erzeugt. Untereinanderliegende Druckpunkte werden hierbei gleichzeitig angebracht.

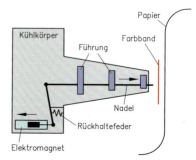

Bild 1.198: Druckkopf eines Nadeldruckers

Danach bewegt sich der Druckkopf mechanisch angetrieben einige zehntel Millimeter horizontal über das Papier und setzt eine weitere Reihe von Punkten. Die einzelnen Pünktchen liegen so eng zusammen, dass sich aufgrund der nur begrenzten Wahrnehmungsfähigkeit des menschlichen Auges im Allgemeinen zusammenhängende Strukturen ergeben. Der Nadeldrucker gehört also zur Klasse der Matrixdrucker (Dot Matrix Printer; Line Matrix Printer). Je mehr Nadeln der Druckkopf enthält, desto enger können die Punkte untereinander gesetzt werden. Aufgrund der geometrischen Abmessungen der Nadeln ist ihre Anzahl nach oben jedoch begrenzt. Standardmäßig werden Drucker mit mindestens 24 Nadeln angeboten.

> Die Druckqualität eines **Nadeldruckers** hängt maßgeblich von der Anzahl der Nadeln im Druckkopf ab.

Da ein Nadeldrucker Zeichen aus einzelnen Punkten zusammensetzt und jede Nadel einzeln angesteuert werden kann, ist er grundsätzlich auch in der Lage, Grafiken auszudrucken. Nadeldrucker werden als Monochrom- oder Farbdrucker hergestellt; die Farbdrucker arbeiten mit einem Farbband, das über vier Farbstreifen verfügt.

Der Vorteil des Nadeldruckers gegenüber allen anderen Druckerarten ist die Fähigkeit, aufgrund des mechanischen Anschlagens der Nadeln auf das Papier auch Durchschläge erzeugen zu können. Der Druck ist auf jede Art von Papier möglich. Allerdings ist der Druckvorgang stets mit einer hohen Lärmbelästigung verbunden.

1.13.2 Tintenstrahldrucker

Der Druckkopf eines Tintenstrahldruckers (Ink Jet Printer) besteht im Wesentlichen aus einem Tintenbehälter und vielen untereinander angeordneten Düsen, die mit dem Vorratsbehälter über kleine Kanülen miteinander in Verbindung stehen. Der Tintenstrahldrucker arbeitet also auch nach dem Matrixprinzip. Das Druckbild wird erzeugt, indem die Düsen kleinste Tintentropfen auf das Papier spritzen, d.h., es handelt sich um einen anschlagsfreien Drucker, der gesamte Druckkopf wird lediglich auf einem „Schlitten" fast berührungsfrei über das Papier bewegt. Die Düsen sind viel kleiner als die Nadelspitzen eines Nadeldruckers, sodass sie wesentlich dichter zusammenliegen. Hierdurch können die einzelnen Tröpfchen wesentlich enger gesetzt werden. Da die Tinte von dem Papier aufgesogen wird, hängt die Qualität des Drucks nicht unerheblich von der Qualität des verwendeten Papiers ab. Für eine hohe Qualität insbesondere beim Drucken von Grafiken oder Bildern ist zum Teil Spezialpapier erforderlich.

Tintenstrahldrucke weisen überdies den Nachteil auf, dass die gedruckten Farben unter dem Einfluss des Sonnenlichtes mit der Zeit verblassen.

> Der Begriff **Farbstabilität** charakterisiert die Veränderung von gedruckten Bildern unter dem Einfluss von Tageslicht bei der Aufbewahrung hinter Glas.

Als absolut farbstabil gilt ein Bild, das sich in einem Zeitraum von 50 Jahren für den Menschen nicht wahrnehmbar verändert. Hierbei spielt die Beschaffenheit der Tinte eine erhebliche Rolle (z.B. wasserlösliche Farbstofftinte, pigmentierte Tinte). Aus den vergleichsweise hohen Preisen für Tintenpatronen refinanzieren die meisten Drucker-hersteller ihre jeweiligen Entwicklungskosten, da die Druckerpreise künstlich niedrig gehalten werden. Das Herausschleudern der Tinte aus dem Druckkopf wird durch An-wendung unterschiedlicher Techniken bewirkt; im Privatbereich werden hierbei über-wiegend sogenannte **DOD-Drucker** (DOD: **D**rop **O**n **D**emand) eingesetzt, bei denen alle herausgeschleuderten Tintentropfen auch auf dem Papier landen und nicht wie im in-dustriellen Bereich teilweise in einen Auffangbehälter abgelenkt und in die Patrone zu-rückgeführt werden.

Piezoverfahren

Bei diesem Verfahren nutzt man die besonderen Ei-genschaften von sogenannten Piezokristallen aus. Hierunter versteht man Materialien, deren äußere Abmessungen sich bei Anlegen einer elektrischen Spannung geringfügig verändern (piezoelektrischer Effekt). Aufgrund der Konstruktion der verwendeten Piezoröhrchen im Druckerkopf bewirkt das Anlegen einer elektrischen Spannung, dass sich das Piezo-röhrchen zusammenzieht. Der (Luft-)Druck vor der Düse ist damit niedriger als im Inneren des Röhr-chens. Hierdurch wird ein winziges Tröpfchen Tinte aus der Öffnung gepresst.

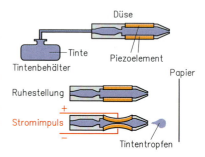

Bild 1.199: Grundprinzip des Piezo-Verfahrens

Bubble-Jet-Verfahren

Dieses Verfahren kann folgendermaßen veran-schaulicht werden:

Hinter jeder düsenförmigen Öffnung, die über eine Kanüle mit dem Tintenbehälter verbunden ist, befindet sich eine Art elektrischer Wider-stand, der durch Anlegen einer elektrischen Spannung bis über 500 °C erhitzt werden kann. Aufgrund dieser Erwärmung dehnt sich die Tinte aus. Im Bereich der Düse bildet sich ein Tropfen, der durch den im Inneren entstandenen Druck auf das Papier gespritzt wird. Dieses Verfahren wird auch **Blasenstrahlprinzip** genannt.

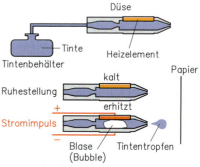

Bild 1.200: Grundprinzip des Bubble-Jet-Verfahrens

Beim Piezo-Druckverfahren ist der Verschleiß des Druckkopfes geringer als beim Bubble-Jet-Verfahren.

Der monochrome Tintenstrahldrucker arbeitet mit einem einzigen Druckkopf, der Farb-tintenstrahldrucker hat mehrere Druckköpfe nebeneinander angeordnet, die jeweils mit verschiedenfarbiger Tinte gefüllt sind. Jeder Druckkopf verfügt über eigene Düsen. In der Regel findet man hier drei farbige Druckköpfe und einen Druckkopf für Schwarz. Höher-wertige Farbtintenstrahldrucker verfügen auch über eine größere Anzahl von verschie-denfarbigen Druckköpfen. Auf welche Weise hierdurch vielfarbige Drucke erzeugt wer-den können, wird in Kap. 1.13.6 näher erläutert.

Festtintendrucker/Wachsdrucker

Beim Festtintendrucker wird keine flüssige Tinte verwendet, sondern Wachsfarbstifte. Diese werden sukzessive bei einer spezifischen Temperatur abgeschmolzen und in Behältern bei ca. 90 °C bereitgehalten. Beim Druckvorgang wird aus diesen Behältern bedarfsorientiert Tinte auf das Druckmedium gesprüht, wo sie unmittelbar nach dem Auftreffen erstarrt.

Anschließend wird das Papier unter hohem Druck zwischen zwei Rollen hindurchgeführt, die die Farbe auf das Medium pressen (Kaltfixierung, Cold Fusing). Dieses Verfahren ist insbesondere für den fotorealistischen Druck geeignet, da die Wachsfarbe nur zu einem geringen Teil vom Papier aufgesogen wird und sich eine durchgehende matt glänzende Farboberfläche bildet. Allerdings ist dieses Verfahren vergleichsweise teuer.

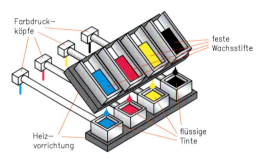

Bild 1.201: Grundprinzip Festtintendrucker

> Das **Festtintenverfahren** wird auch als **Phasenwechselverfahren** bezeichnet, weil das Farbmedium während des Druckvorgangs seinen Aggregatzustand (fest – flüssig – fest) wechselt.

1.13.3 Thermografische Drucker

Bei den thermografischen Druckern (Thermal Printer) werden mithilfe von Heizelementen im Druckkopf Farben erhitzt, die sich entweder direkt auf entsprechendem Spezialpapier (Thermopapier) oder auf Farbträgern befinden. Man unterscheidet:

Thermodrucker

Beim einfachen Thermodrucker (Thermal Printer) besteht der Druckkopf ähnlich wie bei einem Nadeldrucker aus einer Anzahl von Stiften. Diese Stifte schlagen allerdings nicht durch ein Farbband auf das Papier, sondern werden aufgeheizt und anschließend kurz mit dem Spezialpapier (Thermopapier) in Kontakt gebracht (anschlagsfreier Drucker). Aufgrund der Wärmeeinwirkung hinterlassen sie eine Verfärbung auf der Beschichtung des Thermopapiers. Weder das Drucken auf normalem Papier noch ein Farbdruck ist mit diesem Verfahren möglich.

Thermotransferdrucker

Thermotransferdrucker arbeiten nach dem Prinzip der subtraktiven Farbmischung. Hierbei wird anschlagslos mit einem speziellen Thermo-Farbband auf Polyesterbasis

gearbeitet. Winzige Heiz-
elemente im Druckkopf er-
wärmen die wachsartigen
Farben auf dem Farbband,
die sich dann von dem Trä-
gerband lösen und auf das
Papier übertragen. Da sich
die einzelnen Farbpartikel
auf dem Papier vermi-
schen, entsteht ein stufen-
loser Farbverlauf. Es ist
kein Spezialpapier erfor-
derlich.

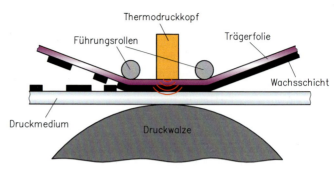

Bild 1.202: Grundprinzip Thermotransferdruck

Thermosublimationsdrucker

Der Thermosublimationsdrucker (Thermal Sublimation Printer) arbeitet ähnlich wie der Thermotransferdrucker, jedoch wird das Farbwachs mithilfe von Heizelementen so stark erhitzt, dass es den flüssigen Zustand überspringt und vom festen sofort in den gasförmigen Zustand wechselt. In diesem Zustand diffundiert es in das Spezialpapier. Jedes Heizelement des Druckkopfes kann bis zu 256 unterschiedliche Temperaturen erzeugen; die von der Trägerfolie abgeschmolzene Farbe wird umso intensiver übertragen, je höher die Temperatur ist. Auf diese Weise lassen sich bis zu 256 Farbintensitätsstufen auf dem Papier und damit eine hohe Farbqualität erzeugen. Diese Qualität wird allerdings mit hohen Kosten für Spezialpapier und Farbträger erkauft. Aus diesem Grunde finden diese Drucker im privaten PC-Bereich weniger Verwendung.

> Der **Thermosublimationsdrucker** ist in der Lage, fotorealistische Bilder hoher Qualität zu erzeugen.

1.13.4 Laserdrucker

Laserdrucker (Laser Printer) gehören zur Kategorie der elektrofotografischen Drucker (Electrophotographic Printer) und arbeiten wie Fotokopierer nach einem elektrofotografischen Verfahren. Bei diesem Verfahren macht man sich die elektrostatische Kraftwirkung elektrisch geladener Komponenten zunutze (Kap. 5.4.1).

Innerhalb des Druckers befindet sich eine fotoempfindliche Trommel, die elektrisch (negativ) aufgeladen wird. Auf diese Trommel wird mithilfe eines Laserstrahls, der von einem Spiegelsystem zeilenweise über die rotierende Trommel gelenkt wird, ein Abbild der zu druckenden Zeichen geschrieben („Belichten"). An denjenigen Stellen, an denen später keine Druckzeichen entstehen sollen, wird der Laserstrahl abgeschaltet beziehungsweise unterbrochen. An allen Auftreffpunkten des **Laser**s (**L**ight **A**mplification by **S**timulated **E**mission of **R**adiation) wird die elektrische Ladung der Trommel neutralisiert. Nur an diesen Stellen kann der Toner, der mit der gleichen Polarität aufgeladen wird wie die Trommel und der im weiteren Verlauf des Druckvorgangs auf die Trommel aufgetragen wird, haften bleiben. An allen anderen Stellen wird der Toner abgestoßen. Auf diese Weise entsteht auf der Trommel ein unsichtbares elektrisches Abbild des zu druckenden Blattes (Elektrofotografie).

> Laserdrucker werden auch als **Seitendrucker** (Page Printer) bezeichnet, da sie das komplette Abbild einer zu druckenden Seite auf die Bildtrommel projizieren.

Der Toner besteht aus einer Art sehr feinem Tintenpulver. Das zu bedruckende Papier wird ebenfalls elektrostatisch aufgeladen, jedoch mit entgegengesetzter Polarität zur Ladung der Trommel. Da entgegengesetzt geladene Teilchen einander anziehende Kräfte ausüben, überträgt sich der Toner auf das Papier, das an der Trommel vorbeigerollt wird („Entwickeln"). Durch anschließende Hitzeeinwirkung wird der Toner schließlich auf dem Papier dauerhaft fixiert („Fixieren"). Eine DIN-A4-Seite kann auf diese Weise in kürzester Zeit bedruckt werden. Nach jedem Druckvorgang wird die Trommel automatisch von Tonerresten gereinigt.

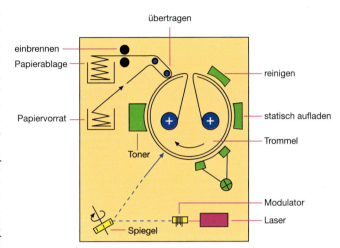

Bild 1.203: Prinzipieller Aufbau eines Laserdruckers

Farblaserdrucker arbeiten nach dem subtraktiven CMYK-Farbmischverfahren. Um eine Seite farbig zu drucken, müssen die dargestellten Arbeitsschritte viermal durchlaufen werden. Hierbei sind auch vier unterschiedliche elektrostatische Potenziale nötig, da das gleiche Potenzial eine bereits aufgebrachte Tonerschicht wieder zerstören würde (Direct-to-Drum-Verfahren).

Andere Farblaserdrucker verwenden zwei Bildtrommeln. Hierbei werden alle vier Auszüge nacheinander auf einer Bildtrommel erzeugt, auf die zweite übertragen und von dort zusammen zu Papier gebracht.

Laserdrucker gehören zu den qualitativ hochwertigsten Druckern, sie zeichnen sich neben einer gestochen scharfen Druckqualität und hohen Druckgeschwindigkeiten auch durch hervorragende Grafikfähigkeiten aus. Der beschriebene elektrofotografische Effekt lässt sich außer mit einem Laserstrahl auch mit anderen Lichtquellen realisieren. Zu den elektrofotografischen Druckern gehören dementsprechend auch die **LED-Drucker**, die **LCD-Drucker** und die **Ionenbeschuss-Drucker** (Ion-Deposition Printer).

1.13.5 Druckerkenngrößen und Leistungsmerkmale

Die Hersteller beschreiben die Eigenschaften ihrer Drucker mit Kenngrößen, von deren Qualität letztlich der Verkaufspreis abhängt. Beim Kauf eines neuen Druckers sind für den Anwender aber neben dem reinen Anschaffungspreis auch die Folgekosten zu beachten. Diese hängen immer vom jeweiligen Druckertyp ab. Neben der Kostenfrage sollte man vor dem Kauf aber ebenfalls über den Anwendungszweck nachdenken. Ein Drucker, der nur für den Textausdruck verwendet wird, muss sicherlich anderen Anforderungen genügen als ein Drucker, der zur fotorealistischen Darstellung von Bildern dienen soll.

Druckgeschwindigkeit

Die Druckgeschwindigkeit gibt an, wie schnell ein Drucker ein Blatt bedrucken kann. Sie wird entweder in Zeichen pro Sekunde (cps: caps per second) oder Anzahl der (DIN-A4-) Blätter pro Minute (ppm: pages per minute) oder pro Sekunde (pps: pages per second) angegeben.

Druckerauflösung

Vergleichbar mit der Darstellung auf einem Bildschirm kann man unabhängig vom Druckverfahren ein kleinstes, auf dem Papier druckbares Element definieren. Hierfür wird allgemein der Begriff **Druckpunkt** verwendet. Unter der Auflösung eines Bildes versteht man bei Druckern die Anzahl der zur Verfügung stehenden Druckpunkte pro Längeneinheit. Die Angabe erfolgt in **dpi** (dpi: dots per inch; übersetzt: Punkte pro Zoll; 1 inch = 2,54 cm). Je größer die Anzahl der Druckpunkte pro inch ist, desto besser ist die Qualität des Ausdrucks.

Bei allen gängigen Druckertypen ist die Wahl bestimmter vorgegebener Auflösungen möglich und kann vom Anwender nach Bedarf eingestellt werden. Grundsätzlich kann man stets die höchste Auflösung verwenden, die der Drucker zu leisten vermag. Allerdings sollte man wissen, dass sich bei hoher Auflösung die Druckgeschwindigkeit verlangsamen kann und der Verbrauch des Farbträgers (Farbband, Druckertinte, Toner) höher als bei niedrigerer Auflösung ist. Typische Auflösungen gängiger Druckertypen sind zurzeit:

Druckertyp	Auflösung	Typische Anwendung
Nadeldrucker	125–150 dpi 300 dpi (abhängig von der Anzahl der Nadeln)	Geringe Anforderungen; Konzeptausdrucke, je nach Auflösung Textverarbeitung bis hin zu einfachen Grafiken
Tintenstrahl-drucker	600 × 600 dpi 720 × 720 dpi 1440 × 720 dpi 2280 × 1440 dpi 4800 × 1200 dpi	In Abhängigkeit von der eingestellten Auflösung (und der verwendeten Papierqualität) mittlere bis hohe Anforderungen; Konzeptausdruck bis hochwertige Grafiken; bei Fotodruck je nach Preisklasse bessere Qualität als vergleichbare Laserdrucker
Laserdrucker	2400 × 600 dpi 720 × 720 dpi 4800 × 720 dpi	Hohe Anforderungen; Texte, Grafiken, fotorealistische Bilder

Bild 1.204: Typische Auflösungen verschiedener Druckertypen

Rasterweite

Eine weitere kennzeichnende Größe ist bei Druckern die Rasterweite. Sie wird in Linien pro inch angegeben (lpi: lines per inch) und erhält ihre Bedeutung dadurch, dass zur Darstellung verschiedener Graustufen entweder die einzelnen Druckpunkte mehr oder weniger eng gesetzt werden oder die Größe von angrenzenden schwarzen und weißen Bereichen verändert wird. Diese Art der Darstellung bezeichnet man als **Halbtonverfahren**. Die Wahrnehmung unterschiedlicher Graustufen bei der Färbung von Flächen entsteht durch das begrenzte Auflösungsvermögen des Auges. Bei der Darstellung von Farben wird ähnlich verfahren.

Graustufe	100 % (schwarz)	50 %	25 %
Vergrößerte Darstellung			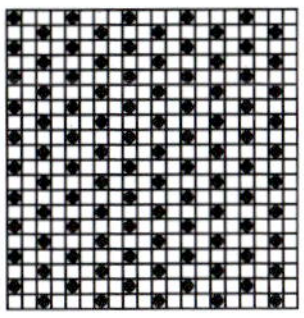

Bild 1.205: Prinzipielle Darstellung von Graustufen

1

In der folgenden Tabelle sind die typischen Merkmale der wichtigsten Druckertypen kurz zusammengefasst.

	Nadeldrucker	Tintenstrahldrucker	Laserdrucker
Druckgeschwindigkeit	– Eine bis sechs Seiten pro Minute	– Je nach Druckverfahren (monochrom/farbig) drei bis 20 Seiten pro Minute	– Je nach Typ fünf bis 50 (DIN A4) Seiten pro Minute
Vorteile	– Niedriger Anschaffungspreis – Geringe Verbrauchskosten (Farbband) – Kann Durchschläge erzeugen – Dokumentenecht – Kann Endlospapier bearbeiten	– Günstiger Anschaffungspreis – Folgekosten bei reinem Textdruck gering – Geräuscharmes Drucken	– Hohe Druckqualität – Sehr leiser Druckvorgang – Dokumentenechter Druck
Nachteile	– Sehr lautes Druckgeräusch – Langsame Druckgeschwindigkeit	– Ausdrucke nicht licht- und wasserecht – Unrentabel bei Seitendrucken mit hoher Seitenfärbung (z. B. Bilder) – Für hohe Druckqualität Spezialpapier erforderlich – Beim Bubble-Jet-Verfahren größerer Verschleiß des Druckkopfes als beim Piezoverfahren	– Vergleichsweise hoher Anschaffungspreis (insbesondere bei Farbdruckern) – Hoher Wartungsaufwand
Ursache der Folgekosten	– Drucker-Farbband	– Tintenpatrone – Spezialpapier	– Tonerkartusche – Bildtrommel
Umweltaspekte	– Umweltfreundlich	– Umweltfreundlich	– Tonerkartusche muss entsorgt werden – Zum Teil Ozonentwicklung (aufgrund der elektrostatischen Aufladungen)

Bild 1.206: Merkmale der wichtigsten Druckertypen

Drucker werden heute üblicherweise an einem USB-Anschluss betrieben. Vielfach können sie aber auch direkt in ein vorhandenes WLAN eingebunden werden. Um einen Drucker betreiben zu können, bedarf es stets eines entsprechenden Druckertreibers (Printer Driver). Dieser muss sowohl den jeweiligen Drucker als auch die vorhandene Software unterstützen. Im Lieferumfang der gängigen Betriebssysteme sind Treiber für die meisten handelsüblichen Drucker enthalten. Allerdings bieten die von den Druckerherstellern mitgelieferten Treiber teilweise eine größere Auswahl bei den möglichen Einstellungen.

Im Zusammenhang mit Druckern treten oft auch die folgenden Begriffe auf:

Druckmodus (Print Mode)

Dieser Begriff bezeichnet allgemein das Ausgabeformat eines Druckers. Der Druckmodus legt die Ausrichtung (Hoch- oder Querformat), die Druckqualität und die Größe des Ausdrucks fest. Matrixdrucker unterstützen folgende Druckqualitäten: Entwurf, Letter-Qualität (LQ) oder Near-Letter-Qualität (NLQ). Die meisten Drucker können sowohl Standardtext (ASCII) als auch eine Seitenbeschreibungssprache (z. B. PostScript) interpretieren.

PostScript

Die Tatsache, dass jeder Drucker seinen eigenen speziellen Druckertreiber benötigt, kann beispielsweise unter Windows dazu führen, dass Texte, die auf zwei PC-Systemen mit unterschiedlichen Druckern ausgegeben werden, verschieden aussehen (z. B. unterschiedlicher Seitenumbruch). **PostScript** ist eine Seitenbeschreibungssprache, die das Seitenlayout mit standardisierten Befehlen steuert, die auf jedem PostScript-fähigen Drucker zum gleichen Ausdruck führen. PostScript verfügt über flexible Schriftfunktionen, eine hochqualitative Grafikausgabe und in Verbindung mit **Display-PostScript** eine absolute WYSIWYG-Qualität (**W**hat **Y**ou **S**ee **I**s **W**hat **Y**ou **G**et). Diese Qualitätsstufe lässt sich ansonsten nur schwer realisieren, wenn man für die Darstellung auf Bildschirm und Drucker unterschiedliche Methoden anwendet. Gleiche Ausdrucke sind alternativ auch mit dem weit verbreiteten **PDF**-Format (**P**ortable **D**ocument **F**ormat) möglich.

Drucker-Spooler (Print Spooler)

Der Drucker-Spooler ist ein Programm, das einen Druckjob auf dem Weg zum Drucker abfängt und ihn stattdessen im Speicher ablegt. Dort verbleibt der Druckjob so lange, bis ihn der Drucker ausführen kann. Der Begriff Spooler steht für „Simultaneous Peripheral Operations Online".

Druckpuffer (Print Buffer)

Der Druckpuffer ist ein Speicherbereich, in dem Druckausgaben vorübergehend abgelegt werden, bis sie der Drucker verarbeiten kann. Die Einrichtung eines Druckpuffers kann im Hauptspeicher (RAM) des Computers, im Drucker selbst oder in einer separaten Einheit zwischen dem Computer und dem Drucker (z. B. innerhalb eines Netzwerks) erfolgen. Unabhängig von seiner Lokalisierung besteht die Funktion eines Druckpuffers darin, die Druckausgaben vom Computer mit hoher Geschwindigkeit zu übernehmen und sie an den Drucker, der eine wesentlich geringere Geschwindigkeit erfordert, weiterzuleiten. Dadurch kann der Computer in dieser Zeit andere Aufgaben übernehmen.

1.13.6 Farbdruckverfahren

Eine farbige Darstellung, beispielsweise ein Farbfoto, beinhaltet in der Regel eine große Anzahl vieler verschiedener Farben. Beim Drucken ist es nicht möglich, für jede dieser Farben einen entsprechenden Farbträger – je nach Druckertyp Farbband, Tintenpatrone oder Toner – bereitzustellen. Aus diesem Grund wendet man Verfahren an, mit deren Hilfe es möglich ist, durch Kombination einiger weniger Grundfarben alle anderen Farben zu realisieren.

Bei Bildschirmen wird hierzu bekanntlich das RGB-Verfahren, ein additives Mischverfahren, angewendet (Kap. 1.12.1). Das additive Farbmischverfahren kann in der Technik nur dann angewendet werden, wenn Licht direkt, d.h. ohne Reflexion durch einen Gegenstand, in das Auge gelangt, wie dies beim Bildschirm der Fall ist. Für Darstellungen, die nicht selbst lichterzeugend sind, sondern bei denen das Licht erst durch Reflexion ins Auge gelangt, wie beispielsweise Farben, die auf Papier aufgebracht sind, muss ein **subtraktives Farbverfahren** verwendet werden.

Bild 1.207: Subtraktives Farbmodell

Bei diesem Verfahren werden die Grundfarben **C**yan, **M**agenta und **Y**ellow (Gelb) verwendet. Aus den drei Anfangsbuchstaben dieser Farben leitet sich die Kurzbezeichnung **CMY-Verfahren** ab.

Beim **CMY-Farbmischverfahren** können sämtliche Farben durch Mischen der drei Grundfarben Cyan, Magenta und Gelb hergestellt werden.

Die Zusammenhänge lassen sich am Farb-Einheitswürfel veranschaulichen (Bild 1.208), mathematisch handelt es sich hierbei um ein räumliches XYZ-Koordinatensystem.

Auf den Koordinatenachsen sind die drei Grundfarben Cyan, Magenta und Gelb aufgetragen. Je weiter man sich auf einer dieser Achsen vom Koordinatenursprung entfernt, desto intensiver wird der entsprechende Farbanteil. Die größte mögliche Intensität einer Farbe ist im Einheitswürfel bei dem Wert 1 erreicht. Mischt man beispielsweise nur die Farben Cyan (1; 0; 0) und Magenta (0; 1; 0) mit jeweils größtmöglicher Intensität, entsteht die Farbe Blau (1; 1; 0), die Mischung von Magenta (0; 1; 0) und Gelb (0; 0; 1) ergibt Rot (0; 1; 1). Die Mischfarbe X entsteht beispielsweise durch Kombination aller drei Grundfarben mit den Intensitäten 0,5; 0,25; 0,25.

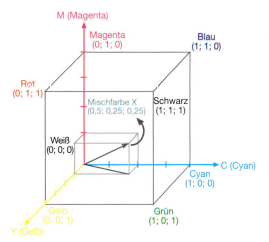

Bild 1.208: Farb-Einheitswürfel für das CMY-Farbmischverfahren

Vorteilhaft bei diesem Farbmodell ist, dass Weiß – die natürliche Farbe des Papiers – entsteht, wenn die drei Grundfarben die Intensität null (0; 0; 0) aufweisen (d.h. nicht vorhanden sind). Wie viele verschiedene Farben – man spricht auch von Farbnuancen – realisiert werden können, ist abhängig von der Anzahl der möglichen Abstufungen (Intensitäten) der drei Grundfarben. In Bild 1.208 sind zur Veranschaulichung lediglich vier Stufen pro Farbe auf den Koordinatenachsen eingetragen. Bild 1.209 stellt den Zusammenhang zwischen der Anzahl der einzelnen Farbstufen und der Anzahl der darstellbaren Farbnuancen dar:

Anzahl der Stufen			Anzahl der Farbnuancen
Cyan	Magenta	Gelb	
4	4	4	64
8	8	8	512
16	16	16	4096
32	32	32	32768
64	64	64	262144
128	128	128	2097152
256	256	256	16777216

Bild 1.209: Mögliche Anzahl von darstellbaren Farbnuancen

Werden alle drei Farben mit jeweils hohen Farbanteilen gemischt, entsteht als Farbeindruck für den Betrachter die Farbe Schwarz (1; 1; 1). In der Praxis stehen die drei Grundfarben allerdings nicht 100 % rein zur Verfügung. Die Folge ist, dass kein 100%iges Schwarz mehr erzeugt werden kann und dass die Anzahl der druckbaren Farben eingeschränkt ist. Da bei diesem Verfahren das Erzeugen der Farbe Schwarz zudem einen extrem hohen Farbverbrauch zur Folge hat, wird Schwarz nicht durch Mischen der drei Grundfarben, sondern durch eine „echte" schwarze Druckfarbe erzeugt. Dieses Verfahren bezeichnet man als **CMYK-Verfahren**. Der Buchstabe „K" steht hierbei für die Farbe Schwarz (blac**k**).

> Bei Farbdruckern wird das **CMYK-Farbmischverfahren** verwendet. Dieses Farbmischsystem wird auch als Vierfarb-Druckverfahren bezeichnet und findet ebenfalls in der professionellen Druckereitechnik Anwendung.

Zur Verbesserung des Farbeindrucks insbesondere bei der Wiedergabe von Fotos werden auch Drucker angeboten, die über mehr als drei Grundfarben verfügen. Je nach Preisklasse und Druckermodell findet man bis zu zwölf Farbkartuschen, die einzeln gewechselt werden können.

Aufgrund der verwendeten Drucktechnik sind Thermosublimationsdrucker in der Lage, bis zu 256 verschiedene Farbnuancen (Abstufungen) pro Grundfarbe zu drucken. Bei den Tintenstrahldruckern müssen die Farben erst mithilfe spezieller Verfahren aufbereitet werden, da diese Drucker – technologisch bedingt– keine Abstufungen der drei Grundfarben hervorbringen können.

Um für den Betrachter den Eindruck von Farbnuancen entstehen zu lassen, werden vergleichbare Verfahren wie bei der Darstellung von Graustufen (Bild 1.205) angewendet. Durch eine geschickte Anordnung einzelner, aus den drei Grundfarben bestehender Farbpunkte entsteht der Eindruck einer bestimmten Farbnuance. Dieses Verfahren bezeichnet man als **Dithering**. Das entstehende Punkteraster besitzt je nach verwendeter

Technik entweder ein festes oder ein variables Verteilungsmuster. Die entsprechenden Farbeindrücke entstehen, weil das menschliche Auge nur eine begrenzte Empfindlichkeit hat, die dazu führt, dass der Farbeindruck über eine gewisse Fläche gemittelt wird.

Je feiner die Verteilung von Farbpunkten in einem Bildbereich ist, desto besser lassen sich Farbübergänge drucken und umso mehr Farbnuancen lassen sich darstellen. Die Feinheit der Verteilung der Farbpunkte wird nach unten durch die maximale Druckerauflösung begrenzt.

> Farbdrucker, die nicht in der Lage sind, Halbtöne mit fließenden Farbstufungen zu erzeugen, simulieren Zwischentöne mithilfe des **Dithering-Verfahrens**.

Die zu den Druckern gehörenden Treiber ermöglichen in der Regel die Einstellung unterschiedlicher Halbton- und Dithering-Verfahren. Durch Ausprobieren kann man die jeweils beste Einstellung ermitteln. Allerdings wird diese Einstellung von manchen Softwareprogrammen während des Druckvorgangs überschrieben, sodass sich auch nach einer manuellen Umstellung keine Änderung in der Qualität des Ausdrucks einstellt.

In der Praxis macht man oft die Erfahrung, dass ein Bild auf dem Bildschirm andere Farbtöne aufweist als das gleiche Bild ausgedruckt. Ursache hierfür ist eine ungenaue Anpassung der beiden verwendeten Farbmodelle RGB und CMYK. Über spezielle Einstellungen des Druckertreibers lassen sich die Farbdrucke der Bildschirmdarstellung anpassen; eine 100%ige Übereinstimmung ist allerdings auch von der verwendeten Papierqualität abhängig. Allgemein bezeichnet man eine solche Einstellungsmöglichkeit als **Farbmanagement** (Color Management).

> Mit dem Begriff **Farbmanagement** bezeichnet man allgemein ein Verfahren, mit dem auf unterschiedlichen Ausgabegeräten exakt die gleichen Farbtöne dargestellt werden.

Im vorliegenden Fall muss eine exakte Konvertierung der RGB-Farbdaten des Bildschirms in die entsprechenden CMYK-Ausgabedaten des Druckers erfolgen.

1.13.7 Plotter

> Ein **Plotter** ist ein Gerät, mit dem sich Diagramme, Zeichnungen und andere vektororientierte Grafiken zeichnen lassen.

Während Drucker in der Regel nur die Papiergrößen DIN A4 oder DIN A3 bedrucken können, lassen sich mit Plottern (Plotter) auch wesentlich größere Papierformate (z. B. DIN A0) bearbeiten.

Im Gegensatz zu Druckern, bei denen Grafiken vielfach durch Anordnung einzelner Bildpunkte entstehen (Bildrasterung), zeichnet ein Plotter kontinuierliche Linien. Hierdurch werden keine „Treppenstufeneffekte" erzeugt, womit der Plotter für die Ausgabe von Grafiken im technischen Bereich prädestiniert ist (z. B. Stromlaufpläne, Gebäudegrundrisse).

> **Plotter** sind in der Lage, kontinuierliche Linien zu zeichnen.

Für reine Schriftdarstellungen sind sie weniger geeignet, da jedes Zeichen gemalt werden muss und die Ausgabegeschwindigkeit hierdurch sehr gering wird.

Plotter arbeiten entweder mit Stiften (z. B. Stifte mit speziellen Stahlkugelspitzen, Faserschreiber oder Gasdruckminen) oder elektrostatischen Ladungen in Verbindung mit Toner (elektrostatischer Plotter). Stiftplotter zeichnen mit einem oder mehreren farbigen Stiften auf Papier oder Transparentfolien. Elektrostatische Plotter bringen zunächst ein Muster aus elektrostatisch geladenen Bereichen auf das Papier, auf welches dann Toner geleitet und anschließend durch Hitze fixiert wird. Gegenüber Stiftplottern arbeiten elektrostatische Plotter bis zu 50-mal schneller, sind aber auch wesentlich teurer. Farbige elektrostatische Plotter produzieren Bilder über mehrere Schritte mit Cyan, Magenta, Gelb und Schwarz.

Nach der Art der Papierbehandlung unterscheidet man drei grundlegende Plottertypen: Flachbett-, Trommel- und Rollenplotter.

Flachbettplotter halten das Papier ruhig und bewegen den Stift, der sich auf einem Schlitten befindet, mithilfe von Schrittmotoren entlang der X- und Y-Achsen. Ein eigener Elektromagnet senkt den Stift erst dann auf die Papieroberfläche, wenn gezeichnet werden soll.

Trommelplotter rollen das Papier über einen Zylinder. Der Stift bewegt sich entlang einer Achse, während sich die Trommel mit dem darauf befestigten Papier entlang einer anderen Achse dreht. Trommelplotter sind besonders für große Ausdrucksformate geeignet.

Rollenplotter stellen eine Kombination aus Flachbett- und Trommelplotter dar. Der Stift bewegt sich hier entlang einer Achse und das Papier wird durch kleine Rollen vor- und zurücktransportiert.

AUFGABEN

1. Nach welchen Gesichtspunkten lassen sich Drucker einteilen?

2. Als Auszubildender in einem der IT-Berufe sollen Sie künftig auch im Verkauf eingesetzt werden. Ihr Ausbilder möchte sich über Ihren Kenntnisstand über Drucker informieren und fragt Sie nach den verschiedenen Druckertypen, den verwendeten Druckverfahren, den Vor- und Nachteilen der jeweiligen Verfahren und welche Empfehlungen Sie Kunden geben würden. Welche Auskünfte geben Sie ihm?

3. Was versteht man unter der Druckerauflösung und wie wird sie angegeben?

4. Auf welche Weise lassen sich bei einem S/W-Tintenstrahldrucker verschiedene Graustufen darstellen?

5. Woraus leitet sich die Abkürzung CMYK ab?

6. Aus welchem Grund sind Thermosublimationsdrucker besser für die Darstellung fotorealistischer Bilder geeignet als Farb-Tintenstrahldrucker?

7. Was versteht man unter der sogenannten Farbstabilität?

8. Ein Kunde möchte sich über den Druckvorgang bei einem Laserdrucker informieren. Welche Auskünfte geben Sie ihm?

9. Was versteht man unter einem PostScript-fähigen Drucker?

10. Aus welchem Grund lässt sich das RGB-Verfahren bei Druckern nicht anwenden?

11. Bei vielen Druckertreibern lässt sich das sogenannte Dithering einstellen. Was versteht man unter diesem Begriff?

12. In welchen Bereichen werden vornehmlich Plotter eingesetzt? Welche Vorteile bietet ein Plotter gegenüber einem Drucker?

1.14 Ergonomie, Umweltverträglichkeit und Prüfsiegel

1

Für den gesamten IT-Bereich gilt, dass alle Maßnahmen zur Arbeitssicherheit und zum Gesundheitsschutz sowie zur Entsorgung und zum Recycling von EDV-Geräten einen hohen Stellenwert für die gesamte Produktbewertung besitzen. Die Einhaltung von Normen und die Vergabe von Prüfzertifikaten gelten als entscheidende Produkteigenschaften für Hersteller wie für Anwender. Seit einigen Jahren gibt es die „Green IT"-Bewegung, die sich im weitesten Sinne um die Entwicklung und Verbreitung umweltfreundlicher und ressourcenschonender IT-Produkte kümmert.

1.14.1 Ergonomie am Arbeitsplatz

Mit der Veröffentlichung der Verordnung über Sicherheit und Gesundheitsschutz bei der Arbeit an Bildschirmgeräten, kurz Bildschirmarbeitsverordnung (BildscharbV), wurde 1996 eine entsprechende EU-Richtlinie in nationales Recht umgesetzt. In allgemeiner Form legt diese Verordnung die Grundlagen für Anforderungen an Bildschirmarbeit fest. Neu für Bildschirmarbeit war die Verpflichtung zur Überprüfung der Arbeits-, Sicherheits- und Gesundheitsbedingungen hinsichtlich Sehvermögen, körperlicher Probleme und psychischer Belastung. Das bedingt eine Arbeitsplatzanalyse aller Bildschirmarbeitsplätze in Bezug auf Sitzposition, Anordnung von Ein- und Ausgabegeräten, Lärmemission, Lichtverhältnisse, Blend- und Flimmerfreiheit. Die Bildschirmarbeitsplatzverordnung ist in Deutschland inzwischen Teil der **Arbeitsstättenverordnung** (ArbStättV, Abschnitt 6), die mit Wirkung zum 03.12.2016 inhaltlich dem technischen Fortschritt am Arbeitsplatz angepasst wurde.

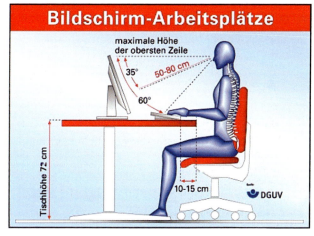

Bild 1.210: Sitzposition am Bildschirmarbeitsplatz nach DIN 33402

Büromöbel mit guten Benutzermerkmalen sollten den Anforderungen der **TCO'04 Office Furniture** und deren nachfolgenden Ergänzungen entsprechen. Das Prüflabel der

Schwedischen Angestelltengewerkschaft ist ein Qualitäts- und Umweltgütesiegel für Bürostühle und höhenverstellbare, elektrisch gesteuerte Bürotische mit exakt spezifizierten Anforderungen in den Bereichen Ergonomie, Ökologie und Emissionen (Strahlung und Magnetfelder sowie chemische Emissionen).

Seit 2010 wird die TCO'04 Office Furniture durch das Qualitätszeichen **Quality Office** ergänzt. Es beruht auf der Leitlinie L-Q 2010 „Qualitätskriterien für Büro-Arbeitsplätze", die unter anderem durch das Deutsche Institut für Normung (DIN), die Verwaltungs-Berufsgenossenschaft (VBG), den Verband Büro-, Sitz- und Objektmöbel (bso), die Bundesanstalt für Arbeitsschutz und Arbeitsmedizin (BAuA) sowie den Initiativkreis Neue Qualität der Büroarbeit (INQA-Büro) verabschiedet wurde. In ihr werden Kriterien zu Sicherheitsanforderungen, Ergonomie, Funktion, Ökologie und Ökonomie berücksichtigt und sie soll den ständig steigenden Anforderungen an Büroarbeit Rechnung tragen.

Ein wesentlicher Beitrag zur Ergonomie am Arbeitsplatz besteht in der Verwendung emissionsfreier bzw. emissionsarmer Arbeitsmittel. Mindestgrenzwerte sind in nationalen und internationalen Richtlinien wie z. B. denen zur elektromagnetischen Verträglichkeit (EMV; Kap. 5.4.4) festgeschrieben. Danach muss jeder Personal Computer der Produktnorm für Störemission EN 55022, der Grundnorm für Störbeeinflussung EN 50082–1 sowie der als Niederspannungsrichtlinie bezeichneten Norm EN 60950 entsprechen.

Die **ISO (International Organization for Standardization = Internationaler** ISO-Norm **Normenausschuss)** hat mit der Norm ISO 9241-x die Bildqualitätsanforderungen für Displays und deren Design festgelegt. Hiernach müssen bestimmte Bedingungen für Entspiegelung, Flimmerfreiheit, Kontrast, Sichtabstand, Zeichenbreite, -höhe und -gleichmäßigkeit erfüllt werden.

Auch bei der Entwicklung von neuer Software spielt der Ergonomiefaktor eine bedeutende Rolle.

> Ziel der Softwareergonomie ist die Anpassung der Eigenschaften eines Dialogsystems an die geistigen und physischen Eigenschaften der damit arbeitenden Menschen.

Der Ergonomieanspruch erfordert eine benutzerfreundliche Auslegung von Software wie z. B.:

- Software soll so gestaltet sein, dass der Anwender bei der Erledigung von Arbeitsaufgaben unterstützt und nicht unnötig belastet wird.
- Software soll selbstbeschreibend sein, d. h. dem Anwender bei Bedarf Einsatzzweck und Leistungsumfang erläutern.
- Software soll vom Anwender so weit als möglich steuerbar und individuell anpassbar sein.
- Software soll den Erwartungen des Anwenders entsprechend reagieren.
- Software soll fehlerrobust sein, d. h., fehlerhafte Eingaben sollten nicht zu Systemabbrüchen führen und mit minimalem Korrekturaufwand rückgängig gemacht werden können.
- Die auf dem Bildschirm dargestellten Informationen sollen eindeutig und einheitlich gegliedert sein. Dazu zählen u. a. leicht erkennbare Symbole, Icons und Buttons sowie die Hervorhebung wichtiger Informationen.

Regelmäßiges und langes Arbeiten am Computerbildschirm führt mit der Zeit zu Augenbeschwerden. Werden anfängliche Symptome wie Brennen, Jucken, erhöhte Lichtempfindlichkeit usw. nicht beachtet, können ernsthafte gesundheitliche Schäden an den Augen entstehen. Daher gehören regelmäßige Entspannungspausen für die Augen als Vorbeugungsmaßnahme zur Bildschirmarbeit dazu.

1.14.2 Recycling und Umweltschutz

Außer auf Ergonomie und Arbeitssicherheit achten viele Hardwarehersteller zunehmend auf den Einsatz von umweltverträglichen Werkstoffen und die Möglichkeit, wertvolle Rohstoffe – sogenannte **Wertstoffe** – wiederzuverwenden. Dies gilt prinzipiell für alle Arten von elektronischen Geräten, die von spezialisierten Recyclingfirmen wieder in ihre Ausgangsmaterialien zerlegt werden können.

Dennoch werden Notebooks und andere Geräte nach wie vor unter Verwendung toxischer Materialien gebaut. Zwar haben die Hersteller von Notebooks in den letzten Jahren einige der gefährlichsten Stoffe aus der Produktion herausgehalten, es werden jedoch weiterhin andere gesundheitsgefährdende Stoffe wie z. B. PVC, bromhaltige Flammschutzmittel und Phthalate in den meisten tragbaren PCs verbaut. (Phthalate sind Weichmacher, die eine hormonähnliche Wirkung haben und bei Männern zu Unfruchtbarkeit und bei ihren Nachkommen zu Missbildungen führen sollen.)

 Das Recycling-Symbol weist auf Produkte oder Komponenten hin, die eine besondere Entsorgung erfordern. Auf diese Weise gekennzeichnete Artikel dürfen nicht einfach in den Hausmüll geworfen werden. Dazu zählen insbesondere schwermetallhaltige Batterien und Akkumulatoren (kurz: Akkus; Kap. 5.3.1.3).

Häufig findet man noch eine Kennzahl in der Mitte des Symboles. Diese Zahl gibt Aufschluss über das verwendete Material. So steht:

- 01 bis 07 für verschiedene Kunststoffe
- 40 für Stahl
- 41 für Aluminium
- 80 bis 85 für Verbundwerkstoffe aus Papier mit Metallen oder Kunststoffen
- 90 bis 92 für Verbundwerkstoffe aus Kunststoffen und Metall
- 95 bis 98 für Verbundwerkstoffe aus Glas und Metall

 Das **Batteriegesetz** (BattG) vom 01.12.2009 und seine Anpassungsänderung vom 27.11.2015 regelt die umweltgerechte Entsorgung von Batterien und setzt die Richtlinie 2008/12/EG des Europäischen Parlaments in innerdeutsches Recht um. Gegenüber dem alten Gesetz unterliegt jetzt auch der Versandhandel der Rücknahmepflicht.

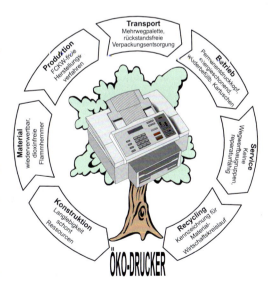

Bild 1.211: Beispiel für umweltschonende Produktion und Wiederverwertung

Leere Tonerkartuschen und Tintenpatronen gehören ebenso wie Akkus und Batterien nicht in den Hausmüll. Mittlerweile haben die meisten Städte und Gemeinden oder regionale Abfallentsorger für diese Form von Sondermüll Altstoffsammelzentren eingerichtet.

Gleiches gilt für CD-ROMs und DVDs. Viele dieser Silberscheiben haben keine oder nur eine geringe Nutzungsdauer und landen danach im Müll. Das im Recyclingprozess gewonnene Polykarbonat wird entweder eingeschmolzen und als 30%ige Beigabe wieder zu CD-Rohlingen verarbeitet oder mit anderen Kunststoffen und Farbe vermischt zu neuen Produkten wie z.B. Computergehäusen oder Armaturentafeln verarbeitet. Man spricht in diesem Zusammenhang auch vom „silbernen Kreislauf".

Nicht mehr benötigte CDs und DVDs gehören in den „silbernen Kreislauf".

Im Übrigen sind die Hersteller und Vertreiber von Transport- und Verkaufsverpackungen verpflichtet, alle Verpackungsmaterialien zurückzunehmen und zu verwerten bzw. wiederzuverwenden.

Auf Initiative des „WEEE Executing Forums" haben die Mitgliedsstaaten der EU und das Europäische Parlament im Jahr 2003 neue Richtlinien zur Entsorgung von Altgeräten sowie zur Bleisubstitution bei Neugeräten festgelegt:

- **WEEE-Direktive**: Elektro- und Elektronik-Altgeräte-Richtlinie (**WEEE** = **W**aste Electrical and **E**lectronic **E**quipment)

- **RoHS-Direktive**: Richtlinie zur Beschränkung der Verwendung bestimmter gefährlicher Stoffe in Elektro- und Elektronikgeräten (**RoHS** = **R**estrictions **o**f **H**azardous Substances in Electrical and Electronic Equipment)

Die WEEE-Richtlinie sieht vor, dass die Hersteller und Importeure von Elektro- und Elektronikgeräten den Transport der entsprechenden Altgeräte aus privaten Haushalten – sowohl die Rücknahme als auch die Entsorgung – finanzieren müssen. Ein Hersteller im Sinne der Richtlinie ist allerdings nicht nur derjenige, der Elektrogeräte herstellt und verkauft, sondern auch derjenige, der Geräte anderer Anbieter unter seinem Markennamen weiterverkauft oder gewerblich in einen Mitgliedsstaat der EU ein- oder ausführt (Importeur). Zur Identifizierung der Hersteller/Importeure haben die Mitgliedsstaaten ein Herstellerregister einzurichten. Den Hersteller/Importeur trifft darüber hinaus eine Kennzeichnungspflicht seiner Produkte. Neue Elektro- und Elektronikgeräte müssen mit dem Symbol der durchgestrichenen Mülltonne gekennzeichnet werden.

Damit gekoppelt ist das neue Gesetz über das Inverkehrbringen, die Rücknahme und die umweltverträgliche Entsorgung von Elektro- und Elektronikgeräten (Elektro- und Elektronikgerätegesetz – **ElektroG**), das in Deutschland insbesondere die Entsorgung und Verwertung von Elektro- und Elektronikgeräten regelt. Deutlich stärker als bisher sind die Hersteller, Importeure (und unter Umständen auch die Wiederverkäufer) solcher Produkte verantwortlich für den gesamten Lebenszyklus der von ihnen produzierten und in Verkehr gebrachten Geräte. Sie müssen diese sowohl von gewerblichen als auch (über die öffentlich-rechtlichen Entsorgungsträger) von privaten Kunden auf eigene Kosten zurücknehmen bzw. entsorgen lassen.

Zusätzlich beschränkt das Elektrogesetz (ElektroG) den Anteil bestimmter gefährlicher Stoffe, wie beispielsweise Blei oder Quecksilber, in neu konzipierten und produzierten Geräten.

Insgesamt verfolgt das Elektrogesetz drei zentrale Ziele:

- Vermeidung von Elektro- und Elektronikschrott
- Reduzierung von Abfallmengen durch Wiederverwendung und Sammel-/Verwertungs-
  quoten
- Verringerung des Schadstoffgehalts in Elektro- und Elektronikgeräten

Im Juli 2011 ist die Version 2.0 der RoHS-Richtlinie veröffentlich worden. Sie ist jetzt abge-
koppelt von der WEEE-Direktive und gilt für fast alle elektrischen und elektronischen
Geräte. Die RoHS-Richtlinie verbietet unter anderem den Einsatz von Blei (sogenannte
Bleiablösung), Cadmium, Chrom VI, Quecksilber und den Flammenhemmern PBB und
PBDE in Elektro- und Elektronikgeräten. Mehr Informationen liefern der FED (Fachver-
band Elektronik-Design e. V.) und der ZVEI (Zentralverband der Elektrotechnik- und Elek-
tronikindustrie e. V.).

1.14.3 Prüfsiegel und Umweltzeichen

Immer mehr Prüfsiegel und Umweltzeichen auf technischen Produkten sollen den Verbraucher über spezielle Produkteigenschaften informieren (Bild 1.212).

Dies gilt inzwischen sowohl für die Hardware als auch für die Software von IT-Produkten.
Sie sollen Käufern wie Anwendern wichtige Hinweise liefern in Bezug auf Arbeitssicherheit, Ergonomie und Umweltverträglichkeit. Die bekanntesten Prüfsiegel – insbesondere
für Displays werden im Folgenden kurz dargestellt. Zusätzliche Informationen zu Prüfsie-
geln erhält man unter www.label-online.de.

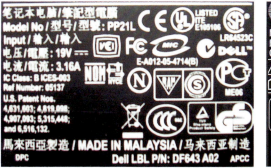 

Bild 1.212: Beispiele für Prüfsiegel mit verschiedenen nationalen und internationalen Zertifikaten

Blauer Engel

 Der Blaue Engel ist die erste und älteste umweltschutzbezogene Kennzeichnung der Welt für Produkte und Dienstleistungen. Er wurde 1978
auf Initiative des Bundesministers des Inneren und durch den Be-
schluss der Umweltminister des Bundes und der Länder ins Leben ge-
rufen. Seitdem ist er ein marktkonformes Instrument der Umweltpoli-
tik, mit dem auf freiwilliger Basis die positiven Eigenschaften von
Produkten und Dienstleistungen gekennzeichnet werden können.

Der Blaue Engel wird durch folgende vier Institutionen getragen:

- Die Jury-Umweltzeichen-Institution ist ein unabhängiges Beschlussgremium mit Vertretern aus Umwelt- und Verbraucherverbänden, Gewerkschaften, Industrie, Handel, Handwerk, Kommunen, Wissenschaft, Medien, Kirchen und Bundesländern.

- Das Bundesministerium für Umwelt, Naturschutz und Reaktorsicherheit ist Zeicheninhaber und informiert regelmäßig über die Entscheidungen der Jury-Umweltzeichen.

- Das Umweltbundesamt fungiert mit dem Fachgebiet „Umweltkennzeichnung, Umweltdeklaration, umweltfreundliche Beschaffung" als Geschäftsstelle der Jury Umweltzeichen und entwickelt die fachlichen Kriterien der Vergabegrundlagen des Blauen Engel.

- Die RAL gGmbH (gemeinnützige GmbH) ist die Zeichenvergabestelle. Die Abkürzung RAL stand ursprünglich für die Bezeichnung Reichs-Ausschuss für Lieferbedingungen.

Entgegen der allgemeinen Einschätzung geht die Prüfung weit über den reinen Umweltschutz hinaus. So müssen z.B. im Bereich der Bildschirme Anforderungen an die Reparaturfähigkeit, Bildschirmergonomie, Umweltverträglichkeit der Produkte, Möglichkeit zur Produkterweiterung, Energieverbrauch, Recyclingfähigkeit, Arbeitssicherheit und Lärmemission bewertet werden. Seit 2017 dürfen z.B. Druckerhersteller nur noch mit dem Blauen Engel werben, wenn sie eine Prüfung nach den neuen Vergabegrundlagen DE-UZ 205 bestanden haben.

Weitere Informationen zum Umweltzeichen „Blauer Engel" erhält man unter www.blauer-engel.de.

CCC-Zertifikat

Seit dem 01.08.2003 ist in China das neue System der Pflichtzertifizierung obligatorisch. Zertifizierungspflichtige Waren ohne entsprechende Zertifikate oder Sondergenehmigungen können seitdem nicht mehr in die Volksrepublik eingeführt, in den Handel gebracht oder genutzt werden. CCC steht für China Compulsory Certificate (Chinesisches Pflicht-Zertifikat). Das CCC-Zeichen (Bild 1.212) wird zur differenzierten Betrachtung der Zertifizierung durch die Zusätze für elektromagnetische Verträglichkeit CCC(EMC) und CCC(S&E) sowie für Feuerschutz CCC(F) erweitert.

CE-Zeichen

Die **CE-Kennzeichnung** (Conformité Européenne; so viel wie „Übereinstimmung mit EU-Richtlinien") ist eine Kennzeichnung nach EU-Recht für bestimmte Produkte in Zusammenhang mit der Produktsicherheit. Hersteller, die ihre Produkte in der Europäischen Union in Verkehr bringen, sei es als Import oder innerhalb der EU produzierte Ware, sind gesetzlich dazu verpflichtet, dieses Zeichen vor dem Inverkehrbringen auf ihren Erzeugnissen anzubringen, sofern dies in den relevanten Richtlinien gefordert ist. Doch nur mit der Anbringung ist es nicht getan.

Der Hersteller hat die Forderungen aller Richtlinien, die auf sein Produkt anzuwenden sind, einzuhalten. Für die Herstellung von Computern und Peripheriegeräten gelten die Richtlinien der **Elektrom**agnetischen **V**erträglichkeit (2014/30/EU), kurz EMV (Kap. 5.4.4), und für die Betriebssicherheit die Niederspannungsrichtlinie (2014/35/EU) mit ihren jeweiligen Änderungen. Prüfungen zur Erfüllung der Schutzziele der Richtlinien erfolgen in der Regel auf Basis europäisch harmonisierter Normen.

Wichtig bei der EMV sind zwei Tatsachen: Einerseits darf das Gerät keine elektromagnetischen Störungen in seiner Umwelt erzeugen, andererseits soll es gegen äußere Störeinflüsse ausreichend geschützt sein. In der Niederspannungsrichtlinie ist die Einhaltung der elektrischen und mechanischen Gerätesicherheit und auch der Brandschutz gefordert. Eine besondere Bedeutung bekommen hier Lasergeräte, z.B. DVD-Laufwerke. Die Regulierungsbehörde für Post und Telekommunikation, kurz **RegTP**, kontrolliert regelmäßig durch Stichproben im Markt die Einhaltung der Richtlinien.

> Die CE-Kennzeichnung ist ausschließlich für die staatliche Marktüberwachung gedacht. Das CE-Zeichen ist weder ein Gütesiegel noch eine Sicherheitskennzeichnung wie beispielsweise die VDE-Kennzeichnung.

Die Richtlinien werden von den Mitgliedsstaaten der EU in nationale Gesetze umgewandelt, die dann für alle Hersteller verbindlich sind. Bereits vorhandene nationale Vorschriften wie Sicherheitsvorschriften werden den EU-Richtlinien angepasst. In Deutschland ist das CE-Zeichen seit dem 01.01.1996 Pflicht.

Das CE-Konformitätszeichen wird durch den Hersteller auf einem Produkt nur einmal angebracht, auch wenn für das Produkt mehrere Richtlinien zur Anwendung kommen. Dazu gibt der Hersteller eine EU-Konformitätserklärung ab. Das CE-Zeichen muss einem definierten Raster entsprechen und eine Mindesthöhe von 5 mm besitzen.

KEYMARK – der neue Schlüssel für Europa

Die KEYMARK ist das europäische Zertifizierungszeichen, das die Übereinstimmung von Produkten mit europäischen Normen dokumentiert. Während die CE-Kennzeichnung primär die Einhaltung gesetzlicher Mindeststandards anzeigt, bietet die KEYMARK dem Verbraucher einen echten Mehrwert: Die geprüfte und zertifizierte Einhaltung einheitlicher europäischer Qualitätsstandards. Die für bestimmte Produkte gesetzlich geforderte CE-Kennzeichnung kann damit in sinnvoller Weise ergänzt werden.

Ein Produkt darf nur dann mit der KEYMARK gekennzeichnet werden, wenn es zuvor durch neutrale, unabhängige und kompetente Stellen geprüft und zertifiziert wurde. Werksbesichtigung und Typprüfung stellen neben der regelmäßigen Überwachung wichtige Elemente des Verfahrens zur Vergabe der KEYMARK dar. Darüber hinaus muss der Hersteller eine produktbezogene Herstellungskontrolle unter Berücksichtigung der Elemente der Normenreihe EN ISO 9001 durchführen. Dieses Qualitätssystem unterliegt einer jährlichen Überwachung und wird durch eine mindestens alle zwei Jahre stattfindende Produktprüfung ergänzt. Seit 2015 erfolgt in Deutschland die Verwaltung und die Vergabe des Prüfzeichens im Auftrag der CEN (European Committee for Standardization) durch DIN CERTCO (Zertifizierungsorganisation des Deutschen Instituts für Normung e. V.).

Um das Vertrauen in die KEYMARK zu stärken, wird diese nur in Verbindung mit Zeichen bestehender nationaler Zertifizierungssysteme erteilt, die auf der Konformität mit europäischen Normen beruhen. In Deutschland wird die KEYMARK beispielsweise zusammen mit dem bekannten Zertifizierungszeichen „DIN-geprüft" vergeben.

ENEC-Verfahren und ENEC-Zeichen

 Auf Initiative von europäischen Herstellerverbänden haben europäische Prüf- und Zertifizierungsstellen vereinbart, die Sicherheitsanforderungen von elektrotechnischen Produkten europaweit einheitlich zu beurteilen. So entstanden das ENEC-Verfahren und das **ENEC-Zeichen** (European Norms Electrical Certification).

Das ENEC-Zeichen ist für eine Vielzahl von elektrotechnischen Produkten erhältlich. Es steht für die Konformität mit den europäischen Sicherheitsnormen und wird von einer am ENEC-Verfahren teilnehmenden Zertifizierungsstelle erteilt. ENEC-zugelassene Produkte werden auf der ENEC-Website (www.enec.com) aufgelistet.

Mit dem ENEC-Zeichen gekennzeichnete Produkte unterliegen zusätzlich einer jährlichen Fertigungsüberwachung, die sicherstellen soll, dass die Produkte auch nach der Zulassung den geprüften Anforderungen entsprechen. Alle ENEC-Zertifizierungsstellen haben sich verpflichtet, das ENEC-Zeichen so zu akzeptieren, als hätten sie es selbst erteilt. Das ENEC-Zeichen macht somit immer mehr nationale Prüfzeichen überflüssig.

EU Energy Star

Der EU Energy Star (www.eu-energystar.org) bescheinigt elektrischen Geräten, dass sie die Stromsparkriterien der amerikanischen Umweltschutzbehörde EPA (Environmental Protection Agency) erfüllen. Die EU nimmt mittels eines Abkommens mit der US-Regierung an dem Programm teil.

 Demnach muss ein eingeschaltetes Gerät seinen Stromverbrauch nach einiger Zeit selbstständig reduzieren (Stand-by-Modus). In diesem Modus darf der Energieverbrauch eines technischen Gerätes einen festgesetzten Wert nicht überschreiten. Dieser Wert wird für jeden Gerätetyp (z. B. PC, Notebook, Tablet) individuell festgelegt.

Dabei gilt für alle Computerkategorien, dass der Ruhemodus bei der Auslieferung so eingestellt ist, dass er nach spätestens 30 Minuten Inaktivität des Nutzers aktiviert wird. Die Computer müssen beim Übergang in den Ruhemodus oder Aus-Zustand die Geschwindigkeit aller aktiven Ethernet-Netzverbindungen reduzieren.

Den Energy Star darf jeder Hersteller benutzen, der glaubt, dass sein Gerät diesen Standard erfüllt. Es genügt eine Mitteilung an die EPA, eine Prüfung erfolgt jedoch nicht.

ERGONOMIE GEPRÜFT

 Das Label ERGONOMIE GEPRÜFT wird für Büromöbel, IT-Geräte und Software vergeben. Einem Display bescheinigt es elektrische Sicherheit (GS-Zeichen) und die Erfüllung ergonomischer Anforderungen nach der Norm DIN EN ISO 9241-307 (visuelle Anzeigen und Farbdarstellungen), sowie weitere Kriterien wie Leuchtdichte oder Gleichmäßigkeit der Zeichendarstellung.

Das Prüfsiegel ERGONOMIE GEPRÜFT vergibt der TÜV Rheinland nur nach einer eingehenden Prüfung.

Bezüglich der Einhaltung von Softwareergonomie müssen bestimmte Merkmale wie Dialogführung, Benutzerführung, Menüs usw. der DIN EN ISO 9241, Teile 11 bis 17 und Teil 110, entsprechen.

Europäisches Umweltzeichen

Das Europäische Umweltzeichen, die Euro-Blume, wurde 1992 von der Europäischen Kommission eingeführt. War zunächst nur die Zertifizierung von Produkten möglich, so können seit 2000 auch Dienstleistungen gekennzeichnet werden. Grundlage ist die EG-Verordnung 66/2010. In jedem Mitgliedsland gibt es zuständige Stellen, die am System zur Vergabe des Zeichens beteiligt sind. Diese sind in Deutschland das Umweltbundesamt (UBA) und die RAL gGmbH. Dabei ist das UBA für die fachliche Seite, die RAL gGmbH für die Antragsprüfung zuständig. Werden die jeweiligen Anforderungen eingehalten, wird ein Vertrag zur Nutzung des Europäischen Umweltzeichen abgeschlossen.

Die Prüfung umfasst bei IT-Geräten die Energieverbrauchsanforderungen gemäß Energy Star, die Langlebigkeit, eine recyclinggerechte Konstruktion, umweltfreundliche Materialien, Ausschluss von Blei- und Cadmiumzusätzen, Emissionsgrenzwerte für elektromagnetische Strahlung, Geräuschemission und kostenlose Rücknahme (EU-Beschlüsse: 2011/330; 2011/337; 2016/1371).

GS-Zeichen

> Das internationale **GS-Zeichen** (Geprüfte Sicherheit) bescheinigt einem Produkt elektrische und mechanische Sicherheit sowie die Einhaltung von Brandschutzbestimmungen.

Es bestätigt außerdem, dass die Sicherheitsregeln für Bildschirmarbeitsplätze der Berufsgenossenschaft (ZH 1/618, VBG 104) eingehalten werden. Diese Prüfplakette wird vom TÜV, dem VDE oder den Berufsgenossenschaften vergeben. Sie bescheinigt z. B. einem Display, dass es die Normen zur Sicherheit der Informationstechnik EN 60950, der Sicherheitsregeln für Bildschirmarbeitsplätze im Bürobereich ZH 1/618 und der Ergonomie gemäß ISO 9241-3, Teile 3 und 8, erfüllt. Die Anforderungen werden immer wieder aktualisiert. Auf Geräten der IT-Technik findet man das GS-Zeichen auch in Verbindung mit der SGS-Produktkennzeichnung, einem weiteren Gütesiegel zur Kennzeichnung der elektrischen Sicherheit. Es ist zu beachten, dass das GS-Zeichen über viele Jahre für besondere Qualität stand. Heutzutage berücksichtigen die Prüfkriterien des GS-Zeichens allerdings nur noch die mit „muss" gekennzeichneten Anforderungen (www.sgsgroup.de).

Staatlich zugelassene Prüfstellen für das GS-Zeichen sind unter anderem:

- TÜV Rheinland Product Safety GmbH
- TÜV SÜD Produkt Service GmbH
- TÜV Nord CERT GmbH & Co. KG
- DIN CERTCO Gesellschaft für Konformitätsbewertung mbH
- LGA QualiTest GmbH
- VDE Verband der Elektrotechnik Elektronik Informationstechnik e. V.

S-Zeichen

Das S-Zeichen ist ein europäisches Prüfzeichen und wird von Intertek SEMKO AB zertifiziert. Der Buchstabe S steht für Sicherheit in fast allen europäischen Sprachen: Safety, Sicherheit, Sécurité, Seguridad, Säkerhet, Salvezza etc (Bild 1.212).

Produkte, die das S-Zeichen tragen, entsprechen allen anwendbaren Anforderungen der zutreffenden europäischen Sicherheitsnormen. Zusätzliche Fertigungsüberwachungen stellen sicher, dass die Produkte auch nach der Zulassung den geprüften Anforderungen entsprechen.

Das S-Zeichen unterstützt die Hersteller zusätzlich bei der gesetzlich geforderten CE-Kennzeichnung und Konformitätserklärung. Produkte, die das S-Zeichen tragen, erfüllen alle grundlegenden Sicherheitsanforderungen der EU Niederspannungsrichtlinie. Das S-Zeichen hilft somit Herstellern und Händlern bei der Einhaltung der gesetzlichen Anforderungen und gibt den Anwendern die Gewissheit, ein sicheres Produkt erhalten zu haben.

„Green Product" Zertifizierung

Die Vergabekriterien des Prüfzeichens „Green Product", „Verantwortlicher Umgang mit chemischen Inhaltsstoffen", „Recycling und die Wiederverwendung recycelter Materialien", „Erstellung einer CO_2-Bilanz/Carbon Footprint" und „Energieverbrauch und Energieeffizienz", werden durch den TÜV Rheinland überarbeitet und stetig den neuesten Entwicklungen angepasst. Das Label können neben PCs auch Notebooks und Monitore einschließlich TFTs und Tastaturen, aber auch andere Konsumgüter, erhalten. Vergabe und Kontrolle erfolgen ebenfalls durch TÜV Rheinland.

Ziele sind die Schonung von Ressourcen und Umwelt sowie die Informationen uber Einhaltung der technischen Sicherheit, Ergonomie und Umweltanforderungen.

TCO

Hinter dem Kürzel **TCO** verbirgt sich ein Zusammenschluss der gewerblich Beschäftigten Schwedens (Tjänstemännens Central Organisation, www.tco.se), nicht zu verwechseln mit Total Cost of Ownership (TCO). Dieses Tool macht z.B. die gesamten Kosten eines IT-Arbeitsplatzes transparent.

Die TCO ist vergleichbar mit den deutschen Berufsgenossenschaften. Als Non-Profit-Organisation hat sie es sich zur Aufgabe gemacht, Richtlinien zur Nachhaltigkeit von IT-Produkten zu etablieren. Dabei erfolgt die TCO-Zertifizierung durch unabhängige akkreditierte Instanzen. Darüber hinaus führt die TCO Development Stichprobenkontrollen an Produkten während deren Herstellung durch. Die Grundlagen für die Richtlinien zeigt Bild 1.213.

Bild 1.213: Übersicht der TCO-Kriterien

Aktuelle Richtlinien speziell für Computerdisplays basieren bis heute auf Anforderungen, die bereits in der TCO'99 grundlegend definiert wurden (Bild 1.214).

Anforderungen der TCO'99 im Überblick:

Flimmerfreiheit
Die Bildwiederholfrequenz muss mindestens 85 Hz bei der für die Bildschirmgröße typischen Auflösung betragen. Die Bildwiederholfrequenz muss leicht einstellbar sein.

Leuchtdichtekontrast
Der Wert für den Leuchtdichtekontrast wurde verbessert. Die Messung der Kontrastanforderungen muss jetzt über 81 % der Bildschirmfläche (vorher 64 %) betragen.

Kontrast bei Flachbildschirmen
Die Kontrastanforderungen müssen auch bei einem Blickwinkel von bis zu 30° abweichend von der Senkrechten erfüllt sein.

Farbtemperatur
Anforderungen bezüglich der Abweichungen bei der Farbtemperatur und der Einheitlichkeit der angezeigten Farben haben sich erhöht.

Magnetische Felder
Magnetische Felder in der Umgebung von Bildschirmen dürfen keine Störungen und keine Beeinträchtigungen der Bildqualität (z. B. Flackern) hervorrufen.

Energieverbrauchswerte
Die Energieverbrauchswerte wurden im Stand-by-Modus von 30 Watt auf max. 15 Watt halbiert, im abgeschalteten Zustand auf max. 5 Watt.

Rückkehrzeiten beim Restart vom Energiesparmodus
Nach dem Stand-by-Modus soll die Rückkehrzeit für Bildschirme maximal drei Sekunden und für Systemeinheiten max. fünf Sekunden betragen.

Energiedeklaration
Jedem Gerät muss eine Energiedeklaration bezüglich des Energieverbrauchs in allen Betriebsarten beigefügt werden, ebenso eine Bedienungsanleitung in der Landessprache, wie der Energiesparmodus zu aktivieren ist.

Recyclingfähigkeit
Es sollen nur wenige Kunststoffarten verwendet werden und diese nicht vermischt in einzelnen Bauteilen (ab 100 g Gewicht). Alle Kunststoffarten (einschließlich Angaben zur Verwendung von Flammschutzmitteln) müssen deklariert werden.

Verbot der Metallisierung von Plastikgehäusen
Weder an Innen- noch Außenseiten von Kunststoffgehäusen dürfen Metallisierungen vorgenommen werden.

Recycling beim Hersteller
Hersteller müssen mindestens einen Vertrag mit einer Recycling-Firma für Elektronikschrott abgeschlossen haben.

Bild 1.214: Auswahl grundlegender Anforderungen der TCO´99

Die genannten Anforderungen wurden dann in nachfolgenden Veröffentlichungen auch für andere Produkte übernommen und punktuell immer weiter verschärft. Die Verschärfung erfolgte insbesondere in den Bereichen **Ergonomie**, **Emissionen**, **Energieverbrauch** und **Ökologie**.

Beispiele hierzu sind die folgenden Zertifizierungen:

Bezeichnung	Beispiele für verschärfende Vorgaben
TCO'03 Displays	– EMV-Verträglichkeit – Verbot von umweltschädlichen Stoffen wie Cadmium, Quecksilber, Blei usw.
TCO'06 Media Displays	– Erfüllung der RoHS-Richtlinie vom 1. Juli 2006 (Kap. 1.14.2) – Ein Bildschirmhersteller muss nach ISO 14001 oder **EMAS** (**E**co **M**anagement and **A**udit **S**cheme; freiwilliges Umweltmanagementsystem innerhalb der EU) zertifiziert sein.
TCO Certified Displays 6	– Verbesserung der Arbeitsbedingungen bei der Herstellung
TCO Certified Edge Displays	– Spezielle Zertifizierung für besonders herausragende Eigenschaften – z. B. Chlor-, Brom- und Halogenfreiheit und mindestens zu 65 % recyclingfähiger Kunststoff
TCO'05 Desktops	– geringerer Energieverbrauch, niedrigerer Lärmpegel und höherer Schutz vor elektrischen und magnetischen Feldern – strengere Anforderungen für die Verbreitung umweltschädlicher Stoffe bei Herstellung und Wiederverwertung
TCO Certified Notebooks 4	– Gütesiegel für Notebooks/Netbooks mit einer Bildschirmgröße ab 6 Zoll – strengere Umweltanforderungen: Geräte dürfen kein Quecksilber enthalten, haben einen sehr geringen Stromverbrauch und sind für das Recycling vorbereitet. – Erhöhte Bildqualität, niedrigerer Geräuschpegel sowie höherer Schutz vor elektrischen und magnetischen Feldern – Forderung nach ergonomischer Gestaltung und gut lesbaren Tasten
TCO Certified Tablets 2	– Neben den für alle zertifizierten Produkte geltenden Kriterien muss das Display eines Tablet-PC in einem weiten Betrachtungswinkel lesbar sein.
TCO Certified All In One PC 2	– Farbwiedergabe, hohe Lichtstärke und hohe Auflösung wie bei separaten Displays – Erfüllung von Umweltkriterien (niedriger Gehalt an umweltschädlichen Stoffen, geringer Stromverbrauch, Recyclingfähigkeit) – An herausragende Geräte wird auch das Zertifikat TCO Certified Edge verliehen.
TCO'07 Headsets	– Schutz vor gefährlichen Impulstönen – gut funktionierende Lautstärkenregelung – Ergonomie und Anwenderfreundlichkeit – Bei kabellosen Headsets Forderung nach niedrigen SAR-Werten (Spezifische Absorptionsrate; Kap. 5.4.4)
TCO'01 Mobile Phones	– Gütesiegel für handelsübliche Mobiltelefone – Zu den Zertifizierungskriterien zählen u. a. gute Kommunikationseigenschaften, eine einfache Anwendbarkeit, z. B. Tastengröße, Gestaltung des Displays oder Material des Gehäuses (Vermeidung von Kontaktallergien) – Ab 2013 zusätzlich: Akku ersetzbar und frei von Blei und Cadmium

Bild 1.215: Beispiele für TCO-Zertifizierungen

1.14.4 Reduktion der Energiekosten

Viele Faxgeräte benötigen z. B. 99 % der Energie in der Betriebsbereitschaft und nur ein Prozent bei der Datenübermittlung. Auch bei vielen Druckern ist das ein Problem. Sie haben häufig keinen richtigen Ausschaltknopf, weil sie permanent auf einen Druckbefehl warten, ansonsten arbeiten sie im sogenannten Sleep-Modus und verbrauchen unnötigerweise Energie.

Die jährlichen Leerlaufstromverluste für Bürogeräte summieren sich laut einer Untersuchung des Umweltbundesamtes in Deutschland auf ca. 6,5 Mrd. kWh (Kap. 5.1.5.1), das sind 1,4 % des Gesamtstromverbrauchs. Allein dadurch werden jährlich 4,6 Mio. t des Treibhausgases Kohlendioxid emittiert. Die Kosten für diesen Leerlauf liegen bei ca. 800 Millionen €, die Kosten für den Normalbetrieb liegen um ein Vielfaches höher.

Daher sollte grundsätzlich bei allen technischen Geräten schon bei der Auswahl auf einen niedrigen Energieverbrauch sowohl im Normalbetrieb als auch im Stand-by-Zustand geachtet werden. Eine Orientierung für den durchschnittlichen Energieverbrauchswert eines Geräts liefert die EU-Energieverbrauchskennzeichnung, auch **EU-Energielabel** genannt, welches sich bereits auf einer Vielzahl von Produkten befindet. Dieses Energielabel besteht aus einer siebenstufigen Farbskala von dunkelgrün bis hellrot, durch die eine einfache Zuordnung zu einer Energieeffizienzklasse (A+++ bis D oder A bis G) erfolgt. Abhängig von der Produktgruppe können auch zusätzliche Angaben zum Produkt gemacht werden (im angegebenen Beispiel: Flachbildschirme).

Für den deutschen Markt sind generell die folgenden Umweltzeichen relevant:

- Der Blaue Engel des Bundesumweltministeriums
- Die Euro-Blume (Ecolabel) der EU-Kommission
- Das TCO-Certified-Logo des schwedischen Gewerkschaftsverbandes.

Hinzu kommen die folgenden beiden Zeichen, die ausschließlich Rückschlüsse auf die Energieeffizienz der Geräte zulassen:

- Der Energy Star der US-Umweltbehörde EPA
- Das Energielabel der EU (noch nicht für alle Geräte verpflichtend)

AUFGABEN

1. In welchem Jahr wurde die Bildschirmarbeitsverordnung (BildschArbV) in nationales Recht umgesetzt und welche Maßnahmen werden hierin beschrieben?

2. Nennen Sie wichtige ergonomische Gesichtspunkte, nach denen benutzerfreundliche Software ausgelegt werden sollte.

3. Die falsche Aufstellung des Bildschirms ist derzeit der häufigste Mangel an Bildschirmarbeitsplätzen. Geben Sie Hinweise zur richtigen ergonomischen Aufstellung des Bildschirmes.

4. Das Deutsche Institut für Normung e. V. (DIN) gibt „Deutsche Normen" für fast alle technischen und naturwissenschaftlichen Bereiche heraus. Was charakterisiert eine Norm? (Hinweis: Zur Beantwortung ggf. Internetrecherche durchführen.)

5. In welchem Zusammenhang spricht man von dem „Silbernen Kreislauf"?

6.   Wozu dient die 2003 beschlossene WEEE-Richtlinie?

7.   Ein Kunde möchte einen Monitor kaufen, der den Kriterien der TCO'03-Norm ent-
      spricht. Erläutern Sie ihm, welche Anforderungsbereiche durch dieses Label erfasst
      werden!

8.   Welche Bedeutung hat das abgebildete Zeichen, das teilweise beim
      Rechnerstart in dieser oder ähnlicher Form auf dem Bildschirm er-
      scheint?

9.   Auf manchen Geräten ist sowohl das GS-Zeichen als auch das CE-
      Zeichen zu finden. Formulieren Sie mit eigenen Worten die jeweilige
      Bedeutung und begründen Sie, warum eines der Zeichen allein
      nicht ausreicht.

10.   In welchen Fällen spricht man von elektromagnetischer Verträglichkeit (EMV) und
      welche Prüfsiegel bestätigen das Erfüllen der gestellten Anforderungen?

11.   Aus welchen Gründen sollten zukünftig nur noch Geräte produziert werden, die das
      Prüfsiegel „Blauer Engel" besitzen?

12.   Welche wesentlichen Punkte werden durch das ElektroG geregelt?

13.   Optimiert man den Energieverbrauch der wichtigsten Bürogeräte in einem typischen
      Büro mit 20 Computerarbeitsplätzen hinsichtlich des Energieverbrauchs, so sind
      Einsparungen von rund 70 % der elektrischen Energie, d. h. rund 9500 kWh, möglich.
      Welchen Betrag könnte man bei einem angenommenen Strompreis von nur 0,21 €/
      kWh pro Jahr einsparen?

14.   Unter welchen Bedingungen darf eine Firma mit dem „Blauen Engel" werben?

Der aus dem Englischen stammende Begriff **Software** entstand als Kunstwort in Abgrenzung zum wesentlich älteren Begriff der Hardware. Während Hardware die physikalischen Komponenten eines Computersystems bezeichnet, wird Software im allgemeinen Sinn synonym mit dem Begriff *Computerprogramme* verwendet.

Software kann nach unterschiedlichen Gesichtspunkten klassifiziert werden, meist erfolgt eine Unterteilung nach hauptfunktionalen Aspekten. Hierbei unterscheidet man die Kategorien **Systemsoftware** und **Anwendungssoftware**. Zur Systemsoftware gehören maßgeblich die Betriebssysteme sowie angegliederte Dienstprogramme, die jeweils durch entsprechende Anweisungen bewirken, dass die Hardware – also der Rechner – bestimmte elementare Funktionen ausführt. Zur Anwendungssoftware gehören sämtliche Programme, die jeweils Aufgaben durchführen, die Menschen mit einem Computer erledigen wollen. Diese Programme lassen sich nach unterschiedlichen Kriterien gruppieren (Bild 2.1).

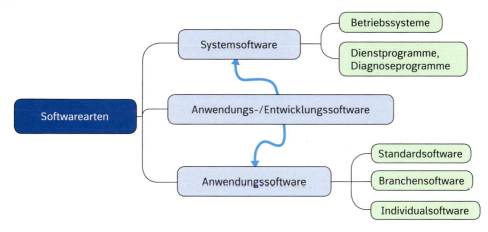

Bild 2.1: Softwarearten nach hauptfunktionaler Einteilung

Das Zusammenwirken der verschiedenen Softwarearten wird mit dem sogenannten **Schalen- und Schichtenmodell** visualisiert (Kap. 2.3.1). Bei moderner Systemsoftware werden hierbei vielfach Prozesse aus dem eigentlichen Systemkern ausgelagert, was mit dem Begriff **Client-Server-Modell** umschrieben wird (Kap. 2.3.2).

2.1   Systemsoftware

Alle Anwendungsprogramme, die auf einem Rechner ausgeführt werden – ob Software zur Textverarbeitung, zur Datenbankverwaltung, zur Bildbearbeitung oder zur Datenkommunikation –, haben eines gemeinsam: Sie benötigen für ihre Ausführung ein Basisprogramm, das eine Reihe wichtiger Funktionen (Systemdienste) zur Verfügung stellt.

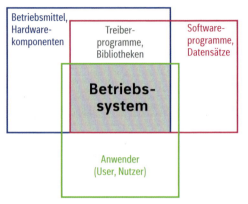

Bild 2.2: Das Betriebssystem als Vermittler zwischen Hardware, Software und Anwender

---

Als **Systemdienste** bezeichnet man auf einem Computer ablaufende Basisprogramme, die für eine Anwendungssoftware erforderliche systemnahe Funktionen aktiviert, steuert und überwacht.

Zu diesen Funktionen zählen z. B. die Verwaltung des Arbeitsspeichers, die Steuerung der Datenein- und -ausgabe sowie die Kontrolle über verwendete Programme und Dateien.

Die Software, die diese Dienste bereitstellt, wird als **Betriebssystem** (BS) oder auf Englisch **Operating System** (OS) bezeichnet. Viele dieser Dienste laufen im Hintergrund ab und werden vom Anwender meist nicht wahrgenommen. Dennoch sind sie für eine fehlerfreie Datenverarbeitung – ebenso wie die zahlreichen Treiberprogramme – unverzichtbar.

Als **Treiberprogramm, Gerätetreiber** oder kurz **Treiber** bezeichnet man ein Computerprogramm, welches hardwarenahe Funktionen für den Betrieb eines angeschlossenen Gerätes zur Verfügung stellt.

Für jedes angeschlossene Gerät ist ein an die verwendete PC-Hardware und die Systemsoftware angepasster Treiber erforderlich, damit eine Interaktion zwischen Computer und Gerät erfolgen kann. Moderne Betriebssysteme beinhalten bereits eine Vielzahl gängiger Treiber, bei neu auf den Markt kommenden Geräten müssen diese dann ggf. nachträglich von den Internetseiten des jeweiligen Herstellers heruntergeladen werden. Durch die Systemdienste und die Treiberprogramme ermöglicht das Betriebssystem dem Anwender, Geräte und Anwendungssoftware auf unterschiedlicher Hardware laufen zu lassen.

Die Norm ISO 24765:2010 beschreibt ein Betriebssystem wie folgt:

> *[An operating system is] a collection of software, firmware, and hardware elements that controls the execution of computer programs and provides such services as computer resource allocation, job control, input/output control, and file management in a computer system.*

Als Ergebnis aus dieser Definition lässt sich zusammenfassen:

> Das **Betriebssystem** ist die Gesamtheit der Programme eines Rechnersystems, welche die Betriebssteuerung erledigt und die den Benutzeraufträgen eine zugängliche Umgebung bereitstellt.

Ein Betriebssystem hat danach folgende grundlegende Funktionen:

- Verbergen der Komplexität der Maschine vor dem Anwender (Abstraktion)
- Bereitstellen einer Benutzerschnittstelle wie Kommandointerpreter, Shell oder Desktop
- Zusammenarbeit der Zentraleinheit (CPU; Kap. 1.3) mit den verwendeten Hardwarebausteinen und Peripheriegeräten (z. B. Tastatur, Maus, Drucker usw.; Kap. 1.11 ff.) gewährleisten
- Bereitstellen einer normierten Programmierschnittstelle (API: Application Programming Interface), ggf. auch Compiler, Linker, Editor
- Verwaltung der Ressourcen der Maschine; dazu zählen Prozessor(en), Arbeitsspeicher, Hintergrundspeicher (Flash, Platte, Band etc.; Kap. 1.5; Kap. 1.8), Geräte (Terminal, Drucker, Plotter etc.), Rechenzeit usw.
- Störungsfreie Ausführung von Anwenderprogrammen inkl. der sicheren Verwaltung und Speicherung von Dateien
- Verfolgung von Schutzstrategien, z. B. gegen Systemabstürze
- Koordination von Prozessen und Programmabläufen

In der Arbeit des Softwareanwenders sind die realen Rechnerkomponenten nicht sichtbar. Daher spricht man von der Abstraktion des Maschinebegriffes, die sich in drei Stufen vollzieht:

Reale Maschine	=	Zentraleinheit + Geräte (Hardware)
Abstrakte Maschine	=	Reale Maschine + Betriebssystem
Benutzermaschine	=	Abstrakte Maschine + Anwendungsprogramme

Das Betriebssystem bietet dem Anwender eine abstrakte Maschine an, welche die reale Hardware unsichtbar macht.

Oft vermischen sich die Ebenen. So ist ein Teil des Betriebssystems moderner Rechner als BIOS-Basissystem (Basic Input/Output System; Kap. 3.1) bzw. als UEFI (Kap. 3.1.1) für die Ansteuerung der Hardware in einem Festwertspeicher (Flash, EPROM etc.; Kap. 1.5) fest auf dem Mainboard des PC eingebaut.

Alle heute verwendeten Betriebssysteme arbeiten nach dem Dialogprinzip. Zuvor erfolgte der Dialog im Textmodus über Tastatur und Textbildschirm. Später wurden grafische Benutzeroberflächen entwickelt, wie z. B. GEM von Digital Research, Apple OS auf Lisa und Macintosh, Windows von Microsoft und X unter UNIX. Es gibt für einen PC stets unterschiedliche Betriebssysteme, aber für alle gilt in gleicher Weise: Nach dem Einschalten des Rechners müssen sie als Erstes in den Arbeitsspeicher geladen werden. Dieser Vorgang wird als Hochfahren oder **Booten** bezeichnet (Kap. 3.1).

Moderne Betriebssysteme wie auch viele Anwendungsprogramme sind modular aufgebaut. Sie bestehen nicht wie früher aus einer einzelnen ausführbaren Programmdatei (COM- oder EXE-Datei), sondern greifen bei Bedarf auf installierte Programmbibliotheken (**DLL**-Dateien = Dynamic Link Library) und virtuelle Gerätetreiber zurück (z. B. **VDD**. VXD =Virtual Display Driver für den Bildschirm).

Alle Betriebssysteme enthalten zahlreiche *Zusatzprogramme* (Utilities = Dienst- / Systemprogramme, Tools = Werkzeuge) für die Bearbeitung spezieller Aufgaben und Dienste.

Dazu gehört auch das Überprüfen, Formatieren und Defragmentieren von Speichermedien (Kap. 3.2). Jedes Betriebssystem besteht aus einer Sammlung von Programmen, die die Steuerung des PCs und die Sicherheit der Daten gewährleisten. Betriebssysteme können hierbei ganz unterschiedlich aufgebaut sein, was teils in der Entwicklung der Prozessortechnologie, teils in den unterschiedlichen Anwendungsanforderungen begründet ist. Je leistungsfähiger die Hardwarekomponenten sind, umso anspruchsvoller und benutzerfreundlicher kann die Systemsoftware ausfallen. Trotz der möglichen Bandbreite zwischen Minimalsystem und höchstem Bedienkomfort haben alle Betriebssysteme folgende gleiche Aufgaben zu erledigen:

- Hochfahren bzw. Booten des Rechnersystems
- Anpassung und Steuerung der verwendeten Hardware und Peripheriegeräte
- Erkennen und Abfangen von Fehlersituationen
- Verwalten des Arbeitsspeichers und des Dateiensystems (Filesystem; Kap. 3.2.7)
- Vernetzung mit anderen Systemen (z. B. Intranet oder Internet)
- Bereitstellen von Dienst- und Diagnoseprogrammen zur Systempflege
- Überwachung der Ausführung von Anwendungsprogrammen
- Bereitstellen von Funktionsbibliotheken für Programmierer
- Verantwortung für Datensicherheit

2.1.1 Klassifizierung von Betriebssystemen

Betriebssysteme lassen sich nach unterschiedlichen Kriterien klassifizieren:

Klassifizierung nach der Betriebsart des Rechnersystems

- **Stapelverarbeitungs-Betriebssysteme (Batch-Processing)**
  Frühe Betriebssysteme erlaubten nur den Stapelbetrieb (Lochkarten etc.) und auch heutige Systeme besitzen vielfach die Möglichkeit, Programmabfolgen automatisch zu bearbeiten (z. B. Batch-Dateien bei DOS, Shell-Skripte bei UNIX usw.).

- **Dialogbetrieb-Betriebssysteme (Interactive Processing, Dialog Processing)**
  Der Benutzer bedient den Rechner im Dialog mittels Bildschirm, Tastatur, Maus usw. Die Bedienoberfläche kann textorientiert oder grafisch sein.

- **Netzwerk-Betriebssysteme (Network Processing)**
  Sie erlauben die Einbindung des Computers in ein Computernetz und so die Nutzung von Ressourcen anderer Computer. Dabei unterscheidet man zwischen Client-Server-Betrieb, bei dem Arbeitsplatzrechner auf einen Server zugreifen, und Peer-to-Peer-Netzen, bei denen jeder Rechner sowohl Serverdienste anbietet als auch als Client fungiert (vgl. Kap. 2.5).

- **Realzeit-Betriebssysteme (Realtime Processing): Echtzeitbetrieb**
  Hier spielt, neben anderen Faktoren, die Verarbeitungszeit eine Rolle.

- **Universelle Betriebssysteme**
  Diese Betriebssysteme erfüllen mehrere der oben aufgeführten Kriterien.

Klassifizierung nach der Anzahl der gleichzeitig laufenden Programme

In dieser Klassifikation kommt der Begriff „Task" vor. Alternativ kann der deutsche Begriff „Prozess" Verwendung finden. Aus Anwendersicht kann an dieser Stelle auch der Begriff „Aufgabe" bzw. „Auftrag" verwendet werden.

2

- **Einzelprogrammbetrieb (Singletasking)**
  Ein einziges Programm läuft jeweils zu einem bestimmten Zeitpunkt. Mehrere Programme werden nacheinander ausgeführt.

- **Mehrprogrammbetrieb (Multitasking)**
  Mehrere Programme werden gleichzeitig (bei mehreren CPUs) oder zeitlich verschachtelt, also quasi-parallel, bearbeitet.
  Beim Multitasking werden mehrere Anwendungen scheinbar gleichzeitig ausgeführt. Für die Abarbeitung von unterschiedlichen Aufgaben (Tasks) werden diese durch den sogenannten Scheduler in Threads eingeteilt.
  Threads sind die kleinsten Einheiten eines Programms, die zur Bearbeitung in die CPU geleitet und im schnellen Wechsel durch den Prozessor abgearbeitet werden. Mehrere Threads ergeben einen Prozess.

Durch Multitasking wird die Rechenleistung der CPU erhöht.

Echtes Multitasking ist in der Regel nur mit mehreren Prozessoren und solchen der jüngsten Generation möglich, da sonst keine zwei Threads gleichzeitig ausgeführt werden können. Jedoch kann durch den Einsatz von leistungsfähigen Prozessoren die Fähigkeit des schnellen und kontrollierten Wechsels zwischen den Threads näherungsweise als echtes Multitasking bezeichnet werden.

Bei Multitaskingprozessen unterscheidet man zwischen *präemptivem* (preemptive) und *kooperativem* Multitasking. Im ersteren Fall (präemptiv) behält das Betriebssystem die Kontrolle über den Prozessor und die Abarbeitung der Tasks (Zeit und Reihenfolge). Alle Prozesse bekommen einen separaten Speicherraum zugewiesen, erhalten aber nicht die Kontrolle über den Prozessor. So kann auch bei einem Fehler nicht das gesamte Betriebssystem zum Absturz gebracht werden. Im zweiten Fall (kooperativ) müssen sich die Programme die Arbeitszeit des Prozessors teilen. Dabei behalten die Programme selbst die Kontrolle über den Prozessor und können somit andere Programme blockieren. Bei fehlerhaften Programmen kann das gesamte System abstürzen.

Klassifizierung nach der Anzahl der gleichzeitig am Computer arbeitenden Benutzer

- **Einzelbenutzerbetrieb (Singleuser Mode)**
  Der Computer steht nur einem einzigen Benutzer zur Verfügung.

- **Mehrbenutzerbetrieb (Multiuser Mode)**
  Mehrere Benutzer teilen sich die Computerleistung. Sie sind über Terminals oder Netzwerkverbindungen mit dem Computer verbunden.

Prinzipiell lassen sich Betriebssysteme nach den Kategorien Benutzerzahl, Programmzahl und Prozessorzahl folgendermaßen klassifizieren:

> Singleuser-System   ⟺   Multiuser-System
> Singletasking-System   ⟺   Multitasking-System
> Singleprozessor-System ⟺ Multiprozessor-System

Klassifizierung nach der Anzahl der verwalteten Prozessoren bzw. Rechner

Hier geht es nicht darum, wie viele Prozessoren allgemein in einem Rechner verwendet werden, sondern wie viele Universalprozessoren für die Verarbeitung der Daten zur Verfügung stehen. Damit ist gemeint, dass es in einem modernen Rechner mindestens einen Hauptprozessor (CPU, Central Processing Unit; Kap. 1.3) gibt. Ihn bezeichnet man allgemein als den Prozessor. Aber auch der PC enthält unter Umständen weitere, etwas im Verborgenen wirkende Prozessoren, z. B. den Grafikprozessor, der spezielle Eigenschaften und auch einen eigenen Befehlssatz besitzt (Kap. 1.9.1.1). Auch auf dem Controller für die SCSI-Schnittstelle (Kap. 1.7.2) sitzt oft ein eigener Prozessor und auch die Ein- und Ausgabe kann über eigene Prozessoren abgewickelt werden. Somit ergeben sich nachfolgende Unterscheidungsmerkmale:

- **Ein-Prozessor-Betriebssystem**
  Die meisten Rechner, die auf der Von-Neumann-Architektur (Kap. 2.4) aufgebaut sind, verfügen über nur einen Universalprozessor. Aus diesem Grund unterstützen auch die meisten Betriebssysteme für diesen Anwendungsbereich nur einen Prozessor.

- **Mehr-Prozessor-Betriebssystem**
  Für diese Klassifizierung der Betriebssysteme ist noch keine Aussage über die Kopplung der einzelnen Prozessoren getroffen worden. Auch gibt es keinen quantitativen Hinweis auf die Anzahl der Prozessoren, nur dass mehr als ein Prozessor vorhanden ist. Für die Realisierung der Betriebssysteme für die Mehr-Prozessor-Systeme gibt es zwei Vorgehensweisen:

  – Jedem *Prozessor* wird durch das Betriebssystem eine *eigene* Aufgabe zugeteilt, d. h., es können zu jedem Zeitpunkt nur so viele Aufgaben bearbeitet werden, wie Prozessoren zur Verfügung stehen. Es entstehen Koordinierungsprobleme, wenn die Anzahl der Aufgaben nicht gleich der Anzahl verfügbarer Prozessoren ist.

  – Jede *Aufgabe* kann prinzipiell *jedem* Prozessor zugeordnet werden, die Verteilung der Aufgaben zu den Prozessoren ist nicht an die Bedingung gebunden, dass die

Anzahl der Aufgaben gleich der Anzahl der Prozessoren ist. Sind mehr Aufgaben zu bearbeiten als Prozessoren vorhanden sind, so bearbeitet ein Prozessor mehrere Aufgaben „quasi-parallel". Sind mehr Prozessoren als Aufgaben vorhanden, dann bearbeiten mehrere Prozessoren die gleiche Aufgabe.

Moderne Prozessoren unterstützen hardwareseitiges **Multithreading**, durch das ein Prozessor Softwareprogrammen gegenüber als zwei oder mehrere Prozessoren erscheint. Im Ergebnis können die Programme effizienter ausgeführt werden. In den Multitasking-Umgebungen von heute wird die Leistung verbessert und eine höhere Reaktionsgeschwindigkeit des Systems erreicht, da der Prozessor Threads, also Programmanweisungen, parallel ausführen kann. Rechner mit dieser Systemarchitektur erhalten mehr Performance durch verbesserte Übertragungsraten und Antwortzeiten, wie sie für die Verarbeitung anspruchsvoller Anwendungen (z. B. 3D-Visualisierung) oder Betriebssystemen zukünftiger Generationen erforderlich sind (siehe auch Kap. 1.3.4).

Das Betriebssystem kann dabei seinerseits auch auf mehrere Prozessoren verteilt sein. Man spricht dann von „verteilten Betriebssystemen".

2

Alle Betriebssystemarten haben hierbei die gleichen typischen Systemaufgaben wie

- Prozessverwaltung (Process Management),
- Dateiverwaltung (File Management),
- Speicherverwaltung (Memory Management),
- I/O-Geräteverwaltung (I/O-Device Management).

Verallgemeinernd lassen sich Betriebssystemarchitekturen durch das Schalen- bzw. Schichtenmodell und das Client-Server-Modell darstellen (Kap. 2.3).

2.1.2   Dienstprogramme

Dienstprogramme unterstützen den systemverwaltenden Benutzer in der Bereitstellung und Steuerung der Betriebssystem Ressourcen. Zwar sind sie nicht notwendigerweise für den *grundsätzlichen* Betrieb eines Computers erforderlich, erleichtern jedoch wesentlich die durchzuführenden Arbeiten. Im Gegensatz zu Anwendungsprogrammen sind Dienstprogramme damit Teil der Systemsoftware. Betriebssysteme stellen mit ihrer Installation üblicherweise bereits einige grundlegende Dienstprogramme bereit.

Zu solchen Dienstprogrammen zählen beispielsweise die Warteschlangenverwaltung (Spooler; Kap. 1.13.5) für Druckaufträge, der Festplatten-Defragmentierer, die Funknetzwerk-Konfiguration oder die Benutzerverwaltung.

Dienstprogramme, auch Service-, System- oder Hilfsprogramme genannt, erledigen spezielle *systemnahe Aufgaben*.

AUFGABEN

1. Erläutern Sie die Beziehung zwischen Betriebssystem, Systemdienste, Treibern und Anwendungsprogrammen.

2. Welche Grundfunktionen muss ein Betriebssystem erfüllen?

3. Nach welchen Kriterien lassen sich Betriebssysteme unterscheiden?

4. Was versteht man unter Multitasking, welche Variationen gibt es und wie wirkt sich Multitasking auf die Prozessorleistung aus?

5. Nennen Sie die typischen Systemaufgaben des Betriebssystems.

6. Bei welchen der folgenden Beispiele handelt es sich um Dienstprogramme?

   a) Textverarbeitung

   b) Taskmanager

   c) Registrierungs-Editor

   d) Minesweeper

2.2   Anwendungssoftware (Apps)

Ein Anwendungsprogramm, auch **Applikation** (engl. *application*) oder verkürzt **App** genannt, ist speziell auf die Lösung eines Anwendungsproblems zugeschnitten. Im Unterschied zu Dienstprogrammen, die der Systemsoftware zugeordnet sind, liegt der Fokus bei Anwendungssoftware auf dem Nutzen für den Endbenutzer. Der Nutzen eines Anwendungsprogramms kann einen allgemeinen Bedarf, branchenbezogene Erfordernisse oder ganz individuelle Problemstellungen abdecken.

Anwendungsprogramme, auch Apps genannt, erfüllen einen bestimmten *Nutzen für den Anwender*.

Hierbei lassen sich unterschiedliche Klassifizierungen vornehmen (z. B. nach anwendungsbezogenen Kategorien oder Art der Vermarktung bzw. Verbreitung). Vielfach wird unterteilt in Standardsoftware, Branchensoftware und Individualsoftware.

2.2.1   Standardsoftware

Anwendungssoftware, die einen allgemeinen Nutzen bietet und nicht auf eine bestimmte Branche zugeschnitten ist, zählt zur **Standardsoftware**. Beispiele dafür sind Office-Anwendungen zur Textverarbeitung, Tabellenkalkulation und Bildschirmpräsentation sowie Medienabspielsoftware (Media Player) oder Unternehmensablaufplanungssoftware (ERP, **E**nterprise **R**esource **P**lanning).

2.2.2   Branchensoftware

Branchensoftware beschreibt Anwendungen, die auf die Anforderungen einer Branche oder eines speziellen Marktsegments ausgerichtet sind. Beispiele sind Anwendungen zur Patientenverwaltung in Arztpraxen oder Anwendungen zur Produktionssteuerung und -überwachung.

Die Grenze zwischen Branchensoftware und Standardsoftware ist fließend. So lässt sich ein einfaches Programm zur computerunterstützten Erstellung von technischen Entwürfen, ein sogenanntes CAD-Programm (Computer Aided Design), kaum auf eine konkrete Branche einschränken. Es ist daher der Standardsoftware zuzuordnen. Durch Funktionserweiterungen kann der Nutzen der Anwendung für eine bestimmte Branche gesteigert werden, sodass trotz des universellen Nutzens (Standardsoftware) nun der besondere Nutzen für eine Branche (Branchensoftware) hinzukommt.

2.2.3   Individualsoftware

Vor allem in produzierenden Unternehmen kommt es immer wieder zu Situationen, die sich nicht oder nicht zufriedenstellend mit Standard- noch Branchensoftware lösen lässt. In solchen Fällen muss auf Anwendungen zurückgegriffen werden, die individuell auf die vorliegenden Anforderungen zugeschnitten ist. Nicht selten muss sie für den konkreten Anwendungsfall erst noch erstellt werden. Man bezeichnet diese Software als Individualsoftware.

2.2.4   Open-Source-Software und Software-Lizenzen

Eine wichtige Eigenschaft von Software ist die mit ihr verbundene Lizenz. Ähnlich wie bei einem Roman, der das Werk eines oder mehrerer Autoren sein kann, können die Autoren von Softwareprodukten über die Nutzung ihrer Werke bestimmen. Im klassischen Fall wird die Software als Endprodukt beispielsweise in Form eines ausführbaren Anwenderprogramms ausgegeben, verbunden mit Vereinbarungen zu Verwendung und Weitergabe.

Die Nutzer haben in diesem Fall regelmäßig keine Möglichkeit zur Einsichtnahme in den menschenlesbaren Quelltext des betreffenden Programms. Software dieser Art wird entsprechend als **Closed Source-Software** bezeichnet.

Die Bezeichnung **Open-Source-Software** beschreibt zwar die Verfügbarkeit des Programm-Quelltextes (Source Code), setzt aber zusätzlich noch die weitreichende Einräumung von Nutzungsrechten voraus.

Softwareart	Beschreibung
Closed Source	Der Quelltext zu einem Programm wird nicht veröffentlicht.
Open Source	Der Quelltext zu einem Programm kann von jedem eingesehen werden. Außerdem steht es jedem frei, Programm und Quelltext zu ändern, anzuwenden und auch geänderte Fassungen weiterzugeben. Eine Einschränkung der Nutzung (z. B. kommerzielle oder militärische) darf nicht erfolgen.
Public Domain	Die Software, oft inclusive Quelltext, wird vom Urheber zur gemeinfreien Nutzung freigegeben.
Freeware	Der Urheber gewährt eine kostenlose Nutzung der Software. Eine Weitergabe darf üblicherweise nur kostenlos erfolgen. Der Quelltext wird üblicherweise nicht veröffentlicht (Closed Source).
Shareware	Die Software kann vor dem Kauf für einen begrenzten Zeitraum getestet werden. Aus diesem Grund wird auch häufig von „Trial-Ware" gesprochen.

Bild 2.3: Bezeichnungen verschiedener Softwarearten (Beispiele)

2.2.5 Urheberrechtsschutz

Der Branchenverband Business Software Alliance beziffert den wirtschaftlichen Schaden durch Raubkopien auf über 10 Milliarden Euro pro Jahr allein in der Europäischen Union. Der globale Anteil an Softwarepiraterie hat sich vom Wert her in den letzten Jahren auf nahezu 60 Milliarden Dollar vergrößert.

Der Begriff **Softwarepiraterie** bezeichnet das illegale Kopieren und Weitergeben von Software – ganz gleich, ob dies für den privaten oder den gewerblichen Gebrauch geschieht. Das illegale Kopieren von Software verstößt gegen den Urheberschutz und wird mit hohen Geld- und Freiheitsstrafen geahndet.

Das Urheberrecht basiert auf der allgemeinen Erklärung der Menschrechte. Danach hat jeder das Recht auf Schutz der geistigen und materiellen Interessen, die ihm als Entwickler (Urheber) von Ideen und Werken der Wissenschaft, Literatur oder Kunst erwachsen. So gesehen basiert das Urheberrecht auf drei politischen Ebenen:

- Internationale Ebene (Menschenrechtskonvention, Welturheberrechtsabkommen)
- Europäische Ebene (EU-Urheberrechtsrichtlinie, Softwarerichtlinie)
- Deutsche Ebene (Urheberrechtsgesetz)

Software gilt allgemein als kulturelle Geistesschöpfung und ist per Urheberrechtsgesetz (UrhG) urheberrechtlich geschützt. Das Urheberrecht räumt einem Urheber, dem Schöpfer eines Werkes, das ausschließliche Recht ein, über sein Werk zu bestimmen. Es schützt den Urheber in Bezug auf das Werk in seinem Persönlichkeitsrecht (geistiges Eigentum) und seinen wirtschaftlichen Interessen. Das Urheberrecht gehört in Deutschland zum gewerblichen Rechtsschutz und damit zum Privatrecht.

In Europa setzen EU-Richtlinien den Rahmen, der durch nationales Recht ausgefüllt werden muss. In Deutschland gilt seit September 2003 ein novelliertes Urheberrecht („Gesetz zur Regelung des Urheberrechts in der Informationsgesellschaft"), das u. a. die Umgehung von wirksamem Kopierschutz für kommerzielle, aber auch private Zwecke unter Strafe stellt. Die letzten Änderungen des Urheberrechtsgesetzes erfolgten in den Jahren 2008 bis 2014 (z. B. Regelungen zu Privatkopien, Zweitverwertungsrechten, Pauschalvergütungen bei DRM-geschützten Produkten).

Die Europäische Union hat zahlreiche Richtlinien erlassen, um das Urheberrecht europaweit zu vereinheitlichen. Dazu gehören u. a.:

- Die Richtlinie zur Harmonisierung der Schutzdauer des Urheberrechts und bestimmter verwandter Schutzrechte, nach der der Urheberrechtsschutz erst 70 Jahre nach dem Tod des Urhebers endet.
- Die Urheberrechtsrichtlinie (Richtlinie 2001/29/EG), in der die europäischen Rechtsvorschriften zum Urheberrecht an das digitale Zeitalter angeglichen werden. Außerdem werden internationale Vorgaben durch Verträge der World Intellectual Property Organization umgesetzt. (Die WIPO ist eine Teilorganisation der UNO und verfolgt das Ziel, Rechte an immateriellen Gütern weltweit zu fördern und zu sichern.)

Um der Softwarepiraterie und anderen Formen illegaler Verwendung entgegenzuwirken, gehen viele Softwarefirmen mittlerweile dazu über, von ihren Kunden eine Produktaktivierung in Form einer Code-Kontrolle zu verlangen. Der durch die Übermittlung des Product-Keys geschlossene Endbenutzer-Lizenzvertrag (EULA) ist ein rechtsgültiger Vertrag zwischen dem Endkunden (entweder als natürlicher oder als juristischer Person) und dem Softwarehersteller für das dem EULA beiliegende Softwareprodukt.

AUFGABEN

1. Worin unterscheiden sich Anwenderprogramme von Dienstprogrammen?

2. Wie kann aus einer Individualsoftware eine Branchensoftware werden?

3. Welche Lizenzarten erlauben es Ihnen, die lizenzierte Software beliebig weiterzuverteilen?

4. Der Autor einer Software veröffentlicht die Quelltexte, erlaubt anderen aber keine Änderungen. Handelt es sich hier um Open-Source-Software (Antwort mit Begründung)?

5. Ist es für private Zwecke erlaubt, eine gekaufte Software zu kopieren und sie mit einem Spezialprogramm lauffähig zu machen (Antwort mit Begründung)?

6. Was versteht man unter Softwarepiraterie?

2.3   Betriebssystemarchitekturen

Betriebssysteme besitzen in ihrer Gesamtheit eine sehr komplexe Struktur. Um diese zu erfassen, verwendet man vielfach vereinfachende grafische Darstellungen, um die Zusammenhänge modellhaft zu visualisieren. Gängige Visualisierungen, deren Komplexität jeweils dem Verwendungszweck angepasst werden kann, sind das *Schalen- und Schichtenmodell* sowie das *Client-Server-Modell*.

2.3.1 Schalen- und Schichtenmodell

Das mehrstufige Schalen- oder Schichtenmodell verwendet man zur Darstellung der logischen Strukturierung moderner Betriebssystemarchitekturen. Die unterste Schale beinhaltet alle hardwareabhängigen Teile des Betriebssystems. Dazu gehört auch die Verarbeitung von Interrupts (IRQ, Kap. 3.5). Auf diese Weise ist es möglich, ein Betriebssystem leicht an unterschiedliche Rechnerausstattungen anzupassen. Die nächste Schicht enthält alle grundlegenden Ein-/Ausgabe-Dienste für Plattenspeicher und Peripheriegeräte. Die daraufolgende Schicht behandelt Kommunikations- und Netzwerkdienste, Dateien und Dateisysteme (vgl. auch OSI-Schichtenmodell im Aufbauband „Vernetzte IT-Systeme"). Weitere Schichten können je nach Anforderung folgen. Ein Betriebssystem besitzt also drei oder mehr logische Schichten.

Jede Schicht bildet für sich eine abstrakte (virtuelle) Maschine, die mit ihren benachbarten Schichten über wohldefinierte Schnittstellen kommuniziert. Sie kann Funktionen der nächstniedrigeren Schicht aufrufen und ihrerseits Funktionen für die nächsthöhere Schicht zur Verfügung stellen. Die Gesamtheit der von einer Schicht angebotenen Funktionen wird

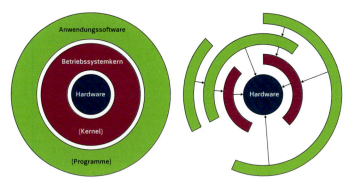

Bild 2.4: Vereinfachte Darstellung zur Schalenarchitektur
Links: konzentrische Schalen, rechts: durchbrochene Schalen

auch als **Dienste** dieser Schicht bezeichnet. Die Gesamtheit der Vorschriften, die bei der Nutzung der Dienste einzuhalten sind, wird als **Protokoll** bezeichnet.

Die unterste Schicht setzt immer direkt auf der Rechner-Hardware auf. Sie verwaltet die realen Betriebsmittel des Rechners und stellt stattdessen virtuelle Betriebsmittel bereit.

Oft wird diese Schicht als **UEFI** (Unified Extensible Firmware Interface) oder **BIOS** (Basic I/O System) bezeichnet (Kap. 3.1.1). Alle weiteren Schichten sind von der Hardware unabhängig.

Durch jede Schicht wird eine zunehmende „Veredelung" der Hardware erreicht (z. B. wachsende Abstraktion, wachsende Benutzerfreundlichkeit).

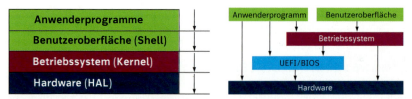

Bild 2.5: Aufbau des Schichtenmodells: a) vereinfachtes Modell, b) Treppenschichtenmodell

Betriebssysteme, die nach dem Schichtenmodell aufgebaut sind, bestehen aus mehreren Systemebenen (Layern). Ein Zugriff von einer höheren Schicht aufgrund einer Benutzeranwendung (Anwendungsprogramm) auf eine untere Schicht ist nur über eine definierte **API-Schnittstelle** (Application Programming Interface) möglich. Ebenso kann beispielsweise ein Kommunikationsprogramm nicht direkt auf ein angeschlossenes Mikrofon zugreifen. Die Applikation muss zuerst eine Anfrage an das Betriebssystem stellen, ob das Mikrofon verfügbar ist.

Die frühen Computer (Großrechner, mittlere Datentechnik) zeichneten sich dadurch aus, dass Hardware und Betriebssystem oft vom gleichen Hersteller kamen und optimal aufeinander abgestimmt waren. Bei den heutigen Personal Computern ist dies nur noch bei Rechnern der Firma Apple der Fall. Bei PCs auf Basis von Intel- oder AMD-Prozessoren (Kap. 1.3) kommen Hardware und Betriebssystem von unterschiedlichen Herstellern, auch wenn das Betriebssystem vielfach zusammen mit der Hardware ausgeliefert wird. So hat man die Wahl zwischen Betriebssystemen von Microsoft (Windows 10, Windows 8.1, Windows 7 usw.) oder freien UNIX-Implementierungen (Free BSD, Linux). Da Zusatz-Steckkarten und Peripheriegeräte (Drucker, Scanner usw.) von den verschiedensten Herstellern kommen können, liefern diese passende Treiberprogramme zur Betriebssystemanpassung und -erweiterung, die beim Laden des Betriebssystems (Bootvorgang; Kap. 3.1) oder beim Aufruf der entsprechenden Software eingebunden werden.

Durch die API-Programmierschnittstelle der höheren Schichten wird auch vermieden, dass jeder Programmierer die grundlegenden Routinen für den Zugriff auf Ein- und Ausgabegeräte und Massenspeicher selbst programmieren muss. Das Betriebssystem stellt bereits eine definierte Programmierschnittstelle zur Verfügung. Änderungen am Betriebssystem oder der Hardware wirken sich somit nicht auf die Anwenderprogramme aus, die nach wie vor über die gleichen Betriebssystemaufrufe die Dienste des Betriebssystems in Anspruch nehmen können.

> Ist ein Betriebssystem nach dem **Schichtenmodell** konzipiert, hat das Anwenderprogramm keinen direkten Zugriff auf die Hardware. Die Hardware-Schicht HAL (**H**ardware **A**bstraction **L**ayer) ist so vor unbefugten Zugriffen geschützt.

2.3.2   Client-Server-Modell

In heutigen PC-Betriebssystemen gibt es die Bemühung, den Betriebssystemkern (Kernel) so klein wie möglich zu halten.

> Als **Kernel** bezeichnet man den zentralen Bestandteil des Betriebssystems, der gerätenahe Grundfunktionen wie die Ablaufsteuerung, Ressourcenvergabe, Kommunikation und Verwaltung von Prozessen ausführt.

Einen möglichst kompakten Kernel erhält man insbesondere durch die Verlagerung von Betriebssystemfunktionen in die Userprozesse. In diesem Zusammenhang spricht man auch vom **Client-Server-Modell**. Dieser Begriff beschreibt einerseits eine Möglichkeit,

Aufgaben und Dienstleistungen *auf unterschiedlichen Computern innerhalb eines Netzwerkes* zu verteilen und wird in dieser Bedeutung im Aufbauband „Vernetzte IT-Systeme" ausführlich behandelt. Im hier dargestellten Zusammenhang wird der Begriff andererseits auch für Aufgaben und Prozesse verwendet, die lediglich *auf demselben Computer* umverteilt werden (siehe auch Kap. 2.5).

Bild 2.6: Das Client-Server-Modell (Grundprinzip)

Um eine Anfrage des Clients zu erfüllen, hier als Beispiel das Lesen eines Files, sendet der Client-Prozess seinen Wunsch durch den Kernel an den Fileserver. Der Kernel, das eigentliche System, hat hier nur noch die Aufgabe, den Datentransfer zwischen den Client- und Serverprozessen zu überwachen. Diese Aufspaltung hat gewisse Vorteile. Es laufen alle hardwareabhängigen Serverprozesse im „Usermode", d. h., sie haben keinen direkten Zugang zur Hardware und ein Bug (Fehler) im Serverbetrieb kann sich nicht so leicht im System fortpflanzen.

Bedenkt man, dass sich heutige Rechnersysteme selbst innerhalb einer Rechnerfamilie vielfältig in Speicherausstattung, Art und Umfang der angeschlossenen Geräte unterscheiden, so wird klar, dass die Erstellung monolithischer Programme für jede mögliche Rechnerkonstellation ein praktisch undurchführbares Unternehmen ist. Die Lösung dieses Problems heißt auch hier: **Modularisierung**.

Programme werden in Module zerlegt, die zueinander über definierte Schnittstellen in Beziehung stehen. Somit ist es möglich, innerhalb eines Programms ein bestimmtes Modul durch ein anderes mit gleicher Schnittstelle zu ersetzen, um das Programm an eine andere Rechnerkonstellation anzupassen. Die Auswahl und Zusammenstellung der allgemeingültigen Module wird bestimmt durch die eingesetzte Hardware und die Art der Programme, die durch diese Module unterstützt werden sollen. Sie ist für viele Programme, die auf einem Rechner abgearbeitet werden sollen, gleich und unterscheidet sich wiederum etwas von Rechner zu Rechner.

Oft taucht im Zusammenhang mit Betriebssystemen auch der Begriff „**Middleware**" auf. Er bezeichnet zwischen den eigentlichen Anwendungen und der Betriebssystemebene angesiedelte System- und Netzwerkdienste (z. B. Datenbank, Kommunikation, Protokollierung, Sicherheit). Die Middleware ist als Applikationsschicht eine Dienstleistungsschicht, die anstelle der Betriebssystemschnittstelle verwendet wird.

Middleware-Systeme ermöglichen die Verteilung von Applikationen auf mehrere Rechner in einem Netzwerk.

Die Verteilung ist objektorientiert: Server exportieren ihre Dienste als Klassenschnittstellen, Clients benutzen den entfernten Methodenaufruf zum Zugriff auf die Dienste. Die Bindung kann statisch oder dynamisch erfolgen.

1. Was versteht man unter dem Schalenmodell und wie arbeitet es?

2. Nennen Sie Betriebssysteme, die nach dem Schichtenmodell aufgebaut sind.

3. Was versteht man unter einer API-Schnittstelle? Welche Funktion hat sie im Zusammenhang mit dem Schichtenmodell?

4. Welche Eigenschaften kennzeichnen das Client-Server-Modell?

5. Was versteht man im Zusammenhang mit Betriebssystemen unter dem Begriff „Middleware"?

2.4   Software und rechnerabhängige Strukturen

2

Das Prinzip, sowohl ausführbare Programme als auch die damit zu bearbeitenden Daten im gleichen Arbeitsspeicher des Rechners abzulegen, geht auf eine Idee von John von Neumann, einem amerikanischen Mathematiker ungarischer Herkunft (1903–1957), zurück.

Von Neumann entwickelte 1946 ein Rechnerkonzept, das nach ihm benannte **Von-Neumann-Prinzip**, welches universell sowohl für einfache technische, für kommerzielle als auch für wissenschaftliche Anforderungen genutzt werden konnte. Das Konzept wurde ständig weiterentwickelt, sodass die Wurzeln der meisten heutigen Rechner das Von-Neumann-Prinzip beinhalten. Eine grundlegende Neuerung der Von-Neumann-Architektur besteht in der weitestgehenden Trennung von Hardware und dem Einsatzgebiet des Rechners. Der universelle Von-Neumann-Rechner besitzt eine feste Hardwarearchitektur.

> Alle klassischen Mikrocomputer-Systeme wie auch der PC sind nach dem **Von-Neumann-Prinzip** aufgebaut.

Der Rechner wird durch eine Bearbeitungsvorschrift, das Programm, an die jeweilige Aufgabenstellung angepasst. Dieses Programm wird vor der eigentlichen Datenverarbeitung in den Speicher des Rechners geladen und kann für die gleiche Aufgabenstellung wiederholt verwendet werden. Diese Eigenschaft hat zu dem Namen „Stored Program Machine" geführt. Ohne dieses Programm ist der Rechner nicht arbeitsfähig.

Weitere wesentliche Bestandteile des Von-Neumann-Prinzips sind:

- Alle Daten und Programmbestandteile werden in *demselben* Speicher abgelegt. Sie können nur durch die Reihenfolge unterschieden werden.
- Der Speicher ist in gleich große Zellen unterteilt, welche über ihre Adressen eindeutig referenzierbar sind (z. B. Speicherverwaltung). Befehle, die im Programm nacheinander folgen, werden ihrer Reihenfolge im Programm entsprechend im Speicher abgelegt. Das Abarbeiten eines neuen Befehls wird durch die Erhöhung des Befehlszählers initiiert.

- Durch Sprungbefehle kann von der Bearbeitung der Befehle in ihrer gespeicherten Reihenfolge abgewichen werden.
- Es sind mindestens folgende Befehlstypen vorhanden:
  - Arithmetische Befehle: Addition, Multiplikation usw.
  - Logische Befehle: UND, ODER, NICHT usw. (Kap. 4.4.1)
  - Transportbefehle: MOVE
  - Ein-/Ausgabebefehle
  - Bedingte Sprungbefehle: GOTO
  - Verzweigungen: IF ... THEN ... ELSE (Hinweis: Programmierbefehle werden ausführlich im zur Fachbuchreihe gehörenden Band „Anwendungsentwicklung" behandelt.)

Im Gegensatz dazu sind bei der sogenannten **Harvard-Architektur** Instruktionen und Daten in *getrennten* Speichern untergebracht. Der Prozessor besitzt getrennte Busse für Instruktions- und Datenzugriffe, wodurch ein überlappender Betriebsmodus realisiert wird, d. h., die nächste Instruktion kann bereits abgeholt werden, während noch Daten in den Speicher geschrieben werden. Allerdings ist der Aufwand für die Realisierung einer Harvard-Architektur beträchtlich. Sie findet heute wieder Anwendung in speziellen Grafik-Chips.

AUFGABEN

1. Worin unterscheidet sich grundsätzlich ein nach dem Von-Neumann-Prinzip aufgebautes Rechnersystem von einem, das dem Harvard-Prinzip entspricht?

2. Welche Befehlstypen sind mindestens Bestandteile des Von-Neumann-Prinzips?

3. Welche Aufbaustruktur (Von Neumann, Harvard) verhindert die Überschreibung des eigenen Programmcodes (Antwort mit Begründung)?

2.5   Aktuelle Betriebssysteme

Die Betriebssystemhersteller (z. B. Microsoft) unterscheiden bei ihren Produkten heutzutage vielfach zwischen **Client-Betriebssystem** und **Server-Betriebssystem** (Client: Kunde, Dienstnutzer; Server: Bediener, Anbieter, Dienstleister). Diese Bezeichnungen können insofern zu Missverständnissen führen, da es sich bei einem Server eigentlich um eine *Funktion* handelt, die ein Gerät ausübt, und nicht um einen Computer an sich. Die jeweils ausgeübte Serverfunktion wird als **Dienst** bzw. **Service** bezeichnet. Ein Client kann auf Anfrage einen Dienst nutzen, der von einem Server zur Verfügung gestellt wird. Die *Serverfunktion* kann sich hierbei auf einem *separaten* Computer befinden, aber auch auf dem *gleichen* Computer, der den Dienst in Anspruch nehmen möchte. Somit kann prinzipiell ein Computer an sich gleichzeitig als Client- *und* als Server fungieren (vgl. Kap. 2.3.2).

Die Server-Betriebssysteme der Hersteller sind von ihrer Konzeption her *nicht* für Computer vorgesehen, an denen Nutzer mit Anwendungsprogrammen arbeiten (z. B. an einem Arbeitsplatzrechner), sondern für Computer, deren Aufgabe *ausschließlich* darin besteht, Serverfunktionen für andere Computer in einem Netzwerk bereitzustellen. Ein solcher Computer – d. h. in diesem Fall das Gerät an sich – wird dann ebenfalls als „Server" bezeichnet. Er verfügt über zusätzliche Softwarekomponenten, die für die Bereitstellung der jeweiligen Dienste sowie für die Verwaltung und die Kommunikation mit den anderen Computern im Netzwerk erforderlich sind (Client-Server-Netz).

An dieser Stelle werden einführend die grundsätzlichen Eigenschaften aktueller Client-Betriebssysteme dargestellt, Server-Betriebssysteme werden ausführlich im Aufbauband „Vernetzte IT-Systeme" behandelt.

In marktgängigen PCs werden derzeit unterschiedliche (Client-)Betriebssysteme eingesetzt. Statistisch nehmen Windows-Betriebssysteme in diesem Marktsegment einen Anteil von weltweit rund 88 % ein. Die weite Verbreitung hängt zum einen mit dem vielfältigen Softwareangebot und zum anderen mit der aufwendigen Vermarktungsstrategie von Microsoft zusammen.

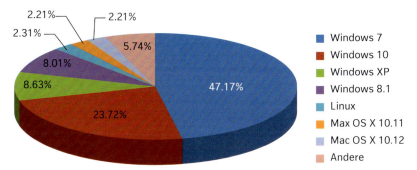

Bild 2.7: Marktanteileder Arbeitsplatz-Betriebssysteme 2017 (vgl. Beiersmann, Stefan/ NetMediaEurope Deutschland GmbH: Betriebssysteme: Windows 10 steigert Marktanteil auf 24,4 Prozent, veröff. am 02.01.2017 unter www.zdnet.de/88285356/betriebs systeme-windows-10-steigert-marktanteil-auf-244-prozent [02.05.2018])

Diese Statistik spiegelt jedoch nicht den aktuellen Trend wieder. In Zeiten der Mobilisierung sinkt der Absatz der Desktop-PCs, während mobile Endgeräte wie Smartphones, Tablets etc. im Vormarsch sind. Im mobilen Bereich sieht die Verteilung der Betriebssysteme ganz anders aus. Nachdem Microsoft sich aus dem Smartphone-Bereich zurückgezogen hat, sind Windows-Betriebssysteme hier inzwischen nahezu bedeutungslos geworden (ca. 0,1 %, Bild 2.8). Der Markt wird inzwischen von Apple (iOS) und Google (Android) bestimmt. Hier führt das Betriebssystem Android derzeit mit etwa 86 %.

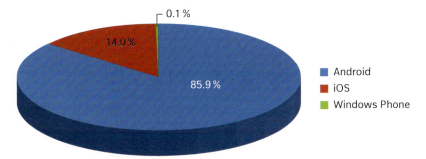

Bild 2.8: Marktanteile der Smartphone-Betriebssysteme 2017 (vgl. Gartner, Inc.: Gartner Says Worldwide Sales of Smartphones Recorded First Ever Decline During the Fourth Quarter of 2017, veröff. am 22.02.2018 unter www.gartner.com/newsroom/id/3859963 [02.05.2018])

2.5.1 Windows 10

Die ursprünglich unterschiedlichen Microsoft-Betriebssysteme für Arbeitsplatzrechner, Smartphones, Spielekonsolen oder für Geräte des Internet-der-Dinge (Kap. 1.7.8) werden aktuell nicht mehr als eigenständige Systeme geführt. Microsoft vereint mit Windows 10 alle Varianten in einem Produkt. Dabei wird die Bedienoberfläche entsprechend an das Endgerät angepasst. Im laufenden Betrieb kann dies beispielsweise bei Convertibles (Kap. 1.1.4) beobachtet werden. Diese Notebook-Tablet-Kombinationsgeräte lassen sich von einem Laptop durch Abnehmen oder Umklappen der Tastatur in einen Tablet-Computer mit Berührungsgesten-(Touch) oder Stifteingabe-Steuerung konvertieren. Das Betriebssystem reagiert auf die veränderte Eingabeform und passt die Benutzerführung an die Touch- oder Stifteingabe an.

Bild 2.9: Windows 10 als einheitliches Betriebssystem

Anwendungsprogramme können für Windows 10 so erstellt werden, dass sie sowohl die klassische Bedienung per Maus und Tastatur als auch die Steuerung per Touch oder Bedienstift unterstützen. Außerdem werden weitere Faktoren, wie beispielsweise die Bildschirmgröße, mit in die Gestaltung der Bedienelemente einbezogen.Damit kann ein gemeinsames Anwendungsprogramm für den Arbeitsplatzrechner, das Touchpad und das Smartphone die jeweils optimale Benutzerführung bieten. Die Bereitstellung von separaten Programmvarianten ist nicht mehr erforderlich. Sogenannte **UWP-Apps** (Universal **W**indows **P**latform) werden nicht mehr für eine konkrete Prozessorvariante übersetzt, sondern nutzen die UWP-Laufzeitumgebung des Betriebssystems. Dadurch können UWP-Apps auch auf Geräten mit ganz verschiedenen Prozessorvarianten verwendet werden.

Windows 10 ist in verschiedenen Editionen erhältlich:

Bezeichnung	Zielgruppe/Einsatzzweck
Windows 10 Home	Privatanwender
Windows 10 Pro	Privatanwender und kleinere Firmen
Windows 10 Enterprise	Einsatz in Firmen, meist als Volumenlizenz
Windows 10 Education	für Schulen und Bildungseinrichtungen, meist als Volumenlizenz
Windows 10 S	reduzierter Funktionsumfang, Vermarktung mit kostengünstiger Hardware, nur Anwendungen aus dem Microsoft Store sind installierbar
Windows 10 Mobile	für mobile Endgeräte im Privatbereich

Bild 2.10: Gängige Windows-10-Editionen (zusätzlich existieren spezielle Versionen, z. B. Windows 10 IoT core)

Microsoft vermarktet sämtliche Windows-10-Versionen nicht mehr klassisch als abgeschlossenes Produkt mit einem zum Kaufzeitpunkt festgelegten Funktionsumfang und einer zeitlich begrenzten Versorgung mit Updates (Lebensdauer).

Windows 10 soll als *Softwaredienstleistung* aufgefasst werden, die ständig weiterentwickelt und aktualisiert wird. Eine solche Veröffentlichungsform wird auch als **Rolling Release** (fortlaufende Veröffentlichung) bezeichnet.

Der Nutzer erhält auf diese Weise neue Funktionen, sobald sie fertig sind, und muss nicht erst jahrelang bis zur nächsten Windows-Version warten. Windows 10 bleibt damit aktuell und veraltet nicht. Andererseits hat der Nutzer hier aber auch keine Wahl. Vermutet er Kompatibilitätsprobleme oder will er an einer wegfallenden Funktion festhalten, kann er das Einspielen einer Aktualisierung zwar zeitlich befristet aufschieben, aber ablehnen kann er sie nicht mehr.

Anhand einer vierstelligen Versionsnummer, die zusätzlich zur *Build-Bezeichnung* und zum *Update-Namen* angegeben wird, kann man die Aktualität seiner installierten Version überprüfen.

Beispiel

Version:	**1803**	Jahr und Monat der Veröffentlichung, hier: März 2018
Update:	**KB4100403**	„Knowledge Base" (Microsoft-Support-Datenbankname) und Update-Nummer
Build:	**17134.48**	interne „Betriebssystem-Versionsnummer"

2.5.1.1 Installation

Um Windows 10 installieren und nutzen zu können, gelten bestimmte Mindestanforderungen, die erfüllt werden müssen:

Komponente	Mindestanforderung
Prozessor	Prozessor oder System-on-Chip mit mindestens 1 GHz
Arbeitsspeicher (RAM)	1 GiB für 32-Bit-Betriebssystemversion, 2 GiB für 64-Bit-Betriebssystemversion
Festplattenspeicher	16 GiB für 32-Bit-Betriebssystemversion, 20 GiB für 64-Bit-Betriebssystemversion
Grafikkarte	DirectX 9 oder höher mit WDDM 1.0 Treiber
Display	800 × 600

Bild 2.11: Systemanforderungen für Windows 10

Die Installation von Windows 10 verläuft nach dem Start und der Eingabe einiger Basisinformationen (z. B. PC-Bezeichnung, Benutzername, ggf. Anmeldepasswort) weitgehend automatisch. Zur Nutzung *sämtlicher* angebotenen Features ist – sofern noch nicht vorhanden – die Einrichtung eines **Microsoft-Kontos** erforderlich. Dieses eröffnet auch den Zugang zum Microsoft Store mit der Möglichkeit, Apps über eine zentrale und vertrauenswürdige Plattform zu beziehen. Hat man Zahlungsmitteldaten hinterlegt, können dort ebenfalls kostenpflichtige Apps einfach erworben werden.

Bild 2.12: Microsoft Store

Derzeit lässt sich Windows 10 aber auch noch ohne Einrichtung eines Microsoft-Kontos installieren und nutzen. Die Updatefunktionen sind auch ohne Konto nicht eingeschränkt.

2.5.1.2 Sicherheitseinstellungen

Bereits bei der Erstinstallation sollte man auf den entsprechenden Datenschutz Wert legen. In den Systemeinstellungen hat er einen eigenen Bereich und erlaubt auch nachträglich eine umfangreiche Steuerung des Datenflusses an Microsoft. Die Übermittlung von Telemetriedaten lässt sich auf ein Minimum reduzieren – ganz abschalten lässt sie sich aber nicht. In den minimal erfassten Telemetriedaten der Stufe „Sicherheit" (Security) sind enthalten: Geräte-ID, Angaben zum Betriebssystem und – sofern nicht gesondert abgeschaltet – Infektionsberichte der Microsoft Schadsoftware-Erkennungs- und -Entfernungs-Programme (**MSRT**, Malicious Software Removal Tool, sowie **Windows Defender** und **System Center Endpoint Protection**).

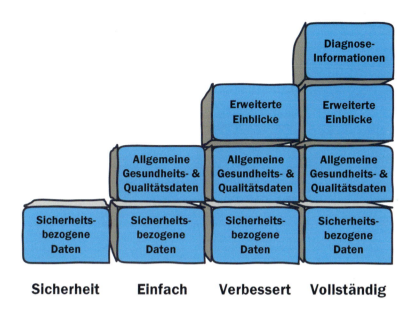

2

Bild 2.13: Stufenschema der Telemetrie-Profile

Windows 10 Home/Pro erlaubt nur die Reduzierung auf die Telemetrie-Stufe „Einfach"
(Basic). Zusätzlich zu den Daten der Stufe „Sicherheit" sind Angaben zu den Geräten enthalten, wie Kameraauflösung, Displaytyp, Akkukapazität, Prozessortyp, Laufwerkstypen
und -größen. Darüber hinaus werden qualitätsbezogene Informationen gesammelt und
übermittelt, wie Systemleistung, Akkuverbrauch im Standby, Gesamtbetriebszeit einer
App und Anzahl der Abstürze oder Blockierungen. Es werden Treiberdaten gesammelt,
die Angaben zur Treiberauslastung und Nutzung durch Apps enthalten und Informationen über mögliche Kompatibilitätsprobleme nach Updates geben sollen. Außerdem werden Daten zur Nutzung des Microsoft Stores übermittelt, wie App-Downloads, Installationen und Updates, Seitenaufrufe und erworbene Lizenzen.

Die Stufe „Verbessert" (Enhanced) baut auf die Stufen „Sicherheit" und „Einfach" auf und
sammelt darüber hinaus auch Informationen über Betriebssystem- und Microsoft-App-
Ereignisse, die Einblicke in Arbeitsspeicher, Netzwerk, Dateisystem, Cortana und weitere
Komponenten gewähren. Bei Abstürzen werden neben Fehlerberichten auch Speicherab-
bilder erstellt und übertragen.

Die Telemetrie erfolgt in der Stufe „Vollständig" (Full) ohne Beschränkungen. Sie baut auf
den vorangegangenen Stufen „Sicherheit", „Einfach" und „Verbessert" auf. Zusätzlich können Registrierungsschlüssel sowie beliebige Nutzerdaten gesammelt und übertragen werden. Außerdem können Diagnoseprogramme auf dem Rechner des Nutzers ferngesteuert
ausgeführt werden. Zum Schutz der Nutzer will Microsoft diese weitereichenden Ein-
griffsmöglichkeiten durch ein eigenes Datenschutzkonzept und ein innerbetriebliches
Genehmigungsverfahren auf ein als notwendig erachtetes Maß beschränken. Die Überprüfung sowie die nachträgliche Einstellung bestimmter Sicherheitseinstellungen kann
über das Icon für die *System-Einstellungen* (Bild 2.16) unter dem Menüpunkt *Datenschutz*
erfolgen.

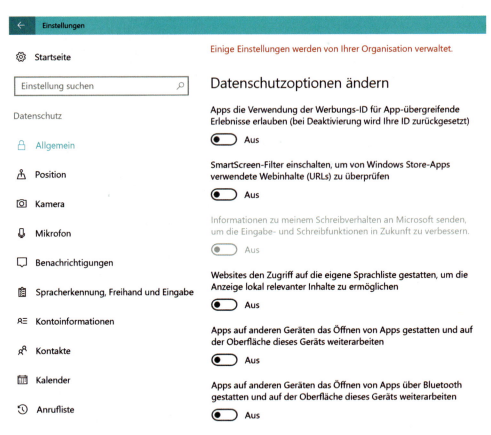

Bild 2.14: Menü für die Änderung von Datenschutzoptionen (Beispiel, versionsabhängige Abweichungen möglich)

2.5.1.3 Bedienung und Benutzung

Nach Systemstart und Benutzer-Anmeldung liefert Windows 10 auf einem Arbeitsplatz-rechner zunächst einen **Windows-Arbeitsplatz.**

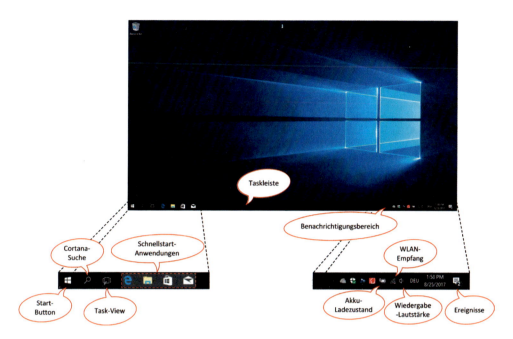

Bild 2.15: Windows 10 Arbeitsplatz und Taskbar

Am unteren Bildrand befindet sich die **Taskleiste**. Sie wird zum Öffnen von Programmen, Dokumenten, Ordnern und anderen Objekten verwendet. Neben dem Startsymbol können Anwendungen fixiert werden, um schneller auf sie zugreifen zu können. Der rechte Bereich der Taskleiste umfasst den Infobereich, er informiert z. B. über den Zustand des Netzwerkzugriffes oder ermöglicht einen direkten Zugriff auf die Lautstärkeregelung.

Bild 2.16: Windows 10 Startmenü

Der Start-Button öffnet eine Programmleiste mit alphabetischer Sortierung und einen Kachelbereich, in dem der Benutzer Apps und klassische Anwendungsprogramme frei anordnen kann. Buttons am linken Rand geben Zugriff auf weitere Bereiche. Das Zahnrad öffnet die Systemeinstellungen, hier können beispielsweise auch während der Installation vorgenommene Einstellungen – insbesondere auch zum Datenschutz – überprüft und nachträglich verändert werden. Über das Power-Symbol lässt sich der PC herunterfahren oder neu starten und über das Benutzersymbol kann sich der Benutzer vom System abmelden, ein anderer anmelden oder der aktuelle Benutzer gewechselt werden.

Bei zahlreichen geöffneten und sich überlappenden Anwendungsfenstern verschafft der Task-View-Button einen Überblick. Ohne die Anordnung der tatsächlichen Fenster zu verändern, werden Abbildungen der einzelnen Fenster in der eingeblendeten Übersicht dargestellt. Ein Klick auf eines der abgebildeten Fenster schließt die Übersicht und holt das ausgewählte Fenster in den Vordergrund. Selbst Apps, die vor Tagen verwendet wurden, können über die Zeitachse wieder aufgerufen werden.

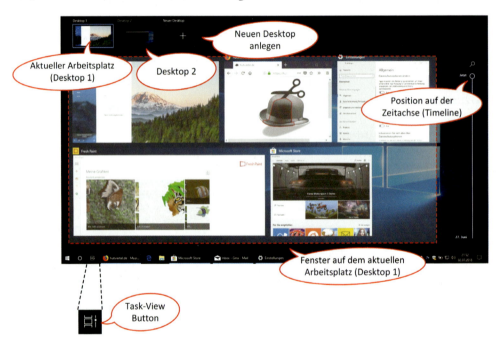

Bild 2.17: Virtuelle Desktops

Alternativ besteht die Möglichkeit, zwischen verschiedenen Arbeitsplätzen umzuschalten oder einen neuen sogenannten **virtuellen Desktop** anzulegen. Auf diese Weise kann man Anwendungsfenster und Ordner auf verschiedene Desktops verteilen und ist nicht gezwungen, ständig Fenster zu minimieren oder zu verschieben, um in einem anderen weiter zu arbeiten.

2.5.1.4 Weitere Merkmale

Weitere Merkmale und Eigenschaften, die teilweise auch bereits von Vorgänger-Versionen unterstützt werden, sind:

Sprachassistentin Cortana

In die Taskleiste ist das Cortana-Suchfeld integriert.

> Mit **Cortana** bezeichnet Microsoft die in Windows 10 eingebaute digitale Sprachassistentin. Sie ermöglicht bei aktiver Internetverbindung die Suche nach Dateien, Texten, Anwendungen und Webinhalten, führt aber auch Sprach-Kommandos aus, wie beispielsweise das Anlegen und Prüfen von Kalendereinträge oder das Diktieren und Versenden einer E-Mail.

Cortana reagiert auf die Schlüssel-Phrase „Hey, Cortana!" und interpretiert den folgenden Sprachanteil als eine an sie gerichtete Frage oder Anweisung. Über die Einstellungen kann der Nutzer festlegen, welche Informationen Cortana über ihn verarbeiten und speichern darf. Je mehr Cortana über den Nutzer weiß, desto genauer kann sie seine Anfragen beantworten, Suchaufträge und Anweisungen bearbeiten oder auf ihn zugeschnittene Nachrichten und Werbung einblenden.

Geräteverschlüsselung mit BitLocker

Mit der Festplattenverschlüsselung **BitLocker** bietet Microsoft eine umfassende Datenschutz-Möglichkeit an. Es ist ab der Professional-Ausgabe von Windows 10 verfügbar und setzt ein TPM-1.2-Hardware-Sicherheitsmodul voraus.

> Mit **TPM** (**T**rusted **P**latform **M**odule) bezeichnet man einen speziellen Chip, den Hersteller in ihren Computern oder sonstigen Kommunikationsgeräten (Smartphone, Tablet, Notebook) einbauen, um zusätzliche, grundlegende Sicherheitsfunktionen zu integrieren (z. B. Lizenzschutz, Datenschutz, Geräteidentifikation).
> Zusammen mit einer passenden Software bildet ein solches Gerät eine **Trusted Computing Platform (TCP)**, d. h. eine „vertrauenswürdige Plattform".

Auf Home- und Mobile-Ausgaben kann BitLocker nicht genutzt werden. Die aktivierte Festplattenverschlüsselung stellt sicher, dass bei Diebstahl oder Verlust des geschützten Gerätes (z. B. Laptop oder Tablet-PC) Unberechtigte keinen Zugriff auf die Daten erhalten.

Kritisiert wird, dass Microsoft mit der BitLocker-Ausgabe für Windows 10 die Verschlüsselungsfunktionen aus unklaren Gründen abgeschwächt hat. Mutmaßungen, dass Hintertüren in die Verschlüsselung eingebaut wurden, um Ermittlungsbehörden und Geheimdiensten das Umgehen der Verschlüsselung zu ermöglichen, wurden bislang aber nicht belegt und erscheinen wenig wahrscheinlich. Wegen der nicht offengelegten Quelltexte ist eine unabhängige Kontrolle der Funktionsweise aber praktisch kaum möglich. Alternativ bieten sich Open-Source-Lösungen wie Veracrypt an, wenn sie von einem großen Fachpublikum untersucht und aus sicheren Quellen bezogen wurden.

Virtualisierung mit Hyper-V

Auf 64-Bit-Systemen ab der Professional-Ausgabe von Windows 10 kann die Virtualisierungstechnik **Hyper-V** von Microsoft eingesetzt werden. Nutzer der Home- und Mobile-Versionen müssen zu alternativen Angeboten greifen. Hyper-V stellt eine virtuelle

Rechnerumgebung bereit, die scheinbar vorhandene PC-Komponenten und deren Funktion simuliert. Das gelingt so gut, dass es für die Software keinen Unterschied macht, ob sie auf einem tatsächlichen Rechner abläuft oder in der simulierten Umgebung gestartet wird. Die vermeintliche Monitorausgabe wird dann von der Hyper-V-Software in einem Anwendungsfenster dargestellt. Umgekehrt werden bei Bedarf Tastatureingaben und Mausbewegungen an den simulierten Rechner umgeleitet. Auf die virtuelle Maschine muss zunächst ein Betriebssystem installiert werden. Unterstützt werden beispielsweise diverse Windows-Versionen, aber insbesondere auch verschiedene Linux-Varianten. Dadurch können andere Betriebssysteme ausprobiert werden, ohne sie auf einem tatsächlichen Rechner installieren zu müssen. Funktioniert eine Software nur mit einer älteren Windows-Version, kann sie durch Virtualisierung auch auf neueren Systemen weiter genutzt werden.

Windows Mixed Reality

Mit dem Update auf die Version 1710 unterstützt Windows 10 brillenähnliche Sichtgeräte, die computergeneriertes Bildmaterial in das Sichtfeld des Benutzers projizieren und mit den Kopfbewegungen abgleichen. Auf diese Weise entsteht für den Betrachter der Eindruck einer gänzlich neuen Umgebung, einer virtuellen Realität **(Virtual Reality)**. Alternativ kann die reale Sicht erfasst und erweitert werden, beispielsweise durch das passgenaue Einfügen von computergenerierten Bildelementen. Man spricht in diesem Fall von **Augmented Reality**. Beide Formen fasst Microsoft mit der Bezeichnung **Mixed Reality** zusammen.

Shortcuts

Als **Shortcut**, **Hotkey** oder **Tastaturkombination** bezeichnet man das gleichzeitige oder aufeinanderfolgende Drücken mehrerer Tasten auf Computertastaturen. Hiermit können bestimmte Steuerbefehle oder beispielsweise auch Sonderzeichen eingegeben werden, die üblicherweise auf dem Tastaturlayout nicht zu finden sind. Hierdurch wird die Bedienung vielfach erleichtert. Gängige Tastaturkombinationen bei Windows 10, die teilweise auch von anderen Betriebssystemen verwendet werden, sind:

Tastaturkombination	Bedeutung/Aktion
Windows-Taste + A	aktiviert das Info-Center
Windows-Taste + C	aktiviert Cortana für die Spracheingabe
Windows-Taste + D	blendet den Desktop ein
Windows-Taste + E	öffnet den Datei-Explorer
Windows-Taste + I	öffnet die Windows-10-Einstellungen
Windows-Taste + K	startet das Fenster für die Verbindungsfunktion zum Streamen
Windows-Taste + L	aktiviert den Sperrbildschirm
Windows-Taste + R	öffnet das „Ausführen"-Fenster
Windows-Taste + X	startet die sogenannten Poweruser-Befehle
Windows-Taste + Plus-Taste	startet die Bildschirmlupe
Windows-Taste + Minus-Taste	schließt die Bildschirmlupe
Windows-Taste + Komma-Taste	Desktop kurz einblenden (solange die Windowstaste gedrückt wird)

Bild 2.18: Windows 10 Tastaturkombinationen (Beispiele)

Standarddienste und Systemprogramme

Die folgende Aufstellung listet einige Beispiele für typische Systemdienste und System-programme auf:

- Anmeldedienst (LSASS, Local Security Authority Security Service)
- Benutzerprofildienst (User Profile Service)
- Druckwarteschlange (Print Spooler)
- Aufgabenplanungsdienst (Task Scheduler)
- Automatische Netzwerk-Konfiguration (DHCP Client Service)
- Lokaler DNS-Cache (DNS Client service)
- Windows-Ereignisprotokoll (Windows Event Log Service)
- Datenträger-Schattenkopierdienst (Volume Shadow Copy Service)

Eine Übersicht sämtlicher Systemdienste erhält man, indem man beispielsweise im „Ausführen"-Fenster (Windows-Taste + R; Bild 2.18) *services.msc* eingibt und anschließend den OK-Button betätigt.

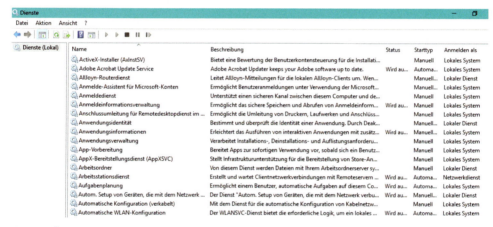

Bild 2.19: Übersicht über Windows 10 Systemdienste (Auszug)

Benutzerkonten

Als **Benutzerkonto** (User Account oder kurz Account) bezeichnet man eine Zugangsbe-rechtigung zu einem zugangsbeschränkten IT-System. Der Zugang ist hierbei nur mög-lich, nachdem sich ein Benutzer beim Einloggen mit Benutzernamen und Kennwort authentifiziert hat. Das Benutzerkonto ermöglicht einem Benutzer beispielsweise:

- den Zugriff auf bestimmte Dateien, Ordner und Sub-Systeme (aber ggf. auch die Zu-griffsverweigerung, z. B. auf systemrelevante Bereiche);
- die Speicherung bestimmter Konfigurationsdaten (z. B. individuell gestalteter Startbild-schirm)

Das Benutzerkonto dient somit der Verwaltung verschiedener Benutzer eines Computers oder eines Netzwerks. Der Verwalter wird bei Microsoft Windows **Administrator** genannt. Er besitzt ein entsprechend privilegiertes **Administrator-Konto** mit sämtlichen zur Verfü-gung stehenden Rechten, er kann anderen Benutzern Zugriffsrechte gewähren oder verweigern. Oftmals werden Benutzerkonten zu Gruppen zusammengefasst. Die Rechte der Gruppe werden dann all ihren Mitgliedern zugeordnet.

Einstellungen zur Benutzerkontensteuerung können bei Windows 10 beispielsweise über die klassische Ansicht der Systemsteuerung vorgenommen werden (Bild 2.20).

Bild 2.20: Klassische Ansicht der Systemsteuerung (Auszug)

2.5.2 Windows 8.0/8.1

Mit der Markteinführung von Windows 8 im Jahr 2012 hatte Microsoft ehrgeizige Ziele verfolgt: Smartphones, Tablet-PCs, Laptops und Desktop-PCs sollten ein einheitliches Erscheinungsbild aufweisen und sich im Wesentlichen auf die gleiche Weise bedienen lassen.

Bild 2.21: Startbildschirm der Modern-UI-Oberfläche von Windows 8.1

Dazu wurde auch das Startmenü abgeschafft und der Desktop der Arbeitsplatzversionen zurückgedrängt. Nach dem Hochfahren erscheint nun nicht mehr der Desktop, sondern der Windows-8-Startbildschirm. Auf ihm sind die Programme als einzelne Kacheln angeordnet und können durch Antippen gestartet werden. Im Touch-Betrieb lassen sich einzelne Menüleisten durch Wischbewegungen einblenden, bei Maussteuerung erscheinen die gleichen Menüs, sobald der Mauszeiger den jeweiligen Bildschirmrand anfährt. Über den Menüpunkt *Alle Apps* gelangt man auf eine Seite, in der alle installierten Apps und Desktop-Anwendungen sortiert aufgelistet sind und gestartet werden können.

Apps werden in Windows 8 immer im Vollbildmodus gestartet. Der Wechsel zu einer anderen App wird von einer am linken Bildrand einblendbaren Auswahl unterstützt. Durch Antippen des Listeneintrags wechselt die Anzeige auf die ausgewählte App. Ein Ziehen der Auswahl bewirkt die Teilung der Anzeige und erlaubt damit die gleichzeitige Darstellung von zwei App-Anzeigen. Die Aufteilung der Bildschirmfläche kann der Benutzer durch Verschieben des Trennstreifens steuern. Konventionelle Desktop-Anwendungen werden auf einem gemeinsamen Desktop-Bildschirm geöffnet. Während der Desktop-Bildschirm wie ein weiterer App-Bildschirm behandelt wird, lassen sich auf ihm wie gewohnt mehrere Desktop-Anwendungen gleichzeitig öffnen, ihre Fenster verschieben und in ihrer Größe verändern.

Windows 8 fand keine breite Akzeptanz. Kritiker sahen in dem neuen Bedienkonzept eine zu starke Ausrichtung auf mobile Endgeräte. Gerade Desktop-PC-Nutzer empfanden die einschneidenden Änderungen in der Benutzerführung überwiegend als Nachteil.

Mit der Veröffentlichung von Windows 8.1 ging Microsoft 2013 auf einige der Hauptkritikpunkte ein. Nach dem Systemstart finden die Nutzer nun wieder den Windows-Desktop vor. Auch ein Start-Button am unteren Bildschirmrand ist wieder vorhanden. Dieser öffnet jedoch kein Startmenü, so wie bei Windows 7 oder Windows 10, sondern den von Windows 8 bekannten Startbildschirm mit der kachelbasierten Programm-Auswahl. Diese Anpassungen berücksichtigen, dass die von den Benutzern eingesetzten Programme noch überwiegend Desktop-Anwendungen umfassen. Im Weiteren gab es noch einige Detailverbesserungen, z. B.:

- Anzeige von bis zu vier (statt zwei) Apps gleichzeitig
- zwischen vier (statt zwei) Kachelgrößen wählbar
- mehr grafische Einstellungsmöglichkeiten
- zusätzliche App-Anwendungen (Taschenrechner-, Wecker-App)
- Skype-Internet-Telefonie integriert
- Microsoft-Cloud-Speicherdienst integriert

Windows 8.1 ist in verschiedenen Editionen erhältlich:

Bezeichnung	Zielgruppe/Einsatzzweck
Windows 8.1 RT	Diese Version ist in ihrem Funktionsumfang stark eingeschränkt. Sie beinhaltet einen großen Teil der aktuellen Neuerungen. Es lassen sich aber nur Apps aus dem Windows Store installieren und starten. Integriert sind Microsoft Office Apps, einschließlich Outlook. Diese Version wurde häufig mit Tablets angeboten.
Windows 8.1	Diese Version war auf den privaten Markt ausgelegt. Einige Merkmale stehen hier nicht zur Verfügung, wie insbesondere einige Serverdienste, Hyper-V oder die BitLocker-Datenträgerverschlüsselung.
Windows 8.1 Pro	Die Pro-Edition zielte auf den Firmenbereich. Neben den Eigenschaften der Standard-Version (Windows 8.1) sind zusätzliche Serverdienste und Systemprogramme enthalten, wie etwa zum Fernzugriff, Domänenbeitritt, Datenträgerverschlüsselung und Systemvirtualisierung.
Windows 8.1 Enterprise	Neben den Eigenschaften der Pro-Version enthält die Enterprise-Edition insbesondere erweiterte Netzwerkfunktionen. Zusätzlich steht die AppLocker-Funktion zur Verfügung, die eine umfangreiche regelgestützte Ressourcen- und Zugriffssteuerung zulässt. Damit war die Enterprise-Edition auf den Einsatz in größeren Unternehmen ausgelegt.

Bild 2.22: Übersicht der Windows-8.1-Editionen

Für den Betrieb von Windows 8 und Windows 8.1 gelten gleichermaßen gewisse Mindestanforderungen. Die folgende Tabelle gibt die grundlegenden Systemanforderungen an. Für die Nutzung bestimmter Funktionen gelten darüber hinaus noch weitere Voraussetzungen. Beispielsweise muss für die Funktion des sicheren Systemstarts (*Secure Boot*) ein UEFI-BIOS ab Version 2.3.1 Errata B vorliegen und Microsoft-Zertifizierungsdaten enthalten. Anders als in den Vorgängerversionen ist zum Abspielen von DVDs seit Windows 8 eine separate Abspielsoftware erforderlich.

Komponente	Mindestanforderung
Prozessor	Prozessor mit mindestens 1 GHz und den Zusatzfunktionen PAE (Physical Address Extension), NX (NX-Bit; No eXecute) und SSE2 (Kap. 1.3.4)
Arbeitsspeicher (RAM)	1 GiB für 32-Bit-Betriebssystemversion, 2 GiB für 64-Bit-Betriebssystemversion
Festplattenspeicher	16 GiB für 32-Bit-Betriebssystemversion, 20 GiB für 64-Bit-Betriebssystemversion
Grafikkarte	DirectX 9 oder höher mit WDDM-Treiber

Bild 2.23: Systemanforderungen für Windows 8 und 8.1

2.5.3 Windows 7

Windows 7 wurde von Microsoft im Jahr 2009 herausgebracht und gilt aus Sicht des Konsumenten als der eigentliche Nachfolger von Windows XP, da Windows Vista nie richtig akzeptiert wurde. Windows 7 gilt als überarbeitete Fassung von Windows Vista. Trotzdem hat es viele Veränderungen im Detail gegeben, die unter anderem für einen schnelleren Systemstart, eine verbesserte Hardwarekompatibilität und eine konsistentere Benutzerführung sorgten.

Zentrale Bedienelemente der Desktop-basierten Oberfläche von Windows 7 sind die Taskleiste am unteren Bildrand und das Start-Menü. Beide Elemente sind auch in Windows 10 wiederzufinden. Die gravierendsten Unterschiede sind im Startmenü auszumachen. Während Windows 10 die Auflistung aller Programme in der Liste alphabetisch sortierter Ordner führt, können die Ordner im Startmenü von Windows 7 beliebig verschoben werden. Auch einzelne Programme können aus den Ordnern in die Listenebene verschoben werden. Windows 10 bietet hingegen nur die Möglichkeit, einzelne Anwendungen als Kachel in den App-Bereich anzuheften.

Viele Neuerungen, die Windows 7 aufweist und die teilweise auch schon in Windows Vista angelegt waren, sind auch in Windows 10 noch wichtige Bestandteile:

- **Benutzerkontensteuerung** (UAC, User Account Control)
  Die Benutzerkontensteuerung wurde gegenüber Windows Vista deutlich verbessert. Die Benutzer können nun die Benachrichtigungseinstellungen selbst ändern und damit vorgeben, welche Anlässe einer Benutzerbestätigung bedürfen. Selbst in der höchsten Stufe erscheinen wesentlich weniger Meldungen als unter Windows Vista.

- **Erweiterte Taskleiste**
  Laufende Programme können als Schnellstartverknüpfungen an die Taskleiste angeheftet werden. Mehrere Fenster derselben Anwendung können gruppiert werden und so die Übersicht verbessern. Fährt man den Anwendungseintrag in der Taskleiste mit der Maus an, öffnet sich darüber ein Vorschaubild des Anwendungsfensters, das durch Anklicken in den Vordergrund geholt werden kann. Bei gruppierten Anwendungen erscheint für jedes Anwendungsfenster ein separates Vorschaubild.

- **Scheduler**
  Die Unterstützung mehrerer physikalischer wie logischer Prozessorkerne wurde verbessert, um eine möglichst optimale Auslastung der Prozessorressourcen zu erreichen.

- **Powershell**
  Die aus objektorientierter Skriptsprache und Kommandozeileninterpreter bestehende Administrations-Plattform wurde mit der Version 2.0 fester Bestandteil von Windows 7. Powershell dient als Werkzeug zur Systemverwaltung, Konfiguration und Automatisierung.

- **BitLocker**
  Das von Microsoft entwickelte und nicht offengelegte Verfahren zur sicheren Datenträgerverschlüsselung ist nur in der Enterprise- und der Ultimate-Version verfügbar. Es erfordert zusätzliche Hardwarekomponenten und gewährt ein hohes Schutzniveau. Auf nachfolgenden Windows-Versionen kommt eine Fassung mit geschwächten Verschlüsselungsfunktionen zum Einsatz.

- **XP-Modus**
  Der XP-Modus der Windows-7-Professional- und Ultimate-Version stellt älteren Anwendungen, die unter Windows 7 nicht mehr funktionieren, eine virtuelle Windows-XP-Umgebung bereit. Auf diese Weise lassen sich viele zu Windows 7 inkompatible Programme weiterhin nutzen.

- **WOW64 (Windows on Windows 64-Bit)**
  Kompatibilitätssystem, das es ermöglicht, 32-Bit-Anwendungen auf 64-Bit-Systemen zu betreiben.

Windows 7 ist in verschiedenen Editionen erhältlich:

Bezeichnung	Zielgruppe/Einsatzzweck
Windows 7 Starter	Diese Version ist in ihrem Funktionsumfang stark eingeschränkt. Sie beinhaltet einen großen Teil der aktuellen Neuerungen, ist aber ausschließlich als 32-Bit-Version verfügbar und begrenzt den Arbeitsspeicher auf maximal 2 GiB. Das Abspielen von DVDs wird in dieser Version nicht unterstützt. Der Verzicht auf die aufwendige Aero-Oberfläche unterstreicht die Auslegung speziell für Netbooks. Die Starter-Version war ausschließlich vorinstalliert mit den Geräten und nicht separat im Handel erhältlich.
Windows 7 Home Basic	Diese Version entspricht einer im Funktionsumfang reduzierten Version von Home Premium. Sie war ausschließlich für den Vertrieb in Schwellenländern vorgesehen. Auf 32-Bit-Systemen werden maximal 4 GiB, auf 64-Bit-Systemen bis zu 8 GiB Arbeitsspeicher unterstützt.
Windows 7 Home Premium	Diese Version ist für den privaten Markt ausgelegt. Der Arbeitsspeicher ist auf 16 GiB beschränkt.
Windows 7 Professional	Die Professional-Version ist auf den Firmenbereich und erfahrene Anwender ausgelegt. Arbeitsspeicher wird jetzt bis 192 GiB unterstützt. Neben allen weiteren Eigenschaften von Home Premium werden beispielsweise Windows Server Domains und der XP-Modus zur Ausführung von ansonsten zu Windows 7 inkompatiblen Windows-XP-Programmen unterstützt.
Windows 7 Enterprise **Windows 7 Ultimate**	Die Enterprise-Version wurde für größere Firmen als Volumenlizenz angeboten und gleicht ansonsten im Funktionsumfang der Ultimate-Version. Zusätzlich zu den Eigenschaften der Professional-Version kann die BitLocker-Datenträgerverschlüsselung genutzt werden und von virtuellen Festplatten im VHF-Dateiformat gestartet werden. Für die Professional- und Enterprise-Versionen gewährt Microsoft eine verlängerte Unterstützung zum Ende der Produktlebenszeit. Entsprechend richtet sich die Ultimate-Fassung eher an erfahrene Einzelnutzer oder kleinere Unternehmen.

Bild 2.24: Übersicht der Windows-7-Editionen

Um Windows 7 betreiben zu können, legt Microsoft die folgenden Mindestanforderungen fest. Für die Nutzung einiger Merkmale müssen weitere Voraussetzungen erfüllt sein. Beispielsweise erfordert die Nutzung der BitLocker-Datenträgerverschlüsselung, sofern sie in der betreffenden Windows-Edition verfügbar ist, ein TPM-1.2-Hardwaremodul (Kap. 2.5.1.4). Um ältere Anwendungen im XP-Modus ausführen zu können, sind zusätzlich 1 GiB Arbeitsspeicher und 15 GiB Festplattenspeicher erforderlich.

Komponente	Mindestanforderung
Prozessor	Prozessor mit mindestens 1 GHz
Arbeitsspeicher (RAM)	1 GiB für 32-Bit-Betriebssystemversion, 2 GiB für 64-Bit-Betriebssystemversion
Festplattenspeicher	16 GiB für 32-Bit-Betriebssystemversion, 20 GiB für 64-Bit-Betriebssystemversion
Grafikkarte	DirectX 9 oder höher mit WDDM 1.0 Treiber

Bild 2.25: Systemanforderungen für Windows 7

2.5.4   Linux oder GNU/Linux

Linux wurde 1991 als ein Experiment des finnischen Informatikstudenten Linus Torvalds auf der Basis von UNIX entwickelt und unterscheidet sich besonders durch die freie und Open-Source-Struktur von professionellen bzw. kommerziellen Betriebssystemen wie Microsoft Windows oder Mac OS. Auch heute noch ist der Namensgeber an der Weiterentwicklung des Kernels beteiligt (Veto-Recht).

In der Entwicklerszene wird noch heute darüber gestritten, ob es Linux oder GNU/Linux heißen müsste, da die Linux-Betriebssysteme in der Regel auf einem Linux-Kernel mit GNU-Tools basieren. Heutzutage sind die beiden Komponenten kaum noch voneinander zu trennen.

Von den mehreren hundert verschiedenen Linux-Distributionen weltweit haben sich nur wenige Betriebssysteme etablieren können. Im Prinzip gibt es heutzutage für jede Anwendung eine spezielle Linux-Betriebssystemversion. Ihnen allen ist gemeinsam, dass sie in Community-Projekten entwickelt werden, bei vielen stehen letztlich große Softwarefirmen dahinter.

In Deutschland verdankt Linux vor allem dem initiierten KDE-Projekt (**K D**esktop **E**nvironment) seinen Durchbruch. Die Programme KDE sowie GNOME werden mittlerweile mit allen Linux-Distributionen (Ubuntu, SuSE, RedHat, Fedora usw.) ausgeliefert und sind bei vielen Softwarepaketen bereits standardmäßig als Oberfläche konfiguriert.

> **KDE** (**K D**esktop **E**nvironment) und **GNOME** (**G**NU **N**etwork **O**bject **M**odel **E**nvironment) sind zwei unterschiedliche grafische Benutzerumgebungen für Linux Systeme.

Benutzer, die regelmäßig mit Windows arbeiten, haben bei der Umstellung auf Linux meistens keine allzu großen Probleme mehr. Der Installationsvorgang läuft ähnlich ab wie bei Windows. Die Hardware wird automatisch erkannt und Hardwarekonflikte treten nur selten auf. Linux läuft sehr zuverlässig und stabil. Auch Anwendungen und Desktop-Einteilung funktionieren mittlerweile ähnlich wie bei ihren Windows-Pendants.

Anstelle eines Mikrokernels, der gerade so viel Codes enthält, um die Grundfunktionalität des Betriebssystems (Process Handling, I/O-Operationen) zu gewährleisten, kommt bei Linux meistens ein monolithischer Kernel zum Einsatz. Heutzutage werden dabei viele Funktionalitäten in sogenannte Kernel-Module ausgelagert, um ein Nach- bzw. Neuladen von betriebssystemnahen Funktionen zu ermöglichen.

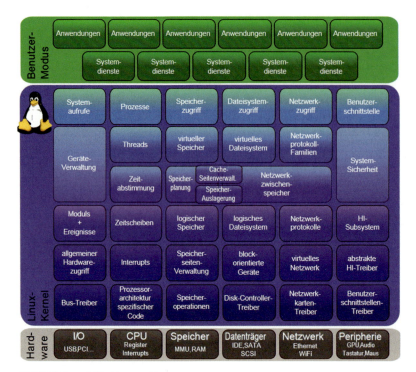

Bild 2.26: Kernel-Struktur von Linux

Da der Linux-Kernel-Prozessor nahezu architekturunabhängig ist, kann er an beliebige Hardware angepasst werden. So findet man mittlerweile immer mehr Mobiltelefone, Tablet-PCs oder PDAs mit auf Linux basierten Betriebssystemen. Eine der am weitesten verbreiteten Distributionen ist das von Google entwickelte Android (Kap. 2.5.6).

Die besonders herausragenden Eigenschaften von Linux dokumentieren sich in der Vielseitigkeit und Anpassungsfähigkeit dieses modularen Betriebssystems, das unter anderem eine Vielzahl von Betriebsarten, Geräten und Protokollen unterstützt, z. B.:

- Multiuser
- Multitasking, Multithreading
- Multiprocessing
- Datenträger (Festplatten, CD-ROM, CD-RW, DVD ...)
- Bussysteme für Datenträger (PCI, SCSI, PCIe ...)
- Unterstützung verschiedener Dateisysteme (MS-DOS FAT 16, FAT 32, VFAT, HPFS, ISO9660, NTFS ...)
- Netzwerke (Ethernet, Fast Ethernet, GigaBit Ethernet, ATM, Token Ring ...)
- Unterstützung von TCP/IP (v4 und v6)
- Support für Kanal-Bündelung
- SMB (LanManager, Microsoft Network) Netzwerkprotokoll
- NCP (**N**etware **C**ontrol **P**rotocol)
- AppleTalk (Apple Macintosh Netzwerk Protokoll)

- Dynamisches Speicher-Management
- POSIX konform (d. h., Anwenderprogramme können ohne bzw. mit geringen Quelltex-tänderungen übernommen werden)
- Mit Erweiterung echtzeitfähig (DIN 44300 Nr. 161)
- Audio/Video-Unterstützung
- Diverse Eingabegeräte wie Maus, Tastatur, Scanner ...

Herkömmliche Laufwerksbuchstaben, wie man sie von anderen Betriebssystemen kennt, gibt es hier nicht. Die Beschränkungen des Alphabets für Laufwerksbuchstaben (wie in allen Microsoft-Betriebssystemen) sind unter Linux wie auch unter UNIX nicht existent. Stattdessen werden die CD-ROM-Laufwerke, Festplatten, andere Dateisysteme usw. in die bestehende Hierarchie des Dateisystems eingehängt. Im Fachjargon wird vom **Mounten** der Dateisysteme gesprochen. In der Regel übernimmt der Systemoperator diese Aufgabe.

Die Nachfolgende Auflistung zeigt ein Dateisystem eines Linux-PCs, das sich in ähnlicher Form auch auf vielen anderen UNIX-Servern wiederfindet.

Verzeichnis	Beschreibung
/	Bildet die Wurzel des Dateisystems (root).
/boot	Hier sind die Boot-Manager-Dateien enthalten und der Unix-Kern, der vom Boot- Manager gestartet wird.
/bin	Steht als Abkürzung für Binaries und beherbergt Dienstprogramme wie ls, cp, sh,mount, login usw.
/dev	Enthält sämtliche Gerätedateien, insbesondere die der gesamten Systemperi-pherie.
/etc	In diesem Verzeichnis sind in der Regel alle Konfigurations- und Datenbank-Files, die die Systemkonfiguration des PCs bestimmen.
/home	Hier haben die Standardbenutzer ihre „Heimat"-Verzeichnisse.
/lib	Ist eines der Verzeichnisse, die die Shared Libraries (gemeinsame Bibliothe-ken) beinhalten.
/proc	Ist ein Linux-spezifisches Verzeichnis, in dem viele Systemvariablen enthalten sind. Als Beispiel sei hier die Statistik der über das Netzwerk versandten und empfangenen TCP/IP-Pakete genannt (Process Filesystem).
/sbin	Beinhaltet eine Ansammlung von Systemverwaltungstools.
/tmp	Ist ein Verzeichnis, das temporäre Dateien enthält. Hier kann auch ein normaler Benutzer Dateien ablegen.
/usr	In diesem Unterverzeichnis liegen alle Anwendungsprogramme, die grafische Benutzeroberfläche X11 und alle anderen installierten Applikationen.
/var	Dieses Directory enthält veränderliche Dateien wie Drucker-Spooler-Verzeich-nisse und temporäre Laufzeitdateien.

Bild 2.27: Verzeichnisse bei einem Linux-Betriebssystem

Durch die Verzeichnisstruktur wird der Unterschied zwischen Linux bzw. UNIX und anderen Betriebssystemen wie Windows für jeden Anwender deutlich.

Wie bei Windows müssen Linux-Anwender eine Grundsatzentscheidung treffen, ob sie ein 32- oder 64-Bit-Betriebssystem einsetzen wollen. Wer auch nur eine 64-Bit-Anwender-Softwareversion benötigt, muss auch ein 64-Bit-Betriebssystem einsetzen.

Linux unterscheidet drei Kategorien von Anwendern bzw. Usern:

- Root (der Superuser bzw. Systemadministrator des UNIX-Hosts)
- Daemons (Hintergrundbenutzer des UNIX-Hosts)
- Benutzer (der eigentliche User des Systems)

Der Root-Account hat uneingeschränkte Rechte am System. Dieser Benutzer wird in der Regel nur zur Administration, zur Installation von neuen Applikationen und zur Systemwartung gebraucht.

Die Daemon-User (**D**isk **a**nd **E**xecution **Mon**itor) sind keine interaktiven Login-Accounts. Es handelt sich hierbei um Dienste und Protokolle wie mail, uucp usw., die im Hintergrund ablaufen und Systemarbeiten (teilweise mit Root-Rechten) erledigen.

Zuletzt kommt die große Gruppe der eigentlichen Benutzer, die innerhalb ihrer zugewiesenen Ressourcen keine weiteren Rechte besitzen. Dadurch ist es so gut wie ausgeschlossen, dass ein normaler User einen UNIX- bzw. Linux-Rechner zum Systemcrash bringt.

Die Oberfläche von Linux

Im Gegensatz zu Microsoft Windows 10 oder Mac OS X gibt es nicht die eine Oberfläche. Die meisten Distributionen nutzen aber KDE oder Gnome als Desktop-Umgebung. Grundsätzlich sind diese Oberflächen Windows sehr ähnlich. Im Bereich der OEM-Anbieter (Original Equipment Manufacturer) ist derzeit Ubuntu mit der Unity-Desktopoberfläche sehr gefragt.

Gegenüber Windows ist das System mit seiner schlanken Oberfläche und seiner einfachen Bedienung deutlich ressourcenschonender und richtet sich vor allem an Anwender, die mit einem Umstieg auf Linux liebäugeln. Alles, was zur täglichen Arbeit am Rechner benötigt wird, bringt Ubuntu mit.

Bei Ubuntu 16.04 handelt es sich wieder um eine LTS-Version (LTS steht für **L**ong **T**erm **S**upport). Der Schwerpunkt gegenüber den anderen Ubuntu-Versionen liegt auf der Stabilität des Betriebssystems. Zusätzlich zu den herkömmlichen Ubuntu-Releases wird für diese LTS-Version fünf Jahre lang Support verfügbar sein, damit ist sie auch für den Einsatz in Unternehmen gedacht.

Bild 2.28: Ubuntu Desktop-Oberfläche

Zentrales Bedienelement der Oberfläche von Ubuntu ist der Launcher am linken Bildrand. Er wird zum Öffnen von Programmen, Dokumenten, Ordnern und anderen Objekten verwendet. Im Großen und Ganzen ist er mit der Taskleiste von Windows 10 vergleichbar.

Über „Orte" kann auf die Dateien und Laufwerke zugegriffen und über den Menüpunkt „System" können grundsätzliche Einstellungen vorgenommen werden.

Bild 2.29: Ubuntu Softwarecenter

Der rechte Bereich der Systemleiste liefert Informationen zum Status des Rechners und erlaubt einen schnellen Zugriff auf Netzwerkverbindungen. Über das Symbol ganz rechts lässt sich der Rechner ausschalten.

In der aktuellen Version erinnert das Softwarecenter stark an den alten App-Store von Apple.

2.5.5 Apple macOS

Computer von Apple sind nicht nur rein äußerlich immer ein wenig anders als Geräte der sonstigen, weit verbreiteten PC-Welt. Auch im Inneren haben sich die Entwickler nie auf einen anderen Hersteller verlassen. Anders als bei PCs, wo das Betriebssystem Windows von Microsoft Marktführer ist, arbeitet ein Macintosh-Computer mit einem hauseigenen Betriebssystem (ursprüngliche Bezeichnung: **OS X**). Es basiert auf Unix und stellt damit dessen bisher erfolgreichste kommerzielle Variante auf dem Markt für Personal Computer dar. In abgewandelter Form wird es als iOS (Kap. 2.5.7) ebenfalls bei anderen Apple-Geräten eingesetzt (z. B. iPhone, iPad). Mit der 2016 veröffentlichten Version (Codename: Sierra) wurde das Namensschema der PC-Betriebssysteme an die Bezeichnungen anderer Apple-Geräte angepasst (anstatt OS X nunmehr macOS in Analogie zu iOS für Apple-Smartphones).

Mittels des Features **Handoff** wird gleichzeitig der Datenaustausch zwischen den iOS- und macOS-Geräten erleichtert. In der Regel erfolgt die Bereitstellung der Daten hierbei über die iCloud. Diese Integration geht so weit, dass man z. B. am iMac ein Telefonat fürs iPhone, das in einem anderen Raum liegt, annimmt oder auf dem iPad sein am iMac erstelltes Dokument unterwegs ergänzt. Apple fasst das Ganze unter dem Begriff **Continuity** (Kontinuität) zusammen.

Die grundlegende Betriebssystem-Architektur von macOS besteht aus vier Basiselementen:

- Der grafischen Benutzeroberfläche **Aqua**
- Den Programmierschnittstellen **Carbon**, **Cocoa** und **Java**
- Den Grafik-Subsystemen **Quartz**, **OpenGL** und **QuickTime**
- Dem eigentlichen Unix-Betriebssystem **Darwin**

Der Kernel des Apple-Unix-Betriebssystems Darwin weist eine Besonderheit auf. Es handelt sich hierbei um einen sogenannten **Hybridkernel**, d. h., er versucht die Vorteile eines monolithischen Kernels mit den Vorteilen eines Mikrokernels zu verbinden.

Als **Microkernel** bezeichnet man einen Betriebssystemkern, der nur grundlegende Funktionen erfüllt. Hierzu gehören die Speicher- und Prozessverwaltung sowie Grundfunktionen zur Synchronisation von Abläufen sowie zur Kommunikation.

Als **monolithischen Kernel** bezeichnet man einen Kernel, in dem zusätzlich zu den Grundfunktionen der Speicher- und Prozessverwaltung und der Kommunikation zwischen den Prozessen auch Treiber für andere Hardwarekomponenten und ggf. auch weitere Funktionen direkt eingebaut sind.

So werden Fähigkeiten wie Speicherschutz, präemptives Multitasking, Mehrbenutzerfähigkeit, erweitertes Speichermanagement und symmetrisches Multiprocessing (SMP) bereitgestellt. Weiterhin kann macOS als Einzel- wie auch als Mehrbenutzersystem (Kap. 2.1.1) verwendet werden.

Wie beim klassischen Linux wird unter macOS unterschieden zwischen

- **normalen Benutzern** (User),
- **Systemverwaltern** (Admin) und
- **dem Superuser** (Root).

Einem normalen Benutzer ist es nicht erlaubt, Änderungen am System vorzunehmen oder Software außerhalb seines Benutzerordners zu installieren. Von ihm gestartete Programme werden nur mit seinen Nutzerrechten ausgeführt. Die Benutzer der Gruppe *Admin* verfügen über weitergehende Rechte; sie dürfen systemweite Einstellungen vornehmen, Software installieren und verfügen über Schreibzugriff auf diverse Systemverzeichnisse. Nach gesonderten Authentifizierungen besteht auch die Möglichkeit, tiefergreifende Änderungen am System vorzunehmen. Ein nutzbares Root-Benutzerkonto wie unter Linux, das dauerhaft über die Berechtigungen des *Superusers* verfügt, gibt es nach einer Systeminstallation allerdings nicht. Benutzer können aber über eine Kommandozeile auf das System zugreifen.

Seit geraumer Zeit unterstützen die Apple-Betriebssysteme zudem Windows-Programme, die auf dem Mac-Rechner ausgeführt werden können. Dazu wird eine spezielle Software benötigt, die im Lieferumfang der aktuellen macOS-Versionen enthalten ist. Eine Vielzahl von zusätzlichen Anwendungen ist über den Apple App Store erhältlich, eine Installation von Fremdquellen wird jedoch rigoros unterbunden.

Typische Systemanforderungen für die Installation eines aktuellen macOS sind:

- Mac-PC mit Intel Core 2 Duo, Core i3, Core i5, Core i7, Core i9 oder Xeon Prozessor
- 2 GiB Arbeitsspeicher
- 8 GiB freier Speicherplatz
- Für einige Funktionen ist eine Apple ID erforderlich; es gelten hierbei entsprechende Nutzungsbedingungen, denen man zustimmen muss.
- Einige Funktionen erfordern einen kompatiblen Internetanbieter, hierfür können – abhängig vom vorhandenen Tarif – Gebühren anfallen.

2.5.5.1 Eigenschaften und Merkmale

Eigenschaften und Merkmale der zurzeit aktuellen macOS-Version (macOS High Sierra 10.13, veröffentlicht 2017) sowie deren Vorgänger (z. B. macOS Sierra 10.12; OS X El Captain 10.11; OS X Yosemite 10.10) – versionsbedingt ggf. abgewandelt oder im Umfang unterschiedlich – sind unter anderem:

- **Mission Control**

  Mission Control (frühere Bezeichnung: Exposé) bringt Apps im Vollbildmodus, das Dashboard und Spaces in nur einem neuen Feature zusammen, mit dem alles auf dem Schreibtisch quasi aus der Vogelperspektive gesehen werden kann. Damit wird der Überblick über alle geöffneten und im Vollbildmodus laufenden Anwendungen erleichtert. Es dient auch zur Verwaltung virtueller Schreibtische (unterschiedliche grafische Benutzeroberflächen).

- **Mac App Store**

   Wie fürs iPad oder das iPhone gibt es auch Apps für die Mac-PCs. Über den Mac App Store kann der Rechner mit kostenfreier und kostenpflichtiger Software ausgestattet werden. Ebenso kann auf Musik und Videos zugegriffen werden. Hierbei werden alle Programme, Musik und Videos an eine Apple-ID gebunden. Das hat den Vorteil, dass alles gesichert wird und man auch von anderen Geräten darauf zugreifen kann. Gleichzeitig wird man über den Store auf Updates für seine Software hingewiesen.

- **Dashboard**

  Durch das Dashboard wird eine Schreibtischoberfläche simuliert, die mittels kleiner Programme, sogenannter **Widgets**, die Erledigung kurzer Aufgaben ermöglicht.

- **Launchpad**

  Das Launchpad liefert eine Übersicht und Startmöglichkeit für alle installierten Apps

Bild 2.30: Dashboard (Prinzipdarstellung)

und Programme. Die Darstellung erinnert stark an die Darstellung auf iPhone und iPad. Bei genauerer Betrachtung präsentiert das Launchpad lediglich den Inhalt des Programmordners in neuer Optik.

Bild 2.31: Launchpad (Beispiel; versionsabhängige Abweichungen möglich)

- **Resume**

 Bei einem Neustart mussten früher nach dem Reboot auch alle Programme wieder selbst starten. Inzwischen wird vor einem Herunterfahren der aktuelle Stand der offenen Programme „eingefroren" und nach dem Reboot wieder hergestellt. Alle Apps können automatisch dort fortgesetzt werden, wo sie vorher beendet worden sind.

- **Automatisches Sichern und Abspeichern von verschiedenen Versionen**

 Regelmäßige Versions-Backups für Dateien gibt es inzwischen zusätzlich mit der Funktion „Versionen". Dabei speichert das Betriebssystem bei jedem Öffnen eines Dokuments eine Version ab und macht zusätzlich in regelmäßigen Zeitabständen während einer Bearbeitung eine Sicherung. Direkt aus dem jeweiligen Programm heraus kann man dann die Versionen einsehen und mit **Time-Machine-Look** restaurieren.

- **Komplettverschlüsselung**

 Die komplette Verschlüsselung der Systempartition ist kein besonders innovatives Feature. Bisher konnte man mit FileVault nur das Home-Verzeichnis verschlüsseln. Das schützt zwar vor neugierigen Blicken, wird aber beispielsweise ein Macbook gestohlen, dann ist die Systempartition schnell geknackt. Mit einer Erweiterung von FileVault zur Festplattenverschlüsselung ist es nunmehr möglich, die komplette Systempartition zu chiffrieren.

- **Rettungs-System**
Ab Mac OS X 10.7 Lion wird bei der Installation eine eigene Notfall-Partition auf die Festplatte geschrieben. Das passiert ohne Nutzerinteraktion und auch ohne Nachfrage. Rund 1 GiB wird dafür vom Speicherplatz der Festplatte benötigt. Sollte das Betriebssystem nicht mehr starten, kann man auch ohne Installations-DVD den Rechner reparieren. Dafür bietet die Notfall-Partition etwa Tools wie ein Festplattendienstprogramm an.

- **AirDrop**

 Datenaustausch zwischen AirDrop-fähigen Geräten ohne extra Einrichtung eines drahtlosen Netzwerkes. AirDrop basiert auf WiFi-Direct (Kap. 1.7.6) und ermöglicht entfernungsabhängig eine theoretische Übertragungsrate von bis zu 18 MiByte/s (nur bei Abstand < 1 m, bei größeren Abständen bis ca. 9 m wesentlich weniger).

- **Family Sharing**
Die Familienfreigabe erlaubt es, die Einkäufe aus iTunes, iBooks und dem App Store mit bis zu sechs Familienmitgliedern zu teilen. Jeder kann dabei einen eigenen Account haben. Zusätzlich können gemeinsame Familienalben für Fotos, Kalender etc. angelegt werden.

- **Spotlight**
Bei Spotlight handelt es sich um eine intelligente Suchfunktion sowohl auf dem Gerät als auch in der iCloud, in E-Mails, Apps, Fotos bis hin zum Internet. Die Suche berücksichtigt unter anderem den Standort des Gerätes und den Kontext der Frage.

- **iCloud**
Das Online-Laufwerk ist obligatorisch vorhanden und kann wie eine eigene Festplatte benutzt werden. Auch von einem Windows-PC kann darauf zugegriffen werden.

Ab macOS Sierra 10.12 ist die digitale Assistentin **Siri** auch für den Mac-PC verfügbar. Hierbei handelt es sich um eine Spracherkennungssoftware von Apple, die seit einiger Zeit auch bereits auf dem iPhone genutzt werden kann. Siri reagiert auf Spracheingaben des Nutzers, indem es auf Fragen passende Antworten gibt oder gesprochene Kommandos ausführt (Aktivierung mit dem Sprachbefehl „Hey, Siri"). Hierzu ist eine aktive Internetverbindung erforderlich. Bei aktivierter Siri besteht theoretisch auch die Gefahr, dass Gespräche im Raum über das Internet abgehört bzw. aufgezeichnet werden können.

Mit macOS High Sierra 10.13 wird ein neues Dateisystem mit der Bezeichnung **APFS** (**Ap**ple **F**ile **S**ystem; Kap. 3.2.7.4) für Anwender eingeführt, das für SSD-Laufwerke und große Dateimengen optimiert ist (Betatest bereits bei macOS Sierra). Das 64-Bit-Dateisystem soll schrittweise das vorhandene Dateisystem HFS+ ablösen. APFS ist grundsätzlich abwärtskompatibel, ist allerdings ausschließlich **case sensitive**, d. h., es unterscheidet Groß- und Kleinbuchstaben bei Dateinamen (wie bei Unix-Systemen allgemein üblich).

2.5.5.2 Benutzeroberfläche von macOS

Zentrales Bedienelement der Oberfläche eines aktuellen macOS ist das **Dock**. Es wird zum Öffnen von Programmen, Dokumenten, Ordnern und anderen Objekten verwendet. Standardmäßig wird es am unteren Bildschirmrand angezeigt und enthält bereits Symbole für einige Programme wie Mail und iTunes.

Bild 2.32: macOS-Oberfläche (Beispiel; versionsabhängige Abweichungen möglich)

Weitere Symbole können hinzugefügt, aber auch wieder entfernt werden. Wenn ein Fenster minimiert oder ein Programm geöffnet wird, das nicht im Dock enthalten ist, wird das zugehörige Symbol im Dock angezeigt. Der linke Bereich des Docks stellt dabei die Programme und deren Icons dar. Im rechten werden abgelegte Programme (über den gelben Knopf in der Programmkopfzeile) und Ordner dargestellt. Der linke Bereich macht die Menüs des derzeit aktiven Programms sichtbar. Wechselt man zu einem anderen Programm, ändert sich dieser Bereich. Auf der rechten Seite werden dagegen systemspezifische

Symbole angezeigt, die unabhängig vom aktiven Programm sind. Hier findet man z. B. auch das WLAN-Symbol.

Sobald man eine Datei oder ein Laufwerk sucht, wird man mit dem **Finder** konfrontiert (über das Dock aufrufbar). Er liefert den Überblick und Zugriff auf alles, was auf dem Mac liegt – Dateien, Laufwerke, Programme und Netzwerke. Der Finder ist daher auch eins der ersten Programme, die beim Systemstart geladen werden. Mit ihm kann sortiert, navigiert und gesucht werden. Die Ergebnisse können in Ordnern gruppiert, bewegt oder angezeigt werden. Will man zwischen verschiedenen laufenden Programmen wechseln, kann dies mithilfe der Multitasking-Leiste geschehen.

Das Äquivalent zum Internet-Explorer von Microsoft ist der Webbrowser **Safari**. In der aktuellen Version unterstützt er iCloud-Funktionen, sodass man nahtlos auf allen Geräten surfen kann.

2

2.5.6 Android

Den Mobilbereich dominiert das unter der Schirmherrschaft von Google entwickelte Betriebssystem **Android**. Neben dem Einsatz auf Netbooks, Tablet-PCs und Smartphones, wird es aber auch auf stationären oder weniger mobilen Endgeräten wie Smart-TVs, Digital-TV-Empfängern oder Mediaplayern eingesetzt. Wesentlich zu seiner Verbreitung beigetragen hat der Umstand, dass es sich bei Android um freie, quelloffene Software handelt. Die Grundlage des Betriebssystems bildet ein Linux-Kernel. Trotzdem kann Android damit nicht als Linux-Distribution bezeichnet werden, weil zu umfangreiche Änderungen vorgenommen wurden. Eine grundlegende Änderung hatte zum Ziel, die Komponenten mit strikten Open-Source-Lizenzen gegen freier lizenzierte zu ersetzen. Open-Source-Lizenzen wie die LGPL (GNU Lesser General Public Licence) erlauben die Nutzung und Veränderung von Quelltexten, verpflichten aber wiederum zur Veröffentlichung. Google hält zwar weiterhin an der Veröffentlichung der Quelltexte fest, will hier aber flexibler vorgehen können. Beispielsweise können so Vorabversionen öffentlich zum Testen bereitgestellt werden, ohne dass zugleich die Quelltexte der unfertigen Fassung offengelegt werden müssen. Vor allem aber entfällt der Zwang für App-Entwickler, ihre Quelltexte automatisch offenlegen zu müssen. Der Bezug von Apps geschieht grundsätzlich über Googles Play Store. Der Nutzer hat aber auch die Möglichkeit, Apps manuell zu installieren oder aus anderen Bezugsquellen zu beziehen, wie dem Amazon Appstore oder dem F-Droid-Appstore für Open Source Apps.

Benutzer

Im Rahmen der Ersteinrichtung wird das Hauptbenutzerprofil erstellt. Für Geräte, die von mehreren Personen genutzt werden, bietet sich die Möglichkeit an, weitere Nutzerprofile einzurichten. Den Zugriff der neuen Nutzer kann man über die Auswahl des Nutzertypen vorgeben: „Nutzer" hat im Wesentlichen die gleichen Zugriffsrechte wie der Hauptbenutzer, der Nutzertyp „eingeschränktes Profil" hat beispielsweise nur Zugriff auf zuvor freigegebene Apps und darf bestimmte Systemeinstellungen nicht verändern.

Anders als bei Desktop-Betriebssystemen üblich, erhält der Nutzer mit dem Kauf eines Geräts mit Android-Betriebssystem in der Regel nicht die vollen Administrationsrechte. Ohne Zugriff auf das administrative Root-Benutzerkonto lassen sich beispielsweise bestimmte Apps nicht entfernen, die vom Gerätehersteller integriert wurden, die aber für den Betrieb des Gerätes nicht erforderlich sind. Das Ausführen von Apps mit den erweiterten Zugriffsrechten des Root-Benutzers ist auch nicht möglich. Durch diese Beschränkungen wird einerseits verhindert, dass der Nutzer durch unachtsamen Umgang mit den administrativen Privilegien ungewollt die

Bild 2.33: Android-User

Sicherheit seines Gerätes gefährdet, andererseits hat er auch keine Möglichkeit, bewusst dieses Risiko einzugehen – die Kontrolle über sein Gerät behalten Google und ggf. der Gerätehersteller.

Sandbox

Die in der Programmiersprache Java geschriebenen Apps werden bei der Installation in ausführbaren Programmcode übersetzt. Versionen vor Android 5 übersetzten den App-Code zur Laufzeit (just-in-time) in ausführbaren Programmcode. Das bedeutete kürzere Installationszeiten, jedoch verzögerte App-Starts. Das aktuelle Verfahren verlängert die Installationszeit zwar spürbar, sorgt anschließend aber für einen schnelleren Start der Apps.

Android startet die einzelnen Apps in jeweils einer vom Kernel abgesicherten Umgebung, einer virtuellen Maschine, der sogenannten **Application-Sandbox**. Der „Sandkasten" sieht für jede App gleich aus: Innerhalb eng gesteckter Grenzen kann sich die App mit den zur Verfügung gestellten Ressourcen „austoben". Weil jede App in einer eigenen Sandbox gestartet wird, ist eine direkte Beeinflussung oder Störung der Apps untereinander ausgeschlossen. Trotzdem erlaubt das Android-Betriebssystem den Apps über definierte Schnittstellen den Datenaustausch mit Betriebssystemkomponenten oder anderen Apps, sofern die entsprechenden Berechtigungen dafür erteilt wurden. Benötigt eine App beispielsweise Zugriff auf die Kontaktdaten, muss sie diese Berechtigung anfordern. Erst wenn der Nutzer sie gewährt, ist der Zugriff freigegeben. Insbesondere der schreibende Zugriff auf das Dateisystem ist auch bei einer Freigabe auf den App-spezifischen Ordner und einige allgemein zugängliche Verzeichnisse und Medien beschränkt.

Grafische Oberfläche

Grundlage der Bedienung ist der Startbildschirm, der aus mindestens einer Seite besteht und vornehmlich zum Starten der einzelnen Apps dient. Der Nutzer kann Icons der einzelnen Apps frei auf verschiedenen Bildschirmseiten anordnen. Dazu zieht er die jeweilige App aus der alphabetischen Gesamtliste und legt sie an der gewünschten Stelle ab. Durch Antippen bei Touch- oder Stift-Bedienung oder bei angeschlossener Maus per Klick wird die betreffende App gestartet.

Bild 2.34: Links: Startbildschirm mit Apps und Widgets, rechts: Schnelleinstellungsmenü

Aktive Schaltflächen, sogenannte **Widgets**, erlauben App-Interaktionen direkt vom Startbildschirm aus. Im Gegensatz zu den App-Icons können Widgets einen deutlich größeren Bereich auf dem Bildschirm belegen. Voreingestellt findet man auf dem Startbildschirm oft Uhren-, Kalender- und Wetter-Widgets.

Durch Wischen oder Ziehen können der Benachrichtigungs- und der Schnelleinstellungsbereich von oben in den Bildschirm hineingezogen werden. Häufig benötigte Einstellungen oder Funktionen lassen sich dadurch schnell erreichen.

Multitasking

Das Umschalten zwischen den verschiedenen laufenden Anwendungen geschieht über den Task-Manager, der über den quadratischen Multitasking-Button aufgerufen wird. Doppelt angetippt, wird direkt zwischen der aktuellen und der zuletzt bedienten App umgeschaltet. Im geteilten Bildschirm (Split-Screen) lassen sich zwei Apps gleichzeitig darstellen. Bei aktuellen Android-Versionen können Apps – sofern sie diesen Modus unterstützen – auch kleinere Teilbereiche des Bildschirms belegen, ähnlich der Fensterdarstellung bei Desktop-Betriebssystemen.

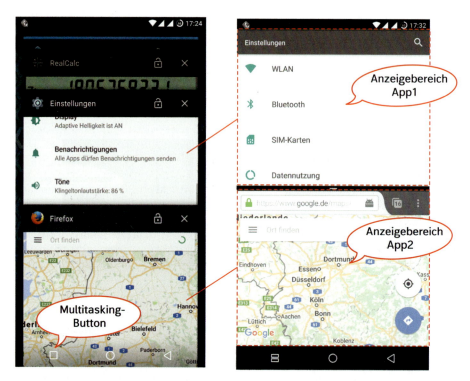

Bild 2.35: Task-Manager (links) und Apps im geteilten Bildschirm (Split-Screen; rechts)

Updates

Android wird fortlaufend weiterentwickelt, aktuell ist die Version 8.0/8.1 mit Namen „Oreo" (August/Dezember 2017; nachfolgend Version 9.0 mit Namen „P"). Oft dringen Updates, die kritische Schwachstellen beheben sollen, nicht bis zum Endanwender durch. Das liegt an der Vertriebsstruktur. Während Updates für die vom Nutzer über den Android Play Store installierten Apps automatisch bezogen werden, liegt die Verantwortung in der Pflege des Betriebssystems beim Gerätehersteller. Werden Updates von Google fertiggestellt, gelangen sie erst dann zum Kunden, wenn der Gerätehersteller sie geprüft, ggf. angepasst und zum Einspielen bereitgestellt hat. Dadurch kommt es zu Verzögerungen von mehreren Wochen oder Monaten. Während kleinere oder No-Name-Hersteller nach dem Geräteverkauf üblicherweise keinerlei Updates mehr bereitstellen, versorgen selbst namhafte Hersteller oft nur ihre Top-Modelle mit Updates. Dabei bleibt es meist bei einfachen Updates. Ein Upgrade zu einer neueren Betriebssystemversion scheitert regelmäßig daran, dass für die einzelnen Hardware-Komponenten (z. B. WLAN-Chipsets) keine kompatiblen Treiber verfügbar sind oder dass dem Gerätehersteller die Anpassung zu aufwendig ist.

Bei zahlreichen Gerätemodellen besteht inzwischen die Möglichkeit, statt der vom Hersteller bereitgestellten Android-Version eine alternative Fassung dieses Betriebssystems einzuspielen. Bekannt ist hier vor allem das LineageOS-Projekt, das sich einer umfangreichen Entwicklergemeinschaft erfreut und zahlreiche, längst von den Geräteherstellern nicht mehr unterstützte Modelle weiter mit aktuellen Android-Updates versorgt. Auch bei guter Pflege durch den Gerätehersteller kann der Umstieg auf solch eine Alternativ-Version sinnvoll sein. Beweggrund kann der geschützte, aber unversperrte Root-Zugriff sein, oder die Option, das System gänzlich ohne Google-Komponenten betreiben zu können.

2.5.7 iOS

Apples **iOS** gilt als zweitgrößter Vertreter der im Smartphone-Markt präsenten Betriebssysteme. Anders als beim konkurrierenden Betriebssystem Android, das sich auf eine Vielzahl von Gerätemodellen verschiedener Hersteller verteilt, setzt Apple das iOS-Betriebssystem ausschließlich auf eigenen Geräten ein. So stattet Apple seine Modellreihen iPhone (Smartphone), iPad (Tablet) und iPod touch (mobiler Mediaplayer) mit dem iOS-Betriebssystem aus. iOS basiert in Teilen auf macOS, dessen Basis wiederum Apples freies Unix-Derivat Darwin bildet. Die Quelltexte zum iOS-Betriebssystem werden von Apple nicht veröffentlicht und auch die App-Entwickler müssen die Quelltexte ihrer Apps nicht offenlegen. Der Bezug von Apps ist für die Nutzer allein über Apples App Store möglich, eine manuelle Installation oder die Nutzung anderer Appstores ist ausdrücklich nicht vorgesehen.

Benutzer

Ein Mehrbenutzerbetrieb mit umschaltbaren Benutzerprofilen wird aktuell von iOS nicht generell unterstützt (Dezember 2017). Bislang ist eine entsprechende Unterstützung nur für iPads und nur über ein Softwarepaket für Bildungseinrichtungen erhältlich. Es ist unklar, ob mit Erscheinen nachfolgender Versionen diese vielfach nachgefragte Eigenschaft allgemeinen Einzug in das Betriebssystem erhalten wird. Mit der Version 12.0 (Juni 2018) sollen alle Geräte aber wesentlich schneller werden.

Sandbox

Aufgrund der einheitlichen Gerätehardware können die in der objektorientierten Programmiersprache Swift erstellten iOS-Apps direkt in ausführbaren Programmcode übersetzt werden. Ausgeführt werden die Apps auf den Geräten in jeweils einer abgesicherten virtuellen Umgebung, einer Sandbox. Es ist dasselbe Schutzkonzept, das auch bei Android zum Einsatz kommt. Allerdings sind unter iOS insbesondere die Dateizugriffe und die erforderlichen Berechtigungen restriktiver ausgestaltet. Während ein Zugriff auf Dateien eines angeschlossenen USB-Sticks fast unmöglich ist, gestaltet sich der Datenaustausch mit Apples internetbasiertem Speicherdienst iCloud sowie mit anderen iOS-Geräten besonders unkompliziert.

Grafische Oberfläche

Die Anordnung der Apps auf dem Startbildschirm kann verändert werden, lässt aber weniger Freiheiten bei der Positionierung, als Android es zulässt. iOS bietet auch Widgets. Sie lassen sich auf einer separaten Seite anheften. Apps können auf dem Startbildschirm eine Mitteilungsziffer an ihr App-Symbol anheften und auf diese Weise beispielsweise über die Anzahl der verfügbaren Updates oder ungelesenen Nachrichten informieren, ohne dass der Benutzer die betreffende App dazu öffnen muss.

Bild 2.37: Startbildschirm (links), Task-Manager (Mitte) und Schnelleinstellungen (rechts)

Durch Wischen von unten nach oben erhält man die Seite mit den Schnelleinstellungen. Darüber lassen sich beispielsweise Komponenten wie WLAN, Bluetooth oder GPS schnell ein- oder ausschalten.

Multitasking

Ein Doppelklick des Home-Buttons öffnet den Task-Manager und erlaubt das Umschalten zu einer anderen laufenden App. iOS 11 (und Nachfolgeversionen) erlaubt iPad-Nutzern die gleichzeitige Darstellung von zwei Apps. Dazu muss das Pad in Querlage ausgerichtet werden. Die Bildschirmfläche kann durch Verschieben der Trennlinie flexibel auf die beiden Apps aufgeteilt werden.

Updates

Wie Android wird auch iOS ständig weiterentwickelt. Da iOS aber exklusiv in Apple-Geräten zum Einsatz kommt, gelangen die Updates ohne Verzögerungen zum Benutzer. Auch die Versorgung zurückliegender Gerätegenerationen mit Updates ist vorbildlich. So hat sich der aktive Supportzeitraum stetig verlängert. Das 2012 erschienene iPhone 5 hat beispielsweise über fünf Jahre hinweg, beginnend mit iOS 6, auch alle größeren Versions-updates bis einschließlich iOS 10 erhalten, den Sprung auf iOS 11 wird es aber nicht mehr mitmachen dürfen.

Alternative Fassungen des iOS-Betriebssystems gibt es nicht. Das liegt in erster Linie daran, dass Apple keine frei verwendbaren Quelltexte ihres Betriebssystems veröffent-licht. Und die Verbreitung von manipulierten iOS-Fassungen scheidet aus urheberrechtli-chen Gründen aus.

Um dennoch Apps aus fremden Quellen einzuspielen, sind Root-Benutzerrechte zwin-gend erforderlich. Immer wieder gelingt es Hackern, Schwachstellen zu finden, die den Ausbruch einer App aus der geschützten Umgebung und schließlich den begehrten Root-Zugriff ermöglichen. Durch diesen **Jail-Break**-Eingriff erlischt jedoch ein ggf. noch vor-handener Garantieanspruch.

AUFGABEN

1. Der Begriff „Server" wird in Kombination mit dem Begriff „Client" im allgemeinen Sprachgebrauch oftmals mit unterschiedlicher Bedeutung verwendet. Erläutern Sie den Unterschied.

2. Was versteht man unter einem „Rolling Release"?

3. Welche Stufen unterscheidet Windows 10 bei seinen Telemetrieprofilen? Erläutern Sie diese.

4. Was versteht man unter einem „Trusted Platform Modul" und wozu wird es verwendet?

5. Wozu verwendet man in der PC-Technik „Shortcuts"? Listen Sie tabellarisch einige gängige Windows-10-Shortcuts auf und erläutern Sie deren Funktion.

6. Aus welchem Grund richtet man auf einem PC bzw. in einem Netzwerk sogenannte „Benutzerkonten" ein?

7. Welche Kategorien von Anwendern unterscheidet Linux? Erläutern Sie die Unterschiede.

8. Was bedeutet im Zusammenhang mit Linux die Abkürzung KDE? Was wird hiermit bezeichnet?

9. Was versteht man bei Linux unter dem Begriff „Mounten"?

10. Aus welchen Basiselementen besteht die Betriebssystemstruktur von macOS?

11. a) Welcher Unterschied besteht zwischen einem Microkernel und einem monolitischen Kernel?

    b) Was ist ein Hybridkernel? Nennen Sie ein Anwendungsbeispiel.

12. Welche Betriebssysteme bieten eine Mehrbenutzerverwaltung?

13. Welchen Zweck hat eine sogenannte Sandbox bei mobilen Betriebssystemen?

14. Wie werden auf den verschiedenen Smartphone-Systemen Apps geupdatet?

15. Wie werden Smartphones mit Betriebssystem-Updates versorgt?

2.6 IT-Sicherheit

Informationen stellen für Unternehmen wichtige Werte dar, die geschützt werden müssen. Gefahren drohen beispielsweise durch Offenlegung, Manipulation oder Zerstörung. Da heutzutage die Erstellung, Sammlung, Speicherung, Verarbeitung und Übermittlung von Informationen zumindest teilweise mithilfe der Informationstechnik erfolgt, ergibt sich für Unternehmen die Notwendigkeit, ihr IT-Umfeld angemessen zu schützen.

Die Sicherheit von Informationen kann auf unterschiedliche Weise bedroht werden: ohne Vorsatz, beispielsweise durch höhere Gewalt (Blitzschlag, Feuer, Überschwemmung), oder mit Vorsatz insbesondere durch Schadsoftware oder Hacker-Angriffe.

Daraus ergeben sich unterschiedliche Aspekte des Begriffs Sicherheit. Im Englischen werden zwei wesentliche Bedeutungen sprachlich differenziert: so besitzt der deutsche Begriff

Sicherheit die beiden Übersetzungen *safety* und *security*. Konventionell versteht man unter *safety* Unfallvermeidung, unter *security* Kriminalprävention. Auf die Informationstechnik bezogen bedeutet *safety* **Funktionssicherheit**. Sie besagt, dass ein IT-System unter normalen Betriebsbedingungen nur die vorgesehenen und keine verbotenen Funktionen ausführt. *Security* wird in der Informationstechnik mit **Informationssicherheit** übersetzt. Informationssicherheit bedeutet, dass ein IT-System keine unautorisierte Informationspreisgabe oder -manipulation zulässt.

Informationstechnisch erfasste, gespeicherte, verarbeitete oder übertragene Informationen bezeichnet man als Daten.

Dabei stützt sich der Begriff **Datensicherheit** vor allem auf den Aspekt des Schutzes (*protection*). Maßnahmen zur Datensicherheit sollen damit einerseits vor unautorisierten Zugriffen schützen (Informationssicherheit). Andererseits gilt es, die Verfügbarkeit der Daten sicherzustellen. Dazu zählt insbesondere die Erstellung von redundanten Datenspeicherungen (Backups), um Datenverluste zu vermeiden.

Der Begriff **Datenschutz** bezieht sich vor allem auf den Schutz personenbezogener Daten. Da diese Daten die Privatsphäre (*privacy*) der betroffenen Personen anbelangen, gelten sie als besonders schutzbedürftig und nehmen dadurch eine Sonderrolle ein. Das **Bundesdatenschutzgesetz** (BDSG) stellt Regeln zum Umgang mit diesen Daten auf. Bürger können ihr Recht auf informationelle Selbstbestimmung wahrnehmen und über Art und Umfang der Nutzung ihrer personenbezogenen Daten bestimmen. In der am 26.5.2018 in Kraft getretenen **Datenschutzgrundverordnung** (DSGVO) werden diese Regeln verschärft und EU-weit vereinheitlicht.[1] (siehe auch „Vernetzte IT-Systeme", Kap. 1.7).

Funktionssicherheit (safety)	Ein System ist funktionssicher, wenn es unter normalen Betriebsbedingungen die festgelegte Funktionalität bietet. Ein funktionssicheres System führt keine unzulässigen Funktionen aus.
Informationssicherheit (security)	Ein funktionssicheres System ist informationssicher, wenn es keine unautorisierte Informationspreisgabe oder -veränderung zulässt.
Datensicherheit (protection)	Ein funktionssicheres System, das Daten und Systemressourcen vor Verlust und unautorisierten Zugriffen schützt, bietet Datensicherheit. Dazu zählen insbesondere auch Maßnahmen zur redundanten Datenspeicherung (backup).
Datenschutz (privacy)	Der Begriff Datenschutz bezeichnet den Schutz von Informationen, die eine Person betreffen. Gesetzliche Bestimmungen legen Sicherheitsanforderungen fest und regeln das informationelle Selbstbestimmungsrecht.
Verlässlichkeit (dependability)	Ein verlässliches System führt keine unzulässigen Funktionen aus (Funktionssicherheit) und erbringt die festgelegten Funktionen zuverlässig (reliability).

Bild 2.38: Aspekte der IT-Sicherheit

IT-Systeme sollen idealerweise **Verlässlichkeit** bieten, also funktionssicher und zuverlässig arbeiten. Um einen funktionssicheren Betrieb zu gewährleisten, setzen Hersteller vor allem auf Maßnahmen, die ein technisches Fehlverhalten des Systems selbst verhindern sollen. Derartige von innen ausgehende Gefahren entstehen dabei insbesondere durch Programmierfehler. Über Strukturierungs- sowie Validierungs- und Verifikationskonzepte kann erreicht werden, dass sich Fehler im Programmcode schneller finden und beheben lassen.

---

[1] siehe: https://eur-lex.europa.eu/legal-content/DE/TXT/HTML/?uri=CELEX:02016R0679-20160504 [05.07.2018]

Äußere Einflüsse auf IT-Systeme wie Stromausfall, Feuer oder irrtümliche Fehlbedienungen stellen zusätzliche Gefahren für einen verlässlichen Betrieb dar. Dem stehen absichtliche Fehlbedienungen und Hacker-Angriffe gegenüber, die bewusst auf die Auslösung von Fehlverhalten betreffender IT-Systeme abzielen. Mit der fortschreitenden Vernetzung von IT-Systemen bieten die Unternehmen nicht nur autorisierten Nutzern, sondern auch potenziellen Angreifern eine Zugangsmöglichkeit. Insbesondere die Anbindung an das Internet schafft eine deutlich vergrößerte Angriffsfläche, die bei der Absicherung des Systems berücksichtigt werden muss.

2.6.1 Schutzziele

Maßnahmen zum Schutz vor den vielfältigen Bedrohungen zielen insgesamt auf einen Schutz der IT-Sicherheit ab. Dabei ist es hilfreich für die Entwicklung und Beurteilung von Schutzmaßnahmen, dieses allgemeine Ziel in konkrete Schutzziele zu untergliedern.

Abhängig von der konkreten Situation müssen für ein Unternehmen nicht alle im Folgenden aufgeführten Schutzziele relevant sein.

Schutzziel	Beschreibung
Vertraulichkeit	Informationsvertraulichkeit *(confidentiality)* gewährleistet ein System, wenn es keine unauthorisierte Informationsgewinnung ermöglicht.
Integrität	Ein System gewährleistet Datenintegrität *(integrity)*, wenn es nicht möglich ist, die zu schützenden Daten unauthorisiert und unbemerkt zu manipulieren.
Verfügbarkeit	Ein System gewährleistet Verfügbarkeit *(availability)*, wenn authentifizierte und autorisierte Nutzer in der Wahrnehmung ihrer Berechtigungen nicht unauthorisiert beeinträchtigt werden können.
Authentizität	Unter der Authentizität einer Sache *(authenticity)* versteht man deren Echtheit und Glaubwürdigkeit, die anhand ihrer eindeutigen Identität und charakteristischen Eigenschaften überprüfbar ist.
Verbindlichkeit	Ein System gewährleistet die Verbindlichkeit bzw. Zuordenbarkeit *(non repudiation)* von Aktionen, wenn es dem Durchführenden im Nachhinein nicht möglich ist, die Durchführung einer solchen Aktion abzustreiten.
Anonymisierung und Pseudonymisierung	Unter Anonymisierung versteht man die Veränderung personenbezogener Daten, sodass die Einzelangaben nicht mehr oder nur mit einem unverhältnismäßig großen Aufwand an Zeit, Kosten und Arbeitskraft einer bestimmten oder bestimmbaren Person zugeordnet werden können. Die Pseudonymisierung stellt eine schwächere Form der Anonymisierung dar. Dabei wird die Personenzuordnung anhand eines Zuordnungsverfahrens (beispielsweise durch Austausch mit einem Pseudonym) verhindert. Nur bei Kenntnis oder Nutzung des Zuordnungsverfahrens können die Daten einer bestimmten Person zugeordnet werden.

Bild 2.39: Schutzziele

2.6.2   Gefährdungsfaktoren

Um den Schutzbedarf für das IT-System eines Unternehmens bestimmen und beurteilen zu können und entsprechende Maßnahmen damit zu verbinden, muss eine sorgfältige Schwachstellenanalyse durchgeführt werden. Eine Schwachstelle ist dabei eine Schwäche des Systems oder ein Punkt, an dem das System verwundbar ist. Eine Verwundbarkeit ermöglicht die unautorisierte Umgehung oder Manipulation von Sicherungsmaßnahmen.

Die folgende Abbildung listet vorhandene Gefährdungsfaktoren auf und kann als Grundlage zur Verschaffung eines ersten Überblicks dienen.

Höhere Gewalt

- Blitzschlag
- Feuer
- Überschwemmung
- Erdbeben
- Streik

Fahrlässigkeit

- Irrtum
- Fehlbedienung
- Unsachgemäße Behandlung

Vorsatz

- Einbruch
- Hacking
- Spionage
- Manipulation
- Sabotage
- Vandalismus

Technisches Versagen

- Stromausfall
- Hardwareausfall
- Fehlfunktionen

Organisatorische Mängel

- Unberechtigter Zugriff
- Lizenzverletzungen
- Ungeschultes Personal

Bild 2.40: Gefährdungsfaktoren[1]

Maßnahmen zum Schutz dienen dazu, Risiken zu vermindern. Dazu müssen Gefahren, also drohende Schadensereignisse, mit ihrer möglichen Schadenshöhe und ihrer Eintrittswahrscheinlichkeit ermittelt werden.

> Das von einer Gefahr ausgehende **Risiko** bezeichnet die **Wahrscheinlichkeit,** mit der das schädigende Ereignis eintritt, und die **Höhe des möglichen Schadens,** der dadurch hervorgerufen werden kann.

Auf dieser Grundlage werden die Maßnahmen so ausgestaltet, dass sie das Risiko auf ein akzeptables Maß reduzieren. Dabei sind vor allem die technische und wirtschaftliche Umsetzbarkeit entscheidende Faktoren.

Eine große Bedeutung kommt dem Schutz vor IT-Angriffen zu. Als Grundlage für zu ergreifende Schutzmaßnahmen erfolgt zuerst eine Risikoanalyse. Aus möglichen Zielen und Fähigkeiten potenzieller Angreifer erstellt man Angreifer-Modelle. Dann wird untersucht, welche tatsächlichen Bedrohungen für die Unternehmens-IT relevant sind und wie hoch der potenzielle Schaden bei einem erfolgreichen Angriff ist. Verknüpft mit der Wahrscheinlichkeit für einen erfolgreichen Angriff, erhält das Unternehmen eine Aussage über die Bedeutung der Bedrohung, das Risiko.

---

[1] vgl. IT-Grundschutzhandbuch (2001) des Bundesamts für Sicherheit in der Informationstechnik (BSI)

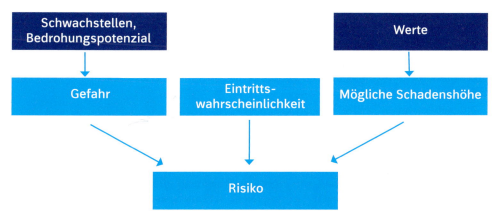

Bild 2.41: Risiko

2.6.3   Verwundbarkeiten

Weist ein System Schwachstellen auf, durch die Sicherungsmaßnahmen unautorisiert umgangen oder manipuliert werden können, ist es verwundbar. Eine erste Einordnung von Verwundbarkeiten geschieht anhand ihrer Wirkungsgrundlage. Kann ein Angreifer physikalische Schwächen des Systems ausnutzen, spricht man von hardwarebasierten Verwundbarkeiten. Ausnutzbare Schwächen in der Informationsverarbeitung durch nachlässige oder fehlerhafte Programmierung werden als softwarebasierte Verwundbarkeiten bezeichnet.

2.6.3.1   Hardwarebasierte Verwundbarkeiten

Hardwarebasierte Verwundbarkeiten entstehen oft durch Fehler im Design. DRAM-Arbeitsspeicher besteht beispielsweise im Wesentlichen aus dicht aneinandergereihten Kondensatoren. Im März 2015 wurde bekannt, dass ein schneller permanenter Zustandswechsel einer Kondensatorzelle den Ladungszustand einer benachbarten Kondensatorzelle in handelsüblichen Arbeitsspeicherbausteinen beeinflussen kann. Diese Verwundbarkeit kann praktisch ausgenutzt werden (*exploit*), um geschützte Speicherbereiche zu beschreiben und auf diese Weise unberechtigt erweiterte Nutzerrechte zu erlangen. Die Verwundbarkeit sowie das Programm zum Machbarkeitsnachweis, ein sogenannter Exploit, wurden unter der Bezeichnung Rowhammer bekannt. Als absoluter **Security-GAU** gelten schwerwiegende Sicherheitslücken im Kernel-Design der meisten Intel- und AMD-Prozessoren, die Anfang 2018 unter den Namen „Meltdown" und „Spectre" bekannt wurden. Durch zielgerichtete Angriffsszenarien (sogenannte Side Channel Attacks) kann hierbei sowohl über Betriebssysteme als auch über Treiber und Anwendungssoftware (z. B. Browser) ein Zugriff auf normalerweise geschützte Speicherbereiche erfolgen und Schadcode ausgeführt werden. Trotz Sicherheitsupdates in allen genannten Softwarebereichen (mit teilweise einhergehenden Performance-Verlusten) lässt sich derzeit kein vollständiger Schutz gegen Angriffe auf diese (oder ähnliche, bislang noch nicht festgestellte) Lücken realisieren.

2.6.3.2   Softwarebasierte Verwundbarkeiten

Verwundbarkeiten auf Softwarebasis gehen üblicherweise auf Fehler im Betriebssystem oder in Anwendungsprogrammen zurück. Trotz aller Anstrengungen vieler Softwarehersteller, Fehler in ihren Programmen aufzuspüren und zu beseitigen, werden dennoch immer wieder neue Verwundbarkeiten bekannt. Betriebssystemhersteller wie Microsoft und Apple stellen monatlich, manchmal sogar im Abstand von wenigen Tagen Updates zur Beseitigung von Verwundbarkeiten bereit.

Software-Verwundbarkeiten lassen sich im Wesentlichen in die folgenden Kategorien einteilen.

- **Puffer-Überlauf (*buffer overflow*)**

  Diese Verwundbarkeit entsteht, wenn die reservierte Länge des Speicherbereichs einer Variablen missachtet wird. Ein solcher Puffer-Überlauf kann beispielsweise dadurch provoziert werden, dass man von einem fünf Elemente umfassenden Feld das zehnte beschreibt. Dadurch werden Speicherbereiche verändert, auf die sonst kein Zugriff besteht. In der Folge kann das zu Systemabstürzen, zur Preisgabe oder Veränderung von geschützten Daten oder zur Veränderung von Nutzerrechten führen.

- **Ungeprüfte Eingaben (*non-validated input*)**

  Programme verarbeiten oft Daten, die vom Nutzer bereitgestellt werden. Die an das Programm übergebenen Daten können bösartiger Natur sein, die das Programm zu einem unbeabsichtigten Verhalten provoziert.

  Betrachtet man ein Bildverarbeitungsprogramm, dann könnte ein Angreifer eine bösartige Bilddatei derart konstruieren, dass sie ungültige Größenangaben enthält. Die bösartig manipulierten Größenangaben könnten das Programm zur Reservierung einer falschen und unerwarteten Speichermenge veranlassen.

- **Kritischer Wettlauf (*race condition*)**

  Ein kritischer Wettlauf entsteht, wenn das Ergebnis einer Operation von der Reihenfolge oder der zeitlichen Abfolge von Einzelereignissen abhängt.

  Kann bei dafür anfälliger Programmierung beispielsweise eine Teiloperation unerwartet verzögert werden, kann dies zu einem unerwarteten Programmablauf, etwa zu einer Endlosschleife (*deadlock*) führen.

- **Schwachstellen der Sicherheitspraktiken**

  Zum Schutz von Systemen und sensiblen Daten können Techniken zur Autorisation, zur Authentifikation und zur Verschlüsselung eingesetzt werden. Software-Entwickler sollten nicht versuchen, eigene Algorithmen zu erstellen, sondern stattdessen auf bestehende Sicherheits-Programmbibliotheken zurückgreifen. Diese wurden bereits umfangreich getestet und überprüft, während die Wahrscheinlichkeit hoch ist, dass durch selbsterstellte Sicherheitsfunktionen neue Sicherheitslöcher entstehen.

- **Zugriffs-Steuerungs-Probleme (*access-control problems*)**

  Die Zugriffs-Steuerung sorgt für die Verwaltung von Rechten für den physikalischen Zugriff auf Ausrüstungsgegenstände sowie die Festlegung von Rechten zur Nutzung von Systemressourcen. Viele Verwundbarkeiten entstehen durch die falsche Vergabe von Zugriffsrechten.

2.6.4 Angriffsarten

Als Angriff wird ein nicht autorisierter Zugriff oder ein nicht autorisierter Zugriffsversuch auf ein IT-System bezeichnet. Dabei wird zwischen aktiven und passiven Angriffen unterschieden.

Passive Angriffe

Passive Angriffe sind datenbeobachtend. Sie dienen der nicht autorisierten Informationsgewinnung und zielen auf eine Verletzung der Vertraulichkeit ab. Beispiele sind das Abhören von Netzwerkleitungen in vernetzten Systemen, das Mitschneiden von Tastatureingaben zur Ausspähung von Passwörtern oder das unautorisierte Lesen von Dateiinhalten.

Sniffer-Angriffe zählen zu den häufigsten passiven Angriffen im Internet.

Aktive Angriffe

Aktive Angriffe sind datenverändernd. Durch Manipulation von Daten lassen sich unter anderem Nutzungsrechte verändern, Identitäten fälschen oder Betriebsabläufe stören. Sie richten sich damit störend gegen die Datenintegrität oder die Verfügbarkeit von IT-Systemen. Ein Beispiel für einen aktiven Angriff ist das Manipulieren von Datenpaketen auf den Netzwerkleitungen vernetzter Systeme. Ein denkbares Ziel eines Angreifers könnte darin bestehen, den Empfänger durch eine gefälschte Absenderadresse zur Preisgabe von vertraulichen Informationen zu veranlassen. Bei einem anderen Angriff werden DNS-Namensangaben manipuliert und damit eine Serveridentität gefälscht. Statt auf den authentischen Server zuzugreifen, leitet der Angreifer die Nutzer-Zugriffe auf den Server des Angreifers um. Mögliche Ziele können das weitere Ausspähen von Passwörtern sein oder der Versuch, dem Nutzer Schadsoftware unterzuschieben, um weitere Angriffe vorzubereiten.

Die Fälschung von Identitätsangaben ist auch als **Spoofing**-Angriff bekannt (E-Mail-Address-Spoofing, IP-Address-Spoofing).

Eine weitere Angriffsart, die auf die Beeinträchtigung der Verfügbarkeit eines IT-Systems zielt, ist der Denial-of-Service-Angriff. Diese Form eines aktiven Angriffs wird von Angreifern im Internet häufig zur Unterdrückung von Webinhalten eingesetzt. Der Angreifer erzeugt dazu eine große Menge von Anfragen, die er an den anvisierten Webserver sendet. Durch die hohe Zahl der Angreifer-Anfragen wird der angegriffene Webserver überfordert und ist auch nicht mehr in der Lage, legitime Anfragen zu bearbeiten. Im Ergebnis ist das betreffende Webangebot nicht mehr aufrufbar.

Denial-of-Service (**DoS**)-Angriffe überfluten das Zielsystem mit Anfragen des Angreifers, sodass legitime Anfragen kaum oder gar nicht mehr bearbeitet werden können.

2.6.5   Infektionswege

Steht ein System im Fokus eines Angreifers, hängt der weitere Ablauf von der Art des möglichen Angriffs und der konkreten Verwundbarkeit des Systems ab. So werden beispielsweise DoS-Angriffe in der Regel ohne genauere Kenntnis des Zielsystems durchgeführt. Gelingt es dem Angreifer nicht oder ist es ihm zu aufwendig, ausnutzbare Schwachstellen zu finden, wird er nach Wegen suchen, das Zielsystem verwundbar zu machen. Dies geschieht in der Regel, indem er Schadsoftware auf indirektem Weg in das Zielsystem einschleust. Die folgende Auflistung einiger typischer Infektionswege soll dabei helfen, ein Gespür für die lauernden Gefahren zu entwickeln und Abwehrmaßnahmen zu entwickeln. Neben den in Kap. 2.7.7 vorgestellten technischen Maßnahmen sind das in diesem Fall vor allem Verhaltensregeln und Informationsmaßnahmen zur Sensibilisierung der Mitarbeiter.

Zu den wichtigsten Infektionswegen zählen:

- **Drive-by-Download**

  Dieser Begriff stammt aus dem Englischen und bedeutet wörtlich übersetzt: Herunterladen im Vorbeifahren. Dabei wird der Computer über eine Schwachstelle im Browser oder in installierten Plug-Ins verseucht. Eine solche Bedrohung existiert nicht nur auf illegalen Webseiten, sondern auch auf seriösen Seiten, wenn es den Kriminellen gelingt, auf diesen Seiten z. B. ein infiziertes Werbe-Banner einzuschleusen.

- **USB-Sticks**

  Trojaner verbreiten sich heute oft über USB-Sticks. Dabei verwenden die Schädlinge verschiedene Tricks: Besonders effektiv ist die Infektion von bereits auf dem Stick vorhandenen ausführbaren Dateien. Dies kann z. B. mittels eines verseuchten Computers geschehen, an den der USB-Stick zuvor angeschlossen war. Sobald der Anwender diese nun infizierte Datei auf einem Computer startet, wird dieser ebenfalls infiziert. Andere Varianten nutzen den Autorun-Mechanismus aus, der die Schadsoftware direkt nach dem Anschließen des USB-Sticks startet. Erst mit Windows 7 hat Microsoft den automatischen Start von auf USB-Sticks enthaltenen Dateien gestoppt.

- **PDF- und Word-Dateien**

  Aktive Inhalte, wie Office-Makros in Microsoft-Word-Dokumenten oder Javascript-Code in PDF-Dokumenten, stellen eine große Gefahr dar. Üblicherweise werden solche Dokumente inzwischen mit zunächst deaktivierten Skriptinhalten und einem Sicherheitshinweis geöffnet. Gelingt es dem Angreifer durch die Dokumentengestaltung, den Benutzer zur Aktivierung der Skriptinhalte zu überreden, ist das System damit dann auch in der Regel infiziert.

- **E-Mails**

  Eine der häufigsten Möglichkeiten, Computer mit Schadsoftware zu infizieren, ist das massenhafte Versenden von E-Mails (*Spam*) mit verseuchtem Anhang. Oft handelt es sich bei den angehängten Dateien um ausführbaren Programmcode. Durch Anhängen einer unverfänglichen zweiten Dateiendung, z. B. „Dokument.txt.exe" wird die Voreinstellung auf Windows-Systemen ausgenutzt: Die tatsächliche Endung „.exe" für ausführbare Programmdateien wird gemäß Voreinstellung ausgeblendet, es bleibt der Dateiname mit der scheinbar harmlosen Endung „.txt". Sobald ein Empfänger die angehängte Datei öffnet, wird der Schädling gestartet und infiziert damit den Rechner.

Deshalb sollte man auch bei E-Mails von Bekannten mit nicht abgesprochenen Anhängen immer Vorsicht walten lassen. Es könnte sein, dass der PC des Absenders mit Malware infiziert ist, die ausgehende E-Mails mit infizierten Anhängen versieht oder selbst das Adressbuch ausliest und heimlich infizierte E-Mails an die gespeicherten Adressen verschickt.

2.6.6 Malware

Der Begriff Malware hat sich inzwischen als Oberbegriff für Schadsoftware etabliert. Es handelt sich dabei um ein englisches Schachtelwort aus beiden englischen Begriffen *malicious* und *software* und steht für bösartige Software.

Malware gibt es in sehr verschiedenen Ausführungsformen. Eine erste Unterscheidung liefert das mutmaßlich vom Autor verfolgte Ziel. Es reicht vom Diebstahl von Rechenleistung über die reine Datenzerstörung bis zu erpresserischen Lösegeldforderungen für alle Nutzdaten des befallenen Rechners.

Im Folgenden werden verschiedene Arten von Malware beschrieben:

- **Spyware**

  Dieser Typ Schadsoftware ist darauf ausgelegt, den Nutzer zu verfolgen und auszuspionieren. Dazu zählt die Verfolgung der Nutzer-Aktivitäten und das Mitschneiden von Tastatureingaben und anderen Daten. Um Sicherheitsmaßnahmen zu überwinden, werden Sicherheitseinstellungen oft durch Spyware verändert. Spyware wird oft in Kombination mit legitimer Software oder Trojanischen Pferden ausgeliefert.

- **Adware**

  Die Funktion von Adware ist in erster Linie die Verbreitung von Werbung. Oft erfolgt die Installation der Adware zusammen mit der Installation legitimer Software. Üblich ist aber auch die gemeinsame Verbreitung mit Spyware.

- **Bot, Bot-Netz**

  Der Begriff „Bot" ist die Kurzform von „Robot". Ein Bot ist darauf ausgelegt, automatisch Aktionen auszuführen, üblicherweise online über das Internet. Während die meisten Bots harmlos sind, werden Bots vermehrt zu Netzen, den sogenannten Bot-Netzen zusammengefasst. So vernetzt, warten die Bots dann still auf Anweisungen des Angreifers.

- **Ransomware**

  Der Schädling beginnt, die angeschlossenen Festplattendaten auf den befallenen Systemen zu verschlüsseln. Im Gegensatz zu anderen Schädlingen gibt sich die Erpressungssoftware klar mit einer Zahlungsaufforderung zu erkennen. Aber:

Eine Zahlung ist riskant, da völlig unklar ist, ob die Erpresser anschließend die in Geiselhaft genommenen Daten auch wieder entschlüsseln. In der Vergangenheit konnten Sicherheitsforscher zeigen, dass Programmierfehler in vielen Ransomware-Exemplaren eine nachträgliche Entschlüsselung auch ohne Zahlung erlauben.

- **Scareware**

  Dieser Schädlingstyp ist darauf ausgelegt, den Nutzer zu verunsichern und ihn dazu zu verleiten, eine Schadsoftware zu installieren oder ein nutzloses Produkt zu erwerben. So werden oft gefälschte Warnmeldungen über einen angeblichen Virenbefall des Computers angezeigt, welche eine käuflich zu erwerbende Software zu entfernen vorgibt.

- **Rootkit**

  Diese Schadsoftware modifiziert das Betriebssystem, um eine Hintertür (*backdoor*) einzurichten. Angreifer nutzen dann diese Hintertür, um auf das angegriffene System zuzugreifen.

  Durch den tiefen Eingriff in das Betriebssystem ist eine Entdeckung von Rootkits enorm schwierig. Befallene Systeme müssen in der Regel komplett gelöscht (*wipe*) und wieder ganz neu installiert werden.

- **Virus**

  Bei einem Virus handelt es sich um ein Schadprogramm, das sich an andere, oft ganz legitime, ausführbare Programm anheftet. Die meisten Viren erfordern zur Aktivierung eine Interaktion des Nutzers oder aktivieren sich selbstständig an einem festgelegten Tag, zu einer festgelegten Zeit oder einem festgelegten Datum.

- **Trojaner**

  Mit Trojaner (genauer: Trojanisches Pferd; Begriff aus der griechischen Mythologie) bezeichnet man Schadsoftware, die vorgeblich eine gewünschte Funktion bereitstellt. Meist verstecken sie sich hinter den Namen bekannter und harmloser Software, beispielsweise DVD-Brennprogrammen, Passwortverwaltungen oder anderen nützlichen Programmen.

  Meistens führen sie die vorgegebenen Funktionen auch aus, jedoch geht es in erster Linie darum, den Nutzer zum Starten der Software zu bewegen. Anschließend startet das Schadprogramm. Im Unterschied zu Viren reproduzieren sich Trojaner üblicherweise nicht selbst.

- **Würmer**

  Bei Würmern handelt es sich um Schadsoftware, die sich unabhängig voneinander reproduzieren, indem sie Verwundbarkeiten in Netzwerken ausnutzen. Während Viren zum Betrieb Host-Programme benötigen, kommen Würmer ohne diese aus. Mit Ausnahme der initialen Infektion ist danach keine weitere Nutzer-Interaktion mehr erforderlich. Nachdem ein Host infiziert ist, erfolgt die weitere Verbreitung über das Netzwerk sehr schnell. Der eigentliche Schaden erfolgt durch die beigefügte und mitverbreitete Nutzlast.

Im Mai 2017 verbreitete sich die Ransomware WannaCry über seine Wurm-Funktionalität anhand einer Verwundbarkeit im SMB-Protokoll. Die Verwundbarkeit bestand über fünf Jahre lang mit Wissen des amerikanischen Geheimdienstes NSA. Die NSA informierte Microsoft erst, als bekannt wurde, dass ihr unter anderem Daten zu dieser Verwundbarkeit durch Hackerangriffe entwendet wurden.

Zum Zeitpunkt der WannaCry-Infektionswelle waren Updates nur für neuere Windows-Versionen verfügbar, sodass eine Vielzahl von Geräten im Internet noch anfällig für WannaCry waren.

Die Ausbreitung konnte jedoch relativ früh gestoppt werden, indem ein Sicherheitsforscher eine spezielle Internetadresse bereitstellte, die von der Schadsoftware abgefragt wurde und bei Existenz eine weitere Ausbreitung unterband.

2.6.7   Abwehrmaßnahmen

Die Verhinderung von passiven Angriffen ist nur selten möglich. Elektromagnetische Abstrahlungen bei der Datenübertragung ermöglichen es einem Angreifer berührungslos und mit einem gewissen Abstand noch die Signale zu empfangen und auszuwerten. Allerdings lassen sich übertragene und gespeicherte Daten durch Verschlüsselung absichern. Angriffe, die sich auf das Abgreifen der nun verschlüsselten Daten beziehen, bleiben dann wirkungslos.

2.6.7.1   Verschlüsselung

Bei der verschlüsselten Nachrichtenübertragung verschlüsselt der Sender seine Klartextnachricht vor dem Versand anhand eines mathematischen Verfahrens zusammen mit seinem Schlüsseldatensatz. Der Empfänger erhält die verschlüsselte Nachricht und macht seinerseits die Verschlüsselung mithilfe eines mathematischen Verfahrens und seines Schlüsseldatensatzes wieder rückgängig. Passen Verschlüsselungsverfahren und die verwendeten Schlüsseldatensätze zusammen, gelingt die Entschlüsselung und der Empfänger kann die entschlüsselte Klartextnachricht lesen.

Man unterscheidet bei der Verschlüsselung im Wesentlichen zwischen zwei Verfahren: der symmetrischen Verschlüsselung und der asymmetrischen Verschlüsselung.

Symmetrische Verschlüsselung

Bei der symmetrischen Verschlüsselung verwenden **Sender** und **Empfänger** den **gleichen geheimen Schlüssel**.

Bild 2.42: Symmetrische Verschlüsselung

Das setzt voraus, dass sich die Kommunikationspartner vorher auf einen gemeinsamen geheimen Schlüssel geeinigt haben. Wird der Schlüssel über eine abgehörte Verbindung ausgetauscht, so ist der Angreifer anschließend auch in der Lage, die verschlüsselte Kommunikation mitzulesen oder zu verfälschen.

Symmetrische Verschlüsselungsverfahren sind vergleichsweise **schnell** und eignen sich zur Verschlüsselung **großer Datenmengen**.

Asymmetrische Verschlüsselung

Bei der asymmetrischen Verschlüsselung besitzen **Sender** und **Empfänger** jeweils ein **eigenes Schlüsselpaar**: einen **öffentlichen** Schlüssel und einen **privaten** Schlüssel.

Der öffentliche Schlüssel darf jedem bekannt sein, den privaten Schlüssel darf nur sein Besitzer kennen.

Zur verschlüsselten Nachrichtenübertragung verschlüsselt der Sender seine Nachricht mit dem öffentlichen Schlüssel des Empfängers. Der Empfänger entschlüsselt die Nachricht mit seinem privaten Schlüssel (Bild 2.43).

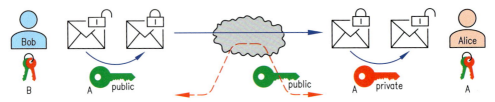

Bild 2.43: Asymmetrische Verschlüsselung

Die öffentlichen Schlüssel können gefahrlos auch über einen abgehörten Kanal ausgetauscht werden.

Asymmetrische Verschlüsselungsverfahren sind vergleichsweise **langsam** und eignen sich nur zur Verschlüsselung **kleiner Datenmengen**.

Hybride Verschlüsselung

Dem offensichtlichen Vorteil der asymmetrischen Verschlüsselung steht der Nachteil entgegen, dass es sehr rechenaufwendig und damit langsam ist. Symmetrische Verschlüsselungsverfahren sind im Vergleich um Größenordnungen schneller, erfordern aber einen sicheren Schlüsselaustausch.

In der Praxis nutzt man die Vorteile beider Verfahren, indem man sie zur hybriden Verschlüsselung kombiniert.

Das langsame asymmetrische Verfahren wird genutzt, um einen gemeinsamen Schlüssel sicher auszutauschen. Anschließend werden alle weiteren Nachrichten nur noch mithilfe des schnellen symmetrischen Verfahrens verschlüsselt (Bild 2.44).

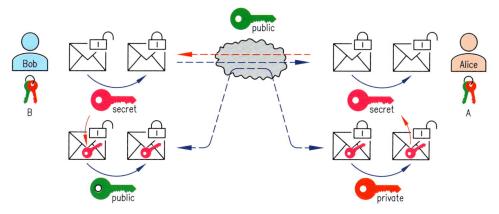

Bild 2.44: Hybride Verschlüsselung

2

2.6.7.2 Digitale Signatur

Einige aktive Angriffe lassen sich ebenfalls oft kaum verhindern. So erfolgt beispielsweise das Fälschen der Absenderadresse einer E-Mail oft in der Regel außerhalb des Wirkungsbereichs des Empfängers. Statt Fälschungen wirksam zu verhindern, reicht es in den meisten Fällen jedoch aus, Fälschungen und Manipulationen sicher erkennen zu können.

Diese Möglichkeit zur Überprüfung der Datenintegrität bietet das Verfahren der digitalen Signatur. Zur Anwendung kommt dabei das asymmetrische Verschlüsselungsverfahren:

Um einen Datensatz zu signieren und damit als echt zu kennzeichnen, führt der Unterzeichner den asymmetrischen Verschlüsselungsvorgang mit seinem privaten Schlüssel durch.

> Die Anwendung der asymmetrischen Verschlüsselung mit einem **privaten Schlüssel** auf einen Klartext bezeichnet man als **Signieren**.
> Den dadurch entstandenen Datensatz bezeichnet man als **Signatur**.

Die mit dem privaten Schlüssel durchgeführte Operation kann nur mit dem dazugehörigen öffentlichen Schlüssel wieder umgekehrt werden.

Da der private Schlüssel ausschließlich im Besitz des Unterzeichners ist, kann auch nur dieser Signaturen erzeugen. Jeder andere kann mithilfe des öffentlichen Schlüssels die Signatur rückgängig machen und auf diese Weise die Echtheit des Signaturdatensatzes überprüfen.

> Die Anwendung des **öffentlichen Schlüssels** auf eine digitale Signatur bezeichnet man als **Signatur-Prüfung**.

2.6.7.3 Beschränkung der Nutzerrechte

Aktive Angriffe auf die Datenintegrität von IT-Systemen lassen sich wirksam durch die Beschränkung von Zugriffs- und insbesondere Schreibrechten verhindern oder zumindest beschränken.

Basierend auf ihrer Rolle im Unternehmen können Zugriffsrechte von Nutzern segmentiert und der Umfang der Zugriffe pro Zeiteinheit limitiert werden. Dringt ein Angreifer mit den Rechten eines Nutzers ein, ist er zunächst auf dessen Zugriffsrechte und in seinem Schädigungspotenzial beschränkt.

> Erhalten Angreifer über **gestohlene Zugangsdaten** unautorisierten Zugriff auf IT-Systeme, kann eine sorgfältige **Beschränkung der Nutzerrechte** den möglichen **Schaden begrenzen**.

Ergänzend bieten sich Maßnahmen an, die aktive Angriffe erkennen und abwehren. So kann die Verwendung von Sequenznummern in einem Datenstrom helfen zu erkennen, ob Daten zusätzlich eingebracht oder aus einem Datenstrom entfernt wurden.

2.6.7.4 Monitoring

Angriffe auf die Verfügbarkeit sind schwierig abzuwehren. Die Beschränkung der Ressourcenzugriffe der Nutzer auf festgelegte Quoten stellt eine Maßnahme dar. Eine genaue Beobachtung (*monitoring*) der Ressourcenzugriffe kann helfen, frühzeitig drohende Überlastungen zu erkennen und entsprechende Maßnahmen zur Abwehr einzuleiten.

> Durch **Monitoring** von Ressourcenzugriffen können **verdächtige Zugriffsmuster erkannt** und Abwehrmaßnahmen frühzeitig ergriffen werden.

2.6.8 IT-Sicherheitsmanagement

Die Gewährleistung von Informationssicherheit im Unternehmen ist eine komplexe, aber beherrschbare Aufgabe. Dazu ist die Unternehmensführung gefordert, eine Sicherheitsstrategie für das Unternehmen zu entwickeln.

Eine Säule zur Umsetzung der Sicherheitsstrategie stellt die Erstellung eines unternehmensweiten Sicherheitskonzeptes dar. Es basiert auf der Analyse des Informationsverbundes im Unternehmen, der Risikobewertung und der Formulierung von Maßnahmen. Eine zweite Säule bildet die Organisation der Informationssicherheit. Durch sie werden Regeln und Anweisungen festgelegt, Prozesse und Abläufe definiert und die Unternehmensstruktur abgebildet.

Im Folgenden wird zunächst auf den dynamischen Prozess der Informationssicherheit eingegangen. Dann erfolgt ein Blick auf die Aufgaben und Pflichten der Unternehmensführung und abschließend wird der Beitrag der betrieblichen Kommunikation zur Informationssicherheit behandelt.

2.6.8.1 Lebenszyklus der Informationssicherheit

Sicherheit in der Informationstechnik ist kein statischer Zustand, der einmal erreicht wird und sich danach nie wieder ändert. Um ein erreichtes Sicherheitsniveau aufrechtzuerhalten, ist ein aktives Sicherheitsmanagement erforderlich. Es reicht nicht aus, Geschäftsprozesse und Sicherheitsmaßnahmen bei der Einführung eines neuen IT-Systems einmalig zu planen und umzusetzen. Vielmehr müssen die Sicherheitsmaßnahmen regelmäßig auf ihre Wirksamkeit und Aktualität untersucht, optimiert oder neu konzipiert und umgesetzt werden.

Der dynamische Prozess der Informationssicherheit lässt sich in den vier Phasen eines Lebenszyklus darstellen (Bild 2.45).

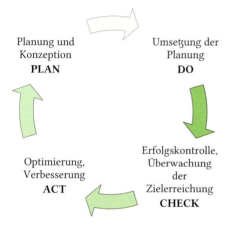

Bild 2.45: Lebenszyklus nach Deming (PDCA-Modell)

Beginnend mit der Planung folgen im Anschluss die Umsetzung und die Erfolgskontrolle. In der vierten Phase werden kleinere Mängel sofort beseitigt. Bei umfangreicheren Mängeln wird wieder mit einer neuen Planungsphase begonnen.

Bild 2.46: Lebenszyklus eines Sicherheitskonzepts

2.6.8.2 Aufgaben der Unternehmensführung

Die Unternehmensführung ist verantwortlich für die Gewährleistung von Informationssicherheit im Unternehmen. Ihr obliegen in diesem Zusammenhang zahlreiche Aufgaben und Pflichten, die in den folgenden Punkten zusammengefasst sind.

- **Übernahme der Gesamtverantwortung für Informationssicherheit**
  Die Führungsebene des Unternehmens ist für die Gewährleistung der Informationssicherheit verantwortlich. Die Führungskräfte müssen sich zu ihrer Verantwortung bekennen und die Bedeutung der Informationssicherheit allen Mitarbeitern verdeutlichen.

- **Informationssicherheit integrieren**
  Sicherheit muss in alle informationsverarbeitenden oder IT-nutzenden Abläufe integriert werden. Sie muss bei der Erstellung von Geschäftsprozessen und der Schulung von Mitarbeitern berücksichtigt werden.

- **Informationssicherheit steuern und aufrechterhalten**
  Die betriebliche Führungsebene muss den Sicherheitsprozess aktiv betreiben. Dazu zählt die Festlegung von Strategien und Zielen, die Untersuchung der Auswirkung von Risiken, die Schaffung von organisatorischen Rahmenbedingungen für Informationssicherheit, die Bereitstellung ausreichender Ressourcen, die regelmäßige Überprüfung und Korrektur der Sicherheitsstrategie und der Zielerreichung sowie die Motivierung und Schulung von Mitarbeitern für Sicherheitsbelange.

- **Erreichbare Ziele setzen**
  Die Unternehmensführung muss Ziele erreichbar gestalten. Die Sicherheitsstrategie muss mit den verfügbaren Ressourcen in Einklang gebracht werden. Kleine Schritte mit stetigen Verbesserungen ohne hohe Investitionskosten zu Beginn können sich effizienter erweisen als ein groß angelegtes Projekt.

- **Sicherheitskosten gegen Nutzen abwägen**
  Die Unternehmensleitung hat die schwierige Aufgabe, die Kosten für die Informationssicherheit gegenüber dem Nutzen und den Risiken abzuwägen. Dabei sind insbesondere solche Maßnahmen sehr wichtig, die besonders effektiv sind oder gegen besonders hohe Risiken schützen. Informationssicherheit wird schließlich durch ein Zusammenspiel von technischen und organisatorischen Maßnahmen erreicht.

- **Vorbildfunktion**
  Die Firmenleitung muss eine Vorbildfunktion einnehmen. Das bedeutet insbesondere, dass sie alle vorgegebenen Regeln zur Informationssicherheit einhält und selbst auch an Schulungen teilnimmt.

2.6.8.3 Kommunikation

Um die gesteckten Sicherheitsziele erreichen zu können, ist Kommunikation in allen Phasen des Sicherheitsprozesses eine wichtige Grundlage. Um Missverständnissen und Wissensmängeln als häufiger Ursache für Sicherheitsprobleme aus dem Weg zu gehen, muss betriebsweit für einen reibungslosen Informationsfluss über Sicherheitsvorkommnisse und -maßnahmen gesorgt werden.

- **Berichte an die Leitungsebene**
  Um ihrer Steuerungsfunktion nachkommen zu können, muss die Unternehmensleitung regelmäßig über Probleme, Ergebnisse von Audits, Verbesserungsmöglichkeiten und veränderte Rahmenbedingungen informiert werden.

- **Informationsfluss**
  Mangelhafte Kommunikation kann zu Sicherheitsproblemen, Fehlentscheidungen oder überflüssigen Arbeitsschritten führen. Dies gilt es durch organisatorische Maßnahmen zu vermeiden. Mitarbeiter müssen über Sinn und Zweck vor allem von unbequemen oder arbeitsintensiven Sicherheitsmaßnahmen sowie über Rechtsfragen zu Datenschutz und Informationssicherheit aufgeklärt werden. Die von der Umsetzung betroffenen Mitarbeiter sollten in die Umsetzungsplanung eingebunden werden und eigene Ideen einbringen können.

- **Dokumentation**
  Um einen fortlaufenden und konsistenten Sicherheitsprozess gewährleisten zu können, muss dieser zwingend dokumentiert werden.
  Eine aussagekräftige Dokumentation
  - sorgt für Nachvollziehbarkeit der verschiedenen Prozessschritte und Entscheidungen,
  - sorgt dafür, dass gleichartige Arbeiten auf vergleichbare Weise durchgeführt werden,
  - hilft, grundsätzliche Schwächen im Prozess zu erkennen und die Wiederholung von Fehlern zu vermeiden.
  Die Art der Dokumentation hängt von den Sicherheitsaktivitäten und der jeweiligen Zielgruppe ab. Sie reicht von an Experten gerichtete technische Dokumentationen über Anleitungen für IT-Anwender zu Aufzeichnungen von Managemententscheidungen für die Leitungsebene.

- **Formale Anforderungen an die Dokumentationen**
  Die Dokumentationsform sollte auf den Anwendungsfall zugeschnitten sein. Die Papierform ist nicht zwingend vorgeschrieben.
  Vorgaben können über gesetzliche oder vertragliche Anforderungen erfolgen, beispielsweise zu Aufbewahrungsfristen oder Detaillierungsgrad der Dokumentation.
  Damit sie ihren Zweck erfüllen können, müssen die Dokumentationen regelmäßig erstellt und aktuell gehalten werden.
  Bezeichnung und Ablageort müssen so gewählt werden, dass sie im Bedarfsfall genutzt werden können. Es muss erkennbar sein, wer wann welche Teile der Dokumentation erstellt hat. Bei Verweisen müssen die Quellen beschrieben werden, weiterführende Dokumente müssen im Bedarfsfall verfügbar sein.
  Sicherheitsrelevante Dokumentationen können schutzbedürftige Informationen enthalten und müssen angemessen geschützt werden. Daneben müssen Art und Dauer der Aufbewahrung sowie Optionen für die Vernichtung der Informationen festgelegt werden.
  Aus den Prozessbeschreibungen muss hervorgehen, ob und wie die Dokumentationen auszuwerten sind.

- **Nutzung von Informationsquellen und Erfahrungen**
  Informationssicherheit ist ein komplexes Thema und erfordert eine sorgfältige Einarbeitung. Als eine grundlegende Informationsquelle stehen die betreffenden Normen und Standards zur Verfügung. Darüber hinaus gilt es aus der Vielzahl der verfügbaren Internet- und Print-Publikationen die Informationsquellen zu identifizieren und zu

2

dokumentieren, die zu den betreffenden Unternehmen und Rahmenbedingungen passen. Die Kooperation mit Verbänden, Partnern, Gremien, anderen Unternehmen oder Behörden sollte zum Erfahrungsaustausch über erfolgreiche Sicherheitsprojekte genutzt werden.

AUFGABEN

1. Was versteht man unter Sicherheit (*safety*) in der Informationstechnik?

2. Was versteht man unter Sicherheit (*security*) in der Informationstechnik?

3. Welche weiteren Aspekte gibt es für die Sicherheit in der Informationstechnik?

4. Welche Arten von Verwundbarkeiten unterscheidet man bei IT-Systemen?

5. Welche grundsätzlichen Angriffsarten auf IT-Systeme unterscheidet man? Nennen Sie Beispiele.

6. Nennen und erläutern Sie Infektionswege, die vielfach bei Angriffen auf IT-Systeme verwendet werden.

7. Nennen und beschreiben Sie verschiedene Arten von Malware.

8. Welche Schutzziele lassen sich durch Verschlüsselung erreichen?

9. Welche Schutzziele lassen sich durch Signierung erreichen?

10. Welche Schutzziele sind für eine Bank bei einer Online-Überweisung wichtig?

11. Welchen Vorteil bietet die langsame asymmetrische Verschlüsselung?

12. Aus welchem Grund setzt man die hybride Verschlüsselung ein, statt allein die symmetrische oder asymmetrische Verschlüsselung zu nutzen?

13. Nennen Sie weiteren Möglichkeiten, wie ein IT-System geschützt werden kann.

14. Was geschieht, nachdem die vier Phasen des IT-Sicherheits-Lebenszyklus durchlaufen wurden?

15. Welche Bedeutung haben Kommunikation und Dokumentation für die IT-Sicherheit in einem Unternehmen?

3.1   Bootvorgang

Generell bezeichnet man den Startvorgang eines Computers „Hochfahren" oder „Booten".
Bei einem x86-PC (Kap. 1.3.3) unterscheidet man zwischen dem sogenannten „Kaltstart"
und dem „Warmstart". Ein Kaltstart liegt immer dann vor, wenn der Startvorgang mit
dem Einschalten des Computers oder der Betätigung der „Reset-Taste" am Computerge-
häuse beginnt, d.h. die Stromzufuhr unter-
brochen war. Ein Warmstart (Alternativbe-
zeichnungen: Reboot, Restart) liegt vor, wenn
ein PC aus dem laufenden Betrieb heraus neu
gestartet wird. Hierbei wird lediglich eine
verkürzte Boot-Prozedur durchlaufen. Während man früher jeden bereits eingeschalteten
Computer durch Betätigung der Tastenkombination Strg + Alt + Entf direkt neu booten lassen konnte, wird diese Tastenkombination heutzutage von einigen Betriebssystemen
abgefangen (z.B. öffnet sich bei Windows ein
Auswahlmenü mit verschiedene Optionen).
Alternativ kann man einen Reboot – abhängig vom Betriebssystem – auch mit entsprechenden Systembefehlen bewirken (z. B.
Linux: reboot). Ein Reboot liegt aber unter
Umständen auch vor, wenn ein PC nach
einem Absturz neu hochfährt oder aus einem Energiesparmodus (Bild 1.26) gestartet
wird.

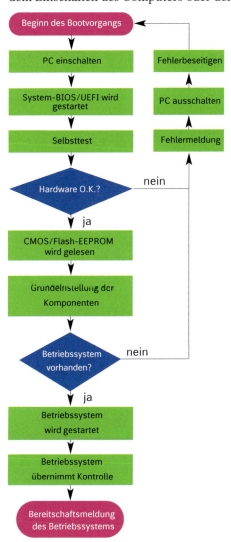

Bild 3.1: Vereinfachter Ablauf des Bootvorgangs

Nach jedem Einschalten des PC wird zunächst automatisch ein grundlegendes Mi-
nimalprogramm aktiviert, welches sich fest
eingeschrieben in einem **Flash-EEPROM**
(Kap. 1.5.1.2) auf dem Motherboard befindet
und erst das Starten des Rechners ermöglicht.
Dieses Programm war viele PC-Generationen
lang das sogenannte **BIOS** (**B**asic **I**nput/**O**ut-
put **S**ystem), dessen Aufgabe als erstes darin
bestand, einen allgemeinen Selbsttest durchzuführen. Damit das BIOS die vorhandenen
Komponenten testen konnte, benötigte es zunächst Informationen über diese Komponenten. Diese sind bekanntlich im CMOS-Flash-
EEPROM-Speicherchip (Kap. 1.5.5) enthalten

und werden beim Booten ausgelesen, um sie anschließend für grundlegende Systemeinstellungen zu verwenden.

> Das Ausführen grundlegender Systemeinstellungen bezeichnet man als **Initialisieren**.

Bis zu diesem Zeitpunkt verlief jeder Bootvorgang völlig unabhängig von einem vorhandenen Betriebssystem. Erst danach suchte das BIOS auf den vorhandenen Speichermedien (Festplatte, DVD) nach einem Betriebssystem. Dieses wurde gestartet und bestimmte dann den weiteren Verlauf des Bootvorgangs. Der Bootvorgang war abgeschlossen, wenn sich der PC mit dem entsprechenden Bereitschaftszeichen oder der Benutzeroberfläche des jeweiligen Betriebssystems meldete. Bild 3.1 stellt den zeitlichen Ablauf des Bootvorgangs grafisch dar.

Da das klassische BIOS aufgrund seiner Struktur nicht beliebig in seinen Funktionen erweiterbar ist, stößt es bei heutiger Hardware an seine Grenzen. Auch die Verwaltung moderner Komponenten (z. B. Festplatten mit großen Kapazitäten) kann das BIOS nicht mehr leisten.

Aus diesem Grunde wurde als Nachfolger des BIOS das abwärtskompatible **EFI** bzw. **UEFI** (Unified Extensible Firmware Interface; Kap. 3.1.1) entwickelt, welches über zusätzliche Funktionen verfügt und inzwischen anstelle des BIOS verwendet wird.

3.1.1   EFI/UEFI

Wegen der inzwischen bestehenden Unzulänglichkeiten des alten PC-BIOS hat INTEL einen sogenannten „Firmware Foundation Code" entwickelt, der über verbesserte Funktionen zur Wartung und Verwaltung verfügt. Im Gegensatz zum bisherigen monolithischen BIOS (d. h., immer das gesamte BIOS-Programm wurde geladen) wird hierbei die Schnittstelle **EFI** (Extensible Firmware Interface) zwischen der Hardware mit ihren implementierten Firmwareelementen und dem zu installierenden Betriebssystem zur Verfügung gestellt. EFI basiert auf modularen Treibern, die systemunabhängig sind und sich auch schon vor dem Betriebssystem bedarfsorientiert laden lassen.

Zur Weiterentwicklung von EFI wurde dann das **Unified EFI Forum** gegründet, in dem neben Intel auch weitere PC- und BIOS-Hersteller tätig sind (z. B. AMD, Microsoft, Apple). Die von diesem Gremium weiterentwickelte Schnittstelle wird mit **UEFI** (Unified Extensible Firmware Interface: Vereinheitlichte erweiterbare Firmware-Schnittstelle) bezeichnet. UEFI weist insbesondere die folgenden Merkmale auf:

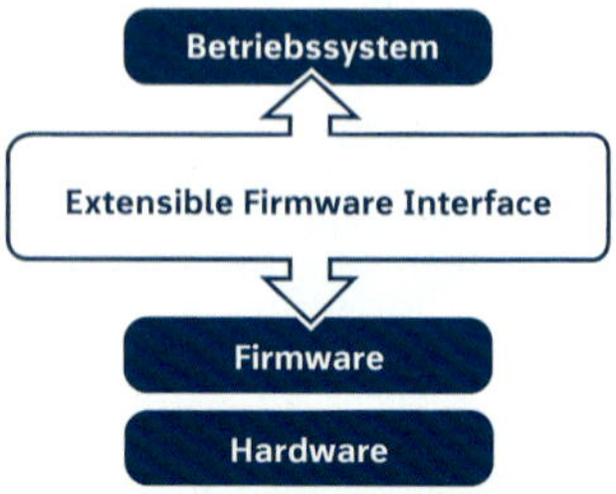

Bild 3.2: Extensible Firmware Interface

- Ist 64-bit-tauglich, modular erweiterbar und netzwerkfähig
- Unterstützt hochauflösende Grafikkarten und stellt eine grafische Benutzeroberfläche zur Verfügung, die auch mit der Maus bedienbar ist
- Ist kompatibel zu aktuellen BIOS-Versionen; die BIOS-Emulation erfolgt durch das Compatibility Support Module (CSM); der Nutzer kann bei Bedarf auch einen BIOS-basierenden Start wählen

- Bietet eine Auswahlmöglichkeit zwischen verschiedenen installierten Betriebssystemen, d. h., ein vorgeschalteter Bootloader ist nicht mehr erforderlich

- Kann im sogenannten **Sandbox-Modus** betrieben werden, d. h., Software kann vom Rest des Systems komplett abgeschirmt werden („virtuelle Umgebung"), um ggf. Schaden zu verhindern

- Kann auch Festplatten mit mehr als 2 Terabyte booten

- Kann bis zu 128 Partitionen verwalten

UEFI wird ab Windows 7 und ab Windows Server 2008 unterstützt.

3.1.2 Aufgaben des BIOS/UEFI

Das BIOS bzw. der Nachfolger UEFI ist für den Bootvorgang des PCs unbedingt erforderlich und wird in einem EEPROM gespeichert. Es wird auch als **Urlader** (Bootstrap Loader) bezeichnet und ist im Laufe seiner Entwicklung immer umfangreicher und leistungsfähiger geworden. Die Verwendung eines EEPROMs zur Speicherung des BIOS/UEFI ermöglicht die Aktualisierung einer vorhandenen Version. Diese Aktualisierung darf allerdings nur mit der vom BIOS/UEFI-Hersteller ausdrücklich für ein Board angegebenen Version erfolgen!

3

Das Aktualisieren eines BIOS/UEFI wird auch als **Flashen** bezeichnet.

Obwohl sich die Eigenschaften und der Funktionsumfang des BIOS/UEFI bei den verschiedenen Herstellern voneinander unterscheiden, sind die grundsätzlichen Aufgabenbereiche gleich. Hierzu gehören im Einzelnen:

- Selbsttest des PC

- Fehler- bzw. OK-Meldungen

- Prüfen der Systemkonfiguration

- BIOS: Initialisieren **aller** Komponenten; UEFI: Initialisieren der **aktiven** Komponenten (das Ignorieren deaktivierter Elemente bewirkt eine Verkürzung des Bootvorgangs)

- Suchen nach einem bootfähigen Medium

- Aktivieren der Startdateien des vorhandenen Betriebssystems

Der Selbsttest wird auch als **POST**-Diagnose (**P**ower **o**n **S**elf **T**est) bezeichnet. Hierbei werden zunächst sämtliche Komponenten in einen definierten Anfangszustand versetzt, d. h., es wird ein sogenannter **Reset** durchgeführt. Bei diesem Reset werden beispielsweise in sämtliche Zellen des Arbeitsspeichers Nullen geschrieben. Anschließend wird das Befehlsregister des Hauptprozessors auf die Startadresse des EEPROM-Bereiches gesetzt, damit die in diesem Speicher abgelegten Informationen ausgelesen und ausgeführt werden können. Diese ersten Anweisungen veranlassen den Prozessor dazu, das Vorhandensein und die Funktion des Hauptspeichers zu überprüfen. Hierzu wird in jede Speicherzelle ein Test-Bitmuster geschrieben, anschließend wieder ausgelesen und auf Übereinstimmung überprüft. Anschließend wird der Inhalt des CMOS- bzw. Flash-EEPROM-Speichers in den Arbeitsspeicher geladen und die dort abgelegten Informationen über die Systemkonfiguration überprüft. Im Anschluss daran werden auch die Funktionen der übrigen (bei UEFI: aktiven Komponenten, z.B. Controller, Tastatur, Netzwerkadapter) überprüft, indem Steuersignale an die einzelnen Baugruppen gesendet werden, die diese dann quittieren müssen.

Werden Fehler festgestellt, werden diese durch Fehlercodes bzw. -meldungen angezeigt. Diese Meldungen sind BIOS/UEFI-abhängig und sollten im Handbuch des Rechners dokumentiert sein. Beim POST wird zwischen zwei Arten von Fehlern unterschieden: fatale und nicht fatale Fehler. Als fatal wird jeder Fehler auf dem Motherboard eingestuft. Ein fataler Fehler führt zum sofortigen Abbruch des Bootvorgangs (z.B. kein Controller ansprechbar), bei nicht fatalen Fehlern ist zwar der Funktionsumfang des PC eingeschränkt, aber grundsätzlich gegeben (z.B. fehlende Datums- und Zeiteinstellung).

Arbeitet das System fehlerfrei, werden die Hardwarekomponenten einer grundlegenden softwaremäßigen Einstellung unterzogen, die das Zusammenarbeiten dieser Komponenten erst ermöglicht. Beim Start eines UEFI-Boards werden nur die aktiven Komponenten eingestellt. Anschließend sucht das BIOS/UEFI in einer vorgegebenen Reihenfolge auf den gefundenen Speichermedien (z.B. Festplatte oder DVD/BD-Laufwerk) nach einem bootfähigen Programm. Hierzu muss eine entsprechende bootfähige Festplatte oder DVD/BD (alternativ auch ein bootfähiger USB-Stick) vorhanden sein. Auf bootfähigen Datenträgern sind in einem festgelegten Bereich u.a. Informationen über die eigene Speicherstruktur angelegt, die erforderlich sind, damit das System die Startdateien des vorhandenen Betriebssystems findet und in den Arbeitsspeicher laden kann. Hierbei handelt es sich bei einem „BIOS-Start" um den **MBR** (**M**aster **B**oot **R**ecord; Kap. 3.2.4) und bei einem „UEFI-Start" um die **GPT** (**G**UID **P**artition **T**able; Kap. 3.2.6). Anschließend übernimmt dieses Betriebssystem die Kontrolle über den PC und steuert alle weiteren Vorgänge.

3.1.3 CMOS/UEFI-Setup

Während des Bootvorgangs benötigt das BIOS/UEFI Informationen über die vorhandene Konfiguration des PC. Aus diesem Grunde ist es wichtig zu wissen, welche Gerätekonfiguration vorliegt und welche Daten im CMOS- bzw. im entsprechenden Flash-EEPROM-Bereich gespeichert sind. Diese Informationen müssen beim allerersten Systemstart nach dem Zusammenbau des PC in den CMOS-/Flash-EEPROM-Speicher geschrieben werden. Bei Änderung der Gerätekonfiguration (z.B. Einbau eines zusätzlichen Laufwerks, Erweiterung des Arbeitsspeichers) werden diese Daten meist automatisch vom Betriebssystem aktualisiert, damit der Rechner mit den neuen Komponenten arbeiten kann.

Die Daten lassen sich auch mit dem Dienstprogramm **CMOS/UEFI-SETUP** eingeben, prüfen bzw. verändern. Dieses Dienstprogramm ist im BIOS/UEFI-Flash-EEPROM gespeichert und lässt sich beim Booten des Rechners durch Betätigen der ⎡Entf⎤-Taste oder durch Betätigung einer anderen, dem Handbuch zu entnehmende Tastenkombination aufrufen. Änderungen sollten allerdings nur von Benutzern vorgenommen werden, die über das entsprechende Fachwissen verfügen, da der Rechner bei falschen Einstellungen nicht bootet.

Das Setup-Dienstprogramm bietet für diesen Fall zwar sogenannte Standardwerte (**Default**-Werte) an, die dann automatisch eingetragen werden können, diese müssen jedoch nicht immer optimal für eine vorhandene Konfiguration geeignet sein. Aus diesem Grunde sollte man sich stets die aktuellen Konfigurationseinstellungen notieren.

3.1.4 BIOS/UEFI-Einstellungen

Die SETUP-Programme (BIOS/UEFI Setup Utility) der verschiedenen Hersteller unterscheiden sich in ihren Einstellmöglichkeiten voneinander. Der prinzipielle Aufbau ist allerdings identisch: Die Einstellparameter sind in Menüform zusammengefasst und tragen vergleichbare Bezeichnungen.

Nach dem Aufruf eines BIOS/UEFI-SETUPs erscheint auf dem Bildschirm in der Regel automatisch das Startmenü mit einer entsprechenden Hauptmenüleiste (Bild 3.3).

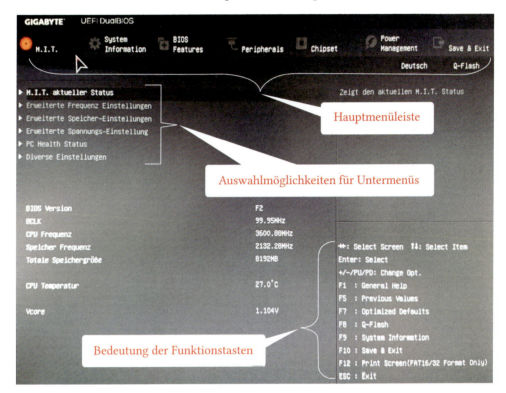

Bild 3.3: Typisches Startmenü eines UEFI-BIOS (Beispiel)

Die Navigation durch die verschiedenen Setup-Menüs kann bei einem BIOS nur mittels der angegebenen Funktionstasten erfolgen. Bei einem UEFI ist auch eine Bedienung mit der Maus möglich. Eine Kennzeichnung (z. B. ein kleines Dreieck, Bild 3.3) verweist auf ein Untermenü, welches sich öffnet, wenn man den entsprechenden Menüpunkt markiert hat und anschließend die ⏎-Taste betätigt oder den Menüpunkt mit der Maus anklickt.

Bei der Eingabe von Parameterwerten ist entweder eine freie Eingabe von Werten oder eine Auswahl aus vorgegebenen Daten möglich. Die folgenden Bilder zeigen beispielhaft die Struktur einiger UEFI-Menüs.

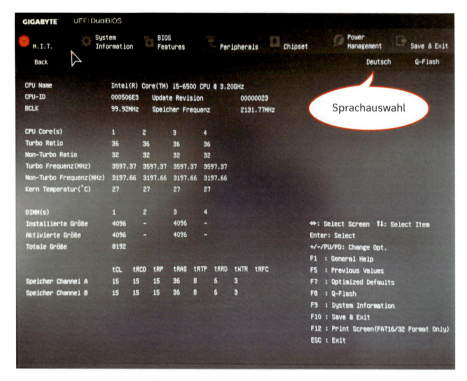

Bild 3.4: Beispiel für ein ausgewähltes Untermenü

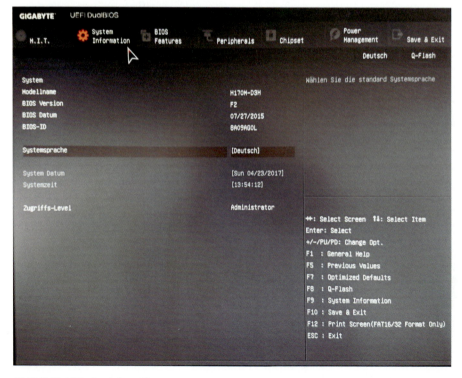

Bild 3.5: Menü Systeminformation

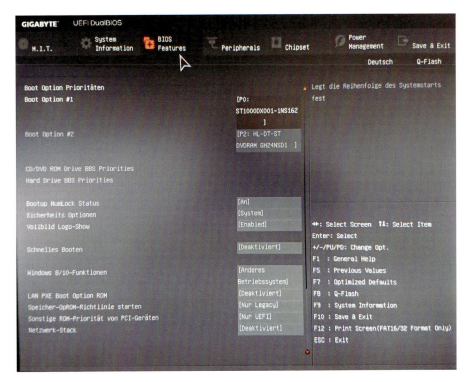

Bild 3.6: Menü BIOS Features

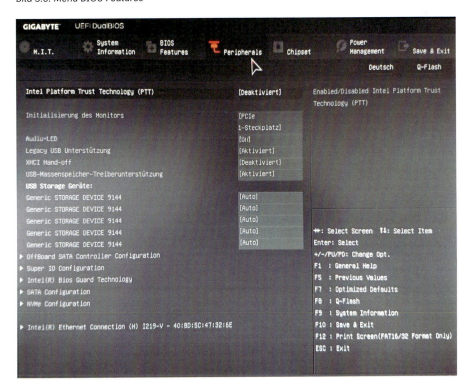

Bild 3.7: Menü Peripherals

Bild 3.8: Menü Chipset

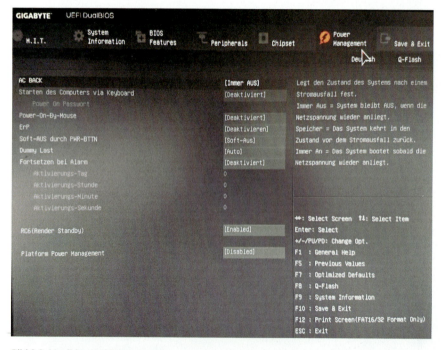

Bild 3.9: Menü Power Management

Die Einstellungsmöglichkeiten ändern sich mit jeder neuen BIOS/UEFI-Version. Die Bedeutungen der einzelnen Parameter lassen sich bei Bedarf entsprechenden, ständig aktu-
alisierten Internetseiten entnehmen (z. B. www.bios-info.de).

3.1.5　BIOS/UEFI-Fehlermeldungen

Findet das BIOS/UEFI beim Selbsttest Fehler, können diese in unterschiedlicher Weise gemeldet werden:

- Als Klartext-Meldungen auf dem Bildschirm (Bild 3.10)

- Durch eine Folge von Tönen über den eingebauten Lautsprecher (Bild 3.11)

- Durch Leuchtdioden- oder Ziffernanzeige auf dem Motherboard (Hinweis: Nicht jedes Board unterstützt diese Anzeigeart.)

- Mittels Sprachausgabe über den eingebauten Lautsprecher; hierzu muss ein entsprechender Voice-Editor installiert sein

Typische Meldungen auf dem Bildschirm sind:

Fehlermeldung	Bedeutung
C-MOS-BATTERY HAS FAILED	Batterie zum Puffern der Daten im CMOS-Speicher ist defekt.
C-MOS CHECKSUM ERROR	Das BIOS prüft den Inhalt des CMOS-Speichers, bevor es die Hardware mit den darin enthaltenen Parametern programmiert. Aus den gespeicherten Werten wird eine Quersumme errechnet, die als Test dient. Eine Fehlermeldung erscheint, wenn die Quersumme nicht zu den gespeicherten Werten passt.
DISC BOOT FAILURE, INSERT SYSTEM DISC AND PRESS ENTER	Es wurde keine Festplatte zum Booten gefunden. Um das System zu starten, ist eine Bootdiskette erforderlich.
ERROR ENCOUNTERED INITIALIZING HARD DRIVE	Es wurden falsche physikalische Daten über eine vorhandene Festplatte gefunden oder die Festplatte kann nicht angesprochen werden, weil z. B. ein Kabel locker oder der Festplattencontroller nicht richtig in seinem Slot sitzt.
ERROR INITIALIZING HARD DISC CONTROLLER	Es liegt ein Festplattenproblem vor (s. o.). Dieses kann entweder bei der Festplatte selbst oder beim Festplattencontroller begründet sein.
KEYBOARD ERROR OR NO KEYBOARD PRESENT	Es wird keine Tastatur gefunden oder beim Bootvorgang ist eine Taste blockiert (z. B. eine Taste ist dauerhaft gedrückt).
MEMORY ADRESS ERROR AT …	Beim Testen des RAM-Speichers wurde bei der angegebenen Adresse ein Fehler gefunden.
MEMORY PARITY ERROR AT …	Es wurde ein Fehler in der Checksumme der RAM-Bausteine bei der angegebenen Adresse gefunden.
PRESS ANY KEY TO REBOOT	Kommt diese Meldung zusätzlich zu einer anderen Meldung, so ist nach einer Fehlermeldung ein Neustart vorzunehmen. Erscheint diese Meldung allein, hat das BIOS vermutlich kein Betriebssystem gefunden.

Bild 3.10: Typische BIOS/UEFI-Fehlermeldungen

3

Fehler können auch in der dargestellten akustischen Form signalisiert werden:

Ton	Bedeutung
1 × kurz	Kein Fehler
1 × lang	Netzteilfehler
1 × lang 2 × kurz	Grafikkarte defekt
1 × lang 3 × kurz	Grafikvideo-RAM defekt
1 × lang 6 × kurz	Tastatur-Controller defekt
1 × lang 8 × kurz	Grafikspeicher defekt
1 × lang 9 × kurz	ROM-BIOS Prüfsummenfehler
2 × lang	Parityfehler; Speicherchip defekt
3 × kurz	Fehler im unteren Speicherblock (erste 64 kByte)
3 × lang	Tastatur-Controller defekt
3 × kurz 3 × lang 3 × kurz	RAM-Module defekt
4 × kurz	System-Timer ausgefallen
5 × kurz	Prozessorfehler
6 × kurz	Kein Speicher installiert
7 × kurz	Ausnahme-Unterbrechungs-Fehler
8 × kurz	Speicher-Fehler
9 × kurz	CMOS/ROM-Checksummen-Fehler
10 × kurz	CMOS Lesefehler

Bild 3.11: Beispiele für mögliche akustische BIOS-Fehlermeldungen

Die Zuordnung zwischen Tonfolge und signalisiertem Fehler ist bei Bedarf dem jeweiligen Handbuch zu entnehmen.

Meldet sich die Grafikkarte auf dem Bildschirm und sieht man einen blinkenden Cursor, funktionieren auf jeden Fall das Netzteil, der Prozessor, die Grafikkarte und der Bildschirm. Außerdem sind sowohl das BIOS/UEFI als auch der CMOS-Speicher lesbar und haben eine korrekte Checksumme, der Prozessor findet die ersten 64 kByte RAM und kann diese sowohl beschreiben als auch lesen. Das I/O-System funktioniert grundlegend und kann auf die vorhandene Grafikkarte zugreifen.

3.1.6　Verhalten bei BIOS/UEFI-Fehlern

Kann ein Rechner nicht mehr gebootet werden, so kann dies an einer falschen BIOS/UEFI-Einstellung liegen. In diesem Fall sollte man das BIOS/UEFI-Setup aufrufen und die eingetragenen Werte überprüfen. Änderungen sollten hierbei nur schrittweise vorgenommen werden. Nach jedem Schritt sollte die Funktion überprüft werden, um die Fehlerursache zu lokalisieren. Sind die ursprünglichen Werte nicht mehr bekannt, kann man zu den voreingestellten Default-Werten zurückkehren, die den Rechner zwar nicht optimal konfigurieren, die aber ein Hochfahren ermöglichen sollten. Hierbei werden die Datums- und die Laufwerksinformationen im Allgemeinen nicht auf einen Standardwert zurückgesetzt, sondern beibehalten. Lässt sich der Rechner nun immer noch nicht booten, kann man von einem ernsteren Hardwareproblem ausgehen.

Kommt man erst gar nicht ins BIOS/UEFI-Setup hinein, lässt sich unter Umständen der CMOS- bzw. Flash-EEPROM-Speicher auf die vorgegebenen Default-Werte zurücksetzen, indem man die (Einfg)-Taste gedrückt hält und dann erst den PC einschaltet. Hilft auch dies nicht, besteht als Nächstes die Möglichkeit, den auf dem Motherboard befindlichen CMOS-/Flash-EEPROM-Reset-Jumper (CLEAR-Jumper) für 5 bis 30 Sekunden zu setzen. Dieser befindet sich in der Regel in der Nähe der eingebauten Batterie und ist mithilfe der zu jedem PC gehörenden Unterlagen zu finden. Das Setzen dieses Jumpers bewirkt eine Unterbrechung der Spannungsversorgung des CMOS-Speichers bzw. führt zu einem Reset des Flash-EEPROMs. Funktioniert der PC anschließend immer noch nicht, ist er wahrscheinlich defekt. Aufgrund des komplexen und hochintegrierten Aufbaus ist eine Reparatur meist mit großen Kosten verbunden und teilweise auch nicht mehr möglich, insbesondere dann, wenn der Fehler nicht näher lokalisiert werden kann.

Die aktuellen BIOS/UEFI-Versionen bieten die Möglichkeit, den Zugang zum PC mithilfe eines BIOS/UEFI-Passwortes zu beschränken. Hat man dieses Passwort einmal vergessen, so kann man versuchen, es durch Unterbrechen der Spannungsversorgung zu löschen (s. o.). Allerdings funktioniert diese Methode nur bei einem C-MOS-Speicher. Ansonsten hilft in der Regel nur eine Kontaktaufnahme mit dem Hersteller.

AUFGABEN

1. Erläutern Sie die Abkürzungen BIOS und UEFI. Welche Bedeutung hat das BIOS bzw. das UEFI für den PC und welche grundlegenden Aufgaben führen beide beim Booten durch?

2. Welche grundsätzliche Struktur weist das BIOS/UEFI-Setup-Programm auf?

3. Welche Vorteile bietet das UEFI gegenüber dem BIOS?

4. Ein Kunde möchte die Bootreihenfolge auf seinem PC verändern. Erläutern Sie ihm die Vorgehensweise.

5. In welcher Form kann das BIOS/UEFI Fehler melden, die beim Selbsttest festgestellt wurden?

3.2   Organisation externer Datenträger

Um auf einem Festplattenlaufwerk Daten speichern zu können, müssen die darin verwendeten magnetischen Speichermedien zunächst vorbereitet werden. Diese Vorbereitung besteht darin, auf dem Speichermedium Strukturen zu schaffen, die es dem Betriebssystem ermöglichen, Daten auf den Träger zu schreiben, sie zu verwalten und sie auch schnellstmöglich wieder zu lesen. Das Erzeugen solcher Strukturen wird als **Formatieren** bezeichnet.

Bei Festplatten umfasst der **Formatierungsvorgang** grundsätzlich die folgenden drei Schritte:

1. Low-Level-Formatierung
2. Erzeugung einer oder mehrerer Partitionen
3. Logische Formatierung der Partitionen

3.2.1 Low-Level-Formatierung

Die Low-Level-Formatierung erfolgt meist werksseitig durch den Hersteller. Hierbei wird auf der Plattenoberfläche durch den eingebauten Festplattencontroller eine Struktur aus **logischen Spuren** (Tracks) und **Sektoren** (Sectors) erzeugt. Die Anzahl der Spuren und Sektoren hängt jeweils vom physikalischen Aufbau der Platte ab. Dieser Vorgang sollte nachträglich nur von einem erfahrenen User erneut durchgeführt werden, möglichst mit einem speziellen, vom jeweiligen Hersteller bereitgestellten Low-Level-Formatierungsprogramm, das sämtliche individuellen Parameter der entsprechenden Festplatte berücksichtigt.

Unter einer Spur versteht man einen schmalen ringförmigen Streifen, auf dem später die Speicherung von Daten erfolgt. Die Spuren werden auf jeder Plattenseite – jeweils mit der Spur null beginnend – durchnummeriert. Die Spur null befindet sich immer am äußeren Rand der Platten, die Spuren mit der höchsten Nummer liegen der Drehachse jeweils am nächsten. Die Spu-

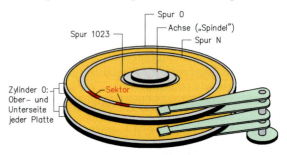

Bild 3.12: Low-Level-Formatierung einer Festplatte

ren der Plattenseiten mit jeweils der gleichen Spurnummer gehören zu einem sogenannten **Zylinder**. Zum Zylinder null gehören demzufolge die Spuren null auf den Ober- und Unterseiten aller vorhandenen Platten.

Jede angelegte Spur ist in Abschnitte – die sogenannten **Sektoren** – unterteilt, in denen später die Daten gespeichert werden. Die Daten werden von den Schreib-Lese-Köpfen (Kap. 1.8.1.1) geschrieben und gelesen.

Bei der **Low-Level-Formatierung** werden auf der Plattenoberfläche logische Spuren und Sektoren angelegt. Ein Sektor ist die kleinste mögliche Speichereinheit auf der Festplatte.

Die Speicherkapazität eines Sektors stellt immer eine Zweierpotenz dar und betrug früher standardmäßig 512 Byte. Festplatten mit großen Speicherkapazitäten werden heute aber meist mit 4k-Sektoren (4096 Byte; Kap. 3.2.5) formatiert. Ein oder mehrere Sektoren werden zu sogenannten **Clustern** zusammengefasst.

Ein **Cluster** ist der kleinste Speicherbereich, der von einem Dateisystem genutzt werden kann.

Die Clustergröße hängt von der Größe der Partition ab, in Abhängigkeit vom verwendeten Dateisystem ergeben sich hierbei Grenzwerte, die nicht überschritten werden können. Die Anzahl der verwaltbaren Sektoren ist systembedingt begrenzt (Kap. 3.2.7).

Um den Speicherplatz in den außen gelegenen Spuren optimaler zu nutzen, verwenden moderne Datenträger das **MZR-Verfahren** (MZR: Multiple Zone Recording; alternative Bezeichnung: ZBR, Zone Bit Recording). Bei diesem Verfahren vergrößert sich die Zahl der Sektoren, je weiter die entsprechende Spur von der Drehachse entfernt ist. Ein Bereich mit gleicher Anzahl von Sektoren pro Spur bildet dann eine **Zone**. Die Schreib-/Lesegeschwindigkeit innerhalb einer Zone bleibt dann gleich groß. Bei einem Zonenwechsel von innen nach außen hingegen nimmt sie jeweils zu, da bei gleicher Winkelgeschwindigkeit mehr Sektoren pro Zeiteinheit gelesen oder beschrieben werden können.

> Die Einteilung der Festplatte, d. h. die Anzahl und Lage der Spuren und Zylinder auf einem Datenträger, die Anzahl der Köpfe pro Zylinder und die Anzahl der Sektoren pro Spur bezeichnet man als **physikalische Datenträgergeometrie**.

Damit der Beginn eines Sektors eindeutig erkannt wird, ist eine entsprechende Identifikationsinformation für jeden Sektor erforderlich. Die Informationen zur Sektorerkennung können in einem Bereich unmittelbar vor dem Datenbereich im jeweiligen Sektor gespeichert sein (**Sektorheader**). Moderne Datenträger reservieren allerdings oft die komplette Seite einer Platte für die Aufzeichnung von Positionsinformationen und ergänzen diese mit Informationen zur Fehlerkorrektur. Diese Daten werden während der Low-Level-Formatierung auf den Datenträger geschrieben und später vom Festplattencontroller ausgewertet. Sie dienen dem Controller dazu, die Position der Köpfe zu steuern, wenn diese sich zu einer anderen Stelle auf dem Datenträger bewegen müssen. Für das Betriebssystem sind diese Informationen nicht verfügbar. Die Plattenseite mit den Controllerinformationen steht für die Aufzeichnung von Daten nicht mehr zur Verfügung. Bei einer Festplatte, die beispielsweise aus zwei Einzelplatten aufgebaut ist, stehen demnach noch drei Seiten für die Datenspeicherung zur Verfügung.

3.2.2 Partitionierung

In einem zweiten Schritt müssen auf einer Festplatte eine oder mehrere Partitionen erzeugt werden. Dieser Schritt unterscheidet sich bei einem BIOS-basierenden Vorgang von dem bei einem UEFI-basierenden Vorgang (Kap. 3.2.6).

> Eine **Partition** ist ein logisch selbstständiger Teil einer Festplatte, der wie eine physikalisch separate Einheit funktioniert und sich durch ein Dateisystem (Kap. 3.2.7) nutzen lässt.

Die erste Partition auf einer BIOS-basierenden Festplatte beginnt immer an der Außenseite bei Zylinder 0, Kopf 0 und Sektor 1. Da die Partitionen stets ganze Zylinder umfassen, besteht die kleinste erzeugbare Partition auf einer Festplatte aus allen Spuren eines einzelnen Zylinders.

Bei BIOS-basierenden Partitionen unterscheidet man grundsätzlich zwischen **primären Partitionen** (Primary Partition) und **erweiterten Partitionen** (Extended Partition). In einer primären Partition kann man die Dateien für das Laden eines Betriebssystems unterbringen, der PC kann dann von der primären Partition gebootet werden. Einer primären Partition wird unter Windows-Betriebssystemen ein Laufwerksbuchstabe (z. B. **C:**) zugeordnet. Bei Linux/Unix-Systemen werden die Laufwerke mit den Bezeichnungen **hda**, **hdb** usw. versehen und **Volumes** genannt (hd: Hard Disc). Die primäre Partition, von der gebootet wird, nennt man auch **aktive Partition** oder **Systempartition**. Da man auf einer (BIOS-basierenden) Festplatte bis zu vier Partitionen erzeugen kann (Kap. 3.2.4), lassen sich auch mehrere primäre Partitionen erzeugen, die verschiedene Betriebssysteme enthalten (z. B. Windows 10 und Linux). Allerdings kann es in einem Computer mit einem x86-Prozessor nur eine einzige *aktive* Partition geben. Der PC kann dann mit dem Betriebssystem in derjenigen primären Partition gebootet werden, die als „aktive Partition" eingestellt ist.

> Unter der **Systempartition** bzw. **aktiven Partition** versteht man diejenige primäre Partition, von welcher der PC gebootet wird.

Eine **erweiterte Partition** ist ein logischer Bereich, von dem aus ein Booten nicht möglich ist. Auf einer Festplatte kann es nur eine einzige erweiterte Partition geben. Sie unterscheidet sich allerdings von einer primären Partition dadurch, dass eine weitere Unterteilung in **logische Laufwerke** möglich ist. Jedem dieser logischen Laufwerke wird dann (bei Windows) ein Laufwerksbuchstabe zugeordnet (z. B. **E:**, **F:**, **G:**), d. h., einer erweiterten Partition können ein oder mehrere Laufwerksbuchstaben zugeordnet werden. Die Anzahl der logischen Laufwerke wird in der Praxis lediglich durch die Anzahl der zur Verfügung stehenden Buchstaben („Lastdrive = Z") begrenzt. Auf diese Weise ist es möglich, die Begrenzung auf vier Partitionen zu umgehen und die Festplatte in mehr als vier logische Bereiche zu konfigurieren. Ist ein PC Teil eines LANs (Local Area Network, siehe „Vernetzte IT-Systeme"), so kann er auch auf Laufwerke zugreifen, die sich in anderen Computern befinden, sofern er vom Netz-Administrator entsprechende Zugriffsrechte bekommen hat. Diese Netzlaufwerke werden ebenfalls mit Laufwerksbuchstaben gekennzeichnet.

Das Partitionieren erfolgt entweder mit einem entsprechenden Tool (Partitionsprogramm, Festplattenmanager; betriebssystemintern oder von Drittanbietern) oder mit dem (immer noch unterstützten) MS-DOS-Betriebssystembefehl **FDISK**. Ist mehr als eine primäre Partition vorhanden, kann hiermit auch die „aktive Partition" eingestellt werden.

Waren in der Vergangenheit insbesondere unter Windows lediglich Partitionen verwaltbar, die sich auf einem einzigen physischen Datenträger befanden, so lassen sich inzwischen Festplatten auch als dynamische Datenträger verwalten.

> Der Begriff **dynamischer Datenträger** bezeichnet unter Windows eine flexible Verwaltungsstruktur für Festplattenspeicher, die sich auch über mehrere, physisch vorhandene Laufwerke erstrecken kann.

Diese Verwaltungsstruktur ist vergleichbar mit dem bei Unix-/Linux-Systemen verwendeten **Logical Volume Manager** (LVA). Merkmale der dynamischen Datenträgerverwaltung sind:

- Überwindung der „klassischen" Einteilung einer Festplatte in primäre und erweiterte Partitionen, hier **Basisdatenträger** genannt

- Einrichten von logischen Laufwerken, hier **Volumes** genannt

Hierbei sind verschiedene Volume-Typen möglich:

Volume-Typ	Merkmale
Einfaches Volume	Entspricht einer klassischen Partition auf einem Basisdatenträger
Übergreifendes Volume	Zusammenfassung von Speicherplatz, der sich auf mehreren Festplatten verteilt befindet, zu einer logischen Einheit mit einer einzigen Laufwerksbezeichnung, wobei auch eine nachträgliche Kapazitätsveränderung möglich ist; keine RAID-Funktion
Stripeset	Zusammenfassung mehrerer dynamischer Datenträger, entspricht RAID 0; keine nachträgliche Kapazitätsänderung möglich

Bild 3.13: Volume-Typen unter Windows

Anders als bei der klassischen Partitionierung wird bei der dynamischen Datenträgerverwaltung die Information über logische Laufwerke nicht in der Partitionstabelle einer Festplatte gespeichert (Kap. 3.2.4). Stattdessen hinterlegt das System die Informationen über die eingerichteten Volumes am Ende der Festplatte in Form einer Datenbank. Eine Partitionstabelle wird dennoch angelegt, damit andere Betriebssysteme die Platte nicht als unpartitioniert einstufen.

Mit Windows 8.1 wurden im Zusammenhang mit ReFS (Kap. 3.2.7.4) auch sogenannte **Storage Spaces** eingeführt, die auch von Windows 10 unterstützt werden. Hierbei handelt es sich um eine Weiterentwicklung der dynamischen Datenträger, bei der auch im laufenden Betrieb durch Hinzufügen z.B. einer weiteren Festplatte der Speicherplatz nahezu beliebig vergrößert werden kann. Die Daten werden redundant gespeichert, Fehlererkennung und Fehlerkorrektur ist möglich. Im Gegensatz zu einem RAID-Verbund (Kap. 1.7.3) lassen sich Festplatten beliebiger Kapazitäten kombinieren, die auch an unterschiedlichen internen und externen Schnittstellen angeschlossen sind. Die physikalisch vorhandenen Festplatten werden hierbei zu einer oder mehreren **virtuellen Festplatten** zusammengefasst. Das Betriebssystem „sieht" dann quasi wiederum nur ein virtuelles Laufwerk.

3.2.3 Logische Formatierung

Um eine Partition, ein logisches Laufwerk oder ein Volume durch ein Dateisystem nutzen zu können, muss als Letztes noch eine **logische Formatierung** durchgeführt werden. Bei der logischen Formatierung werden die von einem Dateisystem zur Verwaltung benötigten Strukturen bzw. Dateien auf der Festplatte erzeugt. Hierzu gehören:

- Die Boot-Datei
- Informationen über den zur Verfügung stehenden Speicherbereich
- Anlegen eines Wurzelverzeichnisses (Stammverzeichnis)
- Informationen über vorhandenen, genutzten und ungenutzten Speicherplatz, Verzeichnisse usw.
- Information über beschädigte Bereiche auf der Festplatte

Die Art und Weise, wie diese logische Formatierung durchgeführt wird, hängt vom verwendeten Dateisystem ab. Die meisten Betriebssysteme unterstützen mehrere Dateisysteme.

3.2.4   Master Boot Record

Beim ersten Anlegen einer (klassischen), BIOS-basierenden Partition erzeugt das jeweils eingesetzte Programm auf einer Festplatte stets den sogenannten **Master Boot Record** (MBR) und eine **BOOT-Datei**. Bei PCs mit x86-Prozessoren muss sich der Master Boot Record immer in Sektor 1 der Spur 0 auf der ersten Platte befinden. Der Master Boot Record ist im Allgemeinen unabhängig von einem Betriebssystem, während die Boot-Datei vom Betriebssystem und vom verwendeten Dateisystem abhängt.

Der Master Boot Record enthält die **Partitionstabelle** und einen **ausführbaren Code**. Die Partitionstabelle besteht grundsätzlich aus einer 64 Byte umfassenden tabellarischen Datenstruktur. Jeder Eintrag ist 16 Byte lang, sodass maximal vier Einträge und damit vier Partitionen möglich sind. Die Einträge sind in sogenannte **Felder** aufgeteilt, deren Bedeutungen jeweils genau spezifiziert sind. Für jede Partition existieren die gleichen Felder, die Inhalte beschreiben die Eigenschaften der entsprechenden Partition. Sind weniger als vier Partitionen vorhanden, stehen in den zugehörigen Feldern Nullwerte. Bei Veränderungen auf den Datenträgern (z. B. Erstellen, Löschen oder Formatieren von Datenträgern) wird die Partitionstabelle automatisch aktualisiert.

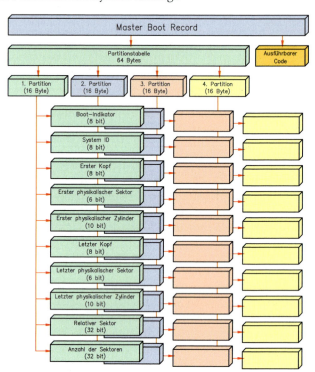

Bild 3.14: Prinzipieller Aufbau des Master Boot Records

Der **Boot-Indikator** gibt an, ob es sich bei mehreren vorhandenen Partitionen um eine aktive Partition handelt oder nicht. Bei x86-Prozessoren kann dieses Feld nur bei einer einzigen der ggf. vorhandenen Partitionen aktiviert sein. Durch Änderung der Einstellung dieses Feldes (z. B. Aktivierung mithilfe des immer noch vom Betriebssytem unterstützten DOS-Befehls FDISK) kann man festlegen, von welcher Partition der PC booten soll.

Das Feld **System ID** beschreibt das zur logischen Formatierung verwendete Dateisystem. Anhand der Informationen in diesem Feld kann das Betriebssystem beispielsweise bestimmen, welche Dateien beim Start zu laden sind.

Die Felder für den **ersten und letzten Schreib-Lese-Kopf**, den **ersten und letzten Sektor pro Spur** und den **ersten und letzten Zylinder** sind wichtig für den Startvorgang des Computers. Der ausführbare Code im Master Boot Record verwendet die hier enthaltenen Informationen, um die Boot-Datei des Betriebssystems aufzusuchen, sie in den Arbeitsspeicher zu laden und die Partition zu verwalten.

Das Feld **relativer Sektor** kennzeichnet den ersten Sektor einer Partition. Hierbei werden die Sektoren vom Anfang der Festplatte bis zum ersten Sektor der entsprechenden Partition gezählt.

Das Feld **Anzahl der Sektoren** gibt die gesamte Zahl der Sektoren innerhalb einer Partition an.

Beim Starten des PC wird normalerweise zunächst auf den ausführbaren Code des Master Boot Records zugegriffen. Dieser prüft die Partitionstabelle und identifiziert die Systempartition. Anschließend wird der Anfang der Systempartition gesucht und von dort die Boot-Datei in den Arbeitsspeicher geladen. Um die vom BIOS verwaltbaren Festplattenkapazitäten zu vergrößern, kann der Startvorgang ggf. auch entsprechend angepasst verlaufen (Kap. 3.2.5).

Wird der MBR z. B. durch Viren zerstört oder verändert, ist ein Starten von der Festplatte nicht mehr möglich. Da der ausführbare Code im MBR ausgeführt wird, bevor irgendein Betriebssystem gestartet ist, kann auch kein Betriebssystem eine Beschädigung des MBR erkennen oder reparieren. Hierzu sind dann spezielle Tools erforderlich, mit denen man den Inhalt des MBR anschauen, sichern und ggf. auch wiederherstellen kann.

3.2.5 Festplattenkapazität und Festplattenübersetzung

3

Im Master Boot Record ergeben sich durch die festgelegte Anzahl der Bits in den einzelnen Feldern jeweils bestimmte Maximalwerte. Die Felder für den ersten und letzten Kopf sind jeweils 8 bit lang, sodass theoretisch maximal 256 Köpfe ansprechbar sind. Die Felder für den ersten und letzten Sektor weisen jeweils eine Länge von 6 bit auf, wodurch die Zahl der Sektoren pro Spur auf 64 begrenzt ist. Da man bei den Sektoren die Zuordnung „000000" für Datenfelder nicht zugelassen hat, stehen maximal 63 Sektoren pro Spur zur Datenspeicherung zur Verfügung. Die Felder für den ersten und letzten Zylinder sind jeweils 10 bit lang, sodass die Anzahl der Zylinder hierdurch auf 1024 beschränkt ist. Ursprünglich wurden Festplatten im sogenannten CHS-Modus verwaltet.

Im **CHS-Modus** werden Zylinder (**C**ylinder), Köpfe (**H**ead) und Sektoren (**S**ector) so angegeben, wie sie physikalisch vorhanden sind.

Die Auswertung der jeweiligen CHS-Maximalwerte reicht heute aber nicht mehr aus, um die Speicherkapazitäten von Festplatten zu verwalten. Aus diesem Grund wird das 32 bit große Feld „Anzahl der Sektoren" verwendet. Festplatten wurden zunächst mit dem Industriestandard von 512 Byte pro Sektor Low-Level vorformatiert. Hieraus errechnet sich eine maximal verwaltbare Speicherkapazität F_{max} zu:

$$
\begin{aligned}
F_{max} &= 512 \text{ Byte} \times 2^{32} \\
&= 512 \text{ Byte} \times 4\,294\,967\,296 \\
&= 2\,199\,023\,255\,552 \text{ Byte} \\
&= 2048 \text{ GiByte (entspräche} \\
&\quad\ 2199 \text{ GByte; Kap. 4.3.2)}
\end{aligned}
$$

Die Festplattenkapazität von 2048 GiByte (2 TiByte) stellt bei einer Sektorgröße von 512 Byte den theoretisch größten Wert dar, der sich durch die Nutzung der Informationen in der MBR-Partitionstabelle verwalten lässt. (Hinweis: Die Hersteller geben die Kapazität traditionell mit Dezimalpräfixen an, also 2 TByte; dies entspricht dann in der Praxis – entgegen nebenstehender Rechnung – „nur" ca. 1,82 GiByte; Kap. 4.3.2). Verwendet man hingegen Sektorgrößen von 4096 Byte, ergibt sich bei gleicher Rechnung für F_{max} unter Verwendung von Binärpräfixen ein Wert von 16 TiByte (bzw. ca. 17,592 TByte). Für Partitionen größer als 2 TiByte ist dann eine GUID-Tabelle erforderlich (Kap. 3.2.6).

> Festplatten, die mit einer Sektorgröße von 4096 Byte (Schreibweise: „4k-Sektor", eigentlich 4 KiByte; Kap. 4.3.2) Low-Level vorformatiert sind, werden als **Advanced Format Drives (AFD)** bezeichnet.

Moderne Festplatten verwalten ihre physikalische Datenträgergeometrie selbst über den eingebauten Festplattencontroller. Die wahre Struktur bleibt dem PC daher verborgen, er arbeitet quasi mit einer virtuellen Festplatte, bei der die Adressierung für ihn verständlich übersetzt wird. Hierzu zählt bei AFD-Festplatten bei Bedarf auch die Emulation der 4k-Sektoren auf 512-Byte-Sektoren („512E-Sektoren").

> Unter einer **Übersetzung von Sektoradressen** versteht man die Umwandlung der vorhandenen physikalischen Datenträgergeometrie in eine logische Konfiguration, die vom System-BIOS/UEFI und vom Betriebssystem unterstützt wird.

Heute werden Festplatten im sogenannten **LBA-Modus** (LBA = **L**ogical **B**lock **A**dressing) verwaltet. Hierbei wurde von den Festplattencontrollern zunächst eine 28-Bit-Adressierung verwendet, womit 2^{28} Sektoren mit jeweils 512 Byte ansprechbar sind, was einer Kapazität von 128 GiByte entsprach (EIDE bzw. ATA-Standard). Dieser Standard wurde später auf 48 bit erweitert, womit bei einer Sektorgröße von 512 Byte eine Kapazität von theoretisch bis zu 128 Pebibyte (128×10^{15} Byte) verwaltet werden kann.

Zur Verwaltung großer Festplatten können auch sogenannte **Diskmanager** eingesetzt werden. Hierbei handelt es sich um eine Software, die sich in den MBR der Festplatte einschreibt. Beim Bootvorgang kommt diese Software noch vor dem eigentlichen Betriebssystem zum Zuge, indem sie sich in den Arbeitsspeicher installiert und die BIOS-Routinen zum Ansprechen der Festplatte ersetzt.

3.2.6   GUID Partition Table

Während das BIOS beim Starten zwangsläufig auf den MBR zugreifen muss, um zu booten, fungiert das UEFI quasi selbst als ein Boot-Manager und kann ohne MBR direkt auf die GUID-Partitionstabelle zugreifen, in die sich Betriebssysteme bei der Installation eingetragen haben.

> **GUID** bedeutet **G**lobal **U**ser **Id**entifier und bezeichnet eine weltweit eindeutige Kennzeichnung, die im Zusammenhang mit der GPT aus 16 Bytes besteht.
> **GPT** ist die Abkürzung von **G**UID **P**artition **T**able und bezeichnet einen Standard für Partitionstabellen, die von einem UEFI auf einer Festplatte angelegt werden.

Beim ersten Anlegen von Partitionen mittels UEFI kann man zunächst meist auswählen zwischen der klassischen Partitionierung (Kap. 3.2.2) und der umfangreicheren UEFI-basierenden Einteilung der Festplatte. Wählt man die klassische Form, werden maximal 2 Tebibyte partitioniert, auch wenn die Festplatte eine größere Speicherkapazität aufweist. Dies erfolgt aus Gründen der Abwärtskompatibilität, da BIOS-basierende Systeme und einige Betriebssysteme von Festplatte größer 2 Tebibyte nicht booten können. Der weitere Vorgang erfolgt wie in Kap. 3.2.3 beschrieben.

Wählt man die UEFI-basierende Partitionierung, so wird zunächst eine **primäre GPT** (1. GPT) angelegt. Diese besteht aus

- einem klassischen MBR
- einem primären GPT-Header
- einem oder mehreren Partitionseinträgen

Darüber hinaus wird am Ende des Datenträgers eine Kopie der primären GPT erstellt, die als **sekundäre GPT** (2. GPT) bezeichnet wird, sodass im Fehlerfall eine Wiederherstellung möglich ist. Ein Fehlerfall kann durch Prüfsummen im GPT-Header festgestellt werden.

Der MBR ist hierbei nur vorhanden, damit Betriebssysteme oder Boot-Manager, die keine GUID-Partitionstabellen lesen können, das System zwar starten, aber keine Veränderungen außerhalb des MBR vornehmen können. Das Betriebssystem kann dann – wenn überhaupt – nur die im MBR angelegte Partition erkennen; der gesamte restliche Datenträger erscheint als belegt.

Neben anderen Informationen beinhaltet der GPT auch die GUID. Diese wird in hexadezimaler Schreibweise (Kap. 4.2.3) angegeben und besitzt folgende Struktur:

3

Beispiel für eine GUID
736DB01F-9ACD-4A9D-85C3-10CD85B82A54

GPT verwendet zur Adressierung von Sektoren **LBA** (**L**ogical **B**lock **A**ddressing; Kap. 3.2.5) mit jeweils 64 Bit. Hiermit sind 2^{64} Sektoren mit jeweils 512 Byte ansprechbar, was theoretisch einer Festplattenkapazität von 8291 ExbiByte (512 Byte × 2^{64}) entspricht. Insgesamt lassen sich mit einer GPT bis zu 128 Partitionen verwalten.

Bild 3.15 visualisiert in vereinfachter Form den komplexen Aufbau einer GPT-Festplatte.

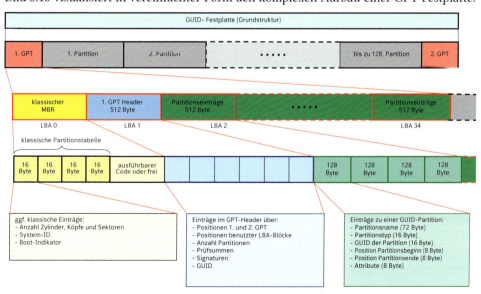

Bild 3.15: Prinzipieller Aufbau einer GPT-Festplatte

3.2.7 Dateisysteme

> Eine **Datei** (File) ist eine Sammlung zusammengehörender Daten.
>
> Unter einem **Dateisystem** (File System) versteht man die Gesamtstruktur, auf deren Grundlage Dateien benannt, gespeichert und organisiert werden.

In einem PC werden Dateien auf Massenspeichern (Festplatten, DVDs, BDs, USB-Sticks) gespeichert. Jede Datei besitzt einen Namen.

> Ein Dateiname hat die allgemeine Form: **Dateiname.Erweiterung**.

Der Dateiname besteht aus Zeichen und/ oder Ziffern und ist zur Kennzeichnung der Datei erforderlich. Dabei wird die maximale Länge eines Dateinamens sowohl durch das Betriebssystem als auch durch das Dateisystem des Datenträgers begrenzt (Kap. 3.2.7.1 ff.).

Die Erweiterung (auch: Suffix, Extension, Dateityp) ist optional und besteht in der Regel aus bis zu vier Zeichen oder Ziffern. Die Namenserweiterung dient zur Klassifizierung der Dateien.

Folgende Zeichen dürfen in Dateinamen und Erweiterungen nicht vorkommen, da sie als Sonderzeichen für spezielle Funktionen reserviert sind:

> „ \ / : | < > ? *

Bei der Namensgebung dürfen bei allen aktuell gebräuchlichen Windows-Betriebssystemen (bei Unix/Linux schon immer) auch mehrere Punkte verwendet werden (z. B. „kleines.haus.txt").

> Der letzte vorhandene Punkt in einem Dateinamen wird stets als Trennsymbol zwischen Dateiname und Erweiterung interpretiert.

Ein Dateisystem besteht aus Dateien, Verzeichnissen bzw. Ordnern, in denen die Dateien abgelegt werden, sowie den für die

Suffix	Erläuterung
.avi	Videodatei
.bmp	Bitmap-Bilddokument
.cab	Kabinett-Datei (meist für PDA)
.dat	Textdatei
.dll	Programmbibliothek
.doc, .docx	Word-Dokument
.dot	Word-Vorlage
.exe	ausführbare Programmdatei
.gif	Gif-Bilddokument
.hlp	Hilfedatei
.htm	Html-Dokument
.ico	Symboldatei
.ini	Konfigurationsdatei
.jpg	JPEG-Bilddokument
.log	Kontrolldatei
.mdb	Access-Datenbank
.mp3	MP3-Musikdatei
.pdf	Acrobat-Reader-datei
.ppt	Power-Point-Dokument
.pub	Microsoft-Publisher-Dokument
.rtf	Textdatei (rich text format)
.sys	Systemdatei
.tmp	temporäre Datei
.txt	Textdatei
.vob	DVD-Movie-Datei
.wav	Wavesound-Datei
.wmx	Windows-Media-Audio-/ Videodatei
.xls, .xlsx	Excel-Dokument
.xlt	Excel-Vorlage
.zip	ZIP-komprimierte Datei

Bild 3.16: Beispiele für Dateierweiterungen

Lokalisierung bzw. den Zugriff auf diese Elemente erforderlichen Informationen. Im Folgenden werden einige gängige Dateisysteme kurz dargestellt.

3.2.7.1 FAT 16

Das Dateisystem **FAT** basiert auf der sogenannten **Dateizuordnungstabelle** (File Allocation Table, FAT), die sich auf dem Datenträger stets direkt hinter dem Bootsektor der Partition befindet. Hierbei handelt es sich um eine Tabelle bzw. Liste zum Verwalten von Speicherplatz, die für die Speicherung von Dateien verwendet wird. Die Verwaltung und damit die Speicherung erfolgt clusterweise (Kap. 3.2.1), die Anzahl der Cluster beträgt aufgrund der 16-Bit-Adressierung maximal 65 536. Aus diesem Grund wird dieses Dateisystem auch FAT 16 genannt. Die Clustergröße hängt von der Größe der Partition ab:

Partitionsgröße	Sektoren pro Cluster	Clustergröße
Bis 512 MiByte	16	8 KiByte
Bis 1024 MiByte	32	16 KiByte
Bis 2048 MiByte	64	32 KiByte

Bild 3.17: Beispiele für Abhängigkeit zwischen Cluster- und Partitionsgrößen bei FAT 16 (Angabe auch mit Dezimalpräfixen möglich; Kap. 4.3.2)

Die maximale Clustergröße betrug ursprünglich 32 KiByte, später dann auch 64 KiByte. Hierdurch konnte die maximale Partitionsgröße von zunächst 2 GiByte auf 4 GiByte verdoppelt werden. Ein FAT-formatierter Datenträger hat prinzipiell folgende Struktur:

Bootsektor der Partition	FAT	Stammverzeichnis	Unterverzeichnisse und alle Dateien

Bild 3.18: Prinzipielle Organisation eines FAT-Datenträgers

Für jeden Cluster stehen in der Dateizuordnungstabelle (FAT) folgende Informationstypen zur Verfügung:

- Cluster nicht verwendet
- Cluster von einer Datei verwendet
- Cluster fehlerhaft
- Letzter Cluster einer Datei

Das Stammverzeichnis (Stammordner) enthält einen Eintrag für jede vorhandene Datei und jedes Unterverzeichnis (Ordner). Es befindet sich stets an einer bestimmten Stelle auf der Festplatte und kann maximal 512 Einträge aufweisen. Die Einträge haben jeweils eine Größe von 32 Byte, wodurch u. a. folgende Informationen gespeichert werden:

- Name (der Datei oder des Unterverzeichnisses; 8.3-Format: 8 = Zeichen für Dateiname, 3 = Zeichen für Dateisuffix, beides getrennt durch einen Punkt)
- Attribut-Byte (Attribute: Archiv, System, versteckt, schreibgeschützt)

- Erstellungszeit (24 bit)
- Erstelldatum (16 bit)
- Datum des letzten Zugriffs (16 bit)
- Uhrzeit der letzten Änderung (16 bit)
- Datum der letzten Änderung (16 bit)
- Erste Clusternummer in der Dateizuordnungstabelle (16 bit)
- Dateigröße (32 bit)

Die zugrunde liegende Ordnerstruktur ist hierarchisch aufgebaut, d. h., das Stammverzeichnis enthält Unterverzeichnisse, die wiederum jeweils eigene Unterverzeichnisse haben können. Die Speicherung von Dateien erfolgt nicht nach einem bestimmten Ordnungsprinzip, vielmehr erhalten sie jeweils den ersten freien Platz auf dem Datenträger zugewiesen.

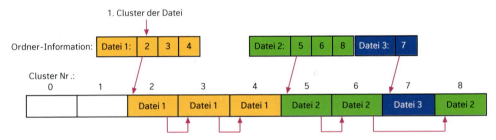

Bild 3.19: Mögliche Clusterbelegung von Dateien

Die erste Clusternummer ist hierbei die Adresse des ersten durch die Datei belegten Clusters. Sie wird im entsprechenden Verzeichnis abgelegt (bei Datei 1: Cluster 2). Ist die Datei kleiner als die Clustergröße vorgibt, wird trotzdem der gesamte Cluster belegt, wodurch unter Umständen Speicherplatz vergeudet wird. Ist die Datei größer als ein Cluster, so wird ihr eine entsprechende Anzahl von Clustern zugewiesen. Jeder zu einer Datei gehörende Cluster ist mit seiner Adresse in der entsprechenden Reihenfolge in der FAT abgelegt (bei Datei 1: Cluster 2, Cluster 3, Cluster 4). Die von einer Datei belegten Cluster sind unter Umständen nicht aneinandergereiht, sondern auf dem Speichermedium verteilt – die Datei ist fragmentiert (Datei 2). Durch die Fragmentierung entstehen Zeitverzögerungen beim Lesen, da der Schreib-Lese-Kopf an unterschiedlichen Stellen positioniert werden muss. Bei der Verwendung von Clustern mit mehr als einem Sektor verringert sich zwar die Wahrscheinlichkeit einer Fragmentierung, allerdings vergrößert sich die Wahrscheinlichkeit von ungenutztem Platz in den Clustern.

Das FAT 16-Dateisystem wird von fast allen Betriebssystemen unterstützt. Es dient vor allem als gemeinsame Plattform bei mobilen Datenträgern mit Kapazitäten bis 4 GiByte (z. B. SD-Speicherkarte bei Digitalkameras).

3.2.7.2 FAT 32

FAT 32 ist die Weiterentwicklung von FAT 16. Zur Adressierung benutzt FAT 32 einen 32-Bit-Code, bei dem 4 Bit für interne Zwecke reserviert sind. Somit stehen für die Clusteradressierung 28 Bit zur Verfügung, wodurch maximal $2^{28} = 268\,435\,456$ Cluster angesprochen werden können. Standardmäßig beträgt die Clustergröße 4 KiByte, die maximale Größe ist 32 KiByte (Bild 3.20). Hiermit lassen sich Partitionen bis 8 TiByte ($2^{28} \cdot 32$ KiByte) verwalten.

Partitionsgröße	Sektoren pro Cluster	Clustergröße
Bis 4 GiByte	4	4 KiByte
Bis 8 GiByte	8	4 KiByte
Bis 16 GiByte	16	8 KiByte
Bis 32 GiByte	32	16 KiByte
> 32 GiByte	64	32 KiByte

Bild 3.20: Abhängigkeit zwischen Cluster- und Partitionsgrößen bei FAT 32 (alternativ werden auch Dezimalpräfixe verwendet; Kap. 4.3.2)

Partitionen bis 4 TiByte lassen sich mit FAT 32 aufgrund der Clustergröße von 4 KiByte bei Standardformatierung effizienter nutzen als mit FAT 16, wo 32 KiByte große Cluster verwendet werden (geringerer Speicherplatzverlust, wenn Dateien Cluster nicht voll beschreiben). Die maximale Größe einer Datei beträgt 4 GiByte. FAT 32 wird bei mobilen Datenträgern als Austauschplattform eingesetzt, deren Speicherkapazität größer als 4 GiByte ist.

3.2.7.3 NTFS

Das Dateisystem NTFS wird ab Windows NT verwendet, die Abkürzung **NTFS** steht für New Technology File System. Ebenso wie beim FAT-Dateisystem erfolgt die Zuweisung von Speicherplatz clusterweise. Die Adressierung erfolgt mit 64-Bit-Adressen. Die standardmäßige Clustergröße hängt von der Größe des Datenträgers ab:

Partitionsgröße	Sektoren pro Cluster	Clustergröße
Bis 2 GiByte	8	4 KiByte
Bis 2 TiByte	8	4 KiByte
Bis 16 TiByte (*)	8	4 KiByte
Bis 32 TiByte (*)	16	8 KiByte
Bis 64 TiByte (*)	32	16 KiByte
Bis 128 TiByte (*)	64	32 KiByte
Bis 256 TiByte (*)	128	64 KiByte

Bild 3.21: Abhängigkeit zwischen Cluster- und Partitionsgrößen bei NTFS (alternativ werden auch Dezimalpräfixe verwendet; Kap. 4.3.2; *: GUID erforderlich; Kap. 3.2.6)

Bei der Datenträgerverwaltung werden nach der BIOS-basierenden Installation nicht die Felder für den ersten und letzten Kopf, Sektor und Zylinder in der Partitionstabelle verwendet, sondern die Felder für relative Sektoren und Anzahl der Sektoren.

| Bootsektor der Partition | Master-Dateitabelle | System-dateien | Dateibereich |

Bild 3.22: Prinzipielle Organisation eines NTFS-Datenträgers

Beim Formatieren eines Datenträgers mit dem NTFS-Dateisystem wird die **Master-Dateitabelle** (**M**aster **F**ile **T**able, MFT) angelegt. Sie enthält Informationen über alle Dateien und Verzeichnisse auf dem Datenträger. Die **Systemdateien** beinhalten sämtliche Informationen, die zur Einrichtung des NTFS-Dateisystems und dessen Verwaltung erforderlich sind. Hierzu gehören u.a. das Stammverzeichnis, die Zuordnungseinheiten, die Orte beschädigter Cluster, die Dateiattribute und Informationen zur Wiederherstellung beschädigter Dateien (Logdatei). Die genannten Bereiche können mehrere Megabyte an Speicherplatz umfassen.

Unter NTFS sind lange Dateinamen mit bis zu 255 Zeichen möglich, die maximal verwaltbare Dateigröße beträgt 2^{32} Byte (4 TiByte; Kap. 4.3.2). NTFS beinhaltet eine Wiederherstellungsmethode – Cluster-Neuzuordnung (engl. **Cluster Remapping**) genannt –, die es ermöglicht, Fehler zu beseitigen. Wird dem Dateisystem ein Fehler infolge eines beschädigten Sektors gemeldet, ersetzt NTFS dynamisch den Cluster mit dem beschädigten Sektor und weist den Daten einen neuen Cluster zu. Die Adresse des beschädigten Clusters wird registriert, sodass der fehlerhafte Sektor nicht wiederverwendet wird. Darüber hinaus bietet NTFS gegenüber FAT eine verbesserte Sicherheit und größeren Datenschutz bei der Einrichtung mehrerer lokaler Benutzer (Verschlüsselung und Zugriffsschutz auf Verzeichnisse).

3.2.7.4 Weitere Dateisysteme

Neben den bisher aufgeführten Dateisystemen existieren andere Systeme, die entweder universell einsetzbar sind oder aber speziell für bestimmte Anwendungsbereiche entwickelt wurde (z.B. exFAT; Bild 3.23).

Dateisysteme	Merkmale
ext4	fourth **ext**ended file system Dateisystem für Linux, vollständig abwärtskompatibel zu den Vorgängerversionen (ext2, ext3), mit jeweils verbesserten bzw. erweiterten Eigenschaften (z.B. ext3: max. Dateigröße 2 TiByte, Partitionen bis 16 TiByte, ext4: max. Dateigröße 16 TiByte, Partitionen bis 1 ExiByte); Verwendung bei Festplatten
Btrfs	**B-tr**ee **f**ile **s**ystem 64-bit-Dateisystem für Linux als potenzieller Nachfolger von ext4; verfügt über integriertes RAID-Management und Volume-Management; zusätzliche Absicherung von Daten durch Bildung von Checksummen, verwaltet Partitionen bis 16 ExiByte, mehrere Dateisysteme können auf einem Volume (einer Partition) als sogenannte Subvolumes ineinander geschachtelt werden; unter der Bezeichnung **WinBtrfs** existiert inzwischen auch ein Windows-Treiber für das Dateisystem

Dateisysteme	Merkmale
ReFS	**Re**silient **F**ile **S**ystem (resilient: robust, unverwüstlich) Von Microsoft ursprünglich nur für die Serverversion von Windows 8 neu entwickeltes Dateisystem, inzwischen aber auch in der Clientversion ab Windows 8.1 eingesetzt (erforderliche Treiber nicht in allen Win10-Versionen enthalten); weitestgehend kompatibel zu NTFS, jedoch fehlen (teilweise) einige Merkmale (z.B. ReFS-Datenträger nicht direkt bootbar, ein NTFS-Laufwerk kann jedoch uneingeschränkt auf einen ReFS-Datenträger zugreifen, aber mindestens Windows 8.1 erforderlich) Kann Partitionen oder Volumes bis zu einer Größe $256 \cdot 2^{70}$ Byte (256 ZebiByte; Kap. 4.3.2) bei einer Dateigröße bis zu 2^{64} Byte (16 ExiByte = $16 \cdot 2^{60}$ Byte; Kap. 4.3.2) verwalten Dateinamen können bis zu 32 768 Zeichen enthalten. ReFS ist ein sogenanntes **transaktionsbasierendes Dateisystem**, d.h., bei Veränderung von Daten gehen die Ursprungsdaten nicht verloren, da diese durch Speicherung sogenannter Metadaten, die in Tabellen – ähnlich wie bei Datenbanken – gespeichert werden, wiederhergestellt werden können. Mit einem Prüfsummenverfahren können die Dateien insbesondere bei großen Speicher-Arrays und ihre Zusammenfassung zu virtuellen Speichersystemen, bei denen die Daten auf mehrere Datenträger verteilt sind, auf ihre Datenintegrität (d.h. Informationssicherheit) überprüft und so auftretende Fehler automatisch korrigiert werden (Microsoft: „Storage-Spaces mit Mirroring").
ISO 9660	Dateisystem für CD/DVD/BD-Medien, als Standard von der ISO (**I**nternational **S**tandardization **O**rganisation) entwickelt, um Daten unterschiedlicher Betriebssysteme über optische Datenträger austauschen zu können. Spezifikationen: **Level 1:** Dateinamen im 8.3-Format; maximale Dateigröße bis 2 GiByte verwaltbar; universelles Austauschformat **Level 2:** Dateinamen mit bis zu 31 Zeichen möglich **Level 3:** Dateien können auch fragmentiert gespeichert werden; Packet-Writing ist möglich, d.h., ein wiederbeschreibbares CD/DVD/BD-Medium ist wie eine Wechselfestplatte bzw. ein USB-Stick verwendbar
UDF	**U**niversal **D**isc **F**ormat (ISO-Norm 13346) Von der Optical Storage Association (OSTA) entwickeltes, plattformunabhängiges Dateisystem insbesondere für DVDs, welches das ISO 9660-Format ablösen soll. Dateinamen mit bis zu 255 Zeichen möglich, Unterscheidung von Groß- und Kleinschreibung; beinhaltet Optimierungen für das Beschreiben von DVD-R/DVD-RW und DVD-RAM, wird auch bei BDs verwendet
exFAT	**eX**tended **F**ile **A**llocatin **T**able Von Microsoft speziell für Flash-Karten entwickeltes Dateisystem, um Speicherkapazitäten größer als 32 GiByte zu ermöglichen; ist nicht abwärtskompatibel zu FAT 32; außer von Windows XP, Windows 7, Windows 8/8.1 und Windows 10 von anderen Betriebssystemen nicht immer lesbar

Bild 3.23: Beispiele für weitere Dateisysteme

Bei der Wahl eines bestimmten Dateisystems sind verschiedene Faktoren von Bedeutung:

- FAT 16 und FAT 32 wird zwar von den meisten Betriebssystemen unterstützt, kann aber – aus heutiger Sicht – nur für vergleichsweise kleine Partitionen/Speichergrößen eingesetzt werden. Es dient daher meist nur als Austauschformat für portable Datenträger.

- Bei Partitionsgrößen unter 2 GiByte arbeitet FAT 16 aufgrund des geringeren Verwaltungsaufwandes schneller als FAT 32 (z. B. bei USB-Sticks). Jedoch lassen sich Partitionen bis 4 GiByte mit FAT 32 aufgrund der Clustergröße von 4 KiByte bei Standardformatierung effizienter nutzen als mit FAT 16, wo 32 KiByte große Cluster verwendet werden (geringerer Speicherplatzverlust, wenn Dateien Cluster nicht voll beschreiben).

- Eine Konvertierung von FAT nach NTFS ist problemlos möglich und wird vom Betriebssystem durchgeführt. Die Konvertierung von NTFS nach FAT ist nur mit entsprechenden Hilfsprogrammen möglich.

- FAT bietet keine Vergabe von Benutzerrechten, wie dies bei NTFS möglich ist.

- ReFS ist speziell für die Verwaltung großer Datenmengen auf verteilten Speichereinheiten abgestimmt. Seine Leistungsfähigkeit kann es auf einem Client mit „nur" einer Festplatte nicht voll entfalten.

Die folgende Tabelle fasst die wesentlichen Werte von gängigen Microsoft-Dateisystemen vergleichend zusammen:

Eigenschaft	FAT 16	FAT 32	NTFS	ReFS	exFAT
Speichergröße	4 GiByte	8 TiByte	256 TiByte	256 ZiByte	128 PiByte
Dateigröße	4 GiByte	4 GiByte	16 TiByte	16 EiByte	16 EiByte
Clustergröße	64 KiByte	32 KiByte	64 KiByte	32 KiByte	32 MiByte
Clusterzahl	2^{16}	2^{28}	2^{64}	2^{64}	2^{32}
Anzahl von Zeichen im Dateinamen	8	255	255	$2^{15} = 32\,768$	255

Bild 3.24: Vergleich gängiger Microsoft-Dateisysteme (anstelle von Binärpräfixen können auch Dezimalpräfixe verwendet werden; Kap. 4.3.2; angegeben sind jeweils theoretische Maximalwerte, durch systembedingte Einschränkungen sind diese in der Praxis vielfach kleiner)

3.2.8 Formatierung sonstiger Datenträger

Ebenso wie Festplatten müssen auch andere Datenträger (z. B. USB-Speicherstick, CD/DVD/BD) zunächst formatiert werden.

USB-Speichersticks sind in der Regel herstellerseits mit FAT 16 oder FAT 32 vorformatiert. Eine nachträgliche Formatierung ist dann erforderlich, wenn auf die gespeicherten Daten nicht mehr zugegriffen werden kann. Dieser Effekt tritt unter Umständen bei Windows auf, wenn man einen USB-Stick im laufenden Betrieb entfernt und die erforderliche Dateizuordnungstabelle auf dem Stick noch nicht abschließend aktualisiert wurde. Abhilfe schafft hier (bei Windows) der „Umweg" über das Taskleisten-Icon „Hardware sicher entfernen". Eine Formatierung ist aber wesentlicher einfacher als bei Festplatten und kann mit einem vom Betriebssystem bereitgestellten Tool durchgeführt werden. Mit entsprechenden Formatierungsvorgaben kann ein solcher Speicherstick unter Umständen dann auch als Bootmedium verwendet werden.

Die Formatierung einer CD/DVD/BD erfolgt in der Regel automatisch in Verbindung mit dem Beschreiben (Brennen) des Datenträgers.

AUFGABEN

1. Aus welchen Schritten besteht der Formatierungsvorgang bei Festplatten?

2. Nach der Formatierung befinden sich auf der Festplatte Sektoren, Spuren, Zylinder und Zonen. Erläutern Sie diese Begriffe.

3. Was versteht man unter der „physikalischen Datenträgergeometrie"?

4. Was ist ein MBR? Welche Struktur weist er auf?

5. Was ist eine GPT? Welche Struktur weist sie auf?

6. a) Aus welchem Grund werden Festplatten im sogenannten LBA-Modus betrieben?

    b) Mit wie vielen Bits erfolgte früher die ATA-konforme LBA-Adressierung eines Sektors?

    c) Mit wie vielen Bits erfolgt die LBA-Adressierung eines Sektors in der GPT?

    d) Wie viele Sektoren sind somit gemäß b) und c) jeweils adressierbar?

7. Welche Informationen werden in einem FAT-Dateisystem (so wie bei anderen Dateisystemen in analoger Weise auch) für jeden Cluster gespeichert?

8. Welche Informationen werden bei einem FAT-Datenträger (so wie bei anderen Dateisystemen ggf. mit anderer Formatierung auch) im Stammverzeichnis über eine Datei gespeichert?

9. Was versteht man unter der Fragmentierung einer Festplatte?

10. Was bedeutet UDF im Zusammenhang mit Dateisystemen?

11. In welchen Punkten unterscheiden sich die Dateisysteme FAT 16 und FAT 32? Nennen Sie Einsatzbereiche beider Systeme!

12. Wie viele Zeichen darf der Dateiname unter NTFS lang sein? Welche Vorteile bietet NTFS gegenüber FAT?

13. Wo wird das Dateisystem ISO 9660 benutzt?

14. Was bedeutet die Abkürzung exFAT, wo wird es eingesetzt und welche technischen Merkmale hat es?

3

3.3   Betriebssysteminstallation auf Rechnern mit UEFI am Beispiel von Windows

Mittlerweile werden neue Komplett-PCs mit einem UEFI (Kap. 3.1.1) ausgeliefert. Wenn die Vorteile des BIOS-Nachfolgers nicht verschenkt werden sollen, erfordert die Installation eines Windows-Betriebssystems ein etwas anderes Vorgehen. Dieses wird nachfolgend kurz erläutert und ist prinzipiell anwendbar ab Windows 7.

Generell lässt sich Windows ab Version 7 auf zwei unterschiedliche Arten auf einem UEFI-PC installieren. Bei der herkömmlichen Installation – den PC einfach von der SETUP-DVD booten – werden die folgenden Vorteile nicht genutzt:

- **GUID-Partitionstabelle**
  Jedes im UEFI-Modus installierte Windows verwendet die sogenannte GUID-Partitionstabelle (**G**lobally **U**nique **I**dentifier), um die Festplatte(n) zu verwalten. Diese wird unter anderem benötigt, um Festplatten mit mehr als 2 TiByte zu verwalten. Der maximal adressierbare Bereich liegt bei 8192 Exabyte.

- **Schnelleres Booten**
  Das UEFI merkt sich den Ort der Windows-Installation und ermöglicht so ein schnelleres Starten des Betriebssystems. Um diesen Vorteil zu nutzen, wird eine 64-Bit-Version des Windows-Betriebssystems benötigt. Nur diese enthält sowohl den normalen wie auch den speziellen Bootloader für UEFI-PCs. Um Windows im UEFI-Mode zu installieren, wird der UEFI-Bootloader gestartet. Als erstes wird die Windows-64-Bit-Setup-DVD eingelegt. Im nächsten Schritt wird nicht direkt von der DVD gebootet, sondern das Boot-Menü des Rechners aufgerufen. Hierzu muss während der

Bild 3.25: Boot-Menü

Bootphase des Rechners die entsprechende Funktionstaste, häufig [**ESC**], [**F11**] oder [**F8**], gedrückt werden. Anschließend erscheint das Boot-Menü. Das DVD-Laufwerk sollte dann zweimal angezeigt werden:
- einmal ohne Zusatz, siehe Bild 3.25 (1)
- ein zweites Mal mit dem Zusatz „UEFI", dieser Eintrag erscheint nur, wenn auf der DVD ein UEFI-Bootloader gefunden wurde, siehe Bild 3.25 (2)

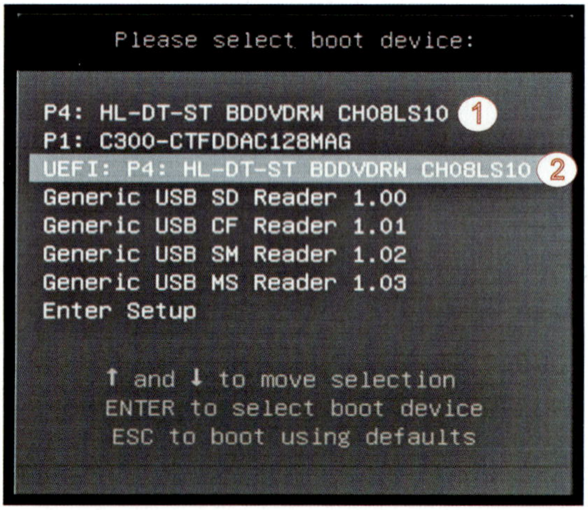

Für die Installation muss nun der Eintrag mit „UEFI" ausgewählt und gestartet werden. Danach startet die Installation im UEFI-Mode. Die weitere Installation läuft wie gewohnt ab.

Nach der Installation lässt sich über die Datenträgerverwaltung (diese wird gestartet über [**Windows-Taste + R**] und den Befehl **diskmgmt.msc**) noch kontrollieren, ob die Installation im UEFI-Mode erfolgte. Hierzu sollte der Wert für den Partitionsstil „**GUID-Partitionstabelle**" betragen.

3.4 Registry – Registrierungsdatenbank am Beispiel von Windows 10

Die Windows-Registrierungsdatenbank (**Registry**) dient als zentrale Sammelstelle für alle systemspezifischen Einstellungen. In der Registry speichern Windows und die meisten installierten Programme alle Informationen zur Hardwarekonfiguration, Softwarekonfiguration und Benutzereinstellungen zum Desktop und zum Startmenü.

3

Sie ist eine hierarchisch aufgebaute Datenbank, die aus Schlüsseln und Werten besteht, die verschiedene Typen annehmen können. Insgesamt gibt es 5 (6) Hauptschlüssel, die mit **HKEY** beginnen (das H steht für Hive = Bienenstock und soll auf die hierarchische Anordnung wie bei einem Bienenschwarm hinweisen).

Der sechste Hauptschlüssel **HKEY_PERFORMANCE_DATA** ist auf vielen Rechnern nicht sichtbar.

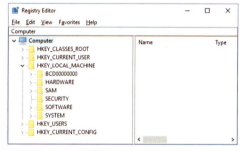

Bild 3.26: Baumstruktur der fünf Registrierungshauptschlüssel

Die Registry lässt sich nur mit speziellen Programmen bearbeiten. Zur Ausführung des Windows-eigenen Registrierungs-Editors sind Administratorrechte nötig (**[Windows-Taste + R]** und dann **regedit** eingeben). Anschließend zeigen sich im Registrierungs-Editor die Hauptschlüssel, die ihrerseits wieder mit zahlreichen Unterschlüsseln versehen sind.

Dabei sind die Daten der Registry hierarchisch in Form einer Baumstruktur organisiert, vergleichbar den Ordnern auf der Festplatte, nur dass man sie nicht als Ordner oder Verzeichnisse bezeichnet, sondern als Schlüssel.

Jeder Eintrag in der Registry enthält mindestens einen Wert mit dem Namen Standard. Für jeden weiteren Wert eines Schlüssels muss es sowohl einen Namen als auch einen Datenwert geben. Ein Name kann aus den Zeichen A bis Z, 0 bis 9, Leerzeichen und Unterstrich bestehen. Die Werte werden in der Spalte Daten angezeigt. Dabei unterscheidet die Registry folgende Arten von Datentypen:

Bezeichnung	Datentyp	Inhalt
REG_SZ	Zeichenfolge	Eine Zusammenstellung von Zeichen mit variabler Länge, die mit null endet. Sie wird als Zeichen in Anführungszeichen eingeschlossen gespeichert.
REG_Binary	Binärwert	Ein definierter Wert kann eine Größe von ein bis 16 KiByte haben und wird als Folge von hexadezimalen Bytes dargestellt.
REG_DWORD	32-Bit-Wert	Ein binärer Wert mit einer maximalen Größe von vier Bytes. Er wird sowohl im hexadezimalen als auch im dezimalen Format angezeigt. Z. B. ist der Eintrag 0x00000000 (0) so zu lesen, dass 0x00000000 die hexadezimale Darstellung des Wertes und (0) die dezimale Darstellung ist.
REG_QWORD	64-Bit-Wert	Hierbei handelt es sich um die 64-Bit-Variante zum REG_DWORD. Sie wird ebenfalls im hexadezimalen und dezimalen Format dargestellt.
REG_Multi_SZ	mehrteilige Zeichenfolge	Hier können mehrere Zeichenketten in einem Registereintrag gesetzt werden.
REG_EXPAND_SZ	erweiterbare Zeichenfolge	Häufig wird dieser Datentyp für Umgebungsvariablen benutzt. Die aktuellen Werte der Variablen können somit auf den aktuellen Eintrag gesetzt werden.
REG_Full_ RESOURCE_ DESCRIPTOR		Diese Werte können nicht über Regedit gesetzt oder verändert werden. Es ist eine Folge verschachtelter Arrays, die für eine Hardwarekomponente oder einen Treiber benutzt werden.

Bild 3.27: Datentypen der Registry-Einträge

Wenn der Standardeintrag keinen Wert enthält, wird die Zeichenfolge „Wert nicht gesetzt" angezeigt.

Die Hauptschlüssel (HKEY) der Registry haben folgende Funktionen und Inhalte:

HKEY_CLASSES_ROOT

Dieser Hauptschlüssel ist eigentlich kein richtiger Schlüssel, sondern ein Verweis auf **HKEY_LOKAL_MACHINE\SOFTWARE\Classes** und **HKEY_USERS/{SID des Benutzers}** (mit SID z. B. S-1-5-20).

Hier sind die Verknüpfungen zwischen Dateiarten und Anwendungen definiert, d. h., welches Programm mit welcher Endung gespeichert wird sowie die Verhaltensweisen der Dateiextensionen. Das betrifft auch das Erscheinen und Verhalten von Dateitypen in Kontextmenüs und die Frage, mit welchem Icon der Dateityp angezeigt wird (OLE-Informationen). Im Unterschlüssel CLISD sind OLE-Settings, Active-X-Abläufe usw. definiert. Immer wenn ein OLE-fähiges Programm installiert wird, kommt eine weitere CLSID (Class Identifier) dazu. Es handelt sich hierbei um kryptische Zeichenfolgen, die so aussehen können:

{2C63E4EB-4CEA-41B8–919C-E947EA19A77C}

Die CLSIDs enthalten noch etliche Unterschlüssel, in denen Angaben zum Pfad, zu den verwendeten DLLs, Icons, Objektnamen usw. festgelegt werden. Diese Registry-Einträge werden auch benötigt, um „Drag & Drop"-Operationen durchzuführen.

HKEY_CURRENT_USER

Dieser Hauptschlüssel beschreibt die Konfiguration des jeweils aktiven Anwenders und wird als Kopie der Einstellungen aus **HKEY_USER** übernommen. Wichtige Unterschlüssel sind hier z. B.:

- AppEvents (Systemklänge mit Soundschemas für Anwendungen)
- Control Panel (Farbschema, Powermanagement, Systemsteuerung, Screensaver usw.)
- Keyboard Layout (Tastatureinstellungen)
- RemoteAccess (Profile für Fernzugriff)
- Software (Konfiguration der Programme für den angemeldeten User)

HKEY_LOCAL_MACHINE

Dieser Hauptschlüssel enthält alle Informationen über die vorhandene Hardware und Software, alle Sicherheitseinstellungen und Benutzerrechte. Diese Einträge gelten für das lokale System, unabhängig davon, welcher Benutzer gerade angemeldet ist, und haben somit Vorrang vor den Werten unter **HKEY_CURRENT_USER**. Wesentliche Unterschlüssel sind:

- Hardware (die von der Hardwareerkennung ermittelten Daten wie Informationen zur CPU, zu den Schnittstellen-Controllern, zur Grafikkarte …)
- Security (ein altes NT-Relikt)
- Services (Gerätetreiber für den Kernel, Dateisystem und Dienste)
- Software (die Konfigurationsdaten der installierten Software, allgemeine Softwareeinstellungen für 32- und 64-Bit-Programme)
- System (aus diesem Schlüssel werden die in der Bootphase benötigten Daten wie Treiber, Dienste und Einstellungen gelesen)

3

HKEY_USERS

Dieser Schlüssel enthält die benutzerspezifischen Daten wie Desktop-Einstellungen und Netzwerkverbindungen, die in USER.DAT gespeichert werden. Ist die Benutzerverwaltung nicht aktiv, so ist dort nur ein „Default"-Schlüssel vorhanden. Bei aktiver Benutzerverwaltung werden mehrere USER.DAT gespeichert. Für den jeweiligen Anwender (USER) ist nur das eigene Profil bzw. seine USER.DAT sichtbar. Wird durch den Administrator ein neuer Benutzer angemeldet, dann wird hier ein neuer Schlüssel für diesen User angelegt.

HKEY_CURRENT_CONFIG

Das ist der Schlüssel für unterschiedliche Hardwareprofile. Konfigurationen für Drucker und andere Peripheriegeräte werden hier festgelegt. Es können Einstellungen für verschiedene Benutzer gespeichert sein.

Unterschlüssel sind:
- Software (Windows-Internetkonfiguration)
- System (Konfiguration von Druckern, Grafikkarte, PCI-Slots …)

Eine weitere Typisierung bilden die bereits genannten CLSID-Schlüssel. Ein CLSID (Class Identifier) ist zunächst einmal nichts weiter als ein Name für ein Objekt. Es ist eine spezielle Form eines GUIDs (Global Unique Identifier), also ein weltweit eindeutiger Bezeichner. Ein CLSID ist ein 16-Byte-Wert, welcher 32 hexadezimale Zahlen enthält, die in Gruppen zu 8–4–4–4–12 angeordnet sind.

CLSIDs werden benötigt, um OLE-Objekte (OLE = Object Linking and Embedding) eindeutig identifizieren zu können.

Objekte, die eine CLSID besitzen, sind Desktop, Arbeitsplatz, Drucker usw.

Diese Objekte werden über ihre CLSID angesprochen. Alle Objekte besitzen sowohl Eigenschaften wie Name, Icon oder Shortcut als auch Methoden. Methoden sind objektorientierte Vorgänge und werden ausgeführt, wenn mit einem Objekt gearbeitet wird wie beim Betätigen einer Maustaste.

Objekt	Klassenkennung (Class Identifier)
Netzwerkumgebung	{208D2C60-3AEA-1069-A2D7-08002B30309D}
Arbeitsplatz	{20D04FE0-3AEA-1069-A2D8-08002B30309D}
Eigene Dateien	{450D8FBA-AD25-11D0-98A8-0800361B1103}
Startmenü	{48e7caab-b918-4e58-a94d-505519c795dc}
Gemeinsame Dokumente	{59031a47-3f72-44a7-89c5-5595fe6b30ee}
Papierkorb	{645FF040-5081-101B-9F08-00AA002F954E}
Ordneroptionen (Systemsteuerung)	{6DFD7C5C-2451-11d3-A299-00C04F8EF6AF}
Temporary Internet Files	{7BD29E00-76C1-11CF-9DD0-00A0C9034933}
Programme	{7be9d83c-a729-4d97-b5a7-1b7313c39e0a}
Internet Explorer	{871C5380-42A0-1069-A2EA-08002B30309D}
Fonts (Systemsteuerung)	{D20EA4E1-3957-11d2-A40B-0C5020524152}
Verwaltung (Systemsteuerung)	{D20EA4E1-3957-11d2-A40B-0C5020524153}

Bild 3.28: Beispiele für Klassenregistrierungen (CLSIDs)

Jede installierte Software hinterlässt einen oder mehrere Schlüssel in der Registrierungsdatei. Bei einer späteren Deinstallation werden oftmals diese Schlüssel in HKEY_LOCAL_MACHINE/SOFTWARE nicht gelöscht. Die Registrierungsdateien fragmentieren bei zunehmender Lebensdauer immer mehr. Wird ein Eintrag in der Registry gelöscht, wird diese nicht automatisch kleiner. An der betreffenden Stelle entsteht einfach eine Lücke, die Windows bei Bedarf mit einem neuen Schlüssel füllt. Dieser Vorgang führt dazu, dass die Registrierung selbst das System zunehmend verlangsamt. Daher sollte die Registry von Zeit zu Zeit manuell defragmentiert werden. Geeignete Programme werden auch als Sharewareversionen angeboten.

HKEY_PERFORMANCE_DATA (nicht überall sichtbar)

Dieser Schlüssel erlaubt verschiedenen Anwendungen den Zugriff auf Leistungsdaten (Performance Data). Er wird erst bei entsprechenden Anforderungen erstellt und bei einer Standardinstallation nicht angezeigt.

AUFGABEN

1. Wozu dienen die fünf Hauptschlüssel der Registry?

2. Welche Angaben enthält der Hauptschlüssel HKEY_LOCAL_MACHINE?

3. Wie setzt sich eine CLSID zusammen?

4. Wozu werden die Programme REGEDIT und REGCLEAN verwendet?

3.5 Systemeinstellungen: Interrupt, Port und DMA

Betriebssystemstörungen und Betriebssystemabstürze können bei allen Betriebssystemen auftreten und unter Umständen für Datenverluste sorgen. In extremen Fällen ist eine komplette Neuinstallation des Betriebssystems erforderlich. Ursachen für Fehler liegen oft in Fehlbedienungen des Anwenders, in fehlerbehafteten Programmen der Softwarehersteller oder aber in Hardwarekonflikten und uneindeutigen Systemressourcen.

Eine erste Funktionsanalyse eines Computers ermöglicht – nicht nur im Fehlerfall – der **Task-Manager** (aufrufbar z. B. mit *Strg + Alt + Entf*). Er liefert unter anderem grafisch aufbereitete Informationen zur CPU-Auslastung, zur Verwendung des Arbeits- und des Festplattenspeichers sowie der Bluetooth- und der LAN/WLAN-Nutzung. Darüber hinaus lassen sich auf jeweiligen Registerkarten aktive Prozesse, Dienste und sonstige Informationen tabellarisch anzeigen und ggf. auch beenden.

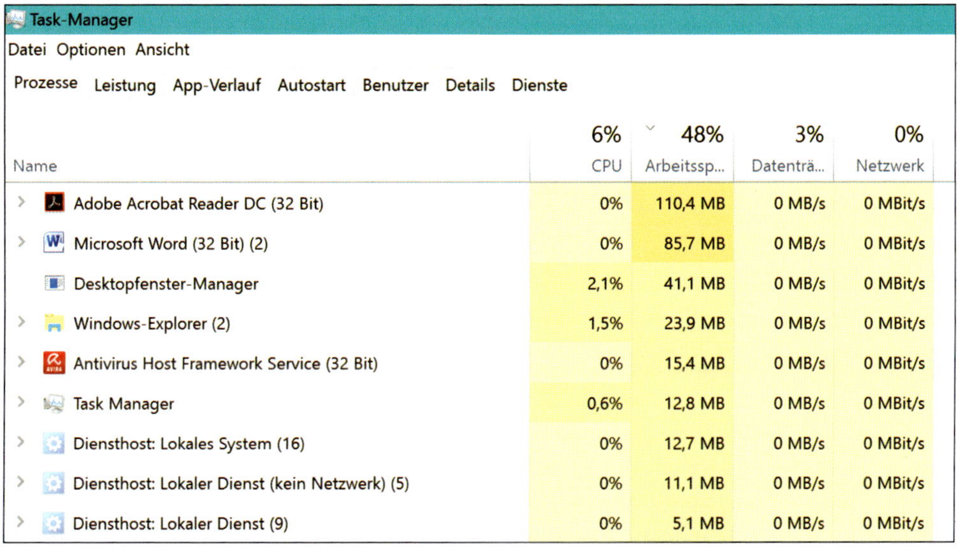

Name	6% CPU	48% Arbeitssp...	3% Datenträ...	0% Netzwerk
Adobe Acrobat Reader DC (32 Bit)	0%	110,4 MB	0 MB/s	0 MBit/s
Microsoft Word (32 Bit) (2)	0%	85,7 MB	0 MB/s	0 MBit/s
Desktopfenster-Manager	2,1%	41,1 MB	0 MB/s	0 MBit/s
Windows-Explorer (2)	1,5%	23,9 MB	0 MB/s	0 MBit/s
Antivirus Host Framework Service (32 Bit)	0%	15,4 MB	0 MB/s	0 MBit/s
Task Manager	0,6%	12,8 MB	0 MB/s	0 MBit/s
Diensthost: Lokales System (16)	0%	12,7 MB	0 MB/s	0 MBit/s
Diensthost: Lokaler Dienst (kein Netzwerk) (5)	0%	11,1 MB	0 MB/s	0 MBit/s
Diensthost: Lokaler Dienst (9)	0%	5,1 MB	0 MB/s	0 MBit/s

Task-Manager — Datei Optionen Ansicht — Prozesse Leistung App-Verlauf Autostart Benutzer Details Dienste

Bild 3.29: Windows 10 Task-Manager (Beispiel; versionsabhängige Abweichung der Registerkarten möglich)

Darüber hinaus bietet eine Sammlung von Service- und Dienstprogrammen, die bei Systemproblemen hilfreich sein können, mannigfaltige Einstellungsmöglichkeiten (Bild 3.30). Von hier aus besteht Zugriff auf zahlreiche Ordner, die für die Überprüfung von Einstellungen und Anpassungen des Betriebssystems erforderlich sind. Viele dieser Ordner lassen sich auch über Hot-Keys oder Mausklicks aktivieren.

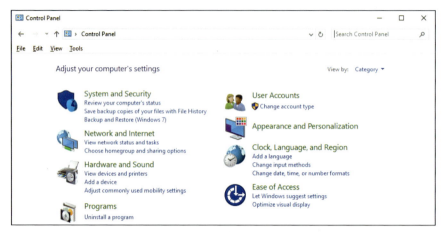

Bild 3.30: Kategorien in den Systemeinstellungen (Win-10-Beispiel; versionsabhängige Abweichungen möglich)

Um eine bestehende Fehlfunktion zu beseitigen, hilft in vielen Fällen auch der Versuch, über den Menüpunkt *Problembehandlung* in der Systemsteuerung (Bild 2.19, Kap. 2.5.1.4) die Ursache zu lokalisieren und automatisch zu beseitigen.

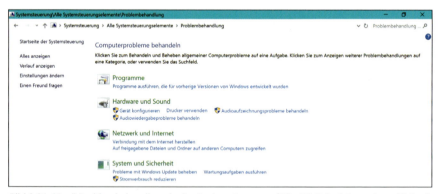

Bild 3.31: Menü Problembehandlung in der Systemsteuerung (Win-10-Beispiel; versionsabhängige Abweichungen möglich)

Sofern dies erfolglos ist, kann man auch eine *Systemwiederherstellung zu einem früheren Zeitpunkt* durchführen.

Beim Anlegen eines **Systemwiederherstellungspunktes** werden vom Betriebssystem sämtliche System- und Konfigurationseinstellungen zum jeweiligen Erstellzeitpunkt gespeichert. Man spricht hierbei auch von einer **Schattenkopie**. Bei einem späteren Auftreten von Betriebsproblemen kann das System durch einen vorhandenen Wiederherstellungspunkt auf einen früheren Systemstatus zurückgesetzt werden.

Wiederherstellungspunkte werden meist automatisch vom Betriebssystem erstellt (z. B. vor einem Update), sie lassen sich aber auch manuell erzeugen.

Lässt sich Windows (oder ein anderes Betriebssystem) nicht mehr regulär starten, kann man auch den **abgesicherten Modus** aktivieren (z. B. beim Booten F8 gedrückt halten) um nach Fehlern zu suchen. Hierbei werden lediglich Standardtreiber und nur wenige Hintergrunddienste geladen, die Bildschirmdarstellung erfolgt in VGA-Auflösung (Kap. 1.9.1). Sofern möglich/erforderlich, kann dann ggf. auf *Kommandozeilenebene* ein Systemzugang erfolgen und eine Fehlerbehebung oder zumindest eine Sicherung wichtiger Daten durchgeführt werden. Hierzu sind die – aus heutiger Sicht – „alten" **MS-DOS**-Befehle (Microsoft-**D**isc **O**perating **S**ystem) erforderlich, die auch heute noch quasi als virtuelle Anwendung unter Windows zur Verfügung stehen (z. B. *cd, chkdsk, copy, dir, del, ren, delete* usw.; ausführliche Liste mit Erläuterung siehe z. B. de.wikipedia.org/wiki/Liste_von_Kommandozeilenbefehlen_(DOS)).

In extremen Fällen ist aber ggf. auch eine komplette Neuinstallation des Betriebssystems erforderlich.

Ein wichtiges Analysehilfsmittel ist auch der **Geräte-Manager** (Device Manager) der unter *Systemeigenschaften → Hardware* zu finden ist.

Er gibt darüber Auskunft, welche Hardware sich im PC befindet und wie einzelne Komponenten konfiguriert sind. Dazu fasst er die einzelnen Geräte in verschiedenen Gruppen zusammen. So findet man z. B. unter Laufwerke (Disk Drives) alle Geräte, die dem Benutzer ermöglichen, auf ihnen Daten zu speichern.

Falls notwendig, kann der Anwender hier Änderungen vornehmen und Treiber aktualisieren. Solche gerätespezifischen Einstellungen müssen immer dann vorgenommen werden, wenn trotz Plug & Play zwei Karten den gleichen IRQ (Interrupt ReQuest) beanspruchen (siehe Bild 3.33).

Immer dann, wenn Daten von oder zu einem Speichermedium oder einer Schnittstelle transportiert werden müssen, muss der PC seine aktuelle Arbeit unterbrechen. Obwohl diese Unterbrechungen nur Millionstelsekunden betragen, ist man bemüht, diese auf ein Mindestmaß zu beschränken. So sollen beispielsweise unnötige Wartepausen, die ein ständiges Überprüfen der Schnittstelle bzw. des Speichermediums erfordern würden, vermieden werden. Daher führt der Rechner nur dann Unterbrechungen aus, wenn auch wirklich Bedarf dafür besteht. Dann meldet die Controller-Karte dem Hauptprozessor eine Unterbrechungsanforderung: den erwähnten Interrupt-Request (IRQ).

Bild 3.32: Geräte-Manager von Windows 10 (Beispielkonfiguration)

PC-Hardwarekomponenten können mittels eines elektrischen Signals den Prozessor zur Abarbeitung von Befehlen auffordern. Diesen Vorgang bezeichnet man als **Interrupt-Request (IRQ)**.

Da in einem System mehrere IRQs gleichzeitig ausgelöst werden können, der Prozessor aber nur jeweils einen davon abarbeiten kann, gibt der IRQ-Controller diese geordnet nach ihrer Priorität an die CPU weiter. Treten also mehrere Ereignisse zur selben Zeit ein, werden sie ihrer Wichtigkeit nach zur CPU weitergeleitet (Bild 3.33).

IRQ	Standardbelegung	Rangfolge
0	Systemtimer	1
1	Tastatur	2
2	Überleitung zum zweiten Interrupt-Controller (IRQ 8–15)	4
3	Frei, COM2 und COM4: sofern vorhanden	11
4	Frei, COM1 und COM3: sofern vorhanden	12
5	Frei, LPT2: sofern vorhanden	13
6	Laufwerkscontroller	14
7	Frei, LPT1: sofern vorhanden	15
8	Echtzeituhr	3
9	Frei, Umleitung von IRQ 2, oft VGA-Grafikkarte	4
10	Frei	5
11	Frei	6
12	PS/2-Maus	7
13	Numerischer Coprozessor (vor Pentium)	8
14	Erster Festplattencontroller (IDE-Kanal 1)	9
15	Frei, zweiter Festplattencontroller: sofern vorhanden (IDE 2)	10

Bild 3.33: IRQ-Tabelle mit Standardbelegungen (Beispiel; geräteabhängige Abweichungen möglich)

Jeder Kommunikationspartner eines PC bekommt eine eigene Interrupt-Nummer. Für jede dieser Nummern gibt es im Rechner eine eigene Signalleitung. Jede Interrupt-Nummer darf nur einmal vergeben werden, denn bei einer Doppelbelegung würden zwei unterschiedliche Erweiterungen oder Systemkomponenten auf die Anforderung reagieren und es käme zu einer Art Kollision auf dem Datenbus. Keine der beiden Komponenten könnte dann richtig funktionieren. Fordert eine Karte oder eine Baugruppe eine Unterbrechung (Interrupt) an, so erkennt der Prozessor anhand der Nummer, welche Komponente diese Unterbrechung angefordert hat.

Eine Reihe von Interrupt-Nummern sind im System bereits fest vergeben. Sie werden von unverzichtbaren Funktionsgruppen wie etwa Festplatte, CD/DVD/BD-Laufwerk, Tastatur usw. genutzt.

Bei der Vergabe muss Folgendes beachtet werden:

- 8-Bit-Karten können nur Interrupts bis einschließlich Nummer 7 verwenden.
- Alle Karten mit mehr als 8 bit können Interrupt-Nummern bis einschließlich 15 verwenden.

- Reservierte Interrupts können anderweitig vergeben werden, wenn sie nicht benötigt werden, wie z. B. IRQ 5 für eine zweite parallele Schnittstelle (LPT2, sofern vorhanden).

- Beim Einsatz von PCI-Karten (Intel PCI-Bus) können IRQ-Leitungen gemeinsam genutzt und somit Ressourcen-Probleme behoben werden.

Jede der in einen PC eingebauten Steckkarten belegt bestimmte Systemressourcen. Genau genommen ist es eigentlich der zu fast jeder Karte gehörende Gerätetreiber, der die Ressource belegt. Generell gilt, dass jede Ressourcenbelegung eindeutig sein muss, um Konflikte mit anderen Steckkarten zu vermeiden. Unter Ressourcen versteht man neben den Interrupt-Leitungen (IRQ) auch die Portadresse, die Speicheradressen und die DMA-Kanäle (siehe unten). Nicht jede Karte benutzt all diese Ressourcen.

Fast immer werden der IRQ und eine Portadresse gebraucht. Die Steckkarte muss auf bestimmte, gültige und konfliktfreie – d. h. bisher nicht besetzte – Werte eingestellt werden. Kaum noch besteht die Möglichkeit, diese Werte an der Steckkarte anhand von Steckbrücken oder DIP-Schaltern einzustellen. Üblicherweise geschieht die Zuweisung automatisch oder über ein Konfigurationsprogramm, das nicht selten auch Bestandteil der Gerätetreiberinstallation ist. Die Installationsroutine fragt dann die entsprechenden Werte ab. Häufig kann mit dem gleichen Programm auch getestet werden, ob die eingestellten Werte gültig sind. Ist das nicht der Fall, kommt es zu Fehlermeldungen.

Moderne Multiprozessorsysteme arbeiten mit einem Advanced IRQ-Controller. Er ermöglicht mehr als die zuvor beschriebenen 16 IRQs (Bild 3.34).

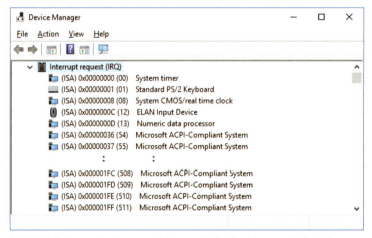

Bild 3.34: Belegung der Interrupt-Adressen im Geräte-Manager (Beispiel)

Zusätzlich zum Interrupt-Wert muss für jede Erweiterungskarte, die zum Datentransfer (Input/Output) eingesetzt wird, eine Basisadresse festgelegt werden. Die Angabe erfolgt wie bei Speicheradressen üblich in hexadezimaler Schreibweise. Diese Basisadresse gibt dann den Bereich des Arbeitsspeichers an, in dem die Karte mit dem Treiberprogramm die Daten austauscht. Diese I/O-Bereiche befinden sich bereits am Anfang des Hauptspeichers und umfassen meistens nur einige Bytes. Wird eine Adresse doppelt belegt, so kann es wie bei den Interrupt-Nummern zu einem Gerätekonflikt kommen.

Die vom I/O-Bereich verwendeten Adressen sind normalerweise festgeschrieben. Meistens bieten die Hersteller der Karten bestimmte Adressen zur Auswahl an. Die folgende Tabelle zeigt, an welchen Stellen und in welchen Bereichen sich die Adressen normalerweise befinden.

Das Bild zeigt einen Ausschnitt aus der Standardbelegung der zur Verfügung stehenden Portadressen in hexadezimaler Schreibweise. Die normale Funktionsweise von I/O-Karten sieht vor, die Daten über die o. g. Portadressen zu verwalten. Diese Form ist bei korrekter Konfiguration zwar recht störungssicher, birgt aber auch einige Nachteile.

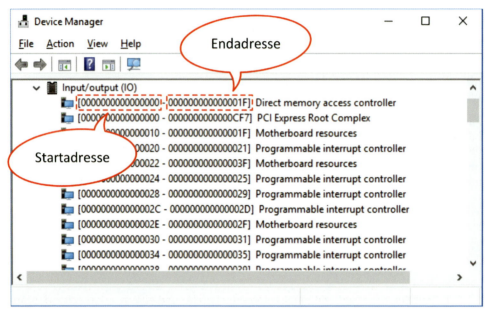

Bild 3.35: Belegung der Ein-/Ausgabe-Portadressen im Geräte-Manager (Beispiel)

Insbesondere wenn größere Datenmengen verwaltet werden müssen (wie etwa bei einer CD-ROM), ist diese Methode langsam, da der nur wenige Bytes große I/O-Adressbereich wie ein Flaschenhals wirkt und einen höheren Datendurchsatz verhindert.

> Deshalb wurde für eine schnelle Datenübertragung von großen Datenmengen in den Arbeitsspeicher ein Verfahren entwickelt, das als **DMA** (**D**irect **M**emory **A**ccess = direkter Speicherzugriff) bezeichnet wird. Mit diesem DMA-Verfahren werden die Daten direkt in den Arbeitsspeicher geschrieben.

Auch für den DMA-Betrieb gibt es im PC verschiedene Kanäle, die auch als **DRQ** (DMA **R**equest) bezeichnet werden. Auch hierbei handelt es sich lediglich um Kanäle, über die nur eine Anforderung erfolgt und keine Daten transportiert werden. Einige DMA-Kanäle werden für systeminterne Funktionen benötigt, andere sind hingegen frei.

Die unteren DMA-Nummern, bis einschließlich DMA 4, werden normalerweise vom PC-System für eigene Zwecke benutzt. Die Kanäle 0, 1 und 3 können aber trotzdem verwendet werden, wohingegen der zweite Kanal (noch immer) als Disketten-Controller und der vierte Kanal als RAM-Controller voll beansprucht werden. Die Kanäle 5 bis 7 stehen meistens für Systemerweiterungen zur freien Verfügung.

AUFGABEN

1. Welche Informationen stellt die Systemsteuerung bereit? Nennen Sie hierzu einige Beispiele.

2. Was ist ein Systemwiederherstellungspunkt und wozu kann er verwendet werden?

3. Was versteht man bei Betriebssystemen unter dem „abgesicherten Modus"?

4. Welche Informationen über einen PC erhält man vom sogenannten Geräte-Manager des Betriebssystems?

5. Was versteht man unter einem Interrupt-Request und wie viele gibt es davon standardmäßig?

6. Wozu dient der DMA-Modus?

7. Geben Sie in dezimaler Form den Adressbereich der Grafikeinheit an.

    ▷ [000000000000E000 - 000000000000EFFF] Intel(R) 6 Series/C200 Series Chipset Family PCI Express Root Port 6 - 1C1A
    [000000000000F000 - 000000000000F03F] Intel(R) HD Graphics Family
    [000000000000F040 - 000000000000F05F] Intel(R) 6 Series/C200 Series Chipset Family SMBus Controller - 1C22

8. Hat man nach einem Betriebssystemabsturz nur noch Zugang zu einem Computer über die Kommandozeilenebene, muss man (z. B. zur Datenrettung) auf MS-DOS-Befehle zurückgreifen.

    a) Was bedeutet MS-DOS?

    b) Erstellen Sie – ggf. mit einer Internetrecherche und einem entsprechenden Anwendungsprogramm – eine Tabelle mit einigen wesentlichen DOS-Befehlen und erläutern Sie kurz deren jeweilige Funktion.

3

4.1 Begriffe der Informationstechnik

4.1.1 Zeichen und Daten

Informationen sind im Sinne der Umgangssprache die Kenntnisse und das Wissen über Sachverhalte, Vorgänge, Zustände, Ereignisse usw. Sie können durch gesprochene und geschriebene Wörter, durch Tabellen und Diagramme oder Grafiken und Bilder dargestellt, gespeichert und verbreitet werden. In der Informations- und Kommunikationstechnik werden Informationen durch Zeichen dargestellt.

> Ein **Zeichen** ist ein Element aus einer Menge verschiedener Elemente. Die Menge der Elemente wird als **Zeichenvorrat** bezeichnet.

Beispiele für Zeichen sind die Buchstaben des Alphabets, Ziffern, Interpunktionszeichen, Steuerzeichen (Wagenrücklauf, Zeilenvorschub auf der Tastatur usw.).

In der Kommunikationstechnik dient eine Zeichenfolge zur Übertragung einer Information und wird **Nachricht** genannt. In der Informationstechnik werden Zeichenfolgen, die eine Information zum Zweck der Verarbeitung enthalten, als **Daten** bezeichnet.

4.1.2 Signalarten

Nachrichten und Daten müssen zur Übertragung oder Verarbeitung in **Signale** umgesetzt werden.

> **Signale** dienen zur Darstellung von Nachrichten und Daten durch physikalische Größen wie z. B. Spannung, Stromstärke o. Ä.

Zur Verdeutlichung eines Signalverlaufes wird üblicherweise in einem Diagramm der Signalwert in Abhängigkeit von der Zeit dargestellt. Signale können sowohl hinsichtlich des Wertebereiches als auch hinsichtlich des Zeitbereiches **kontinuierlich** (stetig, lückenlos zusammenhängend) oder **diskret** (durch endliche Abstände voneinander getrennt) sein. Man unterscheidet folgende Signalarten (Bild 4.1):

1. Ein **wert- und zeitkontinuierliches Signal** kann jeden beliebigen Signalwert annehmen; in jedem Zeitpunkt ist ein Signalwert vorhanden.

2. Ein **wertdiskretes zeitkontinuierliches Signal** kann nur bestimmte Werte zwischen einem negativen und einem positiven Höchstwert annehmen; in jedem Zeitpunkt ist ein Signalwert vorhanden.

3. Ein **wertkontinuierliches zeitdiskretes Signal** kann jeden beliebigen Signalwert annehmen, ist aber nur zu bestimmten Zeiten vorhanden.

4. Ein **wert- und zeitdiskretes Signal** kann nur bestimmte Werte annehmen und ist nur zu bestimmten Zeiten vorhanden.

Wert- und zeitkontinuierliches Signal

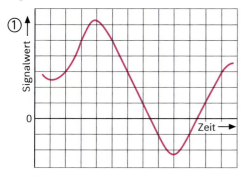

Wertdiskretes zeitkontinuierliches Signal

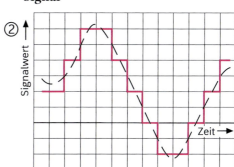

Wertkontinuierliches zeitdiskretes Signal

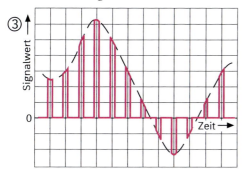

Wert- und zeitdiskretes Signal

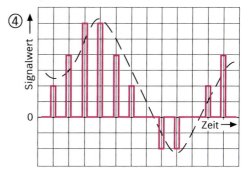

Bild 4.1: Signalarten

In der IT-Technik werden sowohl analoge Signale als auch digitale Signale verarbeitet und übertragen.

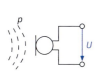
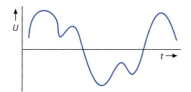

Bild 4.2: Analoges Signal

Ein Beispiel für ein **analoges Signal** ist die sogenannte Sprechwechselspannung, die in einem Mikrofon durch Umwandlung der auf die Membran auftreffenden Schallwellen erzeugt wird (Bild 4.2).

Bei einem **digitalen Signal** können innerhalb eines begrenzten Wertebereiches nur bestimmte (diskrete) Signalwerte auftreten. Jedem Signalwert kann ein Zeichen zugeordnet werden. So können z.B. die Zeichen von 0 bis 5 jeweils durch einen festen Signalwert dargestellt werden (Bild 4.3).

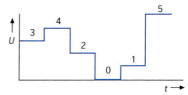

Bild 4.3: Digitales Signal

In IT-Systemen werden – bedingt durch die zwei einfach zu realisierenden Schaltzustände elektromechanischer und elektronischer Schaltelemente (Schalter auf, Schalter zu) – fast ausschließlich Digitalsignale verarbeitet, die nur zwei verschiedene Signalwerte annehmen können; man bezeichnet sie als **binäre** (d. h. zweiwertige) **Signale** (Bild 4.4).

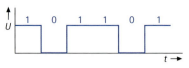

Bild 4.4: Binäres Signal

Als Binärzeichen werden den beiden Signalzuständen die Ziffern 0 und 1 zugeordnet. In der binären Schaltungstechnik verwendet man oft die Buchstaben L (Low Level) und H (High Level), wobei die Wertebereiche für L und H durch die Technologie der Schaltungen bestimmt werden (Bild 4.5).

In einer elektronischen Binärschaltung eines bestimmten Typs werden den Pegeln beispielsweise die folgenden Spannungsbereiche zugeordnet:

2,4 V bis 5 V   gilt als **H**-Pegel
0 V bis 0,4 V   gilt als **L**-Pegel

Für die Arbeitssicherheit von Digitalschaltungen ist die Größe des Spannungs*abstandes* zwischen H-Pegel und L-Pegel wichtig.
Für das Beispiel gilt:
Abstand = 2,4 V – 0,4 V = **2 V**

Bild 4.5:
Wertebereiche
der Signalpegel
in einer
Binärschaltung

4.1.3   Signalübertragung

Den in Bild 4.6 dargestellten binären Zustände 0 und 1 (alternative Schreibweise: log 0 und log 1; lies: logisch Null, logisch 1) werden zur *Signalverarbeitung* im PC vielfach die Spannungswerte 0 V und 5 V zugeordnet. Diese Spannungswerte können auch für die *Signalübertragung* über eine elektrische Leitung verwendet werden. Dies nennt man eine unsymmetrische Übertragung.

> Bei einer **unsymmetrischen Übertragung** eines Binärsignals liegt auf dem Hinleiter entsprechend dem logischen Zustand (0 oder 1) die jeweils zugeordnete Spannung (0 V oder 5 V); der Rückleiter liegt hierbei stets fest auf 0 V.

Das Potenzial 0 V wird auch als **Bezugspotenzial** oder **Massepotenzial** bezeichnet (Kap. 5.1.1.4).

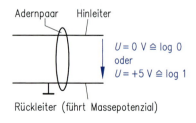

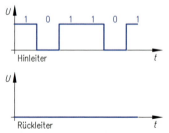

Bild 4.6: Unsymmetrische Übertragung (Grundprinzip)

Diese Art der Signalübertragung ist zwar einfach zu realisieren, hat aber den Nachteil, dass man auf der Empfangsseite den Binärzustand 0 (also 0 V) nicht von einer Leitungsunterbrechung unterscheiden kann.

Aus diesem Grunde werden den binären Zuständen 0 und 1 zur Signalübertragung oftmals andere Spannungswerte zugeordnet. Von besonderer Bedeutung ist hierbei die Übertragung mit differenziellen Signalen.

> Als **differenzielles Signal** bezeichnet man die Spannungszuordnung zu einem Binärsignal, bei der sich entsprechend dem logischen Zustand (0 oder 1) sowohl auf dem Hinleiter als auch auf dem Rückleiter der zugehörige Spannungswert ändert.
>
> Die Datenübertragung mithilfe eines differenziellen Signals, bei dem sich der Spannungswert auf den Hin- und den Rückleiter *symmetrisch* zum Nullpotenzial ändert, bezeichnet man als **symmetrische Übertragung**.
>
> Beispiel:
> Logisch 0: auf dem Hinleiter −5 V und auf dem Rückleiter +5 V
> Logisch 1: auf dem Hinleiter +5 V und auf dem Rückleiter −5 V

Sowohl bei der Übertragung von logisch 0 als auch bei logisch 1 führt jede Leitung stets ein von 0 V verschiedenes Potenzial. Somit ist eine Leitungsunterbrechung eindeutig erkennbar. Die Bezeichnung symmetrische Übertragung resultiert aus der symmetrischen Lage der beiden Leiterpotenziale bezogen auf das Massepotenzial (0 V). Der Potenzialunterschied zwischen beiden Leitern wird auch als **Spannungshub** bezeichnet und ist im dargestellten Beispiel mit ±10 V doppelt so groß wie bei der unsymmetrischen Übertragung.

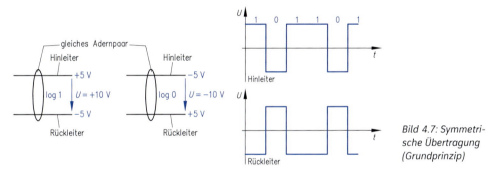

Bild 4.7: Symmetrische Übertragung (Grundprinzip)

Da die symmetrische Übertragung wesentlich weniger störanfällig als die unsymmetrische Übertragung ist, verwendet man in der Praxis auch wesentlich geringere Spannungen für die Datenübertragung (z. B. ± 250 mV bei SATA, Kap. 1.7.1).

> Ein spezielles Verfahren zur **differenziellen Datenübertragung** mit geringem Spannungshub über zwei Leitungen bezeichnet man mit der Abkürzung **LVDS** (**L**ow **V**oltage **D**ifferential **S**ignaling).

Im angegebenen Beispiel arbeitet LVDS mit einem Spannungshub von 0,3 V auf beiden Leitungen. Eine „0" wird dargestellt, indem Leitung A („Hinleiter") auf 1,1 V und Leitung B („Rückleiter") auf 1,4 V liegt; eine „1" wird durch die umgekehrten Spannungswerte angezeigt (Bild 4.8). Die Signalpegel auf beiden Leitungen haben also immer entgegengesetzte Werte, sind dabei aber dauernd positiv (d. h., es handelt sich hierbei *nicht* um ein symmetrisches Signal).

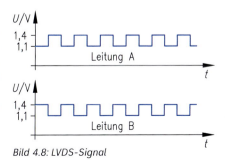

Bild 4.8: LVDS-Signal

Die erreichbare Datenrate bei LVDS liegt beim derzeitigen Stand der Technik (2018) bei mehreren Gibit/s.

LVDS wurde als Übertragungsstandard (ANSI/TIA/EIA-644-1995) zur Hochgeschwindigkeits-Datenübertragung für Platinen und Backplanes entwickelt. Er wird heute zur Übertragung von Daten mit hoher Störsicherheit über Entfernungen von einigen Metern eingesetzt z. B. bei USB, Firewire u. Ä. Ein anderes wichtiges Anwendungsgebiet ist die digitale Ansteuerung von Flachbildschirmen. In der Kfz-Elektronik wird LVDS zur Vernetzung von Kameras, Displays und den jeweiligen Steuer- und Auswertegeräten im Fahrzeug verwendet; neben Radios und Navigationsgeräten gehören auch vermehrt große Farbdisplays zum Standard.

AUFGABEN

1. a) Wozu werden in der Informationstechnik Zeichen verwendet?
   b) Nennen Sie einige Beispiele für Zeichen.

2. Was verstehen Sie unter dem Begriff „Signal"?

3. Nennen Sie die charakteristischen Merkmale zur Unterscheidung verschiedener Signalarten.

4. Wodurch unterscheiden sich analoge und digitale Signale?

5. Was verstehen Sie unter
   a) einer unsymmetrischen Übertragung und
   b) einer symmetrischen Übertragung?

6. Welche Art von Datenübertragung wird als LVDS bezeichnet?

4.2 Zahlensysteme

4.2.1 Dezimalsystem

Im täglichen Leben wird zur Darstellung von Zahlen fast ausschließlich das **Dezimalsystem (Zehnersystem)** benutzt. In diesem **Zahlensystem** werden die zehn verschiedenen **Ziffern** von 0 bis 9 in der sogenannten **Stellenschreibweise** angewendet (Bild 4.9).

Dezimalzahl	5	4	7	9 ,	2	6
Stellennummer	4	3	2	1	1	2
Stellenwert	10^3	10^2	10^1	10^0	10^{-1}	10^{-2}
Potenzwert	$5 \cdot 1000$	$4 \cdot 100$	$7 \cdot 10$	$9 \cdot 1$	$\dfrac{2}{10}$	$\dfrac{6}{100}$
Zahlenwert	$5000 + 400 + 70 + 9 + 0{,}2 + 0{,}06 = 5479{,}26_{dez}$					

Bild 4.9: Zahlenwert der Dezimalzahl

Aus Bild 4.9 sind die Regeln zu erkennen, nach denen Zahlensysteme aufgebaut sind:

- Die zur Darstellung einer Zahl erforderlichen Ziffern werden von einer Markierung – dem **Komma** – ausgehend nebeneinander geschrieben und nummeriert. Links vom Komma stehen Zahlen ≥ 1, rechts vom Komma stehen Zahlen < 1.

- Jede Stelle hat einen eigenen **Stellenwert W**; er berechnet sich aus der **Basis B des Zahlensystems** und der Stellennummer n: Stellenwert vor dem Komma : $W = B^{n-1}$

- Stellenwert nach dem Komma: $W = B^{-n} = \dfrac{1}{B^n}$

- Die Basis des Zahlensystems ist gleich der Anzahl der verfügbaren Ziffern.

- Der Potenzwert einer Stelle ergibt sich durch Multiplikation der Ziffer mit dem Stellenwert.

- Der Zahlenwert ist die Summe aller Potenzwerte.

- Wird beim Hochzählen in einer Stelle die höchste Ziffer (im Dezimalsystem also die 9) erreicht, so wird im folgenden Schritt ein **Übertrag** von 1 in die nächsthöhere Stelle geschrieben und die hochgezählte Stelle beginnt wieder mit 0 (Bild 4.10).

Nach diesen Regeln können Zahlensysteme mit beliebiger Basis aufgebaut werden. Fragt man jedoch nach dem Wert einer Ziffernfolge in einem beliebigen Zahlensystem, so meint man mit der Kurzform „Wert" immer den Wert dieser Ziffernfolge im Dezimalsystem. Das Dezimalsystem ist damit das Bezugssystem für alle anderen Zahlensysteme.

Hexadezimalsystem				Dezimalsystem				Dualsystem				
16^3	16^2	16^1	16^0	10^3	10^2	10^1	10^0	2^4	2^3	2^2	2^1	2^0
4096	256	16	1	1000	100	10	1	16	8	4	2	1
			0				0					0
			1				1					1
			2				2				1	0
			3				3				1	1
			4				4			1	0	0
			5				5			1	0	1
			6				6			1	1	0
			7				7			1	1	1
			8				8		1	0	0	0
			9				9		1	0	0	1
			A			1	0		1	0	1	0
			B			1	1		1	0	1	1
			C			1	2		1	1	0	0
			D			1	3		1	1	0	1
			E			1	4		1	1	1	0
			F			1	5		1	1	1	1
		1	0			1	6	1	0	0	0	0
		1	1			1	7	1	0	0	0	1

Bild 4.10: Zahlensysteme

4.2.2   Dualsystem

In der IT-Technik werden nur binäre Signale verarbeitet. Daher wird als Zahlensystem das **Dualsystem (Zweiersystem)** verwendet, das nur über zwei Ziffern verfügt. Es ist nach der gleichen Gesetzmäßigkeit aufgebaut wie das Dezimalsystem (Bild 4.11).

Dualzahl	1	0	1	0	1	1	1	,	1	1
Stellennummer	7	6	5	4	3	2	1		1	2
Stellenwert	2^6	2^5	2^4	2^3	2^2	2^1	2^0		2^{-1}	2^{-2}
Potenzwert	$1 \cdot 64$	$0 \cdot 32$	$1 \cdot 16$	$0 \cdot 8$	$1 \cdot 4$	$1 \cdot 2$	$1 \cdot 1$		$\frac{1}{2}$	$\frac{1}{4}$
Zahlenwert	\multicolumn{10}{c}{$64 + 0 + 16 + 0 + 4 + 2 + 1 + 0{,}5 + 0{,}25 = 87{,}75_{dez}$}

Bild 4.11: Zahlenwert der Dualzahl

Im dualen und dezimalen Zahlensystem werden – wie in allen Zahlensystemen – die gleichen Zahlzeichen (Ziffern) verwendet. Um Verwechslungen zu vermeiden, ist es daher notwendig, das jeweils vorliegende Zahlensystem durch einen Index zu kennzeichnen, z. B.:

$$10_{10} = 10_{dez} = 1010_2 = 1010_{du}$$

Der Vergleich der Zahlen in den verschiedenen Systemen (Bilder 4.10 und 4.11) ergibt:

Je weniger Ziffern in einem Zahlensystem verfügbar sind, umso mehr Stellen sind zur Darstellung einer Zahl erforderlich.

4.2.3   Hexadezimalsystem

In IT-Systemen werden Dualzahlen mit 8, 16, 32 und mehr Stellen verarbeitet. Für den Menschen sind solche Ziffernkolonnen sehr unübersichtlich. Deshalb ersetzt man vielstellige Dualzahlen durch ein Zahlensystem mit höheren Stellenwerten. Hierfür erweist sich das Dezimalsystem als nicht optimal, denn zur Darstellung einer einstelligen Dezimalzahl ist eine vierstellige Dualzahl erforderlich (Bild 4.10). Andererseits lassen sich mit vierstelligen Dualzahlen 16 verschiedene Zahlzeichen (Ziffern) darstellen. Ein Zahlensystem, das über 16 Ziffern verfügt, ist das **Hexadezimalsystem (Sechzehnersystem**, auch Sedezimalsystem). Als Hexadezimalziffern werden die Dezimalziffern 0 bis 9 und zusätzlich die Ziffern (Buchstaben) A bis F verwendet (Bild 4.10).

Zur Umwandlung einer Dualzahl in eine Hexadezimalzahl werden vom Komma ausgehend jeweils vier Dualstellen zu einer Gruppe zusammengefasst. Jede so entstandene Gruppe wird als vierstellige Dualzahl betrachtet, deren Zahlenwert durch eine einstellige Hexadezimalzahl dargestellt wird (Bild 4.12); ihr Zahlenwert ist wieder als Dezimalzahl angegeben.

Stellenwert der Dualzahl	2^{15}	2^{14}	2^{13}	2^{12}	2^{11}	2^{10}	2^9	2^8	2^7	2^6	2^5	2^4	2^3	2^2	2^1	2^0	2^{-1}	2^{-2}	2^{-3}	2^{-4}
Dualzahl	0	0	1	1	1	0	1	1	0	1	1	1	1	1	1	0	1	1	0	0
Hexadezimalzahl	3				B				7				E				C			
Stellenwert der Hexadezimalzahl	16^3				16^2				16^1				16^0				16^{-1}			
Potenzwert der Hexadezimalzahl	$3 \cdot 4096$				$11 \cdot 256$				$7 \cdot 16$				$14 \cdot 1$				$\dfrac{12}{16}$			
Zahlenwert	$12\,288 + 2816 + 112 + 14 + 0{,}75 = 15\,230{,}75_{\text{dez}}$																			

Bild 4.12: Umwandlung einer Dualzahl in eine Hexadezimalzahl

Eine Dezimalzahl kann in eine Hexadezimalzahl umgerechnet werden, indem die Dezimalzahl durch den größtmöglichen in ihr enthaltenen Stellenwert des Hexadezimalsystems dividiert wird. Der Rest wird durch den nächstkleineren Stellenwert geteilt usw., bis kein Rest mehr bleibt (Bild 4.13).

Die Umrechnung einer Dezimalzahl in eine Dualzahl erfolgt nach dem gleichen Schema durch fortlaufendes Teilen der Dezimalzahl durch die Stellenwerte des Dualsystems. Um den Rechenvorgang abzukürzen, wandelt man – vor allem bei vielstelligen Dezimalzahlen – diese zunächst in Hexadezimalzahlen und dann in Dualzahlen um.

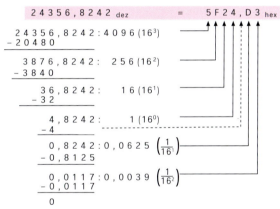

Bild 4.13: Umwandlung einer Dezimalzahl in eine Hexadezimalzahl

AUFGABEN

1. Gegeben sind die Zahlen:

   a) 4302,1   b) 715,02   c) 302,12   d) 1220,2

   In jeder Zahl ist die höchste Ziffer auch gleichzeitig das höchste Zahlzeichen des verwendeten Zahlensystems.

   1. Geben Sie an, in welchem Zahlensystem die Zahlen a) bis d) dargestellt sind.

   2. Ermitteln Sie für jede der vier Zahlen die entsprechende Dezimalzahl.
      (Lösungshinweis: Stellen Sie für jede der vier Zahlen eine Tabelle nach dem Beispiel in Kap. 4.2 auf.)

2. Wandeln Sie die folgenden Dualzahlen in Dezimalzahlen um:

   a) 10110,101   b) 111101,11   c) 10011,011   d) 100010,01

3. Wandeln Sie die folgenden Dezimalzahlen in Dualzahlen um:

    a) 4273,375   b) 97241,5   c) 37842,75   d) 6224,875

4. Geben Sie für die folgenden Dualzahlen die entsprechenden Hexadezimalzahlen an:

    a) 10111001010,101   b) 10111000,110001

    c) 11110011011,01   d) 100000111101,001

5. Wandeln Sie die folgenden Hexadezimalzahlen in Dualzahlen um:

    a) 4BF,5   b) D4E,9   c) C94,7   d) 0,4B3

6. Wandeln Sie die folgenden Hexadezimalzahlen in Dezimalzahlen um:

    a) 5F8C,3A   b) 27BE,7D   c) 974F,8B   d) ABCD,6E

7. Wandeln Sie die folgenden Dezimalzahlen in Hexadezimalzahlen um:

    a) 698,5   b) 4763,6875   c) 28359,4375   d) 97438,125

4.3 Codes

Zur Darstellung von Informationen werden in der IT-Technik – wie überall in der zwischenmenschlichen Kommunikation – Zeichensätze verwendet. Solche Zeichensätze sind z. B. die Ziffern des Dezimalsystems oder die Buchstaben des Alphabets.

Sollen **gleiche Informationen** durch **verschiedene Zeichensätze** dargestellt werden, so müssen dafür bestimmte Vorschriften festgelegt werden. Die Vorschrift, nach der die Zuordnung der Zeichensätze erfolgt, bezeichnet man als **Code**.

> Ein **Code** ist eine Vorschrift für die eindeutige Zuordnung der Zeichen eines Zeichensatzes zu den Zeichen eines anderen Zeichensatzes.

Sollen z. B. die Ziffern des Dezimalsystems durch Buchstabenfolgen des Alphabets dargestellt werden, so muss jeder Ziffer eine feste Buchstabenfolge zugeordnet werden (Bild 4.14). Die Umsetzung geschieht in Geräten, die man Codierer nennt (Abschnitt 4.4.3.2, Codeumsetzer). Beispiele für Codierer sind Tastaturen von Computern, Taschenrechnern, Telefonen usw.

Zeichensatz „Dezimalziffern"	Zeichensatz „Alphabet"
0	NULL
1	EINS
2	ZWEI
3	DREI
4	VIER

Bild 4.14: Zuordnung von Ziffern und Buchstaben

4.3.1 Code-Arten

Nach ihrem Verwendungszweck unterscheidet man verschiedene Code-Arten (Bild 4.15).

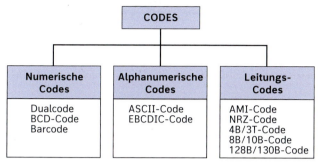

Bild 4.15: Code-Arten

- **Numerische Codes** codieren Ziffern. Angewendet werden sie beim Zählen und Rechnen, zur Codierung von Postleitzahlen oder Artikelnummern in Warenhäusern (Barcode; Kap. 1.11.4 und 4.3.6).

- **Alphanumerische Codes** codieren neben Ziffern auch die Buchstaben des Alphabets und Steuerzeichen (Kap. 4.3.5).

- **Leitungscodes** dienen zur Umwandlung von binären Signalen in Digitalsignale, die für das Übertragungsmedium (z. B. Kupferleitung, Lichtwellenleiter) am besten geeignet sind. Sie werden im Rahmen der Übertragungstechnik behandelt („Vernetzte IT-Systeme", Kap. 4).

4.3.2 Darstellung von binären Zeichenfolgen

In der IT-Technik werden vielstellige Zeichenfolgen verarbeitet. Jede Stelle, die nur einen von zwei möglichen Werten annehmen kann – z. B. „0" oder „1" – wird als **Bit** (Binary Digit) bezeichnet.

Ein **Bit (1 bit)** ist die kleinste Informationseinheit.

Zur übersichtlichen Darstellung von Daten werden die Bits einer Zeichenfolge nummeriert und jeweils acht Bits zu einem **Byte** zusammengefasst (Bild 4.16).

1 Byte = 8 bit							
Bit-Nummer b_8	b_7	b_6	b_5	b_4	b_3	b_2	b_1
Bit-Folge 1	0	0	1	1	1	1	1

— Bit (1 bit)

Bild 4.16: Darstellung einer Bitfolge

Entsprechend der Stellenzahl einer Zeichenfolge spricht man bei der Informationsverarbeitung von **Datenbreite** oder **Wortlänge**, z. B. 8 bit oder 1 Byte, 16 bit oder 2 Byte usw.

Als **Wort** bezeichnet man eine Bitfolge, die eine Einheit bildet.

Zur abkürzenden Darstellung einer großen Menge von Datenworten wurden zunächst die aus dem Dezimalsystem bekannten Präfixe für Zehnerpotenzen übernommen (**Dezimalpräfixe**, z. B. 768 kbit/s, 512 MByte; Bild 4.17). Da in der Datenverarbeitung aber nicht mit Zehnerpotenzen, sondern mit Zweierpotenzen gearbeitet wird, kommt man bei der Verwendung eines Dezimalpräfixes zu unterschiedlichen Ergebnissen, abhängig davon, ob man das Präfix als Abkürzung für eine Zehner- oder eine Zweierpotenz interpretiert.

Beispiel

Das ADSL-Modem (Kap. 1.7.8) eines Kunden gibt als momentane Download-Rate den Wert 13 800 kbit/s an.
Interpretiert man das „k" als Dezimalpräfix, ergibt sich eine Bitrate von
$$13\,800 \cdot 1000\,\text{bit/s} = 13\,800\,000\,\text{bit/s};$$
interpretiert man „k" als Binärpräfix, ergibt sich eine Bitrate von
$$13\,800 \cdot 1024\,\text{bit/s} = 14\,131\,200\,\text{bit/s}.$$

Um diese Mehrdeutigkeiten zu vermeiden, wurden von einem Normungsgremium (**IEC**: International Electrotechnical Commission) spezielle **Binärpräfixe** definiert, die nur im Zusammenhang mit Zweierpotenzen zu verwenden sind (IEC-Norm 60027-2):

Dezimalpräfixe			Binärpräfixe		
Name	Symbol	Wert	Name	Symbol	Wert
Kilo	k	$1000^1 = 10^3$	**Kibi**	Ki	$1024^1 = 2^{10}$
Mega	M	$1000^2 = 10^6$	**Mebi**	Mi	$1024^2 = 2^{20}$
Giga	G	$1000^3 = 10^9$	**Gibi**	Gi	$1024^3 = 2^{30}$
Tera	T	$1000^4 = 10^{12}$	**Tebi**	Ti	$1024^4 = 2^{40}$
Peta	P	$1000^5 = 10^{15}$	**Pebi**	Pi	$1024^5 = 2^{50}$
Exa	E	$1000^6 = 10^{18}$	**Exbi**	Ei	$1024^6 = 2^{60}$
Zetta	Z	$1000^7 = 10^{21}$	**Zebi**	Zi	$1024^7 = 2^{70}$

Bild 4.17: Dezimalpräfixe und Binärpräfixe

Obwohl auch andere Normungsgremien inzwischen die Nutzung der Binärpräfixe empfehlen, konnten sich diese bislang im IT-Bereich noch nicht vollständig durchsetzen. Die bedeutungsrichtige Verwendung von Dezimalpräfixen (d. h. als Abkürzung für eine Zehnerpotenz) in der Datenverarbeitung ist in den Normungsvorgaben aber weiterhin ausdrücklich zugelassen. Hiervon wird aber (noch) oftmals abgewichen, sodass man dann aus dem Zusammenhang heraus „erkennen" muss, wie ein Dezimalpräfix zu interpretieren ist. Manchmal wird es auch extra angegeben (z. B. bei Prüfungen).

Beispiel

Herstellerangabe für die Speicherkapazität einer USB-Festplatte	Windows-Angaben zu dieser Festplatte (unter „Eigenschaften" erfolgt die Angabe in Byte und in GB)	
1 TB	**1000097705984 Byte**	**931 GB**
Der Hersteller interpretiert das „T" als **Dezimalpräfix**, somit $1 \cdot 1000^4$ Byte $= 1 \cdot 10^{12}$ Byte (also 1 Terabyte)	Windows gibt die erkannte Speicherkapazität in Byte an ...	... und wandelt diese Information unter Verwendung des Faktors 1024 in GB um (1000097705984 Byte : 1024^3); hier ist das „G" als **Binärpräfix** zu interpretieren.

Unter Windows wird das „G" also nicht bedeutungsrichtig als Abkürzung für eine Zehnerpotenz verwendet, sondern soll als Binärpräfix verstanden werden, da intern mit dem Faktor 1024 gerechnet wird. Nach derzeitigen Normvorgaben sollte es unter Windows bedeutungsrichtig heißen 931 **GiB** (oder 931 **GiByte**).

Würde umgekehrt das „G" des Herstellers als Binärpräfix interpretiert, müsste die Festplatte eine Kapazität von umgerechnet 1099511627776 Bytes aufweisen (was aber nicht der Fall ist).

Bild 4.18 zeigt Beispiele für die Schreibweisen von Dezimal- und Binärpräfixen, sowie die sich bei der jeweiligen Umrechnung ergebenden unterschiedlichen Zahlenwerte.

4

Schreibweisen Dezimalpräfixe	Sprechweise	Umrechnung in Byte	entspricht ca.
4 GB oder **4 GByte**	„4 Gigabyte"	$4 \cdot 10^9$ Byte $= 4 \cdot 1000^3$ Byte $=$ 4 000 000 000 Byte	3,725 GiByte
2 TB oder **2 TByte**	„2 Terabyte"	$2 \cdot 10^{12}$ Byte $= 2 \cdot 1000^4$ Byte $=$ 2 000 000 000 000 Byte	1,819 TiByte
1 PB oder **1 PByte**	„1 Petabyte"	$1 \cdot 10^{15}$ Byte $= 1 \cdot 1000^5$ Byte $=$ 1 000 000 000 000 000 Byte	0,888 PiByte (oder 888 TiByte)
Schreibweisen Binärpräfixe	Sprechweise	Umrechnung in Byte	entspricht ca.
4 GiB oder **4 GiByte**	„4 Gibibyte"	$4 \cdot 2^{30}$ Byte $= 4 \cdot 1024^3$ Byte $=$ 4 294 967 296 Byte	4,295 GByte
2 TiB oder **2 TiByte**	„2 Tebibyte"	$2 \cdot 2^{40}$ Byte $= 2 \cdot 1024^4$ Byte $=$ 2 199 023 255 552 Byte	2,199 TByte
1 PiB oder **1 PiByte**	„1 Pebibyte"	$1 \cdot 2^{50}$ Byte $= 1 \cdot 1024^5$ Byte $=$ 1 125 899 906 842 624 Byte	1,126 PByte

Bild 4.18: Beispiele für Schreib- und Sprechweisen von Dezimal- und Binärpräfixen

Anstelle von „k" (für Kilo, d. h. Faktor 1000) findet man manchmal auch den Großbuchstaben „K" um anzudeuten, dass mit dem Faktor 1024 gerechnet werden soll (z. B. 768 KB, somit 768 432 Byte). Diese Darstellung ist jedoch nicht normiert.

4.3.3 Binär codierte Dualzahlen

Jeder möglichen Bitkombination kann ein Zeichen, z.B. ein Buchstabe oder eine Ziffer, zugeordnet werden (vgl. Kap. 4.3.5). Soll mit einer solchen Bitfolge eine Dualzahl dargestellt werden, so muss jedem Bit ein Stellenwert des Dualsystems zugeordnet werden (Bild 4.19).

Das Bit b_1 ist die niedrigstwertige Stelle der Dualzahl und wird als **LSB** (**L**east **S**ignificant **B**it) bezeichnet; das Bit b_8 als höchstwertige Stelle wird **MSB** (**M**ost **S**ignificant **B**it) genannt.

Das Byte kann in ein höherwertiges und ein niederwertiges Halbbyte aufgeteilt werden, dessen vier Stellen jeweils als einstellige Hexadezimalzahl angegeben werden. Ein solches Halbbyte wird auch als **Nibble** bezeichnet.

Bei einer Wortlänge von 8 bit ergeben sich $2^8 = 256_{dez}$ verschiedene Bit-Kombinationen. Damit können die Zahlen von 0_{dez} bis $255_{dez} = 1111\ 1111_{du} = FF_{hex}$ dargestellt werden.

Bei der Codierung von positiven und negativen Dualzahlen werden die Vorzeichen durch Binärzeichen ersetzt:

„0" = „+"   „1" = „–"

Byte							
Höherwertiges Halbbyte				Niederwertiges Halbbyte			
MSB							LSB
b_8	b_7	b_6	b_5	b_4	b_3	b_2	b_1
2^7	2^6	2^5	2^4	2^3	2^2	2^1	2^0
1	0	0	1	1	1	0	1
9				D			

Erste Spalte Beschriftungen: Bit-Nummer, Stellenwert, Dualzahl, Hexadezimalzahl.

Bild 4.19: Darstellung einer Dualzahl

Stehen 8 bit zur Verfügung, so können 7 bit zur Zahlendarstellung genutzt werden, das achte Bit gibt das Vorzeichen an (Bild 4.20).

Vergleicht man die positive Dualzahl mit der negativen, so stellt man fest, dass sich bei der negativen Zahl nicht nur das Vorzeichen ändert, sondern auch die Zahl selbst.

	Byte							
	b_8	b_7	b_6	b_5	b_4	b_3	b_2	b_1
	Vz	2^6	2^5	2^4	2^3	2^2	2^1	2^0
$+45_{dez}$	0	0	1	0	1	1	0	1
-45_{dez}	1	1	0	1	0	0	1	1

Bild 4.20: Codierung positiver und negativer Dualzahlen

Negative Dualzahlen werden durch das Zweierkomplement dargestellt.

Mit 8-Bit-Wörtern können Dualzahlen von $1000\ 0000_{du}$ (= -128_{dez}) bis $0111\ 1111_{du}$ (= $+127_{dez}$) binär codiert werden.

Das **Zweierkomplement** einer Dualzahl wird folgendermaßen gebildet:

- Von der positiven Dualzahl wird das Einerkomplement gebildet, indem in jeder Stelle eine „0" durch eine „1" und eine „1" durch eine „0" ersetzt wird.

- Das Zweierkomplement erhält man durch Addition einer „1" in der niedrigstwertigen Stelle des Einerkomplements.

In gleicher Weise lässt sich durch Bildung des Zweierkomplements eine negative Dualzahl in eine negative Dezimalzahl umwandeln.

Als Beispiel sind in Bild 4.21 die vierstelligen positiven und negativen Dualzahlen den entsprechenden Dezimalzahlen zugeordnet.

Positive Dualzahl				Positive Dezimalzahl		Negative Dualzahl				Negative Dezimalzahl	
Vz	2^2	2^1	2^0	Vz	10^0	Vz	2^2	2^1	2^0	Vz	10^0
0	0	0	0	+	0	1	0	0	0	–	8
0	0	0	1	+	1	1	0	0	1	–	7
0	0	1	0	+	2	1	0	1	0	–	6
0	0	1	1	+	3	1	0	1	1	–	5
0	1	0	0	+	4	1	1	0	0	–	4
0	1	0	1	+	5	1	1	0	1	–	3
0	1	1	0	+	6	1	1	1	0	–	2
0	1	1	1	+	7	1	1	1	1	–	1

Bild 4.21. Vierstellige Dualzahlen mit Vorzeichen

4.3.4 Binär codierte Dezimalzahlen

Zur Darstellung von Dezimalzahlen mit Binärzeichen sind zwei Verfahren möglich:

- Die Dezimalzahl wird in eine Dualzahl umgewandelt, die wie oben beschrieben codiert wird.

- Jeder Stelle der Dezimalzahl wird ein eigenes 4 bit langes Codewort zugeordnet.

Die Zuordnungsvorschrift von Dezimalziffern zu Binärwörtern wird als **BCD-Code** (Binary Code Decimals) bezeichnet.

In Bild 4.22 sind einige häufig verwendete BCD-Codes mit unterschiedlichen Eigenschaften zum Vergleich nebeneinander aufgelistet.

Dezimal-ziffer	1-aus-10-Code	2-aus-5-Code	8-4-2-1-Code	5-4-2-1-Code	2-4-2-1-Code	Exzess-3-Code	Gray-Code
0	0000000001	00011	0000	0000	0000	0011	0000
1	0000000010	00101	0001	0001	0001	0100	0001
2	0000000100	00110	0010	0010	0010	0101	0011
3	0000001000	01001	0011	0011	0011	0110	0010
4	0000010000	01010	0100	0100	0100	0111	0110
5	0000100000	01100	0101	1000	1011	1000	0111
6	0001000000	10001	0110	1001	1100	1001	0101
7	0010000000	10010	0111	1010	1101	1010	0100
8	0100000000	10100	1000	1011	1110	1011	1100
9	1000000000	11000	1001	1100	1111	1100	1101

Bild 4.22: BCD-Codes für Dezimalziffern

- Der 1-aus-10-Code und der 2-aus-5-Code sind **Fehlererkennungs-Codes**. In jedem Codewort sind nur 1 bit bzw. 2 bit mit „1" besetzt. Ein Bitfehler wird somit erkannt und ergibt kein falsches Codewort.

- Der 8-4-2-1-Code ist ein **gewichteter Code**, d.h. jeder Stelle ist ein fester Stellenwert zugeordnet. Die Codewörter sind mit den Zahlen des **Dualsystems** identisch.

- Der 5-4-2-1-Code ist ein gewichteter Code. Das vierte Bit der Codewörter für die Ziffern 0 bis 4 ist mit „0", für die Ziffern 5 bis 9 mit „1" besetzt. Das erste bis dritte Bit ist jeweils gleich für die Ziffern 0 und 5, 2 und 6, 3 und 7 usw.

- Der 2-4-2-1-Code ist ein gewichteter und **symmetrischer Code**. Die mit „0" bzw. „1" besetzten Bits in den Codewörtern für die Ziffern 0 bis 4 sind in den Codewörtern für die Ziffern 5 bis 9 mit „1" bzw. „0" besetzt.

- Der Exzess-3-Code ist ein ungewichteter symmetrischer Code.

- Der Gray-Code ist ein **einschrittiger Code**, d.h., beim Zählen ändert sich jeweils nur 1 bit des Codewortes.

Die Codewörter der BCD-Codes werden auch als **Tetraden** bezeichnet. Von den 16 möglichen Tetraden werden zur Darstellung der zehn Dezimalziffern jeweils sechs Tetraden nicht verwendet; diese werden **Pseudotetraden** oder **Pseudodezimale** genannt.

Zur Codierung von mehrstelligen Dezimalzahlen wird für jede Stelle ein entsprechendes Codewort des gewählten Codes eingesetzt (Bild 4.23).

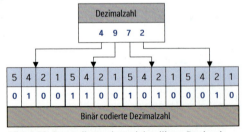

Bild 4.23: Darstellung einer vielstelligen Dezimalzahl im 5-4-2-1-Code

4.3.5 Alphanumerische Codes

Der **ASCII-Code** (American Standard Code for Information Interchange) ist ein international genormter 7-Bit-Code (Bild 4.24). Er dient zur Ein- und Ausgabe bei Datenverarbeitungsanlagen und zum Austausch digitaler Daten zwischen solchen Anlagen.

7		0		0		0		0		1		1		1		1	
6		0		0		1		1		0		0		1		1	
5		0		1		0		1		0		1		0		1	
Bit-Nr. 4 3 2 1		Hexadezimal	Zeichen	Hexadezimal	Zeichen	Hexadezimal	Zeichen	Hexadezimal	Zeichen	Hexadezimal	Zeichen	Hexadezimal	Zeichen	Hexadezimal	Zeichen	Hexadezimal	Zeichen
0 0 0 0		00	NUL	10	DLE	20	SP	30	0	40	@	50	P	60	`	70	p
0 0 0 1		01	SOH	11	DC1	21	!	31	1	41	A	51	Q	61	a	71	q
0 0 1 0		02	STX	12	DC2	22	„	32	2	42	B	52	R	62	b	72	r
0 0 1 1		03	ETX	13	DC3	23	#	33	3	43	C	53	S	63	c	73	s
0 1 0 0		04	EOT	14	DC4	24	$	34	4	44	D	54	T	64	d	74	t
0 1 0 1		05	ENQ	15	NAK	25	%	35	5	45	E	55	U	65	e	75	u
0 1 1 0		06	ACK	16	SYN	26	&	36	6	46	F	56	V	66	f	76	v
0 1 1 1		07	BEL	17	ETB	27	´	37	7	47	G	57	W	67	g	77	w
1 0 0 0		08	BS	18	CAN	28	(	38	8	48	H	58	X	68	h	78	x
1 0 0 1		09	HT	19	EM	29	)	39	9	49	I	59	Y	69	i	79	y
1 0 1 0		0A	LF	1A	SUB	2A	*	3A	:	4A	J	5A	Z	6A	j	7A	z
1 0 1 1		0B	VT	1B	ESC	2B	+	3B	;	4B	K	5B	[	6B	k	7B	
1 1 0 0		0C	FF	1C	FS	2C	,	3C	<	4C	L	5C	\	6C	l	7C	/
1 1 0 1		0D	CR	1D	GS	2D	-	3D	=	4D	M	5D	]	6D	m	7D	
1 1 1 0		0E	SO	1E	RS	2E	.	3E	>	4E	N	5E	^	6E	n	7E	~
1 1 1 1		0F	SI	1F	US	2F	/	3F	?	4F	O	5F	_	6F	o	7F	DEL

Bild 4.24: ASCII-Code

Der ASCII-Zeichensatz umfasst 128 Zeichen. Von diesen sind 94 Schriftzeichen, mit denen die Groß- und Kleinbuchstaben des lateinischen Alphabets, die Dezimalziffern, Interpunktionszeichen und mathematische Zeichen sowie einige Sonderzeichen (z. B. Währungszeichen) dargestellt werden. 34 Zeichen (in Bild 4.24 blau unterlegt) werden als Steuerzeichen genutzt. Ihre Bedeutung ist in Bild 4.25 aufgelistet. Die Zeichen „SP" und „DEL" gelten außerdem als nicht abdruckbare Schriftzeichen bzw. als Füllzeichen.

Zeichen	Bedeutung	Zeichen	Bedeutung
NUL	NULL	DLE	DATALINK ESCAPE
SOH	START OF HEADING	DC1 BIS 4	DEVICE CONTROL 1 BIS 4
STX	START OF TEXT	NAK	NEGATIVE ACKNOWLEDGE
ETX	END OF TEXT	SYN	SYNCHRONOUS IDLE
EOT	END OF TRANSMISSION	ETB	END OF TRANSMISSION BLOCK
ENQ	ENQUIRY	CAN	CANCEL
ACK	ACKNOWLEDGE	EM	END OF MEDIUM

Zeichen	Bedeutung	Zeichen	Bedeutung
BEL	BELL	SUB	SUBSTITUTE
BS	BACKSPACE	ESC	ESCAPE
HT	HORIZONTAL TABULATION	FS	FILE SEPARATOR
LF	LINE FEED	GS	GROUP SEPARATOR
VT	VERTICAL TABULATION	RS	RECORD SEPARATOR
FF	FORM FEED	US	UNIT SEPARATOR
CR	CARRIAGE RETURN	SP	SPACE
SO	SHIFT OUT	DEL	DELETE
SI	SHIFT IN		

Bild 4.25: Bedeutung der Steuerzeichen im ASCII-Code

Die Schriftzeichen in den grau unterlegten Feldern in Bild 4.24 können durch länderspezifische Schriftzeichen ersetzt werden.

Die in der deutschen Referenz-Version des ASCII-Codes geänderten Schriftzeichen sind in Bild 4.26 dargestellt.

Hexa-dezimal	Zeichen	Hexa-dezimal	Zeichen
5B	Ä	7B	ä
5C	Ö	7C	ö
5D	Ü	7D	ü
		7E	ß

Bild 4.26: Deutsche Referenz-Version

Wegen der üblichen 8-Bit-Wortlänge bei der Darstellung von Zeichen kann das achte Bit als **Prüfbit** zur Erkennung von Übertragsfehlern genutzt werden. In dem Beispiel in Bild 4.27 ist dem Codewort als Prüfbit ein **Paritätsbit** für gerade Parität hinzugefügt. Das Paritätsbit ist „0", wenn die Anzahl der mit 1 besetzten Stellen des Codewortes gerade ist; es ist „1", wenn diese Anzahl ungerade ist.

Bit-Nr.	8	7	6	5	4	3	2	1
Codewort „F"	1	1	0	0	0	1	1	0
Codewort „f"	0	1	1	0	0	1	1	0

Bild 4.27: ASCII-Code mit Prüfbit (hier grau)

Mit einer erweiterten 8-Bit-Variante (**Extended ASCII**) können 256 Zeichen dargestellt werden. Davon entsprechen die ersten 128 Zeichen dem normalen ASCII-Code und die Zeichen von 128 bis 255 dienen zur Darstellung von weiteren Sonderzeichen (z. B. länderspezifische Zeichen) und Grafiksymbolen. Der **EBCDI-Code** (Extended BCD Interchange Code) ist ein auf ASCII basierender erweiterter Umwandlungscode. Mit diesem 8-Bit-Code sind 256 Zeichen darstellbar. Codiert werden die Dezimalziffern, die Buchstaben des lateinischen Alphabets, Sonder- und Steuerzeichen. Im Gegensatz zum ASCII-Code ist der EBCDI-Code nicht genormt.

4.3.6 Barcodes

Barcodes – auch Strichcodes oder Balkencodes (Bar = Balken) – sind binäre Zeichencodes, die zur Kennzeichnung von Waren im Handel und in der Lagerhaltung sowie zur Codierung von Postleitzahlen angewendet werden. Sie können mit einem Laserabtaster oder einem Lesestift (vgl. Kap. 1.11.4) entschlüsselt werden.

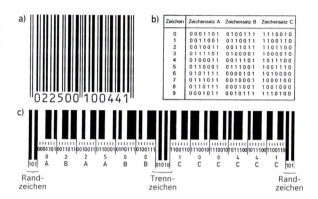

In Bild 4.28 ist eine Artikelkennzeichnung mit dem EAN-Code (European Article Numbering) dargestellt. Dieser Barcode besteht aus zwei Hälften, von denen jede sechs Dezimalziffern enthält. Jede Dezimalziffer wird durch sieben Binärzeichen codiert, die durch Balken („1") oder Lücken („0") dargestellt werden. Die beiden Hälften eines Codes werden durch Randzeichen („101") und Trennzeichen („01010") begrenzt.

Bild 4.28: a) EAN-Codierung
b) Zeichensätze des EAN-Codes
c) Decodierung eines EAN-Codes

Zur Codierung der Dezimalziffern werden die Zeichensätze A, B und C angewendet; die linke Hälfte in der Folge ABAABB, in der rechten Hälfte alle sechs Ziffern nach Zeichensatz C (Bild 4.28).

4

4.3.7 2D-Codes

Neben den eindimensionalen Strichcodes (1D-Barcodes) werden zunehmend **zweidimensionale Codes (2D-Codes)** verwendet. Aus einer ganzen Reihe verschiedener 2D-Codes soll hier als Beispiel der **Data-Matrix-Code (DMC)** kurz erläutert werden.

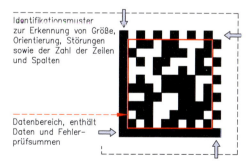

Den DMC gibt es in verschiedenen Versionen, von denen die aktuelle und sicherste die DMC ECC 200 ist. ECC bedeutet „Error Checking and Correction" und beschreibt das verwendete Verfahren zur Fehlerkorrektur, bei dem die Rekonstruktion des Dateninhalts selbst dann noch möglich ist, wenn bis zu 25 % des Codes zerstört sind.

Identifikationsmuster zur Erkennung von Größe, Orientierung, Störungen sowie der Zahl der Zeilen und Spalten

Datenbereich, enthält Daten und Fehlerprüfsummen

Bild 4.29: Datenregion eines DMC

Ein DMC besteht aus mehreren **Datenregionen**. Diese sind aus quadratischen Symbolelementen zusammengesetzt, wovon jedes bis zu 88 numerische oder 64 alphanumerische Zeichen speichern kann. Ein Identifikationsmuster unterteilt die Region in die einzelnen Symbole. Dabei ist das Aussehen der Ränder genau festgelegt. Der linke und der untere Rand bestehen aus einem durchgezogenen schwarzen Balken, am rechten und oberen Rand wechseln sich schwarze und weiße Quadrate ab. Durch dieses Muster kann ein Bildverarbeitungssystem die Größe, die Ausrichtung, die Zahl der Zeilen und

Spalten sowie die Orientierung des Codes bestimmen. Daher sind 2D-Codes in jeder 360-Grad-Position lesbar.

Insgesamt ist die Informationsdichte eines DMC wesentlich größer als die eines 2D-Barcodes. Die Kapazität ist abhängig vom gespeicherten Datentyp und beträgt 1556 Bytes oder 2335 ASCII-Zeichen oder 3116 Ziffern.

Neben dem Einsatz in der Frankier-Software („Stamp IT") der Deutschen Post wird der ECC 200 in zahlreichen Branchen für die Rückverfolgung von Produkten verwendet. Unter der Bezeichnung **QR-Code** (**QR**: **Q**uick **R**esponse) werden 2D-Codes immer häufiger zur Kennzeichnung von Produkten verwendet. Scannt man diesen Code mit der Kamera eines Smartphones, erkennt eine entsprechende App die codierten Informationen und öffnet automatisch eine Internetseite mit weiterführenden Informationen zu dem Produkt.

Bild 4.30: Beispiel für einen QR-Code

4.3.8   RFID

> **RFID** (**R**adio **F**requency **Id**entification) bezeichnet eine Technik zur berührlosen automatischen Identifikation von Gegenständen und Objekten durch Funksignale. Sie ist in der ISO 15693 spezifiziert.

Ein RFID-System setzt sich aus einer ortsfesten oder tragbaren Leseeinheit mit Antenne und Decoder sowie einem am zu identifizierenden Objekt anzubringenden Funktransponder mit Antenne und einem Mikrochip zur Datenspeicherung zusammen. Die Datenspeicherung erfolgt in einem integrierten Flash-Speicher (Kap. 1.5.1.2). Über das Lesegerät kann der Mikrochip nicht nur gelesen, sondern auch neu programmiert werden.

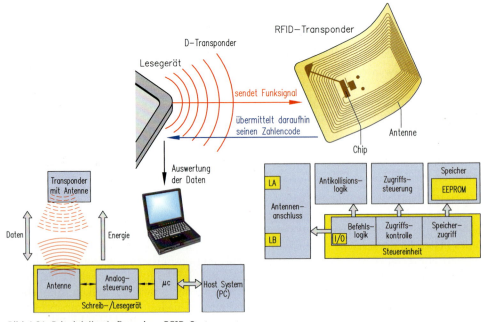

Bild 4.31: Prinzipieller Aufbau eines RFID-Systems

Aktive Transponder besitzen eine Batterie, passive Transponder beziehen die Energie, die zum Auslesen oder Neuprogrammieren erforderlich ist, mittels induktiver Kopplung (Kap. 5.4.2.4) über die Funkschnittstelle zum Lesegerät. Die Größe eines vollständigen RFID-Labels (Mikrochip, Transponder, Antenne; auch als RFID-Tag oder Smart-Label bezeichnet) beträgt nur wenige Millimeter und kann beispielsweise nahezu unsichtbar unter einem dünnen Etikett angebracht werden. Die übertragenen Informationen lassen sich auf direktem Wege datentechnisch auswerten. Zur Übertragung der Informationen werden je nach Anwendung die Frequenzbereiche 125 kHz, 13,56 MHz, 860–930 MHz und 2,45 GHz genutzt. Alle Schreib-/Lesevorgänge erfolgen im Millisekundenbereich, sodass auch sich schnell bewegende Objekte erfasst und ausgewertet werden können. Zu den Anwendungsbereichen gehören die gesamte Distributionslogistik, die Handhabung von Gepäck und Paketen, papierlose Eintrittskarten oder Flugscheine sowie die Personenidentifikation bzw. Zugangskontrolle (ähnlich wie mit NFC bei Smartphones; Kap. 1.1.5).

AUFGABEN

1. Was verstehen Sie unter einem Code?

2. a) Erklären Sie die Begriffe Bit, Byte und Datenwort.

   b) Aus welchem Grund wurden zur Angabe einer großen Anzahl von Datenworten sogenannte Binärpräfixe eingeführt?

   c) Geben Sie die folgenden Werte mit Binärpräfixen an: 25 GB; 128 TB; 6000 Mbit/s; 53,8 GByte/s.

3. Beschreiben Sie, wie positive und negative Dualzahlen binär codiert werden.

4. Geben Sie die folgenden Dezimalzahlen als binär codierte Dualzahlen mit Vorzeichenbit bei einer Wortlänge von 8 bit an:

   a) +5 und –5,   b) +40 und –40,   c) +100 und –100

5. Geben Sie die höchste (positive) und niedrigste (negative) Dezimalzahl an, die mit binär codierten Dualzahlen mit Vorzeichenbit bei einer Wortbreite von 12 bit dargestellt werden kann.

6. Geben Sie für folgende mit Vorzeichenbit codierte Dualzahlen jeweils die entsprechende Dezimalzahl an:

   a) 0110 0111   b) 1110 0111   c) 0111 1111   d) 1111 1111

7. Die Zeichenfolgen mit unterschiedlichen Wortlängen stellen binär codierte Dualzahlen mit Vorzeichen dar. Geben Sie jeweils die dargestellte Zahl als Dezimalzahl an:

   a) 1000 0100   b) 10 0100   c) 1 0100   d) 1100

8. a) Wie unterscheidet sich der Dualcode vom 8-4-2-1-BCD-Code?

   b) Geben Sie die Zahl $Z = 5427_{dez}$ als Dualzahl und im 8-4-2-1-BCD-Code an.

4

9. Der ASCII-Code (7-Bit-Code) enthält Steuerzeichen und Schriftzeichen. Die einzelnen Zeichen sind durch die Bitkombinationen in der Reihenfolge b7, b6 ... b1 gekennzeichnet.

   a) An welcher Bitkombination sind die Steuerzeichen zu erkennen?

   b) Zwei Zeichen des Codes sind sowohl Steuer- als auch Schriftzeichen. Geben Sie die Bitkombinationen der beiden Zeichen an.

   c) Vergleichen Sie die Codewörter der Dezimalzahlen. Wie sind diese codiert?

   d) Wodurch unterscheiden sich bei den Buchstaben die Bitkombinationen für die Groß- und die Kleinschreibung?

   e) Fügen Sie den Codewörtern für die deutschen Umlaute in Groß- und Kleinschreibung als achtes Bit ein Prüfbit an, wenn eine gerade Parität vereinbart ist.

10. Was wird mit der Abkürzung RFID bezeichnet? Welche Vorteile bietet diese Technik?

4.4   Digitale Signalverarbeitung

4.4.1   Logische Verknüpfungen

4.4.1.1   Schaltalgebra

Die Schaltalgebra dient zur mathematisch exakten Beschreibung der funktionellen Zusammenhänge zwischen den Eingangs- und Ausgangssignalen digitaler Schaltelemente. Sie wurde von dem englischen Mathematiker George Boole (1815–1864) entwickelt.

Die Arbeitsweise aller Informationssysteme beruht auf den Gesetzen der „booleschen Algebra"; diese sind nur auf binäre Schaltvariable anwendbar.

Eine **binäre Schaltvariable** kann nur die zwei Werte „0" und „1" annehmen.

Zwischen diesen beiden Werten besteht die Beziehung:

$0 = \overline{1}$ (lies: Null ist gleich Eins nicht)

$1 = \overline{0}$ (lies: Eins ist gleich Null nicht)

Der Querstrich über einer binären Schaltvariablen stellt eine Verneinung (Negation) dar.

Die Abhängigkeit des Ausgangssignals von den Eingangssignalen – die **Schaltfunktion** – kann dargestellt werden:

- Durch ein Symbol für die **boolesche Verknüpfung** (Bild 4.32, Spalte 1)
- Durch eine **Wahrheitstabelle** (Bild 4.32 Spalte 2)
- Durch eine **Funktionsgleichung** (Bild 4.32, Spalte 3)
- Durch ein **Zeitablaufdiagramm** (Bild 4.32, Spalte 4)

In der Wahrheitstabelle wird für jede mögliche Wertekombination der Eingangsvariablen der Ausgangswert angegeben.

In der Funktionsgleichung wird die Verknüpfungsart der Schaltvariablen durch Zeichen dargestellt:

$\wedge$ oder $\cdot$ für UND-Verknüpfung (Konjunktion)

$\vee$ oder $+$ für ODER-Verknüpfung (Disjunktion)

Schaltzeichen-Symbol	Wahrheitstabelle			Schaltfunktion, Benennung, Gleichung	Zeitablaufdiagramm	Beschreibung
a — & — x (b)	b	a	x	**UND**-Funktion (Konjunktion) $x = a \wedge b$ $x = a \cdot b$		Der Ausgang nimmt nur dann den 1-Zustand an, wenn sich beide Eingänge im 1-Zustand befinden.
	0	0	0			
	0	1	0			
	1	0	0			
	1	1	1			
a — ≥1 — x (b)	b	a	x	**ODER**-Funktion (Disjunktion) $x = a \vee b$ $x = a + b$		Der Ausgang nimmt nur dann den 1-Zustand an, wenn sich mindestens ein Eingang im 1-Zustand befindet.
	0	0	0			
	0	1	1			
	1	0	1			
	1	1	1			
a — 1 —o— x	a	x		**NICHT**-Funktion (Negation) $x = \overline{a}$		Der Ausgang nimmt nur dann den 1-Zustand an, wenn sich der Eingang im 0-Zustand befindet.
	0	1				
	1	0				
a — & —o— x (b)	b	a	x	**NAND**-Funktion $x = \overline{a \wedge b}$ $x = \overline{a \cdot b}$		Der Ausgang nimmt nur dann den 1-Zustand an, wenn sich mindestens ein Eingang im 0-Zustand befindet.
	0	0	1			
	0	1	1			
	1	0	1			
	1	1	0			
a — ≥1 —o— x (b)	b	a	x	**NOR**-Funktion $x = \overline{a \vee b}$ $x = \overline{a + b}$		Der Ausgang nimmt nur dann den 1-Zustand an, wenn sich beide Eingänge im 0-Zustand befinden.
	0	0	1			
	0	1	0			
	1	0	0			
	1	1	0			
a — =1 — x (b)	b	a	x	**Antivalenz**-Funktion (Exklusiv-ODER) $x = (a \wedge \overline{b}) \vee (\overline{a} \wedge b)$ $x = (a \cdot \overline{b}) + (\overline{a} \cdot b)$		Der Ausgang nimmt nur dann den 1-Zustand an, wenn sich beide Eingänge in unterschiedlichen Zuständen befinden.
	0	0	0			
	0	1	1			
	1	0	1			
	1	1	0			
a — = — x (b)	b	a	x	**Äquivalenz**-Funktion (Exklusiv-NOR) $x = (\overline{a} \wedge \overline{b}) \vee (a \wedge b)$ $x = (\overline{a} \cdot \overline{b}) + (a \cdot b)$		Der Ausgang nimmt nur dann den 1-Zustand an, wenn sich beide Eingänge in demselben Zustand befinden.
	0	0	1			
	0	1	0			
	1	0	0			
	1	1	1			

Bild 4.32: Binäre (boolesche) Verknüpfungen

Die Funktionsgleichung lässt sich aus der Wahrheitstabelle herleiten, indem

- die Eingangsvariablen einer Zeile, deren Ausgangswert „1" ist, UND-verknüpft werden und

- alle Zeilen mit dem Ausgangswert „1" miteinander ODER-verknüpft werden (Bild 4.32, Antivalenz- und Äquivalenz-Funktion).

In den nachfolgenden Bildern sind die Regeln der Schaltalgebra tabellarisch zusammengefasst. Hierbei wird die Schreibweise mit $\vee$ und $\wedge$ bevorzugt verwendet, alternativ ist natürlich in allen Darstellungen auch die entsprechende Verwendung von $+$ und $\cdot$ möglich.

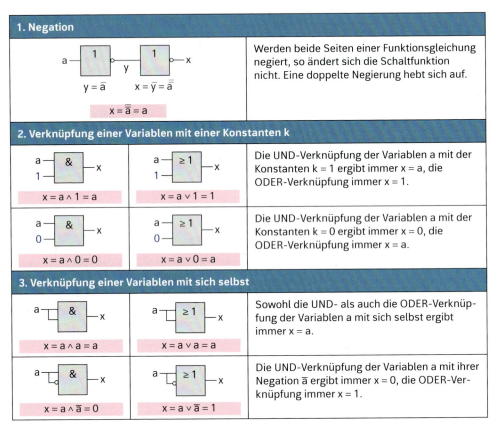

Bild 4.33: Regeln für eine Variable

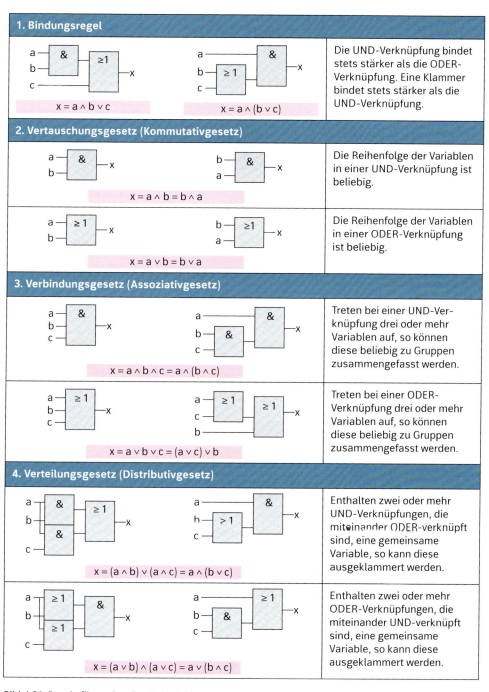

1. Bindungsregel

$$x = a \wedge b \vee c$$

$$x = a \wedge (b \vee c)$$

Die UND-Verknüpfung bindet stets stärker als die ODER-Verknüpfung. Eine Klammer bindet stets stärker als die UND-Verknüpfung.

2. Vertauschungsgesetz (Kommutativgesetz)

$$x = a \wedge b = b \wedge a$$

Die Reihenfolge der Variablen in einer UND-Verknüpfung ist beliebig.

$$x = a \vee b = b \vee a$$

Die Reihenfolge der Variablen in einer ODER-Verknüpfung ist beliebig.

3. Verbindungsgesetz (Assoziativgesetz)

$$x = a \wedge b \wedge c = a \wedge (b \wedge c)$$

Treten bei einer UND-Verknüpfung drei oder mehr Variablen auf, so können diese beliebig zu Gruppen zusammengefasst werden.

$$x = a \vee b \vee c = (a \vee c) \vee b$$

Treten bei einer ODER-Verknüpfung drei oder mehr Variablen auf, so können diese beliebig zu Gruppen zusammengefasst werden.

4. Verteilungsgesetz (Distributivgesetz)

$$x = (a \wedge b) \vee (a \wedge c) = a \wedge (b \vee c)$$

Enthalten zwei oder mehr UND-Verknüpfungen, die miteinander ODER-verknüpft sind, eine gemeinsame Variable, so kann diese ausgeklammert werden.

$$x = (a \vee b) \wedge (a \vee c) = a \vee (b \wedge c)$$

Enthalten zwei oder mehr ODER-Verknüpfungen, die miteinander UND-verknüpft sind, eine gemeinsame Variable, so kann diese ausgeklammert werden.

Bild 4.34: Regeln für zwei und mehr Variable

4

Die nach dem englischen Mathematiker De Morgan (1806–1871) benannten Gesetze ermöglichen die Umwandlung negierter Funktionsgleichungen (Bild 4.35).

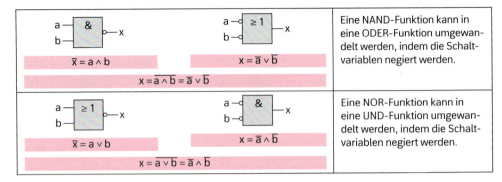

Bild 4.35: De-Morgansche Gesetze

4.4.1.2 Verknüpfungselemente

Verknüpfungselemente enthalten Schaltungen, die boolesche Verknüpfungen von Schaltvariablen bewirken.

In der IT-Technik werden integrierte Schaltkreise (IC = Integrated Circuit) eingesetzt, die mehrere gleiche Verknüpfungselemente enthalten und auf einem Halbleiterchip hergestellt werden.

Der Funktionszusammenhang, der zwischen der Ausgangsspannung und den Eingangsspannungen besteht, kann in einer Arbeitstabelle dargestellt werden. Bild 4.36a zeigt die Arbeitstabelle für eine Schaltung mit zwei Eingängen, deren Eingangs- und Ausgangsspannungen die Werte +2 V und –3 V annehmen können. Da die absoluten Spannungswerte durch die Technologie des Schaltkreises bestimmt sind, werden in der Arbeitstabelle meist nur die Pegelwerte angegeben:

  H (High) für das höhere Potenzial
  L (Low) für das niedrigere Potenzial

Die Verknüpfungsfunktion ergibt sich durch die Zuordnung der Pegel zu den binären Schaltvariablen:

  Bei der **positiven Logik** gilt **L = 0** und **H = 1**,
  bei der **negativen Logik** gilt **L = 1** und **H = 0**.

Die Wahrheitstabelle (Bild 4.36 b) zeigt, dass ein und dasselbe Verknüpfungselement abhängig von der gewählten Logik zwei verschiedene boolesche Verknüpfungen durchführen kann: bei positiver Logik eine NAND-Verknüpfung, bei negativer Logik eine NOR-Verknüpfung.

| Arbeitstabelle mit | | | | | | Wahrheitstabelle und Gleichung für | | | | | |
| Spannungswerten | | | Pegelwerten | | | a) Positive Logik | | | b) Negative Logik | | |
b	a	x	b	a	x	b	a	x	b	a	x
−3V	−3V	+2V	L	L	H	0	0	1	1	1	0
−3V	+2V	+2V	L	H	H	0	1	1	1	0	0
+2V	−3V	+2V	H	L	H	1	0	1	0	1	0
+2V	+2V	−3V	H	H	L	1	1	0	0	0	1

$$x = \overline{a} \vee \overline{b}$$
$$= \overline{a \wedge b}$$

$$x = \overline{a} \wedge \overline{b}$$
$$= \overline{a \vee b}$$

Bild 4.36: a) Positive Logik und b) negative Logik

Alle booleschen Schaltfunktionen lassen sich auf die Grundfunktionen UND, ODER und NICHT zurückführen. So entsteht eine NAND-Verknüpfung, wenn der Ausgang eines UND-Elementes mit einem NICHT-Element invertiert wird. Ein ODER-Element mit einem nachgeschalteten NICHT-Element bildet eine NOR-Verknüpfung. Das Kurzschließen der Eingänge eines NAND- oder NOR-Elementes ergibt eine NICHT-Verknüpfung (Bild 4.37).

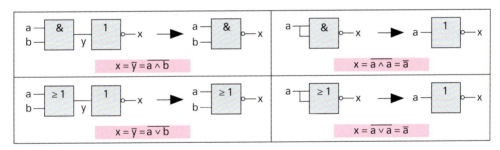

Bild 4.37: Grundverküpfungen

Für jede boolesche Verknüpfung lassen sich nach den de-Morganschen Gesetzen zwei in der Funktion gleichwertige Gleichungen aufstellen: eine konjunktive und eine disjunktive. Ebenso lässt sich zu jedem Schaltzeichen, das eine oder mehrere Grundverknüpfungen darstellt, ein zweites gleichwertiges Schaltzeichen nach folgenden Regeln zeichnen:

1. Ein UND-Symbol wird durch ein ODER-Symbol ersetzt.
   Ein ODER-Symbol wird durch ein UND-Symbol ersetzt.

2. Alle nicht negierten Ein- und Ausgänge werden negiert.
   Alle negierten Ein- und Ausgänge werden nicht negiert.

Die Umwandlung einer **Konjunktion** (UND-Schaltung) in eine **Disjunktion** (ODER-Schaltung) und umgekehrt ermöglicht die Realisierung beliebiger Verknüpfungsschaltungen sowohl *nur* mit NAND-Elementen als auch *nur* mit NOR-Elementen. Dies ist besonders bedeutsam beim Einsatz integrierter Schaltkreise, da diese wesentlich preiswerter herstellbar sind, wenn sie nur eine einzige Art von Verknüpfungselementen enthalten.

4.4.2 Schaltnetze

Schaltnetze sind Verknüpfungsschaltungen, bei denen das Ausgangssignal nur von den anliegenden Eingangssignalen abhängig ist.

Schaltnetze entstehen durch Zusammenschalten von Verknüpfungselementen; sie sind als integrierte Schaltkreise (IC) erhältlich.

4.4.2.1 Addierer

Zur Addition von Dualzahlen wird den Schaltvariablen ein Stellenwert zugeordnet. Dieser ist bei einstelligen Dualzahlen 2^0. Die Summe von zwei einstelligen Dualzahlen A und B lässt sich bei drei der vier möglichen Kombinationen der beiden Schaltvariablen in einer Stelle mit dem gleichen Stellenwert 2^0 bilden (Bild 4.38). Haben beide Schaltvariablen den Wert 1, so tritt bei der Addition ein Übertrag in den nächsthöheren Stellenwert 2^1 auf.

Stellenwert			
2^0	2^0	2^0	2^1
B	A	Σ	C
0	0	0	0
0	1	1	0
1	0	1	0
1	1	0	1

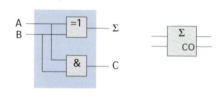

Bild 4.38: Wahrheitstabelle, Verknüpfungsschaltung und Schaltzeichen eines Halbaddierers

Anhand der Tabelle können die Funktionsgleichungen für die Summe Σ und den Übertrag C (**C**arry, im Schaltzeichen CO = **C**arry **o**ut) aufgestellt werden:

$$\Sigma = (A \wedge \overline{B}) \vee (\overline{A} \wedge B)$$
$$C = A \wedge B$$

Das Schaltnetz zum Addieren von zwei einstelligen Dualzahlen lässt sich mit einem Antivalenzelement und einem UND-Element realisieren (Bild 4.38); es wird als **Halbaddierer** bezeichnet.

Mit einem **Halbaddierer** können zwei einstellige Dualzahlen addiert werden.

Sollen mehrstellige Dualzahlen addiert werden, so muss in jeder Stelle noch der Übertrag aus der nächstniederwertigen Stelle addiert werden; hierzu ist ein **Volladdierer** erforderlich.

Mit einem **1-Bit-Volladdierer** können drei einstellige Dualzahlen addiert werden.

Ein Volladdierer kann aus zwei Halbaddierern geschaltet werden (Bild 4.39). Der erste Halbaddierer addiert die beiden Dualzahlen A und B zur Zwischensumme Σ_1 mit dem Übertrag C_1. Die mit dem zweiten Halbaddierer durchgeführte Addition des Übertrags CI (**Carry in**) aus der nächstniederwertigen Stelle zu der Zwischensumme Σ_1 ergibt die Endsumme Σ und den Übertrag C_2. Die Überträge C_1 und C_2 werden zum Übertrag C ODER-verknüpft.

1. Halbaddierer				2. Halbaddierer				Übertrag
Stellenwert				Stellenwert				
2^n	2^n	2^n	2^{n+1}	2^n	2^n	2^n	2^{n+1}	2^{n+1}
B	A	Σ_1	C_1	CI	Σ_1	Σ	C_2	C
0	0	0	0	0	0	0	0	0
0	1	1	0	0	1	1	0	0
1	0	1	0	1	1	0	1	1
1	1	0	1	1	0	1	0	1

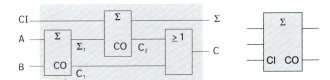

Bild 4.39: Wahrheitstabelle, Schaltung und Schaltzeichen eines 1-Bit-Volladdierers

Mit vier solcher 1-Bit-Volladdierer kann ein 4-Bit-Volladdierer geschaltet werden, der auch als IC erhältlich ist (Bild 4.40). Ebenso gibt es 4-Bit-Subtrahierer als IC. Mit diesen Schaltkreisen lassen sich Addierer und Subtrahierer für Dualzahlen mit beliebig vielen Stellen aufbauen.

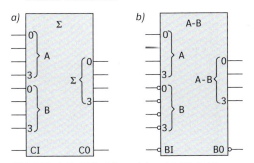

Bild 4.40: 4-Bit-Volladdierer (a) und 4-Bit-Subtrahierer (b)

Volladdierer und Subtrahierer sind Funktionselemente der ALU eines Prozessors (Kap. 1.3.1).

4.4.2.2 Code-Umsetzer

Um reale Vorgänge oder Zustände in einem Informationssystem verarbeiten zu können, müssen sie mit einem **Codierer** (Coder) in binäre Signale umgewandelt werden. Nach der Verarbeitung erfolgt in einem **Decodierer** (Decoder) die Umwandlung der binären Signale in einen realen Zustand oder Vorgang.

> Ein **Coder** ist eine Schaltung zur Umsetzung eines realen Vorgangs oder Zustandes in ein binäres Codewort.
>
> Ein **Decoder** ist eine Schaltung zur Umwandlung eines Codewortes in eine unmittelbar wahrnehmbare optische oder akustische Anzeige.

Häufig erfordert die Verarbeitung binärer Daten einen Wechsel des Binärcodes; hierzu werden Code-Umsetzer (Converter) eingesetzt.

> Ein **Code-Umsetzer** wandelt das Codewort eines Codes in ein entsprechendes Codewort eines anderen Codes um.

Bild 4.41 zeigt eine Anordnung zur optischen Anzeige der Nummern einer Tastatur. Durch Betätigen einer Taste wird die Tastennummer im 1-aus-10-Code codiert. Der Code-Umsetzer wandelt den 1-aus-10-Code (DEC) in den 7-Segment-Code (7SEG) zur Ansteuerung der optischen Anzeige um.

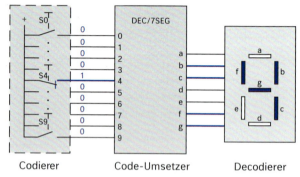

Codierer   Code-Umsetzer   Decodierer

Im Schaltsymbol für Code-Umsetzer wird die Art der Umsetzung durch die Bezeichnung des Eingangs- und des Ausgangscodes angegeben (Bild 4.42 b, c, d).

Bild 4.41: Codieren, Umcodieren und Decodieren

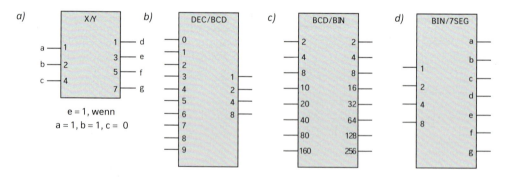

Bild 4.42: Code-Umsetzer
a) von einem beliebigen Code X in einen Code Y   *c) von BCD-Code auf Binärcode*
b) von 1-aus-10-Code auf BCD-Code   *d) von Binärcode auf 7-Segment-Code*

Beliebige Codes werden mit X und Y bezeichnet, wobei die Art der Umsetzung durch eine Codetabelle oder durch Zahlen an den Eingängen und Ausgängen dargestellt wird. Bei der Kennzeichnung durch Zahlen gilt: Die Summe der Eingangszahlen (in Bild 4.42 a: 1, 2, 4) ergibt eine interne Zahl, die an dem Ausgang einen 1-Zustand bewirkt, der mit dieser Zahl bezeichnet ist (Beispielrechnung für Ausgang e, siehe Bild 4.42 a).

4.4.2.3 Multiplexer und Demultiplexer

Zur besseren Ausnutzung von Leitungen sowie zur Übertragung und Anzeige binärer Daten wird die Multiplextechnik angewandt. Hierbei wird durch einen **Multiplexer** aus einer Anzahl von Eingängen jeweils einer auf den Ausgang durchgeschaltet. Die Dateneingänge eines Multiplexers werden durch Steuereingänge „adressiert", d.h. ausgewählt (Bild 4.43a). In einem Code-Umsetzer werden die Signale der beiden Steuereingänge vom Binärcode in den 1-aus-4-Code umgesetzt. Die Bezeichnung G_3^0 bedeutet, dass die vier Ausgänge des Code-Umsetzers mit den Dateneingängen 0 bis 3 UND-verknüpft sind. So wird abhängig von der Bitkombination an den Steuereingängen nur jeweils ein Dateneingang freigegeben.

> Ein **Multiplexer** wählt aus einer Anzahl von Dateneingängen entsprechend der anliegenden Adresse einen Eingang aus, der zum Datenausgang durchgeschaltet wird.

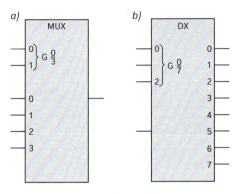

Am Ende der Übertragungsleitung werden die ankommenden Daten durch einen **Demultiplexer** wieder auf eine Anzahl von Leitungen verteilt (Bild 4.43b). Die Ausgänge des Demultiplexers werden in gleicher Weise adressiert und freigegeben wie die Eingänge des Multiplexers.

> Ein **Demultiplexer** wählt aus einer Anzahl von Datenausgängen entsprechend der anliegenden Adresse einen Ausgang aus, auf den der Dateneingang durchgeschaltet wird.

Bild 4.43: 1-aus-4-Multiplexer (a) und 1-auf-8-Demultiplexer (b)

4.4.3 Schaltwerke

> **Schaltwerke** sind Verknüpfungsschaltungen, bei denen das Ausgangssignal sowohl von den anliegenden Eingangssignalen als auch von den gespeicherten Signalwerten abhängig ist.

Hierzu werden – im Gegensatz zu den *Schaltnetzen* (Kap. 4.4.2) – die Ausgänge auch auf entsprechende Eingänge zurückgeführt (z. B. Bild 4.44).

4.4.3.1 Bistabile Elemente

> Ein **bistabiles Schaltelement (Flipflop)** hat zwei stabile Schaltzustände; seine beiden Ausgänge führen immer entgegengesetzte Signalpegel.

Das **RS-Flipflop** bildet das Grundelement aller bistabilen Schaltelemente. Es kann aus zwei NOR- oder zwei NAND-Elementen geschaltet werden, indem jeweils der Ausgang des einen Elementes auf den Eingang des anderen zurückgeführt wird (Bild 4.44).

Im Logik-Symbol werden die Eingänge mit S (Setzen) und R (Rücksetzen) bezeichnet. Der stets entgegengesetzte Signalzustand der beiden Ausgänge wird durch das Negationssymbol am Ausgang Q_2 gekennzeichnet. Jeder Eingang steuert den ihm zugeordneten (im Symbol gegenüberliegenden) Ausgang (Bild 4.44):

- S = 0, R = 0 :   Das zuletzt eingelesene Signal bleibt gespeichert:
  $Q_1 = Q_n$, $Q_2 = \overline{Q}_n$

- S = 1, R = 0 :   Flipflop wird gesetzt: $Q_1 = 1$, $Q_2 = 0$

- S = 0, R = 1 :   Flipflop wird rückgesetzt: $Q_1 = 0$, $Q_2 = 1$

- S = 1, R = 1 :   Dieser Signalzustand ist zu vermeiden, da er zu einem nicht definierten Signalzustand der Ausgänge führt.

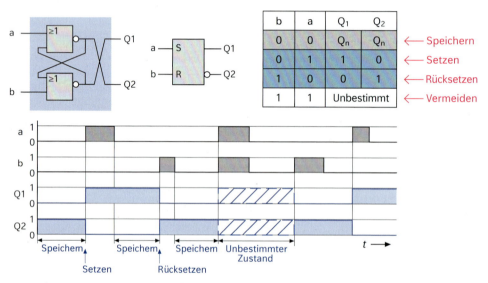

Bild 4.44: RS-Flipflop (Schaltung, Schaltzeichen, Wahrheitstabelle, Zeitablaufdiagramm)

Bistabile Elemente werden als statische Speicher (SRAM, Kap. 1.5.2.1) und in sequenziellen (zeitabhängigen) Schaltungen eingesetzt. Bei zeitabhängigen Schaltungen lässt sich ihre Schaltfunktion deutlicher in einem **Zeitablaufdiagramm** als in einer Wahrheitstabelle darstellen (Bild 4.44).

Oft werden in Logik-Schaltungen Flipflops benötigt, die nur zu bestimmten Zeitpunkten die Eingangssignale aufnehmen. Ein solches Flipflop hat einen zusätzlichen Steuereingang (Bild 4.45 a).

Setz- und Rücksetzeingang eines **einzustandsgesteuerten RS-Flipflops** sind nur dann wirksam, wenn der Steuereingang C1 im internen 1-Zustand ist.

Im Logiksymbol wird der Steuereingang mit dem Buchstaben C (Clock, Takt) und einer nachgestellten Ziffer gekennzeichnet. Die gleiche Kennziffer wird vor die Kennbuchstaben aller gesteuerten Eingänge gesetzt.

Das einzustandsgesteuerte RS-Flipflop ist weniger störanfällig als ein ungetaktetes Flipflop, da ein Störimpuls an einem Eingang nur während des anstehenden Taktsignals wirksam werden kann (d. h. solange C1 = 1 ist).

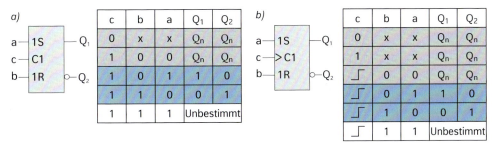

a)

c	b	a	Q_1	Q_2
0	x	x	Q_n	Q_n
1	0	0	Q_n	Q_n
1	0	1	1	0
1	1	0	0	1
1	1	1	Unbestimmt	

b)

c	b	a	Q_1	Q_2
0	x	x	Q_n	Q_n
1	x	x	Q_n	Q_n
⌐	0	0	Q_n	Q_n
⌐	0	1	1	0
⌐	1	0	0	1
⌐	1	1	Unbestimmt	

Bild 4.45: a) Einzustandsgesteuertes und b) einflankengesteuertes RS-Flipflop

Die Störanfälligkeit lässt sich weiter verringern, wenn das Setzen und Rücksetzen des Flipflops nur in der kurzen Zeit möglich ist, in der das Taktsignal seinen Zustand wechselt. Der Wechsel von 0 auf 1 wird als positive Taktflanke, der Wechsel von 1 auf 0 als negative Taktflanke bezeichnet (Bild 4.45 b).

Ein **einflankengesteuertes RS-Flipflop** kann nur während der *ansteigenden* (positiven) oder während der *abfallenden* (negativen) Taktflanke gesetzt oder rückgesetzt werden.

Für viele Anwendungen, wie z.B. bei Schieberegistern (Kap. 4.4.3.2), sind Flipflops erforderlich, welche die letzte Information noch speichern, während eine neue Information eingelesen wird; diese Anforderung erfüllt ein zweizustandsgesteuertes RS-Flipflop.

Ein **zweizustandsgesteuertes RS-Flipflop** übernimmt die Eingangsinformation während des einen Taktsignalzustandes und gibt diese bei dem folgenden Taktsignalzustand aus.

Ein zweizustandsgesteuertes RS-Flipflop wird auch **Master-Slave-Flipflop** genannt; es enthält zwei Speicherelemente: einen Zwischenspeicher (Master) und einen Hauptspeicher (Slave). Die Ausgänge, die das Eingangssignal verzögert ausgeben, werden als **retardierende Ausgänge** bezeichnet, sie werden im Schaltsymbol besonders gekennzeichnet (Bild 4.46).

Im Gegensatz zu einem zweizustandsgesteuerten sind bei einem zweiflankengesteuerten RS-Flipflop S- und R-Eingang nur während der Flanken des Taktsignals wirksam.

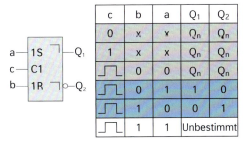

c	b	a	Q_1	Q_2
0	x	x	Q_n	Q_n
1	x	x	Q_n	Q_n
⊓	0	0	Q_n	Q_n
⊓	0	1	1	0
⊓	1	0	0	1
⊓	1	1	Unbestimmt	

Bild 4.46: Zweizustandsgesteuertes RS-Flipflop

Ein **zweiflankengesteuertes RS-Flipflop** übernimmt ein Eingangssignal bei der einen Taktflanke und gibt es bei der folgenden Taktflanke aus (Bild 4.47).

4

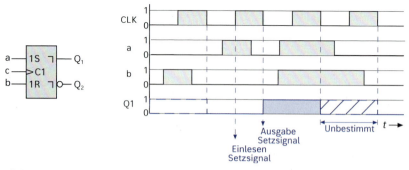

Bild 4.47: Zweiflankengesteuertes RS-Flipflop

Sind die Signaleingänge eines taktgesteuerten RS-Flipflops intern miteinander verknüpft und als gemeinsamer Anschluss nach außen geführt, so entsteht ein Flipflop, das über nur einen Eingang gesetzt und rückgesetzt werden kann; dieser Eingang wird mit D bezeichnet (Bild 4.48).

> Ein **D-Flipflop** speichert, durch einen Taktimpuls gesteuert, das am Dateneingang anliegende Signal.

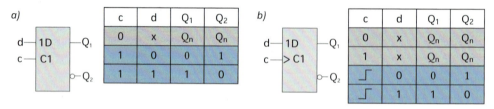

Bild 4.48: a) Einzustandsgesteuertes und b) Einflankengesteuertes D-Flipflop

4.4.3.2 Schieberegister

Register sind kleine Speichereinheiten zur Zwischenspeicherung binärer Signale. Bei einem Schieberegister lassen sich die gespeicherten Signale mit einem Taktimpuls von einer Speicherzelle zur folgenden verschieben.

> Ein **Schieberegister** ist ein taktgesteuerter digitaler Speicher, in den seriell anliegende Binärsignale eingelesen, gespeichert und mit jedem Taktimpuls um eine Stelle verschoben werden. Die seriell eingelesenen Signale werden in unveränderter Reihenfolge wieder ausgegeben (Bild 4.49).

Im Schaltsymbol werden Schieberegister mit SRG (Shift **R**egister) gekennzeichnet; die folgende Zahl gibt die Anzahl der Speicherplätze an. Der Takteingang CLK (= Clock) steuert das Einlesen der am seriellen Dateneingang D_S anstehenden Signale; der Pfeil weist auf die stellenweise Verschiebung der Signale innerhalb des Registers hin (Bild 4.49).

Wie das Zeitablaufdiagramm zeigt, erscheint bei einem 4-Bit-Schieberegister ein eingegebenes Signal nach vier Taktimpulsen am seriellen Datenausgang Q_S (Bild 4.49).

Schieberegister werden auch als **FIFO-Speicher** (**F**irst **i**n – **F**irst **o**ut) bezeichnet, da das zuerst eingegebene Signal auch als erstes wieder ausgegeben wird.

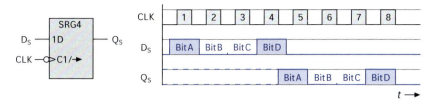

Bild 4.49: 4-Bit-Schieberegister mit seriellem Ein- und Ausgang

Es gibt auch Schieberegister, in die sich die Daten parallel einlesen lassen. Ein typisches Beispiel für den Einsatz solcher Schieberegister ist die Übertragung von mehrstelligen Datenwörtern über eine einzige Signalleitung. Bild 4.50 veranschaulicht den Vorgang für ein 4-Bit-Datenwort. Zu Beginn der Übertragung werden die Bits A bis D parallel in das Schieberegister D1 eingelesen. Mit dem ersten Takt wird auf der Leitung, die an Ausgang Q_{D1} angeschlossen ist, als erstes das D-Bit übertragen. Beim nächsten Takt werden die Bits jeweils ein Register weiter geschoben, sodass nun das C-Bit an Ausgang Q_{D1} anliegt. Nach vier Takten sind die gespeicherten Signale seriell ausgegeben und übertragen. In D2 werden sie seriell eingelesen und im Takt jeweils ein Register verschoben. Nach vier Takten stehen alle Bits an den Ausgängen von D2 als paralleles Signal (Datenwort) an.

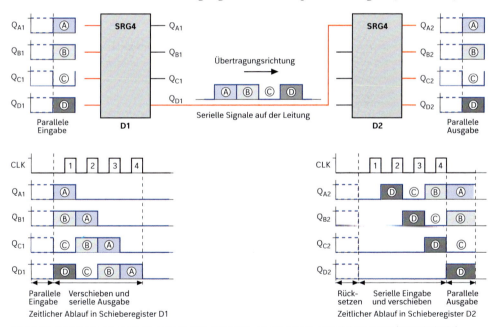

Bild 4.50: Schieberegister als Parallel-Serien-Wandler und als Serien-Parallel-Wandler (Grundprinzip)

4.4.3.3 Zähler und Frequenzteiler

Ein Zähler muss zwei Bedingungen erfüllen (Bild 4.51):

- Er muss, gesteuert durch einen Zählimpuls, eine „1" zu einer gespeicherten Zahl addieren.
- Das Ergebnis der Addition muss als neue Zahl gespeichert und ausgegeben werden.

Zähler sind Schaltwerke, bei denen ein eindeutiger Zusammenhang zwischen der Anzahl der eingegebenen Zählimpulse und dem Signalzustand der Ausgänge besteht.

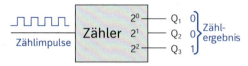

Bild 4.51: Prinzip einer Zählschaltung

Ein Zähler kann mit hintereinandergeschalteten Flipflops realisiert werden. Die gezählten Impulse werden durch die Signalkombinationen an den Ausgängen der Flipflops dargestellt. Nach der Zuordnung der Signalkombinationen zu Zahlen unterscheidet man:

Binärzähler (Dualzähler) mit n hintereinander geschalteten Flipflops zählen maximal bis $2^n - 1$. Nach 2^n Impulsen stehen sie wieder auf null.

Dekadische Zähler (Dezimalzähler) zählen maximal bis neun. Mit dem zehnten Impuls werden sie auf null zurückgesetzt.

Zählerbausteine können auch als Frequenzteiler eingesetzt werden. Dabei wird nur der Signalzustand *eines* Zählerausgangs ausgewertet (Bild 4.52).

Bild 4.52: Binärzähler als Frequenzteiler 8:1

Das Teilerverhältnis eines **Frequenzteilers** ist das Verhältnis der Pulsfrequenz am Eingang zur Pulsfrequenz am Ausgang des Zählers.

Durch Auswerten des Zählerstandes und anschließendes Rücksetzen auf 0 lässt sich jedes ganzzahlige Teilerverhältnis erzielen.

4.4.4 AD- und DA-Umsetzer

Nachrichten (Sprache, Bilder usw.) müssen zur Übertragung und Verarbeitung in elektrische Signale umgewandelt werden. Die Wandler (z.B. Mikrofone) liefern analoge Signale, die in digitale Signale umgesetzt werden. Dadurch ergeben sich wesentliche Vorteile:

- Digitale Signale können in Rechnern verarbeitet werden.
- Digitale Signale können einfacher gespeichert werden als analoge Signale.
- Digitale Signale werden bei der Übertragung weniger verzerrt.
- Die Übertragung digitaler Signale ist weniger störanfällig.

4.4.4.1 Analog-Digital-Umsetzer

Ein analoges Signal kann innerhalb eines Spannungsbereichs unendlich viele verschiedene Signalwerte annehmen. Daher kann nicht für jeden analogen Wert ein eigenes Codewort gebildet werden. Vielmehr wird der gesamte Spannungsbereich in einzelne Stufen unterteilt. Diesen ersten Schritt der Analog-Digital-Umsetzung bezeichnet man als Quantisierung.

> **Quantisierung** ist die Einteilung des analogen Spannungsbereichs in Spannungsstufen.

In Bild 4.53 ist der analoge Spannungsbereich von $-U_{END}$ bis $+U_{END}$ in acht gleich große Stufen unterteilt. Diese sogenannten **Quantisierungsintervalle** sind durch Entscheidungswerte abgegrenzt. Ein Signalwert, der einen Entscheidungswert übersteigt, wird dem darüberliegenden Quantisierungsintervall zugeordnet. Im zweiten Schritt der AD-Umsetzung werden die Quantisierungsintervalle codiert.

> Durch die **Codierung** wird jedem Quantisierungsintervall ein binäres Codewort zugeordnet.

Zur Codierung von acht Stufen (Bild 4.53) sind 3 bit erforderlich. Das MSB (Kap. 4.3.3) ist das Vorzeichenbit. Eine „1" kennzeichnet den positiven, eine „0" den negativen Bereich der analogen Signalspannung. Sowohl im positiven als auch im negativen Bereich werden die Quantisierungsintervalle von null ausgehend aufwärts gezählt und als Dualzahl dargestellt.

Schaltungen oder integrierte Schaltkreise (ICs), die ein analoges Signal in ein binäres Digitalsignal umsetzen, werden als Analog-Digital-Umsetzer (Bezeichnung gemäß DIN), Analog-Digital-Wandler oder Analog-Digital-Converter (ADC) bezeichnet.

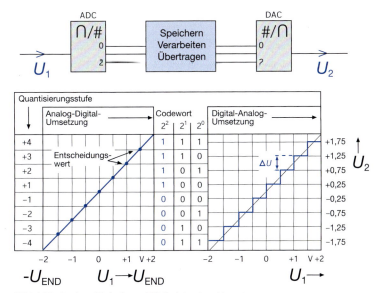

Bild 4.53: Analog-Digital- und Digital-Analog-Umsetzung

> **Analog-Digital-Converter (ADC)**
> - stellen den Spannungswert des analogen Eingangssignals fest,
> - ordnen diesen Wert dem Quantisierungsintervall zu und
> - geben das entsprechende binäre Codewort aus.

4.4.4.2 Digital-Analog-Umsetzer

Um die ursprüngliche Form der Nachricht (Sprache, Bilder usw.) zurückzugewinnen, muss das binäre Codewort in eine analoge Spannung umgesetzt werden. Diese Aufgabe übernehmen Schaltungen, die als Digital-Analog-Umsetzer (Bezeichnung gemäß DIN), Digital-Analog-Wandler oder Digital-Analog-Converter (DAC) bezeichnet werden (Bild 4.53).

> **Digital-Analog-Converter (DAC)** setzen das an den Eingängen anliegende binäre Codewort in einen Spannungswert um.

Aus jedem Codewort wird ein Spannungswert zurückgewonnen, der dem Mittelwert des Quantisierungsintervalls entspricht (Bild 4.53). Dadurch entsteht eine Abweichung des zurückgewonnenen von dem ursprünglichen Signalwert, die maximal dem halben Spannungswert einer Stufe entspricht. Diese Abweichung bezeichnet man als **Quantisierungsfehler**.

Ein DAC liefert nur eine endliche Zahl von Spannungswerten. Das Ausgangssignal ist somit immer ein mehrstufiges Digitalsignal. Die Auflösung einer analogen Signalspannung in einzelne Spannungsstufen ist umso höher, je mehr Bits für die Codierung zur Verfügung stehen. Je höher die Auflösung ist, umso kleiner wird auch der Quantisierungsfehler.

ADC und DAC werden als ICs mit einer Auflösung von 8 bit bis 48 bit hergestellt.

AUFGABEN

1. a) Stellen Sie für die Verknüpfungsschaltung die Wahrheitstabelle auf.

   b) Welche Funktion erfüllt die Schaltung?

   c) Geben Sie die Funktionsgleichung und das Symbol an.

   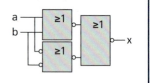

2. a) Geben Sie die Funktionsgleichung der Schaltung an.

   b) Vereinfachen Sie die Gleichung nach den Regeln der Schaltalgebra.

   c) Überprüfen Sie die Gleichung anhand der Wahrheitstabelle.

   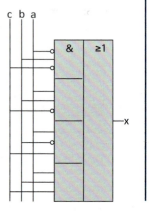

3. An einem Verknüpfungselement wurden die in der Arbeitstabelle angegebenen Spannungen gemessen.

   a) Stellen Sie eine Pegeltabelle auf.

   b) Geben Sie die Funktionsgleichung des Elementes bei Anwendung der positiven und der negativen Logik an.

b	a	x
4,2 V	4,2 V	0,3 V
4,2 V	0,3 V	0,3 V
0,3 V	4,2 V	0,3 V
0,3 V	0,3 V	4,2 V

4. Für eine Verriegelungsschaltung wurde die Wahrheitstabelle angegeben.

   a) Stellen Sie die Funktionsgleichung auf.

   b) Vereinfachen Sie die Gleichung mithilfe der Schaltalgebra.

   c) Formen Sie die Gleichung durch Anwendung der Gesetze von De Morgan so um, dass die Verknüpfung ausschließlich mit NAND-Elementen realisiert werden kann.

   d) Formen Sie die Gleichung für eine Realisierung ausschließlich mit NOR-Elementen um.

   e) Zeichnen Sie für c) und d) die Verknüpfungsschaltungen.

c	b	a	x
0	0	0	0
0	0	1	0
0	1	0	0
0	1	1	1
1	0	0	0
1	0	1	1
1	1	0	1
1	1	1	1

5. Vereinfachen Sie die folgenden Logik-Gleichungen mit den Mitteln der Schaltalgebra.
   a) $X = a \wedge (\overline{a} \vee b) \vee (b \wedge c \wedge \overline{c})$
   b) $X = (a \wedge b \wedge \overline{c}) \vee (a \wedge b \wedge c)$
   c) $X = (a \wedge \overline{b} \wedge \overline{c}) \vee (a \wedge \overline{b} \wedge c) \vee (a \wedge b \wedge \overline{c})$
   d) $X = (a \vee b) \wedge (\overline{a} \vee b) \wedge (a \vee \overline{b})$
   e) $X = (\overline{a} \wedge b \wedge c) \vee (\overline{a} \wedge \overline{b} \wedge c \wedge d) \vee (a \wedge b \wedge \overline{c} \wedge \overline{d}) \vee (a \wedge b \wedge \overline{c} \wedge d)$

6. Die Schaltfunktion digitaler Schaltelemente lässt sich auf fünf verschiedene Arten darstellen. Nennen Sie die unterschiedlichen Darstellungsarten und geben Sie diese am Beispiel einer Exklusiv-ODER-Funktion an.

7. Was versteht man im Zusammenhang mit digitalen Verknüpfungsfunktionen unter der *positiven Logik* und der *negativen Logik*?

8. Die binär codierte Dezimalzahl 0101 soll als Ziffer auf einer 7-Segment-Anzeige dargestellt werden.

   a) Um welche Dezimalzahl handelt es sich?

   b) Skizzieren Sie die 7-Segmentanzeige und den erforderlichen Code-Umsetzer jeweils mit allen Ein- und Ausgängen (vgl. Bild 4.41).

   c) Geben Sie für alle Ein- und Ausgänge die erforderlichen Signalpegel an (0 = aus; 1 = an)

9. Wozu dient in der IT-Technik ein Multiplexer?

10. Die Speicherzelle eines statischen RAMs ist mit einem RS-Flipflop aufgebaut. Erläutern Sie – ggf. mit einer Skizze –, warum eine solche Speicherzelle keinen Refresh benötigt.

11. Was versteht man unter einem FIFO-Speicher?

12. Worin unterscheiden sich Schaltnetze und Schaltwerke?

4

13. Die Eingänge eines RS-Flipflops sollen so miteinander verknüpft werden, dass bei einem 1-Signal an beiden Eingängen das Flipflop rückgesetzt wird.

a) Stellen Sie die Wahrheitstabelle auf.

b) Zeichnen Sie die Beschaltung der Eingänge.

14. Ein Zählerbaustein arbeitet als Binärzähler bis zur Zahl 31.

a) Über wie viele Ausgänge muss dieser Baustein verfügen? (Antwort mit Begründung)

b) Der Baustein soll als Frequenzteiler 8:1 eingesetzt werden. Welcher Ausgang muss ausgewertet werden? (Antwort mit Begründung)

15. Für einen AD-Umsetzer wird vom Hersteller eine Auflösung von 24 bit angegeben. Wie viele Spannungsstufen lassen sich mit dem Umsetzer darstellen?

5.1 Elektrotechnische Grundbegriffe

Die Daten*verarbeitung* erfolgt in IT-Systemen grundsätzlich auf der Basis elektrischer Vorgänge. Für die Daten*übertragung* werden neben elektrischen auch optische Verfahren unter Verwendung entsprechender Übertragungsmedien eingesetzt, wie etwa:

- Elektrische Leiterbahnen auf einer Platine (z. B. Mainboard, Kap. 1.2)
- Elektrische Verbindungskabel zwischen zwei Geräten (z. B. USB, Firewire, Display-Port; Kap. 1.6 und 1.7)
- Elektromagnetische Wellen zwischen zwei Antennen zur leitungsungebundenen Kommunikation (z. B. Smartphone, Bluetooth, WLAN, RFID; Kap. 1.1.5; Kap. 1.7.9; Kap. 1.7.8; Kap. 4.3.8)
- Optische Verbindungskabel (Lichtwellenleiter) zwischen weit verteilten Kommunikationseinrichtungen („Vernetzte IT-Systeme", Kap. 4.2).

Die elektrischen Vorgänge bei der Datenverarbeitung und der Datenübertragung basieren auf grundlegenden physikalischen Zusammenhängen, deren Begrifflichkeiten und Bezeichnungen zum besseren Verständnis in den folgenden Kapiteln kurz dargestellt werden.

5.1.1 Die elektrische Spannung

5.1.1.1 Elektrische Ladung

Alle Körper sind aus Atomen aufgebaut, deren Elementarteilchen elektrische Ladungen besitzen. Zur Erklärung der meisten Vorgänge in der Elektrotechnik genügt ein einfaches Modell vom Aufbau eines Atoms. Danach besteht jedes Atom aus einem **Atomkern** und einer **Atomhülle** (Bild 5.1).

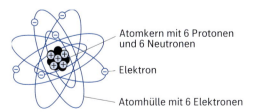

Atomkern mit 6 Protonen und 6 Neutronen

Elektron

Atomhülle mit 6 Elektronen

> Der Atomkern besteht aus **elektrisch positiv geladenen Protonen** und elektrisch ungeladenen Neutronen.
>
> Die **Atomhülle** besteht aus **elektrisch negativ geladenen Elektronen**.

Bild 5.1: Atommodell von Kohlenstoff

Während die Masse von Protonen und Neutronen gleich groß ist, beträgt die Masse eines Elektrons etwa 1/2000 davon. Die elektrischen Ladungen von Proton und Elektron sind gleich groß. Da die Anzahl der Protonen im Kern immer gleich der Anzahl der Elektronen in der Hülle ist, ist ein Atom im Normalzustand elektrisch neutral, d. h. ungeladen.

5

> Ist ein Körper positiv geladen, so herrscht Elektronenmangel. Ist ein Körper negativ geladen, so herrscht Elektronenüberschuss.
>
> Gleichartige elektrische Ladungen stoßen sich ab. Ungleichartige elektrische Ladungen ziehen sich an.
>
> Das **Formelzeichen für die elektrische Ladung ist Q.**
>
> Die **Einheit der elektrischen Ladung ist 1 Coulomb (1 C).**

Die Ladung 1 C entspricht etwa $6{,}25 \cdot 10^{18}$ Elementarladungen; als **Elementarladung** bezeichnet man die Ladung eines Elektrons.

5.1.1.2 Potenzielle Energie

Am Erdboden wirkt auf einen Körper infolge der Erdanziehung die Gewichtskraft F_G (Bild 5.2 a). Soll der Körper in die Höhe h gehoben werden, so muss an ihm die Hubkraft F_H angreifen, die so groß wie F_G und dieser entgegengerichtet ist.

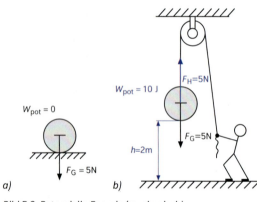

Bild 5.2: Potenzielle Energie (mechanisch)

Bewegt sich der Körper unter dem Einfluss von F_H über die Höhe h, so wird an ihm eine Arbeit verrichtet. Arbeit ist in der Physik das Produkt aus Kraft und Weg, wenn beide gleichgerichtet sind ($W = F_H \cdot h$).

Durch das Heben ist an dem Körper also Arbeit verrichtet worden. Diese kann er beim Herunterfallen wieder abgeben, indem er z. B. einen anderen Körper hochzieht. In der erhöhten Lage besitzt der Körper also die Fähigkeit, Arbeit zu verrichten. Diese Eigenschaft des Körpers bezeichnet man als Energie der Lage oder als potenzielle Energie (Bild 5.2 b).

> Als **Energie** bezeichnet man das Arbeitsvermögen eines Körpers. **Potenzielle Energie** ist Energie der Lage (Lagenenergie).
> $$W_{pot} = F_H \cdot h \qquad 1\,J = 1\,Nm = 1\,N \cdot 1\,m$$

Energiebeträge werden in der Einheit 1 Joule (1 J) angegeben. Ein Körper besitzt die Energie 1 J, wenn er durch eine Kraft von 1 Newton (1 N) um die Höhe 1 Meter (1 m) gehoben wurde.

5.1.1.3 Elektrisches Potenzial

Ruht eine positive elektrische Ladung Q auf einer negativ geladenen Platte, so wirkt auf Q – infolge der elektrischen Anziehung zwischen ungleichartigen Ladungen – eine anziehende Kraft F_A. In dieser Lage besitzt Q keine potenzielle Energie, vergleichbar einem Körper, der auf dem Erdboden liegt (Bild 5.3 a).

Soll Q über den Weg s von der negativen Platte getrennt werden, so muss an ihr eine Kraft F angreifen, die so groß wie F_A und dieser entgegengerichtet ist. Beim Zurücklegen des Weges s wird also an der Ladung Q eine Arbeit (Trennungsarbeit) verrichtet (Bild 5.3 b). Am Ende des Weges s besitzt Q die an ihr verrichtete Arbeit in Form von potenzieller Energie ($W_{pot} = F \cdot s$).

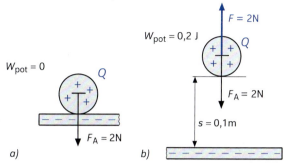

Bild 5.3: Potenzielle Energie (elektrisch)

Da die Kraft F_A mit zunehmender Ladung Q größer wird, ist auch die potenzielle Energie W_{pot} am Ende des Weges s umso größer, je größer Q ist. Dividiert man nun W_{pot} durch die Größe der Ladung Q, so erhält man die potenzielle Energie der Ladung 1 Coulomb (1 C); man bezeichnet diese als elektrisches Potenzial φ (sprich: fi); dieses wird in der Einheit 1 Volt (1 V) angegeben.

> Das **elektrische Potenzial** gibt an, wie groß die an der Ladung 1 Coulomb verrichtete Trennungsarbeit ist, d.h. wie groß die potenzielle Energie ist, die eine Ladung von 1 Coulomb besitzt.
>
> $$\varphi = \frac{W_{pot}}{Q} \qquad 1\,V = \frac{1\,J}{1\,C}$$

Zur Verdeutlichung des elektrischen Potenzialbegriffs betrachten wir das Beispiel in Bild 5.4. Wird die Ladung $Q = 1$ C über einen Weg s bewegt, so erkennt man: Mit zunehmendem Abstand s von der negativen Platte nimmt die anziehende Kraft ab; da sich die Ladung aber gleichzeitig der positiven Platte nähert, nimmt die abstoßende Kraft zu.

In dem Raum zwischen den beiden geladenen Platten wirkt auf eine elektrische Ladung an jeder Stelle die gleiche Kraft F_A. Da die potenzielle Energie einer Ladung von 1 C als elektrisches Potenzial bezeichnet wird, ist das Potenzial φ_2 größer als das Potenzial φ_1, und zwar im gleichen Verhält-

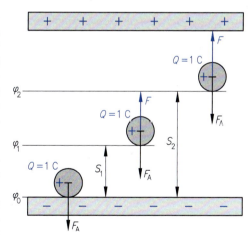

Bild 5.4: Elektrisches Potenzial

nis, wie S_2 größer ist als S_1. Das elektrische Potenzial hängt also nur noch von dem Abstand s ab, den die positive Ladung 1 C von der negativen Platte hat. Ist dieser Abstand $s = 0$ (die Ladung liegt auf der Platte), so ist auch das elektrische Potenzial 0.

5.1.1.4 Elektrische Spannung

In jedem Abstand s von der negativen Platte herrscht ein anderes Potenzial (Bild 5.5). Den Unterschied zwischen zwei elektrischen Potenzialen nennt man **elektrische Spannung**; sie wird mit dem **Formelzeichen U** bezeichnet und – wie das Potenzial – in der **Einheit 1 Volt (1 V)** angegeben.

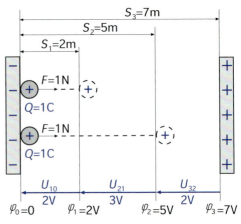

> **Elektrische Spannung** ist der Unterschied zwischen zwei Potenzialen (**Potenzialdifferenz**)
>
> $$U_{21} = \varphi_2 - \varphi_1$$

Bild 5.5: Elektrische Spannung

Eine elektrische Spannung liegt immer zwischen zwei Punkten mit unterschiedlichen Potenzialen.

Zur eindeutigen Festlegung in elektrischen Schaltungen ordnet man der elektrischen Spannung eine Richtung zu, eine sogenannte **Zählrichtung**, die durch einen Pfeil dargestellt wird, der immer vom höheren zum niedrigeren Potenzial weist (Bild 5.5).

Der **Spannungspfeil** weist immer vom höheren zum niedrigeren Potenzial.

Aus Bild 5.5 erkennt man, dass das Potenzial eines Punktes genauso groß ist wie die Spannung dieses Punktes gegenüber dem Nullpotenzial. In elektrischen Schaltungen ist das **Nullpotenzial** gleich dem **Erdpotenzial** oder dem **Massepotenzial**.

5.1.1.5 Spannungsquellen

Eine elektrische Spannung entsteht, wenn ungleichartige Ladungen gegen ihre Anziehungskraft voneinander getrennt werden. Zur Ladungstrennung muss Trennungsarbeit (zugeführte Energie, W_{zu}) aufgewendet werden, die als potenzielle Energie in den getrennten Ladungen gespeichert wird. Die pro Ladungseinheit (1 C) gespeicherte Energie haben wir als Spannung (gegenüber dem Nullpotenzial) bezeichnet.

Elektrische Spannung wird durch die Trennung ungleichartiger elektrischer Ladungen erzeugt.

Technische Einrichtungen zur Spannungserzeugung bezeichnet man als **Spannungsquellen**. Jede Spannungsquelle besitzt (mindestens) zwei Anschlüsse (Klemmen) mit unterschiedlichen Potenzialen. Die Klemme, an der die Elektronen in der Überzahl sind, nennt man Minuspol. Die Klemme, an der Elektronenmangel herrscht, ist der Pluspol (Bild 5.6).

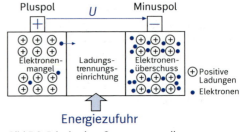

Bild 5.6: Prinzip einer Spannungsquelle

Eine **Spannungsquelle** ist ein Energiewandler, der die zugeführte Energie in elektrische Energie umwandelt.

Am Pluspol einer Spannungsquelle herrscht Elektronenmangel; am Minuspol herrscht Elektronenüberschuss.

An der Spannungsquelle zeigt der Spannungspfeil immer vom Pluspol (höheres Potenzial) zum Minuspol (niedrigeres Potenzial).

Je nach Art der zugeführten Energie unterscheidet man technisch sehr verschiedene Spannungsquellen. Die größte Bedeutung für die Energieversorgung von Industrie, Wirtschaft und privaten Haushalten haben **Generatoren**, die in Elektrizitätswerken aus fossilen Brennstoffen (Kohle, Erdöl), aus Wasserkraft oder aus Atomenergie gewonnene mechanische Energie in elektrische Energie umwandeln. Diese Energie wird über flächendeckende Verteilnetze den Verbrauchern zur Verfügung gestellt (Kap. 5.7). Große Anlagen der Kommunikationstechnik werden aus dem Verteilnetz über zentrale Stromversorgungsanlagen oder Netzgeräte gespeist.

Zur Energieversorgung kleinerer – insbesondere mobiler – Verbraucher werden vielfach sogenannte **chemische Spannungsquellen** verwendet: Primärelemente (Batterien), die nur einmal entladen werden und dann entsorgt werden müssen, und Sekundärelemente (Akkus), die nach ihrer Entladung erneut aufgeladen werden können (Kap. 5.3.1.3). Derartige Spannungsquellen kommen in vielfältiger Ausführung in mobilen Geräten – von der Taschenlampe über Fotogeräte bis zu Smartphones und Notebooks – zum Einsatz.

Daneben kann aus jeder Energieform eine elektrische Spannung erzeugt werden. So gewinnen z.B. **Thermoelemente** Energie aus Wärme, **Fotoelemente** (Solarzellen) aus Licht, **Mikrofone** (elektrodynamische und piezoelektrische) aus Schall. Diese Geräte dienen weniger zur Energieerzeugung als vielmehr zur Umwandlung nicht elektrischer Größen in Signalspannungen für die Mess-, Steuerungs- und Kommunikationstechnik.

5

5.1.1.6 Spannungsarten

Der zeitliche Verlauf einer elektrischen Spannung kann in einem sogenannten **Liniendiagramm** zeichnerisch dargestellt werden. Hierzu wird auf der horizontalen Achse („x-Achse") die Zeit aufgetragen und auf der vertikalen Achse („y-Achse") werden die möglichen Spannungswerte festgehalten. In einem Liniendiagramm lassen sich auch andere Zusammenhänge zwischen zwei Größen visualisieren (z. B. Bild 5.9).

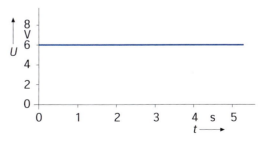

Bild 5.7: Darstellung einer Gleichspannung im Liniendiagramm

Eine **Gleichspannung** behält mit fort-
schreitender Zeit sowohl ihre Polarität als auch ihre Größe unverändert
bei. Eine Angabe wie z. B. $U = 6$ V ist
also eindeutig und unmissverständ-
lich (Bild 5.7).

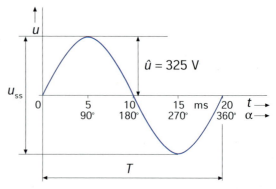

Bei einer **Wechselspannung** liegen
die Dinge nicht so einfach; hier wechselt die Polarität der Spannung fortwährend und dabei ändert sich
zwangsläufig auch fortwährend ihre
Größe. Hierzu betrachten wir zunächst
den in Bild 5.8 dargestellten sinusförmigen Spannungsverlauf.

Bild 5.8: Liniendiagramm der periodischen Wechselspannung im Energie-Versorgungsnetz

Die im Liniendiagramm bezeichneten Größen haben die folgenden Bedeutungen:

u	= **Augenblickswert**, Momentanwert; dieser Spannungswert ist von der Zeit ab-hängig, er ändert sich fortwährend
$\hat{u}$	= **Maximalwert**, Spitzenwert, Höchstwert, Scheitelwert, Amplitudenwert; der höchste Spannungswert in einer Periode
u_{ss}	= **Spitze-Spitze-Wert**; der Spannungswert zwischen dem positiven und negati-ven Maximalwert
T	= **Periodendauer**; die Zeit, in der die Wechselspannung ihre Augenblickswerte einmal durchläuft; danach wiederholt sich der Vorgang periodisch
$f = \dfrac{1}{T}$	= **Frequenz**; sie ist der Kehrwert der Periodendauer und gibt die Anzahl der Peri-oden pro Sekunde an; sie hat die **Einheit**

$$\frac{1}{s} = 1 \text{ Hz (Hertz)}$$

Die Spannung im Versorgungsnetz ist bekanntlich eine Wechselspannung von $U = 230$ V,
bei der sich der Kurvenverlauf immer im gleichen Zeitraum (Periode) wiederholt; man
spricht daher von einer periodischen Wechselspannung (Bild 5.8).

Wie aus dem Diagramm zu entnehmen ist, hat die Wechselspannung in jedem Augenblick einen anderen Wert (Augenblickswert). Der einzige markante Wert der Kurve beträgt $\hat{u} = 325$ V. Was bedeutet also die Angabe $U = 230$ V? Dieser Wert der Wechselspannung trägt die Bezeichnung „Effektivwert".

Als **Effektivwert *U*** einer Wechselspannung bezeichnet man denjenigen Spannungswert, der für den in einem Verbraucher *R* erzielten Effekt (z. B. Erwärmung) maßgebend ist.

Bei einer sinusförmigen Wechselspannung berechnet sich der Effektivwert nach der Gleichung

$$U = \frac{\hat{u}}{\sqrt{2}}$$

Hinweis: Zur Abgrenzung von anderen Werten wird der Effektivwert auch oft mit einem Index versehen, z. B.: U_{eff}

Um also beispielsweise in einem Verbraucher die gleiche Erwärmung hervorzurufen (allgemein: die gleiche Leistung umzusetzen) wie mit einer sinusförmigen Wechselspannung mit einem Maximalwert von 325 V, müsste man an den Verbraucher eine Gleichspannung von 230 V anlegen. Durch die Effektivwertangabe ist man bei Berechnungen unabhängig vom zeitlichen Verlauf einer Spannung, wodurch sich der Rechenvorgang oft vereinfacht. Die Sinusfunktion (Sinus = Bogen) ist für die gesamte Elektrotechnik – insbesondere für die Übertragungstechnik – von herausragender Bedeutung. Denn auch alle anders geformten periodischen Wechselspannungen wie z. B. rechteck-, dreieck- oder sägezahnförmige werden bei übertragungstechnischen Betrachtungen in eine Reihe von reinen sich überlagernden Sinusschwingungen zerlegt (Fourier-Analyse; Vernetzte IT-Systeme, Kap. 4.1.5.3).

Der Sinus eines Winkels ist definiert als das Verhältnis der Gegenkathete zur Hypotenuse eines rechtwinkligen Dreiecks. Zeichnet man das rechtwinklige Dreieck in den Einheitskreis (Kreis mit dem Radius *r* = 1) ein, so ist die Hypotenuse gleich dem Kreisradius und die Länge der Gegenkathete gleich dem Sinuswert des Winkels (Bild 5.9). Durch Drehen des Radius entgegen dem Uhrzeigersinn erhält man die Sinuswerte für alle Winkel von 0° bis 360°.

Überträgt man die Sinuswerte aus dem Einheitskreis in ein Liniendiagramm, auf dessen waagerechter Achse der Drehwinkel des Radius (im Gradmaß oder im Bogenmaß) aufgetragen ist, so erhält man die allgemein gebräuchliche Darstellung der Sinusfunktion.

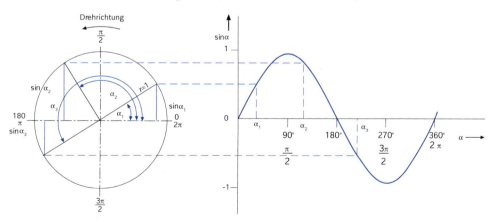

Bild 5.9: Liniendiagramm der Sinusfunktion

In gleicher Weise kann auch das Liniendiagramm einer Wechselspannung konstruiert werden. Man benutzt hierzu einen sogenannten **Spannungszeiger**, der sich gegen den Uhrzeigersinn um seinen Anfangspunkt dreht. Die Zeigerlänge entspricht dem Maximalwert der Wechselspannung. Die Gegenkathete des Winkels α stellt den Augenblickswert der Wechselspannung dar. Diese Darstellung einer Wechselspannung bezeichnet man als **Zeigerdiagramm** (links in Bild 5.10).

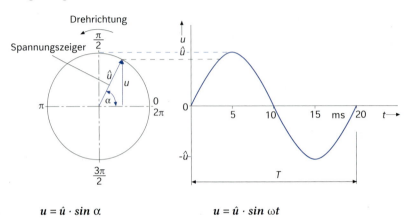

$$u = \hat{u} \cdot \sin \alpha \qquad\qquad u = \hat{u} \cdot \sin \omega t$$

Bild 5.10: Zeiger- und Liniendiagramm einer sinusförmigen Wechselspannung

Die Übersetzung des Drehwinkels α aus dem Zeigerdiagramm auf die Zeitachse t im Liniendiagramm (rechts in Bild 5.10) erfolgt mithilfe der **Winkelgeschwindigkeit** ω. Sie gibt an, wie groß der Drehwinkel ist, den der Zeiger $\hat{u}$ in einer Sekunde überstreicht ($\omega = \frac{\alpha}{t}$; lies: Omega ist gleich Alpha geteilt durch t); daraus ergibt sich: $\alpha = \omega t$.

Wendet man diese Definition auf eine ganze Periode an ($\alpha = 2\pi$, $t = T$),

so ist
$$\omega = \frac{2\pi}{T}$$

und mit
$$T = \frac{1}{f}$$

ergibt sich
$$\omega = 2\pi \cdot f$$

Von dem Ausdruck $2\pi f$ leitet sich der Name **Kreisfrequenz** ab, der in der Elektrotechnik anstelle von Winkelgeschwindigkeit verwendet wird.

Ein weiterer Begriff, der beim Umgang mit Wechselspannungen von besonderer Bedeutung ist, ist die **Phasenverschiebung**. Hierbei werden zwei frequenzgleiche Wechselspannungen verglichen hinsichtlich des Zeitpunktes, in dem sie ihre Nullstellen bzw. ihre Maximalwerte durchlaufen.

Phasengleiche Wechselspannungen durchlaufen ihre Null- und Maximalwerte zur gleichen Zeit.

Phasenverschobene Wechselspannungen durchlaufen ihre Null- und Maximalwerte zu verschiedenen Zeitpunkten.

Im Liniendiagramm wird die Phasenverschiebung als Phasenverschiebungszeit Δt sichtbar; im Zeigerdiagramm wird sie durch den Phasenverschiebungswinkel φ dargestellt. Mithilfe der Winkelgeschwindigkeit ergibt sich zwischen Phasenverschiebungszeit und Phasenverschiebungswinkel die in Bild 5.11 angegebene Beziehung.

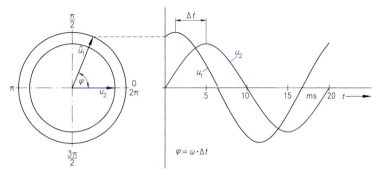

Bild 5.11: Phasenverschobene Wechselspannungen

5.1.1.7 Spannungsmessung

Soll die Größe der elektrischen Spannung zwischen zwei Punkten mit unterschiedlichem Potenzial festgestellt werden, so muss ein **Spannungsmesser (Voltmeter)** an diese beiden Punkte angeschlossen werden. Um z.B. die Spannung an einer Batterie zu messen, müssen die Klemmen des Spannungsmessers mit den Klemmen der Batterie leitend verbunden werden (Bild 5.12).

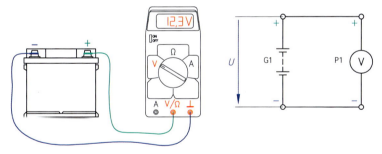

Bild 5.12: Anschluss eines Spannungsmessers

Ein **Spannungsmesser** wird immer an die beiden Punkte angeschlossen, zwischen denen die Spannung gemessen werden soll.

In der Praxis werden für solche Messungen meist **Vielfachmessinstrumente (Multimeter)** benutzt, mit denen Gleich- und Wechselspannungen in jeweils verschiedenen Messbereichen gemessen werden können. Diese Multimeter bieten in der Regel auf einem relativ großen Display eine digitale Anzeige mit großen Ziffern, manchmal zusätzlich auch eine analoge Segmentanzeige (Bargraf).

Bei der Benutzung dieser Messinstrumente ist darauf zu achten, dass

- die richtige **Spannungsart** eingestellt ist,
- der erforderliche **Messbereich** eingestellt ist und
- bei Gleichspannung die **Polarität** von Messinstrument und zu messender Spannung übereinstimmt.

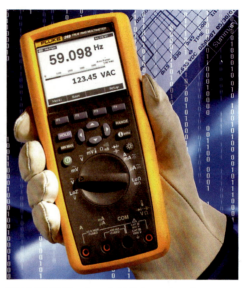

Bild 5.13: Multimeter mit digitaler und analoger Anzeige

Die folgenden Beispiele machen deutlich, dass in den verschiedenen Gebieten der Elektrotechnik und der Kommunikationstechnik Spannungen von weniger als einem Millionstel Volt (Mikrovolt, µV) bis zu einigen Millionen Volt (Megavolt, MV) vorkommen.

Beispiele

Signalspannung einer Rundfunkantenne	0,1 µV bis 5 mV
Sprechwechselspannung beim Telefon	1 mV bis 800 mV
Zellenspannung eines Bleiakkus	1,5 V
Wechselspannung im Anschlussbereich des Energie-Versorgungsnetzes	230 V bis 400 V
Überlandleitungen des Energie-Versorgungsnetzes	6 kV bis 400 kV
Teilchenbeschleuniger in der Kernforschung	Mehrere MV

In Bild 5.12 ist neben der bildhaften Darstellung der Messschaltung dieselbe als Schaltplan gezeichnet. Diese Art von Schaltplan bezeichnet man als **Stromlaufplan (in zusammenhängender Darstellung)**. Nach Norm enthalten Stromlaufpläne die allpolige Darstellung einer elektrischen Anlage mit allen Einzelteilen. Alle Betriebsmittel (Schalter, Geräte, Messinstrumente, Leitungen usw.) werden durch Schaltzeichen dargestellt und mit ebenfalls genormten Kennzeichnungen versehen (Kap. 5.6).

5.1.2 Die elektrische Stromstärke

5.1.2.1 Elektrischer Stromkreis

Bild 5.14 zeigt einen Generator (Spannungsquelle), an den über zwei isolierte Kupferdrähte (Leitung) eine Glühlampe (Verbraucher) angeschlossen ist. Wird der Generator angetrieben, so leuchtet die Lampe auf; beim

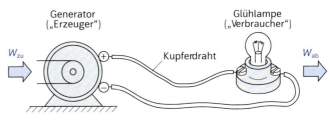

Bild 5.14: Aufbau eines Stromkreises

Leuchten strahlt sie Licht und Wärme ab. Eine solche Anordnung ist ein elektrischer Stromkreis.

> Ein **elektrischer Stromkreis** besteht aus Spannungsquelle, Leitung und Verbraucher.

Das Grundsätzliche (Prinzip) eines elektrischen Stromkreises zeigt Bild 5.15. In der Spannungsquelle wird die zugeführte mechanische Energie in elektrische Energie (Spannung) umgewandelt. Die Leitung überträgt diese elektrische Energie zur Lampe und diese wandelt die ihr zugeführte elektrische Energie in Licht und Wärme um.

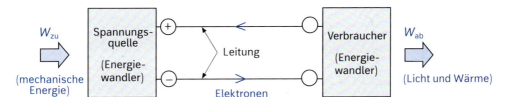

Bild 5.15: Prinzip eines Stromkreises

> Ein **elektrischer Stromkreis** ist im Prinzip ein System zur Übertragung elektrischer Energie.

Der **Stromkreis** ist ein über Spannungsquelle, Leitung und Verbraucher **geschlossener Leiterkreis**, in dem die Elektronen vom Minuspol (Elektronenüberschuss) über den Verbraucher zum Pluspol (Elektronenmangel) fließen.

> **Elektrischer Strom** ist die gerichtete Bewegung elektrischer Ladungen in einem Stromkreis. Elektrischer Strom kann nur fließen, wenn der Stromkreis geschlossen ist.

Bild 5.16 zeigt den Stromlaufplan eines einfachen Stromkreises nach Bild 5.14. Durch die roten Pfeile in diesem Schaltplan wird die Richtung des elektrischen Stromes angegeben. Es fällt auf, dass diese im Stromlaufplan eingetragene Richtung entgegengesetzt zur Richtung des Elektronenflusses ist. Diese eingetragene Richtung bezeichnet man als **technische Stromrichtung**.

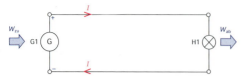

Bild 5.16: Schaltplan eines Stromkreises

> Die **technische Stromrichtung** führt vom Pluspol der Spannungsquelle über den Verbraucher zum Minuspol.

5.1.2.2 Elektrische Stromstärke

Die elektrische Spannung gibt an, wie groß die Energie ist, die durch die Ladung 1 Coulomb von der Spannungsquelle zum Verbraucher übertragen wird. In Stromkreisen, die mit der gleichen Spannung arbeiten, trägt jedes Coulomb also die gleiche Energie. Benötigt der Verbraucher viel Energie (handelt es sich z. B. um einen Supercomputer; Bild 1.2), so müssen mehr Ladungen über die Leitung fließen als bei einem Verbraucher, der in der gleichen Zeit weniger Energie umsetzt (z. B. ein Stand-alone-PC). Zum Betrieb unterschiedlicher Verbraucher müssen bei gleicher Spannung also auch verschieden große Ströme fließen.

Um diese verschiedenen Ströme genau angeben zu können, definiert man die **elektrische Stromstärke** I. Die **Einheit der Stromstärke** ist 1 Ampere (1 A).

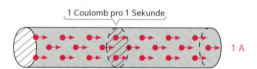

Bild 5.17: Definition der elektrischen Stromstärke

> Die **elektrische Stromstärke** gibt an, wie groß die elektrische Ladung ist, die in einer Sekunde durch den Querschnitt eines Leiters fließt.
>
> $$I = \frac{Q}{t} \qquad 1\,A = \frac{1\,C}{1\,s}$$
>
> In einem geschlossenen Stromkreis ist die Stromstärke an allen Stellen gleich.

5.1.2.3 Strömungsgeschwindigkeit und Signalgeschwindigkeit

Elektrische Ladungen bewegen sich in einem elektrischen Strom relativ langsam durch einen metallischen Leiter. Z. B. beträgt die **Strömungsgeschwindigkeit** v in einem Kupferleiter von 1 mm² Querschnitt bei einer Stromstärke von 1 A weniger als 1 mm/s (Bild 5.18).

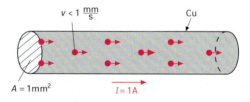

Bild 5.18: Strömungsgeschwindigkeit

Im Gegensatz zu dieser geringen Strömungsgeschwindigkeit elektrischer Ladungen ist die Geschwindigkeit, mit der sich der Bewegungsimpuls im Leiter fortpflanzt, sehr groß. Sie beträgt je nach Art der Leitung zwischen 50 % und 90 % der Lichtgeschwindigkeit (c = 300 000 km/s). Sie wird als **Signalgeschwindigkeit** bezeichnet und gibt an, wie schnell sich ein Signal entlang einer Leitung fortpflanzt.

Bild 5.19: Signalgeschwindigkeit

5.1.2.4 Stromarten

Nach Art der zeitlichen Änderung der Stromstärke unterscheidet man in der Elektrotechnik grundsätzlich zwei Stromarten:

Ein **Gleichstrom** fließt dauernd in die gleiche Richtung; seine Stromstärke ist in jedem Zeitpunkt gleich groß (Bild 5.20).

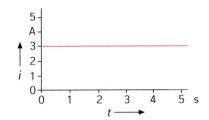

Bild 5.20: Gleichstrom

Ein **Wechselstrom** wechselt dauernd seine Richtung; dabei ändert sich auch die Stromstärke ständig. Der zeitliche Verlauf des technischen Wechselstromes ist sinusförmig; er wiederholt sich immer im gleichen Zeitraum von einer Periode (Bild 5.21).

Hinsichtlich der Kennwerte (Maximalwert usw.) eines sinusförmigen Wechselstromes gelten die gleichen Festlegungen und Bezeichnungen wie bei Wechselspannungen; es wird lediglich u durch i ersetzt.

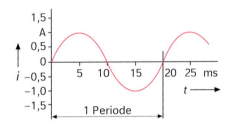

Bild 5.21: Sinusförmiger Wechselstrom

Neben den periodischen Wechselströmen gibt es auch Ströme, die ihre Richtung nicht in gleichen Zeitabständen wechseln, sogenannte **nicht periodische Wechselströme**, z. B. Sprechwechselströme, wie sie in Mikrofonen erzeugt werden (Bild 5.22).

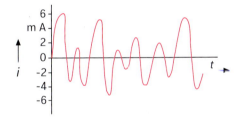

Bild 5.22: Nicht-periodischer Wechselstrom

Fließen in einem Leiter gleichzeitig ein Gleichstrom und ein Wechselstrom, so ergibt sich durch Überlagerung ein sogenannter **Mischstrom** (Bild 5.23). Dieser behält zwar seine Richtung bei, ändert aber ständig seine Stärke; er wird auch als **pulsierender Gleichstrom** bezeichnet.

Ein elektrischer Wechselstrom breitet sich längs einer Leitung **wellenförmig** angenähert mit der Lichtgeschwindigkeit c = 300 000 km/s aus. Handelt es sich um einen sinusförmigen Wechselstrom, so folgt auch die Wellenform einer Sinusfunktion.

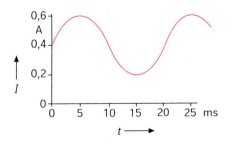

Bild 5.23: Pulsierender Gleichstrom

5

Da die Darstellung einer sinusförmigen Welle (Bild 5.24) der Darstellung einer sinusförmigen Schwingung (Bild 5.21) gleicht, kann es zu Verwechslungen kommen, die jedoch durch Beachtung der auf den Achsen des Diagramms abgetragenen Größen vermieden werden.

Breitet sich nun die Schwingung der Ladungen mit der Frequenz $f = 1/T$ (Kap. 5.1.1.6) entlang der Leitung mit der angenäherten Lichtgeschwindigkeit aus (vgl. Bild 5.19; Signalgeschwindigkeit), so entspricht dies der Ausbreitungsgeschwindigkeit c der Welle. Den von der Welle zurückgelegten Weg bezeichnet man als **Wellenlänge** λ (sprich: Lambda); sie ergibt sich nach der Gleichung $\lambda = c \times T$ (Weg = Geschwindigkeit × Zeit). Damit ergibt sich der Zusammenhang zwischen Wellenlänge, Frequenz und Ausbreitungsgeschwindigkeit einer Welle zu

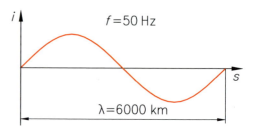

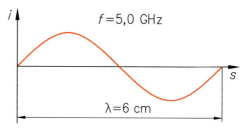

$$\lambda = \frac{c}{f}$$

Bei der Netzfrequenz von $f = 50$ Hz resultiert hieraus eine Wellenlänge von

Bild 5.24: Wellenlänge (waagerechte Achse: Längenmaß s!)

$$\lambda = \frac{c}{f} = \frac{300\,000 \text{ km}}{50 \ 1/\text{s}} = 6000 \text{ km}$$

Auf die gleiche Art ergibt sich bei einer Frequenz von 5 GHz eine Wellenlänge von 6 cm.

5.1.2.5 Strommessung

Um die Stromstärke z. B. in einer Lampe zu messen, muss ein **Strommesser (Amperemeter)** so in den Stromkreis geschaltet werden, dass er von dem zu messenden Lampenstrom durchflossen wird. Da die Stromstärke im gesamten Stromkreis überall gleich groß ist, kann der Strommesser an jede beliebige Stelle des Stromkreises gelegt werden (Bild 5.25).

Wird zur Messung der Stromstärke ein Vielfachmessinstrument (Multimeter) benutzt (wie bei der Spannungsmessung), so ist auf die richtige Einstellung von Stromart, Messbereich und Polarität zu achten.

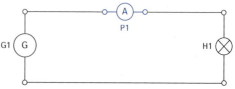

Bild 5.25: Anschluss eines Strommessers

Die folgenden Beispiele sollen dazu dienen, die großen Unterschiede elektrischer Stromstärken in den verschiedenen Bereichen der Elektrotechnik zu verdeutlichen.

Beispiele

Rundfunk- und Fernsehtechnik	1 nA	bis	100 µA
Kommunikationstechnik	1 mA	bis	10 A
Haushaltsgeräte	100 mA	bis	50 A
Energieübertragung	100 A	bis	10 kA
Schmelzöfen	–	bis	100 kA
Kerntechnik	–	bis	1 MA

5.1.2.6 Stromdichte

In einem Lampenstrom-kreis fließt der gleiche Strom durch den dicken Draht der Leitung und durch den sehr dünnen Draht des Glühfadens in der Lampe. Dabei wird der Glühfaden offen-sichtlich wesentlich stär-ker erwärmt als die Lei-tung. Wie weit dies durch die unterschiedli-

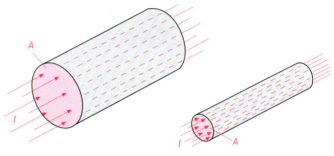

Bild 5.26: Zur Definition der Stromdichte

chen Metalle von Leitung und Glühfaden verursacht wird, soll hier nicht weiter unter-sucht werden.

Die Temperaturzunahme eines Leiters wird nicht allein von der Stromstärke, sondern vom Verhältnis der Stromstärke I zum Querschnitt A des Leiters bestimmt; dieses Ver-hältnis bezeichnet man als **Stromdichte S** (Bild 5.26).

Die **Stromdichte** gibt an, wie groß die Stromstarke je Quadratmillimeter (mm²) in cinem Leiterquerschnitt ist.

$$S = \frac{I}{A} \qquad 1\,\frac{A}{mm^2} = \frac{1\,A}{1\,mm^2}$$

Die in einem Leiter entwickelte Wärme ist umso größer, je größer die Stromdichte ist.

Diese Erkenntnis findet eine wichtige praktische Anwendung bei **Schmelzsicherungen** (Kap. 5.5.6.2). In der Schmelzsicherung befindet sich ein sehr dünner Draht, der genau so bemessen ist, dass er die für die Leitung zulässige Stromstärke aushalten kann. Steigt in-folge eines Fehlers in der Anlage die Stromstärke über den für die Leitung höchstzulässi-gen Wert hinaus, so schmilzt der Draht in der Sicherung durch und unterbricht den Stromkreis, bevor die Leitung durch zu starke Erwärmung beschädigt wird.

5.1.3 Der elektrische Widerstand

Definition des elektrischen Widerstandes

Elektrische Leiter haben die Eigenschaft, auf elektrische Ströme hemmend einzuwirken, sie setzen dem Strom einen Widerstand entgegen.

> **Elektrischer Widerstand** ist die Eigenschaft eines Leiters, die Fortbewegung elektrischer Ladungen zu behindern.

Bild 5.27 zeigt den Schaltplan eines Versuchs, der nacheinander mit zwei verschiedenen Leitern durchgeführt wird. Im Schaltplan ist der zu untersuchende Leiter durch das Widerstandsschaltzeichen R dargestellt („Leitungsersatzschaltbild"; Kap. 5.5). An der Spannungsquelle wird die Spannung von null ausgehend jeweils um 2 V erhöht. Am Strommesser wird die angezeigte Stromstärke abgelesen. Die Messergebnisse sind in der Tabelle zusammengestellt (Bild 5.28).

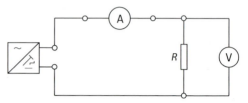

Bild 5.27: Schaltplan eines Versuchs

Bildet man für alle Wertepaare der Tabelle das Verhältnis U/I, so ergibt sich für die Messung am ersten Leiter ein konstanter Wert von 40 V/A (Volt pro Ampere) und für den zweiten Leiter ein konstanter Wert von 20 V/A. Die beiden Werte geben also an, wie groß die Spannung sein muss, wenn durch den betreffenden Leiter ein Strom von 1 A fließen soll. Bei der Messung am ersten Leiter ist offensichtlich eine doppelt so große Spannung erforderlich wie am zweiten Leiter. Daraus lässt sich schließen, dass der erste Leiter dem Strom doppelt so viel Widerstand entgegensetzt wie der zweite Leiter. Das Verhältnis U/I ergibt also eine Kennzahl, die als **elektrischer Widerstand R** bezeichnet wird; er wird angegeben in der Einheit **1 Ohm** (1 Ω).

	Messung am 1. Leiter		Messung am 2. Leiter	
U	I	U/I	I	U/I
V	A	V/A	A	V/A
0	0	–	0	–
2	0,05	40	0,1	20
4	0,10	40	0,2	20
6	0,15	40	0,3	20
8	0,20	40	0,4	20
10	0,25	40	0,5	20
12	0,30	40	0,6	20

Bild 5.28: Messung zum Begriff des elektrischen Widerstandes

Ein Leiter hat einen Widerstand von 1 Ω, wenn für einen Strom von 1 A eine Spannung von 1 V erforderlich ist.

> Der **elektrische Widerstand** ist definiert als Verhältnis von Spannung zu Stromstärke.
>
> $$R = \frac{U}{I} \qquad 1\,\Omega = \frac{1\,\text{V}}{1\,\text{A}}$$
>
> Der elektrische Widerstand gibt an, wie groß die Spannung an einem Leiter ist, in dem ein Strom von 1 A fließt.

5.1.4 Ohmsches Gesetz

Vergleicht man in der Tabelle in Bild 5.28 die gemessenen Stromstärken mit den jeweils eingestellten Spannungen, so erkennt man, dass beide im selben Verhältnis zunehmen.

> Bei einem elektrischen Leiter ist die Stromstärke der angelegten Spannung direkt proportional.
> $$I \sim U$$

Vergleicht man weiter die bei gleicher Spannung fließenden Ströme mit den angeschlossenen Widerständen, so sieht man, dass bei Verdoppelung des Widerstandes von 20 Ω auf 40 Ω die Stromstärke auf die Hälfte abnimmt.

> Bei einem elektrischen Leiter ist die Stromstärke dem Widerstand umgekehrt proportional.
> $$I \sim \frac{1}{R}$$

Diese Gesetzmäßigkeiten im Zusammenhang zwischen Stromstärke, Spannung und Widerstand eines elektrischen Leiters werden in dem nach seinem Entdecker benannten **Ohmschen Gesetz** zusammengefasst.

> Bei einem elektrischen Leiter ist die Stromstärke
> - der angelegten Spannung direkt proportional und
> - dem Widerstand umgekehrt proportional.
> $$I = \frac{U}{R}$$

5.1.4.1 Widerstandskennlinie

5

Tragen wir die Messergebnisse aus der Tabelle in Bild 5.28 in ein Diagramm ein, das die Abhängigkeit der Stromstärke von der Spannung darstellt, so ergeben sich die in Bild 5.29 blau eingetragenen **Widerstandskennlinien**. An der Widerstandskennlinie eines elektrischen Bauelementes lässt sich ablesen, wie sich in diesem Bauelement die Stromstärke ändert, wenn die angelegte Spannung geändert wird.

> Die **Widerstandskennlinie** eines elektrischen Bauelementes zeigt die durch das Bauelement bestimmte Abhängigkeit der Stromstärke von der Spannung ($I = f(U)$).

In ihren Datenblättern stellen Hersteller nicht nur das Strom-Spannungs-Verhalten eines Bauelementes mithilfe einer Kennlinie dar, sondern auch eine Vielzahl anderer technischer Zusammenhänge (z. B. Bild 5.30). Insbesondere bei Bauelementen mit nichtlinearem Verhalten ist dies eine

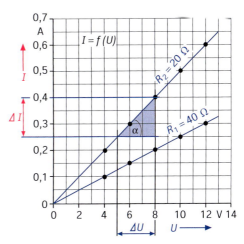

Bild 5.29: Widerstandskennlinien

gängige Darstellungsart, da hierzu keinerlei mathematische Gleichungen benötigt werden (z. B. Bild 5.131).

Solange der Widerstand einen konstanten Wert hat, ist seine Kennlinie eine Gerade. Wie man aus dem Diagramm (Bild 5.29) erkennt, ist die Steigung der Kennlinie umso größer, je kleiner der Widerstand ist.

> An der Steigung der Widerstandskennlinie erkennt man die Größe des Widerstandes.
>
> **Je größer der Widerstand, umso kleiner die Steigung.**
>
> Hinweis: Das in Bild 5.29 blau getönte Dreieck bezeichnet man mathematisch auch als Steigungsdreieck.

Der hier eingeführte physikalische Begriff „elektrischer Widerstand" ist eine Eigenschaft elektrischer Leiter, Verbraucher und sonstiger Bauelemente. Diese Eigenschaft ist in der Regel unerwünscht und verursacht vielfach kostspielige Energieverluste. (Wie der elektrische Widerstand eines Leiters von den Abmessungen und dem Werkstoff des Leiters abhängt, wird im Zusammenhang mit der Bemessung von Leitungen ausführlich behandelt, Kap. 5.3.2 u. Kap. 5.6.5.)

Daneben gibt es ein Bauelement, das nur wegen seiner Eigenschaft „Widerstand" in elektrischen Schaltungen eingesetzt wird; dieses Bauelement bezeichnet man einfach als Widerstand. Das Wort Widerstand wird also in der Elektrotechnik mit zwei verschiedenen Bedeutungen verwendet:

- Widerstand als **Eigenschaft** von Leitungen und Bauteilen (physikalischer Begriff) und
- Widerstand als **Name** für ein Bauelement.

5.1.4.2   Abhängigkeit des Widerstandes von der Temperatur

Der elektrische Widerstand von Leiterwerkstoffen nimmt bei steigender Temperatur zu, unabhängig davon, ob es sich um einen Leitungswiderstand oder um den Widerstand eines Bauelementes handelt. Dabei ist es ganz gleichgültig, ob die höhere Temperatur durch einen Strom im Leiter verursacht wird oder ob sie durch Wärmezufuhr von außen (z. B. durch eine Flamme) entsteht.

> **Mit steigender Temperatur nimmt der Widerstand von Leiterwerkstoffen zu.**

Dies kann dazu führen, dass Geräte in kaltem Zustand andere elektrische Eigenschaften haben als bei „Betriebstemperatur". Hierdurch können unter Umständen Fehlfunktionen oder Defekte auftreten (z. B. gehen Halogenlampen meist beim Einschalten kaputt).

Bei der Berechnung der **Widerstandsänderung** ΔR, die bei Erwärmung oder Abkühlung eintritt, sind maßgebend:

- Die Größe der erfolgten Temperaturänderung $\Delta \vartheta$ (sprich: Delta Theta). Sie errechnet sich als Differenz zwischen der Endtemperatur ϑ_2 und der Bezugstemperatur 20 °C ($\Delta \vartheta = \vartheta_2 - 20$ °C).

- Die Größe des erwärmten bzw. abgekühlten Widerstandes bei der Bezugstemperatur R_{20}, also vor der Temperaturänderung.

- Ein Werkstoffkennwert, der als Temperaturbeiwert α bezeichnet wird und für jeden Werkstoff messtechnisch ermittelt werden muss.

Die **Widerstandsänderung durch Temperaturänderung** ist
- der Temperaturdifferenz $(\Delta\vartheta)$,
- dem Widerstandswert bei 20 °C (R_{20}) und
- dem Temperaturbeiwert (α) direkt proportional.

$$R = R_{20} \cdot \alpha \cdot \Delta\vartheta$$

Der Temperaturbeiwert α eines Werkstoffes gibt an, um wie viel Ohm ein Widerstand, der bei 20 °C einen Wert von 1 Ω hat, zunimmt, wenn er um 1 °C erwärmt wird.

Zahlenangaben für die Temperaturbeiwerte der verschiedenen Werkstoffe finden Sie in Tabellenbüchern.

Zwischen dem Widerstandswert bei 20 °C (R_{20}), der Widerstandsänderung ΔR und dem Widerstandswert bei der Endtemperatur ϑ_2 (R_2) ergibt sich der in Bild 5.30 dargestellte Zusammenhang.

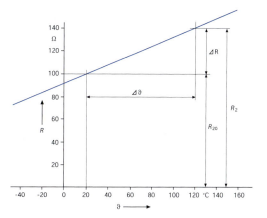

Bild 5.30: Widerstandszunahme bei Temperaturanstieg

5.1.4.3 Widerstandskenngrößen

Bei der **Auswahl eines Widerstandes** für den Einsatz in einer Schaltung müssen vor allem die folgenden Kenngrößen beachtet werden.

Nennwert, Bemessungswert

Als Bemessungswert wird der durch die Bauart bedingte Widerstandswert bezeichnet, der nach der Fertigung nicht mehr verändert werden kann. Der Bemessungswert gilt für eine Temperatur von 20 °C. Er wird auf das Bauteil als Klartext aufgedruckt oder durch Farbringe oder Farbpunkte angegeben.

5

E48 ±2 %	E24 ±5 %	E12 ±10 %	E6 ±20 %	E48 ±2 %	E24 ±5 %	E12 ±10 %	E6 ±20 %
1,00	1,00	1,00	1,0	3,16			
1,05				3,32	3,30	3,30	3,3
1,10	1,10			3,48			
1,15				3,65	3,60		
1,21	1,20	1,20		3,83	3,90	3,90	
1,27	1,30			4,02			
1,33				4,22	4,30		
1,40				4,42			
1,47	1,50	1,50	1,5	4,64	4,70	4,70	4,7
1,54				4,87			
1,62	1,60			5,11	5,10		
1,69				5,36			
1,78	1,80	1,80		5,62	5,60	5,60	
1,87				5,90			
1,96	2,00			6,19	6,20		
2,05				6,49			
2,15	2,20	2,20	2,2	6,81	6,80	6,80	6,8
2,26				7,15			
2,37	2,40			7,50	7,50		
2,49				7,87			
2,61				8,25			
2,74	2,70	2,70		8,66	8,20	8,20	
2,87				9,09			
3,01	3,00			9,53	9,10		

Bild 5.31: Internationale Normreihen

Mit Ausnahme von Spezialwiderständen liefern die Hersteller Widerstände mit Bemessungswerten, die in internationalen Normreihen festgelegt sind (Bild 5.31).

Diese Normreihen werden international mit dem Buchstaben E gekennzeichnet, die nachfolgende Zahl gibt die Anzahl der Widerstandswerte einer Reihe pro Dekade an (Dekade: Abgeleitet von der metrischen Vorsilbe „deka", d. h. 10^1). In Bild 5.31 wird für alle angegebenen Widerstandsreihen jeweils nur die Dekade von 1 Ω bis zu 10 Ω dargestellt, aus Platzgründen auf zwei Spalten verteilt (siehe Tönung bei Reihe E12). Der Widerstandswert 10 Ω gehört jeweils bereits zur nächsten Dekade (10 Ω bis zu 100 Ω); die Reihe E6 enthält in dieser nächsten Dekade somit die Werte 10 Ω, 15 Ω, 22 Ω, 33 Ω, 47 Ω und 68 Ω.

Toleranz

Die Fertigungstoleranz gibt an, in welchen Grenzen die bei der Serienfertigung unvermeidbaren Abweichungen von den Nennwerten zulässig sind. Nach den internationalen Normreihen sind bestimmte Grenzen für die Fertigungstoleranz festgelegt (Bild 5.31).

Die Toleranz wird – genau wie der Nennwert – als Zahl oder als Farbmarkierung auf dem Widerstand angegeben (Bild 5.32). Der internationale Farbcode legt die Farben zur Kennzeichnung von Widerständen fest. Üblicherweise verwendet man zur Kennzeichnung vier Farbringe, bei Präzisionswiderständen sind es fünf.

Ringfarbe oder Punktfarbe			Bedeutung bei 4 Ringen				Bedeutung bei 5 Ringen				
			1. Stelle 1. Ziffer	2. Stelle 2. Ziffer	3. Stelle Multiplikator	4. Stelle Toleranz in %	1. Stelle 1. Ziffer	2. Stelle 2. Ziffer	3. Stelle 3. Ziffer	4. Stelle Multiplikator	5. Stelle Toleranz in %
schwarz	(sz)			0	10^0	–		0	0	10^0	–
braun	(br)		1	1	10^1	±1	1	1	1	10^1	±1
rot	(rt)		2	2	10^2	±2	2	2	2	10^2	±2
orange	(or)		3	3	10^3	–	3	3	3	10^3	–
gelb	(gb)		4	4	10^4	–	4	4	4	10^4	–
grün	(gn)		5	5	10^5	±0,5	5	5	5	10^5	±0,5
blau	(bl)		6	6	10^6	±0,25	6	6	6	10^6	±0,25
violett	(vl)		7	7	10^7	±0,1	7	7	7	10^7	±0,1
grau	(gr)		8	8	10^8	–	8	8	8	10^8	–
weiß	(ws)		9	9	10^9	–	9	9	9	10^9	–
gold	(au)		–	–	10^{-1}	±5	–	–	–	10^{-1}	±5
silber	(ag)		–	–	10^{-2}	±10	–	–	–	10^{-2}	±10
ohne Farbe			–	–	–	±20	–	–	–	–	±20

Bild 5.32: Internationaler Farbcode mit vier bzw. fünf Ringen

In Bild 5.33 sind Beispiele für die Anwendung des Codes bei vierfach und fünffach beringten Widerständen dargestellt. Das Zählen der Ringe (1. Stelle, 2. Stelle usw.) beginnt immer an derjenigen Seite des Widerstandes, an der die Ringe am nächsten liegen; im linken Beispiel also von links nach rechts, im rechten Beispiel von rechts nach links.

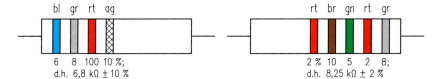

Bild 5.33: Farbkennzeichnung von Widerständen

Ist der Nennwert als Zahl aufgedruckt, fehlt in der Regel das Ω-Symbol. 4,7 bedeutet dann 4,7 Ω, 4,7 k bedeutet 4,7 kΩ und 4,7 M dann 4,7 MΩ. Bei zusätzlicher Angabe der Toleranz und/oder der Belastbarkeit werden diese meist durch einen Schrägstrich voneinander abgetrennt (z. B. 4,7 k/20 W/10 %). Der in Bild 5.32 angegebene Code mit vier Farbmarkierungen wird ebenfalls bei Kondensatoren zur Angabe des Kapazitätswertes verwendet (Angabe dann in pF; Kap. 5.5.1).

Belastbarkeit

Als Belastbarkeit wird die in Watt (W) angegebene Leistung des Widerstandes (Nennleistung) bezeichnet. Liegt der Widerstand an einer Spannung und wird von einem Strom durchflossen, so wird die ihm zugeführte elektrische Energie in Wärme umgewandelt. Als Folge dieser Energieumwandlung steigt die Temperatur des Widerstandswerkstoffes. Um eine Zerstörung des Bauteils zu vermeiden, muss die entstehende Wärme fortlaufend an die Umgebung abgeführt werden (Kap. 5.3.1.4). Je mehr Wärme ein Widerstand abführt, desto mehr Leistung kann ihm zugeführt werden, ohne dass er zerstört wird. Die höchste für ein Bauelement zulässige Leistung wird Belastbarkeit genannt.

Eine wesentliche Rolle bei der Wärmeabgabe an die Umgebung spielt die Größe der Oberfläche des Bauelementes. Daher weisen im Allgemeinen Widerstände mit kleinen Abmessungen nur eine geringe Belastbarkeit auf.

5.1.5 Elektrische Energie und elektrische Leistung

5.1.5.1 Elektrische Energie

Ein elektrischer Stromkreis mit Spannungsquelle, Leitung und Verbraucher dient sowohl in der Kommunikationstechnik wie auch in der Energietechnik zur Übertragung elektrischer Energie (Bild 5.34).

In der Spannungsquelle wird die von außen in Form von mechanischer Energie (Generator) oder Schallenergie (Mikrofon) zugeführte Energie (W_{zu}) durch Umwandlung in elektrische Energie in den Stromkreis eingespeist.

Die Leitung überträgt die von der Spannungsquelle abgegebene elektrische Energie zum Verbraucher. In der Praxis geht hierbei natürlich ein Teil der zu übertragenden Energie verloren. Dies äußert sich in der Energietechnik als Spannungsverlust (Erwärmung der Leitung) und in der Kommunikationstechnik als Dämpfung der zu übertragenden Signale.

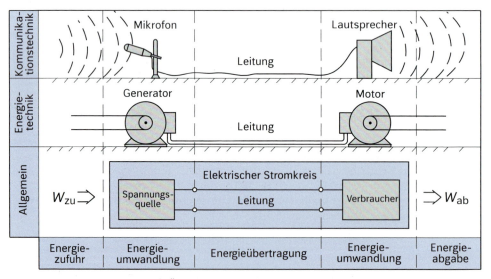

Bild 5.34: Elektrischer Stromkreis als Übertragungssystem für elektrische Energie

Im Verbraucher wird die über die Leitung zugeführte elektrische Energie in eine andere Energieform, z.B. akustische Energie (Schall) oder mechanische Energie, umgewandelt und damit vom Stromkreis wieder abgegeben (W_{ab}).

Die Berechnung der von einem Stromkreis übertragenen elektrischen Energie erfolgt nach den Überlegungen in Bild 5.35.

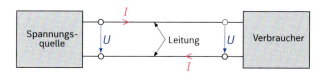

$$U = \frac{W}{Q} \longrightarrow W = U \cdot Q$$

$$I = \frac{Q}{t} \longrightarrow Q = I \cdot t$$

Bild 5.35: Berechnung der elektrischen Energie

Die durch einen Stromkreis zu einem Verbraucher übertragene elektrische Energie W errechnet sich aus
- der am Verbraucher liegenden Spannung U,
- der vom Verbraucher aufgenommenen Stromstärke I und
- der Einschaltdauer t des Verbrauchers.

$$W = U \cdot I \cdot t \qquad 1\,\text{Ws} = 1\,\text{V} \cdot 1\,\text{A} \cdot 1\,\text{s}$$

Die sich hieraus ergebende Einheit **1 Wattsekunde** entspricht der Einheit 1 Joule (**1 Ws = 1 J**; Kap. 5.1.1.2). Sie ist damit für Umrechnungen, nicht aber für den praktischen Gebrauch geeignet. Hierfür ergeben sich mit der Zeiteinheit 1 Stunde (1 h) wesentlich kleinere Zahlenwerte zur Angabe von Energiebeträgen in der Einheit **1 Wattstunde (1 Wh)** oder **1 Kilowattstunde (1 kWh)**.

5.1.5.2 Messung der elektrischen Energie

Die von einem Verbraucher aus dem Versorgungsnetz entnommene elektrische Energie wird von den EVU (zur Berechnung der Kosten) dauernd gemessen. Das hierzu verwendete Messinstrument ist der **Zähler**; er zählt die vom Verbraucher aus dem Netz entnommenen Kilowattstunden.

Wie aus Bild 5.36 zu erkennen ist, werden im Zähler gleichzeitig die Stromstärke (roter Pfad) und die Spannung (schwarzer Pfad) gemessen; die Einschaltdauer wurde üblicherweise über ein mechanisch arbeitendes Zählwerk erfasst. Seit geraumer Zeit werden bei Neuinstallationen jedoch vollelektronisch arbeitende Zähler verwendet, deren Ablesung automatisiert per Fernzugriff über das Energie-Versorgungsnetz erfolgt.

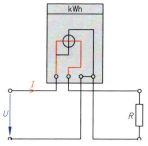

Bild 5.36: Anschluss eines Kilowattstundenzählers (Grundprinzip)

5.1.5.3 Energiekosten

Die vom Verbraucher an das EVU (Energie-Versorgungs-Unternehmen) zu zahlenden Energiekosten (K) werden aus dem vom Zähler angezeigten Energieverbrauch (W) und dem Kilowattstundenpreis (k) berechnet.

Energiekosten = Energieverbrauch · Kilowattstundenpreis

$$K = W \cdot k \qquad 1,00\,\text{EUR} = 1\,\text{kWh} \cdot 1,00\,\text{EUR/kWh}$$

Der Preis für eine Kilowattstunde ist je nach Art des Verbrauchers (Industrie, Landwirtschaft, Gewerbe, Haushalt) und Größe des Energieverbrauchs in Tarifen gestaffelt. In der Regel setzt sich der vom Kunden an das EVU zu zahlende Endpreis zusammen aus

- einem verbrauchsunabhängigen Betrag (Bereitstellungspreis) und
- einem verbrauchsabhängigen Betrag (Arbeitspreis).

Je höher nach einem Tarif der Bereitstellungspreis ist, desto geringer ist der Arbeitspreis. Beim Anschluss einer Anlage wird der jeweils günstigste Tarif in Zusammenarbeit des EVU mit dem Betreiber der Anlage ermittelt.

5.1.5.4 Leistung

Verbraucher wandeln die ihnen zugeführte Energie in eine andere Energieform um. Dabei ist ein wesentliches Merkmal solcher Energiewandler, wie lange es dauert, bis ein vorgegebener Energiebetrag umgesetzt ist.

Um die Leistungsfähigkeit von Energiewandlern beurteilen zu können, definiert man den **Begriff der Leistung**. Sie erhält das **Formelzeichen P** und wird in der Einheit **1 Watt (1 W)** angegeben.

> Die **Leistung P** eines Verbrauchers (Energiewandlers) ist definiert als das Verhältnis der von ihm umgewandelten Energie W zu der dafür benötigten Zeit t.
>
> $$P = \frac{W}{t} \qquad 1\,W = \frac{1\,J}{1\,s}$$

Die Leistung gibt an, wie viel Energie (in Joule) ein Wandler in 1 Sekunde aus einer Energieform in eine andere umwandeln kann.

5.1.5.5 Elektrische Leistung

Aus der Definition der Leistung ($P = \frac{W}{t}$) und der Gleichung zur Berechnung der elektrischen Energie ($W = U \cdot I \cdot t$) ergibt sich eine sehr einfache Beziehung zur Berechnung der elektrischen Leistung von Verbrauchern und Bauelementen.

> **Elektrische Leistung** ist das Produkt aus Spannung und Stromstärke
>
> $$P = U \cdot I \qquad 1\,W = 1\,V \cdot 1\,A$$
>
> Ein Bauelement hat eine Leistung von 1 W, wenn es an einer Spannung von 1 V eine Stromstärke von 1 A aufnimmt.

In vielen praktischen Fällen steht einer der beiden Faktoren U und I für die Berechnung der Leistung nicht zur Verfügung, dafür ist aber der Widerstand R des Verbrauchers bekannt. In diesen Fällen lässt sich mithilfe des ohmschen Gesetzes (Kap. 5.1.4) die Leistung auch aus I und R ($P = I^2 \cdot R$) bzw. aus U und R ($P = U^2/R$) direkt berechnen.

Aus der letzten Gleichung ist zu erkennen, dass sich die Leistung direkt **proportional zum Quadrat der Spannung** verhält. Wird die Spannung auf die Hälfte (z. B. von 3 V auf 1,5 V) verringert, so sinkt die Leistung auf ein Viertel des ursprünglichen Wertes (z. B. von 8 W auf 2 W).

Dies ist bedeutsam z. B. bei Prozessoren, bei denen die Corespannung stets kleiner ist als die I/O-Spannung (Bild 1.38).

Hierdurch wird die CPU-Leistung, die in Form von Wärme abgeführt werden muss, erheblich reduziert.

5.1.5.6 Messung der elektrischen Leistung

Um die elektrische Leistung eines Verbrauchers (R) festzustellen, können verschiedene Messmethoden angewendet werden.

Bei der **indirekten Leistungsmessung** (Bild 5.37 a) wird mit einem Voltmeter die Spannung und gleichzeitig mit einem Amperemeter die Stromstärke gemessen. Die Leistung wird aus den Messwerten errechnet.

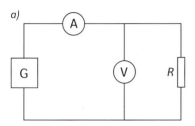
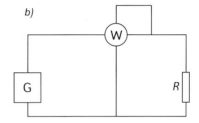

Bild 5.37: Indirekte (a) und direkte (b) Leistungsmessung

Bei der **direkten Leistungsmessung** (Bild 5.37 b) wird ein Leistungsmesser (Wattmeter) verwendet. Dieses Messinstrument kann Spannung und Stromstärke gleichzeitig aufnehmen; es zeigt die Leistung direkt an. In der Praxis werden häufig Vielfachmessinstrumente verwendet, bei denen besonders darauf zu achten ist, dass die beiden Messbereiche für Spannung und Stromstärke richtig eingestellt sind, sodass bei beiden Messungen keine Überlastung des Instrumentes erfolgt.

5.1.5.7 Wirkungsgrad

5

Bei der Umwandlung von Energie in einem Verbraucher (Energiewandler) entstehen immer Verluste. Z.B. geben Stecker-Schaltnetzteile, wie sie bei portablen Geräten (Smartphones, Tablets) zum Einsatz kommen, nur einen Teil der ihnen zugeführten Leistung (P_{zu}) am Ausgang (P_{ab}) wieder ab. Ein beträchtlicher Teil von P_{zu} wird als Wärme und damit als sogenannte Verlustleistung P_V abgestrahlt.

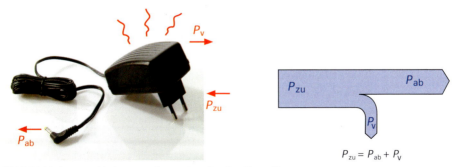

$$P_{zu} = P_{ab} + P_V$$

Bild 5.38: Verluste und Leistungsschema eines Stecker-Netzteils

Der Zusammenhang zwischen P_{zu}, P_{ab} und P_V kann in einem sogenannte Leistungsschema verdeutlicht werden. Auf dem Leistungsschild von Verbrauchern werden die dargestellten Verhältnisse durch den **Wirkungsgrad** η (sprich: Eta) angegeben.

> Der **Wirkungsgrad** ist das Verhältnis von abgegebener Leistung zu zugeführter Leistung.
>
> $$\eta = \frac{P_{ab}}{P_{zu}}$$
>
> Der Wirkungsgrad ist eine dimensionslose Größe, die stets kleiner 1 ist. Sie wird als Zahlenwert (z. B. 0,8) oder als Prozentwert (z. B. 80 %) angegeben.
>
> Der Gesamtwirkungsgrad einer Anlage ist das Produkt aus den Wirkungsgraden der einzelnen Energiewandler.

AUFGABEN

1. Beschreiben Sie mit eigenen Worten Ihre Modellvorstellung vom Aufbau eines Atoms. Beantworten Sie dabei im Zusammenhang folgende Fragen:

   a) Aus welchen Grundbausteinen sind Atome aufgebaut?

   b) Wie sind diese Bausteine im Modell angeordnet?

   c) Was stellen Sie sich unter einer Elektronenschale vor?

   d) Wie sind die Atombausteine elektrisch geladen?

   e) Was ergibt sich bei einem Massenvergleich der Bausteine?

2. Am Schaltungspunkt A liegt ein elektrisches Potenzial von 30 V, am Punkt B ein Potenzial von 12 V. Berechnen Sie

   a) die Spannung von A gegenüber B und

   b) die Spannung von B gegenüber A.

3. a) Wie groß sind die Potenziale φ_1 und φ_2?

   b) Wie groß ist die Spannung U_{12}?

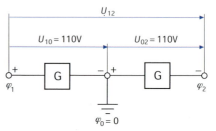

4. Mit einem Oszilloskop wird die Periodendauer von zwei sinusförmigen Wechselspannungen gemessen. Aus dem Messergebnis ist zu entnehmen, dass $T_1 = 2 \cdot T_2$ ist. Welche Aussage kann über die Frequenzen f_1 und f_2 der Wechselspannungen gemacht werden?

5. Wie viele Millisekunden nach dem Nulldurchgang erreicht eine sinusförmige Wechselspannung mit der Frequenz von 1 kHz ihren Maximalwert?

6. Berechnen Sie die Periodendauer für eine Taktfrequenz von 200 MHz.

7. Die Frequenz der im Bild dargestellten Wechselspannungen U_1, U_2 und U_3 beträgt 50 Hz. Geben Sie die Phasenverschiebungszeit und die Phasenverschiebungswinkel zwischen jeweils zwei der Wechselspannungen an.

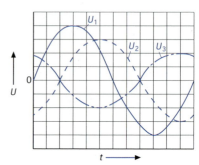

8. Was muss bei der Messung einer Spannung mit einem Multimeter alles beachtet werden?

9. Eine Wechselspannung durchläuft eine Periode in 25 ms. Wie groß ist die Frequenz der Wechselspannung?

10. Eine Wechselspannung, deren Maximalwert mit 325 V angegeben ist, hat eine Frequenz von 50 Hz. Wie groß ist ihr Augenblickswert bei $t = 2,5$ ms?

11. Berechnen Sie den Maximalwert und den Spitze-Spitze-Wert einer Wechselspannung, die einen Effektivwert von 800 mV hat.

12. Wie viel Prozent des Maximalwertes beträgt der Effektivwert einer sinusförmigen Wechselspannung?

13. a) Beschreiben Sie mit eigenen Worten, was Sie unter einem elektrischen Strom und einem elektrischen Stromkreis verstehen.

    b) Nennen Sie die Hauptbestandteile eines Stromkreises und erklären Sie, welche Aufgabe die genannten Teile im Stromkreis erfüllen.

14. Welche Ladungsmenge muss pro Sekunde durch einen Leiterquerschnitt strömen, wenn die Stromstärke 4,5 A betragen soll?

15. Durch einen Leitungsdraht wird in einer Zeit von 2 min eine Ladungsmenge von 60 C bewegt. Berechnen Sie die Stromstärke in diesem Leiter in Milliampere (mA).

16. Was verstehen Sie unter der „technischen Stromrichtung"?

17. Nach welchen Merkmalen können Wechselströme unterschieden werden?

18. Beim technischem Wechselstrom im EVU-Netz dauert 1 Periode 20 ms.

    a) Wie viele Perioden können demnach in 1 Sekunde ablaufen?

    b) Wie oft wechselt in 1 Sekunde die Stromrichtung?

19. Wird der Stromkreis durch den Schalter S geschlossen, so leuchtet die Lampe H sofort auf, obwohl die elektrischen Ladungen eine ganz geringe Strömungsgeschwindigkeit haben.

    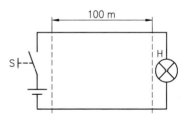

    a) Begründen Sie diesen Sachverhalt.

    b) Berechnen Sie die Signallaufzeit vom Schalter bis zur Lampe (Signalgeschwindigkeit = 90 % der Lichtgeschwindigkeit).

20. In einer Stromversorgungsleitung (4 mm², Cu) fließt ein Strom von 22,8 A. Wie groß ist die Stromdichte in der Leitung?

21. Nach den Vorschriften über die Belastbarkeit isolierter Leitungen nach VDE 0100 beträgt die höchstzulässige Stromstärke für Kupferleiter in Rohr, verlegt bei einem Querschnitt von 1,5 mm², genau 16 A; bei 25 mm² beträgt sie 88 A.

    a) Berechnen Sie für beide Querschnitte die bei der Höchststromstärke auftretende Stromdichte.

    b) Versuchen Sie den Unterschied der zulässigen Stromdichte zu erklären.

22. Was bedeutet die folgende Aussage?

    Ein Leiter hat einen Widerstand von 12 Ω.

23. Berechnen Sie für nebenstehende Schaltung den Wert des Widerstandes in Kiloohm.

24. Durch einen Widerstand von 10 kΩ fließt ein Strom von 10 mA.

    Wie groß ist die am Widerstand liegende Spannung?

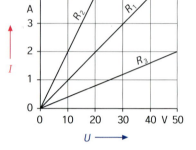

25. Das Diagramm zeigt die Kennlinien von drei verschiedenen Widerständen.

    a) Woran erkennen Sie auf einen Blick, welcher der drei Widerstände den größten bzw. den kleinsten Wert hat?

    b) Beschreiben Sie, wie Sie in einem solchen Diagramm die Größe eines Widerstandes ablesen können.

    c) Bestimmen Sie die Größe der drei Widerstände.

    d) Welche Spannung muss an den Widerstand R_2 gelegt werden, damit sich eine Stromstärke von 3 A einstellt?

    e) Wie groß ist die Stromstärke im Widerstand R_1, wenn eine Spannung von 25 V anliegt?

26. Ein Mikrofon wird mit einer Spannung von 1,5 V gespeist; dabei stellt sich ein Speisestrom von 75 mA ein. a) Berechnen Sie den Mikrofonwiderstand. b) Bestimmen Sie den Bereich, in dem der Mikrofonwiderstand schwankt, wenn beim Besprechen der Membran der Widerstand um 20 % zu- und abnimmt.

27. Bei einer Spannung von 24 V fließt durch einen Widerstand ein Strom von 16 mA. Die Stromstärke soll um 20 % verringert werden. Um wie viel Prozent muss dazu der Widerstand vergrößert werden?

28. Der Glühfaden einer Lampe (Wolfram, $\alpha = 0{,}0048$ 1/°C) hat bei Zimmertemperatur einen Widerstand von 36,5 Ω. Welchen Widerstand nimmt er bei einer Temperatur von 2500 °C an? In welchem Verhältnis steht die Einschaltstromstärke zur Betriebsstromstärke?

29. In einer Temperaturmessschaltung einer 24-V-Anlage wird bei 20 °C eine Stromstärke von 40 mA gemessen. Durch Temperatureinfluss steigt der Widerstand der Messspule auf 660 Ω an ($\alpha = 0{,}004$ 1/°C). Welche Temperatur wirkt auf die Messspule?

30. Wodurch unterscheiden sich drei Widerstände von 1,5 Ω, wenn je einer von ihnen zur Normreihe E6, E12 und E24 gehört?

31. Auf dem Leistungsschild eines Verbrauchers findet man folgende Angaben: $P_{ab} = 5$ kW; $\eta = 85\,\%$; $U = 230$ V.

    a) Wie groß ist die elektrische Leistung, die diesem Verbraucher zugeführt werden muss?

    b) Wie groß ist die Stromstärke in der Zuleitung?

32. Eine Signallampe trägt auf dem Sockel die Aufschrift 24 V/25 mA. Berechnen Sie

    a) den Widerstand der Lampe und

    b) die von der Lampe aufgenommene Leistung.

33. Ein Mikroprozessor hat bei einer Betriebsspannung von 5 V eine Stromaufnahme von 170 mA. Wie viele Tage und Stunden kann der Mikroprozessor arbeiten, bis er 1 kWh verbraucht hat?

34. Eine 7-Segment-Anzeige nimmt bei einer Spannung von 1,6 V eine Stromstärke von 10 mA pro Segment auf. Die Anzeige hat eine tägliche Betriebsdauer von 9,5 h. 1 kWh kostet 0,35 EUR.

    a) Wie viel Wh verbraucht die Anzeige in 1 Monat (30 Tage)?

    b) Wie lange (Tage, Monate, Jahre) kann die Anzeige bei der angegebenen täglichen Betriebsdauer arbeiten, bis sie für 1 EUR elektrische Energie verbraucht hat?

35. Um wie viel Prozent geht der Energieverbrauch einer Fernmeldeanlage zurück, wenn die Spannung des Speisegerätes um 6 % unter ihrer Nenngröße liegt?

36. Die auf dem Leistungsschild von Verbrauchern angegebene Leistung ist immer die von diesem abgegebene Leistung. Z. B. kann dem in Bild 5.38 dargestellten Stecker-Netzteil am Ausgang eine Leistung von 5 W entnommen werden; sein Wirkungsgrad beträgt (typ.) 65 %.
    Berechnen Sie die aufgenommene Leistung und die Verlustleistung.

5.2 Zusammenschaltung von Widerständen

Bei der Fehlersuche in einem IT-Gerät ist es hilfreich, grundlegendes Wissen über das *Zusammenwirken* elektrotechnischer Komponenten und deren Einflüsse auf zugehörige elektrische Größen zu besitzen. Die hierzu erforderlichen Grundkenntnisse lassen sich an einfachen Schaltungen mit Widerständen erarbeiten und dann auf komplexere Strukturen übertragen.

So können vereinfachend beispielsweise das ATX-Netzteil (Kap. 1.10) als „Generator G" und zwei angeschlossene Grafikkarten (Crossfire; Kap. 1.9.1) als „Verbraucherwiderstände R" angesehen und in Schaltplänen entsprechend dargestellt werden.

Zudem lassen sich komplizierte Schaltungen meist auf einfache Grundschaltungen zurückführen, bei denen Bauelemente entweder *in Reihe* oder *parallel* geschaltet sind. Die elektrischen Eigenschaften dieser Schaltungsvarianten werden in den folgenden Kapiteln dargestellt.

5.2.1 Reihenschaltung

5.2.1.1 Spannungsteilung in der Reihenschaltung

Sind mehrere Widerstände so zusammengeschaltet, dass der Ausgang des ersten Widerstandes mit dem Eingang des zweiten Widerstandes, der Ausgang des zweiten mit dem Eingang des dritten usw. verbunden ist, so werden in dieser Schaltung **alle Widerstände**

von demselben Strom durchflossen. Eine solche Widerstandsschaltung wird als **Reihenschaltung** bezeichnet.

In Schaltplänen erkennt man eine Reihenschaltung zweier Widerstände daran, dass **zwischen den Widerständen keine Stromverzweigung** stattfindet. Der Strom, der den ersten Widerstand verlässt, muss in den zweiten Widerstand hineinfließen. Fließt der Strom nacheinander durch mehrere Widerstände, so geben die elektrischen Ladungen in jedem Widerstand einen **Teil der Energie pro Ladung** ab, die ihnen in der Spannungsquelle erteilt wurde; es entsteht in jedem Widerstand eine sogenannte **Teilspannung.** Die Teilspannungen in einer Reihenschaltung sind zusammen immer genau so groß wie die Spannung der Spannungsquelle, denn insgesamt können die elektrischen Ladungen nur so viel Energie abgeben, wie ihnen von der Spannungsquelle mitgegeben wird (Bild 5.39).

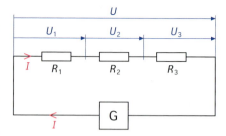

Bild 5.39: Reihenschaltung von Widerständen

Widerstände sind in Reihe geschaltet, wenn sie von demselben Strom durchflossen werden.

In einer Reihenschaltung ist die Gesamtspannung gleich der Summe der Teilspannungen (zweites Kirchhoffsches Gesetz).

$$U = U_1 + U_2 + U_3 + \dots$$

In einer Reihenschaltung ist der Gesamtwiderstand (Ersatzwiderstand) gleich der Summe der Teilwiderstände.

$$R = R_1 + R_2 + R_3 + \dots$$

In einer Reihenschaltung stehen die Spannungen in demselben Verhältnis zueinander wie die Widerstände.

$$\frac{U_1}{U_2} = \frac{R_1}{R_2}$$

5.2.1.2 Leistung in der Reihenschaltung

Werden mehrere Widerstände in Reihe geschaltet, so ist darauf zu achten, dass keiner von ihnen mit einer Leistung belastet wird, die seine **Nennleistung** (Belastbarkeit) übersteigt. Es muss also deutlich unterschieden werden zwischen der in einer Schaltung an einem Widerstand auftretenden Leistung einerseits und der auf diesen Widerstand aufgedruckten Nennleistung andererseits.

Im gleichen Diagramm, in dem die Widerstandskennlinie dargestellt ist, kann auch eine Linie für die höchstzulässige Leistung (Leistungshyperbel) eingezeichnet werden. Um einzelne Punkte dieser Linie zu berechnen, dividiert man die auf dem Widerstand angegebene Nennleistung durch verschiedene Spannungswerte ($I = P/U$) und erhält die jeweils zugehörigen Stromwerte. Jedes Wertepaar von U und I ergibt einen Punkt der Leistungshyperbel (Bild 5.40).

Aus der Nennleistung und dem Widerstandswert lassen sich die für den Widerstand höchstzulässigen Werte von Spannung ($P = U^2/R$) und Stromstärke ($P = I^2 \cdot R$) berechnen. Diese beiden Werte kann man aus dem Diagramm am Schnittpunkt der Widerstandskennlinie mit der Leistungshyperbel ablesen. Übersteigt die am Widerstand liegende Spannung den Wert U_{max}, so steigt nach der Widerstandskennlinie auch die Stromstärke an und die Leistung wird größer als die Nennleistung; der Widerstand wird überlastet.

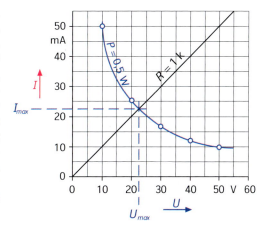

Bild 5.40: Leistungshyperbel

Die an einem Widerstand auftretende Leistung darf seine Nennleistung nicht übersteigen.

$$P_{max} \leq P_{zul}$$

In einer Reihenschaltung ist die Gesamtleistung gleich der Summe der Leistungen an den Einzelwiderständen.

$$P_g = P_1 + P_2 + P_3 + \dots$$

Die in den einzelnen Widerständen einer Reihenschaltung umgesetzten Leistungen stehen in demselben Verhältnis zueinander wie die Widerstände.

$$\frac{P_1}{P_2} = \frac{R_1}{R_2}$$

5

5.2.2 Parallelschaltung

5.2.2.1 Stromverzweigung in der Parallelschaltung

Verbindet man mehrere Widerstände so mit einer Spannungsquelle, dass jeder einzelne Widerstand mit einem Anschluss unmittelbar an den Pluspol und mit dem anderen Anschluss unmittelbar an den Minuspol angeschlossen ist, so liegen in dieser Schaltung **offensichtlich alle Widerstände an derselben Spannung**. Eine solche Schaltung wird als **Parallelschaltung** bezeichnet.

In Schaltplänen erkennt man eine Parallelschaltung zweier Widerstände daran, dass sie mit beiden Anschlüssen direkt miteinander verbunden sind.

In Bild 5.41 fließt in jedem der drei parallel geschalteten Widerstände ein Strom, dessen Stärke jeweils nach dem Ohmschen Gesetz ($I = U/R$) bestimmt werden kann. Betrachten wir die Ströme I_1, I_2 und I_3 in Bezug auf den Punkt A, so fließen alle von diesem Punkt weg. Da nur der von der Spannungsquelle kommende Strom I auf den Punkt A zugerichtet ist, muss er genauso groß sein wie die wegfließenden Ströme zusammen. Der ankommende **Gesamtstrom I** teilt sich also am **Stromverzweigungspunkt A** auf in die **Teilströme I_1, I_2 und I_3**. Am Punkt B vereinigen sich die Teilströme wieder zum Gesamtstrom.

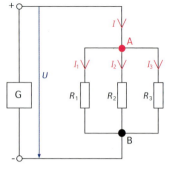

Bild 5.41: Parallelschaltung von Widerständen

Widerstände sind parallel geschaltet, wenn sie an derselben Spannung liegen.

An einem Stromverzweigungspunkt ist die Summe der zufließenden Ströme gleich der Summe der abfließenden Ströme (erstes Kirchhoffsches Gesetz).

$$I = I_1 + I_2 + I_3 + \dots$$

In einer Parallelschaltung ist der Kehrwert des Ersatzwiderstandes gleich der Summe der Kehrwerte der Teilwiderstände (da $I \sim 1/R$).

$$\frac{1}{R_E} = \frac{1}{R_1} + \frac{1}{R_2} + \frac{1}{R_3} \dots$$

Der Kehrwert eines Widerstandes wird auch als **Leitwert G** bezeichnet und in der Einheit Siemens (S) angegeben.

$$G = \frac{1}{R} \qquad 1S = \frac{1}{\Omega}$$

Somit in der Parallelschaltung $G_E = G_1 + G_2 + G_3 + \dots$

In einer Parallelschaltung stehen die Ströme im umgekehrten Verhältnis zueinander wie die Widerstände.

$$\frac{I_1}{I_2} = \frac{R_2}{R_1}$$

Aus diesen Gesetzen ergibt sich:

- In einer Parallelschaltung ist der Ersatzwiderstand immer kleiner als der kleinste Teilwiderstand.

- In einer Parallelschaltung fließt der kleinste Strom durch den größten Widerstand.

5.2.2.2 Leistung in der Parallelschaltung

Hinsichtlich der Leistung, die in den einzelnen Widerständen einer Parallelschaltung umgesetzt wird, gelten grundsätzlich die gleichen Überlegungen, die bei der Reihenschaltung erörtert wurden.

Da in einer Parallelschaltung alle Widerstände an derselben Spannung liegen, wird an demjenigen Widerstand die größte Leistung auftreten, in dem der größte Strom fließt; d.h. die größte Leistung wird am kleinsten Widerstand umgesetzt.

> In einer Parallelschaltung ist die Gesamtleistung der Schaltung gleich der Summe der Leistungen an den Einzelwiderständen; sie ist gleich der Leistung des Ersatzwiderstandes.
>
> $$P_G = P_1 + P_2 + P_3 + \dots$$
>
> Die in den einzelnen Widerständen einer Parallelschaltung umgesetzten Leistungen stehen im umgekehrten Verhältnis zueinander wie die Widerstände.
>
> $$\frac{P_1}{P_2} = \frac{R_2}{R_1}$$

5.2.3 Gemischte Schaltungen

In der elektrotechnischen Praxis entstehen meist Widerstandsschaltungen, die aus Reihenschaltungen und Parallelschaltungen zusammengesetzt sind. In solchen gemischten Schaltungen können zwei oder mehrere Teilwiderstände, die miteinander in Reihe oder parallel geschaltet sind, zu einem Ersatzwiderstand zusammengefasst werden. Dadurch entsteht jeweils eine vereinfachte Schaltung, die als **Ersatzschaltung** bezeichnet wird. In der Ersatzschaltung können wiederum Teilwiderstände miteinander oder mit schon vorher gebildeten Ersatzwiderständen vereinigt werden. Dies lässt sich so weit fortführen, bis die gemischte Schaltung durch einen einzigen Widerstand ersetzt wird. In Bild 5.42 ist gezeigt, wie der Gesamtwiderstand einer gemischten Schaltung schrittweise ermittelt wird.

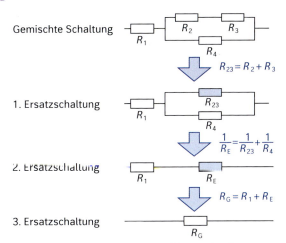

Bild 5.42: Berechnung des Gesamtwiderstandes einer gemischten Schaltung

Liegt die Schaltung an einer Spannungsquelle so lassen sich mithilfe des Ohmschen Gesetzes und der Kirchhoffschen Gesetze alle Spannungen und Ströme der Schaltung berechnen.

Spannungsteiler

Durch eine Reihenschaltung von Widerständen können aus einer größeren Gesamtspannung kleinere Teilspannungen gewonnen werden, die in demselben Verhältnis zueinander stehen wie die Widerstände (Kap. 5.2.1.1). Diese Möglichkeit zur Spannungsteilung wird in der Praxis sehr häufig angewendet, und zwar sowohl unter Verwendung von

- **Festwiderständen**, wie z. B. zur *Festlegung* einer bestimmten Helligkeit einer Lampe (Bild 5.43 a) als auch mit

- **Stellwiderständen** (Potenziometern), z. B. zur *Regulierung* der Helligkeit einer Lampe (Bild 5.43 b).

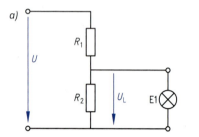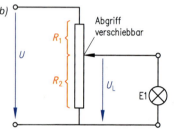

Bild 5.43: Spannungsteiler mit Festwiderständen (a) und mit einem Stellwiderstand (b)

> Schaltungen, die zur Gewinnung einer Teilspannung aus einer größeren Versorgungsspannung dienen, bezeichnet man als **Spannungsteiler**.

Bild 5.44 zeigt die elektrischen Zusammenhänge eines Spannungsteilers mit den Festwiderständen R_1 und R_2 und den Ausgangsklemmen a und b, an die ein Verbraucher (Lastwiderstand R_L) angeschlossen werden soll

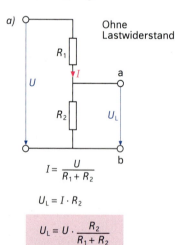

$$I = \frac{U}{R_1 + R_2}$$

$$U_L = I \cdot R_2$$

$$\boxed{U_L = U \cdot \frac{R_2}{R_1 + R_2}}$$

R_L Lastwiderstand
U_L Lastspannung
R_2 Querwiderstand
I_q Querstrom
R_E Ersatzwiderstand für die Parallelschaltung von R_2 und R_L

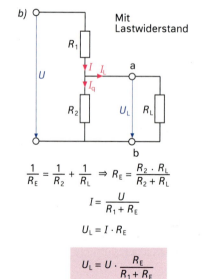

$$\frac{1}{R_E} = \frac{1}{R_2} + \frac{1}{R_L} \Rightarrow R_E = \frac{R_2 \cdot R_L}{R_2 + R_L}$$

$$I = \frac{U}{R_1 + R_E}$$

$$U_L = I \cdot R_E$$

$$\boxed{U_L = U \cdot \frac{R_E}{R_1 + R_E}}$$

Bild 5.44: Unbelasteter (a) und belasteter (b) Spannungsteiler

Solange kein Verbraucher angeschlossen ist, spricht man von einem **unbelasteten Spannungsteiler**. Die Spannung zwischen den Klemmen a und b des unbelasteten Spannungsteilers bezeichnet man als Leerlaufspannung (Bild 5.44 a).

Wird ein **Lastwiderstand R_L** an die Klemmen a und b angeschlossen, so ergibt sich ein **belasteter Spannungsteiler** (Bild 5.44 b). Durch den Lastwiderstand R_L sinkt der Widerstand der Parallelschaltung von R_2 und R_L ab und damit auch der Gesamtwiderstand der Schaltung. Die Gesamtstromstärke steigt daher an und verursacht an R_1 einen höheren Spannungsabfall, wodurch die Lastspannung absinkt.

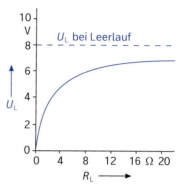

Der Einfluss des Lastwiderstandes R_L auf die Größe der Lastspannung U_L wird durch das Diagramm in Bild 5.45 deutlich. Beträgt der Lastwiderstand $R_L = 0\,\Omega$ (Kurzschluss zwischen a und b), so ist $U_L = 0$ V. Mit steigendem Lastwiderstand steigt U_L und nähert sich immer mehr der Leerlaufspannung an. Aus dem Verlauf der Kurve erkennt man, dass U_L sich in Abhängigkeit von R_L umso weniger ändert, je größer R_L im Vergleich zum **Querwiderstand R_2** ist:

Bild 5.45: Abhängigkeit der Lastspannung vom Lastwiderstand

> **Die Lastspannung U_L eines Spannungsteilers** ist bei sich änderndem Lastwiderstand R_L umso stabiler, je größer die vorkommenden Lastwiderstände im Vergleich zum Querwiderstand R_2 sind.

Diese Erkenntnis ist ausgesprochen bedeutsam für eine ausgewogene Dimensionierung des Spannungsteilers. Bei großen Werten von R_2 (und auch R_1) bleibt die Spannung U_L nicht konstant, wenn sich R_L verändert; bei sehr kleinen Werten von R_2 (und auch R_1) bleibt U_L zwar nahezu konstant bei sich änderndem Wert von R_L, jedoch wird die Spannungsquelle U mit einem vergleichsweise großen Strom I belastet.

5

AUFGABEN

1. In der Schaltung ist die Klemme 2 auf Nullpotenzial (Erde, Masse) gelegt.

   a) Wie groß ist die Gesamtspannung an der Schaltung?

   b) Welche Potenziale liegen an den Punkten 1 bis 4?

   c) Wie groß ist die Stromstärke in der Schaltung?

   d) Wie groß sind die Widerstände R_2 und R_3?

   e) Welche Potenziale treten an den Klemmen 1 bis 4 auf, wenn das Nullpotenzial von Klemme 2 nach Klemme 3 verlegt wird?

   f) Wie ändern sich die Spannungen in der Schaltung durch die unten angegebene Verlegung des Nullpotenzials?

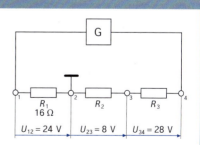

2. a) Berechnen Sie die Spannungen an den einzel-
       nen Widerständen bei geöffnetem Schalter S.

    b) Wie groß sind die Spannungen U_1 und U_2,
       wenn der Schalter S geschlossen ist?

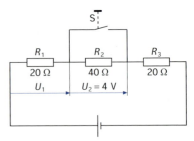

3. Ist der Schalter S1 in Stellung 1, so fließt ein Strom von 0,4 A. Wird der Schalter geöff-
    net, so sinkt die Stromstärke um 0,12 A. Berechnen Sie:

    a) die Spannung U,

    b) den Widerstandswert von R_2,

    c) die Stromstärke bei Schalterstellung 2 und I,

    d) die Potenziale φ_1 und φ_2 für alle Schalterstel-
       lungen.

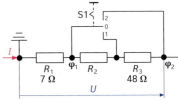

4. Um die Versorgungsspannung von 60 V auf die
    Nennspannung einer Lampe (24 V/12 W) herabzusetzen, soll ein Vorwiderstand R_V mit
    der Lampe H1 in Reihe geschaltet werden.

    a) Zeichnen Sie die Schaltung.

    b) Wie groß muss die Teilspannung am Vorwiderstand sein?

    c) Berechnen Sie die Größe des Vorwiderstandes.

    d) Wie groß muss die Belastbarkeit des Vorwiderstandes sein?

5. Eine Parallelschaltung mit den Widerständen $R_1 = 100\ \Omega$, $R_2 = 250\ \Omega$ und dem unbe-
    kannten Widerstand R_3 ist an eine Spannungsquelle angeschlossen. Durch R_1 fließt ein
    Strom von 0,24 A und durch R_3 ein Strom von 0,16 A.

    a) Zeichnen Sie den Stromlaufplan der Schaltung.

    b) Tragen Sie alle Ströme und Spannungen mit Richtungspfeil und Formelzeichen in
       die Schaltung ein.

    Berechnen Sie:

    c) die Spannung an der Parallelschaltung,

    d) die Stromstärke im Widerstand R_2,

    e) den Widerstandswert von R_3 und

    f) die Stromstärke in der Spannungsquelle.

zu 6

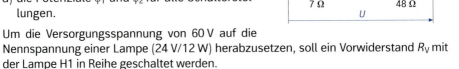

6. Der Schalter S wird geschlossen. Wie groß sind in diesem Fall die Stromstärken I_1, I_2 und I?

7. a) Wie groß ist I bei der dargestellten Schalterstel-
       lung?

    b) Wie groß ist I, wenn der Schalter S geöffnet ist?

zu 7

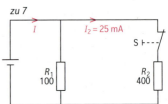

8. Berechnen Sie alle möglichen Werte des Gesamtstromes I, die sich durch Betätigung der Schalter S1, S2 und S3 einstellen lassen.

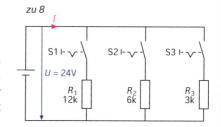

zu 8

9. Die Widerstände R_1 und R_2 sind parallel geschaltet. Entwickeln Sie eine Gleichung zur Berechnung des Ersatzwiderstandes R_E, in der die Kehrwerte der Widerstände R_1 und R_2 nicht mehr auftreten.

10. Eine Parallelschaltung besteht aus den Widerständen $R_1 = 27{,}5\,\Omega$, $R_2 = 55\,\Omega$ und $R_3 = 82{,}5\,\Omega$. Die gesamte Schaltung entnimmt der Spannungsquelle eine Leistung von 72 W. Wie verteilt sich diese Leistung auf die einzelnen Widerstände? Berechnen Sie die Teilleistungen

    a) über Spannung und Ströme und

    b) mithilfe der Widerstands- und Leistungsverhältnisse.

11. Berechnen Sie für die Schaltungen ① bis ③

    a) die Lastspannungen U_L und die Lastströme I_L,

    b) die Lastspannungen U_L, wenn der Lastwiderstand jeweils auf 200 Ω herabgesetzt wird,

    c) die infolge der Widerstandsänderung auftretende Änderung der Lastspannung ΔU_L.

    d) Welcher Zusammenhang wird beim Vergleich der Spannungsänderungen erkennbar?

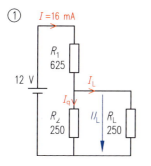
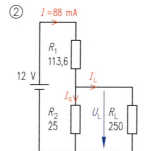
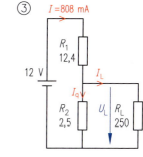

12. a) Auf welchen Widerstand R_2 muss der Spannungsteiler im Leerlauf eingestellt werden, damit $U_L = 120\,\text{V}$ beträgt?

    b) Auf welchen Wert sinkt die Spannung U_L ab, wenn eine Lampe von 120 V/0,5 A an den Ausgang des Spannungsteilers angeschlossen wird?

    c) Wie viele gleiche Lampen dürfen parallel an den Ausgang des Spannungsteilers angeschlossen werden, ohne dass die Spannung U_L unter 100 V absinkt?

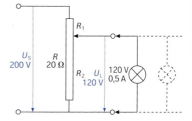

5

13. Der Spannungsabgriff A ist zwischen dem oberen und dem unteren Anschluss von R_4 verschiebbar. Zwischen welchen Werten ist das Potenzial am Punkt A, bezogen auf den zwischen R_1 und R_2 liegenden Massenpunkt, einstellbar?

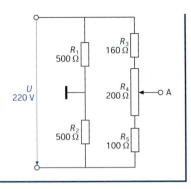

5.3 Der technische Stromkreis

Ein technischer Stromkreis ist zusammengesetzt aus Spannungsquelle, Leitung und elektrischem Verbraucher (Bild 5.46).

Der Begriff „elektrischer Verbraucher" (kurz: Verbraucher) bezeichnet hierbei allgemein ein Bauelement oder ein elektrisches Gerät, in dem elektrische Energie in eine andere Energieform umgewandelt und hierdurch ein Nutzen erzielt wird (z. B. Wärme, Licht, mechanische Bewegung). Der elektrische Strom („Elektronenstrom") wird hierbei jedoch nicht „verbraucht", sondern fließt zurück zur Quelle (geschlossener Stromkreis).

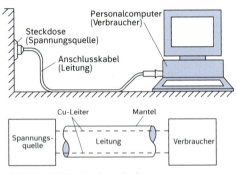

Bild 5.46: Technischer Stromkreis

Wurde bisher lediglich der Verbraucher als elektrischer Widerstand angesehen, so sollen nun im Folgenden auch die Spannungsquelle und die Leitung hinsichtlich ihrer Widerstände und deren Einfluss auf die elektrischen Zusammenhänge im Stromkreis untersucht werden.

5.3.1 Spannungsquellen

5.3.1.1 Innenwiderstand, Urspannung und Klemmenspannung

Der Leiterweg eines Stromkreises hat auch im Inneren einer Spannungsquelle einen elektrischen Widerstand, den man als **Innenwiderstand R_i** der Spannungsquelle bezeichnet. Daher kann eine Spannungsquelle in Schaltplänen als Reihenschaltung eines Generators mit einem Widerstand dargestellt werden (Bild 5.47; siehe „Ersatzschaltbild" Kap. 5.5).

Wird ein Lastwiderstand R_L an die Klemmen der Spannungsquelle angeschlossen, so fließt ein Betriebsstrom I (Bild 5.47). Dieser Strom verursacht am Innenwiderstand der Spannungsquelle einen Spannungsabfall U_i. Da U_i für die Ausnutzung am Verbraucher R_L verloren ist, bezeichnet man diesen Spannungsabfall als **inneren Spannungsverlust**.

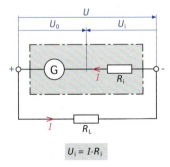

$$U_i = I \cdot R_i$$

Bild 5.47: Spannungsquelle mit Innenwiderstand und Lastwiderstand

In der Schaltung auf Bild 5.47 unterscheidet man nun drei Spannungen:

- U_0 ist die in der Spannungsquelle durch Umwandlung der zugeführten Energie entstehende **Urspannung**;

- U_i ist der durch den Betriebsstrom am Innenwiderstand verursachte **innere Spannungsverlust**;

- U ist die an den Klemmen der Spannungsquelle zur Verfügung stehende **Klemmenspannung**.

Die Klemmenspannung einer Spannungsquelle ist um den inneren Spannungsverlust kleiner als die Urspannung.

$$U = U_0 - U_i$$

Der innere Spannungsverlust ist umso größer, je größer die Stromstärke ist. Die Stromstärke ist umso größer, je kleiner der Lastwiderstand ist. Also ist der innere Spannungsverlust umso größer, je kleiner der Lastwiderstand ist.

Nimmt der innere Spannungsverlust zu, so nimmt die Klemmenspannung ab. Für eine belastete Spannungsquelle gilt also:

Die **Klemmenspannung einer Spannungsquelle** ist umso kleiner, je kleiner der angeschlossene Lastwiderstand ist.

Für die Änderung des Lastwiderstandes lassen sich die beiden in Bild 5.48 dargestellten Grenzfälle erkennen:

Leerlauf:

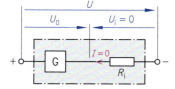

$I = 0$
$U_i = 0$
$U = U_0$

Kurzschluss:

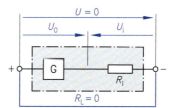

$R_L = 0$
$I_K = U_0/R_i$
$U = 0$

Im Leerlauf ist die Klemmenspannung U gleich der Urspannung U_0.

Bei Kurzschluss ist die Klemmenspannung U gleich null.

Bild 5.48: Leerlauf und Kurzschluss einer Spannungsquelle

Der Kurzschlussstrom in der Spannungsquelle wird nur durch den Innenwiderstand begrenzt.

5.3.1.2 Leistungsanpassung

Wird der an eine Spannungsquelle angeschlossene **Lastwiderstand vergrößert**, so **sinkt die Stromstärke** und **die Klemmenspannung steigt**. Das Produkt aus Stromstärke und Klemmenspannung ist die von der Spannungsquelle an den Verbraucher abgegebene Leistung ($P = U \cdot I$). Da der eine Faktor (I) sinkt und der andere Faktor (U) steigt, stellt sich die Frage, wie sich durch den Anstieg des Lastwiderstandes die von der Spannungsquelle abgegebene Leistung, also das Produkt von U und I, verändert.

Diese Frage kann durch das Beispiel in Bild 5.49 beantwortet werden.

In dem Diagramm erkennt man sehr deutlich, dass die von der Spannungsquelle an den Verbraucher abgegebene Leistung einen Höchstwert erreicht, wenn der Lastwiderstand gleich dem Innenwiderstand der Spannungsquelle ist. Diesen Belastungsfall bezeichnet man als **Leistungsanpassung**.

$$P_L = I_2 \cdot R_L \qquad I = \frac{U_0}{R_i + R_L} \qquad P_L = \left(\frac{U_0}{R_i + R_L}\right)^2 \cdot R_L$$

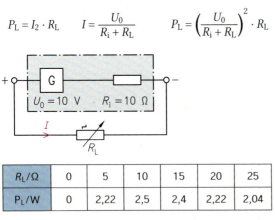

R_L/Ω	0	5	10	15	20	25
P_L/W	0	2,22	2,5	2,4	2,22	2,04

Bild 5.49: Berechnung und Diagramm zur Leistungsanpassung

Bei **Leistungsanpassung** ist der Lastwiderstand gleich dem Innenwiderstand der Spannungsquelle.

$$R_L = R_i$$

Die von der Spannungsquelle an den Lastwiderstand gelieferte Leistung hat bei Leistungsanpassung ihren Höchstwert.

Die am Innenwiderstand umgesetzte Verlustleistung ist also auch genauso groß wie die Nutzleistung an R_L. Der Spannungsquelle muss doppelt so viel Leistung zugeführt werden, wie sie an den Verbraucher abgibt; ihr Wirkungsgrad beträgt also nur 50 %.

In der Kommunikationstechnik wird die Leistungsanpassung vorwiegend bei energiearmen Quellen (z. B. Mikrofon, Empfangsantenne Mobilgerät, Sensor) eingesetzt. Die hierbei an den Klemmen zur Verfügung stehende maximale Signalenergie wird dann mittels nachgeschalteten Komponenten verstärkt.

5.3.1.3 Spannungsversorgung für IT-Geräte

Zur Spannungsversorgung von IT-Geräten werden sogenannte **Netzteile** (Kap. 1.10), die in die zu versorgenden Geräte integriert sind, oder Stecker-Netzteile (Bild 5.38) verwendet. Zur Abschirmung gegen Netzstörungen werden **unterbrechungsfreie Stromversorgungen** eingesetzt. Mobile Geräte, z.B. Notebooks, Handys usw., erfordern auch mobile Spannungsquellen, da sie jederzeit und überall betriebsbereit sein müssen. Hier kommen **Batterien** und gelegentlich auch **Brennstoffzellen** zum Einsatz.

Netzteile

Zur Versorgung von elektronischen Schaltungen mit einer konstanten Gleichspannung werden vorwiegend **Schaltnetzteile** eingesetzt. Für Schaltnetzteile mit mehreren gegeneinander isolierten Ausgängen und für Stromversorgungen in Telekommunikationsanwendungen wird meist die Sperrwandlerschaltung bevorzugt.

In der Schaltung nach Bild 5.50 wird die anliegende Wechselspannung gleichgerichtet (1), geglättet (2) und mittels eines Schalttransistors zerhackt (3). Die so gewonnene Wechselspannung wird auf den gewünschten Wert transformiert (4) und anschließend wieder gleichgerichtet und geglättet (5).

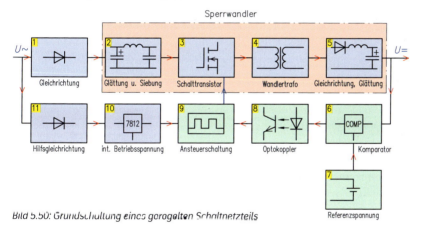

Bild 5.50: Grundschaltung eines geregelten Schaltnetzteils

Um eine stabile Ausgangsgleichspannung zu erzielen, wird die Ausgangsspannung durch einen Komparator (6) mit einer Referenzspannung (7) verglichen. Weicht die Ausgangsspannung (Istwert) von der Referenzspannung (Sollwert) ab, wird die Ansteuerung des Schalttransistors (9) so verändert, dass der Abweichung entgegengewirkt wird (Regelkreisprinzip). Um die Ausgangsseite elektrisch vollständig von der Eingangsseite zu trennen, erfolgt die Übertragung der Steuersignale über einen Optokoppler (8). Die für die Ansteuerschaltung und die ggf. vorhandenen Schutzschaltungen benötigten Betriebsspannungen werden separat erzeugt (10, 11).

Aufgrund ihrer Arbeitsweise besitzen Schaltnetzteile Vorteile gegenüber linear geregelten Netzteilen:

- Sehr große Ausgangsströme bei geringer Verlustleistung; daher hoher Wirkungsgrad
- Infolge der hohen Schaltfrequenz ergeben sich geringe Abmessungen des Wandlertrafos
- Direktes Anschließen der Netzwechselspannung; dadurch kein Netztrafo (Einsparung von Gewicht und Volumen)

Nachteilig ist, dass durch die hohen Schaltfrequenzen Störsignale entstehen, deren Ausbreitung durch zusätzliche Filterschaltungen unterdrückt werden müssen.

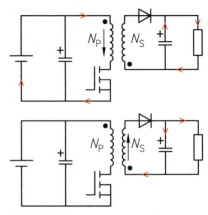

Den Hauptbestandteil eines Schaltnetzteils bildet in der Regel ein **Sperrwandler** (engl. Flyback-Converter = FC), der auch als „Buck-Boost-Wandler" (Buck = abwärts, Boost = aufwärts) bezeichnet wird. Dieser Spannungswandler dient insofern als Energiespeicher, als der Strom nicht gleichzeitig in beiden Wicklungen des Transformators fließt. Im ersten Teil eines Schaltzyklus lässt der eingeschaltete Transistor den Strom durch die Primärwicklung (N_P) fließen. Dabei wird im Eisenkern des Transformators ein Magnetfeld aufgebaut, das die zugeführte Energie speichert.

Bild 5.51: Wirkungsweise eines FC

Im zweiten Teil des Schaltzyklus ist der Transistor gesperrt, das Magnetfeld bricht zusammen und induziert in der Sekundärwicklung (N_S) eine Spannung, die den Strom durch den Arbeitswiderstand treibt und den Kondensator auflädt. Ein Sperrwandler ist im Schaltbild leicht an den Punkten zu erkennen, die an entgegengesetzten Enden der beiden Transformatorwicklungen eingetragen sind.

Sperrwandler haben gegenüber fast allen anderen Schaltnetzteilen den Vorteil, dass man mehrere galvanisch getrennte Ausgangsspannungen gewinnen kann, indem man auf dem Transformator mehrere getrennte Wicklungen anordnet.

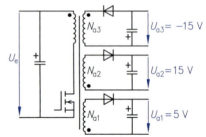

Neben dem Sperrwandler kommen in Elektrotechnik, Elektronik und Kommunikationstechnik noch weitere Wandlertypen zum Einsatz. Sie sind in Bild 5.53 kurz dargestellt.

Bild 5.52: Sperrwandler mit mehreren getrennten Ausgangswandlern

Netzteiltyp	Beschreibung	Prinzipschaltung
Abwärtswandler	Die Eingangsspannung wird in eine niedrigere Ausgangsspannung umgesetzt.	
Aufwärtswandler	Die Eingangsspannung wird in eine höhere Ausgangsspannung umgesetzt.	

Netzteiltyp	Beschreibung	Prinzipschaltung
Invertierender Wandler	Eine positive Eingangsspannung wird in eine negative Ausgangsspannung umgesetzt.	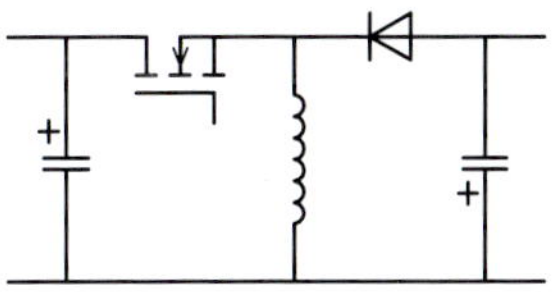
Sperrwandler	Galvanische Trennung von Eingangs- und Ausgangsspannung, Leistungen bis ca. 250 W, mehrere Ausgangsspannungen möglich	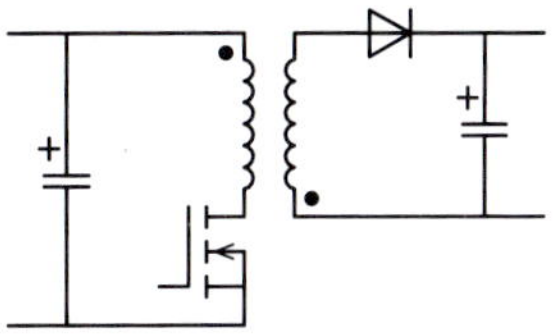
Durchflusswandler	Galvanisch getrennte Ein- und Ausgangsspannung, Leistungen bis einige 100 W	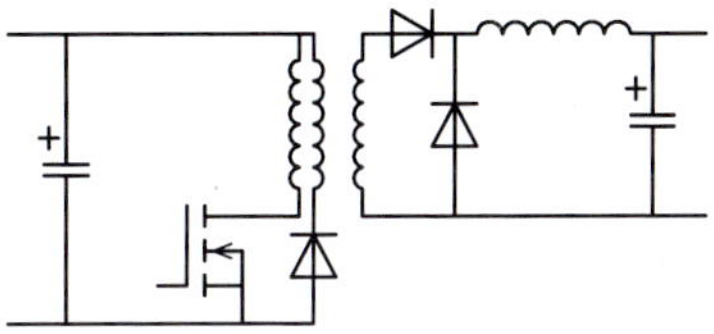

Bild 5.53: Netzteiltypen für Schaltnetzteile

Bei den in Bild 5.53 aufgeführten Netzteiltypen handelt es sich um sogenannte DC/DC-Wandler (DC = Direct Current = Gleichstrom), bei denen Eingangs- und Ausgangsspannung Gleichspannungen sind. Davon unterscheidet man AC/DC-Wandler (AC = Alternating Current = Wechselstrom), die aus einer Eingangs-Wechselspannung eine Ausgangs-Gleichspannung erzeugen.

DC/DC-Wandler und AC/DC-Wandler werden in der Praxis als Module in geschlossenen Gehäusen angeboten. Mit ihnen lassen sich Stromversorgungs-Architekturen aufbauen, die allen Anforderungen der Schaltungspraxis genügen.

Unterbrechungsfreie Stromversorgung (USV)

Statistische Erhebungen belegen, dass 50 % aller unerklärlichen Computerabstürze von Fehlern in der Stromversorgung verursacht werden.

Bei der Versorgung von IT-Geräten und -Anlagen können die verschiedensten Netz-Störfälle auftreten und sowohl bei der Hardware als auch bei der Software zu verheerenden Folgen führen.

Totaler **Netzausfall** ist in den relativ stabilen europäischen Stromnetzen selten. Aber auch auf **Spannungseinbrüche**, die über mehrere 50-Hz-Perioden andauern, reagieren Netzteile wie bei einem Totalausfall; Datenverluste sind unvermeidbar. **Überspannungen**, bei denen die Amplitude der Netzspannung für mehrere Sekunden den Normalwert um mehr als 10 % übersteigt, verursachen die meisten Hardware-Fehler und Bauelemente-Zerstörungen. Als weitere Netzstörungen treten **Spikes** (Impulse mit überlagerten kurzzeitigen Spannungsspitzen) und höherfrequente **Spannungsüberlagerungen** auf.

Um derartige aus dem Versorgungsnetz eintreffende Störungen unschädlich zu machen, werden USVs eingesetzt. Man unterscheidet hierbei zwischen zwei Grundschaltungen.

Die **Offline-USV** (auch Standby-USV; Bild 5.54) entnimmt im normalen Betrieb den Strom aus dem Netz und leitet ihn über HF- und Überspannungsfilter zum Verbraucher.

Bei einem Netzausfall oder einem Spannungseinbruch wird der Umschalter innerhalb weniger Millisekunden betätigt. Danach wird der Verbraucher von der Batterie über den DC/ AC-Wandler weiter versorgt. Die Batterie wird über den AC/ DC-Wandler ständig geladen. Die Schaltzeit des Umschalters beträgt in der Regel 2 bis 6 ms und ist damit so kurz, dass z.B. ein PC noch nicht gestört wird.

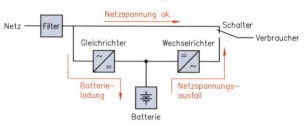

Bild 5.54: Prinzip der Offline-USV

Eine Variante der Offline-USV, die relativ häufig bei kleineren und mittleren Anlagen zum Einsatz kommt, ist die „Line-Interactive-USV".

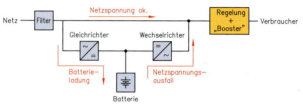

Bild 5.55: Line-Interactive-USV

Bei dieser Schaltung wird die Netzspannung über einen Wechselrichter, der mit einer speziellen Regelelektronik ausgerüstet ist, auf den Verbraucher gegeben. Dadurch werden Netzspannungsschwankungen ausgeregelt und die Batterie wird eigentlich nur noch bei einem totalen Netzausfall benötigt.

Die **Online-USV** (Bild 5.56) ist aufwendiger und kostspieliger; sie kommt zum Einsatz bei Zentralrechnern und großen Workstations (Schutz geschäftskritischer Anwendungen) sowie in Vermittlungsanlagen und Basisstationen privater und öffentlicher Netze.

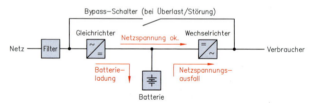

Bild 5.56: Prinzip einer Online-USV mit Bypass

Bei dieser sogenannten Doppelwandler-Technologie wird die Netzwechselspannung zuerst gleichgerichtet (AC/DC-Wandler) und dann über einen Wechselrichter (DC/AC-Wandler) auf den Verbraucher geführt. Dabei wird mit der gleichgerichteten Spannung ständig die Batterie geladen.

Bei dieser Schaltung entstehen höhere Verluste (geringerer Wirkungsgrad) als bei den Offline-Varianten, da der gesamte Verbraucherstrom zweimal umgewandelt wird. Dafür entfällt die in den Offline-Typen auftretende Umschaltzeit bei totalem Netzausfall, da die Batterie so angeordnet ist, dass sie die Versorgung des Verbrauchers unmittelbar übernehmen kann. Die Spannung wird von allen Störungen auf der Netzleitung gesäubert, sodass das System einen reinen sinusförmigen Strom an den Verbraucher liefert.

Über den Bypass können bei Überlast oder bei internen Störungen die Wandler überbrückt werden und die weitere Versorgung kann direkt aus dem Netz erfolgen. Bei Anlagen ohne Bypass besteht die Gefahr, dass es bei Fehlern, z.B. an den Wandlern, zum völligen Spannungsausfall kommt.

Mit den Benennungen „Offline", „Line Interactive" und „Online" wurde in der Vergangenheit nicht konsequent umgegangen. Hier schafft die neue europäische Norm EN 62040-3 Klarheit. Um lange Beschreibungen zu vermeiden, wurde ein Code-System eingeführt, das den Nutzer über die Leistungsfähigkeit einer USV informiert. Da das Ziel einer USV in der Versorgung der angeschlossenen Last mit einer hochqualitativen Ausgangsspannung besteht, orientiert sich die USV-Klassifizierungsnorm hauptsächlich am USV-Ausgang. Die vollständige Kennzeichnung einer USV nach dem Code-System besteht aus drei Blöcken, die durch Bindestriche voneinander getrennt sind; z.B:

$$VFD - SY - 311.$$
$$\downarrow \quad \downarrow \quad \downarrow$$
$$(1.) \quad (2.) \quad (3.)$$

1. **Grad der Abhängigkeit der USV-Ausgangsversorgung vom Netzeingang im Normalbetrieb**

Die Kürzel beziehen sich allgemein auf Ausgangsspannung und Ausgangsfrequenz.

VFI = **V**oltage and **F**requency **I**ndependant; d.h., dass im Normalbetrieb Spannung und Frequenz am USV-Ausgang nicht von den Eingangswerten abhängen (z.B. Online-USV).

VI = **V**oltage **I**ndependant; d.h., dass im Normalbetrieb nur die Spannungsamplitude durch die USV beeinflusst wird. Störungen der Netzfrequenz können ungefiltert zur Last gelangen.

VFD = **V**oltage and **F**requency **D**ependant; d.h., dass die Last im Normalbetrieb direkt vom Netz versorgt wird. Wenn Netzstörungen auftreten, die ein bestimmtes Maß überschreiten, wird auf Batteriebetrieb umgeschaltet (z.B. Offline-USV).

2. **Beschreibung der Wellenform der USV-Ausgangsspannung**

Ideal für den Ausgang einer USV ist eine sinusförmige Wechselspannung (230 V; 50 Hz). Die Norm EN 62040-3 schreibt für Verzerrungen der Sinuskurve einen Grenzwert von acht Prozent vor. Die unterschiedlichen Klassen werden durch Buchstaben klassifiziert, wobei der erste Buchstabe das Verhalten der Ausgangsspannung im Normal- oder Bypassbetrieb angibt und der zweite Buchstabe den Batteriebetrieb kennzeichnet.

S bedeutet, dass unter allen Lastbedingungen (lineare oder nichtlineare Last) der gesamte Verzerrungsfaktor der Ausgangsspannung < 8 % betragen darf.

X bedeutet, dass für lineare Lasten ein Ausgangsklirrfaktor von < 8 % gilt, für nicht lineare Lasten die Herstellerangaben zu beachten sind.

Y bedeutet, dass die Wellenform nicht sinusförmig ist und der jeweilige Klirrfaktor der Ausgangsspannung vom USV-Anbieter spezifiziert werden muss.

3. **Dynamisches Verhalten der USV-Ausgangsspannung**

Durch Schaltvorgänge innerhalb der USV können Störungen der Ausgangsspannung verursacht werden, die von manchen Verbrauchern nicht toleriert werden. Zur Klassifizierung werden drei dynamische Vorgänge angegeben und durch drei Ziffern gekennzeichnet.

1. Ziffer: Dynamisches Verhalten bei Änderung der Betriebsart (z.B. Umschalten von Normalbetrieb auf Batteriebetrieb)

5

2. Ziffer: Dynamisches Spannungsverhalten beim Zu- oder Abschalten einer linearen Last

3. Ziffer: Dynamisches Spannungsverhalten beim Zu- oder Abschalten einer nicht linearen Last

Für diese Klassifizierung werden die Spannungsverläufe mit Prüfkurven verglichen und in **vier Klassen** festgelegt, die in den Ziffern 1 bis 3 die Klassifizierung präzisieren.

Klasse 1: Die Ausgangsspannung darf bei Schaltvorgängen in einem Zeitraum von 0,1 bis 5 ms nicht stärker als +/−30 % vom Spitzenwert abweichen und bei Werten über 50 ms nur +/−10 %. Eine USV der Klasse 1 ist für alle Arten von Belastungen geeignet.

Klasse 2: Die Spannungsabweichungen dürfen unter 1 ms 100 % betragen (Unterbrechung). Diese USV ist für die meisten Belastungsarten geeignet.

Klasse 3: Hierbei darf die Lücke der Ausgangsspannung 10 ms betragen; das Verhalten bei Überspannung bleibt wie bei Klasse 2. Diese USV ist nur für Lasten geeignet, die große Schwankungen der Ausgangsspannung zulassen und auch 0 V bis zu 10 ms erlauben (Schaltnetzteile).

Klasse 4: Diese Klasse ist bei spezifischen Herstellerangaben zu verwenden. Werte der Ausgangsspannung müssen beim Anbieter erfragt werden.

Für unternehmenskritische IT-Installationen kommen nur Online-USVs mit der sogenannten Doppelwandler-Technik zur Anwendung. Sie erfüllen den höchsten Klassifizierungscode VFI-SS-111 und schützen verlässlich vor Stromausfall und Spannungsspitzen sowie vor Frequenzschwankungen, Spannungsstößen und Oberschwingungen.

Eine USV verursacht jedoch über die einmaligen Anschaffungskosten hinaus weitere laufende Kosten, z.B. durch die Energiekosten, weil die USV für den eigenen Betrieb ebenfalls Energie benötigt. Diese „Verluste" entstehen im Gleich- und Wechselrichter, für die Erhaltungsladung der Batterie sowie für die Steuerung der Anlage. Der Wirkungsgrad einer USV ist die technische Größe, die angibt, wie effektiv die Anlage arbeitet.

Mit der abgegebenen Leistung und dem Wirkungsgrad kann die notwendige Eingangsleistung berechnet werden. Die Verlustleistung ergibt sich aus der Differenz von Eingangs- und Ausgangsleistung. Wenn man annimmt, dass die USV rund um die Uhr in Betrieb ist, muss die Verlustleistung mit 24 Stunden pro Tag und 365 Tagen pro Jahr multipliziert werden, um die jährlichen durch Verlustleistung entstehenden Betriebskosten zu ermitteln.

Verlustleistung bei einer USV bedeutet Wärme. Um optimale Betriebsbedingungen zu erzielen, muss der Raum, in dem die USV steht, gekühlt werden. Die Kühlung verursacht weitere Energiekosten, die etwa proportional zur Verlustleistung der USV-Anlage steigen.

Brennstoffzellen

Brennstoffzellen stellen neben ihrem Einsatz in Kraftfahrzeugen inzwischen auch eine mögliche Alternative für die klassischen USV-Anlagen dar. Hierbei wird aus der Reaktion von Wasserstoff und Sauerstoff direkt elektrische Energie gewonnen. Eine Brennstoffzelle besteht prinzipiell aus zwei Elektroden, die durch eine Membran (Elektrolyt, Ionenleiter) voneinander getrennt sind. Die Anode ist von dem Brennstoff (z.B. Wasserstoff) umspült, der dort oxidiert, d.h., es wandern positive H-Ionen aus der Anode in den Elektrolyten, es entsteht ein Elektronenüberschuss und die Anode wird zum Minuspol der

Zelle. Die Kathode wird mit dem Sauerstoff (Luft) umspült. Aus ihr wandern negative OH-Ionen in den Elektrolyten, es entsteht ein Elektronenmangel und die Kathode wird dadurch zum Pluspol der Zelle.

Zwischen Anode und Katode entsteht also eine Spannung. Die positiven H-Ionen reagieren im Elektrolyten mit den negativen OH-Ionen zu Wasser, welches abgeschieden wird. Der Elektronenaustausch von der Anode zur Kathode erfolgt außerhalb der Zelle über einen Verbraucher.

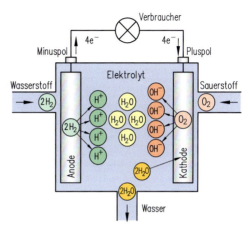

Eine Brennstoffzelle liefert im Betrieb eine Spannung von 0,5 V bis 0,7 V. Um eine brauchbare Ausgangsspannung (10 V bis 20 V) zu erhalten, wird eine größere Anzahl von Zellen in Reihe geschaltet (es sind sowohl Stapel- als auch sehr flache Membran-Bauformen möglich). Hieraus erzeugt ein Wandler eine für den jeweiligen Verbraucher passende stabilisierte Spannung. Die Leistung dieser Systeme beträgt etwa 70 W bis 100 W (zum Vergleich: Im Auto-

Bild 5.57: Grundsätzlicher Aufbau einer Brennstoffzelle

mobilbereich mehr als 100 kW). Der Wirkungsgrad liegt bei 50 % bis 60 %, d. h. 40 % bis 50 % der zugeführten Energie wird in Wärme umgewandelt, wodurch das System erheblich (je nach Typ 60 °C bis 90 °C) aufgeheizt wird. Die Ableitung dieser Wärme stellt ein Hauptproblem der weiteren Entwicklung dar.

Beispiele für unterschiedliche Entwicklungstypen sind DMFC- und PEMFC-Brennstoffzellen, die unter Normaldruck und bei relativ niedrigen Temperaturen arbeiten.

Bezeich-nung	Elektro-lyt	Ano-dengas	Kato-den-gas	Leis-tung	Betrieb-stempe-ratur	elek. Wir-kungs-grad	Eigen-schaften Anwen-dungs-bereiche
PEMFC (Proton Exchange Menbrane Fuel Cell)	Polymer-Mem-bran	Was-serstoff	Luft-sauer-stoff	0,1– 500 W	60–80 °C	Zelle: 50–70 % System: 30–50 %	Hohe Leistungs-dichte und große Dynamik
DMFC (Direct Methanol Fuel Cell)	Polymer-Mem-bran	Metha-nol (flüs-sig)	Luft-sauer-stoff	mW bis über 100 kW	90– 120 °C	Zelle: 20–30 %	Wie PEMFC, jedoch mit Methanol als Brennstoff, daher leichter

Bild 5.58: Eigenschaften und Leistungsdaten von DMFC- und PEMFC-Brennstoffzellen

Eine Weiterentwicklung stellt die **reversible Brennstoffzelle** (RFC: Reversible Fuel Cell) dar. Hierbei werden Energie*erzeugung* und Energie*speicherung* in einem einzigen Modul kombiniert.

Batterien

Batterien sind chemische Spannungsquellen, bei denen im allgemeinen Sprachgebrauch kaum zwischen Zelle, Batterie und Akkumulator (Akku) unterschieden wird. Ihre Wirkungsweise beruht auf folgenden Zusammenhängen:

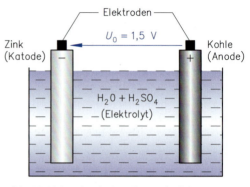

Bild 5.59: Elektrochemisches Element (Zelle)

Kommt ein Metall (auch Kohle) mit einem Elektrolyten (leitende Flüssigkeit) in Berührung, so entsteht zwischen Metall und Elektrolyt ein elektrisches Potenzial (Berührungspotenzial). Je nach Art des Metalls treten gegenüber dem Elektrolyten positive oder negative Berührungspotenziale auf. Mit zwei verschiedenen Metallen in einem gemeinsamen Elektrolyten ergibt sich ein **elektrochemisches Element**, dessen Urspannung gleich der Differenz der beiden Berührungspotenziale ist.

> Die Anordnung zweier verschiedener chemischer Elemente (Elektroden) in einem gemeinsamen Elektrolyten, in der durch chemische Vorgänge eine elektrische Spannung entsteht, bezeichnet man als **elektrochemische** (oder galvanische) **Zelle oder Batterie**.

Nennspannung, Bemessungsspannung	U_{Nenn} ist die durchschnittliche, systembedingte Batteriespannung während der Entladung unter Nennbedingungen (d. h. mit angeschlossenem Lastwiderstand). Diese beinhalten Angaben über die Umgebungstemperatur und die Größe des fließenden Stromes. Da die Nennspannung eine unmittelbare praktische Bedeutung für den Anwender hat, wird sie häufiger angegeben als die Leerlaufspannung (Urspannung; messbare Spannung ohne Last, in geladenem Zustand größer als U_{Nenn}).
Kapazität	K_L (Ladekapazität; in Herstellerunterlagen auch oft als C bezeichnet) gibt die gespeicherte Ladung in Amperestunden (Ah) bzw. in Milliamperestunden (mAh) an. Damit kann berechnet werden, wie lange ein Strom fließen kann, bis die Entlade-Endspannung erreicht ist. K_L ist keine feste Größe, sie hängt vielmehr vom Aufbau, von der Baugröße, von der Entladestromstärke und von der Art der Belastung ab. Bei einer langsamen Entladung mit einem kleinen Entladestrom kann eine größere Ladungsmenge entnommen werden als bei einem großen Entladestrom. Aus diesem Grunde werden von den Herstellern die Kapazitätswerte für genau festgelegte Belastungsfälle angegeben.
Energiedichte	Als W_d bezeichnet man die gespeicherte Energie, die von der Batterie, bezogen auf ihre Masse, bereitgestellt werden kann; sie wird in Wattstunden pro Kilogramm (Wh/kg) angegeben.
Leistungsdichte	Die Leistungsdichte (genauer: Massenleistungsdichte) ist ein Maß für die abgebbare Leistung, bezogen auf die Masse eines Akkus, und damit auch ein Anhaltspunkt für seine (kurzfristige) Strombelastbarkeit und seine Schnellladefähigkeit. Sie wird in Watt pro Kilogramm (W/kg) angegeben und insbesondere bei mobilen IT-Geräten sowie im Zusammenhang mit Energiespeichern in Elektroautos („Elektromobilität") verwendet.

Innenwiderstand	Als Innenwiderstand R_i bezeichnet man den elektrischen Widerstand einer Batterie. Er verursacht einen zum Strom proportionalen Spannungsabfall und steigt bei den meisten Batterietypen mit zunehmender Entladung an.
Anzahl Zyklen	Als Zyklus bezeichnet man einen einzelnen Lade- und Entladevorgang bei einem Akku. Die „Anzahl Zyklen" gibt an, wie viele Zyklen ein Akku bis zu seinem Versagen durchlaufen kann.

Bild 5.60: Batterie-Kenngrößen

Wird eine höhere Spannung benötigt, als eine einzige Zelle liefern kann, so können mehrere Zellen in Reihe geschaltet werden. Wird ein höherer Strom benötigt, als eine Zelle zu liefern vermag, so besteht die Möglichkeit, mehrere Zellen parallel zu schalten. Hierbei dürfen nur Zellen mit gleichen Spannungswerten, gleichen Ladungszuständen und gleichen Innenwiderständen verwendet werden, da sonst Ausgleichsströme fließen und die Zellen geschädigt werden.

Man unterscheidet bei chemischen Spannungsquellen grundsätzlich zwischen Primärelementen und Sekundärelementen.

Primärelemente können nur einmal entladen werden; es sind Batterien, bei denen sich der durch die Entladung ablaufende chemische Prozess nicht rückgängig machen lässt.

Primärelemente sind nach der Entladung unbrauchbar und müssen unter Beachtung der Umweltverträglichkeit entsorgt werden. Da sie teilweise ätzende Chemikalien enthalten, sollten sie nicht gewaltsam geöffnet werden; der Hautkontakt mit eventuell ausgetretenen Flüssigkeiten ist zu vermeiden.

Primärelemente gelten als „entladen", wenn die Klemmenspannung ca. 50 % der Nennspannung beträgt; die Leerlaufspannung entspricht dann nahezu der Nennspannung.

Durch Verwendung verschiedener Elektrodenmaterialien und Elektrolyte können Primärelemente mit unterschiedlichen Eigenschaften hergestellt werden. Diese Eigenschaften bestimmen den praktischen Einsatz (Bild 5.62).

Sekundärelemente (Akkumulatoren) sind Batterien, bei denen sich die beim Entladen ablaufenden chemischen Prozesse umkehren lassen. Akkus können daher wiederholt entladen und wieder geladen werden.

5

Die Anzahl der Zyklen (Bild 5.60 und Bild 5.63), die ein Akku durchlaufen kann, wird maßgeblich bestimmt durch die richtige Ladungsart. In Bild 5.61 sind die verschiedenen Ladearten aufgelistet. Der Ladestrom wird hierbei als Teil oder Vielfaches der Ladekapazität K_L (in Herstellerunterlagen als C bezeichnet) angegeben.

Ladeart	Ladestrom	Ladezeit	Temperatur
Erhaltungsladung	C/30	Unbegrenzt	0 °C–65 °C
Standardladung	C/10	10–16 Std.	0 °C–45 °C
Beschleunigte Ladung	C/3–C/4	4–6 Std.	10 °C–45 °C
Schnell-Ladung	1 C–1,5 C	1–1,5 Std.	10 °C–45 °C
Ultra-Schnell-Ladung	> 1,5 C	< 1,5 Std.	10 °C–40 °C

Bild 5.61: Ladearten für Akkus (typische Werte)

Werden Akkus längere Zeit nicht entladen, so verlieren sie durch Selbstentladung ihre gespeicherte Energie. Um ihre Einsatzbereitschaft jederzeit zu gewährleisten, werden sie ständig mit einem geringen Strom geladen (Erhaltungsladung). Dadurch sind insbesondere Batterien in USVs und Notstromversorgungen jederzeit einsatzfähig.

Informationen darüber, für welche Ladeart ein Akku geeignet ist, können den Datenblättern der Hersteller entnommen werden.

Der sogenannte **Memory-Effekt**, bei dem es aufgrund chemischer Prozesse zu Kapazitätsverlusten bei Akkus kam, wenn diese aufgeladen wurden, bevor sie gänzlich entladen waren, spielt bei modernen Akkus keine nennenswerte Rolle mehr.

In den folgenden Tabellen (Bild 5.62 und Bild 5.63) sind einige wesentliche Merkmale derzeit verbreiteter Batterie- und Akkutypen zusammengefasst. Darüber hinaus suchen Forscher weltweit ständig nach leistungsfähigeren Energiespeichern. Zu den bereits entwickelten bzw. noch in der Entwicklung befindlichen Typen gehören unter anderem auch der Lithium-Luft-Akku, der Aluminium-Ionen-Akku, der Zink-Mangan-Akku und die Redox-Flow-Batterie.

Zellenart	Bauformen	Nennspannung	Kapazitätswerte (größenabhängig)	Innenwiderstand (typisch)	Betriebstemperatur	Haltbarkeit	Anwendung	Bemerkungen
Zink-Kohle-Zelle	alle Standardgrößen	Rundzellen 1,5 V Block 4,5 V bzw. 9 V	0,3 Ah bis 4 Ah	0,3 Ω bis 0,8 Ω	−10 °C bis +50 °C	2 Jahre	– universeller Einsatz mit geringen Anforderungen	– kostengünstige Herstellung, vergleichsweise geringe Kapazität – nicht mit hohen Strömen belastbar, höhere Selbstentladung als Alkali-Mangan-Zellen – quecksilberfrei, Auslaufschutz durch äußeren Stahlmantel – keine konstante Klemmenspannung während der Entladung, d. h. abfallende Entladekurve
Alkali-Mangan-Zelle	alle Standardgrößen	Rundzellen 1,5 V Block 9 V	0,5 Ah bis 18 Ah	0,15 Ω bis 1,6 Ω	−30 °C bis +70 °C	5 Jahre	– universell einsetzbar	– korrosionsfrei und auslaufsicher – vierfache Lebensdauer gegenüber Zink-Kohle-Batterien – vierfacher Energiegehalt gegenüber Zink-Kohle-Batterien – quecksilber- und cadmiumfrei – geeignet für Belastung mit größeren Stromimpulsen
	Knopfzellen	1,5 V	70 mAh bis 300 mAh					
Lithium-Zellen	Standard- und Sondergrößen	abhängig vom Elektrodenmaterial, z. B. Lithium-Mangandioxid: 3,5 V bis 3,0 V Lithium-Thionylchlorid: 3,7 V Lithium-Eisensulfid: 1,8 V	0,1 Ah bis 16,5 Ah	0,2 Ω bis 1 Ω	−40 °C bis +70 °C	10 Jahre	– Uhren – Rechner – Kameras – Speicherunterstützung – PC – elektronische Verdunstungsmessung – Notbeleuchtung	– Bei gleicher Bauform sind durch Verwendung unterschiedlicher Elektrodenmaterialien Klemmspannungen von 1,5 V, 3 V oder 3,5 V möglich! (Hinweis: Die typischen Klemmenspannungen sind geringfügig kleiner als die angegebenen Nennspannungen.) – Achtung: Trotz gleicher Bauform dürfen handelsübliche 1,5-V-Zellen nicht durch Lithiumzellen mit größerer Klemmenspannung ersetzt werden! – hohe Klemmenspannung, geringe Selbstentladung – stabile Spannung auch bei impulsförmiger Strombelastung – bei der Entladung gleichbleibender Innenwiderstand! – extrem leicht – Lithium ist ein ungiftiges Metall, welches stark mit Wasser reagiert. – Elektrolyt besteht aus organischen, leicht entzündlichen Stoffen.
	Knopfzellen		5 mAh bis 1000 mAh					
Nickel-Oxy-hydroxid-Zelle	Standardgröße Mignon und Micro	1,7 V (!)	bis zu 1500 mAh	ca 0,5 Ω	−20 °C bis +55 °C	10 Jahre	– kleine Elektromotoren – Digitalkameras – Camcorder	– konstante Spannung, d. h. flache Entladungskurve – nahezu Verdopplung der Nutzungsdauer gegenüber Alkali-Mangan-Zellen – auch für kurzzeitige hohe Stromentnahme geeignet – Achtung: Wegen der höheren Zellspannung gegenüber Alkali-Mangan-Zellen im Austausch nur in Geräten mit interner Spannungsregelung geeignet!
Silber-oxyd-Zelle	Knopfzellen	1,55 V	5,5 mAh bis 180 mAh	4 Ω bis 10 Ω	−10 °C bis +60 °C	5 Jahre	– Uhren – Kameras – Taschenrechner	– flache Entladungskurve, aber nur für geringe Stromstärke geeignet – keine Umweltschädigung wegen Quecksilberfreiheit – wird zum Teil auch als zylinderförmige Rundzelle angeboten
Zink-Luft-Zelle	Knopfzellen	1,4 V	35 mAh bis 900 mAh	3 Ω bis 12 Ω	0 °C bis +60 °C	unbegrenzt (versiegelt)	– Hörgeräte	– hohe Kapazität bei kleinsten Abmessungen – ca. 40 % leichter als vergleichbare Silberoxidzellen – flache Entladekurve, sehr umweltfreundlich – nur für geringe Stromstärken geeignet

Bild 5.62: Kennwerte und Eigenschaften von Primärzellen

5

Zellenart	Bauformen	Nennspannung	Kapazitätswerte (größenabhängig)	Energiedichte	Innenwiderstand (typisch)	Betriebstemperatur (typisch)	Selbstentladung pro Monat	Anzahl Zyklen	Anwendung	Bemerkung
Blei-Akku (Pb)	anwendungsspezifische Blockformen	2 V pro Zelle (typisch; je nach Ladezustand 1,75 V bis 2,4 V) in der Praxis meist mehrere Zellen pro Akkublock (z. B. 6 V, 12 V)	1,2 Ah bis 75 Ah	40 Wh/kg	(keine Herstellerangaben)	Entladen: −20 °C bis +50 °C; Laden: 0 °C bis +40 °C	stark temperaturabhängig, siehe Bemerkungen	300 bis 1500; abhängig von Entladetiefe und Temperatur	– Kfz – Kommunikationseinrichtungen – Notstrom-Speichersicherung – USV	– durch Verwendung von speziellen Fiberglasharzen absolut auslaufsicher; wartungsfrei einsetzbar im Zyklenbetrieb oder im Bereitschafts-Parallelbetrieb – aufladbar mit Konstantstrom; Ultra-Schnell-Ladungen möglich – Nachladen ohne vorhergehende Entladung möglich – bei gleichem Ladungszustand Parallelschaltung problemlos möglich – Tiefentladung ohne Schaden möglich – hohe Impulsstrombelastung (z. B. Kfz, kurzzeitig 200 A)
Nickel-Metallhydrid-Akku (NiMH)	Rundzellen; prismatische Zellen (Slimline: extrem flach); Sonderformen	1,2 V	1100 mAh (Größe: AAA) bis 12 000 mAh (Größe: A)	80 Wh/kg	20 mΩ bis 30 mΩ	Entladen: −10 °C bis +65 °C; Laden: 0 °C bis 40 °C	< 10 %	bis zu 1000 (mit speziellen Lademethoden auch mehr)	– Notebook – DECT-Mobiltelefon – Smartphone – Tablet – portabler CD-Player – MP3-Player	– als Batteriepack erhältlich – Wasserkontakt ist zu vermeiden, da sich Batterie sonst erhitzt – konstante Entladespannung – enthält kein giftiges Cadmium – spezielle Lademethoden mit Ladezustandsüberwachungen für lange Lebensdauer – kein Memory-Effekt – Überladen und Überhitzen sind zu vermeiden
Lithium-Ionen-Akku (Li-Ion)	Rundzellen; prismatische Zellen (extrem flach); Blockformen	3,6 V	300 mAh bis 2000 mAh (Rundzellen)	bis zu 190 Wh/kg (abhängig von den verwendeten Materialien)	(keine Herstellerangaben)	Entladen: −20 °C bis +60 °C; Laden: 10 °C bis 45 °C	< 5 %	bis zu 1000 (bei Auflagung bereits nach 50 % Entladung und speziellen Lademethoden auch wesentlich mehr)	– Notebook – Smartphone – Tablet – Elektrowerkzeuge (z. B. Akkuschrauber) – MP3-Player	– Ladung zunächst mit Konstantstrom, Ladespannung 4,2 V, dann mit kontinuierlich sinkendem Ladestrom (Steuerung durch entsprechendes Ladegerät); Schnellladung möglich – hohe Zellspannung; darf nicht gegen Batterie mit gleicher Abmessung, aber anderer Spannung ausgetauscht werden! – über weiten Bereich konstante Entladespannung – kein Memory-Effekt! – empfindlich gegen Überladen und Tiefentladen (führt zu irreparablen Schäden)
Lithium-Polymer-Akku (Li-Polymer)	sehr variabel; gut an Gerätedesign anzupassen	3,7 V	180 mAh bis 3000 mAh	> 160 Wh/kg	wie Li-Ion	Entladen: −20 °C bis +60 °C; Laden: 0 °C bis 45 °C	< 5 %	bis zu 1000 (bei Auflagung mit speziellen Lademethoden und Batteriemanagementsystem auch wesentlich mehr)	wie Li-Ion	– Aufladung nur mit speziellem Ladegerät für Li-Polymer-Akkus (Hinweis: Bei einigen Typen ist die Ladeelektronik bereits im Akkugehäuse integriert: „Smart-Battery"). – geringe Selbstentladung – Dauerentladestrom: 2 C; Pulsentladestrom: 5 bis zu 50 C (hochwertiger Typ) – kein Memoryeffekt – empfindlich gegen Überladen, Tiefentladen und langem Lagern im entladenen Zustand – hohe Betriebssicherheit, gute Umweltverträglichkeit

Bild 5.63: Kennwerte und Eigenschaften von Akkus

Akku-Ladegeräte

Die modernen Akku-Technologien (NiMH, Li-Ion, Li-Polymer) erfordern meist spezielle Lademethoden, ein Überwachen des Ladevorgangs und ein genau definiertes Abschalten des Akkus vom Ladegerät, um den Akku nicht zu schädigen und eine lange Lebensdauer zu gewährleisten.

Diese Anforderungen führten zur Entwicklung der sogenannten **Smart Batteries**. Dies sind „intelligente" Akkus, die mit einem Mikrochip ausgerüstet sind, in dem technische Daten und Anweisungen für den optimalen Ladevorgang gespeichert sind. Ein Mikrocontroller überwacht bei allen Lade- und Entladevorgängen Entladestrom und -spannung sowie die Temperatur und steuert dementsprechend den Ablauf der Ladung.

Akku-Ladegeräte bestehen im Wesentlichen aus drei Funktionseinheiten (Bild 5.64):

Die **Messgrößenerfassungseinheit** nimmt die aktuellen Daten über Strom, Spannung und Temperatur der zu ladenden Batterie auf. Sie enthält einen Speicher und ein Interface zur Kommunikation mit dem Prozessor.

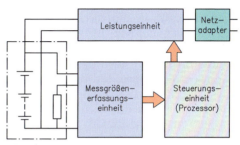

Bild 5.64: Funktionseinheiten eines Ladegerätes

Der **Steuerungsteil** ist der wichtigste Teil eines modernen Ladegerätes. In dieser Einheit werden die Messwerte von der Erfassungseinheit ausgewertet und daraus die Steuersignale für die **Leistungseinheit** ermittelt, die wiederum daraus die für die Ladung erforderlichen Größen von Konstantstrom und Konstantspannung oder Impulsladung erzeugt.

Umgang mit Akkus

Bei unsachgemäßem Umgang mit Batterien besteht eine gewisse Gefahr für Mensch und Umwelt, weil die Zellen meist sehr aggressive Chemikalien enthalten. Sie dürfen daher – auch bei falscher Behandlung – unter keinen Umständen platzen oder auslaufen (was bei Lithium-Polymer-Akkus infolge des Feststoffelektrolyten nicht möglich ist). Aus diesem Grunde sollten folgende Regeln beachtet werden:

- Batterien beim Einbau möglichst weit von Wärmequellen entfernt platzieren, nicht erhitzen und nicht direkter Sonnenstrahlung aussetzen
- Nicht direkt an den Batteriekontakten löten, ggf. Batterien mit Lötfahnen verwenden
- Batterien nicht zerlegen oder ins Feuer werfen
- Batterien nicht kurzschließen
- Beim Anschluss auf richtige Polung achten
- Keine unterschiedlichen Batterietypen zusammenschalten
- Keine Billig-Akkus verwenden, die äußerlich kaum von Markenprodukten zu unterscheiden, technisch aber meist minderwertig sind
- Primärzellen nicht aufzuladen versuchen
- Bei Sekundärzellen die Ladungsvorschriften einhalten
- Batterien vorschriftsmäßig entsorgen

Der letzte Punkt ist mittlerweile leicht zu realisieren, nimmt doch der Händler beim Kauf einer neuen Batterie in aller Regel die verbrauchte Batterie zurück und führt sie einer vorschriftsmäßigen Entsorgung zu. Der auf diese Weise entstehende „Batterieberg" von 1000 bis 1500 Millionen Stück (ca. 40 000 t) wird einem geordneten Recycling (Kap. 1.14.2) zugeführt, wobei die in den Batterien enthaltenen Metalle zurückgewonnen werden.

Superkondensatoren

Superkondensatoren (engl.: SC, Supercapacitors, Supercaps; Handelsnamen z. B. Powercap, Ultracap) stellen eine Weiterentwicklung der Doppelschichtkondensatoren dar, die aufgrund eines speziellen Aufbaus elektrische Energie sowohl statisch (wie ein normaler Kondensator, Kap. 5.5.1) als auch elektrochemisch (ähnlich wie in einem Akku) speichern können. Durch die Kombination spezieller Materialien für die Elektroden und den Elektrolyten sowie deren Interaktion ergeben sich die besonderen Eigenschaften eines Superkondensators. Abhängig von den verwendeten Materialien unterscheiden sich die elektrischen Eigenschaften der Superkondensatoren voneinander. Für den praktischen Einsatz werden sie daher entsprechend klassifiziert (EN 62391):

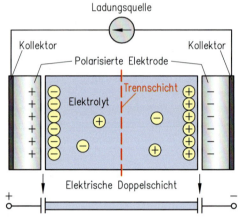

Bild 5.65: Doppelschichtkondensator (vereinfachte Darstellung)

- Klasse 1: Datenerhalt in Speichern (geringer Strombedarf über längeren Zeitraum)
- Klasse 2: Energiespeicherung (Zwischenspeicher für den Betrieb von Antriebsmotoren)
- Klasse 3: Leistungsanwendungen (höherer Leistungsbedarf über längere Zeit)
- Klasse 4: hohe Momentanleistung (kurzzeitige hohe Spitzenströme)

Der Aufbau eines Doppelschichtkondensators gleicht dem eines Plattenkondensators mit besonders großer Oberfläche der Elektroden, die aus Aktivkohle bestehen. Als Elektrolyt wird eine wässerige Salzlösung verwendet.

Die eigentliche Doppelschicht besteht aus Ionen, die sich beim Anlegen einer Spannung an der positiven bzw. negativen Elektrode sammeln und dabei ein hauchdünnes Dielektrikum mit einer Dicke von wenigen Nanometern bilden (1 nm = 10^{-9} m).

Standardausführungen werden meist mit Kapazitätswerten von 100 F bis ca. 5000 F geliefert. Trotz der niedrigen Gebrauchsspannung von 2,5 V können durch Reihen- und Parallelschaltung Kapazitätswerte von mehreren tausend Farad mit gewünschter Nennspannung aufgebaut werden.

Doppelschichtkondensatoren sind für den Einsatz in USVs besonders geeignet, weil sie die gespeicherte Energie schneller – allerdings nur kurzzeitig – abgeben können als Batterien, da diese in elektrischer Form gespeichert ist und keine elektrochemische Umwandlung abläuft.

Die Vorteile dieser Kondensatoren sind:

- Große Entladeströme (400 A) und kurze Ladezeit
- Extrem große Zyklenzahl (500 000) und lange Lebensdauer

- Weiter Temperaturbereich (−30 °C bis +70 °C)
- Hohe Festigkeit gegen Kurzschluss und Tiefentladung
- Kein Memory-Effekt
- Weitgehend wartungsfrei

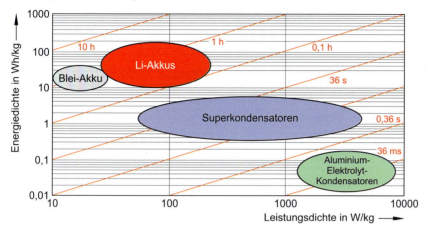

Bild 5.66: Eigenschaften von Superkondensatoren im Vergleich zu Akku-Systemen

5.3.1.4 Bauteilerwärmung und Kühlung

In der Regel werden elektronische Bauteile im normalen Betrieb durch die fließenden Ströme erwärmt. Damit die Erwärmung keine unzulässigen Werte annimmt und zur Zerstörung des Bauteils führt, muss die entstehende Wärme an die Umgebung abgeführt werden. Die Ableitung der Wärme erfolgt umso besser, je größer die Oberfläche des erwärmten Bauteils ist. Deshalb wird die Oberfläche – insbesondere bei Leistungsbauteilen – durch zusätzliche Kühlkörper vergrößert.

Die abzuführende Wärme ergibt sich aus der **Verlustleistung** P_V (Kap. 5.1.5.7), die aus den Betriebswerten der Schaltung berechnet werden kann und in keinem Falle größer sein darf als die vom Hersteller angegebene **höchstzulässige Verlustleistung** P_{tot}.

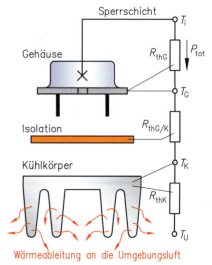

Bild 5.67: Wärmewiderstände

Auf dem Weg von der eigentlichen Wärmequelle im Innern des Bauteils – z. B. der Sperrschicht eines Transistors – bis zur Umgebungsluft muss die Wärme mehrere Wärmewiderstände R_{th} überwinden. R_{th} gibt an, wie viel Kelvin (K) Temperaturdifferenz erforderlich sind, um die von einer Verlustleistung von 1 Watt erzeugte Wärme abzuführen; seine Größe wird in Kelvin pro Watt (K/W) angegeben. Die in Bild 5.67 angegebenen Wärmewiderstände bedeuten:

R_{thG} = Wärmewiderstand des Gehäuses,
$R_{thG/K}$ = Wärmewiderstand der Isolation zwischen Gehäuse und Kühlkörper,
R_{thK} = Wärmewiderstand des Kühlkörpers.

Für den gesamten Wärmewiderstand der Anordnung nach Bild 5.67 ergibt sich:

$$R_{th} = R_{thG} + R_{thG/K} + R_{thK}.$$

Zwischen der wärmeerzeugenden Verlustleistung P_V und der Temperaturdifferenz $\Delta T = T_j - T_U$ besteht die Beziehung $P_V = \Delta T / R_{th}$.

> Je kleiner der Wärmewiderstand ist, umso besser wird die im Bauteil entstehende Wärme abgeleitet. Eine Wärmeableitung durch Kühlkörper bewirkt,
>
> - dass sich das Bauteil bei gleicher Verlustleistung weniger erwärmt oder
> - dass das Bauteil bei gleicher Erwärmung eine höhere Verlustleistung haben darf.

Um die bei modernen Prozessor-Chips (CPU-Dies, Kap. 1.3) mit Verlustleistungen bis 120 W entstehende Wärme abzuleiten, muss die Wirkung von Kühlkörpern noch wesentlich gesteigert werden.

Dies wird erreicht durch die Auswahl entsprechender Werkstoffe. So werden z. B. Kühlkörper als Kupfer-Aluminium-Mischbauformen hergestellt, bei denen die Bodenplatte aus Kupfer und die Lamellen aus Aluminium bestehen. Zusätzlich werden Wärmeleitungen (Heatpipes) eingesetzt, um die Wärme von der Bodenplatte zu den entfernteren Bereichen der Lamellen zu leiten.

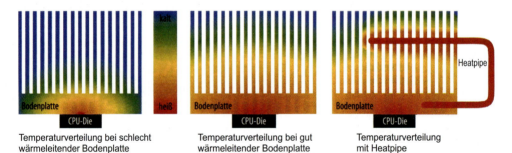

Temperaturverteilung bei schlecht wärmeleitender Bodenplatte

Temperaturverteilung bei gut wärmeleitender Bodenplatte

Temperaturverteilung mit Heatpipe

Bild 5.68: Wärmeverteilung in verschiedenen Kühlkörpern

In Bild 5.68 kommt es bei einer schlecht leitenden Bodenplatte zur Überhitzung des CPU-Dies, während die Kühllamellen weitgehend kalt bleiben. Bei einer gut leitenden Bodenplatte werden die Lamellen im oberen Bereich noch wenig erwärmt. Durch den Einbau von Heatpipes werden auch die entfernten Bereiche der Lamellen erwärmt, wodurch die Kühlfläche optimaler genutzt wird.

Die Kühlung der Bauteile wird noch weiter gesteigert durch den Einbau von **Lüftern (Ventilatoren)**, die für einen Luftstrom zwischen den Lamellen und damit für einen schnelleren Abtransport der Wärme sorgen (Bild 1.38).

Eine elektronische Lüftersteuerung sorgt ggf. für eine temperaturabhängige Regelung der Lüfterdrehzahl (Kap. 1.3.5). Moderne Lüfter verursachen sehr geringe Laufgeräusche. Inzwischen werden sogar magnetisch geführte Lüfter angeboten. Diese laufen praktisch reibungsfrei, da zwischen Lager und Achse des Rotors während des Laufs kein Kontakt besteht (Prinzip der Magnetschwebebahn).

Beim Design moderner elektronischer Komponenten und Systeme lassen sich die Kühlkörper nicht immer nahtlos mit den wärmebelasteten Bauelementen verbinden. Um eine optimale wärmeleitende Verbindung aller zu kühlenden Komponenten mit dem Kühlkörper herzustellen, werden sogenannte **Gap-Filler** verwendet. Dies sind sehr weiche Kunststoffe (Polymere oder Elastomere), die durch keramische Beimengungen thermisch leitfähig sind; sie werden als Matten mit Materialdicken von 0,5 mm bis 10 mm angeboten. Inzwischen werden auch Systeme mit einer zirkulierenden Kühlflüssigkeit angeboten.

5.3.2 Leitungen

5.3.2.1 Der Leitungswiderstand

Obwohl zur Vereinfachung bei Schaltungsberechnungen vielfach angenommen wird, dass die verwendeten elektrischen Leitungen den elektrischen Strom nahezu widerstandslos transportieren, ist dies in der Praxis nicht der Fall (Ausnahme: Supraleiter, d. h. Leitungen bei Temperaturen nahe dem absoluten Nullpunkt von −273 °C).

Der vorhandene Widerstand eines elektrischen Leiters ist hierbei abhängig von den Abmessungen (Länge l, Querschnitt A) und dem Werkstoff des Leiters. Die jeweiligen speziellen Werkstoffeigenschaften werden durch den sogenannten spezifischen Widerstand ρ bzw. die spezifische Leitfähigkeit γ) beschrieben.

Es bestehen folgende Zusammenhänge:

Der **Widerstand R** eines elektrischen Leiters:

- Nimmt in demselben Verhältnis *ab* wie der Querschnitt des Leiters *zu*nimmt
- Nimmt in demselben Verhältnis *zu* wie die Länge l des Leiters *zu*nimmt
- Nimmt in demselben Verhältnis *zu* wie der spezifische Widerstand ρ des Werkstoffs *zu*nimmt. Damit errechnet sich der Widerstand eines elektrischen Leiters nach der Gleichung

$$R = \frac{l \cdot \rho}{A}$$

Dabei ist der **spezifische Widerstand ρ** (lies: Rho) eines Werkstoffes festgelegt als Widerstand eines Leiters von 1 m Länge und 1 mm² Querschnitt bei einer Temperatur von 20 °C. Er hat die Einheit $\frac{\Omega \cdot mm^2}{m}$ (nach Einheitenumwandlung alternativ: $\Omega \cdot m$).

Als **spezifische Leitfähigkeit γ** (lies: Gamma) eines Werkstoffes bezeichnet man den Kehrwert des spezifischen Widerstandes. Sie hat die Einheit $\frac{m}{\Omega \cdot mm^2}$ (nach Einheitenumwandlung alternativ: $\frac{1}{\Omega \cdot m}$ oder $\frac{S}{m}$; Kap. 5.2.2.1).

Eine **Leitung** besteht in der Regel aus einem Hinleiter und einem Rückleiter (Bild 5.69), die gemeinsam in einem Installationsrohr oder als Kabel verlegt sind; sie bestehen aus dem gleichen Werkstoff (ρ) und haben den gleichen Querschnitt (A). Als Leitungslänge (l)

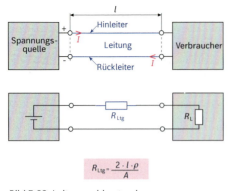

$$R_{Ltg} = \frac{2 \cdot l \cdot \rho}{A}$$

Bild 5.69: Leitungswiderstand

bezeichnet man die Länge der Leitung oder des Kabels. Der Widerstand der Leitung ist hierbei eigentlich gleichmäßig auf Hin- und Rückleiter verteilt. Zur besseren Darstellung der Zusammenhänge und der Berechnung wird dieser verteilte Widerstand in Zeichnungen quasi zusammengefasst und durch ein einziges Widerstandssymbol (R_{Ltg}; Ersatzschaldbild, Kap. 5.5) visualisiert. Da bei der Berechnung des Leitungswiderstandes (R_{Ltg}) die gesamte Drahtlänge von Hin- und Rückleiter berücksichtigt werden muss, wird in der Rechnung die doppelte Leitungslänge ($2\,l$) eingesetzt.

Die zunehmende Miniaturisierung elektronischer Schaltungen und damit auch die Verkleinerung der komponentenverbindenden Leiterbahnen (z. B. auf dem Motherboard oder in CPU-Chips) führt neben der Vergrößerung des Leitungswiderstandes zu Effekten, die bislang in der Technik kaum von Bedeutung waren. Hierzu zählt insbesondere die **Elektromigration** (EM), die – hervorgerufen durch den fließenden elektrischen Strom – bei sehr dünnen Leitungen (ab dem Nanometerbereich) zu einem Materialtransport (Bewegung einzelner Atome) innerhalb des Leitermaterials führt. Hierdurch können sich im Laufe der Zeit Leitungsunterbrechungen ergeben, mit der Folge eines Totalausfalls einer gesamten Schaltung.

5.3.2.2   Spannungsverlust an der Leitung

Am Leitungswiderstand entsteht bei Stromdurchgang ein Spannungsfall; diese Spannung ist für die Ausnutzung am Verbraucher verloren. Der Spannungsfall an der Leitung wird daher als **Spannungsverlust U_V** (bzw. ΔU; lies: Delta U) bezeichnet.

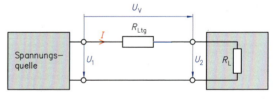

$$U_V = \Delta U = U_1 - U_2$$

$$U_V = \Delta U = I \cdot R_{Ltg}$$

Bild 5.70: Spannungsverlust an der Leitung

> Die **Spannung am Verbraucher (U_2)** ist um den Spannungsverlust (U_v) kleiner als die Spannung der Spannungsquelle (U_1).

Mit dem Spannungsverlust und dem Betriebsstrom lässt sich auch die von der Leitung umgesetzte **Verlustleistung** berechnen ($P_v = U_v \cdot I$). Daraus ergeben sich mit der Betriebsdauer die von der Leitung in Form von Wärme abgestrahlten **Energieverluste** ($W_v = P_v \cdot t$). Bei Energieversorgungsleitungen darf der Spannungsverlust bestimmte Werte nicht überschreiten, da sonst die Funktionstüchtigkeit angeschlossener Geräte nicht mehr gewährleistet ist (Kap. 5.6.5.1).

5.3.2.3 Leitungen der Kommunikationstechnik

In der **Kommunikationstechnik** kommen Leitungsarten zur Anwendung, die für die Übertragung der jeweiligen Datensignale (Kap. 4.1) optimiert sind. Bild 5.71 zeigt – zusätzlich zu den Darstellungen in den Fachkapiteln (z. B. USB, Kap. 1.6.3) – einige weitere Beispiele für Leitungen mit Kupferadern, für Koaxialkabel und für Lichtwellenleiter.

Leitungstypen	Anwendungsbereiche
Steuerkabel **LIYCY** **LIYCY LIYY**	Einsatz in der Elektronik, Bürotechnik, in Rechenanlagen usw., wo eine optimale Abschirmung notwendig ist zur sicheren Übertragung von Steuersignalen mit geringen Strömen
Computerkabel **2Y(ST)Y** 	Symmetrisches Anschlusskabel für Peripheriegeräte von Datenverarbeitungsanlagen (z. B. Bildschirme, Drucker)
Fernsprech-Teilnehmerkabel **A-2Y(L)2Y ...STIIIBD** 	Zur direkten Verlegung ins Erdreich bzw. in Kabelrohre oder -kanäle; zur Verbindung der Teilnehmeranschlüsse mit den Vermittlungsstellen (VSt)
Koaxialkabel **RG11/U** 	Verwendung in allen Bereichen der Übertragungstechnik, spez. in Sende- und Empfangsanlagen, in der Computerbranche, Unterhaltungselektronik; bis in den GHz-Bereich einsetzbar
Cat 5-Netzwerkkabel 	Kommunikationskabel für PC-Netzwerke; vier Aderpaare, paarweise gegeneinander abgeschirmt; werden für die strukturierte Verkabelung mit Fast- oder Gigabit-Ethernet für Strecken bis 100 m in Netzwerken verwendet
Übertragungskabel für Farbmonitore RGB-KOAX-(St)Y 3X0,6/3,7	Werden für die Übertragung von analogen und digitalen Videosignalen eingesetzt; die drei Hauptsignale (rot, grün, blau) werden separat übertragen
LWL-Außenkabel **A-D(ZN)B2Y** 	Diese Kabel eignen sich zur Erd-, Röhren- und Trassenverlegung

5

Leitungstypen		Anwendungsbereiche
LWL-Außenkabel	A-WF(ZN)2Y4Y	Speziell für Erd- und Röhrenverlegung; wasserabweisende Gel-Füllung der Hohladern und der Verseilhohlräume sorgt für absolute Wasserdichtigkeit
Mobiles LWL-Kabel		Dort besonders geeignet, wo mobile Glasfaserstrecken zu installieren sind, wie z. B. bei Fernsehübertragung, Objektüberwachung u. Ä.

Bild 5.71: Beispiele für Leitungen aus der Kommunikationstechnik

Die Bedeutung einiger typischer Kurzzeichen in der Leitungsbezeichnung ist in der folgenden Übersicht angegeben. Die Zusammensetzung einer Leitungsbezeichnung ist anhand der Bezeichnung für ein Fernsprechkabel zu erkennen.

A-	Außenkabel	**LI**	Litzenleiter
BD	Bündelverseilung	**M**	Bleimantel
C	Schirm oder Außenleiter aus Kupfergeflecht	**P**	Paarverseilung
DM	Dieselhorst-Martin-Vierer	**S-**	Schaltkabel
F	Kabelseele gefüllt	**ST**	Sternvierer für Phantomausnutzung
G	Isolierhülle oder Mantel aus Naturkautschuk	**(ST)**	statischer Schirm aus Metallband
G-	Grubenkabel	**ST III**	Sternvierer in Ortskabeln
J-	Installationskabel	**Y**	Isolierhülle oder Mantel aus PVC
JE-	Installationskabel für Industrieelektronik	**2Y**	Isolierhülle oder Mantel aus PE
L-	Leitung	**Z**	Zwillingsleitung
(L)2Y	Schichtenmantel aus AL-Band und Polyethylen (PE)		

Fernsprechkabel	**A-2YF(L)2Y 30 × 2 × 0,8 ST III BD**			
Bedeutung: **A-**	Außenkabel		**30 × 2**	30 Paare
2Y	Aderisolierung aus PE		**0,8**	Aderdurchmesser in mm
F	Kabelseele gefüllt		**ST III**	Sternvierer in Ortskabeln
(L)2Y	Schichtenmantel aus A-1-Band und PE			

Bild 5.72: Kurzzeichen und Bezeichnungsbeispiel für Leitungen der Kommunikationstechnik

Bei der Bemessung von Leitungen sind in der Kommunikationstechnik Betrachtungen hinsichtlich Spannungsverlust und Belastbarkeit meist von geringerer Bedeutung. Hier kommt es in erster Linie auf Kennwerte (z. B. Dämpfung, Isolationswiderstand) an, durch welche die Übertragungseigenschaften beeinflusst werden. Eine eingehende Behandlung dieser Eigenschaften erfolgt im Rahmen der Übertragungstechnik (Vernetzte IT-Systeme, Kap. 4).

AUFGABEN

1. a) Wodurch entsteht bei Spannungsquellen der Unterschied zwischen Urspannung und Klemmenspannung? b) Wovon ist die Größe dieses Unterschieds abhängig?

2. Was verstehen Sie bei einer Spannungsquelle unter Leerlauf und Kurzschluss?

3. Erläutern Sie den Begriff „Leistungsanpassung".

4. Skizzieren Sie die Prinzipschaltung eines Sperrwandlers (Abwärtswandlers) und erläutern Sie seine Wirkungsweise.

5. Geben Sie die verschiedenen Arten von DC/DC-Wandlern an und erläutern Sie kurz ihre Funktion.

6. Skizzieren Sie die Prinzipschaltung einer Online-USV mit Bypass und erläutern Sie ihre Wirkungsweise und Einsatzmöglichkeiten.

7. Nach der Norm EN 62040-3 wird eine USV durch einen Code beschrieben. Erläutern Sie die Bezeichnungen: VFD-SY-333,
    VI-SS-311 und
    VFI-SS-111.

8. Aus welchen wesentlichen Elementen ist eine elektrochemische Zelle grundsätzlich zusammengesetzt? Wovon hängt die Höhe ihrer Spannung ab?

9. Welcher wesentliche Unterschied besteht zwischen einem Primärelement und einem Sekundärelement?

10. Aus welchen Gründen eignen sich Lithiumzellen besser zur Aufrechterhaltung der Spannungsversorgung des CMOS-Speichers eines PCs als andere Knopfzellen?

11. Welche grundsätzlichen Akkutechnologien unterscheidet man?

12. Welche Bedeutung hat der Begriff Zyklus bei einem Akku?

13. Was versteht man bei Akkus unter dem „Memory-Effekt"?

14. Ein NiMH-Akku trägt die Aufschrift: 1,2 V; 1200 mAh.

    a) Welche Informationen kann man dieser Aufschrift entnehmen?

    b) Auf welchen Ladestrom muss ein Ladegerät eingestellt werden, um den Akku nach völliger Entladung standardmäßig wieder aufzuladen?

    c) Mit welcher Stromstärke muss geladen werden, wenn der Akku innerhalb einer Stunde geladen werden soll? Welche Ladeart liegt hier vor?

15. In batteriebetriebenen Geräten findet sich häufig der unten dargestellte Baustein (Werkbild). Erläutern Sie seine Funktion.

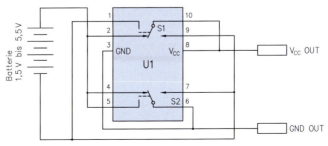

16. Wie unterscheiden sich P_v und P_{tot}?

17. Aus welchen Einzelwiderständen setzt sich der gesamte Wärmewiderstand eines gekühlten Leistungstransistors zusammen?

18. Welche Maßnahmen dienen zur Verbesserung der Wärmeableitung durch Kühlkörper?

19. Wozu werden Gap-Filler eingesetzt?

20. Was verstehen Sie bei einem Leiterwerkstoff unter dem spezifischen Widerstand?

21. Welche Abhängigkeit besteht zwischen dem Leiterwiderstand und der Temperatur?

22. Welche Folgen hat ein zu hoher Spannungsverlust auf einer Leitung

    a) für das Betriebsmittel und

    b) für die Leitung selbst?

23. Um welchen Faktor ändert sich der Spannungsverlust an einer Leitung bei gleichbleibender Stromstärke, wenn

    a) die Leitungslänge verdoppelt oder

    b) der Leiterdurchmesser verdoppelt wird?

5.4 Elektrische und magnetische Felder

In der gesamten IT-Technik spielen elektrische und magnetische Felder eine bedeutende Rolle. Einerseits werden die diesen Feldern zugrunde liegenden physikalischen Eigenschaften technisch ausgenutzt, andererseits müssen IT-Geräte gegen unerwünschte Einflüsse durch diese Felder geschützt werden.

Eine wesentliche Eigenschaft elektrischer und magnetischer Felder besteht darin, auf bestimmte Materialien Kräfte auszuüben, die sich in ihrem Einflussbereich befinden.

Ein **elektrisches Feld** ist ein Raum, in dem auf elektrisch positiv oder negativ geladene Gegenstände (z. B. Elektronen) Kräfte wirken.

Ein **magnetisches Feld** ist ein Raum, in dem auf magnetische Stoffe (z. B. Eisen) oder *bewegte* Ladungsträger Kräfte wirken.

Elektrische und magnetische Felder lassen sich mit mathematischen Methoden exakt beschreiben, eine in vielen Fällen ausreichende Veranschaulichung ist aber auch mithilfe sogenannter **Feldlinienbilder** möglich.

5.4.1 Elektrisches Feld

Bild 5.73 visualisiert mit grünen Linien das elektrische Feld zwischen zwei entgegengesetzt geladenen, punkförmigen Körpern Q_1 und Q_2 (**Punktladungen**). Das elektrische Feld wirkt hierbei im gesamten Raum um die geladenen Körper, die Feldlinien werden meist aber nicht räumlich (d. h. dreidimensional), sondern zur Vereinfachung nur in *einer* Ebene (d. h. zweidimensional) dargestellt.

Die elektrischen Feldlinien *beginnen* bzw. *enden* jeweils auf den Oberflächen der Ladungen Q_1 und Q_2. Sie treten stets *senkrecht* zur jeweiligen Oberfläche aus und ein. Dazwischen verlaufen die Feldlinien **inhomogen** (ungleichmäßig). Q_1 stellt den positiven Pol, Q_2 den negativen Pol der Anordnung dar.

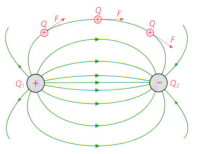

Bild 5.73: Elektrisches Feld zweier entgegengesetzt geladener Kugeln

Bringt man in den Bereich dieses Feldes eine positive Probeladung Q, so wirkt auf diese eine Kraft F, die sich aus der abstoßenden Ladung Q_1 und der anziehenden Ladung Q_2 ergibt (Kap. 5.1.1.1). Die Richtung der Kraft F (und auch deren Stärke) ändert sich in Abhängigkeit vom Ort, an dem sich die Probeladung gerade befindet (rote Pfeile in Bild 5.73).

> Die **Feldlinien** eines elektrischen Feldes geben jeweils die Richtung der Kraft auf eine *positive* Probeladung in den einzelnen Punkten des Feldes an.

Durch diese Festlegung wird den Feldlinien eine Richtung zugeordnet, die in zeichnerischen Darstellungen durch entsprechende Pfeilspitzen symbolisiert wird (in Bild 5.73 grün dargestellt). Auf eine *negative* Probeladung erfolgt die Kraftwirkung jeweils entgegen der angegebenen Feldlinienrichtung.

Betrachtet man dagegen das elektrische Feld zwischen zwei parallel zueinander angeordneten, entgegengesetzt geladenen Platten (**Flächenladungen**), so ist das elektrische Feld dazwischen (abgesehen von Randerscheinungen) völlig homogen (gleichmäßig). Die Feldlinien eines **homogenen** Feldes verlaufen parallel in gleicher Richtung und in gleichem Abstand voneinander. Hierdurch wird symbolisiert, dass die Stärke des Feldes an allen Stellen gleich ist. Die Stärke der Kraft F auf eine in ein homogenes Feld eingebrachte positive Probeladung ist somit unabhängig vom Ort stets gleich groß und weist in die

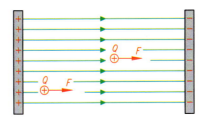

Bild 5.74: Homogenes Feld zwischen zwei entgegengesetzt geladenen Platten

5

gleiche Richtung (rote Pfeile in Bild 5.74). Die Größe der Kraft F auf die Probeladung Q bezeichnet man als elektrische Feldstärke.

> Die **elektrische Feldstärke E** an einem bestimmten Punkt eines elektrischen Feldes ist gleich der Kraft F, die dort auf eine Ladung Q von 1 Coulomb (1 C; Kap. 5.1.1.1) wirkt.

$$E = \frac{F}{Q} \qquad 1\,\frac{\text{Newton}}{\text{Coulomb}} = 1\,\frac{N}{C} = \frac{1N}{1C}$$

Zwischen zwei voneinander isolierten und geladenen Körpern (Kugeln, Platten) besteht eine elektrische Spannung (Kap. 5.1.1.4). Gleichzeitig existiert zwischen diesen Körpern ein elektrisches Feld. Entsprechende Versuche offenbaren, dass Spannung und elektrisches Feld insbesondere zwischen zwei parallel angeordneten, geladenen Platten in einem engen Zusammenhang zueinander stehen:

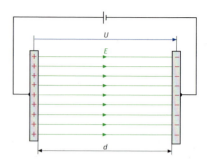

Bild 5.75: Spannung und Feldstärke im homogenen elektrischen Feld

- Je größer die anliegende Spannung ist, desto größer wird auch die elektrische Feldstärke.

- Je größer der Abstand zwischen den Platten bei gleicher anliegender Spannung ist, umso kleiner wird die elektrische Feldstärke.

Die **elektrische Feldstärke E** zwischen zwei parallel angeordneten, geladenen Platten verhält sich proportional zur anliegenden Spannung U und umgekehrt proportional zum Plattenabstand d.

$$E = \frac{U}{d} \qquad 1\,\frac{\text{Volt}}{\text{Meter}} = 1\,\frac{V}{m} = \frac{1V}{1m}$$

Da alle Körper aus Atomen bestehen, deren Elementarteilchen elektrische Ladungen besitzen (Kap. 5.1.1.1), können elektrische Felder sowohl an elektrisch *leitenden* Materialien als auch an elektrisch *nicht leitenden* Materialien (Isolierstoffen) Kraftwirkungen ausüben. Hierbei treten zwei unterschiedliche Effekte auf.

Elektrisch leitfähiges Material (z. B. eine Metallplatte) enthält üblicherweise gleichmäßig verteilt die gleiche Anzahl positiver und negativer Ladungen. Die negativen Ladungen (Elektronen) sind hierbei frei beweglich, während die positiven Ladungen fest im Atomgitter verankert sind (Kap. 5.1.1.1).

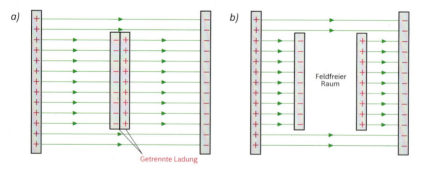

Bild 5.76: a) Ladungstrennung auf einer Metallplatte im elektrischen Feld (Influenz)
b) Feldfreier Raum (Faradayscher Käfig)

Befindet sich eine solche Metallplatte in einem elektrischen Feld, so werden die Elektronen in der Platte entgegen der Feldrichtung bis an den äußersten Rand der Metalloberfläche verschoben. Auf der Gegenseite bleiben gleich viele feststehende positive Ladungen zurück (Bild 5.76 a).

> Die Verschiebung der elektrischen Ladungen eines metallischen Leiters unter der Einwirkung eines elektrischen Feldes bezeichnet man als **Influenz**.

Zerteilt man anschließend die Metallplatte und trennt beide Hälften, so entsteht zwischen den beiden Teilen infolge dieser Influenz ein elektrisches Feld, das genauso stark, aber entgegengesetzt gerichtet ist wie das äußere Feld, sodass sich beide Felder aufheben. Der Raum zwischen den Platten bleibt also *feldfrei* (Bild 5.76 b).

Der durch die Influenz entstehende feldfreie Raum wird technisch genutzt, um empfindliche Schaltungsteile oder Messplätze vor der Einwirkung elektrischer Felder zu schützen (Faradayscher Käfig).

> Ein **Faradayscher Käfig** ist ein Gehäuse, das Schaltungen, Leitungen, Messgeräte usw. vor elektrischen Feldern abschirmt.

Elektrische Nichtleiter enthalten keine beweglichen Ladungen. Dennoch bleibt das elektrische Feld auch auf einen Isolierstoff nicht ohne Wirkung. Die Ladungen verbleiben in ihrem Molekül oder Atom, verlagern jedoch ihren Schwerpunkt entsprechend der auf sie wirkenden Feldkräfte. Dadurch sind im Molekül oder Atom des Isolierstoffes positive und negative Ladungen nicht mehr gleichmäßig verteilt, sondern es entstehen jeweils zwei entgegengesetzte Pole.

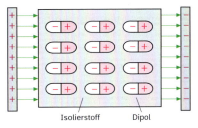

Bild 5.77: Polarisation eines Isolierstoffes im elektrischen Feld

> Die Bildung von Molekülen mit zwei entgegengesetzt geladenen Polen (Dipole) in einem Isolierstoff unter der Einwirkung eines elektrischen Feldes bezeichnet man als **Polarisation**.

Den Zusammenhang zwischen der Spannung zweier geladenen Platten und der Polarisationswirkung auf einen dazwischenliegenden Isolierstoff aufgrund des vorhandenen elektrischen Feldes nutzt man technisch beispielsweise bei den sogenannten Kondensatoren (Kap. 5.5.1).

Steigt die Spannung zwischen den Platten und damit die Feldstärke weiter an, so kann es zur Zerstörung des Isolierstoffes und zu einer kurzzeitig leitenden Verbindung kommen; man spricht dann von einer **elektrostatischen *Ent*ladung** (ESD: Electrostatic Discharge) bzw. von einem **Durchschlag**.

> Als **Durchschlagsfestigkeit** E_d eines Werkstoffes bezeichnet man den Höchstwert der elektrischen Feldstärke, bei dem noch kein Durchschlag erfolgt.

Die Werte der Durchschlagsfestigkeit liegen für Luft bei ca. 2,5 kV/mm, für Papier bei ca. 4 kV/mm und für Kondensatorkeramik bis ca. 50 kV/mm.

5

Durch elektrische Felder und (meist unerwünschte) **elektrostatische Aufladungen** können empfindliche elektronische Bauelemente und Schaltungen beschädigt werden. Elektrostatische Aufladungen ergeben sich im alltäglichen Leben unter anderem durch Reibungseffekte (Reibungselektrizität) und

Bild 5.78: Aufkleber für EGB

sind allgegenwärtig. Aus diesem Grund werden **elektrostatisch gefährdete Bauelemente (EGB)** durch Verpackungsaufkleber besonders gekennzeichnet.

Ein **ESD-Schutz** ist überall dort erforderlich, wo häufig mit EGB gearbeitet wird. Dieser Schutz wird erreicht, indem der Arbeitsplatz mit einem **antistatischen Tisch- und Bodenbelag**, mit einem **Sicherheits-Handgelenkband** und dem entsprechenden **Erdungszubehör** ausgerüstet wird.

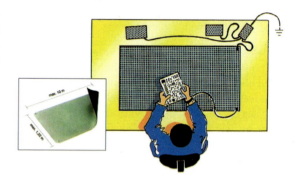

Bild 5.79: ESD-Schutz am Arbeitsplatz

5.4.2 Magnetisches Feld

Der Magnetismus stellt ein natürliches physikalisches Phänomen dar, welches einerseits seinen Ursprung im Aufbau bestimmter Materialen (z. B. Eisen) hat. Diese können durch eine bestimmte Ausrichtung ihrer Elementarteilchen einen **Dauermagnet** bilden (Elementarmagnet, magnetischer Dipol, Bild 5.80). Diese Form des Magnetismus bezeichnet man genauer als **Ferromagnetismus**.

Andererseits tritt Magnetismus auch im Zusammenhang mit bewegten elektrischen Ladungen auf. Dies bezeichnet man dann als **Elektromagnetismus**. Trotz verschiedener Ursachen, sind beide Ausprägungen magnetischer Felder in ihrer Wirkung auf die jeweilige Umgebung nicht voneinander zu unterscheiden.

Zur Beschreibung magnetischer Phänomene hat man eine Reihe von Festlegungen getroffen, die sich unter anderem auch am natürlichen Magnetfeld der Erde orientieren.

Betrachtet man beispielsweise eine drehbar gelagerte, magnetisierte Kompassnadel, so wirkt auf diese eine durch das Erdmagnetfeld verursachte Kraft. Hierdurch stellt sie sich in Nord-Süd-Richtung ein, wobei stets das gleiche Ende nach Norden zeigt.

Als **Nordpol (N)** bezeichnet man das zum geografischen Nordpol der Erde zeigende Ende eines Magneten; das entgegengesetzte Ende eines Magneten nennt man **Südpol (S)**.

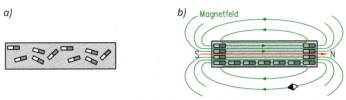

Bild 5.80: *Eisenstück mit Elementarmagneten (Modellvorstellung), a) unmagnetisiert, b) magnetisiert*

Mithilfe zweier Dauermagnete, deren Pole gekennzeichnet sind, stellt man bezüglich deren Kraftwirkung aufeinander fest:

- **Gleichnamige Pole** stoßen sich ab.

- **Ungleichnamige Pole** ziehen sich an.

Die Kraftwirkung magnetischer Felder wird mit Feldlinien veranschaulicht. Im Gegensatz zu den elektrischen Feldlinien, die einen Anfang und ein Ende haben (Bild 5.73), sind magnetische Feldlinien aber in sich geschlossen. Sie enden nicht an den Polen, sondern setzen sich im Inneren des Magneten fort (bei fortlaufender Teilung eines Magneten entstehen wieder einzelne Teilmagneten mit jeweils einem Nord- und Südpol). Per Definition wurde festgelegt, dass die Feldlinien am Nordpol eines Magneten austreten und am Südpol wieder eintreten. Die Richtung wird mit entsprechenden Pfeilspitzen an den Feldlinien visualisiert (Bild 5.80 b).

Wird eine Magnetnadel (als Indikator) in die Nähe eines stromdurchflossenen, geraden Leiters gebracht, so stellt sie sich ebenfalls in eine ganz bestimmte Richtung ein (Bild 5.81 b). Kehrt man die Stromrichtung um, so zeigt die Nadel in die entgegengesetzte Richtung. Wird der Strom abgeschaltet, so verschwindet die Ablenkkraft. Entsprechende Versuche zeigen, dass ein fließender elektrischer Strom (d. h. *bewegte* elektrische Ladungen) dieses Magnetfeld erzeugen. Das Magnetfeld umgibt den stromdurchflossenen Leiter ringförmig, der Zusammenhang zwischen Stromrichtung und Feldlinienrichtung lässt sich mit der **Rechtsschraubenregel** beschreiben (Bild 5.81 a).

Dreht man eine Schraube mit einem rechtsdrehenden Schraubengewinde in Richtung des fließenden Stromes, so ergibt sich aus der Drehbewegung die zugehörige Feldlinienrichtung.

Die magnetischen Feldlinien geben die Richtung an, in die der Nordpol einer Magnetnadel unter dem Einfluss des vom Strom erzeugten magnetischen Feldes zeigt.

Die magnetischen Feldlinien um einen stromdurchflossenen Leiter sind in sich geschlossen.

In technischen Zeichnungen wird in der Draufsicht ein elektrischer Strom, der *in* die Zeichnungsebene hinein fließt, mit einem Kreuz im Leiterquerschnitt dargestellt (Bild 5.81 b). Ein elektrischer Strom, der *aus* der Zeichnungsebene heraus fließt, wird mit einem Punkt im Leiterquerschnitt dargestellt.

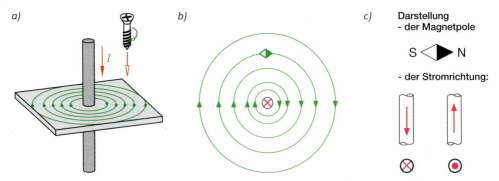

Bild 5.81: Magnetfeld eines stromdurchflossenen Leiters, a) perspektivische Darstellung, b) Draufsicht, c) Erläuterung zur Darstellung

Wird der gerade Leiter zu einer Schleife gebogen, bleibt das Magnetfeld erhalten. Im Inneren der Leiterschleife überlagern sich aber die Feldlinien, sodass sich die Form des Magnetfeldes ändert (Bild 5.82 a: Im Inneren mehr und enger zusammenliegende Feldlinien). Dieser Effekt verstärkt sich, wenn man mehrere, nebeneinander liegende Leiterschleifen bildet (Bild 5.82 b). Eine solche Anordnung bezeichnet man als **Spule** (Kap. 5.5.2). Aus der Überlagerung der Felder sehr vieler nebeneinanderliegender Leiterschleifen (Windungen) ergibt sich dann ein Magnetfeld, welches im Inneren dieser Spule **homogen** ist (Bild 5.82 c; die Stromrichtung der einzelnen Leiterschleifen wird nur einmalig mit Punkt und Kreuz symbolisiert). In Analogie zu einem Dauermagneten (Bild 5.80 b) bezeichnet man die Stirnfläche der Spule, an der sämtliche Feldlinien aus dem Spuleninneren *aus*treten, als Nordpol; die Stirnfläche, an der sämtliche Feldlinien in das Spuleninnere *ein*treten, ist demnach der Südpol (Bild 5.82 c).

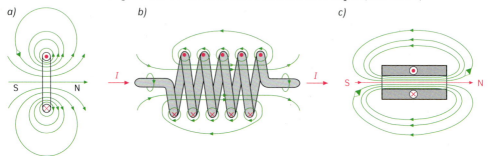

Bild 5.82: Magnetfeld a) einer Leiterschleife, b) mehrerer Leiterschleifen, c) einer Spule

5.4.2.1   Kraftwirkungen im magnetischen Feld

Wird ein stromloser elektrischer Leiter nach Bild 5.83 *beweglich* aufgehängt und in ein Magnetfeld gebracht, so zeigt sich zunächst keine Wirkung. Sobald jedoch ein Strom durch den Leiter fließt, wird er aus seiner natürlichen Lage abgelenkt. Wird die Stromrichtung umgekehrt, so kehrt auch die Kraft ihre Richtung um; wird der Strom abgeschaltet, so verschwindet die Kraftwirkung. Da eine Kraft auf den Leiter nur dann wirkt, wenn ein elektrischer Strom fließt, kann man annehmen, dass sie nicht unmittelbar auf das Leitermaterial, sondern auf die im Leiter fließenden Elektronen wirkt.

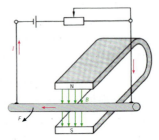

Bild 5.83: Kraftwirkung auf einen stromdurchflossenen Leiter im magnetischen Feld

Auf einen stromdurchflossenen Leiter wirkt im magnetischen Feld eine Kraft (**Motorprinzip**).

Das Magnetfeld des Dauermagneten in Bild 5.83 tritt hierbei in Wechselwirkung mit dem Magnetfeld, welches durch den stromdurchflossenen elektrischen Leiter hervorgerufen wird.

Die Kraftwirkungen magnetischer Felder in Verbindung mit fließenden Strömen wird beispielsweise bei elektrodynamischen Lautsprechern (elektro-akustischer Wandler; Bild 5.84) genutzt. Hierbei sind die Windungen einer Spule starr mit einer Membran verbunden. Die Spule befindet sich im homogenen Magnetfeld eines Dauermagneten. Wird die Spule von einem Strom durchflossen, so wird sie je nach

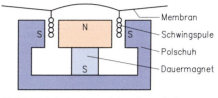

Bild 5.84: Prinzip eines elektrodynamischen Lautsprechers

Stromrichtung weiter in den Luftspalt hineingezogen oder herausgedrückt. Wird sie z. B. von einem Sprechwechselstrom durchflossen, so schwingt die Spule im Rhythmus dieses Stromes (Schwingspule). Durch die Membran werden diese Schwingungen auf die Umgebungsluft übertragen.

Ist ein stromdurchflossener Leiter im Magnetfeld *unbeweglich* angeordnet, so kann er der auf die Elektronen wirkenden Kraft nicht folgen. Daher werden die Elektronen im Leiter so abgelenkt, dass es auf der einen Leiterseite zu einer Elektronenverdichtung, auf der Gegenseite zu einem Elektronenmangel kommt (visualisiert durch braune Linien in Bild 5.85). Da-

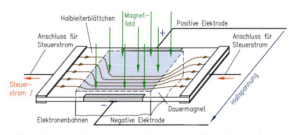

Bild 5.85: Entstehung einer Hall-Spannung (Grundprinzip)

durch entsteht zwischen diesen beiden Seiten eine elektrische Spannung. Dieser Vorgang wird nach seinem Entdecker als Hall-Effekt, die entstehende Spannung als **Hall-Spannung** bezeichnet.

Der in Bild 5.85 dargestellte Dauermagnet dient der Erzeugung eines Magnetfeldes (grüne Linien), um den Hall-Effekt zu verdeutlichen. Ohne diesen lässt sich die Anordnung prinzipiell als **Magnetfeldsensor** verwenden. Bringt man den Sensor in den Bereich eines (unbekannten) Magnetfeldes, entsteht eine Hall-Spannung, deren Größe ein Maß für die Stärke des detektierten magnetischen Feldes ist.

Zwischen zwei parallel liegenden Leitern ergibt sich ebenfalls eine Kraftwirkung, wenn sie von einem elektrischen Strom durchflossen werden. Die Richtung der Kraftwirkung auf beide Leiter hängt hierbei von der Stromflussrichtung in den Leitern ab.

Fließt durch parallel liegende Leiter jeweils ein elektrischer Strom in die *gleiche* Richtung, so wirkt eine anziehende Kraft zwischen diesen Leitern.

Fließt durch parallel liegende Leiter jeweils ein elektrischer Strom in die *entgegengesetzte* Richtung, so wirkt eine abstoßende Kraft zwischen diesen Leitern.

5

Bild 5.86 visualisiert die beiden möglichen Fälle.

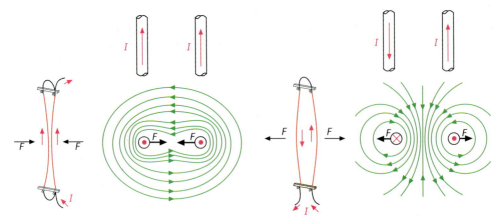

Bild 5.86: Kraftwirkung zwischen parallelen Leitern: a) bei gleichgerichteten Strömen, b) bei entgegengesetzt gerichtetem Strömen

5.4.2.2 Magnetische Größen

Magnetische Felder benötigen grundsätzlich kein „Medium", um sich auszubreiten. Selbst im Vakuum bilden sie sich so aus, wie in den bisherigen Feldlinienbildern dargestellt. Jedoch kann man mit bestimmten Materialien, die eine bessere „magnetische Leitfähigkeit" aufweisen als Vakuum oder Luft, magnetische Feldlinien größtenteils bündeln bzw. über kurze Strecken in gewünschte Bahnen lenken. Versieht man beispielsweise eine Spule mit einem Kern und einem äußeren, in sich geschlossenen Eisenjoch, so erhält man einen sogenannten **magnetischen Kreis** (in Analogie zu einem elektrischen Stromkreis). Mit dem verwendeten Werkstoff (Kap. 5.4.2.3) für den Spulenkern und/oder dem Eisenjoch lassen sich die Eigenschaften der Anordnung beeinflussen bzw. die Wirkung verbessern.

Bei Berechnungen wird die Spulenlänge und die Kernlänge l stets als gleich groß angenommen (Bild 5.87).

Abhängig von ihrer Lage weisen die Feldlinien eines (geschlossenen) magnetischen Kreises geringfügig unterschiedliche Längen auf (innen kürzer als außen). Bei Berechnungen verwendet man daher stets einen Mittelwert l_m (entspricht in Bild 5.87 der in der Mitte liegenden Feldlinie).

Je nach Bauform besitzt der Spulenkern/ das Eisenjoch eine kreisförmige oder rechteckförmige Querschnittsfläche A.

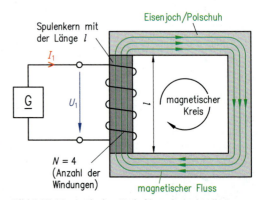

Bild 5.87: Magnetischer Kreis (Grundprinzip; die Anordnung der Windungen kann variieren)

Bei einer kreisförmigen Querschnittsfläche A gilt:

$$A = \frac{\pi}{4} d^2 \quad \text{(d: Durchschnitt der Querschnittsfläche)}$$

Bei rechteckförmiger Querschnittsfläche gilt:

$$A = a \cdot b \quad \text{(a, b: Seitenlängen der Rechteckfläche)}$$

Zur Beschreibung elektromagnetischer Zusammenhänge hat man – ähnlich wie bei elektrischen Stromkreisen – folgende magnetische Größen definiert:

Bezeichnung	Formelzeichen/ Bestimmungs- gleichung	Einheit	Bemerkung	In Analogie zur elektr. Größe
Magneti- scher Fluss	Φ (lies: Phi; griechischer Buchstabe)	1 Weber = 1 Wb = 1 Vs	Die Gesamtheit aller magnetischen Feldlinien im Inneren einer stromdurch- flossenen Spule bezeichnet man als magnetischen Fluss (obwohl im physikalischen Sinn eigentlich nichts „fließt").	elektrischer Strom I
Magnetische Flussdichte	$B = \dfrac{\Phi}{A}$	1 Tesla = 1 T $= 1\,\dfrac{Wb}{m^2}$ $= 1\,\dfrac{Vs}{m^2}$	Magnetische Wirkung einer Spule; sie gibt an, wie groß der magnetische Fluss bezogen auf die Fläche des Kernquerschnitts A ist.	Stromdichte S
Magnetische Durchflu- tung	$\Theta = N \cdot I$ (lies: Theta; griechischer Buchstabe)	1 Ampere = 1 A	Große Stromstärken erzeugen große magnetische Fluss- dichten. Aber auch mit kleineren Strömen können große Flussdichten in einem Spulenkern erzeugt werden, wenn sie durch eine große Windungszahl fließen. (Beispiel: Ein Strom von 2 A erzeugt mit 40 Windungen die gleiche Flussdichte wie ein Strom von 1 A mit 80 Windungen.) Das Produkt aus Spulenstrom I und Windungszahl N bezeichnet man als magneti- sche Durchflutung.	Spannung U

5

Bezeichnung	Formelzeichen/ Bestimmungs- gleichung	Einheit	Bemerkung	In Analogie zur elektr. Größe
Magnetische Feldstärke	$H = \dfrac{\Theta}{l_m}$	1 Ampere pro Meter $= 1\,\dfrac{A}{m}$	Die magnetische Durchflutung bewirkt im Inneren einer Spule ein Magnetfeld. Als magnetische Feldstärke H bezeichnet man die magnetische Durchflutung Θ bezogen auf die mittlere Feldlinienlänge l_m (Bild 5.87). Hinweis: Bei einer schlanken Zylinderspule ohne Eisenjoch verwendet man für l_m vereinfachend die Spulenlänge/ Kernlänge l.	Elektrische Feldstärke E
Magnetische Leitfähigkeit (Permeabilität)	$\mu = \mu_r \cdot \mu_0$ (lies: „Mü“; griechischer Buchstabe) $\mu = \dfrac{B}{H}$	$1\,\dfrac{Vs}{Am}$	Die magnetische Leitfähigkeit (oder Permeabilität) ist ein Maß für die Durchlässigkeit des magnetischen Flusses in einem bestimmten Kernmaterial. Sie wird oft als Vielfaches der **magnetischen Feldkonstanten μ_0** angegeben (mit μ_r = 1,2,3, ...). Zwischen magnetischer Leitfähigkeit, Feldstärke und Flussdichte besteht der angegebene Zusammenhang.	Dielektrische Leitfähigkeit ε

Bild 5.88: Magnetische Größen

5.4.2.3 Magnetwerkstoffe

Schon sehr früh (1845, Faraday) hat man entdeckt, dass tatsächlich jeder Stoff (geringe) magnetische Eigenschaften besitzt. Als Magnetwerkstoffe bezeichnet man üblicherweise aber nur die technisch bedeutsamen **ferromagnetischen Werkstoffe**. Hierzu gehören neben Eisen auch Kobalt und Nickel sowie zahlreiche Legierungen.

Nach ihrem Magnetisierungsverhalten lassen sich die ferromagnetischen Werkstoffe in zwei Gruppen aufteilen:

- **Hartmagnetische** Werkstoffe bleiben selbst magnetisch, nachdem sie einem Magnetfeld ausgesetzt wurden. Man spricht hierbei von einem großen verbleibenden **Restmagnetismus** (Alternativbezeichnung: magnetische **Remanenz**). Sie werden verwendet zur Herstellung von Dauermagneten.
- **Weichmagnetische** Werkstoffe hingegen verfügen lediglich über einen sehr geringen Restmagnetismus. In der Gleichstromtechnik werden sie überall dort eingesetzt, wo der Magnetismus nur während eines Stromflusses wirken soll (z. B. bei einem Relais, Kap. 5.5.5.1). In der Wechselstromtechnik werden sie für Spulenkerne verwendet. Durch einen Weicheisenkern kann die magnetische Flussdichte einer Spule wesentlich vergrößert werden (bis zu 15 000-mal); daher werden praktisch nur Spulen mit Eisenkern – sogenannte **Ferrite** – verwendet.

Die Magnetisierung weichmagnetischer Stoffe verhält sich allerdings nur in einem kleinen Bereich linear (nur hier liegt der Arbeitsbereich innerhalb der Wechselstromtechnik). Darüber hinaus kommt es bei derartigen Spulen oder Übertragern (Kap. 5.5.2.4) zu Verzerrungen (d. h. dann führt z. B. eine Verdopplung des Spulenstroms nicht mehr zu einer Verdopplung des magnetischen Flusses). Um diese Verzerrungen zu verringern, wird der Eisenkern mit einem Luftspalt versehen. Hierdurch lässt sich der lineare Bereich vergrößern und damit der Arbeitsbereich erweitern. Eisenkerne mit Luftspalt werden in Schwingkreisspulen hoher Güte, in Kleinsignal-Breitbandübertragern, in Speicherdrosseln und in getakteten Stromversorgungsgeräten eingesetzt.

Weichmagnetische Werkstoffe eignen sich aber auch zur Abschirmung empfindlicher Geräte gegen magnetische Felder, da sie eine hohe magnetischer Leitfähigkeit (Kap. 5.4.2.2) haben.

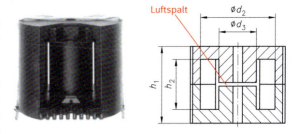

Bild 5.89: Spule mit Luftspalt im Eisenkern

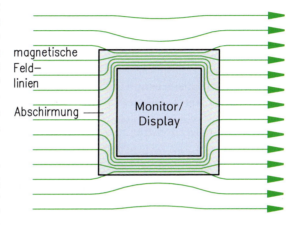

Bild 5.90: Magnetische Abschirmung (Grundprinzip)

5

5.4.2.4 Induktionsgesetz

Im Zusammenhang mit magnetischen Feldern ist das **Induktionsgesetz** von elementarer Bedeutung.

> Bei einer *Änderung* des magnetischen Flusses Φ *im Innern* einer Spule entsteht an ihren Anschlussklemmen stets eine elektrische Spannung. Diesen Vorgang bezeichnet man als **elektromagnetische Induktion**.
>
> Die Flussänderung kann verursacht werden
>
> - **durch Bewegung der Spule in einem Magnetfeld** oder
> - **durch Änderung des in einer Spule fließenden Betriebsstromes I**.

Bild 5.91 zeigt exemplarisch die Bewegung einer Spule in einem Magnetfeld in vereinfachter Darstellung (anstelle einer Spule wird lediglich *eine* Leiterschleife dargestellt). Die Leiterschleife befindet sich drehbar gelagert im (konstanten) Magnetfeld eines Dauermagneten. Aufgrund der Drehbewegung ändert sich ständig die Lage, in der sich die Innenfläche A der Leiterschleife (gelbe Fläche in Bild 5.91 a) bezogen auf die Richtung des magnetischen Flusses Φ befindet. Hieraus resultiert eine ständige Flussänderung im Inneren der Leiterschleife (z. B. waagerechte Lage, d. h. $\alpha = 0°$: Φ maximal; senkrechte Lage, d. h. $\alpha = 90°$: Φ gleich Null). Den Verlauf der bei einer vollen Umdrehung (d. h. um 360°) induzierten Spannung U_i zeigt Bild 5.91 b. Bei konstanter Drehgeschwindigkeit ergibt sich ein sinusförmiger Spannungsverlauf.

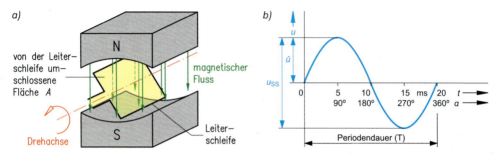

Bild 5.91: a) Elektromagnetische Induktion durch Drehbewegung einer Spule (Grundprinzip), b) Verlauf der induzierten Spannung

Wird die Leiterschleife beispielsweise 50-mal pro Sekunde gedreht, entsteht eine Wechselspannung von 50 Hz. Auf diese Weise erfolgt prinzipiell die Spannungserzeugung in unserem Energieversorgungsnetz (Hinweis: Im Dreiphasenwechselstromnetz werden drei jeweils um 120° gegeneinander versetzte Spulen im Magnetfeld gedreht; Kap. 5.7.4.1).

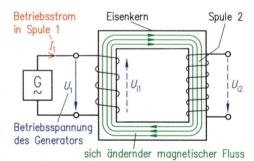

Bild 5.92: Elektromagnetische Induktion durch Betriebsstromänderung in einer Spule (Grundprinzip)

Bild 5.92 hingegen zeigt prinzipiell eine Anordnung, bei der eine Änderung des Betriebsstromes I_1 (hervorgerufen durch die sich ändernde Spannung U_1) in Spule 1 eine Änderung des magnetischen Flusses Φ im Eisenkern verursacht. Die Änderung dieses magnetischen Flusses bewirkt

- in der vom verursachenden Betriebsstrom I_1 durchflossenen Spule 1 selbst eine induzierte Spannung (U_{i1} in Bild 5.92). Dies bezeichnet man als **Selbstinduktion** und besitzt besondere Bedeutung bei Ein- und Ausschaltvorgängen in Stromkreisen mit Spulen (Kap. 5.5.2.1).

- in einer zweiten Spule, die von dem gleichen magnetischen Fluss durchsetzt wird (Spule 2 in Bild 5.92) eine induzierte Spannung (U_{i2} in Bild 5.92). Dies bezeichnet man als **Gegeninduktion** (alternativ: **induktive Kopplung**) und hat eine besondere Bedeutung für den Betrieb von Spulen an Wechselspannung (Kap. 5.5.2.4).

Bei den beiden aufgeführten Verfahren zur Erzeugung einer Flussänderung zeigen genauere Untersuchungen die folgenden Zusammenhänge: Ist die Ursache der Induktionsspannung

- eine *Bewegung der Spule*, so entsteht durch die Induktionsspannung ein Strom I, der eine Gegenkraft erzeugt (in Bild 5.91 a somit eine Kraft, die der verursachenden Drehkraft entgegenwirkt);

- eine *Betriebsstromänderung in einer Spule*, so wird durch die Induktionsspannung ein Strom erzeugt, der der Änderung des Betriebsstromes entgegenwirkt (d. h. in Bild 5.92 wirkt die induzierte Spannung U_{i1} in Spule 1 entgegengesetzt zur Generatorspannung U_1).

Die Größe der in einer Spule induzierten Spannung (U_i) wird bestimmt durch die zeitliche Änderung des magnetischen Flusses ($\Delta\Phi/\Delta t$) und durch die Windungszahl (N) der Spule (**Induktionsgesetz**).

$$U_i = -N \cdot \frac{\Delta\Phi}{\Delta t} \qquad \frac{1\ Vs}{1\ s} = 1V$$

Das Minuszeichen besagt: Die Induktionsspannung ist stets so gerichtet, dass sie ihrer Ursache entgegenwirkt (**Lenzsche Regel**).

5.4.3 Elektromagnetische Welle

Elektrische und magnetische Felder können auch miteinander gekoppelt auftreten. Schaltet man beispielsweise einen geladenen Kondensator mit einer Spule zusammen (Bild 5.93), so entlädt sich der Kondensator über die Spule, wodurch in dieser durch den fließenden Strom ein magnetisches Feld entsteht. Dieses Magnetfeld induziert wiederum eine Spannung, die ihrerseits einen Strom erzeugt, der dann den Kondensator umgekehrt erneut auflädt. Dieser Vorgang wiederholt sich periodisch jeweils in umgekehrter Richtung.

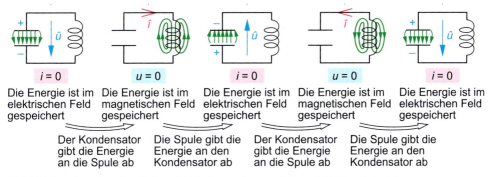

$i = 0$	$u = 0$	$i = 0$	$u = 0$	$i = 0$
Die Energie ist im elektrischen Feld gespeichert	Die Energie ist im magnetischen Feld gespeichert	Die Energie ist im elektrischen Feld gespeichert	Die Energie ist im magnetischen Feld gespeichert	Die Energie ist im elektrischen Feld gespeichert
	Der Kondensator gibt die Energie an die Spule ab	Die Spule gibt die Energie an den Kondensator ab	Der Kondensator gibt die Energie an die Spule ab	Die Spule gibt die Energie an den Kondensator ab

Bild 5.93: Energieaustausch zwischen elektrischem und magnetischem Feld (Grundprinzip)

Den fortgesetzten Energieaustausch zwischen Spule und Kondensator bezeichnet man als **elektrische Schwingung**.

Eine Schaltung, bei der es (im Idealfall ohne äußere Einwirkung) zu einem fortgesetzten Energieaustausch zwischen dem elektrischen Feld eines Kondensators und dem Magnetfeld einer Spule kommt, bezeichnet man als **elektrischen Schwingkreis**.

Die Frequenz, mit der ein Energieaustausch erfolgt, nennt man **Eigenfrequenz f_0** (alternativ: **Resonanzfrequenz**) des Schwingkreises.

Bei realen Bauelementen muss man aufgrund der auftretenden Verluste den Schwingungsvorgang durch Zufuhr von Energie aufrechterhalten (z. B. durch Anschluss an eine Wechselspannung, deren Frequenz der Eigenfrequenz des Schwingkreises entspricht). Die Eigenfrequenz ist umso höher, je kleiner jeweils die Kapazität des verwendeten Kondensators (Kap. 5.5.1) und die Induktivität der verwendeten Spule ist (Kap. 5.5.2).

Bei einer entsprechenden Anordnung kann ein solcher Schwingkreis die zwischen Kondensator und Spule schwingende Energie auch in den umgebenden Raum abstrahlen (Bild 5.94 b). Eine solche Anordnung bezeichnet man als **offenen Schwingkreis**. Bei

5

hohen Eigenfrequenzen (z. B. MHz-Bereich, GHz-Bereich) sind nicht mehr unbedingt diskrete Kondensatoren und Spulen erforderlich, sondern auch ein gerader elektrischer Leiter einer bestimmten Länge (hängt von der Eigenfrequenz ab) kann aufgrund seiner induktiven und kapazitiven Eigenschaften (Leiter-Ersatzschaltbild, Kap. 5.5) quasi wie ein offener Schwingkreis wirken (Dipol; Bild 5.94 c).

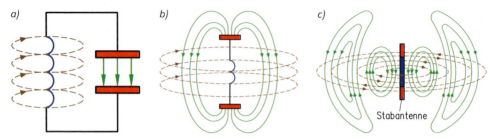

Bild 5.94: Grundprinzipien: a) geschlossener Schwingkreis, b) offener Schwingkreis, c) Stabantenne (Dipol) mit abgestrahlter elektromagnetischer Welle

> Ein sich im Raum ausbreitendes, gekoppeltes elektrisches und magnetisches Feld bezeichnet man als **elektromagnetische Welle**.
>
> Eine technische Anordnung zur Abstrahlung (bzw. zum Empfang) elektromagnetischer Wellen bezeichnet man allgemein auch als **Antenne**.

Bei einer elektromagnetischen Welle erfolgt während ihrer Ausbreitung – also auch losgelöst von der Sendeantenne – weiterhin ein fortgesetzter Energieaustausch zwischen elektrischem und magnetischem Feld. Sie breitet sich im freien Raum (Luft, Vakuum) mit Lichtgeschwindigkeit aus, d. h., sie ist nicht an ein Medium gebunden.

Auf der Abstrahlung elektromagnetischer Wellen durch entsprechende Sendeantennen und deren Empfang durch entsprechende Empfangsantennen basiert die gesamte drahtlose Kommunikation in der IT-Technik. Durch Modulation (Vernetzte IT-Systeme; Kap. 4.1.5) dieser Wellen lassen sich Daten *leitungsungebunden* übertragen (z. B. Mobilfunk, WLAN, Bluetooth, GPS, NFC usw.).

5.4.4   Elektromagnetische Verträglichkeit

Die Funktion elektrischer und elektronischer Geräte kann erheblich gestört werden durch elektrische Felder, magnetische Felder und elektromagnetische Felder, die durch Blitzschlag, durch Schaltfunken an Kontakten (Kap. 5.5.2.2) oder durch wechselstrombetriebene Leitungen, Geräte und Anlagen verursacht werden. Insbesondere in der PC-Technik kommt es durch immer höhere Taktraten bzw. immer kürzere Schaltzeiten in digitalen Hochgeschwindigkeitsschaltungen zu immer stärkeren Störstrahlungen („**Elektrosmog**").

Infolgedessen hat das Thema **Elektromagnetische Verträglichkeit (EMV)** eine beträchtliche Bedeutung gewonnen. Man unterscheidet hierbei:

- **elektromagnetische Verträglichkeit mit der Umwelt (EMVU)**, die sich mit den Wirkungen elektromagnetischer Felder auf biologische Systeme (Mensch, Tier, Pflanze) befasst und

- **elektromagnetische Verträglichkeit von Geräten (EMVG)**.

Elektromagnetische Verträglichkeit (EMVG) ist die Fähigkeit eines Gerätes,

- in der elektromagnetischen Umwelt zufriedenstellend zu arbeiten,
- ohne dabei selbst elektromagnetische Störungen zu verursachen, die für andere in dieser Umwelt vorhandene Geräte unannehmbar wären.

Die wesentlichen Begriffe der EMVG sind:

- **Störfestigkeit**; sie bezeichnet die Fähigkeit eines Gerätes, während einer elektromagnetischen Störung von außen (z.B. durch Blitzschlag) einwandfrei zu funktionieren.
- **Störaussendung**; sie beschreibt die Fähigkeit eines Gerätes, elektromagnetische Störungen zu erzeugen.

Geräte im Sinne der EMVG-Vorschriften sind:

- Alle Apparate, Anlagen und Systeme, die elektrische oder elektronische Bauteile enthalten, z.B. Rundfunk- und TV-Empfänger, mobile Funkgeräte, informationstechnische Geräte, Telekommunikationsgeräte und -netze usw.
- Sämtliche Baugruppen, Geräteteile u.Ä., die allgemein im Handel erhältlich sind, z.B. PC-Karten, Motherboards, Schnittstellenkarten, Schaltnetzteile, Relais usw.

Alle diese Geräte müssen den EMV-Vorschriften entsprechen, damit sie das **CE-Zeichen** (vgl. Kap. 1.14.3) führen und auf dem freien Markt angeboten werden dürfen.

Keine Geräte im Sinne der EMVG-Vorschriften sind alle elementaren Bauteile wie z.B. Widerstände, Kondensatoren, Spulen, Kabel, Stecker, ICs, Sicherungen usw.

Bei der Frage, ob elektromagnetische Strahlung die **Gesundheit des Menschen** (EMVU) beeinträchtigt, sollte man bedenken, dass alle inneren Regelmechanismen des Körpers auf kleinsten elektrischen Strömen und Spannungen beruhen (EEG, EKG). Künstlich erzeugte Felder rufen oft viel höhere Ströme und Spannungen im Körper hervor, deren gesundheitsgefährdende Wirkung jedoch noch nicht vollständig erforscht ist.

Recht gut bekannt ist die Wärmewirkung hochfrequenter (handyspezifischer) elektromagnetischer Strahlung. Die Wassermoleküle der Mensch besteht zu etwa 60 % aus Wasser – bilden elektrische Dipole. Diese schwingen in dem ständig wechselnden elektromagnetischen Feld im Rhythmus der hohen Frequenz und reiben dabei aneinander. Dadurch entsteht Wärme zusätzlich zur Körpertemperatur. Bei Erwärmung um mehr als 1 °C können Stoffwechsel und Nervensystem gestört werden. Bei zu starker Erwärmung kann es auch zu Schäden im Auge kommen. Diese weitgehend erforschten thermischen Effekte bilden die Grundlage für die „Grenzwerte für elektromagnetische Strahlenbelastung" nach der 26. Bundesimmissionsschutzverordnung.

Als Messgröße für den Einfluss von Hochfrequenzfeldern und die damit verbundene Energieabsorption im menschlichen Gewebe dient die **SAR** (Spezifische Absorptions-Rate); sie wird angegeben in Watt pro Kilogramm Körpermasse (W/kg). Die maximal zulässige SAR beträgt

- 0,08 W/kg (z. B. Antennen von Basisstationen für GSM-, UMTS-, LTE-Netze; „Vernetzte IT-Systeme", Kap.3.10) für den ganzen Körper und
- 2,00 W/kg für Teile des Körpers, z.B. für den Kopf (von der Weltgesundheitsorganisation WHO festgesetzter Grenzwert).

Die Messbedingungen für die SAR sind durch die europäische Norm (seit 2007 in der EN 62209-1) festgelegt.

Der SAR-Wert z.B. eines Smartphones gibt an, wie viel Energie der Körper beim Telefonieren mit diesem Gerät maximal aufnimmt. Die SAR-Werte von aktuellen Smartphones liegen zwischen 0,1 und 1,9 W/kg. Damit ein Smartphone mit dem Blauen Engel ausgezeichnet wird, darf sein SAR-Wert höchstens 0,6 W/kg betragen.

Als Ergebnis vieler Ansätze und Studien gibt es über diese bekannte Wärmewirkung hinaus bislang keine wissenschaftlichen Ergebnisse, die auf sonstige Wirkungen schwacher elektromagnetischer Felder auf biologische Systeme hinweisen.

Als Summe aller bisheriger Untersuchungen ergibt sich, dass hochfrequente Felder im Rahmen der zulässigen Normen keine negativen gesundheitlichen Einflüsse auf den Menschen haben.

Mit einem **Feldstärkemessgerät** können Feldstärken in der Umgebung von Störstrahlungsquellen problemlos gemessen werden. Bild 5.95 zeigt ein solches Gerät, das für Frequenzen von 5 Hz bis 400 kHz gleichzeitig die magnetische Flussdichte B (Kap. 5.4.2.2) von 1 nT bis 200 T und die elektrische Feldstärke E (Kap. 5.4.1) von 0,1 V/m bis 20 kV/m messen kann. Damit lassen sich Felder von Bahnanlagen, Stromversorgungsleitungen, Hausinstallationen und Elektrogeräten, aber auch Felder von Monitoren, medizinischen Geräten, Dimmern und Messgeräten sehr einfach erfassen.

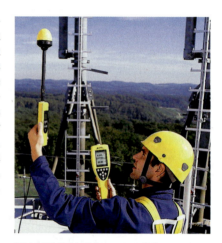

Bild 5.95: Feldstärkemessgerät im praktischen Einsatz

Hinweise zum Schutz vor elektromagnetischer Strahlung:

- Möglichst **Abstand halten** von strahlenden Geräten (z.B. TV, Monitor)

- Nicht benötigte **Geräte abschalten** (z.B. Drucker, Kopierer). Die Netzteile vieler Geräte geben auch im Stand-by-Betrieb ein Magnetfeld ab.

- **Strahlungsarmes Display** verwenden

- **Schnurlose Telefone** am Telefonnetz haben eine relativ geringe Leistung im Vergleich zu Mobiltelefonen.

- Im **Schlafzimmer sollte keine TV- oder Stereoanlage** stehen; **Radiowecker oder Uhren möglichst weit weg** vom Bett.

- **Netzfreischalter** trennen das gesamte Schlafzimmer vom Stromnetz, sobald der letzte Verbraucher ausgeschaltet ist.

AUFGABEN

1. Wie definiert man in der IT-Technik

   a) ein elektrisches Feld und

   b) ein magnetisches Feld?

2. Was wird bei elektrischen und magnetischen Feldern mit den sogenannten Feldlinienbildern dargestellt?

3. Welcher Unterschied besteht zwischen einem inhomogenen und einem homogenen Feld? Geben Sie jeweils ein Beispiel an.

4. Was versteht man

   a) unter Influenz und

   b) unter Polarisation?

5. Wie kann ein elektronisches Bauteil gegen die Beeinflussung durch elektrische Felder geschützt werden?

6. Was versteht man unter der Durchschlagsfestigkeit eines Materials?

7. Wie lässt sich am Arbeitsplatz der erforderliche ESD-Schutz erreichen?

8. Welche Arten von Magnetismus gibt es und wodurch unterscheiden sie sich?

9. Erläutern Sie die im Zusammenhang mit magnetischen Feldern verwendete „Rechtsschraubenregel".

10. Was versteht man unter einem „magnetischer Kreis" (Erklärung ggf. zusätzlich mit einer Skizze)?

11. In Analogie zu elektrischem Strom, Stromdichte, elektrischer Spannung, elektrischer Feldstärke und dielektrischer Leitfähigkeit hat man entsprechende magnetische Größen definiert. Benennen und erläutern Sie diese.

12. Wodurch unterscheiden sich hartmagnetische und weichmagnetische Werkstoffe? Nennen Sie Beispiele für ihre jeweilige Anwendung.

13. Was versteht man unter magnetischer Abschirmung und wodurch wird sie erreicht?

14. Ein Magnetfeld übt eine Kraftwirkung auf bewegte elektrische Ladungen aus. Nennen Sie Beispiele für die technische Nutzung dieses Effektes.

15. a) Was verstehen Sie unter elektromagnetischer Induktion?

    b) Erklären Sie die Begriffe Selbstinduktion und Gegeninduktion.

16. Beschreiben Sie, warum Kontakte in Stromkreisen, in denen sich hohe Induktivitäten befinden, geschützt werden müssen. Nennen Sie Maßnahmen, mit denen Kontakte geschützt werden können. (Lösungshinweis: siehe auch Kap. 5.5.2.1)

17. Was versteht man unter einer elektromagnetischen Welle? Erläutern Sie deren Entstehung und nennen Sie Anwendungsbeispiele.

18. Welche Bedeutung haben die Bezeichnungen EMVU und EMVG?

19. Nennen Sie Maßnahmen, wie man den Einfluss von elektromagnetischen Feldern auf den menschlichen Körper reduzieren kann.

20. Erläutern Sie die Bedeutung der Bezeichnung SAR. In welcher Größenordnung liegen die SAR-Werte aktueller Smartphones?

5

5.5 Bauelemente in IT-Geräten

Die Funktion eines PC und anderer elektronischer Geräte im Bereich der IT-Technik basiert auf den technischen Eigenschaften und dem aufeinander abgestimmten Zusammenspiel unterschiedlicher elektrotechnischer Bauelemente. Diese lassen sich grob einteilen in die Kategorien

- passive Bauelemente
- aktive Bauelemente und
- integrierte Bauelemente.

Zu jeder dieser Kategorie gehören unterschiedliche Arten von Bauelementen, die sich in ihren *grundlegenden* elektrotechnischen Eigenschaften voneinander unterscheiden. Jede Art lässt sich dann abhängig von ihrem jeweils speziellen Verhalten, von den verwendeten Materialien, ihrem Einsatzbereich oder einem anderen Kriterium gruppieren (z. B. Bild 5.121 und Bild 5.122).

> Ein Bauelement, welches *einzeln* in einem eigenen Gehäuse mit eigenen Anschlüssen verwendet wird, bezeichnet man auch als **diskretes Bauelement**.

Zu den fundamentalen **passiven Bauelementen** gehören neben den bereits bekannten ohmschen Widerständen (Kap. 5.1.3) auch die Kondensatoren (Kap. 5.5.1) und die Spulen (Kap. 5.5.2). Zunehmend an Bedeutung gewinnen als vierte Art der passiven Bauelemente in jüngster Zeit die sogenannten Memristoren (Kap. 5.5.3).

Aktive Bauelemente werden aus sogenannten **Halbleitermaterialien** als Ausgangssubstanz hergestellt. Diese Materialien zeichnen sich dadurch aus, dass sie bei Zimmertemperatur einen spezifischen elektrischen Leitwert (Kap. 5.3.2.1) aufweisen, der zwischen dem eines elektrischen Leiters und dem eines elektrischen Isolators liegt. Die Bedeutung dieser Elemente für die gesamte Elektrotechnik liegt darin begründet, dass sich diese Leitfähigkeit durch einfache technische Maßnahmen gezielt verändern lässt (Kap. 5.5.4).
Anders als passive Bauelemente verfügen aktive Bauelemente meist auch über verstärkende oder steuernde Eigenschaften, d. h., sie können ein Signal mit höherer Leistung abgeben, als es die Quelle des aufgenommenen Signals zur Verfügung stellen kann. Hierzu benötigen sie Energie aus einer zusätzlichen elektrischen Speisung oder erzeugen diese Energie selbst (z. B. Solarzellen).

Bei **integrierten Bauelementen** handelt es sich um die Zusammenfassung von *mehreren* passiven und aktiven, gleichartigen oder verschiedenartigen Bauelementen zu größeren Funktionseinheiten in *einem* gemeinsamen Gehäuse, welches dann allgemein als **IC** bezeichnet wird (**IC**: Integrated Circuit; Kap. 5.5.5).

Jedes Bauelement wird in Schaltplänen mit einem genormten Schaltsymbol dargestellt. Bei der Betrachtung ihrer Eigenschaften geht man zwecks Vereinfachung in vielen Fällen von **idealen Bauelementen** aus (d. h. von Elementen, die nur eine einzige gewünschte Eigenschaft haben). In der Praxis haben die **realen Bauelemente** aber stets eine Vielzahl von (oft auch unerwünschten) Eigenschaften, die man je nach Anwendung manchmal vernachlässigen kann, manchmal aber auch nicht. Dies ist insbesondere in Computerprogrammen für Schaltungssimulationen (z. B. Electronic Workbench, Multisim, PSpice, Logic Simulator) von großer Bedeutung und führt je nach Einsatzzweck unter Umständen zu unterschiedlichen Ersatzschaltbildern.

Als **Ersatzschaltbild (ESB)** eines Bauelementes bezeichnet man die zeichnerische (bzw. bei Simulationsprogrammen programmierte) Darstellung eines *realen* Bauelementes mithilfe von *idealisierten* Bauelementen, die sich zusammen elektrisch so verhalten wie das ursprüngliche reale Bauelement.

So kann man beispielsweise eine kurze elektrische Leitung vielfach als ideal und damit als verlustlos ansehen (Bild 5.96 a). Eine lange elektrische Leitung wirkt bei einer Gleichstromübertragung maßgeblich nur mit ihrem ohmschen Widerstand (Bild 5.96 b), bei einem Strom hoher Frequenz aber auch mit ihren induktiven und kapazitiven Eigenschaften (Bild 5.96 c).

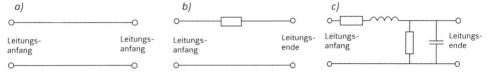

Bild 5.96: Beispiele für Ersatzschaltbilder eines elektrischen Hin- und Rückleiters: a) idealer Leiter, b) nur ohmscher Anteil wirksam, c) alle Eigenschaften wirksam

Ohmsche Widerstände wurden bereits in den vorangegangenen Kapiteln vorgestellt. Kenntnisse über die Eigenschaften aktiver und integrierter Bauelemente sowie deren Handhabung sind insbesondere für das Arbeitsumfeld des IT-Systemelektronikers von Bedeutung, jedoch können sich auch Interessierte der übrigen IT-Berufe mit den folgenden Informationen ein Basiswissen über diese Komponenten aneignen.

5.5.1   Kondensatoren

Kondensatoren bestehen prinzipiell aus zwei gleich großen Elektroden (Metallfolien, Elektrolyte), die durch ein **Dielektrikum** (d. h. einen Nichtleiter aus Keramik, Kunststoff, Papier, Luft) gegeneinander isoliert sind.

Wird ein Kondensator an eine Gleichspannung gelegt, so fließt für kurze Zeit ein Strom. Während dieser Zeit steigt die Spannung am Kondensator auf den Wert der angelegten Spannung (Bild 5.98 a). Trennt man den Kondensator von der Spannungsquelle, so behält er seine Spannung bei; er hat elektrische Energie gespeichert und wirkt selbst wie eine Spannungsquelle (Bild 5.98 b).

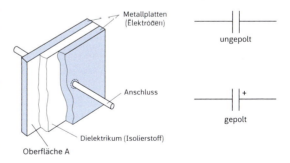

Bild 5.97: Prinzipieller Aufbau und Schaltsymbol eines Kondensators

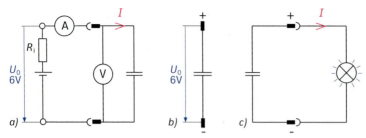

Bild 5.98: Kondensator als Energiespeicher

Schließt man eine Lampe (Verbraucher) an den geladenen Kondensator, so leuchtet diese kurz auf; die Kondensatorspannung geht auf null zurück (Bild 5.98 c).

> Ein **Kondensator** kann elektrische Energie aufnehmen, speichern und wieder abgeben.

Zum Vergleich des Speichervermögens von Kondensatoren gibt man die Ladung an, die der einzelne Kondensator bei einer angelegten Spannung von 1 V aufnimmt.

> Die **Kapazität C** eines Kondensators gibt an, wie groß die elektrische Ladung Q ist, die der Kondensator bei einer angelegten Spannung U von 1 V aufnimmt.
>
> $$C = \frac{Q}{U} \qquad 1\,F = \frac{(1\ \text{Coulomb})}{(1\ \text{Volt})} = 1\,\frac{C}{U} = 1\,\frac{As}{V}$$

Die Einheit der Kapazität heißt Farad (1 F). Dies ist eine sehr große Kapazität, die bei den in der IT-Technik gebräuchlichen Kondensatoren kaum vorkommt. Die hier verwendeten Kondensatoren haben Kapazitäten in den Größenordnungen Mikrofarad (1 µF = 10^{-6} F), Nanofarad (1 nF = 10^{-9} F) und Picofarad (1 pF = 10^{-12} F). Doppelschichtkondensatoren können jedoch mit wesentlich größeren Kapazitäten hergestellt werden; sie werden zur Energieversorgung von IT-Geräten und -Anlagen in Verbindung mit USVs eingesetzt (Kap. 5.3.1.3).

> Die Kapazität eines Kondensators wird bestimmt von seinen Baugrößen. Sie
>
> - steigt in demselben Verhältnis wie die **Oberfläche A** der beiden jeweils gegenüberliegenden Elektroden ($C \sim A$),
> - wird in demselben Verhältnis größer, wie der **Abstand d** der beiden Elektroden kleiner wird $\left(C \sim \dfrac{1}{d}\right)$,
> - ist abhängig von dem Werkstoff, der als Dielektrikum verwendet wird. Diese Werkstoffkennzahl wird als **Dielektrizitätskonstante ε** (lies: Epsilon) bezeichnet ($C \sim \varepsilon$).
>   Die Dielektrizitätskonstante wird alternativ auch **dielektrische Leitfähigkeit** genannt und besitzt die Einheit As/Vm.
>
> $$C = \frac{\varepsilon \cdot A}{d} \qquad 1\,F = \frac{1\,\dfrac{As}{Vm} \cdot m^2}{m} = 1\,\frac{As \cdot m^2}{Vm \cdot m} = 1\,\frac{As}{V}$$
>
> Hinweis: In einigen Fachbüchern wird die dielektrische Leitfähigkeit eines Stoffes (ε) auch als Vielfaches der dielektrischen Leitfähigkeit im Vakuum (ε_0) angegeben (somit: $\varepsilon = \varepsilon_r \cdot \varepsilon_0$; mit $\varepsilon_r = 1, 2, 3, \dots$).

Der Kapazitätswert eines Kondensators wird entweder mit Ziffern aufgedruckt (z. B. 47 µF) oder mit vier Farbmarkierungen entsprechend dem bei Widerständen verwendeten internationalen Farbcode (Bild 5.32) angegeben. Zusätzlich erscheint oftmals auch eine Angabe der maximal zulässigen Betriebsspannung in Volt (z. B. 2,2 nF/650 V) oder als fünfte Farbmarkierung (wichtig für die Durchschlagsfestigkeit; Kap. 5.4.1).

Abhängig vom jeweiligen Einsatz verwendet man unterschiedliche Typen (z. B. Keramik-, Folien-, Tantal- oder Elektrolytkondensatoren). Im Gegensatz zu allen anderen Typen sind Tantal- und Elektrolytkondensatoren **gepolt**, d. h., sie dürfen nur an Gleichspannung betrieben werden. Eine Falschpolung bewirkt die Zerstörung des Bauelementes. Die Anschlüsse sind entsprechend gekennzeichnet (Bild 5.99). Eine der Gleichspannung überlagerte Wechselspannung ist möglich, darf aber keine Umpolung bewirken („Mischstrom", Kap. 5.1.2.4). Aufgrund ihrer – in den folgenden Kapiteln dargestellten – Eigenschaften werden Kondensatoren in IT-Geräten vielfältig eingesetzt, wie z. B.

- als diskretes Bauelement in Netzteilen zur Glättung bzw. Siebung der Restwelligkeit einer gleichgerichteten Wechselspannung und zur Pufferung von Gleichspannung bei schnellem Lastwechsel (meist Elektrolytkondensator mit großer Kapazität);

- als diskretes Bauelement auf dem Motherboard *in der Nähe* von ICs zwecks Filterung von hochfrequenten Signalstörungen (meist Tantalkondensatoren mittlerer Kapazität);

- als diskretes Bauelement in diversen Schaltungen zum Ein- und Auskoppeln von Wechselspannungssignalen bzw. Trennung von Gleich- und Wechselspannungssignalen (Entkopplungskondensator; meist gepolte Kondensatoren mittlerer Kapazität);

- integriert in einem IC bei allen dynamischen Speicherzellen (Kap. 1.5); *ein* Kondensator speichert hierbei die binären Zustände *eines* Bits (ungeladen: logisch 0, geladen: logisch 1; Kap. 4.3.2); sehr kleine Kapazitätswerte.

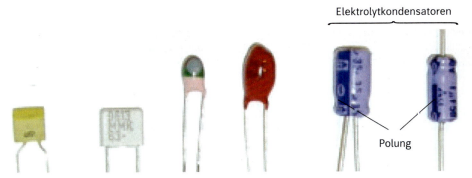

Bild 5.99: Beispiele für Kondensatorbauformen

5.5.1.1 Aufladung und Entladung

Lädt man einen ungeladenen Kondensator an einer Gleichspannungsquelle auf, so bildet er im Einschaltaugenblick zunächst einen Kurzschluss. Um einen unzulässig hohen Anfangsladestrom zu verhindern, muss ein Kondensator daher über einen Vorwiderstand aufgeladen werden (Bild 5.100).

Am Vorwiderstand R liegt in jedem Augenblick die Spannung $U_R = U_0 - U_C$. Die Stromstärke in der Schaltung ergibt sich also nach der Gleichung:

$$I = \frac{U_R}{R} = \frac{U_0 - U_C}{R}$$

> Der **Ladestrom eines Kondensators** nimmt in demselben Verhältnis ab, wie die Kondensatorspannung zunimmt.
>
> Ein Kondensator ist geladen, wenn seine Spannung U_C genauso groß ist wie die angelegte Spannung U_0; I und U_R sind dann null.
>
> Ein geladener Kondensator sperrt den Gleichstrom.

Die Ladezeit t_L wird bestimmt

- durch die Größe des Vorwiderstandes R, der den Anfangsladestrom festlegt. Je größer R, desto größer t_L.

- durch die Kapazität C. Je größer C (umso mehr Ladung nimmt der Kondensator bei der angelegten Spannung auf), desto größer t_L.

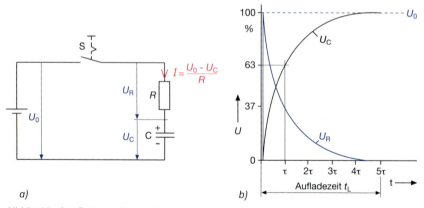

Bild 5.100: a) Aufladung eines Kondensators über einen Widerstand
b) Zeitlicher Verlauf der Spannungen U_R und U_C während der Aufladung

> Bei einem Kondensator bezeichnet man das Produkt aus R und C als **Zeitkonstante τ** (lies: Tau).

$$\tau = R \cdot C \qquad 1\,\Omega \cdot 1\,F = \frac{V}{A} \cdot 1\,\frac{As}{V} = 1\,s$$

Nach der Zeit von $1\,\tau$ ist ein Kondensator *auf* 63 % der angelegten Spannung U_0 aufgeladen.

Innerhalb jedes weiteren Zeitabschnitts von $1\,\tau$ nimmt die Spannung *um* 63 % der jeweiligen Restspannung $U_0 - U_C$ zu.

Nach einer Ladezeit t_L von fünf Zeitkonstanten gilt ein Kondensator praktisch als geladen (Bild 5.100 b).

$$t_L = 5 \cdot \tau$$

Die **Entladung** verläuft genau umgekehrt wie die Aufladung. Während der ersten Zeitkonstanten nimmt die Kondensatorspannung um 63 % des Anfangswertes ab (Bild 5.101).

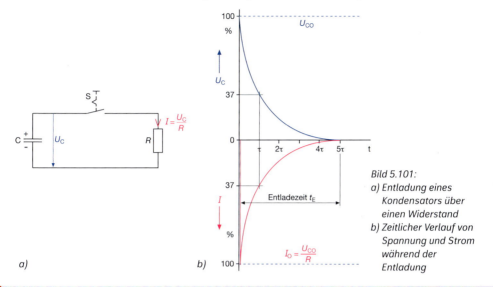

a)

b)

Bild 5.101:
a) Entladung eines
   Kondensators über
   einen Widerstand
b) Zeitlicher Verlauf von
   Spannung und Strom
   während der
   Entladung

Ein Kondensator entlädt sich innerhalb der ersten Zeitkonstanten *auf* 37 % seiner An-
fangsspannung (d. h., er entlädt sich *um* 63 %). Nach einer Entladezeit t_E von fünf Zeitkonstanten gilt ein Kondensator praktisch als entladen.

$$t_E = 5 \cdot \tau$$

Die Stromkurve in Bild 5.101 ist auf der negativen Achse aufgetragen, um zu verdeutlichen, dass der Entladestrom in umgekehrter Richtung wie der Ladestrom fließt. Aus diesen Zusammenhängen wird deutlich, dass beispielsweise bei einer 1T/1C-Speicherzelle
(DRAM, Kap. 1.5.2.2) für das Ändern eines logischen Zustandes stets ein gewisse Zeit (im
Nanosekundenbereich) einkalkuliert werden muss.

5.5.1.2 Kapazitiver Blindwiderstand

Wird ein Kondensator an eine Gleichspannung gelegt, so fließt nur so lange ein Strom, bis er auf die
angelegte Spannung aufgeladen ist.

Da das Dielektrikum des Kondensators kein idealer
Isolator ist, fließt auch nach dem Aufladen noch ein
sehr geringer Gleichstrom (im Ersatzschaltbild eines
realen Kondensators manchmal mit einem parallel zu
C dargestellten Widerstand R symbolisiert). Vernach-
lässigt man diesen Verluststrom, so spricht man von
einem verlustfreien oder idealen Kondensator; er stellt
eine reine Kapazität dar.

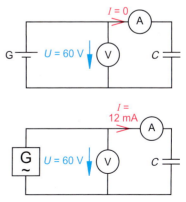

Ein geladener, idealer Kondensator sperrt Gleichstrom.

Bild 5.102: Verlustloser Kondensator im
Gleichstrom- und im Wechselstromkreis

Schließt man den Kondensator an eine Wechselspannung, so wird er fortwährend periodisch geladen und entladen; es fließt also ständig ein Strom.

> Durch einen Kondensator fließt in einem Wechselstromkreis dauernd ein Strom.

Ändert man die Größe der angelegten Wechselspannung, so ändert sich die Stromstärke im Kondensator im gleichen Verhältnis. Der ideale Kondensator verhält sich also im Wechselstromkreis ähnlich wie ein Widerstand; man bezeichnet ihn daher als kapazitiven Blindwiderstand. Zur Abgrenzung von ohmschen *Wirk*widerständen (*R*) verwendet man bei *Blind*widerständen den Buchstaben *X*.

> Ein idealer Kondensator hat im Wechselstromkreis einen **kapazitiven Blindwiderstand**.
>
> $$X_C = \frac{U}{I} \qquad 1\,\Omega = \frac{1\,V}{1\,A}$$
>
> Hinweis: *U* und *I* sind jeweils die Effektivwerte von Wechselspannung und Wechselstrom am Kondensator.

Der Blindwiderstand einer Kapazität beruht auf der fortwährenden Umladung. Daraus ergibt sich, dass der kapazitive Blindwiderstand abhängig ist

- von der Größe der Kapazität und

- von der Schnelligkeit der Umladung, also von der Frequenz der Wechselspannung.

Misst man Stromstärke und Spannung bei der Frequenz 50 Hz an verschieden großen Kapazitäten und berechnet daraus jeweils den Blindwiderstand, so erkennt man, dass $X_C \sim 1/C$ ist (Bild 5.103 a).

Führt man die gleichen Messungen an einer Kapazität von $C = 10\,\mu F$ diesmal bei verschiedenen Frequenzen durch, so erkennt man, dass $X_C \sim 1/f$ ist (Bild 5.103 b).

Es zeigt sich jedoch, dass der aus den gemessenen Effektivwerten (*U*, *I*) berechnete Widerstandswert um einen Faktor $1/k$ größer ist als das Produkt aus dem Kehrwert von *f* und *C*, sodass sich ergibt:

$$X_C = \frac{1}{k \cdot f \cdot C}$$

Setzt man in diese Gleichung beispielsweise die Werte für $f = 100\,Hz$ und $C = 10\,\mu F$ aus Bild 5.103 b ein, so ergibt sich für die Konstante *k* ein Wert von 6,28 = 2 π.

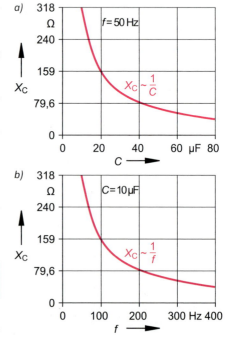

Bild 5.103: Abhängigkeit des kapazitiven Blindwiderstandes von der Kapazität und der Frequenz

Der kapazitive Blindwiderstand eines Kondensators ist

- umgekehrt proportional zur Kapazität C des Kondensators und
- umgekehrt proportional zur Frequenz f der angelegten Spannung.

$$X_c = \frac{1}{2\pi \cdot f \cdot C} \qquad 1\,\Omega = \frac{1}{1\,\text{Hz} \cdot 1\,\text{F}}$$

5.5.1.3 Phasenverschiebung am kapazitiven Blindwiderstand

Überträgt man die Erkenntnisse, die man beim Lade- bzw. Entladevorgang an einer Gleichspannung gewonnen hat, auf die Vorgänge an einem Kondensator an Wechselspannung, so ergibt sich:

Wenn die Kondensatorspannung null ist ($t = 0$ in Bild 5.104 a), hat der Ladestrom seinen Höchstwert. Mit steigender Kondensatorspannung wird die Stromstärke geringer. Ist der Kondensator auf den Höchstwert der anliegenden Wechselspannung aufgeladen ($t = 5$ ms), so hat die Stromstärke den Wert null. Wird die Spannung verringert, so entlädt sich der Kondensator. Der Entladestrom fließt in umgekehrter Richtung wie der Ladestrom. Wechselt die Polarität der Spannung ($t = 10$ ms in Bild 5.104 a), so wird der Kondensator mit umgekehrter Polarität wieder aufgeladen.

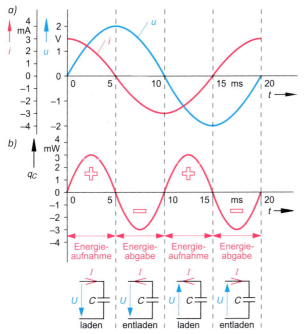

Bild 5.104: a) Phasenverschiebung zwischen Spannung und Stromstärke;
b) Blindleistungsverlauf am kapazitiven Blindwiderstand

Im Liniendiagramm (Bild 5.104 a) erkennt man deutlich, dass Strom und Spannung phasenverschoben sind, und zwar eilt der Strom der Spannung um eine Viertelperiode voraus. Alternativ kann man auch formulieren:

> An einem **kapazitiven Blindwiderstand eilt die Spannung der Stromstärke um** $\varphi = 90°$ **nach.**

In einem Wechselstromkreis mit einem verlustlosen (idealen) Kondensator kann mit einem Wattmeter (vgl. Kap. 5.1.5.6) keine Wirkleistung gemessen werden. Daraus ergibt sich, dass im Kondensator keine Energie in Wärme umgesetzt wird; der Kondensator erwärmt sich im Betrieb praktisch nicht. Die Leistung, die sich als Produkt aus den einzeln gemessenen Werten von Spannung und Stromstärke ergibt, ist eine reine **Blindleistung**.

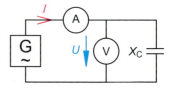

Bild 5.105: Messung der Blindleistung

> In einem verlustlosen Kondensator (kapazitiver Blindwiderstand)
> - entsteht keine Wirkleistung, d. h.: $P = 0$
> - entsteht reine Blindleistung, d. h.: $Q_C = U \cdot I$ 1 W = 1 V · 1 A

In Bild 5.104 b erkennt man, dass die Ladung (Energieaufnahme) und Entladung (Energieabgabe) mit der doppelten Frequenz von Strom und Spannung abläuft.

Die Blindleistung ist also ein Maß für die pro Sekunde zwischen Spannungsquelle und Kondensator hin- und herschwingende Energie. Diese ist physikalisch nicht nutzbar, d. h., sie kann nicht in eine andere Energieform (Wärme, Licht) umgewandelt werden. Da diese Blindleistung aber über die Leitungen transportiert wird, führt sie insbesondere im Energiebereich zu einer erhöhten Strombelastung auf den Versorgungsleitungen.

5.5.1.4 Zusammenschaltung von kapazitiven Blindwiderständen

Für die Zusammenschaltung von kapazitiven Blindwiderständen gelten die gleichen Regeln wie für ohmsche Widerstände.

Reihenschaltung von kapazitiven Blindwiderständen

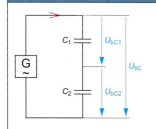

(*): Mit den Rechenregeln der Mathematik ergibt sich bei *zwei* Kapazitäten in Reihe vereinfacht:

$$C_{ges} = \frac{C_1 \cdot C_2}{C_1 + C_2}$$

In der Reihenschaltung fließt durch jeden Kondensator der gleiche Strom I. Folglich nimmt jeder einzelne Kondensator die gleiche Ladung Q auf. Die Teilblindspannungen können zu einer Gesamtblindspannung addiert werden (da sie hier miteinander in Phase sind).

$$U_{bC} = U_{bC1} + U_{bC2} + \ldots$$

Auch die einzelnen Blindwiderstände können addiert werden.

$$X_{Cges} = X_{C1} + X_{C2} + \ldots \quad \text{somit gilt:}$$

$$\frac{1}{2\pi \cdot f \cdot C_{ges}} = \frac{1}{2\pi \cdot f \cdot C_1} + \frac{1}{2\pi \cdot f \cdot C_2} + \ldots$$

$$\Rightarrow \quad \frac{1}{C_{ges}} = \frac{1}{C_1} + \frac{1}{C_2} + \ldots \; (*)$$

Die kapazitiven Blindwiderstände verhalten sich also im Wechselstromkreis umgekehrt proportional zu den Kapazitäten (d. h. allgemein: $X_C \sim \frac{1}{C}$).

In einer Reihenschaltung ist die Gesamtkapazität also immer kleiner als die kleinste Einzelkapazität.

Parallelschaltung von kapazitiven Blindwiderständen

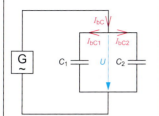

In der Parallelschaltung liegt jeder einzelne Kondensator an der gleichen Spannung. Die Teilblindströme können zu einem Gesamtblindstrom addiert werden (da sie hier miteinander in Phase sind).

$$I_{bC} = I_{bC1} + I_{bC2} + ...$$

Der Gesamtblindwiderstand lässt sich allgemein über die Kehrwerte der Einzelblindwiderstände, d. h. über deren Leitwerte (Kap. 5.2.2.1) ermitteln.

$$\frac{1}{X_{Cges}} = \frac{1}{X_{C1}} + \frac{1}{X_{C2}} + ... \text{, somit:}$$

$$2\pi \cdot f\, C_{ges} = 2\pi \cdot f \cdot C_1 + 2\pi \cdot f \cdot C_2 + ...$$

$$\Rightarrow \quad C_{ges} = C_1 + C_2 + ...$$

(*): Mit den Rechenregeln der Mathematik ergibt sich bei zwei parallelen kapazitiven Widerständen vereinfacht:

$$X_{Cges} = \frac{X_{C1} \cdot X_{C2}}{X_{C1} + X_{C2}}$$

Die kapazitiven Blindwiderstände verhalten sich also im Wechselstromkreis umgekehrt proportional zu den Kapazitäten.

In einer Parallelschaltung ergibt sich die Gesamtkapazität somit als Summe der Einzelkapazitäten.

Bild 5.106: Reihen- und Parallelschaltung von kapazitiven Blindwiderständen

5.5.2 Spulen

Als Spulen bezeichnet man in der Elektrotechnik *Bauelemente*, die aufgrund ihres Aufbaus in der Lage sind, bei Stromfluss ein lokales Magnetfeld zu erzeugen. Synonym (d. h. gleichbedeutend) hierzu wird für diese Bauelemente oft auch die Bezeichnung Induktivität verwendet, obwohl dieser Begriff eigentlich mehr die *Eigenschaft* eines Bauelementes beschreibt, ein Magnetfeld erzeugen zu können (Doppelbedeutung wie beim Begriff „Widerstand", Kap. 5.1.4.1).

Eine Spule besteht aus einem mehrfach, meist auf einen ferromagnetischen Kern (Kap. 5.4.2.3) gewickelten, isolierten elektrischen Leiter. Sie kann aber auch als spiralförmig angeordnete Leiterbahn auf einer Platine oder einer dünnen Trägerfolie realisiert werden (z. B. bei RFID, Kap. 4.3.8).

ohne Kern

mit Kern

Bild 5.107: Beispiele für Spulen und Schaltsymbole

Das besondere Verhalten einer Spule basiert auf den Vorgängen der elektromagnetischen Induktion (Kap. 5.4.2.4). Durch die *Selbstinduktion* wird hierbei durch eine Stromänderung in der Spule eine Spannung induziert. Die Größe der Selbstinduktionsspannung wird bestimmt durch die Größe der Stromänderung, die Zeit, in der diese stattfindet, und durch den Aufbau der Spule. Der Einfluss des Spulenaufbaus wird durch eine Kenngröße angegeben, die man als Induktivität bezeichnet (Einheit: Henry).

Die **Induktivität L** einer Spule gibt an, wie groß die induzierte Spannung U_i ist, wenn sich die Stromstärke in der Spule in einer Sekunde um 1 A ändert ($\Delta I/\Delta t$).

$$L = \frac{U_i}{\frac{\Delta I}{\Delta t}} \qquad 1 \text{ Henry} = 1 \text{ H} = \frac{1 \text{V}}{1 \frac{\text{A}}{\text{s}}} = 1 \frac{\text{Vs}}{\text{A}}$$

Die Induktivität einer Spule wird bestimmt von der Windungszahl N der Spulenwicklung, von den Abmessungen und vom Werkstoff des Spulenkerns. Aufgrund ihres – in den folgenden Kapiteln dargestellten – Verhaltens werden Spulen verwendet

- als **Übertrager** in der IT-Technik zur elektrischen Trennung von Stromkreisen bei der Datenübertragung oder

- als **Transformatoren** in Netzteilen sowie in der gesamten Energietechnik (Kap. 5.5.2.5);

- als **Ferritspule** in Schwingkreisen (Kap. 5.4.3);

- zur Entstörung, z. B. als sogenannte **Mantelfilter** bei diversen Verbindungskabeln (Steckernetzteil, VGA, USB, Firewire, HDMI usw.; Bild 5.108).

Bild 5.108: Spulen als Mantelfilter

5.5.2.1   Ein- und Ausschalten einer Spule

Schaltet man eine Glühlampe mit einer Spule in Reihe an eine Gleichspannung, so sieht man, dass die Lampe nach dem Einschalten verzögert aufleuchtet. Die durch den Stromanstieg beim Einschalten verursachte Flussänderung bewirkt eine Selbstinduktionsspannung (Kap. 5.4.2.4), die nach der Lenzschen Regel ihrer Ursache – also dem Stromanstieg – entgegenwirkt. Daher steigt die Stromstärke nur allmählich auf ihren Endwert.

Wird in den Stromkreis nur eine Spule (z. B. eine Relaisspule, Kap. 5.5.6.1) geschaltet, so ist der Endwert der Stromstärke vom Leiterwiderstand der Spulenwicklung abhängig. Daher lassen sich die Eigenschaften einer Spule im Gleichstromkreis als Ersatzschaltbild durch eine Reihenschaltung aus einem Widerstand R und einer Induktivität L darstellen (Bild 5.109). Hierbei gilt beim Einschalten (d. h., Schalter S1 wechselt von der gestrichelten zur durchgezogenen Kontaktposition):

- Je größer die Induktivität L einer Spule ist, desto größer ist deren Selbstinduktionsspannung U_L, die dem Stromanstieg entgegenwirkt, und desto langsamer erfolgt der Stromanstieg.

- Je kleiner der Leiterwiderstand R der Spulenwicklung ist, desto größer ist der Endwert der Stromstärke und desto länger dauert der Stromanstieg.

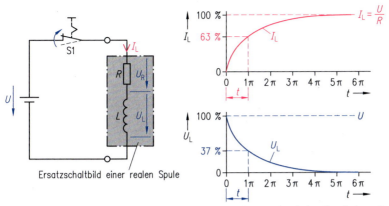

Bild 5.109: Schaltbild und Verlauf von Stromstärke und Spannung beim Einschalten einer Spule

Bei einer Spule bezeichnet man den Quotienten aus L und R als **Zeitkonstante τ.**

$$\tau = \frac{L}{R} \qquad\qquad \frac{1\,\text{H}}{1\,\Omega} = 1\,\frac{\text{Vs}}{\text{A}\Omega} = 1\,\frac{\text{Vs}}{\text{A}\dfrac{\text{V}}{\text{A}}} = 1\,\text{s}$$

- Die **Zeitkonstante τ** einer Spule ist die Zeit, in der die Stromstärke in der Spule *auf* 63 % ihres Endwertes ansteigt (U_L ändert sich in dieser Zeit ebenfalls *um* 63 % *auf* 37 % der ursprünglichen Spannung U; Bild 5.109).
- Die **Zeitkonstante τ** einer Spule ist umso größer, je größer die Induktivität L und je kleiner der Widerstand R ist.
- Nach einer **Einschaltzeit t_E** von fünf Zeitkonstanten ist der Einschaltvorgang (Stromanstieg) praktisch beendet (d. h. $U_L = 0$).

$$t_E = 5 \cdot \tau$$

Das **Ausschalten** verläuft ebenfalls verzögert, da durch die Stromabnahme wieder eine Selbstinduktionsspannung U_L entsteht, die der Abnahme entgegenwirkt (umgekehrte Polung von U_L gegenüber dem Einschaltvorgang). Damit der Selbstinduktionsstrom fließen kann, muss die Spule beim Abschalten kurzgeschlossen werden (d. h., Schalter S1 wechselt in die untere Position, Bild 5.110).

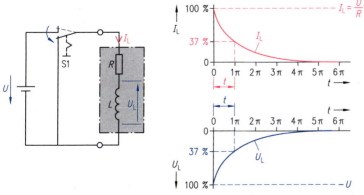

Bild 5.110: Verlauf von Stromstärke und Spannung beim Ausschalten einer Spule

Beim **Ausschalten** einer Spule sinkt die Stromstärke innerhalb der ersten Zeitkonstante um 63 % (d. h. *auf* 37 %; gleiches gilt für U_L; Bild 5.110) des Betriebsstromes. Nach einer **Ausschaltzeit** t_A von fünf Zeitkonstanten ist die Spule praktisch ausgeschaltet ($I = 0$).

$$t_A = 5 \cdot \tau$$

Wird die Spule beim Abschalten nicht kurzgeschlossen, so kommt es zu einer sehr hohen Spannung U_K (im kV-Bereich) am sich öffnenden Kontakt (Bild 5.111). Betriebsspannung U und Induktionsspannung U_i werden zusammen am Kontakt wirksam, was zur Funkenbildung oder zur Zerstörung führen kann. Um zerstörerisch hohe Induktionsspannungen zu vermeiden, muss daher in Spulenschaltungen ein möglichst niederohmiger Stromweg vorbereitet

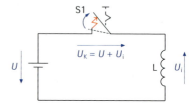

Bild 5.111: Spannung am Kontakt beim Abschalten einer Spule

werden. Hierzu kann beispielsweise eine **Funkenlöschstrecke** parallel zum Kontakt geschaltet werden (Bild 5.112 a). In elektronischen Schaltungen wird häufig eine sogenannte **Freilaufdiode** (Kap. 5.5.4.1) parallel zur Spule geschaltet (Bild 5.112 b), die beim Abschaltvorgang quasi als Kurzschluss wirkt.

Funkenlöschstrecke oder Freilaufdiode können auch durch einen spannungsabhängigen Widerstand (Varistor) ersetzt werden, dessen Widerstand bei höheren Spannungen kleiner wird.

Auch im Eisenkern einer Spule kommt es zu Induktionsvorgängen; das Ergebnis sind die sogenannten **Wirbelströme**. Diese führen – besonders in Wechselstromkreisen – zu Energieverlusten (Erwärmung des Eisenkerns).

Um Wirbelstromverluste gering zu halten, werden die Eisenkerne nicht aus massivem Eisen hergestellt, sondern aus Blechen geschichtet, die gegeneinander elektrisch isoliert sind. Spulen für hohe Frequenzen erhalten Kerne aus Eisenoxidpulver (Ferrite; Kap. 5.4.2.3).

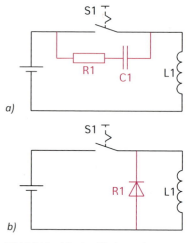

Bild 5.112: a) Funkenlöschstrecke
b) Freilaufdiode

5.5.2.2 Induktiver Blindwiderstand

Schaltet man eine verlustlose Spule (reine Induktivität) erst an eine Gleichspannung und anschließend an eine Wechselspannung, deren Effektivwert (Kap. 5.1.1.6) der entsprechenden Gleichspannung entspricht, so zeigt sich, dass die Stromstärke an Wechselspannung viel geringer ist als die an Gleichspannung. Fließt ein Wechselstrom durch die Spule, so entsteht infolge der Stromänderung eine Induktionsspannung, die nach der Lenzschen Regel ihrer Entstehungsursache – also der Stromänderung – entgegenwirkt. Die Indukti-

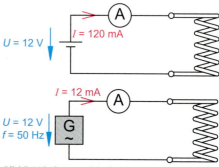

Bild 5.113: Stromstärke in einer Spule an Gleichspannung und an Wechselspannung

vität der Spule hat also im Wechselstromkreis eine strombegrenzende Wirkung. Man sagt: Die Spule hat einen induktiven Blindwiderstand.

Der **induktive Blindwiderstand** X_L ist der in einer Induktivität durch *Selbstinduktion* entstehende Widerstand einer Spule.

$$X_L = \frac{U}{I} \qquad\qquad 1\,\Omega = \frac{1\,V}{1\,A}$$

Hinweis: U und I sind jeweils die Effektivwerte von Wechselspannung und Wechselstrom an der Spule.

Da der induktive Blindwiderstand durch die Induktionsspannung verursacht wird und diese von der Induktivität der Spule und der Schnelligkeit der Stromänderung – also der Frequenz f – abhängt, ergibt sich, dass auch der Blindwiderstand von diesen Größen abhängig ist. Misst man bei konstanter Frequenz von $f = 50$ Hz die Stromstärke und die Spannung an verschieden großen Induktivitäten, so ergibt sich, dass $X_L \sim L$ (Bild 5.114 a). Führt man die gleiche Messung an einer Induktivität von $L = 0,1$ H bei verschiedenen Frequenzen durch, so ergibt sich $X_L \sim f$ (Bild 5.114 b).

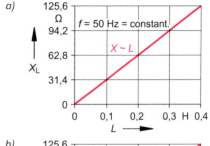

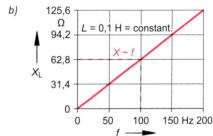

5.114: Abhängigkeit des induktiven Blindwiderstandes von der Induktivität (a) und der Frequenz (b)

Zusammengefasst ergibt sich damit:

$$X_L \sim f \cdot L$$

Es zeigt sich jedoch, dass der aus den gemessenen Effektivwerten berechnete Widerstandswert um einen Faktor **k** größer ist als das Produkt aus Frequenz und Induktivität, sodass sich $X_L = k \cdot f \cdot L$ ergibt.

Für die Bestimmung der Konstanten k entnimmt man aus dem Diagramm (Bild 5.114 b) beispielsweise den Wert des Blindwiderstandes für $f = 100$ Hz und $L = 0,1$ H. Dabei ergibt sich für k ein Wert von $6,28 = 2\pi$.

Der **induktive Blindwiderstand X_L** einer verlustlosen Spule ist bei einer sinusförmigen Wechselspannung direkt proportional der Frequenz f und der Induktivität L.

$$X_L = 2\,\pi \cdot f \cdot L \qquad\qquad 1\,\Omega = 1\,Hz \cdot 1\,H = 1\,\frac{Vs}{s \cdot A} = 1\,\frac{V}{A}$$

5

5.5.2.3   Phasenverschiebung am induktiven Blindwiderstand

Wie beim kapazitiven Blindwiderstand (Kap. 5.5.1.3) ergibt sich auch beim induktiven Widerstand eine Phasenverschiebung zwischen Strom und Spannung. Messungen zeigen allerdings umgekehrte Verhältnisse, d. h., die Spannung eilt hier der Stromstärke um eine Viertelperiode vor (aufgrund der Hemmung der Stromstärkenänderung durch Selbstinduktion; Bild 5.115 a).

> An einem **induktiven Widerstand eilt die Spannung der Stromstärke um** $\varphi = 90°$ **voraus.**

In einem Wechselstromkreis mit einer verlustlosen (idealen) Spule kann mit einem Wattmeter (Kap. 5.1.5.6) keine Wirkleistung gemessen werden. Daraus ergibt sich, dass in der Spule keine Energie in Wärme umgesetzt wird. Die Leistung, die sich als Produkt aus den einzeln gemessenen Werten von Spannung und Stromstärke ergibt, ist eine reine **Blindleistung**.

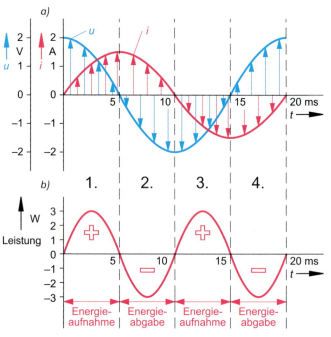

Im Diagramm (Bild 5.115 b) erkennt man, dass die Blindleistung sinusförmig mit der doppelten Frequenz der Spannung schwingt. Während der 1. und 3. Viertelperiode der Spannung ist die Leistung positiv, d. h., die Spule nimmt Energie aus dem Stromkreis auf; das Magnetfeld der Spule wird jeweils aufgebaut.

Bild 5.115: Phasenverschiebung (a) und Blindleistung (b) am induktiven Blindwiderstand

Während der 2. und 4. Viertelperiode ist die Leistung negativ, d. h., die Spule gibt Energie an den Stromkreis ab; das Magnetfeld der Spule bricht jeweils zusammen.

> In einer verlustlosen Spule (induktiver Blindwiderstand)
>
> - entsteht keine Wirkleistung, d. h. $P = 0$
> - entsteht reine Blindleistung. d. h. $Q_L = U \cdot I;$ $1\ W = 1\ V \cdot 1\ A$

Die Blindleistung ist die pro Sekunde zwischen der Spannungsquelle und dem induktiven Widerstand hin- und herschwingende Energie. Diese kann physikalisch nicht genutzt werden (d. h. ist nicht in andere Energieformen umwandelbar), sie stellt jedoch eine Belastung für die Leitungen dar.

5.5.2.4 Zusammenschaltung von induktiven Blindwiderständen

Für die Zusammenschaltung von induktiven Blindwiderständen gelten die gleichen Regeln wie für ohmsche Widerstände.

Reihenschaltung von induktiven Blindwiderständen

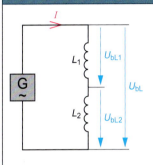

Die Teilblindspannungen können zu einer Gesamtblindspannung addiert werden (da sie hier miteinander in Phase sind).

$$U_{bL} = U_{bL1} + U_{bL2} + \dots$$

Auch die einzelnen Blindwiderstände können addiert werden.

$$X_{Lges} = X_{L1} + X_{L2} + \dots$$

Da die induktiven Blindwiderstände sich im Wechselstromkreis direkt proportional zu den Induktivitäten verhalten, ergibt sich die Gesamtinduktivität als Summe der Einzelinduktivitäten.

$$2\pi \cdot f \cdot L_{ges} = 2\pi \cdot f \cdot L_1 = 2\pi \cdot f \cdot L_2 + \cdots$$

$$\Rightarrow \quad L_{ges} = L_1 + L_2 + \cdots$$

Parallelschaltung von induktiven Blindwiderständen

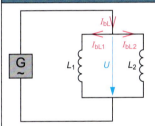

(*): Mit den Rechenregeln der Mathematik ergibt sich bei *zwei* Induktivitäten vereinfacht:

$$X_{Lges} = \frac{X_{L1} \cdot X_{L2}}{X_{L1} + X_{L2}} \qquad bzw.$$

$$L_{ges} = \frac{L_1 \cdot L_2}{L_1 + L_2}$$

Die Teilblindströme können zu einem Gesamtblindstrom addiert werden (da sie hier miteinander in Phase sind).

$$I_{bL} = I_{bL1} + I_{bL2} + \dots$$

Der Gesamtblindwiderstand wird allgemein über die Kehrwerte der Einzelwiderstände (Leitwerte; Kap. 5.2.2.1) ermittelt.

$$\frac{1}{X_{Lges}} = \frac{1}{X_{L1}} + \frac{1}{X_{L2}} + \dots \; (*)$$

Da die induktiven Widerstände sich im Wechselstromkreis direkt proportional zu den Induktivitäten verhalten, muss die Gesamtinduktivität allgemein über die Summe der Kehrwerte der Einzelinduktivitäten ermittelt werden.

$$\frac{1}{2\pi \cdot f \cdot L_{ges}} = \frac{1}{2\pi \cdot f \cdot L_1} + \frac{1}{2\pi \cdot f \cdot L_2} + \cdots$$

$$\Rightarrow \quad \frac{1}{L_{ges}} = \frac{1}{L_1} + \frac{1}{L_2} + \cdots$$

Bild 5.116: Reihen- und Parallelschaltung von induktiven Blindwiderständen

5.5.2.5 Übertrager (Transformator)

Das Prinzip der *induktiven Kopplung* (Kap. 5.4.2.4) nutzt man technisch bei Bauelementen, die man – abhängig vom Einsatzbereich – entweder als Transformator oder Übertrager bezeichnet.

Bei einem **Übertrager** sind zwei Spulen über einen gemeinsamen Eisenkern gewickelt. Die Spule, an der als Quelle ein Wechselspannungsgenerator angeschlossen ist, nennt man **Primärspule**; die Spule, an der ein Verbraucher (R_L) angeschlossen ist, heißt Sekundärspule. Primärstromkreis und Sekundärstromkreis sind hierbei elektrisch völlig voneinander getrennt.

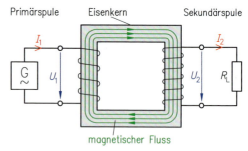

Bild 5.117: Prinzip eines Übertragers

> Die *elektrische* Trennung von Primärstromkreis und Sekundärstromkreis bezeichnet man auch als **galvanische Trennung.**

Fließt in der Primärwicklung ein Wechselstrom (oder ein zerhackter Gleichstrom wie bei Schaltnetzteilen, Kap. 5.3.1.3), so erzeugt dieser bekanntlich im Eisenkern einen magnetischen Wechselfluss (Kap. 5.4.2.4). Durch diesen wird in der Sekundärspule eine Spannung U_2 induziert, welche einen Strom I_2 durch R_L bewirkt.

Die induzierte Spannung U_2 entsteht auch ohne den dargestellten Eisenkern, der lediglich zur besseren Leitung des magnetischen Flusses und damit einer größeren Effizienz dient. Eine solche Anordnung ohne Kern wird beispielsweise für die kontaktlose Übertragung von Energie verwendet (z. B. stromdurchflossene Primärspule befindet sich in einem Ladegerät, die Sekundärspule in einem Smartphone; liegt das Smartphone auf dem Ladegerät, kann die induzierte Spannung den Akku laden).

Betrachtet man Spannungen und Ströme von Primär- und Sekundärseite genauer, so stellt man folgende Zusammenhänge fest:

> Ein *idealer*, d. h. verlustfreier Übertrager gibt am Ausgang die gleiche Leistung ab, die er am Eingang aufgenommen hat.
>
> $$P_1 = P_2 \qquad \text{mit} \quad P_1 = U_1 \cdot I_1 \ \text{ und } \ P_2 = U_2 \cdot I_2$$

Die Größe der Spannung U_2 wird bestimmt durch das Verhältnis der Windungszahlen beider Spulen. Dieses wird als **Übersetzungsverhältnis ü** bezeichnet.

$$ü = \frac{U_1}{U_2} = \frac{N_1}{N_2}$$

Da gilt $P_1 = P_2$, ergibt sich, dass sich die Ströme in den beiden Spulen umgekehrt wie die Spannungen verhalten.

$$\frac{I_1}{I_2} = \frac{U_2}{U_1} = \frac{1}{ü}$$

Es findet also gleichzeitig eine Spannungs- und eine Stromübersetzung statt. Dies nutzt man beispielsweise bei der *Energieverteilung* über weite Strecken. Um den Energieverlust auf den (langen) Überlandleitungen auch bei kleinen Leiterquerschnitten möglichst gering zu halten, transformiert man die Spannung am Erzeugungsort (Kraftwerk) hoch. Dies führt bei gleicher übertragener Leistung zu niedrigen Strömen auf den Leitungen und damit zu geringeren Verlusten auf dem Übertragungsweg. Erst in Verbrauchernähe wird die Spannung wieder heruntertransformiert. Die für diese großen Leistungen konzipierten Bauelemente bezeichnet man dementsprechend als **Transformatoren** (Umspanner).

Im IT-Bereich hingegen steht die *Informationsübertragung* im Vordergrund, die hier eingesetzten Bauelemente bezeichnet man daher als **Übertrager**.

Erinnert man sich in diesem Zusammenhang daran, dass das Verhältnis von *U/I* einen Widerstand *R* ergibt, kann man beim Übertrager auch eine **Widerstandsübersetzung** berechnen:

$$\frac{R_1}{R_2} = \frac{\dfrac{U_1}{I_1}}{\dfrac{U_2}{I_2}} = \frac{U_1}{I_1} \cdot \frac{I_2}{U_2} = \frac{U_1}{U_2} \cdot \frac{I_2}{I_1} = \ddot{u} \cdot \ddot{u} = \ddot{u}^2 \quad \Rightarrow \quad R_1 = \ddot{u}^2 \cdot R_2$$

Das bedeutet, dass ein sekundärseitig angeschlossener Widerstand R_2 die Spannungsquelle der Primärseite belastet wie ein unmittelbar an diese angeschlossener Widerstand mit dem Wert $R_1 = \ddot{u}^2 \cdot R_2$. Dieser Zusammenhang ist in der Übertragungstechnik von größter Bedeutung für die Erzielung einer Leistungsanpassung (Kap. 5.3.1.2) bei gleichzeitiger galvanischer Trennung.

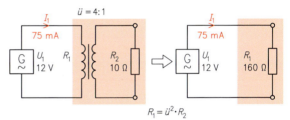

Bild 5.118: Widerstandsübersetzung bei einem Übertrager

5.5.3 Memristoren

Memristor ist eine aus den Worten „**Mem**ory" und „**Res**istor" zusammengesetzte Bezeichnung. Sie charakterisiert eine neue Art von Bauelementen, die erst in jüngster Zeit zur Marktreife entwickelt werden konnten.

> Ein **Memristor** besitzt – vereinfacht ausgedrückt – die Eigenschaft, seinen Widerstand in Abhängigkeit von einer anliegenden Spannung zu ändern und *diesen Widerstandswert auch nach Abklemmen der Spannung dauerhaft beizubehalten!*

Diese besondere Eigenschaft lässt sich inzwischen mit verschiedenen technischen Ansätzen und speziellen Materialien hervorrufen. Meist beruhen die Verfahren darauf, dass durch Anlegen einer elektrischen Spannung und der daraus resultierenden *Bewegung* elektrischer Ladungen dauerhaft eine Veränderung innerhalb der Struktur des jeweils verwendeten Materials hervorgerufen wird. Diese Materialveränderung führt dann zu einem veränderten elektrischen Widerstand, auch nachdem die Ladungsbewegung beendet ist. Materialien mit dieser Eigenschaft bezeichnet man daher auch als **resistiv**.

Diese Eigenschaft lässt sich als alternative Speichertechnik nutzen. Während bisherige elektronische Speichertechniken im IT-Bereich stets auf einer Speicherung elektrischer Ladungen beruhen (z. B. DRAM, Kap. 1.5.2.2), basiert die Speicherung beim Memristor auf der Basis einer Widerstandsänderung (*ohne Speicherung* elektrischer Ladungen).

Unter der Bezeichnung ReRAM oder anderen marketingabhängigen Namen werden von einzelnen Firmen bereits Produkte auf dieser oder einer vergleichbaren Technik vermarktet.

So basiert der 3D XPoint-Speicher (Kap. 1.5.1.3) prinzipiell auf einer mikroskopisch kleinen, räumlichen Gitterstruktur resistiver Materialen (Bild 5.119), die einzelne Speicherzellen bilden und auf die wahlfrei zugegriffen werden kann. Jede dieser Speicherzellen speichert 1 Bit (Kap. 4.3.2). Der Schreibvorgang erfolgt durch das Anlegen einer Spannung an ein räumliches Leitungsgitter, an deren Kreuzungspunkten der jeweilige Informationsspeicher liegt. Das Fehlen von Transistoren ermöglicht gegenüber DRAM-Zellen (Bild 5.123) und Flashspeichern (Bild 5.124) zudem eine wesentlich größere Packungsdichte der Speicherzellen auf einem Chip. Da die Spei-

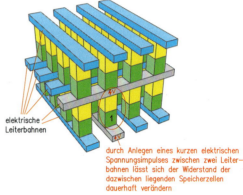

elektrische Leiterbahnen

durch Anlegen eines kurzen elektrischen Spannungsimpulses zwischen zwei Leiterbahnen lässt sich der Widerstand der dazwischen liegenden Speicherzellen dauerhaft verändern

Bild 5.119: 3D XPoint-Speicher (Grundprinzip)

cherzellen in mehreren Lagen übereinander platzierbar sind („3D"), lässt sich die derzeitige Kapazität pro Chip zukünftig auch weiter erhöhen.

5.5.4   Aktive Bauelemente

Aktive Bauelemente werden aus sogenannten Halbleiterwerkstoffen gefertigt. Daher werden sie auch als **Halbleiterbauelemente** oder kurz als **Halbleiter** bezeichnet. Zu den in der Technik am meisten verwendeten Halbleiterwerkstoffen gehören die Elemente **Germanium (Ge)** und **Silizium (Si)**, seit geraumer Zeit zusätzlich auch speziell entwickelte **Verbindungshalbleiter** (z. B. Galliumarsenid, GaAs; zukünftig auch Galliumnitrid, GaN) oder **organische Substanzen** (z. B. für OLED). Das verwendete Halbleitermaterial muss für den Herstellungsprozess aktiver Bauelemente zunächst in höchster Reinheit vorliegen. Anschließend wird es gezielt mit Atomen anderer Elemente versehen (z. B. Gallium, Arsen, Phosphor), um ein bestimmtes elektrisches Verhalten zu realisieren. Diesen Vorgang bezeichnet man als **Dotieren**.

Die elektrischen Eigenschaften diskreter Halbleiterbauelemente werden seitens der Hersteller stets in zugehörigen Datenblättern mit Kennlinien dargestellt, da diese Bauelemente vielfach kein lineares Verhalten (z. B. Bild 5.120) aufweisen wie etwa die ohmschen Widerstände (Kap. 5.1.4.1). Aus diesem Grund ist oftmals nur ein eingeschränkter Bereich der Kennlinie als Arbeitsbereich technisch nutzbar. Außerhalb dieses Bereiches ergeben sich sehr große Signalverzerrungen oder das Bauelement wird zerstört.

Ohne Halbleiterbauelemente wäre die moderne IT-Technik aber nicht denkbar. Insbesondere die Möglichkeit, diese durch modernste Integrationstechniken in winzigen Strukturen herzustellen, ermöglicht erst die Entwicklung kleiner, leistungsstarker und dennoch portabler Geräte (z. B. Smartphones, Wearables usw.).

Grundlegende technische Merkmale und Bezeichnungen von häufig in IT-Geräten verwendeten aktiven Elementen werden im Folgenden kurz benannt. Ausführlichere Informationen sowie Schaltungsbeispiele findet man bei Bedarf auf diversen Internetseiten (z. B. bei Wikipedia) oder entsprechenden Fachbüchern (z. B. „Elektrotechnik – Allgemeine Grundbildung", Bildungsverlag EINS, Köln).

5.5.4.1 Dioden

Eine Diode ist ein elektronisches Bauelement mit einem *stromrichtungsabhängigen* Widerstand: Im Rahmen der vom Hersteller angegebenen Grenzwerte sperrt sie in einer Richtung den Strom (Sperrrichtung: $U_R = U_{AK} < 0$ V, d. h., sie ist hochohmig), in der anderen Richtung lässt sie ihn durch (Durchlassrichtung: $U_F = U_{AK} > 0{,}7$ V, d. h., sie ist niederohmig). Aufgrund dieser Eigenschaft muss man für den richtigen Einbau in eine Schaltung die Anschlüsse voneinander unterscheiden können. Die Anschlüsse tragen die Bezeichnungen Anode (A) und Katode (K), der Katodenanschluss ist meist besonders gekennzeichnet (z. B. mittels Farbring, Bild 5.120). Zum Schutz vor zu großen Strömen müssen Dioden stets in Reihe mit einem Vorwiderstand betrieben werden.

Klassischer Einsatzbereich einer Diode ist die Gleichrichtung von Wechselspannungen (z. B. im PC-Netzteil) und die Spannungsbegrenzung (als Überspannungsschutz empfindlicher Bauteile, z. B. als Freilaufdiode, Kap. 5.5.2.1).

Durch die Verwendung spezieller Materialien beim Dotieren ergeben sich darüber hinaus spezielle Diodentypen mit unterschiedlichen Eigenschaften (Bild 5.121).

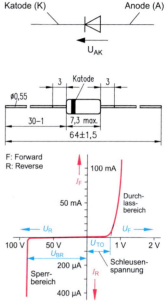

5.120: Schaltsymbol, Maßzeichnung und nichtlineare Kennlinie einer Siliziumdiode

Bezeichnung	Merkmale	Anwendungsbeispiele
Z-Diode	– werden im Gegensatz zu normalen Dioden in Sperrrichtung betrieben (d. h. $U_{AK} < 0$ V); – ab einer bestimmten Sperrspannung (Durchbruchsspannung U_{BR}, Bild 5.120) ergibt sich auch bei großen Stromänderungen nur eine geringe Spannungsänderung, d. h., die Spannung an der Z-Diode bleibt nahezu konstant. – Der Wert von U_{BR} kann bei der Herstellung durch die Dotierungsstärke festgelegt werden.	Spannungsstabilisierung, Spannungsbegrenzung (z. B. im PC-Netzteil oder auf dem Mainboard)
LED	– Leuchtdiode (**L**ight-**E**mitting **D**iode); bei Stromfluss in Durchlassrichtung wird Licht abgestrahlt; – Lichtfarbe abhängig vom Dotiermaterial; Farbe ggf. einstellbar bei Kombination von drei LEDs (RGB, Kap. 1.12.1); Wellenlänge sichtbares Licht: 780 nm–380 nm („Vernetzte IT-Systeme", Kap. 4.2) – bei Hochleistungs-LED extrem hohe Lichtausbeute – Verwendung auch im nicht-sichtbaren Bereich (**IR-LED**: **I**nfrarot LED)	Anzeigeelement, ggf. auch mehrfarbig (z. B. am Smartphone), Matrixanzeigen (z. B. Laufschrift), Backgroundbeleuchtung bei TFT-Bildschirmen; in Taschenlampen, als Kfz-Beleuchtung, IR-LED bei TV-Fernsteuerungen

5

Bezeichnung	Merkmale	Anwendungsbeispiele
OLED	– Organische Leuchtdiode (**O**rganic **L**ight **E**mitting **D**iode); in Durchlassrichtung selbstleuchtendes Dünnschichtbauelement aus organischen Schichten auf Glassubstrat oder biegsamer Kunststoff-Folie; – preisgünstige Herstellung, hohe Kontrastwirkung, geringer Stromverbrauch, aber nicht so langlebig wie herkömmliche LEDs	Display in Smartphones, Tablets und Fernseher; Raumbeleuchtung
Laserdiode	– Spezielle Art einer LED, die in Durchlassrichtung Laserstrahlung erzeugt (Laser: Licht sehr hoher Intensität und Bündelung)	CD/DVD/BD-Player, PC-Maus, Laserdrucker, Laserpointer, Sendediode bei Glasfaserübertragung (Vernetzte IT-Systeme, Kap. 4.2)
Fotodiode	– Bei Lichteinfall auf die innere Struktur wird – ähnlich wie bei einer Solarzelle – in Sperrrichtung ein geringer elektrischer Strom erzeugt.	Lichtmessung, Empfang von mit Licht übertragenen Informationen (Optokoppler)

Bild 5.121: Beispiele für Diodentypen in der IT-Technik

Dioden werden in unterschiedlichen Größen und Bauformen angeboten. Entsprechende Kenndaten sind bei Bedarf dem jeweiligen Datenblatt des Herstellers zu entnehmen.

5.5.4.2 Transistoren

Die Bezeichnung Transistor ist die Kurzform für „**Tran**sfer Re**sistor**" und bedeutet so viel wie „steuerbarer Widerstand". Er ist ein grundlegendes elektronisches Bauelement, dessen elektrotechnische Eigenschaften in der gesamten IT-Technik von großer Bedeutung sind. Transistoren verwendet man im IT-Bereich hauptsächlich als schnelle elektronische Schalter, die elektrische Ströme ein- und ausschalten (z. B. im Prozessor, Kap. 1.3). Die geschalteten Ströme stellen binäre Signale (Kap. 4.1.2) dar, auf deren Verarbeitung die gesamte digitale Datentechnik beruht.

Ein Transistor besitzt aber auch verstärkende Eigenschaften, deren Ausgangssignal (Strom oder Spannung) dann größer ist als das steuernde Eingangssignal.

Jeder Transistor besitzt drei Anschlüsse, die abhängig vom Transistortyp unterschiedliche Bezeichnungen tragen, die aber immer die gleiche Funktionalität aufweisen: Bezogen auf einen gemeinsamen Bezugspunkt fungiert ein Anschluss als Eingang und der andere als Ausgang.

Im IT-Bereich sind inzwischen die meisten Transistoren in integrierter Form anzutreffen, lediglich im Leistungsbereich (Netzteil, Endverstärker) findet man noch Einzeltransistoren.

Es existiert eine Vielzahl unterschiedlicher Transistortypen mit jeweils eigenen Bezeichnungen. Diese werden in Schaltplänen jeweils mit einem genormten Schaltsymbol dargestellt. Um aber komplexe Transistorschaltungen nicht komplett zeichnen zu müssen, werden oft ganze Funktionsblöcke nur mit einem einzigen Symbol des jeweils maßgeblich verwendeten Transistortyps dargestellt (z. B. Kap. 5.3.1.3). Bild 5.122 fasst die wesentlichen Typen und deren Schaltsymbole zusammen.

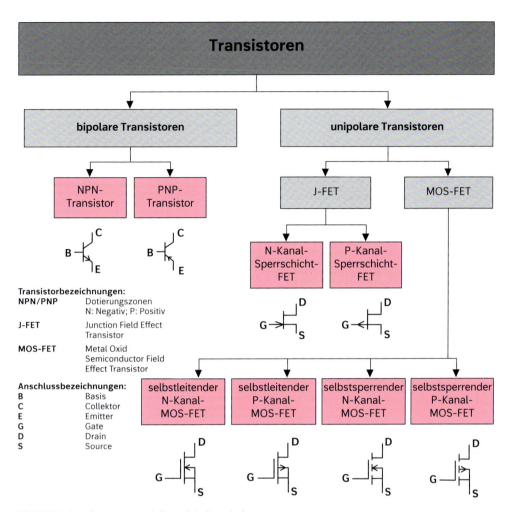

Bild 5.122: Transistortypen und deren Schaltsymbole

Die Ansteuerung eines Bipolartransistors erfolgt durch einen *Eingangsstrom* I_B in den Basisanschluss. Die Ansteuerung eines unipolaren Transistors hingegen erfolgt durch das *elektrische Feld* (Kap. 5.4.1) einer zwischen Gate und Source anliegenden Spannung U_{GS} (d. h. nahezu leistungslos, da $I_G \approx 0$ A). Wegen dieser geringeren Energieaufnahme werden in Computer-ICs daher meist MOS-FETs verwendet. Die Bezeichnung „selbstsperrend" bedeutet, dass aufgrund der inneren Struktur die Strecke zwischen Drain- und Source-anschluss sehr hochohmig ist, wenn $U_{GS} = 0$ V ist; hingegen besagt „selbstleitend", dass die Drain-Source-Strecke bei $U_{GS} = 0$ V leitfähig ist. In Verbindung mit einem Kondensator als Ladungsträgerspeicher lassen sich mit MOS-FETs vergleichsweise einfach Speicher-Arrays aufbauen (z. B. DRAM: 1T/1C-Zellen; Kap. 1.5.2.2). In einem solchen Array wird nacheinander jedes 8-Bit-Wort zunächst durch einen entsprechenden Spannungswert auf der **Wortleitung** angesprochen. Anschließend lassen sich die Werte der einzelnen Bits (0 oder 1) über die jeweiligen **Bitleitungen** einschreiben oder auslesen (Bild 5.123).

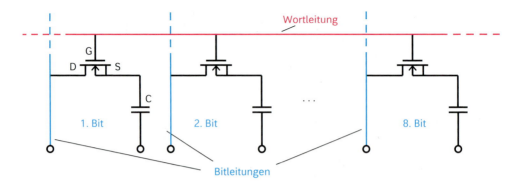

Bild 5.123: 8 Bit DRAM-Speicherzelle (Grundprinzip)

Bei den Speicherzellen eines Flash-Speichers werden spezielle MOS-FETs verwendet, die als Besonderheit im Inneren eine zusätzliche Zone enthalten, die als Floating Gate bezeichnet wird (Bild 5.124). In Abhängigkeit von der Polarität einer zwischen Steuer-Gate und Drain angelegten Spannung (ca. ± 20 V) lassen sich in das **Floating Gate** Elektronen einbringen oder daraus entfernen („Daten einlesen"). Hierdurch ändert sich die elektrische Leitfähigkeit zwischen dem Drain- und dem Source-Anschluss dauerhaft. Den beiden möglichen Zuständen „leitend" bzw. „nicht leitend" zwischen Drain und Source entspricht dann der „0"- bzw. „1"-Zustand eines Datenbits („Daten auslesen"). Um eine dauerhafte Datenspeicherung zu ermöglichen, muss ein Abfließen der in das Floating Gate eingebrachten Elektronen verhindert werden. Aus diesem Grund ist das Floating Gate mit einem hoch isolierenden Dielektrikum (SiO_2: Siliziumdioxid) umgeben. Auf diese Weise lassen sich Daten mehr als zehn Jahre lang speichern.

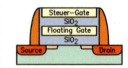

Bild 5.124: MOS-FET mit Floating-Gate

5.5.5 Integrierte Bauelemente

Integrierte Bauelemente (**IC**: **I**ntegrated **C**ircuit) stellen eine Zusammenschaltung einer großen Anzahl aktiver und passiver Bauelemente auf einem *einzigen* Halbleiterchip in einem Gehäuse dar. Mit modernen Integrationstechniken können hierbei mehrere Millionen einzelner Bauelemente auf einem Halbleiterchip mit wenigen Quadratzentimetern Grundfläche untergebracht werden.

Aufgrund der hohen Integrationsdichte und den damit verbundenen Entwicklungs- und Produktionskosten ist das erklärte Ziel der Hersteller die Entwicklung möglichst universell einsetzbarer Bausteine, deren gewünschte Funktionen entweder mithilfe weniger externer Bauteile eingestellt oder vom Anwender selbst programmiert werden kann (**PLD**: **P**rogrammable **L**ogic **D**evice; programmierbarer Logik-Baustein). Der Begriff „Programmierung" ist hierbei nicht zu verstehen als Festlegung eines *zeitlichen Ablaufs* (wie bei einem Computerprogramm), sondern als Konfiguration einer erforderlichen *Schaltungsstruktur*. Diese kann entweder nur einmalig erfolgen (durch Einbrennen bestimmter Schaltungsstrukturen, vergleichbar wie bei einem ROM) oder mehrmalig (durch wiederholbare Prozesse, ähnlich wie bei einem EEPROM). Im Zusammenhang mit diesen Bausteinen werden häufig die folgenden Bezeichnungen verwendet:

Abk.	Erläuterung
CPLD	**Complex Programmable Logic Device** (*komplexer programmierbarer Logik-Baustein*); diese Bausteine bestehen aus vielen (bis zu 100 000) SPLDs (Simple Programmable Logic Device, z. B. AND, OR, NOT; Kap. 4.4), die als **Macrozellen** bezeichnet werden und über eine Verbindungsmatrix miteinander verknüpft sind; kostengünstig herstellbar Anwendungsbeispiele: Adressdecoder, Multiplexer
FPGA	**Field Programmable Gate Array** (*Anwender-programmierbare Gatteranordnung*); besteht aus einer sehr großen Zahl (mehrere Millionen) von Logik-Zellen, die matrizenförmig auf dem Baustein angeordnet sind und wesentlich komplexer als CPLDs sind. Die Zellen können vom Anwender selbst zu einer anwendungsspezifischen Schaltung programmiert werden (je nach Ausführung des FPGAs ein- oder mehrmalig) Anwendungsbeispiel: digitale Signalverarbeitung in Echtzeit (z. B. digitale Filter, Fehlerkorrektur), Speichercontroller
ASIC	**Application Specific Integrated Circuit** (*anwendungsspezifischer integrierter Schaltkreis*); speziell vom Hersteller nach Kundenangaben für eine bestimmte Applikation entwickelter und optimierter Chip Anwendungsbeispiel: Prozessoren in Mobiltelefonen
ASSP	**Application Specific Standard Product** (*anwendungsspezifisches Standardprodukt*); anwendungsspezifischer Schaltkreis, der aber in Geräten verschiedener Hersteller verwendet werden kann (d. h. andere Vermarktungsstrategie als bei ASICs) Anwendungsbeispiel: GSM-Chip und GPS-Empfänger für Smartphones; Audio-/ Video-Encoder in DVD-Geräten
SoC	**System-on-a-Chip** (*Ein-Chip-System*); Integration eines kompletten Datenverarbeitungssystems (CPU, RAM, ROM, Register, Controller und andere Komponenten) auf einem *einzigen* Chip; alle Komponenten sind über ein internes Bussystem direkt miteinander verbunden Anwendungsbeispiel: ARM-CPU (Kap. 1.3.3)

Bild 5.125: Bezeichnungen bei programmierbaren Logik-Bausteinen

5

5.5.6 Sonstige Bauelemente

Neben den bisher aufgeführten Bauelementen gibt es eine Vielzahl weiterer Komponenten, die für die Funktion eines IT-Systems erforderlich sind (z. B. Spannungsregler, Schwingquarze, Sensoren usw.). Besonders zu erwähnen sind hierbei noch die Relais und die dem Schutz vor Überlastungen dienenden Gerätesicherungen.

5.5.6.1 Relais

Ein Relais ist ein elektrisch betriebener, elektromagnetischer Schalter, in der Regel mit zwei Schaltstellungen. Man unterscheidet elektromechanische Relais (**EMR**; inzwischen weniger verbreitet) und Halbleiterrelais (**SSR**: Solid-State Relay; heute meist anstelle von EMRs verwendet).

Ein **EMR** nutzt die Kraftwirkung eines elektromagnetischen Feldes: Fließt durch die Spule (Bild 5.126) ein Strom, so entsteht im Kern ein Magnetfeld; die Stromrichtung ist dabei ohne Bedeutung. Der beweglich angeordnete Eisenanker wird durch die Magnetfeldkraft angezogen und betätigt die Kontakte, die sich auf biegsamen Kontaktfedern befinden. Wird der Strom abgeschaltet, so wird der Anker durch die Rück-

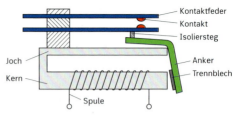

Bild 5.126: Elektromechanisches Relais (Grundprinzip)

stellkraft der Kontaktfedern in die Ruhelage zurückgestellt. EMRs werden verwendet in vielen elektronischen Schaltungen (z. B. bei Audio-Endstufen zur verzögerten Lautsprecheranschaltung) oder in der Starkstromtechnik zum Schalten großer Lasten (hier werden sie dann „**Schütz**" genannt).

Eine Sonderform eines EMR stellt das sogenannte **Reed-Relais** dar. Es besteht aus Reedkontakt, Spule und Gehäuse. Der wesentliche Unterschied zu anderen Relais liegt in der Ausführung der Kontakte. Sie bestehen aus ferromagnetischen Kontaktzungen, die in einem Glasröhrchen gasdicht eingeschmolzen sind. Unter dem Einfluss des Magnetfeldes der Spule, die das Glasröhrchen umgibt, nehmen die beiden Kon-

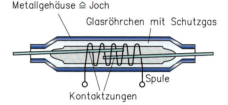

Bild 5.127: Reed-Relais (Grundprinzip)

taktzungen entgegengesetzte Polarität an und schließen den Kontakt. Reed-Relais sind klein, arbeiten sehr zuverlässig und besitzen einen sehr geringen Übergangswiderstand an den geschlossenen Kontakten. Sie werden eingesetzt zum Schalten kleiner Spannungen in IT-Geräten, als Türkontakte zwecks Alarmgebung und in medizinischen Geräten (z. B. zum temporären Abschalten eines Herzschrittmachers durch einen aufgelegten Magneten).

Die Bezeichnung **Halbleiterrelais** hat sich zwar eingebürgert, ist prinzipiell aber irreführend, da es sich funktional eigentlich nicht um ein Relais handelt, da keine *elektromechanischen* Vorgänge stattfinden. SSRs arbeiten vielmehr vollständig *elektronisch* durch Ansteuerung einer MOSFET- oder einer anderen Schaltung mit Leistungshalbleitern.

Bild 5.128 zeigt als Beispiel ein sogenanntes FotoMOS-Relais. Im Eingangskreis befindet sich als Steuerelement eine Leuchtdiode, deren Infrarotlicht über einen lichtdurchlässigen Isolator (galvanische Trennung) auf ein Fotoelement (Solarzelle) trifft. Dieses steuert dann eine MOSFET-Schaltung (MOSFET Kap. 5.5.4.2).

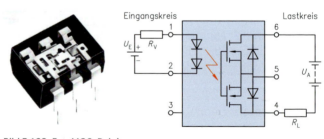

Bild 5.128: FotoMOS-Relais

Fließt im Eingangskreis ein bestimmter Strom, so emittiert die LED Licht, das durch die Isolierschicht hindurch auf das Fotoelement trifft und von diesem in eine dem Licht proportionale Spannung umgewandelt wird. Erreicht diese Spannung einen bestimmten

Wert, so werden die MOSFETs durchgesteuert und der Lastkreis wird eingeschaltet. Wird der Eingangskreis unterbrochen, so sendet die LED kein Licht mehr aus, die vom Fotoelement gelieferte Spannung bricht zusammen und der Lastkreis wird über die MOSFETs abgeschaltet.

FotoMOS-Relais sind in sehr kleinen Baugrößen verfügbar und ermöglichen ein schnelles, geräuschloses und prellfreies Schalten mit hohen Schaltgeschwindigkeiten (< 1 ms). Sie sind extrem unempfindlich gegen Vibration und haben – bei Einhaltung der spezifizierten Bedingungen – eine nahezu unbegrenzte Lebensdauer. In der IT-Technik werden SSRs in vielen Anwendungen eingesetzt, wie z. B. auf I/O-Karten, als Antennenumschalter in GSM- und UMTS-Netzen (Vernetzte IT-Systeme, Kap. 3.10), zur An- und Abschaltung von Prüfgeräten usw.

5.5.6.2 Geräteschutzsicherungen

Zum Schutz von Geräten und einzelnen Bauelementen vor zu hohen Strömen oder Spannungen werden **Geräteschutzsicherungen** (G-Sicherungen) eingesetzt.

Wenn der Strom im Schaltkreis aus irgendeinem Grunde zu hoch wird, d.h. den Wert übersteigt, den ein Schaltkreiselement über einen gewissen Zeitraum hinaus aushält, schmilzt der Sicherungsdraht und verdampft, wodurch der Strom unterbrochen wird. Bild 5.129 zeigt einige Beispiele für Bauformen von G-Sicherungen.

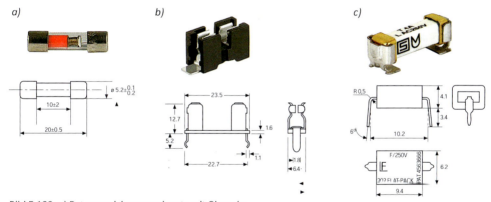

Bild 5.129: a) Patronensicherungseinsatz mit Glasrohr
b) Sicherungshalter für Patronensicherung
c) Kleinstsicherungseinsatz für Leiterplatteneinbau

Um die Ansprechzeiten der Sicherungen möglichst genau an den jeweiligen Belastungsfall anpassen zu können, werden verschiedene Verhaltenstypen hergestellt (Bild 5.130).

Wie aus dem Diagramm zu erkennen ist, löst die Sicherung mit der Charakteristik T bei einer Stromstärke I_0 zum Zeitpunkt t_1 = ca. 30 ms aus; dagegen öffnet die Sicherung mit der Charakteristik F bei gleichem Strom I_0 schon nach t_2 = 3 ms. Die träge Sicherung (T) braucht also im vorliegenden Fall ca. zehnmal so lange wie die flinke Sicherung (F), um den zu schützenden Stromkreis abzuschalten.

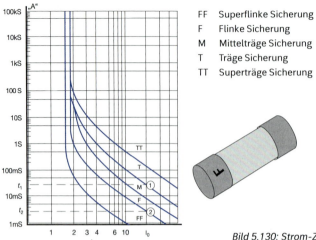

FF   Superflinke Sicherung
F   Flinke Sicherung
M   Mittelträge Sicherung
T   Träge Sicherung
TT   Superträge Sicherung

Bild 5.130: Strom-Zeit-Kennlinien für verschiedene
Verhaltenstypen von Geräteschutzsicherungen

Müssen die bisher beschriebenen Geräteschutzsicherungen nach Überlastung und Beseitigung des Fehlers ausgetauscht werden, weil sie nicht rücksetzbar sind (Non-resettable Fuses), ist dies bei den häufig eingesetzten rückstellbaren Überstromschutzsicherungen (Resettable Fuses) nicht erforderlich.

Bei diesen selbstrückstellenden Sicherungen handelt es sich um **PTC-Bauelemente** (Positive Temperature Coefficient), also sogenannte Kaltleiter, bei denen der Eigenwiderstand bei Erwärmung über einen Grenzwert stark ansteigt. Sie werden mit dem zu schützenden Stromkreis in Reihe geschaltet und sichern diesen ab, indem sie im Fehlerfalle, d.h. bei Überstrom, ihren normalerweise geringen Durchgangswiderstand durch Eigenerwärmung sprunghaft erhöhen und so den Strom begrenzen (Bild 5.131 b).

Nach Beseitigung des Fehlers und interner Abkühlung des PTCs geht der Eigenwiderstand auf seinen ursprünglichen niedrigen Wert zurück, und der Betrieb des Gerätes kann ohne weiteren Eingriff wieder aufgenommen werden. Die in neueren Anwendungen eingesetzten PTC-Bauelemente basieren nicht mehr wie herkömmliche PTCs auf keramischen Werkstoffen, sondern auf Kunststoffen (Polymer-Materialien). Sie haben sehr geringe Abmessungen und werden in verschiedenen Bauformen hergestellt (Bild 5.144a).

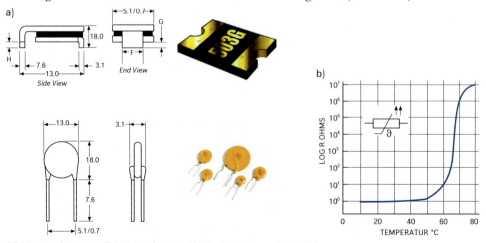

Bild 5.131: a) Kunststoff-PTC-Bauformen, b) Schaltzeichen und Kennlinie

Mit Nennspannungen bis zu 60 V bieten Kunststoff-PTCs eine Vielzahl von Anwendungsmöglichkeiten in der IT-Technik (z.B. Netzteil, USB-Ports), in der Unterhaltungselektronik (z.B. CD-Player, Lautsprecher), in der Kommunikationstechnik (z.B. Sicherheits- und Überwachungssysteme) sowie in der Stromversorgungstechnik und der Automobilelektronik.

AUFGABEN

1. a) Welcher Unterschied besteht zwischen einem idealen und einem realen Bauelement?

   b) Was versteht man in diesem Zusammenhang unter einem Ersatzschaltbild? Geben Sie ein Beispiel an.

2. Erklären Sie, warum beim Anlegen einer Wechselspannung an einen verlustlosen Kondensator dauernd ein Strom fließt, beim Anlegen einer Gleichspannung hingegen kein dauernder Stromfluss auftritt.

3. Von welchen Größen ist der kapazitive Blindwiderstand eines Kondensators abhängig? Um welchen Faktor ändert sich hierbei die Stromstärke in einem Kondensatorstromkreis, wenn

   a) die Frequenz der anliegenden Spannung verdoppelt wird,

   b) die Frequenz um 20 % verkleinert wird,

   c) die Kapazität des Kondensators um die Hälfte verkleinert wird?

4. Wie groß ist die Phasenverschiebung zwischen Strom und Spannung in einem Wechselstromkreis

   a) mit einem Wirkwiderstand,

   b) mit einem verlustlosen Kondensator,

   c) mit einer verlustlosen Spule? (Hinweis: Erstellen Sie ggf. hierzu – sofern möglich – jeweils Liniendiagramme für den Strom- und Spannungsverlauf mit einem entsprechenden Computerprogramm.)

   d) Erläutern Sie, welche Auswirkung diese Phasenverschiebungen auf die in den Bauelementen umgesetzte Leistung hat.

5. Für eine elektronische Schaltung ist ein Kondensator mit einem genauen Wert der Kapazität von 750 pF erforderlich. Zur Verfügung stehen Kondensatoren mit den Normwerten $C_1 = 630$ pF und $C_2 = 1\,000$ pF. Durch Zuschalten und Abgleichen eines einstellbaren Kondensators (Timmerkondensator) soll der geforderte Kapazitätswert eingestellt werden. Wie muss der Trimmerkondensator geschaltet und auf welchen Wert muss er abgeglichen werden, wenn der Kondensator

   a) mit dem Normwert $C_1 = 630$ pF und

   b) mit dem Normwert $C_2 = 1\,000$ pF ausgewählt wird?

6. Ein Elektrolytkondensator mit $C = 10$ µF wird über einen Widerstand $R = 1,2$ kΩ an einer Spannungsquelle auf 60 V aufgeladen.

   a) Wie groß ist die Stromstärke zu Beginn des Ladevorgangs?

   b) Berechnen Sie die Zeitkonstante.

   c) Wie groß sind Strom und Kondensatorspannung nach $t = \tau$?w

5

d) Nach welcher Zeit gilt der Kondensator praktisch als geladen? Wie groß ist nach dieser Zeit die tatsächliche Kondensatorspannung?

7. In der dargestellten Schaltung sind die Größen I_1, I_2, I_3, U_1, U_2, U_3 und U_C zu berechnen

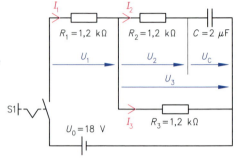

a) zum Zeitpunkt des Schließens von S1,

b) wenn der Kondensator geladen ist,

c) zum Zeitpunkt des Öffnens von S1.

8. In einem Kondensatorstromkreis wird die Stromstärke $I = 2,5$ mA gemessen. Zu dem vorhandenen Kondensator wird ein zweiter Kondensator mit der gleichen Kapazität in Reihe geschaltet. Welche Stromstärke zeigt das Messgerät jetzt an?

9. Vergleichen Sie die Schaltungen 1 bis 4 miteinander.

①
②
③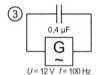
④

a) In welcher Schaltung ist der kapazitive Blindwiderstand am größten?

b) In welcher Schaltung hat der kapazitive Blindwiderstand den kleinsten Wert?

c) In welchen Schaltungen ist der kapazitive Blindwiderstand gleich groß?

d) In welchen Schaltungen hat die Stromstärke den gleichen Wert?

e) Wie groß ist die Stromstärke in Schaltung 1?

10. Berechnen Sie für die dargestellten Schaltungen jeweils

a) die Gesamtkapazität,

b) den gesamten Blindwiderstand bei der Frequenz $f = 800$ Hz und

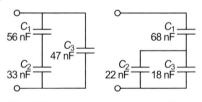

c) die Spannung an C1 und die Stromstärke durch C3, wenn die beiden Schaltungen an eine Wechselspannungsquelle mit $U = 6$ V und $f = 1$ kHz angeschlossen werden.

11. Wie ändert sich die Stromstärke in einer Spule ohne Eisenkern, wenn

a) die anliegende Wechselspannung vergrößert wird,

b) die Frequenz der anliegenden Spannung erhöht wird und

c) bei gleichbleibender Frequenz und Größe der Spannung ein Eisenkern in die Spule eingeführt wird?

12. Begründen Sie, warum der induktive Blindwiderstand einer Spule mit steigender Frequenz größer wird.

13. Wie groß ist die Blindleistung einer verlustlosen Spule mit der Induktivität $L = 0,8$ H, die an eine Wechselspannungsquelle mit $U = 60$ V und $f = 50$ Hz angeschlossen wird?

14. Vergleichen Sie die Schaltungen 1 bis 4 miteinander.

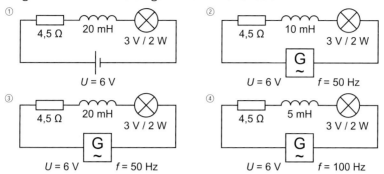

a) In welcher Schaltung leuchtet die Lampe am hellsten?

b) In welcher Schaltung ist die Leuchthelligkeit der Lampe am geringsten?

c) In welchen Schaltungen leuchten die Lampen gleich hell?

15. Berechnen Sie für die nebenstehenden Schaltungen

a) die Gesamtinduktivität,

b) den gesamten Blindwiderstand bei der Frequenz $f = 800$ Hz und

c) die Spannung an $L1$ und die Stromstärke in $L3$, wenn die beiden Schaltungen an eine Spannungsquelle mit $U = 6$ V und $f = 1$ kHz angeschlossen werden.

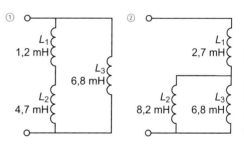

16. a) Erläutern Sie den Aufbau und die Wirkungsweise eines Übertragers.

b) Geben Sie an, in welchem Verhältnis zueinander durch einen Übertrager die Spannung, die Stromstärke und der Widerstand übersetzt werden.

c) Erklären Sie, wie mit einem Übertrager eine Leistungsanpassung erzielt werden kann.

17. In einem IT-Gerät muss ein defekter Netztransformator ersetzt werden. Da aufgrund von Insolvenz der Herstellerfirma kein Originalersatz lieferbar ist und wegen einer besonderen Bauform keine gängigen Alternativtransformatoren verwendet werden können, bietet Ihnen eine ebenfalls in der Ausbildung tätige Firma zu einem günstigen Preis einen Nachbau an, sofern Sie hierfür erforderliche Trafodaten zur Verfügung stellen. Auf dem beschädigten Typenschild des defekten Netztransformators (230 V) ist lediglich noch zu erkennen: Primärwicklung $N1 = 2\,500$. Benötigt werden drei Sekundärspannungen: einmal 5 V/2 A und zweimal 12 V/10 A.

a) Welche Windungszahlen sind für die jeweiligen Sekundärspulen erforderlich?

b) Welche Leistungen müssen sekundärseitig zur Verfügung gestellt werden?

c) Wie groß ist die primärseitige Stromaufnahme, wenn man von einem Wirkungsgrad von 70 % ausgeht?

5

18. Beschreiben Sie mit eigenen Worten jeweils den prinzipiellen Aufbau einer DRAM-Speicherzelle, einer MOS-FET-Speicherzelle mit Floating Gate für einen Flash-Speicher und einer ReRAM-Speicherzelle. Nennen Sie Unterschiede im Speicherverhalten.

19. Eine Gerätesicherung soll beim Überschreiten der vierfachen Nennstromstärke innerhalb von

    a) 10 ms,

    b) 200 ms und

    c) 2 s abschalten.

    Geben Sie jeweils den Typ der erforderlichen Sicherung an.

20. Beschreiben Sie die Funktionsweise einer rückstellbaren Geräteschutzsicherung (Resettable Fuse).

5.6 Elektroinstallation

5.6.1 Schaltzeichen und Schaltpläne

Die in elektrischen Anlagen eingesetzten Bauelemente (Schalter, Relais, Leitungen usw.) werden als **Betriebsmittel** bezeichnet. In Schaltungsunterlagen werden die Betriebsmittel durch **Schaltzeichen (grafische Symbole)** dargestellt. Diese lassen nur noch die elektrische Funktion, nicht aber die Konstruktion oder Bauform des Betriebsmittels erkennen.

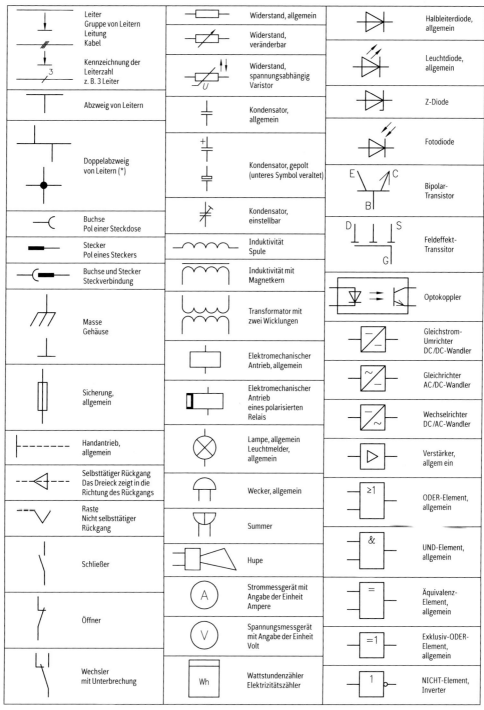

Bild 5.132: Schaltzeichen nach DIN (Hinweis: Gemäß Zeichnungsnorm besteht zwischen zwei rechtwinklig kreuzenden Linien ohne Punkt an der Kreuzung keine elektrisch leitende Verbindung.)

Viele Schaltzeichen können sowohl Funktionen als auch Betriebsmittel darstellen, die diese Funktionen ausführen.

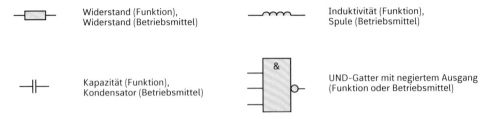

Widerstand (Funktion),
Widerstand (Betriebsmittel)

Induktivität (Funktion),
Spule (Betriebsmittel)

Kapazität (Funktion),
Kondensator (Betriebsmittel)

UND-Gatter mit negiertem Ausgang
(Funktion oder Betriebsmittel)

Bild 5.133: Schaltzeichen für Funktion und Betriebsmittel (Beispiele)

Zur **Kennzeichnung von Betriebsmitteln** werden Buchstaben und Ziffern zu einem Kennzeichenblock zusammengefasst. Besteht ein Bauteil aus mehreren funktionell voneinander abhängigen Teilen (z. B. ein Relais mit einer Wicklung und mehreren Kontakten; Bild 5.134 a), so können verschiedene Darstellungsarten angewendet werden:

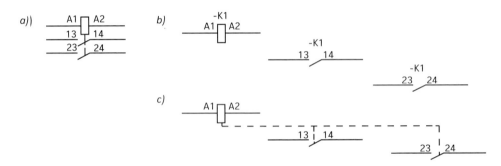

Bild 5.134: Unterschiedliche Darstellungsarten für zusammengesetzte Betriebsmittel

In der **aufgelösten Darstellung** können die einzelnen Teile des Betriebsmittels völlig losgelöst voneinander dargestellt werden, um in Schaltplänen eine klare Anordnung der Stromkreise zu erreichen. Der Zusammenhang der einzelnen Teile wird durch die Betriebsmittelkennzeichnung hergestellt (Bild 5.134 b).

Wird in der aufgelösten Darstellung eine Wirkverbindung eingezeichnet, um das Zusammenwirken der Teile zu verdeutlichen, so spricht man von einer halbzusammenhängenden Darstellung (Bild 5.134 c).

Schaltpläne sind Darstellungen elektrischer Geräte und Anlagen unter Verwendung von Schaltzeichen; sie zeigen entweder die Wirkungsweise und den Stromverlauf oder die Anordnung und die Leitungsverbindungen.

Der **Installationsplan** zeigt die räumliche Lage einer Anlage. Er wird in der Regel lagerichtig in eine Gebäudezeichnung eingetragen (Bild 5.135 a).

Der **Übersichtsschaltplan** ist der einfachste, meist in einpoliger Darstellung ausgeführte Schaltplan einer Anlage. Er zeigt die einzelnen Geräte und ihre Verbindungen. Die räumliche Anordnung der Betriebsmittel ist nicht zu erkennen. Er dient als Grundlage für die Erstellung weiterer Schaltpläne (Bild 5.135 b).

Der **Stromlaufplan in zusammenhängender Darstellung** ist die allpolige Darstellung einer Anlage mit allen Einzelteilen (Schalter, Abzweigdosen, Geräte, Leitungen). In dem Plan ist die Wirkungsweise der Schaltung erkennbar. Die räumliche Lage der Betriebsmittel ist nach Möglichkeit einzuhalten, darf jedoch im Interesse der Übersichtlichkeit verändert werden. Stromlaufpläne zeigen die Betriebsmittel im ausgeschalteten Zustand (Bild 5.135 c).

Der **Stromlaufplan in aufgelöster Darstellung** zeigt die einzelnen Stromkreise der Schaltung als geradlinige Stromwege zwischen den Polen der Spannungsquelle. Die räumliche Lage und der mechanische Zusammenhang der Teile werden nicht berücksichtigt (Bild 5.135 d).

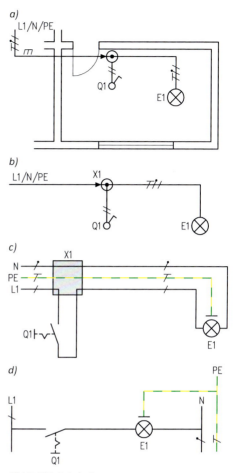

Bild 5.135: Schaltplanarten

Funktionsschaltpläne dienen zur Darstellung von Logiksystemen in Binärtechnik, z.B. von Schaltnetzen und Schaltwerken (vgl. Kap. 4.4.2 und 4.4.3). Sie müssen alle Einzelheiten der Funktion von Systemen, Installationen, Einrichtungen usw. enthalten, brauchen jedoch nicht zu berücksichtigen, wie die Funktionen ausgeführt sind (Bild 5.136).

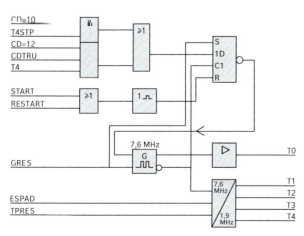

Bild 5.136: Funktionsschaltplan eines Taktgebers

5.6.2 Installationsschaltungen

In Bild 5.137 ist der Anschluss einer Schutzkontakt-steckdose im Übersichtsplan, im zusammenhängenden und im aufgelösten Stromlaufplan dargestellt.

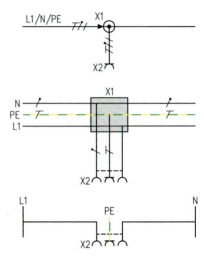

Die Bilder 5.138 a bis d zeigen die in Haushalten zum Schalten der Beleuchtung am häufigsten verwendeten Schaltungen als zusammenhängende Stromlaufpläne. Als Schutzmaßnahme ist der PE-Leiter an das Gehäuse des Beleuchtungskörpers angeschlossen.

Die **Ausschaltung** (a) ist die einfachste Möglichkeit, von einer Schaltstelle aus eine Lampe ein- und auszuschalten.

Mit der **Serienschaltung** (b) können von einer Schaltstelle aus zwei Lampen einzeln oder zusammen geschaltet werden.

Bild 5.137: Schuko-Steckdose

Eine **Wechselschaltung** (c) ermöglicht es, von zwei Schaltstellen aus eine Lampe in beliebiger Folge ein- und auszuschalten. In einer **Kreuzschaltung** (d) kann eine Lampe von drei oder mehr Schaltstellen aus in beliebiger Folge ein- und ausgeschaltet werden.

a)

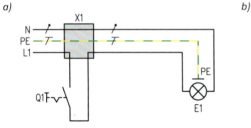

b)

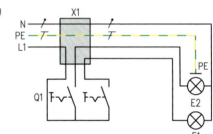

c)

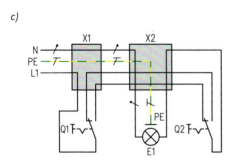

d)

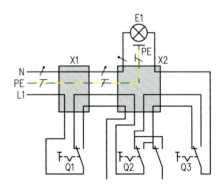

Bild 5.138: Installationsschaltungen

5.6.3 Leitungen der Energietechnik

Zur Stromversorgung im häuslichen Bereich werden genormte Leitungen der Energietechnik verwendet. Einige Beispiele sind in Bild 5.139 dargestellt. Als anerkannte **Elektrofachkraft** (gemäß VDE 0100; VDE 0105-100) gehören Installationen in diesem Bereich (Niederspannungsbereich 230 V/400 V) unter Umständen zum Arbeitsumfeld eines IT-Systemelektronikers.

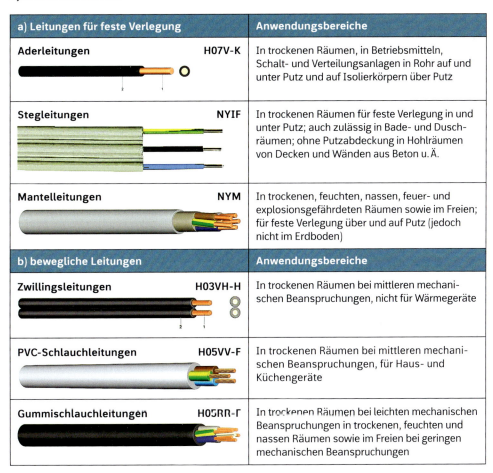

a) Leitungen für feste Verlegung	Anwendungsbereiche
Aderleitungen — H07V-K	In trockenen Räumen, in Betriebsmitteln, Schalt- und Verteilungsanlagen in Rohr auf und unter Putz und auf Isolierkörpern über Putz
Stegleitungen — NYIF	In trockenen Räumen für feste Verlegung in und unter Putz; auch zulässig in Bade- und Duschräumen; ohne Putzabdeckung in Hohlräumen von Decken und Wänden aus Beton u. Ä.
Mantelleitungen — NYM	In trockenen, feuchten, nassen, feuer- und explosionsgefährdeten Räumen sowie im Freien; für feste Verlegung über und auf Putz (jedoch nicht im Erdboden)
b) bewegliche Leitungen	Anwendungsbereiche
Zwillingsleitungen — H03VH-H	In trockenen Räumen bei mittleren mechanischen Beanspruchungen, nicht für Wärmegeräte
PVC-Schlauchleitungen — H05VV-F	In trockenen Räumen bei mittleren mechanischen Beanspruchungen, für Haus- und Küchengeräte
Gummischlauchleitungen — H05RR-F	In trockenen Räumen bei leichten mechanischen Beanspruchungen in trockenen, feuchten und nassen Räumen sowie im Freien bei geringen mechanischen Beanspruchungen

Bild 5.139: Beispiele für Leitungen der Energietechnik

Alle energietechnischen Leitungen und Kabel sind durch Kurzbezeichnungen gekennzeichnet. Bei den Kurzbezeichnungen, die mit „H" beginnen, handelt es sich um sogenannte **harmonisierte Leitungen**. Dies sind Leitungen, deren Bezeichnungen und Prüfbedingungen in allen CENELEC-Ländern identisch sind (CENELEC: Europäisches Komitee für elektrotechnische Normung, deren Mitgliedsländer sich auf harmonisierte, d. h. vereinheitlichte Normen und Vorschriften geeinigt haben).

Bild 5.140 zeigt den Aufbau der Kurzbezeichnung für harmonisierte Leitungen.

5

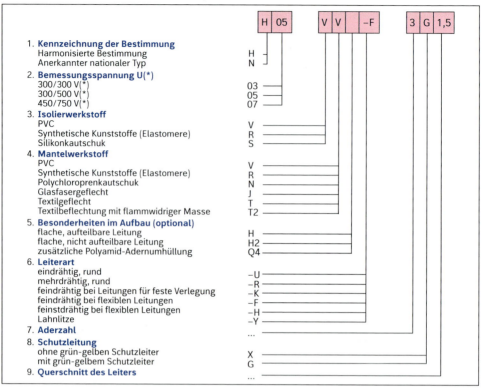

Bild 5.140: Beispiel für die Kennzeichnung harmonisierter Leitungen, (*): jeweils Effektivwerte, Kap. 5.1.1.6;
1. Wert: maximale Spannung zwischen einem Außenleiter und PE; 2. Wert: maximale Spannung zwischen
zwei Außenleitern; Kap. 5.7.4.1)

Die harmonisierten Leitungen werden national ergänzt durch die sogenannten **Normal-leitungen**. Sie entsprechen ebenfalls den VDE- und DIN-Vorschriften; ihre Kennzeich-nung beginnt mit einem „N". Die darauf folgenden Buchstaben bezeichnen von innen nach außen die verschiedenen Lagen von Isolation und Bewehrung.

Die Bedeutung der einzelnen Buchstaben zeigt Bild 5.141.

A	Aderleitung	**N**	1. Buchstabe im Kurzzeichen einer
B	Bleimantel		nicht harmonisierten Normenleitung
C	Abschirmung	**−O**	ohne grüngelben Schutzleiter
F	Flachleitung, feindrähtig	**R**	Rohrdraht
G	Isolierhülle oder Mantel aus Gummi	**U**	Umhüllung
I	Imputzleitung, Stegleitung	**Y**	Isolierhülle oder Mantel aus PVC
−J	mit grüngelbem Schutzleiter	**Z**	Zinkmantel
M	Mantelleitung		

Bild 5.141: Kennzeichnung nicht harmonisierter Leitungen

Die verwendeten Leitungen und Kabel sind meist 3- oder 5-adrig; die isolierenden Umhüllungen der einzelnen Adern sind entsprechend der VDE-Norm farbig ausgeführt:

Ader-zahl	DIN VDE 0293-308 (neuere Norm)	DIN VDE 0293:1990 (ältere Norm, z. B. zu finden bei bestehenden Installationen)	
	Kabel und Leitungen für feste Verlegung und flexible Leitungen	Kabel und Leitungen für feste Verlegung	flexible Leitung
3	gn-ge, bl, br	gn-ge, sw, bl	gn-ge, br, bl
5	gn-ge, bl, br, sw, gr	gn-ge, sw, bl, br, sw	gn-ge, sw, bl, br, sw

gn-ge: Schutzleiter (PE bzw. PEN); bl: gemeinsamer Neutralleiter (N); br, sw, gr: Außenleiter (L1, L2 und L3) (Abkürzungen und weitere Informationen siehe Kap. 5.7.4.1)

Bild 5.142: Farben der isolierenden Ummantelungen von Energieversorgungsleitungen

> **ACHTUNG!**
> **Jede Farbe ist gemäß VDE-Norm eindeutig einer entsprechenden Verwendung zugeordnet, von der keinesfalls abgewichen werden darf! Insbesondere die grün-gelb gekennzeichnete Ader darf grundsätzlich nur als Schutzleiter (PE) oder für den Neutralleiter mit Schutzfunktion (PEN) verwendet werden.**

5.6.4 Verlegearten

Elektrische Leitungen müssen stets so verlegt werden, dass sie entweder durch ihre Lage oder durch ihre Verkleidung vor mechanischer Beschädigung geschützt sind. Innerhalb von Gebäuden können folgende **Verlegearten** eingesetzt werden:

Verlegeart	Symbol	Erläuterung
auf Putz	 /77	– Sichtbare Verlegung direkt auf der Wand, auf Abstandsschellen oder im Installationsrohr – Verwendung von Mantelleitungen – Einsatz in Garagen, Kellern, Gewerberäumen oder Werkstätten („Feuchtrauminstallation") – Nicht erlaubt in Wohnräumen!
in Putz	 /77	– Verlegung auf dem Rohmauerwerk, nur verdeckt vom anschließend aufgebrachten Putz – Verwendung von Stegleitungen
unter Putz	 /77	– Verlegung in ausgefrästen Schlitzen des Mauerwerks, sodass die Leitungen bündig mit dem Rohmauerwerk abschließen (Achtung: tragende Wände dürfen nicht geschlitzt werden!) – Verwendung von Mantelleitungen oder Einzeladern im Installationsrohr
in Installa-tionsrohren	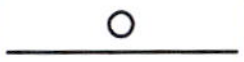 o	– Montage von starren Rohren zur Verlegung auf Putz (siehe oben) – Montage von flexiblen Rohren zur Verlegung im Mauerwerk oder Estrich – Zusätzlicher Schutz einer Leitung vor mechanischen Einwirkungen – Bei Verlegung im Mauerwerk nachträgliche Änderung oder Erweiterung der Elektroinstallation vergleichsweise einfach möglich – Verwendung von Einzeladern oder Mantelleitung

Bild 5.143: Gängige Verlegearten

5

Darüber hinaus ist auch eine Verlegung in Installationskanälen, auf Kabelpritschen, in Hohlräumen oder direkt in Beton möglich. Abhängig von den jeweiligen Verlegebedingungen werden die Verlegearten mit einer Kurzbezeichnung angegeben, die aus einem Buchstaben oder einer Buchstaben/Zahl-Kombination besteht.

Verlegeart	A1	A2	B1	B2
Darstellung	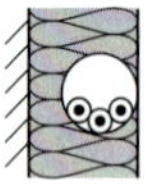	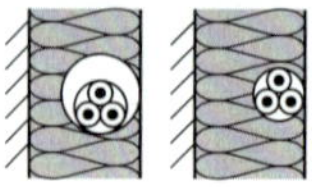	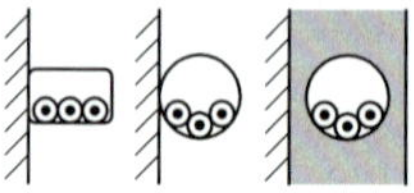	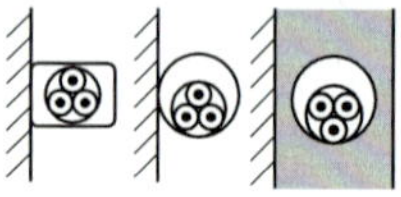
Verlege-bedingung	Verlegung in wärmegedämmten Wänden		Verlegung in Elektroinstallationsrohren oder geschlossenen Elektroinstallationskanälen **auf** oder **in** Wänden oder in Kanälen für Unterflurverlegung	
	Aderleitungen oder einadrige Kabel/Mantelleitungen im Elektroinstallationsrohr oder -kanal	mehradrige Kabel oder Mantelleitungen — im Elektroinstallationsrohr oder kanal / direkt verlegt	Aderleitungen oder einadrige Kabel/ Mantelleitungen	mehradrige Kabel oder Mantelleitungen

Verlegeart	C			E	F	G
Darstellung	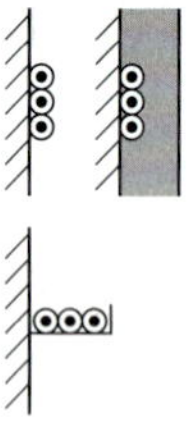	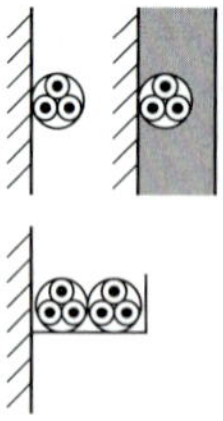	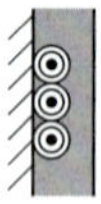	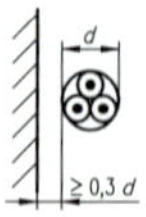	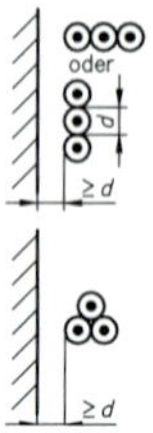	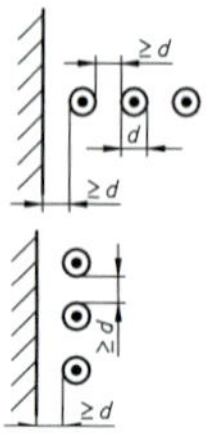
Verlege-bedingung	Direkte Verlegung auf oder in Wänden/Decken oder in Kabelwannen		Steglei-tung in Wän-den/ Decken oder Hohl-räum en	Verlegung frei in Luft, an Tragseilen sowie auf Kabelpritschen und -konsolen		
	einadrige Kabel oder Mantelleitung	mehradrige Kabel oder Mantellei-tungen		mehrad-rige Ka-bel oder Mantel-leitun-gen	einadrige Kabel oder Mantelleitungen — mit Berüh-rung	ohne Be-rührung, auch Ader-leitungen auf Isola-toren

Bild 5.144: Kennzeichnung von Verlegearten

5.6.5 Bemessung von Energieversorgungsleitungen

Bei der Bemessung elektrischer Energieversorgungsleitungen sind gemäß VDE folgende Faktoren zu berücksichtigen:
- Spannungsverlust an der Leitung (Kap. 5.3.2.2),
- Mindestquerschnitte,
- Strombelastbarkeit der Leitung.

5.6.5.1 Spannungsverlust

Der Spannungsverlust an einer Energieversorgungsleitung verursacht eine Abnahme der 230-V-Versorgungsspannung und damit eine kleinere Betriebsspannung am Verbraucher. Die als Verbraucher angeschlossenen Geräte sind aber für eine bestimmte **Bemessungsspannung** (früher: **obere Nennspannung**) und eine sich daraus ergebende **Bemessungsleistung** (früher: **obere Nennleistung**) gebaut. Ist die Betriebsspannung infolge des Spannungsverlustes kleiner als die Bemessungsspannung, so nimmt die Leistung mit dem Quadrat der Spannung ($P = U^2/R$; Kap. 5.1.5.5) ab, also noch stärker als die Spannung. Bei einer derart rapiden Leistungsabnahme funktionieren viele Verbraucher nicht mehr ordnungsgemäß.

Um eine einwandfreie Funktion aller angeschlossenen Verbraucher sicher zu gewährleisten, sind in den technischen Anschlussbedingungen (TAB) der Energie-Versorgungs-Unternehmen (EVU) die **höchstzulässigen Spannungsverluste in Prozent der Netzspannung (Δu) angegeben:**

$$\Delta u = \frac{U_1 - U_2}{U_1} \cdot 100\,\% \qquad \text{mit } U_1 = 230\ V; \quad U_2\text{: (tatsächliche) Spannung am Verbraucher}$$

Bei einem Hausanschluss darf der Spannungsverlust U an der Leitung gemäß DIN 18015 Teil 3

- für Leitungen vom Hausanschluss bis zum Zähler **maximal 0,5 % der Netzspannung**,

- für Leitungen vom Zähler zum Verbraucher **maximal 3,0 % der Netzspannung betragen**.

5

Zur Berechnung des Spannungsverlusts an einer Leitung, der Verlustleitung, des erforderlichen Leitungsquerschnitts sowie der maximal möglichen Leitungslänge können die folgenden Gleichungen verwendet werden:

	Gleichstromleitung	Wechselstromleitung	Drehstromleitung
Spannungsverlust ΔU in V	$\Delta U = \dfrac{2 \cdot l \cdot I}{\gamma \cdot A}$	$\Delta U = \dfrac{2 \cdot l \cdot I \cdot \cos\varphi}{\gamma \cdot A}$	$\Delta U = \dfrac{\sqrt{3} \cdot l \cdot I \cdot \cos\varphi}{\gamma \cdot A}$
Spannungsverlust Δu in %	$\Delta u = \dfrac{2 \cdot l \cdot I}{\gamma \cdot A \cdot U_1} \cdot 100\,\%$	$\Delta u = \dfrac{2 \cdot l \cdot I \cdot \cos\varphi}{\gamma \cdot A \cdot U_1} \cdot 100\,\%$	$\Delta u = \dfrac{\sqrt{3} \cdot l \cdot I \cdot \cos\varphi}{\gamma \cdot A \cdot U_1} \cdot 100\,\%$

	Gleichstromleitung	Wechselstromleitung	Drehstromleitung
Verlustleistung P_V in W	$P_V = \dfrac{2 \cdot l \cdot I^2}{\gamma \cdot A}$	$P_V = \dfrac{2 \cdot l \cdot I^2}{\gamma \cdot A}$	$P_V = \dfrac{3 \cdot l \cdot I^2}{\gamma \cdot A}$
erforderlicher Leiterquerschnitt A in mm^2	$A = \dfrac{2 \cdot l \cdot I}{\gamma \cdot \Delta U}$	$A = \dfrac{2 \cdot l \cdot I \cdot \cos\varphi}{\gamma \cdot \Delta U}$	$A = \dfrac{\sqrt{3} \cdot l \cdot I \cdot \cos\varphi}{\gamma \cdot \Delta U}$
maximale Leiterlänge l in m	$l = \dfrac{U_1 \cdot A \cdot \gamma \cdot \Delta u}{2 \cdot I \cdot 100\,\%}$	$l = \dfrac{U_1 \cdot A \cdot \gamma \cdot \Delta u}{2 \cdot I \cdot \cos\varphi \cdot 100\,\%}$	$l = \dfrac{U_1 \cdot A \cdot \gamma \cdot \Delta u}{\sqrt{3} \cdot I \cdot \cos\varphi \cdot 100\,\%}$

U_1: Eingangsspannung; im Allgemeinen gilt $U_1 = U_N = 230$ V (U_N: Netzspannung)
I: elektrische Stromstärke in Ampere
l: Leiterlänge in m
A: Leiterquerschnittsfläche in mm^2
γ: spezifische Leitfähigkeit; für Kupfer gilt: $\gamma_{Cu} = 57{,}1 \cdot \dfrac{m}{\Omega \cdot mm^2}$
$\cos\varphi$: Leistungsfaktor; bei rein ohmscher Last gilt $\cos\varphi = 1$

Bild 5.145: Gleichungen zur Berechnung von Spannungsverlust an der Leitung, Verlustleitung, erforderlichem Leitungsquerschnitt und maximal möglicher Leitungslänge

5.6.5.2 Mindestquerschnitt

Für Leitungen und Kabel für feste und geschützte Verlegung (d. h. bei Aderleitungen Verlegung in Installationsrohr oder -kanal) sind folgende Normquerschnitte festgelegt:

Normquerschnitte in mm^2								
Außenleiter	1,5	2,5	4	6	10	16	25	35	50
Schutzleiter	1,5	2,5	4	6	10	16	16	16	25

Bild 5.146: Normquerschnitte

Der **Mindestquerschnitt** einer Ader bei fester und geschützter Verlegung einer Leitung beträgt 1,5 mm^2.

Bei beweglichen Anschlussleitungen kann der Mindestquerschnitt auch geringer bemessen werden (z. B. 0,75 mm^2); er richtet sich unter anderem nach der Stromstärke, der Verlegeart und der Leiterlänge.

5.6.5.3 Strombelastbarkeit und Bemessungsstromstärke

Jeder Leiter wird von einem in ihm fließenden elektrischen Strom erwärmt (Kap. 5.1.2.6). Ist diese Erwärmung infolge einer zu hohen Stromstärke unzulässig hoch, so kann die Isolierung des Leiters zerstört werden; neben der Gefahr eines Kurzschlusses besteht dann auch Brandgefahr.

Als **Strombelastbarkeit** I_z wird die maximale Stromstärke bezeichnet, bei der sichergestellt ist, dass der Leiter an keiner Stelle und zu keinem Zeitpunkt über die zulässige Betriebstemperatur erwärmt wird.

Die Strombelastbarkeit einer Leitung wird maßgeblich bestimmt durch
- den Leitungsquerschnitt der Strom führenden Adern,
- die Anzahl der Strom führenden Adern,
- die Verlegeart und
- die Umgebungstemperatur.

Stromstärken, die zu einer unzulässigen Erwärmung und damit zu einer Beschädigung der Isolierung führen würden, müssen durch geeignete Überstromschutzeinrichtungen abgeschaltet werden.

Als **Bemessungsstromstärke** I_n wird die Stromstärke bezeichnet, bei der eine Überstromschutzeinrichtung den Strom abschaltet.

Die Strombelastbarkeit von Leitungen und die zugehörige Bemessungsstromstärke wird in der Praxis in Tabellen angegeben (Bild 5.147).

5

Auszug: Zulässige Strombelastbarkeit I_z der Leitung und Bemessungsstromstärke I_n der zugehörigen Überstromschutzorgane in A

q_n in mm² (Cu)	A1[1]				A2				B1				B2				C				E			
	Aderzahl				Aderzahl				Aderzahl				Aderzahl				Aderzahl				Aderzahl			
	2		3		2		3		2		3		2		3		2		3		2		3	
	I_z	I_n	I_z	I_n	I_z	I_n	I_z	I_n	I_z	I_n	I_z	I_n	I_z	I_n	I_z	I_n	I_z	I_n	I_z	I_n	I_z	I_n	I_z	I_n
1,5	16,5	16	14,5	13[2]	16,5	16	14,0	13[2]	18,5	16	16,5	16	17,5	16	16	16	21	20	18,5	16	23	20	19,5	20
2,5	21	20	19,0	16	19,5	16	18,5	16	25	25	22	20	24	20	21	20	29	25	25	25	32	32[2]	27	25
4	28	25	25	25	27	25	24	20	34	32[2]	30	25	32	32[2]	29	25	38	32[2]	34	32[2]	42	40[2]	36	35[2]
4	–	–	–	–	–	–	–	–	–	–	–	–	–	–	–	–	–	–	35[3]	35[2]	–	–	–	–
6	36	35[2]	33	32[2]	34	32[2]	31	25	43	40[2]	38	35[2]	40	40[2]	36	35	49	40[2]	43	40[2]	54	50	46	40[2]
10	49	40[2]	45	40[2]	46	40[2]	41	40[2]	60	50	53	50	55	50	49	40[2]	67	63	60	50	74	63	64	63
10	–	–	–	–	–	–	–	–	–	–	–	–	–	–	50[3]	50	–	–	63[3]	63	–	–	–	–
16	65	63	59	50	60	50	55	50	81	80	72	63	73	63	66	63	90	80	81	80	100	100	85	80
25	85	80	77	63	80	80	72	63	107	100	94	80	95	80	85	80	119	100	102	100	126	125	107	100
35	105	100	94	80	98	80	88	80	133	125	117	100	118	100	105	100	146	125	126	125	157	125	134	125
50	126	125	114	100	117	100	105	100	160	160	142	125	141	125	125	125	178	160	153	125	191	160	162	160
70	160	160	144	125	147	125	133	125	204	200	181	160	178	160	158	125	226	200	195	160	246	200	208	200

1) Belastbarkeit für A1, A2, B1, B2 und C wurde für Verlegung auf einer Holzwand ermittelt, welche die thermisch ungünstigste Bedingung ist. Für die Verlegung auf anderen Wandarten, z. B. Putz, Mauerwerk und Gipskartonplatten, sind die Belastbarkeiten sicher gewährleistet.

2) Hinweis zu den Überstromschutzorganen mit den Bemessungsströmen 13 A, 32 A, 35 A und 40 A: Wenn diese Schutzeinrichtungen nicht zur Verfügung stehen, müssen solche mit nächstniedrigeren Bemessungsströmen verwendet werden.

3) Gilt nicht für die Verlegung auf einer Holzwand.

Bild 5.147: Strombelastbarkeit I_z und Bemessungsstromstärke I_n in Abhängigkeit von Verlegeart, Leiterzahl und Leiterquerschnitt gemäß DIN VDE 0298-4 für feste Verlegung bei einer Umgebungstemperatur von 25 °C

Bei der Dimensionierung einer elektrischen Leitung sind folgende Bedingungen einzuhalten:

- $I_n \leq I_z$: Der Bemessungsstrom I_n der zugeordneten Überstromschutzeinrichtung muss stets kleiner oder gleich der zulässigen Strombelastung I_z der Leitung sein.

- $I_b \leq I_n$: Der Betriebsstrom I_b, d.h. der Strom, der durch die Leitung zum Verbraucher fließt, muss stets kleiner oder gleich dem Bemessungsstrom I_n der zugeordneten Überstromschutzeinrichtung sein.

Bei der Ermittlung der Strombelastbarkeit einer Leitung muss stets von den ungünstigsten Bedingungen ausgegangen werden, die entlang des Leitungsweges bestehen. Der Leiterquerschnitt ist so zu wählen, dass bei dem zu erwartenden Betriebsstrom die Strombelastbarkeit nicht überschritten wird. Bei der Dimensionierung von Leitungen müssen veränderte Bedingungen mit entsprechenden Umrechnungsfaktoren berücksichtigt werden.

Umrechnungsfaktoren für abweichende Umgebungstemperaturen (Bezugstemperatur: 25 °C)											
Umgebungstemperatur in °C	10	15	20	25	30	35	40	45	50	55	60
Umrechnungsfaktor f_1	1,15	1,11	1,06	1,00	0,95	0,87	0,82	0,75	0,67	0,58	0,47

Umrechnungsfaktoren für Häufung									
Anordnung der Leitungen: Gebündelt direkt auf der Wand, dem Fußboden, im Installationsrohr oder -kanal, auf oder in der Wand	**Anzahl der mehradrigen Leitungen oder Anzahl der Wechsel- oder Drehstromkreise aus einadrigen Leitungen**								
	1	**2**	**3**	**4**	**5**	**6**	**7**	**8**	**9**
Umrechnungsfaktor f_2	1,00	0,80	0,70	0,65	0,60	0,57	0,54	0,52	0,50

Bild 5.148: Umrechnungsfaktoren für abweichende Betriebsbedingungen (Auswahl)

Müssen mehrere Faktoren berücksichtigt werden, so sind diese miteinander zu multiplizieren.

Beispiel 1
Eine Mantelleitung NYM 2,5 mm² führt drei belastete Adern. Wie groß ist bei einer Umgebungstemperatur von 25 °C die Strombelastbarkeit und wie ist die Leitung abzusichern
a) bei Verlegung im Installationsrohr auf der Wand,
b) bei Verlegung im Installationsrohr in wärmegedämmter Wand?

Lösung:
a) Verlegeart B2 (siehe Bild 5.144 mehradrige Mantelleitung); aus der Tabelle Bild 5.147 folgt die Strombelastbarkeit $I_z = 21$ A; damit ergibt sich mit $I_n \leq I_z$ für die Überstromschutzeinrichtung $I_n = 20$ A;
b) analog ergibt sich: Verlegeart A2; $I_z = 18,5$ A; $I_n = 16$ A.

Beispiel 2

In einem Installationsrohr in einer Wand befinden sich 6 belastete Adern NYM 4 mm². Wie groß ist bei einer Umgebungstemperatur von 35 °C die Strombelastbarkeit? Wie sind die Leitungen abzusichern?

Lösung:

Verlegeart B1 (Bild 5.144); $I_z = 34$ A; Korrekturfaktoren: $f_1 = 0,87$ wegen erhöhter Temperatur; zusätzlich Korrekturfaktor $f_2 = 0,57$ wegen sechs Strom führende Adern (Bild 5.148). Damit ist $I_z = 0,87 \cdot 0,57 \cdot 34$ A $= 16,86$ A. Die Leitung kann mit einer Überstromschutzeinrichtung mit $I_z = 16$ A abgesichert werden.

Hinweis: In Tabellenbüchern oder technischen Unterlagen werden alternativ auch Tabellen und Umrechnungsfaktoren angegeben, die sich auf eine Umgebungstemperatur von 30 °C beziehen.

5.6.6   Überstromschutzorgane für Leitungen

Eine unzulässig hohe Erwärmung von Leitungen kann verursacht werden durch hohe Ströme bei **Überlastung** im Betrieb oder bei **Kurzschluss**. Damit ein Überschreiten der höchstzulässigen Stromstärke ausgeschlossen ist, wird in den VDE-Vorschriften zu jedem Nennquerschnitt der Nennstrom des erforderlichen Überstromschutzorgans vorgeschrieben.

Überstromschutzorgane sind Leitungsschutzschalter und Leitungsschutzsicherungen.

Leitungsschutzschalter (LS-Schalter, Automaten) dienen nur zum Schutz von Leitungen gegen Überlastung und Kurzschluss; sie dienen nicht zum betriebsmäßigen Ein- und Ausschalten von Geräten und Anlagen.

Bei Überlastung der Leitung durch länger andauernden Überstrom wird der Leitungsschutzschalter durch einen thermischen Bimetall-Auslöser abgeschaltet. Bei dem im Kurzschlussfall auftretenden sehr hohen Strom wird der Stromkreis durch einen elektromagnetischen Schnellauslöser aufgetrennt.

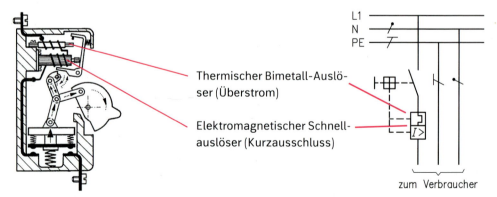

Thermischer Bimetall-Auslöser (Überstrom)

Elektromagnetischer Schnellauslöser (Kurzausschluss)

Bild 5.149: Prinzip und Schaltzeichen eines Leitungsschutzschalters

Leitungsschutzsicherungen sind Schmelzsicherungen, bei denen ein Schmelzdraht mit sehr geringem Querschnitt in den zu sichernden Stromkreis eingesetzt wird. Dieser

Schmelzdraht wird bei unzulässig hoher Stromstärke so stark erhitzt, dass er schmilzt; dadurch wird der Stromkreis unterbrochen. Durchgeschmolzene Sicherungen müssen unbedingt durch neue des gleichen Typs ersetzt werden.

Sicherungen dürfen in keinem Fall geflickt oder überbrückt werden.

Nach der Ausführungsform unterscheidet man Schraubsicherungen und Griffsicherungen (Niederspannungs-Hochleistungs-Sicherungen = NH-Sicherungen; Bild 5.150).

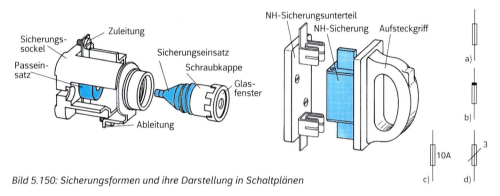

Bild 5.150: Sicherungsformen und ihre Darstellung in Schaltplänen

Bild 5.150 zeigt die Darstellung von Sicherungen in Schaltplänen. Von der allgemeinen Darstellung (a) unterscheidet man durch besondere Kennzeichnung die Angabe der Netzseite (b) und des Nennstromes (c) sowie die Kennzeichnung von mehrpoligen Sicherungen in einpoligen Darstellungen (d).

Bei Schraubsicherungen wird der Sicherungseinsatz mit der Schraubkappe in den Sicherungssockel eingeschraubt. Durch den Passeinsatz wird verhindert, dass eine Sicherung mit zu hohem Nennstrom eingesetzt wird. Passeinsätze haben die gleichen Kennfarben wie die Kennplättchen der Sicherungseinsätze (Bild 5.151).

Die Zuordnung der Sicherung zum Querschnitt der zu schützenden Leitung erfolgt über den Nennstrom. Als **Bemessungsstrom** bezeichnet man die Stromstärke, mit der der Sicherungseinsatz dauernd belastet werden kann.

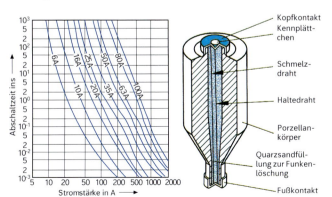

Nennstrom in A	Farbe des Kennmelders	Sockel-gewinde
3	rosa	
4	braun	
6	grün	E 16
10	rot	E 27
16	grau	
20	blau	
25	gelb	
35	schwarz	
50	weiß	E 33
63	kupfer	
80	silber	R 1¹/₄"
100	rot	
125	gelb	
160	kupfer	R 2"
200	blau	

Bild 5.151: Sicherungseinsatz mit Nennströmen, Kennfarben und Abschaltkennlinien

Die Abschaltkennlinien in Bild 5.151 zeigen die Abhängigkeit der Abschaltzeit von der Stromstärke für Schraubsicherungen bis 100 A Nennstrom. Es wird deutlich, dass die Abschaltzeit umso kürzer wird, je weiter die Stromstärke den Nennstrom übersteigt.

> Als **Abschaltzeit** bezeichnet man die Zeit vom Beginn des Überstromes bis zur Unterbrechung des Stromkreises.

Abhängig von der Bauart der Sicherungen können verschiedene Verhaltenstypen hergestellt werden. Es gibt **flinke Sicherungen**, die auf einen gegebenen Überstrom schnell reagieren, und **träge Sicherungen**, bei denen vor dem Einsetzen der Wirkung eine gewisse Zeitverzögerung eintritt. Letztere kommen in Stromkreisen zum Einsatz, in denen z.B. Einschaltstromstöße auftreten (Motoren, Transformatoren), die den Nennstrom weit übersteigen. Während der Stromstoßzeit darf die Sicherung den Stromkreis nicht unterbrechen.

5.6.7 Hausanschluss und Verteilung

Von einer Netzstation des örtlichen Versorgungsunternehmens führt ein Energieversorgungskabel zum **Hausanschlusskasten**, der die Übergabestelle zwischen dem Energieverteilnetz und der Hausinstallation darstellt (Bild 5.152). Er enthält die Hauptsicherungen und ist vom EVU verplombt, da er sich vor dem Zähler befindet.

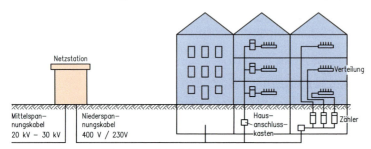

Bild 5.152: Hausanschluss (Grundprinzip)

Die **Zähler** können in Gebäuden mit mehreren Wohneinheiten sowohl in den einzelnen Wohnungen (dezentral; mittleres Haus in Bild 5.152) als auch gemeinsam mit dem Hausanschlusskasten in einem Übergaberaum (zentral; rechtes Haus in Bild 5.152) untergebracht sein. Vom Zähler geht es auf die **Verteilung**, die Anschlusseinrichtung für die einzelnen Stromkreise. Hier beginnt der eigentliche Arbeitsbereich des Elektroinstallateurs und des IT-Monteurs (Bild 5.153).

In der Verteilung sind die Leitungsschutzautomaten bzw. Sicherungen für die einzelnen Stromkreise untergebracht. Die Aufteilung der Stromkreise sollte möglichst so erfolgen, dass die drei Phasen des Netzes gleichmäßig belastet werden.

Jeder Stromkreis wird grundsätzlich in seiner Zuleitung (L1, L2, L3; Bild 5.153) mit einem separaten Sicherungsautomaten (F1 bis F6; Bild 5.153) geschützt, der diesen jeweils bei Überlast vom Netz trennt. Das Auslösen eines Sicherungsautomaten im Fehlerfall beeinflusst nicht die Funktion der übrigen Stromkreise (**Selektivität**).

Innerhalb einer Wohneinheit werden für die Stromkreise üblicherweise Leitungen mit einem Leiterquerschnitt von 1,5 mm² eingesetzt. Diese schützt man mit Sicherungsautomaten, die bei maximal 16 A auslösen (Kennzeichnung z. B.: B16A; B: Auslösecharakteristik). Geräte mit einem höheren Strombedarf werden separat mit 2,5-mm²-Leitungen angeschlossen, die dann mit 20-A-Sicherungsautomaten geschützt werden (z.B. E-Herd, Durchlauferhitzer). Die N- und die PE-Leiter (Kap. 5.7.1) aller Stromkreise werden jeweils auf Verteilschienen im Anschlusskasten zusammengeführt (Bild 5.153).

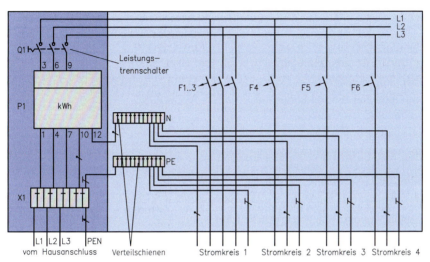

Bild 5.153: Hauptverteilung mit Zähler (Grundprinzip)

AUFGABEN

5

1. In den Schaltplänen elektronischer Geräte und bei Elektroinstallationsplänen werden elektrische Leitungen durch Linien dargestellt. Häufig kreuzen sich diese Linien in den zeichnerischen Darstellungen. Welche der folgenden Darstellungen ist normgerecht und in welchen besteht zwischen den Leitungen gemäß Zeichnungsnorm eine elektrisch leitende Verbindung?

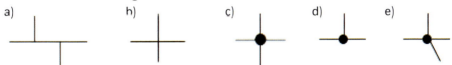

2. Sie möchten zu Hause eine LAN-Party veranstalten. Die Energieversorgungs-Steckdosen in Ihrem Zimmer sind alle über einen einzigen 16-A-Sicherungsautomaten abgesichert.

   a) Wie viele PC-Spieleplätze lassen sich für Ihre LAN-Party maximal an Ihre Zimmersteckdosen anschließen, wenn pro PC eine Leistung von 680 W und pro Display eine Leistung von 80 W erforderlich ist?

   b) Warum sollten nicht sämtliche PCs gleichzeitig eingeschaltet werden?

   c) Durch welche Maßnahme könnten Sie die Anzahl der PCs in Ihrem Zimmer erhöhen?

3. Welche Arten von Schaltplänen unterscheidet man bei der Elektroinstallation? Wodurch unterscheiden sie sich?

4. Erläutern Sie die dargestellte Symbolik. Bei welchen Leitungen ist diese zu finden (siehe auch Kap. 5.6.4 und Kap. 5.7.4)?

5. a) In welcher Schaltplanart ist die folgende Schaltung dargestellt?

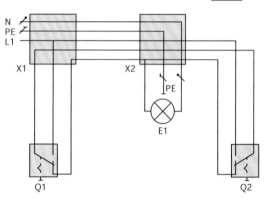

   b) Zeichnen Sie von dieser Schaltung den Stromlaufplan in aufgelöster Darstellung.

   c) Beschreiben Sie die Funktion der Schaltung.

   d) Die Schaltung soll durch eine Schutzkontaktsteckdose rechts neben Q2 erweitert werden. Zeichnen Sie die erweiterte Schaltung.

6. Die Spannung am Leitungsanfang beträgt 230 V und am Leitungsende 225 V. Wie groß ist der Spannungsverlust in Volt und in Prozent?

7. Ein von einem PC gesteuerter Roboter mit einer Anschlussleistung von 2,5 kW (cos φ = 0,9) soll an einem Wechselstromanschluss (230 V) betrieben werden. Die Länge der Leitung zwischen der zugehörigen Sicherung, die mit der Zähleinrichtung im gleichen Gehäuse untergebracht ist, und dem Aufstellort des Roboters beträgt 20 m.

   a) Berechnen Sie den erforderlichen Leiterquerschnitt.

   b) Welche Leitungslänge ist bei einem Normquerschnitt von 1,5 mm^2 maximal möglich?

8. Eine Einbruchmeldezentrale benötigt bei 230-V-Wechselspannung einen Betriebsstrom von 0,5 A (cos φ = 0,8). Sie wird mit einer unter Putz verlegten Versorgungsleitung vom Typ NYIF-J 3 · 1,5 an eine Sicherung im Zählerschrank angeschlossen. Die Leitungslänge zwischen Zählerschrank und Meldezentrale beträgt 35 m. Ermitteln Sie

   a) den Spannungsfall auf der Leitung in Volt und Prozent,

   b) den maximalen Bemessungsstrom der erforderlichen Leitungsschutzsicherung.

9. Ein Schulungsraum ist mit PC-Arbeitsplätzen ausgestattet, deren Gesamtleistungsaufnahme 2610 W beträgt (cos φ = 0,9). Die mehradrige Mantelleitung (3 × 1,5 mm^2) für die Energieversorgung (230-V-Wechselspannung) ist im Installationskanal verlegt, wegen in der näheren Umgebung liegender Heizungsrohre beträgt die Umgebungstemperatur 30 °C. Die erforderliche Leitungslänge beträgt 30 m.

   a) Wie groß ist der Gesamtbetriebsstrom I_b der Leitung?

   b) Ermitteln Sie, ob die Leitung hinsichtlich der Strombelastbarkeit I_z ausreichend dimensioniert ist.

   c) Ermitteln Sie, ob die Leitung hinsichtlich des maximalen Spannungsfalls ausreichend dimensioniert ist.

   d) Schlagen Sie – sofern erforderlich – eine Änderung der Leitungsdimensionierung vor und bestimmen Sie dann den maximalen Bemessungsstrom I_n des erforderlichen Leitungsschutzschalters.

10. Die Abbildung zeigt eine typische Hauptverteilung, an die eine Unterverteilung angeschlossen ist.

    a) Geben Sie die fünf Leiterbezeichnungen für die Verbindung zwischen Haupt- und Unterverteilung an.

    b) Aufgrund welchen Sachverhalts sind die Nennströme der Sicherungsautomaten bemessen, da doch keine Verbraucher angeschlossen sind?

    c) Bezeichnen Sie die Stromkreise mit L1, L2 und L3 so, dass sie auf die drei Phasen des Netzes gleichmäßig verteilt sind.

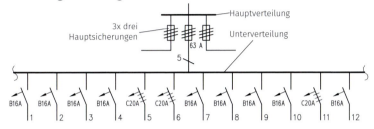

11. Welches Verteilungssystem ist in der Verteilung in Bild 5.153 erkennbar (vgl. Kap. 5.7.4.1)?

5.7 Schutzmaßnahmen

5.7.1 Gefährdung des Menschen durch den elektrischen Strom

5

Ein Körperstrom kann nur dann fließen, wenn der Mensch gleichzeitig zwei Teile berührt, die unterschiedliche Potenziale aufweisen. Meist ist dies einerseits das Erdpotenzial (Fußboden) und andererseits ein Spannung führender Leiter oder das Gehäuse eines fehlerhaften Gerätes.

Eine **Berührungsspannung U_B** über 50 V Wechselspannung oder über 120 V Gleichspannung kann einen gefährlichen Körperstrom verursachen.

Ein elektrischer Strom ist für den Menschen umso gefährlicher, je größer die **Körperstromstärke I_K** ist und je länger die **Einwirkzeit t_E** ist. Dem in Bild 5.154 dargestellten Diagramm liegen die Werte für einen erwachsenen Menschen bei einem Stromweg von der linken Hand zu beiden Füßen zugrunde.

Bereich 1: Keine Wahrnehmbarkeit

Bereich 2: Leichtes Kribbeln, jedoch keine Gefährdung

Bereich 3: Muskelverkrampfungen, unregelmäßiger Herzschlag, leichte Verbrennungen

Bereich 4: Herzflimmern, Herzstillstand und Tod möglich, starke Verbrennungen

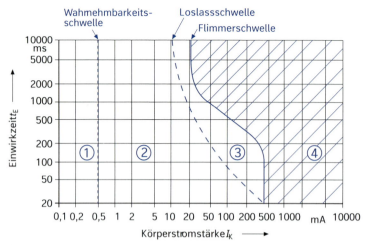

Bild 5.154: Zeit-Strom-Gefährdungsbereiche (IEC 479)

5.7.2 Sicherheitsvorschriften bei Arbeiten in Starkstromanlagen

Um Unfälle bei Arbeiten in Starkstromanlagen zu vermeiden, sind unbedingt die festgelegten Sicherheitsvorschriften einzuhalten.

Die wichtigste Vorschrift lautet:

> Arbeiten an Teilen, die unter Spannung stehen, sind verboten.

Es muss also dafür gesorgt werden, dass bei Arbeiten die Anlage spannungsfrei geschaltet wird. Folgende Maßnahmen sind in der angegebenen Reihenfolge durchzuführen:

1. **Freischalten:** Alle Leitungen sind durch Entfernen der Sicherungen oder Abschalten der Leitungsschutzschalter spannungsfrei zu schalten.

2. **Sichern:** Um irrtümliches Wiedereinschalten auszuschließen, sind die abgeschalteten Stromkreise zu sichern, z.B. Abschließen des Schaltschranks usw. Ein Warnschild „Nicht schalten", auf dem der Name des verantwortlichen Monteurs, Ort und Datum einzutragen sind, ist anzubringen.

3. **Spannungsfreiheit prüfen:** Vor Beginn der Arbeiten mit einem Spannungsprüfer feststellen, ob die Anlage spannungsfrei ist.

4. **Erden und Kurzschließen:** Um auch bei irrtümlichem Wiedereinschalten noch Schutz zu gewährleisten, müssen die Leitungen zuerst geerdet und dann kurzgeschlossen werden.

5. **Unter Spannung stehende Teile abdecken:** Sind an der Arbeitsstelle noch weitere Spannung führende Teile vorhanden, so müssen diese sorgfältig abgedeckt werden. Bei der Abdeckung ist darauf zu achten, dass diese neben einer ausreichenden Isolation auch eine genügende mechanische Festigkeit aufweist.

5.7.3 Verhalten bei Stromunfällen

Bei einem Stromunfall sind Ruhe, Geistesgegenwart und Umsicht notwendig. Wichtig bei der Hilfeleistung für den Verunglückten ist nicht nur die richtige Durchführung der einzelnen Maßnahmen, sondern auch die Einhaltung der Reihenfolge:

1. Stromkreis unterbrechen:
- Betätigen des Notschalters oder
- Ziehen des Netzsteckers oder
- Entfernen der Sicherungen.

Ist eine Abschaltung des Stromkreises nicht sofort durchführbar, so muss der Verletzte mit isolierenden Hilfsmitteln wie Wolldecken, Kleidern oder Holzplatten vom Stromkreis getrennt werden.

2. Brennende Kleider löschen:
Flammen durch Decken oder durch Wälzen des Verletzten auf dem Boden ersticken. Vorsicht bei der Anwendung von Wasser in elektrischen Anlagen.

3. Arzt benachrichtigen:
Es ist ratsam, zuerst den Arzt zu benachrichtigen und danach dem Verletzten Hilfe zu leisten.

4. Erste Hilfe leisten:
- Bei Atemstillstand ist keine Bewegung des Brustkorbes feststellbar. Sofort mit Atemspende beginnen.
- Bei Herz-Kreislauf-Stillstand ist kein Pulsschlag fühlbar. Zusätzlich zur Atemspende muss noch eine Herzdruckmassage durchgeführt werden.
- Bei Bewusstlosigkeit den Verletzten in die stabile Seitenlage bringen. Einen Bewusstlosen nie aufrichten.

5.7.4 Schutzmaßnahmen gegen gefährliche Körperströme

Um Stromunfälle auszuschließen, werden in elektrischen Anlagen und bei elektrischen Geräten verschiedene Maßnahmen angewendet. Diese **Schutzmaßnahmen** sind in DIN VDE 0100 festgelegt.

5.7.4.1 Netzspannung und Verteilungssysteme

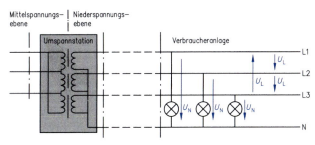

Bild 5.155: Dreiphasenwechselstromnetz (Grundstruktur)

Das Versorgungsnetz für Verbraucheranlagen ist im Allgemeinen ein **Dreiphasenwechselstromnetz** (Drehstromnetz; Bild 5.155). In diesem Netz werden die Betriebsmittel jeweils an einen der **drei Außenleiter (L1, L2, L3)** und an den gemeinsamen **Mittelleiter (N;** alternativ: Neutralleiter) angeschlossen.

Die Spannung zwischen den Außenleitern und dem N-Leiter beträgt jeweils $U_N = 230$ V. Die Spannung von 230 V steht an jeder Schutzkontakt-Steckdose zur Verfügung, unabhängig davon, an welchem der Außenleiter die Steckdose betrieben wird. Die drei Wechselspannungen der Außenleiter sind gegeneinander um 120° phasenverschoben (Kap. 5.1.1.6). Dadurch ergibt sich zwischen je zwei Außenleitern eine Spannung von $U_L = 400$ V (Bild 5.155). Die Spannungen von 400 V werden für Geräte mit einem erhöhten Energiebedarf verwendet (z. B. Elektroherd, Durchlauferhitzer). Geräte dieser Art werden entweder direkt über separate Anschlussdosen oder steckbar mit speziellen mehrpoligen Starkstromsteckern angeschlossen.

In Niederspannungsnetzen sind verschiedene Systeme in Anwendung, die nach DIN 57000 mit mehreren Buchstaben gekennzeichnet werden.

Der erste Buchstabe kennzeichnet die Erdungsverhältnisse der Spannungsquelle:
- **T** (Terre = Erde); direkte Erdung eines aktiven Teils der Spannungsquelle, z.B. der gemeinsame Anschlusspunkt für den N-Leiter (Sternpunkt)
- **I** (Isolated); Isolierung aller aktiven Teile der Spannungsquelle

Der **zweite Buchstabe** kennzeichnet die Erdungsverhältnisse der Gehäuse elektrischer Geräte:
- **T** (Terre); alle Gehäuse direkt geerdet.
- **N** Alle Gehäuse direkt mit der Betriebserde (N-Leiter) verbunden.

Der **dritte und vierte Buchstabe** kennzeichnet die Anordnung des N-Leiters und des **Schutzleiters** (PE: Protection Earth).
- **S** (Separated); N- und PE-Leiter sind getrennt.
- **C** (Combined); N- und PE-Leiter sind zu einem PEN-Leiter vereint.

Für die Versorgung von Kleinverbraucheranlagen (z. B. Haushalte) wird vorwiegend das TN-C-S-System angewendet (Bild 5.156). In einem Teil dieses Netzes sind Neutral- (N) und Schutzleiter (PE) im PEN-Leiter zusammengefasst.

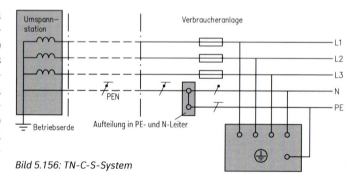

Bild 5.156: TN-C-S-System

5.7.4.2   Schutz gegen direktes Berühren

Dieser Schutz bezweckt, dass im ungestörten Betriebsfall alle Spannung führenden Teile der Anlage oder eines Gerätes für den Menschen unzugänglich sind. Schutz gegen direktes Berühren kann z.B. erreicht werden durch:

Isolierung
Sie muss so gut sein, dass kein oder nur ein nicht wahrnehmbarer Körperstrom fließen kann. Die Spannung führenden Teile müssen vollständig von der Isolierung umschlossen sein, die nur durch Zerstörung entfernt werden kann (z.B. Leitungsisolation).

Umhüllung

Sie schützt die Spannung führenden Teile gegen direktes Berühren. Sie kann aus isolierendem oder aus leitfähigem Material hergestellt sein; im letzteren Fall muss sichergestellt sein, dass die aktiven

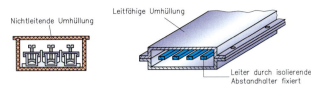

Bild 5.157: Umhüllung zum Schutz gegen direktes Berühren

Teile durch isolierende Abstandhalter sicher von der Umhüllung getrennt sind.

Abdeckung

wie z.B. bei Schaltern und Steckdosen; schützt ebenfalls gegen direktes Berühren. Hierbei muss gewährleistet sein, dass die Abdeckung nur mit einem Werkzeug entfernt werden kann.

5.7.4.3 Schutz bei indirektem Berühren

Durch diesen Schutz wird sichergestellt, dass auch im Störfall keine gefährlichen Körperströme fließen können.

Es gibt drei Schutzklassen (Bild 5.158):

Schutzklasse I:
Geräte für Schutzleiter-Schutzmaßnahmen

Schutzklasse II:
Geräte mit Schutzisolierung

Schutzklasse III:
Geräte für Kleinspannungen

Bild 5.158: Schutzklassen und deren Kennzeichnung (blaue Symbole)

Bei Geräten der **Schutzklasse I** ist der Schutz gegen gefährliche Körperströme zweifach ausgeführt: durch Isolierung der aktiven Teile und eine metallene Umhüllung, an die der Schutzleiter PE angeschlossen ist.

Da in jeder Hausinstallation Geräte der Schutzklasse I vorhanden sind, ist immer eine Schutzleiter-Schutzmaßnahme   erforderlich. Hierzu muss bei jedem Hausanschluss ein **Schutzpotenzialausgleich** vorgenommen werden. Darunter versteht man, dass an einer zentralen Stelle, der Potenzialausgleichsschiene, der Schutzpotenzialausgleichsleiter und alle metallenen Rohrsysteme (Gas, Wasser, Heizung) und Gebäudekonstruktionen miteinander verbunden und geerdet sein müssen.

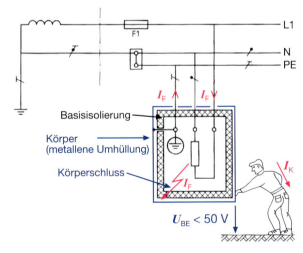

Bild 5.159: Schutzleiter-Schutzmaßnahme

Entsteht ein Körperschluss zwischen dem aktiven Teil eines Gerätes und seiner Metallumhüllung (Bild 5.159), so nimmt letzteres das Potenzial des aktiven Teils an.

Bei einem Körperschluss entsteht ein Fehlerstromkreis über den PE-Leiter (Bild 5.159). Berührt ein Mensch das defekte Gerät („indirektes Berühren"), so teilt sich der Fehlerstrom I_F auf und es fließt ein Körperstrom I_K; damit dieser den Menschen nicht gefährdet, müssen I_K und die Einwirkzeit t_E möglichst gering sein.

Die Schutzleiter-Schutzmaßnahme bietet nur dann einen aureichenden Schutz, wenn im Fehlerfall die Berührungsspannung 50 V Wechselspannung nicht überschreitet und eine schnelle Abschaltung des Fehlerstromkreises erfolgt. Bei ortsveränderlichen Geräten (z.B. Handbohrmaschine u.Ä.) muss die Abschaltung innerhalb von 0,2 Sekunden erfolgen, in allen anderen Stromkreisen innerhalb von fünf Sekunden.

Können diese Bedingungen für die Berührungsspannung und die Abschaltzeiten nicht eingehalten werden, so muss die Abschaltung des Fehlerstromkreises mit einer **RCD** erfolgen (**R**esidual **C**urrent protective **D**evice = Differenzstrom-Schutzeinrichtung; früher FI-Schalter; Bild 5.160).

Fließt ein Fehlerstrom über den PE-Leiter ab, so ist der Strom im N-Leiter um den Fehlerstrom kleiner als die Summe der Ströme in den Außenleitern. Wird der Bemessungsdifferenzstrom (früher Nennfehlerstrom) der RCD überschritten, so löst diese aus und schaltet innerhalb von 0,2 Sekunden den Stromkreis ab. RCDs sind verfügbar für Bemessungsdifferenzströme von 10 mA bis 500 mA.

Bei Geräten der **Schutzklasse II** ist der Schutz ebenfalls zweifach ausgeführt: erstens durch Basisisolierung der aktiven Teile und zweitens durch eine zusätzliche Schutzisolierung.

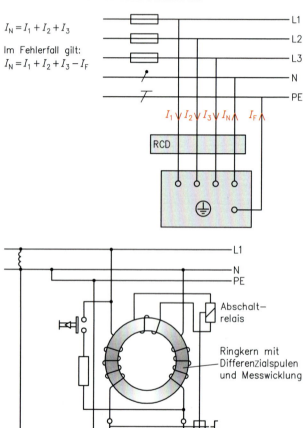

$$I_N = I_1 + I_2 + I_3$$

Im Fehlerfall gilt:
$$I_N = I_1 + I_2 + I_3 - I_F$$

Bild 5.160: Schutzmaßnahme mit RCD

Auf diese Weise wird bei Beschädigung der Basisisolierung eine Berührung der aktiven Teile verhindert. Diese Schutzklasse wird bei vielen Haushaltsgeräten und Elektrowerkzeugen angewendet.

Alle Schalter- und Steckdosenabdeckungen sowie alle nach VDE-Bestimmungen gefertigten Leitungen gelten als schutzisoliert.

Leitfähige Teile von Geräten der Schutzklasse II dürfen nicht an den PE-Leiter angeschlossen werden.

Bei **Schutzklasse III** (Kleinspannung) ist sowohl Schutz gegen direktes Berühren als auch Schutz bei indirektem Berühren gegeben. Nach DIN VDE 0100-410 werden unterschieden:

- **SELV**: **S**afety **E**xtra **L**ow **V**oltage (früher Schutzkleinspannung) und
- **PELV**: **P**rotective **E**xtra **L**ow **V**oltage (früher Funktionskleinspannung).

> Beim Schutz durch SELV ist die Spannung auf den höchstzulässigen Wert der Berührungsspannung (50 V~ bzw. 120 V~) begrenzt. Bei besonderer Gefährdung (z. B. Kinderspielzeug) gelten die halben Spannungswerte.

Als Spannungsquellen für SELV sind alle gängigen Ausführungen verwendbar, sofern ihre Ausgangsspannung die zulässigen Werte nicht überschreitet. Wird die Kleinspannung aus dem Versorgungsnetz entnommen, so ist ein Transformator erforderlich, der eine sichere Trennung der Stromkreise gewährleistet.

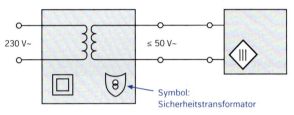

Bild 5.161: Schutz durch SELV

Folgende Einschränkungen sind zu beachten:

- SELV-Stromkreise dürfen weder geerdet noch mit dem PE-Leiter oder aktiven Teilen anderer Stromkreise in Verbindung stehen.

- Die Gehäuse von SELV-Geräten dürfen nicht geerdet werden.

- SELV-Stecker und -Steckdosen dürfen keine Schutzkontakte haben. Sie dürfen nicht in Steckdosen anderer Systeme passen.

- Bei SELV über 25 V~ bzw. 60 V~ ist eine Basisisolierung erforderlich.

Beim Schutz durch PELV darf der Stromkreis geerdet werden, wenn aus Funktionsgründen eine Erdung oder eine Verbindung mit dem PE-Leiter erforderlich ist. Daher sind auch Schutzkontakte bei Steckdosen und Steckern zulässig. Die Stecker dürfen jedoch nicht in Steckdosen anderer Systeme – auch nicht in SELV-Steckdosen – passen.

Die Schutzmaßnahme **Schutztrennung** unterscheidet sich vom Schutz durch SELV im Wesentlichen durch eine höhere Ausgangsspannung (z. B. Rasiersteckdose). Sie bietet ebenfalls eine gute Schutzwirkung und wird für Bereiche mit erhöhter Gefährdung verbindlich vorgeschrieben, wie z. B. bei Arbeiten mit elektrischen Handgeräten in Nassräumen, Großbehältern mit leitfähigen Wänden oder auf Montagegerüsten.

Bei Schutztrennung ist der Verbraucherstromkreis vom Versorgungsnetz getrennt. Die Trennung erfolgt mittels Trenntransformatoren, die eine besonders hochwertige Isolierung zwischen Eingangs- und Ausgangsstromkreis besitzen (Bild 5.161).

5

Gehäuse und Teile des Verbraucherstromkreises dürfen nicht geerdet werden, damit im Fehlerfall keine Berührungsspannung zwischen Gerät und Erde auftreten kann. Im Gegensatz zur Anschaltung des Geräts in Bild 5.159 kann hier auch im Fehlerfall kein Strom über der Körper eines Menschen fließen ($I_K = 0$).

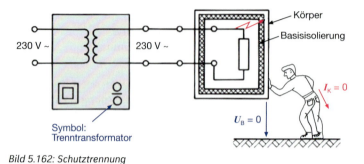

Bild 5.162: Schutztrennung

AUFGABEN

1. Welche Größen sind bei einem Körperstrom für die Gefährdung des Menschen von Bedeutung?

2. Bei welcher Einwirkzeit kann ein Körperstrom von 50 mA (100 mA, 200 mA) eine tödliche Gefahr bedeuten?

3. Erklären Sie den Begriff „Berührungsspannung".

4. Geben Sie die Berührungsspannung an, die einen Menschen gefährden kann.

5. Wie ist in der Praxis der „Schutz gegen direktes Berühren" ausgeführt?

6. Worin unterscheidet sich

   a) das TT-System vom IT-System und

   b) das TN-S-System vom TN-C-System?

7. Erklären Sie den Begriff „indirektes Berühren".

8. Kann eine RCD eine Ergänzung zum Schutz gegen direktes Berühren darstellen? Begründen Sie.

9. Wie groß ist die zulässige Spannung bei SELV?

10. Begründen Sie, warum bei der Schutztrennung der Verbraucher nicht an den Schutzleiter angeschlossen oder geerdet werden darf.

11. Sie sollen in einer Verbraucheranlage eine zusätzliche Steckdose installieren. Beschreiben Sie, welche Maßnahmen Sie durchführen, um einen Stromunfall zu vermeiden.

Sachwortverzeichnis

Bildquellenverzeichnis

Umschlagfoto: fotolia.com, New York: (WavebreakmediaMicreo)

Innenteil:

Fotos

123RF.com, Hong Kong: S. 25 (Stian Olsen), 48.2 (Andrey Armyagov), 71 (alexlmx), 77 (Andrii Hrytsenko), 107.1 (radub85), 143.2 (Vitaly Pozdeyev), 144.1 (stieberszabolcs), 144.3 (Vitaly Pozdeyev), 188.1 (Phana Sitti)

Amazon.de: S. 29

Apple Inc., Cupertino, CA, USA: S. 19.3, 30.3, 95, 96, 127, 277, 278.1, 278.2, 278.3, 278.4, 279.1, 279.2, 279.3, 279.4, 280, 285, 286

ASRock Europe B.V., Nijmegen (NL): S. 34.1, 34.2, 103.1

ASUSTeK COMPUTER INC., Taipeh (Taiwan): S. 33.1

Belkin International, Inc., Playa Vista (Kalifornien/USA): S. 126.1, 126.2

Bildungsverlag EINS GmbH, Köln: S. 131.1, 139, 145, 200, 455.1

Bildungsverlag EINS GmbH, Köln/Klaas Gettner, Langerwehe: S. 52, 89.3, 91, 106, 108, 115.1, 115.2, 121.2, 121.3, 128.1

Bildungsverlag EINS GmbH, Köln/Christel Ivo, Maasholm: S. 229.1, 229.2

Bundesanstalt für Arbeitsschutz und Arbeitsmedizin, Dortmund: S. 233.2

CANESPA ESD Protection GmbH, Langenhagen: S. 448.1

Compu-Seite.de/Andreas Worblewski, Gelsenkirchen: S.103.2

Delta Tracing Srs., Marcon, Italy: S. 163.1, 163.2

Deus GmbH, Liederbach: S. 184

DGUV Deutsche Gesetzliche Unfallversicherung Spitzenverband, Berlin: S. 225

DIN CERTCO Gesellschaft für Konformitätsbewertung mbH, Berlin: S. 231.1, 231.2

EEPCA, the European Electrical Products Certification Association, Paris: S. 232.1

Europäische Kommission, Brüssel: S. 232.2, 233.1, 237, 238

Europäische Union, „Communauté Européenne": S. 230

Fluke Deutschland GmbH, Glottertal: S. 392

fotolia.com, New York: S. 228 (Mrkvica)

GIGA-BYTE Technology Co., Ltd., New Taipei City, Taiwan: S. 309, 310.1, 310.2, 311.1, 311.2, 312.1, 312.2

Google Inc., Mountain View (Kalifornien/USA): S. 30.1

Google Inc./Open Handset Alliance (OHA), Mountain View, CA, USA: S. 282, 283.1, 283.2, 284

Hama GmbH & Co. KG, Monheim: S. 122.1, 175.1

Hauppauge Computer Works GmbH, Mönchengladbach: S. 171

HotHardware.com/Dave Altavilla: S. 162.1, 162.2

Intel Corporation, Santa Clara (USA): S. 51

Intel GmbH Munich, Feldkirchen: S. 95

Intertec Holding Deutschland GmbH, Leinfelden-Echterdingen: S. 233.3

Kingston Technology Corporation, Inc., Fountain Valley (Kalifornien/USA): S. 63.1, 63.2, 63.3, 63.4, 72.1, 72.2, 72.3, 72.4

Lenovo, Morrisville (North Carolina/USA): S. 19.1, 19.2

Linux Kernel Organization, Inc.: S. 272, 275.1, 275.2

Littlefuse Europe GmbH, Bremen: S. 488.4

Meinhart Kabel Deutschland GmbH, Herrsching: S. 497

Memphis Electronic AG, Bad Homburg: S. 61

Microsoft Deutschland GmbH, Unterschleißheim: S. 256, 258, 259, 260, 261.1, 261.2, 262, 265, 266.1, 266.2, 332, 333, 337, 338.1, 338.2, 339, 341, 342, 343

MML UG (haftungsbeschränkt), Gummersbach: S. 471.3

Narda STS GmbH, Pfullingen: S. 460

Netzmafia.de/Prof. Jürgen Plate: S. 90.1, 90.2, 90.3, 90.4

Panasonic Industrial Devices Sales Europe GmbH, Hamburg: S. 79

RAL gGmbH, Bonn: S. 229.3

Rainer Lüssi, Bäretswil (CH): S. 465

RFW Elektronik, Idstein: S. 471.4

Samsung Electronics GmbH, Schwalbach/Ts.: S. 19.4, 21

SanDisk Corporation, Milpitas (Kalifornien/USA): S. 64.2

Schurter AG, Luzern (Schweiz): S. 441.1, 441.2, 441.3, 441.4, 441.6, 487.1, 487.2, 487.3, 488.3

SD-3C, LLC, North Hollywood (Kalifornien/USA): S. 64.1

Shuttle Computer Handels GmbH, Elmshorn: S. 14.1, 14.2

shutterstock.com, New York: S. 18 (Evgeny Karandaev), 138 (vetkit), 144.2 (Keih Homan)

Sony Mobile Communications Inc.: S. 30.2

Stiftung Gemeinsames Rücknahmesystem (GRS) Batterien, Hamburg: S. 227.2

stock.adobe.com, Dublin: S. 15.1 (Kenishirotie), 15.2 (Karramba Production), 17.2 (Romain Quéré), 37 (Oleksandr Delyk), 48.1 (Norman Chan), 92.2 (Destina), 98.2 (Ronald), 107.2 (mat), 124 (Alex), 128.2 (yulia-zl18), 143.1 (littlej78), 179 (Lucky Dragon), 182 (Trezvuy), 407.2 (Birgit Reitz-Hofmann), 471.2 (Jultud)

Tragand Handels- und Beteiligungs GmbH, Berlin: S. 109.1, 144.4, 175.2

Transcend Information Trading GmbH, Hamburg: S. 118

TCO Development, Stockholm, Schweden: S. 234.2

TÜV Rheinland LGA Products GmbH, Köln: S. 232.3, 234.1

Udo Schaefer, Aachen: S. 177.2, 472

USB Implementers Forum, Inc., Beaverton (Oregon/USA): S. 17.1

USB Implementers Forum, Inc., San Francisco (Kalifornien/USA): S. 95

Video Electronics Standards Association (VESA), San José (Kalifornien/USA): S. 95

Western Digital Deutschland GmbH, München: S. 137

Wikipedia gemeinfrei: S. 85 (Simon Budig, Larry Ewing, Anja Gerwinski), 272 (Simon Budig, Larry Ewing, Anja Gerwinski)

Wortmann AG, Hüllhorst: S. 26

Yamaha Music Europe GmbH, Rellingen: S.121.1

Zeichnungen

CANESPA ESD Protection GmbH, Langenhagen: S. 448.2

Bildungsverlag EINS GmbH, Köln/Michele Di Gaspare, Bergheim: S. 27, 33.2, 67, 81, 87, 88, 89.1, 89.2, 92.1, 93, 98.1, 98.3, 101, 109.2, 112, 114, 122.2, 147.1, 147.2, 147.3, 150, 153.1, 153.2, 156, 166, 170, 177.1, 183, 186, 188.2, 189, 191.1, 193, 196, 197.1, 197.2, 197.3, 199, 202, 203, 204.1, 204.2, 206, 207, 209, 212, 214.1, 214.2, 215, 216, 217, 221.2, 297, 298, 299, 316, 320, 345.1, 345.2, 345.3, 346.1, 346.2, 346.3, 347.1, 347.2, 361.2, 362.2, 365, 366, 367, 368, 369, 379, 383, 384, 385.1, 385.2, 386.1, 386.2, 387, 388, 389, 390, 391.1, 391.2, 393.1, 393.2, 394.1, 394.2, 394.3, 395.1, 395.2, 395.3, 395.4, 395.5, 396.1, 396.2, 397, 398, 399, 401, 403, 404, 405.1, 405.2, 407.1, 408.1, 408.2, 409, 410.1, 410.2, 412, 413, 414, 415, 416.1, 416.2, 417.1, 417.2, 418.1, 418.2, 418.3, 418.4, 419.1, 419.2, 419.3, 420.1, 420.2, 420.3, 421, 422, 423, 424.1, 424.2, 424.3, 425, 426.1, 426.2, 426.3, 429, 430, 435, 436, 437.1, 437.2, 438, 440.1, 440.2, 441.5, 442.1, 442.2, 443, 445.1, 445.2, 446.1, 446.2, 447, 449, 450.1, 450.2, 450.3, 450.4, 451.1, 451.2, 452.1, 452.2, 455.2, 455.3, 456.1, 456.2, 456.3, 457, 458, 463.2, 464, 466, 467.1, 467.2, 468, 469, 470.1, 470.2, 471.1, 473.1, 473.2, 474.1, 474.2, 474.3, 475, 476, 477.1, 477.2, 478, 479, 480, 481.1, 481.2, 481.3, 482.1, 482.2, 484.2, 486.1, 482.2, 486.3, 487.4, 487.5, 487.6, 488.1, 488.2, 488.5, 490.1, 490.2, 490.3, 491.1, 491.2, 493, 494.1, 494.2, 495.1, 495.2, 496.1, 496.2, 499, 500, 506, 507.1, 507.2, 508, 509.1, 510.2, 511, 512, 513, 514, 515.1, 515.2, 515.3, 516.1, 516.2, 517, 518

PocketPC GmbH, Augsburg: S. 195

Tomshardware.de/Best of Media Publishing Group, Suresnes (Frankreich): S. 194